<2판>

초등체육의 이론과 실제

이호철(진주교육대학교 교수)
고문수(경인교육대학교 교수)
김성곤(광주교육대학교 교수)
박상봉(서울교육대학교 교수)
박재정(한국교원대학교 교수)
박종태(부산교육대학교 교수)
서장원(공주교육대학교 교수)
신기철(전주교육대학교 교수)
최흥섭(대구교육대학교 교수)
홍예주(제주대학교 교육대학 교수)

교육과학사

머리말

초등학교의 체육교과는 초등학생의 신체적, 인지적, 정의적, 사회적 영역을 고루 발달시켜 전인을 양성하는 데 필수적인 교과임에 틀림없습니다. 이러한 교과 본질의 의미 있는 가치에도 불구하고 초등학생들이 가장 선호하는 교과이지만, 초등학교 교사들이 가장 기피하는 교과 중의 하나이기도 합니다. 초등학교 체육수업에 대한 초등교사들의 기피 요인을 진단하고, 이를 최소화하여 초등학교 체육수업의 질을 제고하는 차원에서 초등학교 체육수업 핸드북으로 이 책이 출간되었습니다.

초등교원 양성기관의 교사교육자로 구성된 저자들은 스포츠교육학을 전공하거나 초등현장을 기반으로 한 교사교육 및 연구 경험이 풍부하여 초등학교 체육수업의 문제점과 개선점을 너무나도 잘 알고 있습니다. 초등학교 체육수업의 정상화는 직전교사와 현직교사의 내용교수지식(PCK) 확보와 귀결되며, 이는 초등교원 양성기관에서 이론과 실제가 잘 조화된 교사교육에 기반한다는 일치된 합의가 있었습니다.

이 책에서의 체육수업 내용교수지식은 Shulman이 1986년과 87년에 걸쳐 소개하고 강조한 PCK(Pedagogical Content Knowledge) 연구를 이론적 배경으로 삼고 있습니다. 과거 10여 년 전 PCK를 기반으로 한 교수·학습과정안 작성, 수업 전개 및 평가 등이 우리 교육계에 유행한 적이 있었습니다. 그러나 학습자 중심, 배움 중심 수업의 등장과 함께 어디론가 조용히 자취를 감춰버렸습니다. 안타깝게도 PCK를 총체적으로 접근한 것이 아니라 교사지식의 분절화에 초점을 둔 이론과 실제의 괴리감이 그 원인이라고 할 수 있습니다. 즉 직전교사, 교사연구자, 교사교육자들에게 현실과 동떨어진 이론 편향의 교육이 이루어졌고, 이는 초등교원 양성대학과 초등 현장 사이에서 괴리를 만들고 현장교사들에게 현실충격으로 다가왔습니다.

이에 저자들은 체육수업의 필수 이론과 현장을 기반으로 한 실천적 지식의 내용을 담은 체계적인 교재개발의 필요성을 인식하였습니다. 현장에서 수많은 시행착오를 경험하고 이를 개선하기 위해 지속적으로 연찬을 거듭한 강의 역량을 바탕으로 초등학교 체육수업에 관한 전문서적이 만들어졌습니다. 2021년 1월에 발행된 초판에서는

2015 개정 체육과 교육과정에 따른 내용교수지식의 내용이었습니다. 2022년 12월 22일 2022 개정 교육과정이 고시되었고, 그에 따른 2022 개정 체육과 교육과정의 내용을 반영하여 본 교재를 수정·보완하였습니다. 교육과정과 관련된 내용을 업데이터 했을 뿐만 아니라, 초판의 내용에서 변경된 경기규칙, 각 영역 관련 통계, 부연 설명, 내용 오류 등을 보완하고 수정하였습니다.

1장은 체육 교과교육의 역사와 본질적 가치에 관련된 지식으로 학교체육과 스포츠교육학의 발자취, 체육교과가 추구하는 목적과 목표, 교과교육적 가치와 현실적 가치를 중심으로 기술되어 있습니다.

2장은 학습자 수준과 특성에 관련된 지식으로 초등학생의 신체적, 인지적, 정의적 발달특성과 아동비만과 신체활동에 관한 내용으로 이루어져 있습니다.

3장과 4장은 교육과정 지식 영역으로, 3장에서는 체육과 교육과정의 개념, 가치 정향, 교육과정 모형, 역사, 개발 과정 등 체육과 교육과정을 이해하기 위한 축적된 이론이 소개되고 있으며, 4장에서는 2022년 12월 확정·고시된 2022 개정 체육과 교육과정을 소개하였습니다.

5장부터 8장은 2022 개정 체육과 교육과정의 운동, 스포츠, 표현 영역에서 다루어지는 교수내용과 교수기술, 세부활동별 교수전략, 지도상의 유의점 등을 담고 있습니다. 특히 스포츠 영역을 기술형 스포츠, 전략형 스포츠로 구분하여 각각의 장에서 심도 있게 다루고 있으며, 생태형 스포츠는 운동영역에서 주요 내용을 소개하고 있습니다.

9장, 10장, 11장은 교수설계 및 교수기술 지식과 관련된 내용으로 9장에서는 체육수업 계획 시 유의사항, 체육수업모형 등이 교수·학습과정안과 함께 제시되고 있습니다. 10장에서는 수업지도전략 측면에서 학습목표와 과제, 학습동기와 전략, 평가방법 등이 포함되어 있습니다. 11장은 수업관리전략으로 효율적인 체육수업을 위한 예방적이고 처방적인 수업관리기술이 안내되어 있습니다.

12장은 학습환경에 관한 지식으로 체육수업 시설, 체육수업 교구, 체육수업과 날씨 영역으로 나누어 초등현장의 실태와 연관하여 효율적 운영에 대한 사례와 시사점을 기술하고 있습니다.

'아나공 수업' 일변도, 스포츠강사의 체육수업 전담화, 다른 교과로 대체하는 시간 증가, 보상으로 주어지는 시간, 노는 시간이라는 인식, 주변 교과로의 전락 등은 작금의 초등학교 체육수업이 처한 부정적인 현상과 인식으로 반드시 개선되어야 합니다. 이 길라잡이에서 올바른 체육수업을 위한 이론과 실제를 습득한 직전교사, 현직교사, 대학원생, 교사교육자가 현장 개선의 주체가 되기를 간절히 희망합니다.

이 책의 개정판이 출간되기까지 자료수집과 집필에 적극적으로 참여해 주신 9명의 교수님들께 진심으로 감사드립니다. 밤늦게까지 초등교육과 체육수업의 쟁점을 화두로 심도 있게 토론했던 날들이 그립습니다. 그러한 숙의의 과정을 통해 만들어진 이 책의 진가가 또 한 번 현장에서 십분 발휘되리라 믿어 의심치 않습니다.

특히 10명 저자들의 글이 초등체육의 길라잡이로 거듭날 수 있도록 도와주시고 관심을 가져주신 교육과학사 한정주 사장님, 정경식 부장님, 이정호 실장님, 그 외 편집진들께 진심으로 감사드립니다.

저자 일동

차 례

제 1 장

체육 교과교육의 역사와 가치

학습목표

- 근대교육에서 체육교육의 역사적 태동에 관해 이해하고 설명할 수 있다.
- 신체의 교육과 신체를 통한 교육의 개념을 정의할 수 있다.
- 놀이, 게임, 스포츠의 개념과 범위를 설명할 수 있다.
- 체육 학문화 운동을 시대적 상황에 비추어 설명할 수 있다.
- 스포츠교육학의 태동과 영역을 설명할 수 있다.
- 체육교과의 심동적, 인지적, 정의적 발달목표를 설명할 수 있다.
- 초등학교 체육교육의 교과교육적, 현실적 가치를 이해하고 논의할 수 있다.
- 구성주의 패러다임을 이해하고 구성주의에 기반한 체육수업을 정의할 수 있다.
- 교사 전문성과 반성적 수업을 다양한 관점에서 이해할 수 있다.

1. 체육교육의 역사적 이해

18세기 말엽 대부분의 유럽 국가들은 봉건제를 극복하고 19세기에 접어들면서 국가의 체제를 갖추게 되었다. 19세기는 시민계급의 성장으로 절대왕정 및 귀족정치가 무너지면서 근대 민주사회가 확립된 시기였다. 18세기 말엽부터 일어난 프랑스 혁명과 산업혁명은 이러한 사회변화의 산물로 전 세계의 국가주의와 자유주의 운동을 한층 가속화시켰다. 프랑스 혁명은 군주에 대한 충성이 국가에 대한 충성으로 변화되었고, 개인과 국가가 일체화하는 국민적 감정인 애국심을 불러일으켰다. 산업혁명도 국가주의 체제가 성행하는 데 이바지하였으며, 자본주의 경제체제를 생성·발전시켰다. 19세기는 국가의 부강과 발전과 직결되는 자본주의 발전의 수단으로 국가주의를 내세워 식민지 개척을 위한 제국주의가 촉진되기 시작했다. 대부분의 강대국은 안으로는 통일, 밖으로는 식민지 개척에 관심을 가지고 선교사, 모험가, 사업가, 탐험가 등을 식민지 건설사업에 참여시켰다. 이러한 식민지 개척 경쟁은 국가 간의 경쟁을 유발하였으며 이는 군비의 증강과 강인한 체력을 지닌 군인의 양성에 주력하기에 이르렀다.

Box 1-1 국가주의

국가주의는 한마디로 프랑스 혁명 이후 나폴레옹이 유럽을 정복하였을 때 나폴레옹의 침략에 저항하는 국가들이 외부의 침략을 막기 위해 자국민의 자각과 단결의 필요성을 국가적 차원으로 발전시킨 것이다.

가. 19세기의 국가주의 교육

19세기 나폴레옹의 침략에 반대하여 일어난 국가주의는 교육목적을 애국심과 국민단결에 두고 국가의 존속과 발전에 심혈을 기울였으며, 국가에서 교육을 직접 관리하기 위해 공교육제도(public school system)와 의무교육 제도를 출현시켰다. 지금 현재 모든 국가가 표방하고 있는 교육의 국가관리, 공교육, 의무교육 등은 국가주의 교육론에서 파생된 산물이다. 국가주의 교육은 18세기 후반부터 대두되어 19세기에 절정을 이루었으며, 20세기에 전 세계로 확산되었다(김동규, 2005). 19세기 이전에는 교육이 부모나 종교단체의 사적인 특권이라고 생각되었지만 19세기의 교육은 국가의 복지와 발전에 가장 효과적인 수단으로 사용되었다. 그리고 모든 근대국가, 즉 군주정치 체제, 민주정치 체제, 전체주의 국가들은 모두 필수 불가결한 국가정책으로서 학교를 설립하여 운영하였다.

국가주의 교육은 특정한 정치 이데올로기를 주입시키고 조국을 위한 희생과 봉사로써 고도의 애국심을 함양하도록 하였다. 즉 국가에 대한 충성과 국익을 위한 시민교육과 보통교육을 목표로 한 국가주의 교육은 산업혁명과 더불어 자국의 평화와 번영, 부국강병(富國强兵)을 위하여 국가적 교육이념을 발전시켰다.

나. 근대교육과 체육

근대체육은 독일, 스웨덴, 덴마크 등의 체조식 교육과 영국의 스포츠 중심 대중체육, 미국의 건강 유지와 신체적성 발달 등으로 구분할 수 있다. 이러한 구분은 국가주의라는 정치적 이데올로기의 영향 여부에 따른 것이며, 19세기 독일과 스웨덴, 덴마크의 체조와 영국에서 조직화되고 형성된 다양한 스포츠는 학교체육의 주요 내용으로 자리매김하였습니다.

1) 국가주의와 체육

국가의 존속과 유지·발전이라는 국가주의 교육제도는 국가 중심의 교육제도로서 군인양성과 그와 관련된 훈련을 통해 국가주의적 체육이 생성되었다(김동규, 2005). 즉 국가의 재건과 관련하여 유럽의 국가들이 독자적인 명칭이나 이념 및 구조를 가진 국민체육을 출현시켰으며, 그로 인하여 근대체육이 발전하게 되었다. 국가주의 운동과 결부된 체육활동이 활발하게 전개되면서 근대체육은 국가의 유지·발전에 필요한 정책이나 강인한 체력의 발달을 위하여 교육과정을 편성하고 애국심을 고취시키는 데 집중하였다. 유럽의 국가들은 자국의 정치적, 사회적 제약에도 불구하고 특색 있는 체육활동을 통하여 피폐(疲弊)한 조국을 체육으로 일으키려 하였으며, 이러한 노력을 바탕으로 근대체육이 전개되었다. 그 대표적인 인물로서 독일의 얀(Friedrich Ludwig Jahn, 1778-1852), 스웨덴의 링(Per Henrik Ling, 1776-1839), 덴마크의 나흐테갈(Franz

Nachtegall, 1777-1847) 등이 있다.

Box 1-2 얀(Friedrich Ludwig Jahn, 1778-1852)

조국인 독일이 프랑스의 지배로부터 해방되려면 튼튼하고 강인한 젊은이의 체력이 바탕이 되어야 하고, 독일의 미래는 용감한 젊은이들에게 달려있다는 믿음을 가지고 체육·스포츠 활동에 중점을 둔 '투르넨(Turnen)'을 형성하여 국가를 재건하려고 하였다. 1811년 6월 얀은 베를린 교외에 사다리, 높이뛰기대, 철봉, 등반봉, 경사 사다리, 평균대, 줄타기, 멀리뛰기용 도랑, 8자형 트랙, 레슬링장, 평행봉 등으로 구성된 체조장을 설치하고 젊은이들에게 강도 높은 체육·스포츠 활동을 전개하였다. 이 활동을 투르넨이라고 명명하였다. 얀은 대중적인 국민체육을 형성하는 데 지대한 영향을 끼쳤으며 아래와 같이 현대체육에 이바지하였다.

- 신체활동을 통해 애국심을 기르고 국민정신을 함양하였다.
- 신체활동을 통해 국민체육의 개념을 확립했으며 오늘날 사회체육의 선봉이 되었다.
- 학교체육을 교육과정으로 확립하는 데 시금석이 되었다.
- 체육시설, 응원가, 체육복, 체육용·기구 등을 체계화시켰다.
- 흥미 있는 체육 프로그램을 고안하여 게임의 가치를 인정하게 하였다.

또한, 19세기의 체육은 국가주의 이데올로기에 따른 강대국의 식민지 정책에 부응하기 위해 범국민적이고 정치적인 색채를 띠면서 군사훈련과 밀접한 관계를 맺고 있었다. 강인한 체력과 국가에 충성하는 군인다운 군인양성이 주요 목표였으며, 이를 위해 기계체조를 중심으로 하여 강도 높은 신체활동이 교육되었다. 국가주의적 이데올로기는 장기간의 군사정권에 의해 우리 교육계 전반에 뿌리 깊게 자리 잡은 군대문화와 맥락을 같이한다. 초등학교 체육교육에서 교육자들은 현 시대적 상황과 맞지 않는 과거 군국주의 군대 문화의 잔상을 추출하고 이를 폐지하고 개선해야 할 책무가 있다. 근대체육의 특징은 국가 유지에 필요한 체력이나 운동기술을 발달시키기 위한 교육과정으로 전개되었으며, 애국심과 공동체 정신을 함양하기 위한 수단으로 발전되었고 대중적인 국민체육을 형성하는 데 지대한 영향을 끼쳤다. 또한, 체조 중심의 체육교육은 학교체육, 즉 체육교육을 교육과정으로 확립하는 데 공헌하였으며, 체육시설, 체육복 등 체계적인 체육교육을 위한 여건 마련의 기초를 다지기도 했다.

Box 1-3 근대교육과 체육

19세기의 근대교육

- 국가주의에 의해 공교육제도와 의무교육 제도가 출현
- 19세기 교육은 국가의 복지와 발전에 가장 효과적인 수단으로 인식
- 국가주의 교육은 특정한 정치 이데올로기를 주입시키고 조국을 위한 희생을 강조

국가주의와 체육

- 강인한 체력과 국가에 충성하는 군인양성이 주요 목표
- 기계체조를 중심으로 한 강도 높은 신체활동

스포츠와 체육

- 영국에서 조직적으로 체계화된 스포츠 태동: 경제적, 시간적 여유 증가
- 학교체육은 체조식 교육을 바탕으로 스포츠 교육이 공존

2) 스포츠와 체육

영국교육은 주변 유럽 국가에서 볼 수 있는 국가주의적 이념이 거의 존재하지 않았다. 그것은 지리적 위치가 해양으로 인하여 인접국과 단절되어 있었고, 강력한 해군력을 보유하고 있었기 때문이었다. 19세기 중엽부터 영국은 역사적으로 황금기를 맞았다. 경제적으로 영국의 상품은 세계 각처로 침투해갔으며, 정치적으로도 식민지 개척을 활발히 시도하여 대영제국의 확장을 이룩하였다. 전반적인 사회변화와 개혁의 분위기는 교육에도 새로운 변화를 요구하고 있었다. 19세기 중엽까지의 영국교육은 상류사회의 자제에게만 부여되었고 교육내용도 기독교와 그리스 및 라틴의 인문고전을 위주로 한 전통적인 주지주의적 교육을 고수하였다. 사회개혁가와 교육자들은 종래의 형식적이고 엄격한 훈육주의를 폐지하고 청소년들이 정열을 쏟을 수 있는 스포츠 활동을 활용하여 규칙의 준수, 충성, 전통존중, 공정심 등과 같은 소위 스포츠맨십을 체득하게 할 것을 주장하였다. 스포츠를 통한 단체훈련을 통해 강건한 신체와 굳은 의지를 가진 신사(gentleman)를 길러냄으로써 대영제국 번영의 밑거름이 되고자 하였다.

19세기 스포츠의 비약적인 발전은 오늘날의 스포츠 형태로 조직화될 수 있는 기틀을 마련하였다. 조직적으로 체계화된 스포츠 형태는 영국에서 발달하였으며, 제국주의와 결부되어 전 세계로 보급되기 시작했다. 다양한 스포츠의 기원 측면에서 태권도, 유도, 검도 등과 같은 무도(武道)는 아시아에서, 농구, 배구, 아이스하키, 야구 등은 미국에서 시작되었다. 그 외 전 세계적으로 유희되고 있는 골프, 테니스, 럭비, 양궁, 배드민턴, 승마, 육상, 조정, 크리켓, 축구 등은 영국에서 조직되고 체계화된 스포츠이다. 영국과 미국은 물질주의, 개인주의에 기반하여 놀이, 게임, 스포츠를 즐기면서 고대부터 귀족적이었던 유희적 신체활동을 일반 민중에게 개방시키고 보급하여 창조적이면서 자기 표현적인 활동을 활발히 전개하기도 하였다. 그리하여 중산층은 물론 하류계급에서도 경제적, 시간적 여유가 증가하여 대중적인 스포츠가 성장할 수 있게 되었다. 또한, 산업혁명에 따른 부의 축적과 여가는 개인주의 사상과 인권존중, 처우개선 등과 결부되어 일반 국민의 경제적, 시간적 여유에 따른 여가선용 방법으로서 스포츠와 레크리에이션을 확장시켰다. 요컨대, 근대 체육교육은 체조식 교육과 스포츠 교육이 공존하였고, 학교체육에 먼저 자리 잡은 것은 체조식 교육으로 건강한 신체와 강한 체력에 교육의 초점을 두었다.

Box 1-4 놀이, 게임, 스포츠의 개념 차이

놀이	게임	스포츠
허구성	허구성	허구성[1]
비생산성	비생산성	비생산성[2]
자유성	불확실성	불확실성
규칙성(임의)	규칙성(관례화)	규칙성(제도화)
쾌락성	경쟁성	경쟁성
(운동, 사회, 지능성)	신체기능, 전술, 확률	신체기능, 전술, 확률
		신체 움직임의 탁월성

1) 허구성은 현실에서 경험할 수 없는 다양한 경험을 가능하게 한다는 것이다.
2) 비생산성은 신체활동이 재화나 상품을 목적으로 하지 않는다는 것이다.

2. 신체의 교육에서 신체를 통한 교육으로

체육의 역사를 살펴보면 체육에 대한 개념이나 운동의 형식, 방법 등이 시대의 변천에 따라 많은 변화의 길을 걸어 오늘에 이르렀다는 것을 알 수 있다. 19세기 영국과 독일을 중심으로 한 유럽에서 근대 체육교육이 시작되었지만, 식민지 시대부터 현대에 이르기까지 체육을 체계화시키고 학문적 틀을 완성한 국가는 미국이므로, 미국 체육사에서 체육교육적인 측면을 탐색해 볼 필요가 있다.

가. 신체의 교육(education of the physical)

일반적으로 현대체육에 대한 시대적인 성격규명에는 신체에 대한 교육 또는 신체의 교육인 'education of the physical'과 신체를 통한 교육 'education through the physical'이 있다. 1900년 이전의 체육교육은 형식도야론[3]을 기저로 한 신체에 대한 교육이었으며 이는 초기 체육 발달에 기초적인 역할을 담당한 의료계 사람들에 의해 개념화되었다. 이들은 '신체의 올바른 계획이 한 나라 젊은이들의 신체적인 건강에 중요한 기여를 한다.'라고 학교 교육과정에 체육을 정식 교과목으로 채택하도록 장려하였다. 그리하여 그 무렵 미국 등의 나라에서 이미 보편화된 여러 운동 종목이나 미용체조 등과 더불어 건강한 몸 만들기 운동(physical training) 열풍이 불기 시작했고 체육교육은 건강증진과 질병 예방을 주된 초점으로 하였다. 미국에서 이러한 개념 정립에 주도적인 역할을 한 사람은 의사인 히치콕(Edward Hitchcock, 1828~1911)으로 딱딱하고 형식적인 독일식 체조를 지양하고 기구와 음악을 동반한 가벼운 체조활동의 필요성을 주장하였다. 따라서 19세기 미국 체육교육의 이론적 기초는 그 당시의 의학과 과학적 지식에 있었다. 체육전공 내용도 해부학, 생리학, 건강, 응급처치, 역사와 철학, 교육심리학, 스포츠 기술 등으로, 새롭게 태동하고 있던 체육과 교육과정의 중요한 영역이었다.

신체의 교육은 체육의 범위를 신체에 한정시킴으로써 강하고 튼튼한 신체, 아름다

3) 일정한 형식이 그것을 익히는 사람에게 주는 특별한 학습효과를 말하는 것인데, 예를 들어, 수학을 많이 공부한 사람은 그렇지 않은 사람보다 훨씬 논리적이게 되어 추리 같은 것도 잘하게 되고, 배드민턴을 통해 배운 손목 스냅의 활용은 테니스의 스매싱에 전이되어 학습능력이 배가 된다. 한마디로 '공부를 잘하면 무엇이든지 잘한다.'라는 사회적 통념과도 일맥상통한다.

운 신체 등 주로 신체의 외적인 건강의 개념으로 한정 지었다(김성곤, 2016). 또한, 체육을 근육의 발달 못지않게 심폐기능과 신진대사 등과 같은 종합적인 생리기능의 향상과도 연관 지었다. 위의 기술만 놓고 봤을 때 신체의 교육을 심신이원론적 사조와 맥락을 같이하여 몸과 정신의 분리로부터 시작된다는 개념으로 이해할 수도 있다. 즉 '신체의 교육'으로의 복귀는 인간의 발전과 행복에 전면적으로 기여하는 유기체의 기능이 곧 체육의 기능이라는 믿음을 가지고 있다. 그러나 정신이 포함된 전인적 인간은 전적으로 생물학적이고 삶의 모든 측면에서 힘, 유연성, 운동기술, 건강 등과 같은 생물학적 특징에 의해 철저히 영향을 받는다. 따라서 신체의 교육은 인간 존재에 관해 정신적인 측면을 분리시켜 부분적으로 설명하는 협의적인 개념어 아니다. 학생들에게 신체 그 자체를 올바르게 인식하고 발달시키는 것이, 그들의 교육과 삶을 윤택하게 하는 것이며, 이러한 실질적인 논리는 학교 교과로서의 체육의 가치를 옹호하게끔 한다. 따라서 현대체육의 광의적인 관점에서 신체의 교육은 일원론과 이원론적 개념을 동시에 포함하는 통합적인 차원에서 이해해야 할 것이다.

나. 신체를 통한 교육(education through the physical)

19세기 신체의 교육이 '신체'의 측면을 강조한 것에 비해 20세기 초의 신체를 통한 교육은 '교육'의 측면을 강조하였다. 신체활동은 단지 기계적, 생물학적 결과만을 목표로 한 것이 아니라 윤리적, 사회적, 심리학적으로 중요한 목적에까지 확장된 개념이다. 용어 자체도 'physical training'에서 'physical education'으로 전이되는 시기이기도 하다. 20세기 초 미국은 정치, 경제, 사회적으로 진보주의 운동이 시작된 때이며 교육에 있어서도 John Dewey, William James, Thorndike, Stanly Hall 등에 의해 진보주의 교육운동이 전개되었다. 진보주의 교육철학의 핵심은 종래의 교사 중심적이며 교과 중심적인 교육을 비판하면서 아동 중심적이며 경험, 생활 중심적인 교육의 실현을 주장한다는 것이다. 아동은 성인의 축소판이 아니라 인간 그 자체이며 교사의 역할은 아동 경험 과정을 안내하고 도움을 주는 조력자이자 안내자이다. 학교생활은 사회생활의 축소판이며 교육과정은 아동 경험의 총체로 아동의 필요에 따른 흥미와 경험의 성장이 교육활동의 중심이 되어야 한다는 것을 강조한다.

진보주의 교육사조의 영향을 받아 체육 분야에서도 놀이, 게임, 스포츠, 레크리에이

선과 같은 다양한 활동이 교육내용으로 채택되기 시작했다(한국스포츠교육학회, 2015). 체육에 있어 이러한 방향전환을 주도한 사람은 Luther H. Gulick, Thomas D. Wood, Clack W. Hetherington 등이며 이들은 체육교육은 신체적 발달 이상의 교육적 가치가 있다는 것을 강조하였다. Wood는 1893년 국제교육학회에서 '신체육(new physical education)'의 개념을 설명하면서 "체육은 신체를 위한 교육이 아니라, 신체 훈련이 교육을 완성시키는 데 차지하는 역할에 있다."라고 하여 체조 중심의 체육을 비판하였다. 1932년 체육 개념의 정립에 있어 "체육은 단순히 신체의 교육이 아니라 전인교육을 위한 신체단련이며, 환경과 훈련과 문화 속에서 개인의 생활이 완전한 몫을 할 수 있는 신체를 만드는 노력이다."라고 하면서 신체활동을 통한 체육으로 패러다임이 전환하는 계기를 마련하였다. 미국 현대체육의 아버지로 일컬어지는 Hetherington도 1910년 '근본적 교육'이라는 논문에서 체육의 근본적인 목표를 신체기관 교육(organic education), 심동적 교육(psychomotor education), 인성 교육(character education), 인지적 교육(intellectual education)으로 제시하였으며, 이 구분은 오늘날 전 세계적으로 체육교육의 역할과 목표를 설정하는 데 밑바탕이 되고 있다. Wood와 Hetherington 등은 신체에 관한 것 이외에 체육을 통해 얻을 수 있는 교육적 가치를 강조하면서 교육과정을 구성하는 데 필수적인 영역이 되어야 함을 주장하였다.

'education through the physical'이라는 어구를 실제로 만든 이는 Jesse Feiring Williams이다. 그는 교육을 '특정한 종류의 결과를 가져올 수 있는 선택된 인간 행위의 총체'라고 선언하였다. 즉 '선택된 인간행위'는 민주적인 방법으로 생활하는 데 기여할 수 있는 인간의 행위를 말하는 것이고, '결과'라는 것은 자기 나라의 부강에 필요한 지적 인격이라고 하였다. 이러한 개념을 'education through the physical'로 대응해 본다면 체육은 신체의 발육발달은 물론 지적, 사회적, 정서적, 윤리적으로 완전한 인간을 만드는 교육의 한 부분이자 방법이라는 것이다. 신체를 통한 교육의 개념으로 전환됨으로 인해 체육의 입지가 확대되어 체육교과의 이수가 입법화되고 1919년부터 1930년까지 39개 주(州)에서 체육교과를 필수과목으로 채택하였다. 체육 교사를 양성하기 위해 교사양성기관의 교육이 보다 전문화되고 강화되었으며, 미국교육학회 산하에도 체육 분야 전문위원회를 두어 연구영역을 확대하고 타 분야와의 공동연구를 활성화하는 계기도 마련하였다.

3. 체육 학문화 운동과 스포츠교육학

가. 스푸트니크 쇼크(Sputnik crisis)

2차 세계대전이 끝난 1940년대 중 · 후반 미국의 민주주의와 자본주의, 소련의 군부 독재와 공산주의로 나뉘어 이념 간의 냉전(Cold War)체제가 시작되었으며 두 나라는 양 진영의 중심축이 되는 국가였다. 1950년대 접어들어 경제전쟁, 교육전쟁, 정보전쟁, 과학전쟁 등이라고 표현하면서 두 강대국은 더더욱 서로 간의 견제와 갈등이 팽배해졌다. 그러나 미국을 포함한 서방의 자본주의 국가들은 소련을 미국에 대항할 만한 위협적인 존재로 인식하지 않았다. 이유는 2차 세계대전 내내 나치를 주로 상대하던 소련이었지만 미국이나 영국의 지원이 없었다면 버티기 어려웠다고 여겼던 것이다. 또한, 탄탄한 자본과 부의 축적으로 무기체계나 과학 분야, 교육 분야 등 모든 사회 분야에서 소련을 압도한다고 생각했다.

그런 와중에 1957년 10월 4일 소련은 세계 최초의 인공위성인 스푸트니크 1호 발사에 성공했다. 인공위성 개발뿐만 아니라 인공위성을 탑재한 로켓 발사체의 개발과 발사 성공이 미국에는 쇼크였다. 즉 이 발사체에 인공위성 대신 핵탄두를 실어 미국의 본토까지 보내 심각한 타격을 입힐 수 있다는 공포와 위기감이다. 게다가 소련은 1957년 11월 3일에 인간은 아니지만, 최초의 생명체인 라이카(Lika)라는 개를 실은 스푸트니크 2호의 발사에도 성공하는데, 이때 발사된 스푸트니크 2호는 수소폭탄을 실을 정도로 대용량을 탑재할 수 있었다. 소련의 우주개발은 1961년 4월 12일 인류 최초의 유인 우주선인 보스토크 1호를 우주 궤도에 진입시킴으로써 미국보다 한발 앞선다는 것을 증명하였으며, 이는 미국 사회에 커다란 충격을 주기에 충분했다. 인류 최초의 우주인인 유리 가가린은 “지평선이 보인다. 하늘은 검고 지구의 둘레에 아름다운 푸른색 섬광이 비친다.”라고 우주 공간과 지구의 모습을 묘사하였다.

스푸트니크의 발사는 1900년대 초부터 미국의 교육 전반에 영향을 끼친 경험주의 교육 사조에 대한 심각한 반성과 성찰을 불러오게 했으며, 수학과 과학 등 기초학문에 대한 교육적 투자와 교육개혁 운동을 통해 학문 중심 교육 사조로 전환하는 계기가 되었다. 당시 미국의 교육개혁은 과학을 필두로 모든 교육기관의 학문 수준을 향상시키고 심도 있는 학문적 체계를 구축하는 데 초점을 맞추었다. 피교육자의 흥미 위주,

경험 중심, 교사의 의사결정권 부재 등 경험주의 교육의 문제점을 극복하고자 한 학문 중심 교육 사조는 교과의 전체적인 이해와 본질적인 핵심에 대한 접근, 원리의 이해에서 오는 높은 전이 가치와 장기간의 기억, 초급지식과 고급지식의 간격 축소, 추상적 사고의 확대 등을 강조하였다(오만록, 2016). 즉, 도제식 교육의 주입식 방법과는 달리 각 교과나 학문의 개념이나 법칙을 이해하고 적용하는 데 필요한 원리와 인지적 사고 능력을 강조함으로써 학습자들의 자기 주도적 학습력 신장을 중요시하였다. 교육적 패러다임의 변화와 더불어 미국은 미 항공우주국(NASA)을 창설하고 국가 주요기관의 정보를 비밀리에 소통하기 위한 통신수단인 인터넷 개발에 박차를 가했다.

나. 체육의 학문적 성립

1960년대까지만 해도 체육은 미국 학교 교육 중 중요한 교과로만 인식되었고 대학에서는 학문 분야라기보다는 체육 교사 양성을 위한 직업훈련을 담당하는 전문 분야로 인식되었다. 20세기 초반부터 체육교육의 중요성이 강조되고 전문직업 분야가 확대되자 체육 이론 연구자와 교사, 코치, 선수, 체육행정인 등 체육전문인들이 당면하는 실질적 문제 사이에 괴리가 발생하기 시작했다. 다시 말하면 전문적인 직업 분야의 확대에 따른 학문적, 과학적 지식의 부족이 노출되었던 것이다. 심도 있는 학문의 체계를 구축해 나가는 데 신체활동에 의한 기능 중심, 과학지식의 부족, 해당 분야의 축적된 지식 부족 등은 체육이 학문이 될 수 있느냐의 가장 큰 걸림돌이었다. 바로 이러한 시기에 하버드 대학 총장 출신인 James Conant가 1963년 ‘미국의 교사교육(The Education of American Teachers)’이라는 논문에서 “체육은 음악과 미술과 같이 신체기능을 유일한 교육내용으로 하는 교과이므로 학문적인 지식은 체육에서 다루어지지 않아야 한다.”, “나는 체육 분야의 대학원 과정에서 행해지고 있는 연구 내용을 읽어봐도 인상 깊은 내용이 하나도 없습니다. 만약 교사교육 내용 중에 가장 형편없는 분야가 있다면, 나는 체육 분야의 대학원 수업이라고 주장합니다. 어떤 대학이든지 이 분야의 대학원 프로그램을 폐지해야 합니다.”라고 하면서 체육학은 독특한 이론체계가 존재하지 않는다고 주장하였고, 이는 체육전문인들에게 체육을 학문화하려는 운동의 불쏘시개가 되었다.

Conant의 도전에 가장 강력한 응징을 보여준 사람은 캘리포니아대학의 Franklin

Henry로 1964년 미국대학체육교육연맹(National College Physical Education Association)에 'Physical Education: An Academic Discipline'이라는 제목으로 발표하였다. Henry는 체육이 학문화되기 위해서는 인간 움직임, 스포츠와 운동 등 뚜렷한 연구대상이 있어야 하며, 체계적인 연구방법과 해당 분야의 독특하고 축적된 지식이 구비되어야 한다고 주장하였다. 체육의 학문화를 위한 노력은 20세기 후반부에 접어들면서 많은 체육학자들에 의해 '전문적 영역'과 '학문적 영역'에서 이론적이고 실제적인 체계가 이루어졌다. 전문적 영역은 지식 추구의 동기가 봉사에 있으므로 교육적 입장에서 체육의 본질, 가치에 관한 개념이고, 학문적 영역은 지식 추구의 동기가 호기심에 있어 이론을 생성하고 실제를 이해하는 묘사와 실험의 개념이다. 1960년대와 1970년대 체육 학문화 운동으로 이루어진 체육학의 학문적 체계화 흐름 속에서 초기에는 운동생리학, 운동역학, 운동학습, 스포츠 사회학 등을 중심으로 하위 학문 영역이 만들어지기 시작하여 현재는 인문학, 사회과학, 자연과학 범주에서 18여 개의 세부 전공이 나뉘어 있다(한국스포츠교육학회, 2015).

〈표 1-1〉 체육학의 학문 영역

인문과학	사회과학	자연과학
체육사학	스포츠사회학	운동역학
체육철학	스포츠심리학	운동생리학
체육정책학	스포츠산업경영학	운동영양학
	스포츠교육학	발육발달학
	특수체육학	스포츠의학(운동해부학)
	여가 · 레크리에이션학	
	무용학	
	사회체육학	

다. 스포츠교육학

스포츠교육은 스포츠를 지도하는 활동으로서, 사람들이 삶 속에서 스포츠를 체험하고 문화 활동으로 향유할 수 있도록 가르치는 것이라고 할 수 있다(한국스포츠교육학회, 2015). 최근 학교 교육에서는 교과로서의 의미가 강한 '체육'이라는 용어보다는 신체활동과 관련된 다양한 사회·문화적 현상을 포괄하는 의미로서 '스포츠'가 대안적인 용어로 자리 잡고 있다. 주로 스포츠교육은 학교에서 학생들의 건강한 심신을 함양하는 교과활동으로서의 학교체육을 의미한다.

체육 학문화 운동에 의해 체육학의 하위 학문 영역들이 생겨나면서 이에 영향을 받아 1970년대 들어서면서 체육수업, 교육과정, 교수기술, 교사교육 등을 주요 대상으로 하는 체육교육의 학문적 연구 분야인 스포츠교육학이 탄생했다(최의창, 2001). 스포츠교육은 스포츠문화를 내용으로 하고 이것을 매개로 하는 교육이기 때문에 스포츠문화와 관련하여 생산된 체육학적 지식이 스포츠교육의 중요한 소재가 된다. 스포츠문화란 인류의 정신적, 유희적 활동의 소산인 스포츠의 기술, 전술, 훈련방법, 시설 및 용구, 규칙과 예절, 조직 및 제도, 과학 등을 포함한다(한국스포츠교육학회, 2015). 이러한 스포츠문화를 교사나 학생들의 교육내용으로 선택하거나, 보다 적절한 교재로 가공하여 이론화시키고 현장을 개선하기 위해 실천하는 일련의 과정이 스포츠교육학의 분야이다.

실제 스포츠교육학의 성장을 위한 연구의 방향과 도구를 제시해 준 것은 일반 교육학이다. 스포츠교육에서 앞에 놓인 '스포츠'가 수식의 기능을 가진 한정사(限定詞)이고, 뒤에 있는 '교육'이 기본적인 의미를 나타내는 기저사(基底詞)이므로 스포츠교육은 스포츠가 교육을 위한 수단이 되는 것이다. 일반적으로 '댄스스포츠'와 '스포츠댄스'를 혼용해서 사용하는 경우가 많은데, 위의 한정사와 기저사의 개념 정의 측면에서 보면 '댄스스포츠'가 옳은 용어임을 알 수 있다.

1950년대 이후 일반 교육학 분야의 연구는 주로 수업 활동에 관한 연구가 주종을 이루었고 학생의 학업 성취를 효율적으로 증가시키는 수업 요인이 무엇인가를 파악하는 것에 초점을 맞추었다(김용환 등, 2000). 그 후 이러한 연구는 수업 효율성(teaching effectiveness) 연구라는 이름으로 불리면서 스포츠교육학 분야에서도 이러한 성격의 연구가 급격하게 확산되었다. 1970년대에 일반 교육학 분야에서는 종전의 수업방법 연구에서 벗어나 관찰 도구를 사용하여 교실의 수업 활동을 체계적이고 객관적으로 기술하였다. 스포츠교육학 연구자들도 이러한 동향을 수용하여 운동장과 체육관에서 벌어지는 체육 교사와 학생의 교수·학습 행동을 수치화하여 기록하고 분석하기 위한 체계적 관찰 도구를 개발하고 표준화하였다. Anderson과 Barrette(1978)는 위와 같은 기술-분석연구는 교사들에게 자신의 교수 행동과 다른 교사들의 교수 행동이 적절한지를 평가하여 관찰을 통해 밝혀진 비효율적인 교수 행동을 수정하고, 교사교육 프로그램 조직에 유익한 근거가 된다고 주장하였다.

체계적 관찰 도구를 이용하여 교사와 학생 행동의 기술 및 분석에 초점을 맞춘 연구가 행해지고 나서 교사 행동을 과정 변인으로 하여 학생의 학업 성취를 결과 변인으로 삼아 이들 간의 상관관계를 알아보려는 과정-결과 연구가 활발해지기 시작했다. 과정-결과 연구를 이어 체육 시간의 실제학습시간(academic learning time in PE) 연구를 통해 학생의 수업참여시간과 학업 성취와의 관련을 파악하려는 연구가 활발히 진행되었다. 이 연구들에서는 교수 효율성이 높은 교사는 낮은 교사보다 수업 관리와 대기에 더 적은 시간을 소비하였고, 운동참여와 과제에는 더 많은 시간을 활용한다고 보고하였다. 그 이후 1980년대 들어서 인지심리학 연구의 영향을 받아 겉으로 드러나는 행동보다는 교사나 학생의 사고과정의 중요성을 강조하여 교사의 사고과정과 학생의 사고과정 연구가 이루어졌다.

1980년대 후반 이후 교사가 가지고 있는 다양한 지식에 대한 관심이 고조되기 시작하면서 교사지식에 관한 연구가 활발히 이루어졌다. Shulman(1987)은 과정-결과 연구는 연구설계에서 교과 내용을 무시하고 이루어지기 때문에 문제가 있으며, 교사 사고과정 연구도 사고의 과정에만 관심을 가지고 있을 뿐 그 과정을 통해 처리되는 내용에 대한 관심이 배제되어 있다고 지적하였다(최의창, 2001). 그는 교사가 알아야 할 최소한의 지식영역으로 교육과정 지식, 특정 교과 내용을 가르치는 지식, 수업방법에 관한 지식, 학습자에 관한 지식, 교육상황과 환경에 관한 지식, 교과가 가지는 교육철학과 역사, 가치에 관한 지식 등을 설정하고 어떤 방식으로 습득되고 수업 활동에는 어떤 영향을 미치는지에 대한 연구를 촉구하였다. 이러한 교사지식이 내용교수지식(PCK)으로 발전하였고, 이외의 스포츠교육학 연구 분야에는 교사사회화 연구, 교육과정 연구, 교사교육 연구 등이 있다.

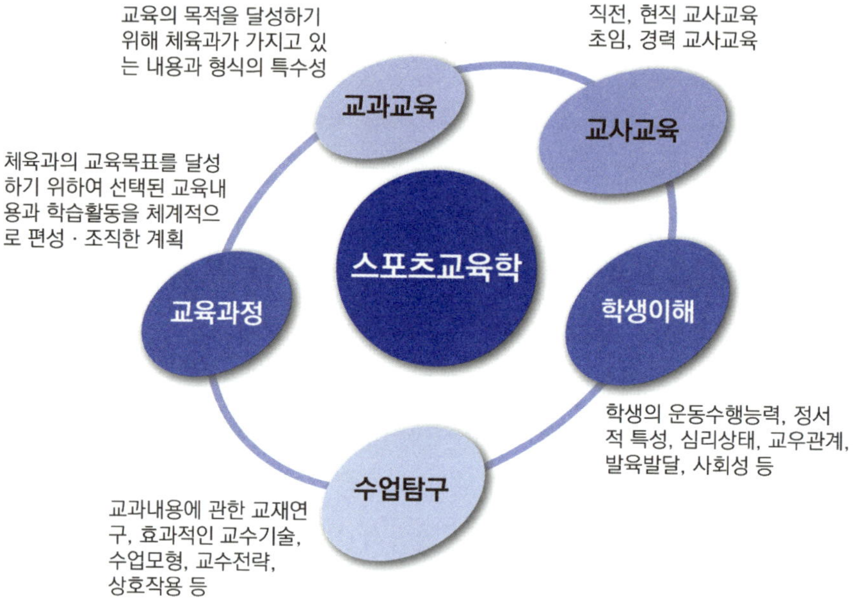

[그림 1-1] 스포츠교육학의 영역

4. 체육과의 목적과 목표

용어의 개념적 정의에서 '목적(aims, purposes, goals)'은 한정된 것이 아니라 방향성을 지닌 비교적 원거리로 향하는 이상이라고 표현할 수 있는 반면에, '목표(objectives)'는 이 목적을 달성하기 위해 좀 더 구체적으로 그 내용을 분석하고 실현 가능케 설정된 항목이나 과정 또는 단계라고 할 수 있다. 이에 목적은 목표의 상위개념이다. 체육과의 목적은 체육이 궁극적으로 지향하는 바를 규정하는 이상적이며 포괄적인 상위개념이고, 체육과의 목표는 체육의 목적을 달성하는 데 기대되는 체육의 행동성과를 규정하는 보다 현실적이고 구체적인 하위 개념이라고 할 수 있다. 체육과의 목적은 '계획적인 신체활동을 통한 전인의 육성'이라고 할 수 있으며, 이 목적을 위해서 신체활동의 올바른 실천과 체육과 건강생활에 필요한 지식의 이해를 통하여 심신의 건전한 발달을 촉진하고 건강생활을 위한 태도와 능력을 함양해야 한다. 다시 말하면, 체육의 목적은 전인적 인간 발달이라는 교육의 일반 목적과 일치하는 것으로, 교육의 일반 목적 내에서 합리적이고 의도적인 신체활동을 통해 개인의 신체적, 인지적, 정의적 발달을 촉진함으로써 개인의 잠재력을 최대한으로 발달시켜 민주 사회의 건강한 시민을 육성하는 데 있다.

체육교육의 목적을 달성하기 위해 학생들의 심동적, 인지적, 정의적 영역의 발달을 꾀하는 것이 곧 체육의 목표가 된다. 체육의 목표는 체육의 목적으로부터 도출되는 구체적이고 현실적인 세부 개념으로 교수·학습의 지침이자 평가의 준거가 된다. 심동적 영역의 발달에는 건강 및 체력, 스포츠의 기술 발달이 포함되고 인지적 영역의 발달은 스포츠 이해, 지적 사고 기능, 창의력, 지각력, 학력 증진이, 정의적 영역의 발달은 정서적·사회적 발달과 일맥상통하며 심리적, 정서적 건강뿐만 아니라 사회적 기술, 도덕적 인격 등이 포함된다.

가. 심동적 영역의 발달

심동적 영역의 발달은 신체의 여러 기관조직을 발달시켜 개인의 신체적성(physical fitness)과 체력을 증진시키는 것과 신경근의 발달을 통해 운동기술을 향상시키는 것으로 구분할 수 있다. 건강은 인체의 모든 대근육군의 움직임인 신체활동, 특히 근육운동과 밀접한 관련을 맺고 있다. 신체활동은 인간의 생리적 기능 향상뿐만 아니라 신진대사, 호르몬 분비, 활동적인 세포 활동을 통한 근육조직의 강화와 건강 체력의 향상을 도모함으로써 건강하고 행복한 삶을 영위하는 데 필수조건이다. 또한, 스트레스나 긴장을 풀 수 있고, 피로와 질병에 대한 저항력도 높여 준다.

운동 및 동작 발달과 관련된 운동기술의 향상은 효율적으로 신체 에너지를 사용하여 선택된 신체 동작을 수행할 수 있는 능력 개발을 목표로 한다. 이는 지각, 조정력, 평형성, 순발력, 민첩성, 협응성 등의 운동 체력과 밀접한 관련이 있으며, 이러한 요인들이 잘 조합될 때 완전하고 세련된 운동 수행이 가능하다. 어느 정도의 기술이 체득된 상태로 운동에 참여하면 즐거움을 배가시킬 수 있다. 예를 들어 초등학생들이 티볼을 할 때 지속적인 연습을 통해 타격 능력이 늘어 원하는 방향으로 공을 칠 수 있다거나 공 던지는 원리를 익혀 짝과 함께 캐치볼을 자연스럽게 할 수 있을 때는 티볼 경기가 재미있고 역동적으로 전개될 수 있다. 운동기술 함양의 또 다른 가치는 에너지 소모를 줄이며, 자신감을 가지게 하여 신체적, 정신적 건강을 높이고 미적 감상 능력 발달에도 도움을 주는 것이다.

나. 인지적 영역의 발달

하버드 의대 존 레이티 교수는 네이처빌 센트럴 고등학교 학생을 대상으로 등교와 동시에 자신의 체력 수준에 알맞은 강도로 운동장을 1마일(약 1.6km) 달리는 '0교시 체육수업' 실험을 했다. 한 학기가 지나자 학생들의 수학과 과학 학업 성취도 국제비교 연구(TIMSS) 순위가 놀라운 향상을 보였으며, 읽기와 문장이해력도 증가하였다. 이와 같이 신체활동에 참여하는 시간이 많을수록 학생들의 학업 성취수준이 향상되고, 학업 성취도가 높은 학교가 그렇지 않은 학교에 비해 신체활동 수준이 더 높다는 연구결과가 보고되고 있다(Linder, 2002). 최근에는 뇌인지과학(뇌신경과학)의 발달로 뇌의 특정 구조물 혹은 신경 네트워크의 관찰이 가능해짐에 따라 운동에 의한 뇌 변화뿐만 아니라 인지기능에 미치는 영향에 대한 근본적인 기전(mechanism)을 규명하기 위한 연구가 활발해지고 있다.

인지적 영역의 발달이란 위에서 언급한 인지적 사고능력뿐만 아니라 신체에 대한 지식, 건강 유지에 관한 지식 그리고 이러한 지식의 이해력 등을 다루는 것이다(김동규, 2005). 인간 동작의 본질, 인간의 성장발달에 대한 운동의 영향, 신체 문화에 대한 가치 등을 해석하고 이해하는 데 필요한 지식의 체계이기도 하다. 그리고 시간, 공간과 같은 요인에 관계되는 것들을 포함한 운동의 과학적인 원리 등을 다룬다. 운동경기의 역사, 규칙, 전술 등의 이해가 포함되며, 신체활동의 이해에 의한 자아표현과 긴장으로부터 해방되는 데 필요한 감정의 배출도 목표가 될 수 있다.

다. 정의적 영역의 발달

정의적 영역의 발달은 신체활동을 통해 건전한 사회적 기술을 얻도록 하는 것이 가장 중요하다. 사회적 기술에는 스포츠맨십, 자기 수양, 이타심(利他心), 성실성, 정직, 배려 등의 요인이 강조된다. 이 밖에도 책임의식, 규칙 및 규정 준수의 태도, 협동과 분업의 조화, 소속감, 공동체 의식, 긍정적 정서 등이 신체활동을 통해 형성된다고 본다. 이는 건전한 여가의 이용을 유도하여 개인이나 집단이 사회의 구성원으로서 효과적으로 적응해 나가도록 하며, 자기가 맡은 일의 수행에 필요한 태도, 가치관, 사회적 관습의 이해에도 전이 가치가 있음을 의미한다. 운동이나 스포츠 등 신체활동에 지속적으로 참여하게 되면 스트레스를 해소하고 긴장을 완화할 수 있다. 스포츠는 인간에게 내재된 공격성, 파괴성, 경쟁성 같은 근원적 성향을 합법적인 절차와 방법을 통해 배출함으로써 심리적, 정서적 안정을 가져다줄 수 있다(한국스포츠교육학회, 2015). 정서적 안정은 자아개념을 발달시키는 데 전제가 되는 중요한 요인이다. 학생들은 성숙한 인간으로서의 자기 자신에 대한 건전하고 긍정적인 태도를 발달시켜야 한다. 좌절과 실패의 경험이 반복되면 정서적으로 불안할 뿐만 아니라 매사에 자기효능감이 떨어지게 마련이다. 신체활동을 통해 성공과 자아실현을 경험함으로써 정서적 안정을 도모하고 자신감을 발달시키며 성취감을 통해 행복을 발견해야 한다.

초등학생이 스포츠 활동에 참여한다고 해서 위에서 언급한 정의적 영역의 발달이 자연스럽게 이루어진다는 것은 절대 아니다. 스포츠 활동을 통해 얻을 수 있는 교육적 효과를 인식하고 정확한 내용 지식을 바탕으로 교수 방법을 전개하는 열정적인 교사에 의해 비로소 정의적 가치를 실현할 수 있다.

5. 초등학교 체육교육의 가치

가. 교과교육으로서의 가치

2022 개정 체육과 교육과정에서는 "체육과는 신체활동의 학습을 통해 활동적이고 창의적인 삶, 건강하고 주도적인 삶, 신체활동 문화를 향유하며 사회 속에서 바람직하게 더불어 사는 삶의 자질을 길러주는 교과이다. 신체활동은 놀이, 게임, 운동, 스포츠, 표현 등의 맥락에서 계획적, 의도적으로 수행되는 움직임으로, 신체 능력과 건강을 증진하고, 다양한 기술과 전략을 바탕으로 타인 및 환경과 상호작용하는 과정에서 형성된 삶의 양식이다."라고 체육과의 역할을 명시하고 있다. 체육과가 추구하는 삶은 세 가지 신체활동 역량을 갖춤으로써 실현된다. 첫째, '움직임 수행 역량'은 신체활동 형식에 적합한 움직임의 기능과 방법을 효율적, 심미적으로 발휘할 수 있는 능력으로 운동, 스포츠, 표현활동 과정에서 움직임에 필요한 지식, 기능, 태도를 다양한 상황에 적용하며 발달한다. 둘째, '건강관리 역량'은 체력 및 신체적, 정신적, 사회적 건강을 유지하고 증진하는 능력으로 체육과 내용 영역에서 학습한 신체활동을 일상생활에서

실천하고, 개인과 사회적 측면에서 건강을 저해하는 요소에 적극적으로 대처하며 함양된다. 셋째, '신체활동 문화 향유 역량'은 다양한 신체활동 문화를 전 생애 동안 즐기며 타인과 상호작용할 수 있는 능력으로 각 신체활동 형식의 특성을 이해하고 인류가 축적한 문화적 소양을 내면화하여 공동체 속에서 실천하면서 길러진다.

신체활동 역량은 총론이 추구하는 인간상을 실현하는 기반이 된다. 자기 주도성은 건강한 삶을 위해 다양한 건강 관련 문제를 적극적, 주도적으로 해결하는 과정에서 학습되고, 창의적 사고는 신체적으로 활동적인 삶을 사는 데 필요한 움직임을 다양한 환경에서 수행하고 적용함으로써 길러지며, 포용성과 시민성은 신체활동에 참여하며 공동체의 가치 있는 규범과 문화를 인식하고 공유함으로써 함양된다. 이러한 체육과의 역할과 역량은 체육과의 가치로 환언할 수 있으며 이는 앞서 기술한 체육과의 목표와 유사한 맥락에서 접근할 수 있다. 물론 신체의 교육과 신체를 통한 교육의 개념이 통합된 가치라고 정의 내려도 과언이 아니다. 또한 '초등학생에게 체육을 왜 가르쳐야 하는가?'라는 물음에 대한 답이 될 수도 있다.

2013년 미국의 스포츠교육협회(National Association for Sport Physical Education)의 표준에는 "신체적 소양을 갖춘 사람"이라는 용어가 포함되어 있다. 신체적 소양이란 개인적인 삶의 방식으로 활발하게 활동할 수 있게 하는 특성을 의미한다(Whitehead, 2001). 신체적 소양을 가진 사람이란 활동적이고 평생 동안 신체활동에 참여할 수 있는 신체적 역량을 갖춘 사람이다. NASPE의 표준안을 통해서 교과교육으로서의 체육과의 가치를 탐색해 보기로 한다.

Box 1-5 신체적 소양(Physical Literacy, PL)

통상적으로 PL은 영국의 화이트헤드(Margaret Whitehead)가 2000년 발표한 논문을 통해 개념 정립이 시작되었다. 그리고 2010년 〈Physical Literacy: Throughout the Life course〉 서적을 출판함으로써 개념적 명료성이 확립되었다. 화이트헤드는 PL을 "사람이 지닌 신체적 능력을 최대한 발휘할 수 있도록 하는 것으로 자신의 전 생애에 걸쳐 신체활동을 가치 있게 여기며 책임감 있게 참여하는 데 필요한 동기, 자신감, 신체적 유능감, 움직임에 대한 지식과 이해, 건강과 체력에 대한 지식과 이해, 책임에 대한 가치화, 지속적인 신체활동 참여"라고 정의하고 있다.

미국체육교육협회(NASPE)는 아래와 같이 체육교육을 위한 다섯 가지 주요 내용 표준을 제시하고 있다. 이 내용 표준은 궁극적으로 수업의 초점과 방향을 결정하는 틀(framework)이자 체육교육의 목적이라고 할 수 있다.

Box 1-6 체육교육 내용 표준

1. 신체적 소양을 갖춘 사람은 다양한 운동능력과 운동 패턴에서 역량을 발휘한다.
2. 신체적 소양을 갖춘 사람은 움직임 수행과 관련된 개념, 원칙, 전략 및 전술에 대한 지식을 적용한다.
3. 신체적 소양을 갖춘 사람은 신체활동과 체력의 건강증진 수준 달성 및 유지에 필요한 지식과 기술을 보여준다.
4. 신체적 소양을 갖춘 사람은 자기 자신과 타인을 존중하고 개인적, 사회적으로 책임 있는 행동을 보인다.
5. 신체적 소양을 갖춘 사람은 건강, 즐거움, 도전, 자기표현과 사회적 상호작용에 대한 신체활동의 가치를 인식한다.

1) 다양한 운동 수행 능력과 움직임 패턴의 경험

초등학교 시기는 학생들이 배울 시간이 많고 학습 가능성이 높기 때문에 운동수행 능력을 높이고 다양한 움직임을 경험한다. 학생들은 가능한 한 많은 신체기술을 접하고 배울 필요가 있다. 이동, 비이동, 조작 운동과 같은 기본 움직임은 운동뿐만 아니라 일상생활 환경에서 자연스럽게 이루어지는 신체활동이다. 특히 조작운동은 교치성 또는 운동신경이라고 하는 협응력과 관련된 운동으로 신체의 기관과 기관, 외부의 자극에 따른 반응, 공간지각력 등을 향상시킨다. 게임활동은 대근육군의 발달과 다른 사람들과 공간을 공유하는 과정에서 달리기, 피하기, 던지기, 받기, 멈추기, 출발하기 등 다양한 신체활동이 이루어진다. 축구와 농구, 핸드볼, 하키형 게임과 같은 영역형 스포츠와 야구, 발야구, 티볼 등과 같은 필드형 스포츠, 배구, 족구, 배드민턴, 테니스, 탁구 등과 같은 네트형 스포츠 등을 초등학교 시기에 접하면서 신체활동의 즐거움을 인식하고 성인이 되었을 때 자아실현을 위한 방편으로 인식할 수 있는 기회를 제공한다. 그 외에도 모든 운동의 기본이 되는 육상, 체조, 수영을 접하면서 기본적인 운동의 원리와 세련된 운동 동작 생성을 위한 기전(mechanism)을 이해한다. 나아가 자신의 신체적 수준을 이해하고 수용하여 지속적이고 적극적인 움직임 수행 노력을 통해 새로운 목표를 달성할 수 있는 능력을 배양한다. 초등학교 시기에 다양한 신체활동을 접하면서 운동의 묘미와 즐거움, 평생 여가활동으로서의 인식, 스트레스 해소, 원만한 교우 관계 등의 효과를 만끽할 수 있다.

2) 운동 수행과 관련된 개념과 원리, 전략과 전술의 이해

초등학교 시기의 다양한 신체활동은 움직임의 기초 개념을 학습할 수 있으며, 자신의 신체 요소와 외부와의 적응을 통해 인간 움직임의 다양성을 경험하게 한다. 올바른 운동기술의 수행 원리를 학습함으로써 적절한 힘의 분배와 부상 예방, 효율적인 운동 방법 등을 익히게 된다.

- 개인 공간, 움직임의 질, 신체 인식 및 움직임의 관계 등 기본적인 움직임 개념을 이해한다.
- 전문적인 운동기술의 학습 과정에서 반복과 정교함의 중요성을 이해한다.
- 다양한 게임에 참여하면서 규칙과 방법을 이해하고 전술적 판단을 한다.
- 연습, 각성, 세련 등 운동학습과 관련된 간단한 원리를 터득한다.
- 공간에서의 신체 조절력과 기관과 기관, 외부의 자극과 반응에 대한 협응을 이해한다.

3) 건강 유지 및 체력 향상

신체활동은 골격근의 수축과 실질적으로 증가하는 신체 에너지 소비에 의해 생기는 신체 움직임으로 운동, 스포츠 및 여가활동과 같은 다양한 방법으로 움직이는 과정을 포괄하는 용어이다. 반면 체력은 건강과 밀접한 관련이 있으며 신체활동을 수행하는 능력과 관련하여 사람들이 선천적으로 타고났거나 연습에 의해 성취할 수 있는 일련의 속성이다. 초등학교 체육과의 주요 목적은 아동의 신체활동과 건강을 증진시키는 것이다. 신체활동은 아동의 성장과 발달에 긍정적인 영향을 미치고 이를 위해 양질의 체육프로그램과 활동적인 생활습관의 필요성이 다양한 연구를 통해 강조되고 있다.

초등학생의 성장은 체형, 골격발달, 근육발달, 유산소 능력, 비만, 체력 등이 복합적으로 작용하며 올바른 성장과 건강유지를 위해 양질의 체육수업뿐만 아니라 신체활동 프로그램이 학생들에게 제공되어야 한다.

체형은 중배엽, 외배엽, 내배엽으로 구분되는데, 비만과 관련된 내배엽의 체형은 복부가 나왔으며 전체적으로 둥근 외형을 가지고 있다. 내배엽 체형의 아동은 유산소 운동과 복잡한 운동기술이 요구되는 활동에 자신이 없으며 기량 또한 떨어진다. 교사는 아동의 체형이 신체활동 기능에 어떠한 영향을 미치는지에 대해 관심을 가지고 아동의 개인차를 반영한 신체활동 프로그램을 설계해야 한다. 뼈의 성장은 뼈의 중심과 뼈의 양쪽 끝(성장판)에서 일어나며 이곳에서 일어나는 뼈의 성장 속도를 통해 아동의 골격 연령을 정확하게 파악할 수 있다. 성장기에 접하는 다양한 신체활동은 성장판을 자극하여 아동의 골격발달에 긍정적인 영향을 끼친다. 초등학교 시기에는 일반적으로 단거리 달리기를 잘하는 아동이 장거리 달리기도 잘하는 경향이 있다. 이는 사춘기가 시작되어 테스토스테론이 증가하는 청소년기 이전에는 근섬유 분화가 일어나지 않기 때문이다. 이는 근육의 조화로운 발달을 위해 초등학생들에게 다양한 신체활동에 참여할 수 있는 기회를 제공해 주어야 한다는 것을 시사한다. 체력은 건강 관련 체력과 운동 관련 체력으로 나뉘는데, 2022 개정 체육과 교육과정에서는 건강체력으로 근력, 근지구력, 심폐지구력, 유연성, 신체구성을, 운동체력으로 순발력, 민첩성, 평형성, 협응성을 교과 내용으로 제시하고 있다.

4) 자기 이해와 타인 존중

다양한 신체활동을 통해 긴장과 불안을 해소하고 신체기능을 강화하며 긍정적인 정서를 가지는 데 체육교과의 역할은 실로 크다. 그래서 체육수업을 '스트레스를 해소하는 시간'이라고 해도 무방하다. 신체활동은 세로토닌과 엔도르핀과 같은 호르몬 분비를 유도하여 스트레스를 견디고 이기는 힘을 강화한다. 운동장이나 체육관에서 적극적인 신체활동에 참여하는 초등학생들에게서 공격성, 긴장, 억압, 피로, 불안 등의 모습을 찾기 어렵다. 이는 운동이 신체에 자극을 주어 즐거움과 만족감을 높이고 집중력과 숙면에 영향을 주어 정서적 안정 상태를 유지하는 데 도움을 준다는 것을 의미한다. 또한, 운동 수행과정에서 설정한 목표를 달성했을 때의 성취감은 일상생활의 자신감으로 전이되어 주변 환경과 관계를 긍정적이고 적극적으로 맺는 역할을 한다.

사회적 기술의 요소에는 규칙준수와 경쟁심, 협동심, 리더십과 팔로워십, 스포츠맨십, 공동체 의식, 책임의식 등이 있다. 초등학교 시기의 신체활동은 주로 스포츠에서 변형된 게임 형태로 이루어지는데 게임이 진행되는 과정에서의 사회적 기술 습득은 체육교과의 정의적 가치로 의사소통 능력 향상에 도움을 준다. 단, 신체활동 과정에서 운동 수행 능력, 남녀의 역할, 장애, 대인관계 등에 의해 고정관념이나 편견에 의해 교육의 기회와 학습경험에서 부당한 차별을 받거나 소외되는 학습자가 없어야 한다.

5) 신체활동 가치 인식

신체활동 가치는 운동기능과 체력의 향상뿐만 아니라 운동에 관한 지식, 공동체 의식, 신체문화의 향유, 운동 상황에서의 창의적인 문제해결력 등 포괄적 의미에서 접근해야 한다. 초등학교 시기에 다양한 신체활동 가치를 수용한다면 성인이 되었을 때 라이프스킬의 한 영역으로 운동과 스포츠, 여가가 자리 잡아 보다 적극적이고 윤택한 삶을 영위할 수 있을 것이다. 따라서 초등학생이 신체활동에 긍정적 가치를 부여할 수 있도록, 또한 자신의 건강과 웰니스에 영향을 미치는 의사결정과 이에 필요한 지식을 가질 수 있도록 학교교육이 이루어져야 한다.

- 신체활동이 건강에 중요한 이유를 이해하고 설명한다.
- 새로운 신체활동을 시도하고 적극적이고 지속적으로 익힌다.
- 건강과 운동에 관한 정보를 수집하고 이것이 개인의 웰니스에 어떠한 영향을 끼치는지 이해한다.
- 건강한 생활을 영위하기 위한 체중 관리, 안전의식, 올바른 식습관을 실천한다.

나. 체육교과의 현실적 가치

체육과는 학습자가 전 생애에 걸쳐 체력과 건강, 움직임에 대한 기능과 지식, 다양한 신체활동에 참여하려는 의지와 태도를 길러 적극적으로 신체활동에 참여하며, 신체활동 문화를 깊이 이해하고 실천함으로써 건강하고 활기찬 삶을 생활화하고, 타인 및 세계와 소통하며 바람직한 민주 시민으로 성장할 수 있도록 한다(교육부, 2022).

앞서 언급한 신체적, 인지적, 정의적 가치는 체육과가 가지는 고유하고 본질적인 교과로서의 가치이다. 현실적 가치란 학교체육을 활성화시키기 위한 법률이나 학생들의 선호도, 교육과정상의 위상, 대내외적인 지원 등 학교현장과 밀접하게 관련되어 있는 체육교과의 가치를 의미한다.

1) 학교체육진흥법에 의해 체육과 교육과정 운영의 질 제고

2013년 학생의 체육활동 강화 및 학교운동부 육성 등 학교체육 활성화에 필요한 사항을 정함으로써 학생들이 건강하고 균형 잡힌 신체와 정신을 가질 수 있도록 학교체육진흥법이 제정되었다.

Box 1-7 학교체육진흥법(제6조 학교체육진흥의 조치 등) 2023. 9. 15. 시행

① 학교의 장은 학생의 체력증진과 체육활동 활성화를 위하여 다음 각 호의 조치를 취하여야 한다.

1. 체육교육과정 운영 충실 및 체육수업의 질 제고
2. 학생건강체력평가 및 비만 판정을 받은 학생에 대한 대책
3. 학교스포츠클럽 및 학교운동부 운영
4. 학생선수의 학습권 보장 및 인권보호
5. 여학생 체육활동 활성화
6. 유아 및 장애학생의 체육활동 활성화
7. 학교체육행사의 정기적 개최
8. 학교 간 경기대회 등 체육 교류활동 활성화
9. 교원의 체육 관련 직무연수 강화 및 장려
10. 그 밖에 학교체육 활성화를 위하여 필요한 사항

② 학교의 장은 제1항에 따른 조치를 시행하기 위하여 필요한 경비를 학교 예산의 범위에서 확보하여야 한다.

③ 교육부장관과 교육감은 제1항에 따른 조치가 적절하게 취하여지고 있는지를 대통령령으로 정하는 바에 따라 주기적으로 감독하여야 한다. 〈신설 2020. 10. 20.〉

제6조 '학교체육진흥의 조치 등'에 학생의 체력증진과 체육활동 활성화를 위한 조항들이 기술되고 있다. 특히 단위학교 체육수업의 질적 향상 및 신체활동 프로그램의 활성화에 관한 내용으로 체육과 교육과정 운영 충실 및 체육수업의 질적 제고, 여학생 체육활동 활성화, 학생 건강 체력평가 및 비만 판정을 받은 학생에 대한 대책 등을 법적 조항으로 명시하고 있다.

2) 학생들이 가장 선호하는 교과

초등학생들이 인식하는 체육교과는 '용기를 주는 과목', '공기와 같은 과목', '학교에 다니는 낙(樂)', '내 삶에 큰 선물'(미디어 참여와 혁신, 2019.08.13.)이라고 할 만큼 가장 선호하는 교과임에는 틀림없다. 신체활동을 해야만 하는 본능적인 움직임 욕구와 학교 내・외의 생활에서 오는 각종 스트레스를 해소하는 유일한 시간이기 때문이다.

Box 1-8 초등학생들이 체육수업을 선호하는 원인

1. 대부분의 교과목과 달리 체육수업은 매우 활동적이며 조작 중심적이다. 초등학생은 발달 특성상 에너지가 넘치며 움직이고, 뛰고, 달리고, 놀 수 있는 기회를 즐긴다. 신체활동은 오랫동안 책상에 앉아 있는 것보다 더 매력적일 수 있다.
2. 체육 시간에는 성적보다는 참여, 노력, 운동기술 향상 등에 중점을 둔다. 이는 학문적으로 더 까다로운 과목에 대한 압박감을 느끼는 학생들에게 안도감을 줄 수 있다.
3. 체육수업은 보다 편안한 환경에서 사회적 상호작용을 위한 플랫폼을 제공한다. 아이들은 팀으로 활동하고, 우정을 쌓고, 협력과 스포츠맨십과 같은 사회적 기술을 배우는데, 이는 개별 학업보다 더 즐거움을 제공한다.
4. 체육수업에서는 운동 수행 능력의 과정을 보고 느낄 수 있다. 더 빠르게 달리고, 더 높이 점프하고, 새로운 기술을 익히는 등 이러한 실질적인 개선은 아이들에게 자신감과 동기를 부여한다.

3) 주당 3시간이 배당되어 있는 주요 교과

주당 시수 측면에서 체육 시간은 사회, 과학, 영어(5, 6학년)와 같은 주당 3시간의 시수를 확보하고 있는 주요 교과이다.

4) 교과별 연간 기준시수의 20% 증감운영 시 감축에서 제외된 교과

> (총론의 교육과정 편성 · 운영 기준)학교는 학교의 특성, 학생 · 교사 · 학부모의 요구 및 필요에 따라 자율적으로 교과(군)별 및 창의적 체험활동의 20% 범위 내에서 시수를 증감하여 편성 · 운영할 수 있다. 단, 체육, 예술(음악/미술) 교과는 기준 수업 시수를 감축하여 편성 · 운영할 수 없다(2022, 교육부).

현행 국가수준 교육과정 편제와 시간 배당에 학교장은 교육적 필요와 다양한 여건에 따라 학교 교육과정위원회의 자문 및 학교운영위원회 심의를 거쳐 교과(군)별 기준 시수의 20% 범위 내에서 수업 시수를 증감하여 운영할 수 있다고 명시하고 있다. 교과 시수 20% 증감 운영을 하는 데 있어 체육, 음악, 미술은 시수를 늘리는 것은 가능하지만 감축해서 운영해서는 안 된다는 조건을 제시하고 있다.

5) 스포츠강사 지원 협력수업과 체육전담교사의 확대

2008년 체육수업에 필요한 제반 환경을 준비하고 지원하며 수업 진행에 따른 시범 보이기, 내용 지도의 보조역할을 위해 체육보조강사가 현장에 배치되었다. 또한, 과외 체육활동과 학교운동부 활동, 체육 관련 행사의 지원과 단위 학교체육 담당자의 제반 업무를 보조하기도 한다. 담임교사나 체육전담교사가 체육수업의 주체가 되어 이끌어 나가면서 위에 기술된 스포츠강사의 역할을 더한다면 가장 이상적인 체육수업이 이루어질 것이다. 그러나 일부 현장에서는 스포츠강사들이 초등 체육수업을 전적으로 전담하고 있으며, 정작 수업의 주체가 되어야 할 초등교사들은 체육수업의 참관자, 들러리로 전락하고 있기도 하다. 스포츠강사 선발의 취지가 교과전담이 아니라 체육수업 개선을 위한 보조의 역할임을 현장교사와 관리자는 명확히 인식하고 있어야 한다. 체육전담교사는 단위학교에서 희망자 우선으로 선정하며 초등학교 2급 정교사 자격증 이상 소지한 교사가 맡는다. 체육전담교사는 주당 평균 20차시(1차시 40분) 내외의 체육수업을 실시하며, 학교에서 체육과 관련된 교육이나 업무에 전문성을 발휘한다.

6) 학교폭력 예방의 주요 돌파구

초등학교 시기에 신체활동에 적극적으로 참여함으로써 건강과 체력증진은 물론 자존감, 자기효능감, 배려, 협동, 공동체 의식 등과 같은 인성덕목을 함양할 수 있다. 특히 팀스포츠 활동은 배려와 협동을 전제로 이루어지므로 학교폭력을 일으킬 수 있는 소외, 분노, 경쟁, 질투, 비교 등과 같은 결정적 요인의 확대를 예방할 수 있는 돌파구이기도 하다. 또한, 건전한 여가생활로 정과 외 다양한 스포츠 활동은 초등학생들의 심신을 건강하게 할 뿐만 아니라 또래와의 건전한 만남 속에서 인간성을 회복할 수 있다. 정당한 경쟁과 정상적인 승부에 가치를 두는 페어플레이 정신은 도덕적이고 암묵적인 규율이 존재하는 학교생활에서 자신의 행동을 조절할 수 있는 준법정신의 가치도 길러준다. 스포츠 활동이 학교폭력을 예방한다는 전제의 이면에는 스포츠 활동은 극단적인 경쟁심을 유발하고 팀 구성원 또는 팀 간의 갈등을 조장할 수 있다는 문제가 제기된다. 초등학생들의 스포츠 활동에 체계적인 계획이나 교사의 중재와 지도, 인성 측면의 전략 등이 갖추어지지 않고 스포츠 활동의 긍정적인 측면만을 전적으로 신뢰하는 것은 매우 위험하다.

Box 1-9 방과후 체육활동 확대 추진 "인성 기르고 학교폭력도 근절"

교육부는 2023년 4월 10일, 모든 학생이 공감·배려·협력 등 바른 인성을 길러 학교폭력을 근절하고 체육활동에 대한 학부모의 사교육 수요를 공교육으로 흡수하는 방안을 중점 추진하는 2023년 학교체육 활성화 추진 계획을 수립해 시도교육청에 안내했다. 특히 전국 학교스포츠클럽 축전의 종목 수 또한 대면 18개와 비대면 20개 내외로 확대하고 체육온활동 도입 등 방과후 체육활동 확대를 추진해 이를 통해 학생들의 인성을 기르고 학교폭력도 근절해 나갈 방침이다. 교육부는 체육활동 앱에 288종의 다채로운 콘텐츠를 제공해 학생 스스로 언제 어디서든 신체활동을 수행할 수 있도록 한다.

신체활동 프로그램은 콘 축구, 농구 패스 게임, 배려민턴, 풍선 배구, 슬라이딩 피구, 펀치 야구 등 148종이며 주요 콘텐츠는 서킷트레이닝, 스태킹&저글링, 킨볼, 치어리딩, 생존수영, 365+체육온활동 등이다...중략...부총리 겸 교육부장관은 "학교체육 활동은 학생들이 정신적·신체적으로 건강한 학교생활을 가능하게 해 학교폭력이 없는 웃음꽃 피는 학교를 만드는 핵심 기제"라고 강조했다.

[출처] 대한민국 정책브리핑(www.korea.kr) 2023.04.10. 교육부

7) 정규교과 시간 외 체육활동 다양화

초등학교 현장에는 단위학교가 운영의 주체가 되는 학교스포츠클럽, 창의적 체험활동의 스포츠 관련 동아리, 틈새 체육, 시・도교육청이 주체가 되는 토요스포츠데이, 대한체육회 산하 각 지역 체육회가 주체가 되는 즐거운 주말 체육교실, 체육 영재 프로그램 등 정규교과 시간 외 체육활동들이 있다. 또한, 방과후학교 신체활동 프로그램은 그 어떤 영역보다도 학생들의 선호도가 높다. 새롭게 교수・학습의 방향으로 제시된 정규교과 시간 외 체육활동과 연계한 교수・학습은 체육수업에서 생활 속 실천 방법을 안내하고 정규교과 시간 외 체육활동에서 체육수업의 소재를 제공하는 상호 보완적인 구도를 지향하고 있다.

6. 구성주의와 체육수업

가. 객관주의와 구성주의 교육

구성주의는 지식의 본질과 그것을 아는 과정에 관심을 갖는다. 지식은 그것을 바라보는 관점에 따라 객관주의적 관점과 구성주의적 관점으로 구분되는데, 객관주의적 관점에 의하면 대상 그 자체는 고유한 의미를 가지고 있으므로 지식은 실재의 객관적 표상에 지나지 않는다. 이때 지식은 주체의 인식과는 관계없이 외부세계에 객관적으로 존재하는 독립된 실재로서 고정불변의 특성을 갖는다. 객관주의적 가정에 의하면 세계는 일정한 구조를 가지고 존재하며 인간은 그러한 구조를 통해서 세계를 바라본다. 이때 인간의 정신은 주변에 존재하는 객관적 실재와 구조를 거울처럼 모방하기 위해서 활동을 한다. 이러한 객관주의 철학에 기초한 교육은 수업 활동의 미시적인 측면을 강조한 나머지 교수・학습에 대한 총체적인 설명력이 결여되어 있고, 사회・문화적인 특수성의 고려 없이 수동적인 학습자를 양산한다는 한계를 드러내고 있다. 또한, 지식은 책 속에 존재하고 교사의 역할은 이 지식을 학생들에게 전달하는 것이라고 믿기 때문에 가장 효율적인 교수・학습 방법은 당연히 주입식 교육, 일제식 교육일 수밖에 없다. 객관주의 교육은 획일성과 위계성을 낳았고 주입식 교육, 권위주의적 교육, 이기적 경쟁의 문제점을 드러냈다.

〈표 1-2〉 객관주의 철학과 구성주의 철학에 기초한 교육의 비교(김용환 등, 2000, 38쪽 재인용)

관점	객관주의 교육	구성주의 교육
학습자	지식의 수동적 수용자	지식의 능동적 창조자
교육과정	의도적 교육과정	잠재적 교육과정 창조적, 실용주의적
교사역할	지식의 전달자 교육과정 실행자	안내자, 노력자, 지지자, 촉매자, 코치 교육과정 재구성자
교육방법	강의, 암기, 반복, 일제수업, 시범수업 모방활동, 권위적	협동학습, 소집단 활동, 문제해결학습, 개별학습, 경험 중심적, 토의식, 발견학습
강조점	완전학습, 사실이해	반성적 사고, 창조적 사고, 지식의 전이
평가	가치판단적 평가 결과 중심 평가 양적 평가 순위, 서열을 정함	정보처리론적, 통합절충론적 평가 과정 중심 평가 질적 평가 학생과 교사에게 환류되는 자료
교육책임	학습자에게 물음	교사 자신이 짐

객관주의와 구성주의 관점에서 바라본 학습자, 교육과정, 교사의 역할, 교육방법 등 교육의 구성요소에 대한 특성은 위의 〈표 1-2〉와 같다. 구성주의 관점에서는 지식의 객관적 가치를 인정하지 않는다. 지식은 오직 인식주체에 의해서 주관적으로 구성된다. 인간은 자신의 주관적인 경험이나 대상과의 관계를 바탕으로 사물을 해석하므로 지식은 개별 인간의 정신 활동의 소산이다(이병진, 2005). 객관주의가 지식의 객관성을 강조했다면, 구성주의는 학습자가 지식을 구성하는 방법에 관심을 갖는다. 지식을 구성하는 과정에서 대상을 해석하는 결정적인 역할을 하는 것이 개인의 선험적 경험이나 정신구조 및 신념체계이다. 구성주의에 의하면 인간의 정신 활동과 분리된 채 주체의 정신세계 외부에 존재하는 객관적인 실재는 존재하지 않는다.

구성주의 패러다임에 기초한 교육은 종래의 획일화된 교육, 주입식, 기계식, 암기위주, 일제 수업에서 탈피하고 권위주의적인 교사 주도적 수업, 타율적 통제와 훈련, 학습기회의 불평등을 버리고 교육과정을 자율화, 개별화하여 학생들이 자신의 흥미와 발달 속도에 따라 자발적, 주체적으로 선택 활동을 하면서 학습이 이루어지는 교육이다(김용환 등, 2000; 이광섭 등, 2000).

나. 구성주의에 기반한 체육수업

구성주의 패러다임에서 학습자는 교사가 제시하는 지식을 수동적으로 받아들이는 것이 아니라, 그것을 자기 경험에 비추어 분석, 평가할 수 있으며, 재구성하고 새로운 환경과 상황에 전이할 수 있어야 한다. 학습자는 뚜렷한 개성과 소질을 가지고 있으며, 어느 누구도 똑같은 생각을 가지고 있지 않다. 체육수업에서도 학습에 대한 책무성과 자율성을 강조하여 교사의 개입을 최소화하는 자기 주도적 학습환경을 조성하고 수준별 과제를 제시함으로써 학생들이 성공 지향적인 수행이 일어나도록 해야 한다. 과거에는 학생들의 수준을 고려하지 않고 천편일률적인 과제를 제시하여 일부만 성공을 맛보았고, 나머지는 실패와 좌절을 반복 경험함으로써 체육교과에 대한 기피뿐만 아니라 부정적인 자기개념 형성의 원인이 되기도 했다(정우식, 이호철, 2013). 신체활동 과제를 해결하는 과정에서 운동 수행 능력의 향상과 장애물 극복, 한계의 도전 등을 통한 성취감은 신체적 자기효능감을 향상시키고 이는 일상생활로 전이되어 매사에 진취적이고 적극적인 태도를 함양하게 한다.

구성주의 교육에서의 교사는 안내자, 조력자, 촉진자로서 학습자에게 항상 귀 기울이고 자신이 계획한 학습경험의 세계로 학습자를 안내하되 학습자 스스로 탐구할 수 있는 분위기를 형성해 주어야 한다. 과거 교사나 또래의 시범을 보고 그대로 따라하는 식의 직접 교수법 속의 체육 교사는 일반적으로 다분히 권위주의적이고 강압적인 의사결정권자였다. 또한, 학생들의 운동 수행과정보다는 결과에 초점을 맞추어 올바른 피드백을 제공하지 않거나 학생의 운동수준을 고려하지 않아 학생들이 실제 맥락에서 과제를 수행하지 못하기도 하였다. 구성주의에 입각한 체육수업에서 교사는 학생들에게 다양한 신체적 경험이 이루어질 수 있도록 역동적인 과제를 구상하고 창의적인 교수・학습 전략을 전개해야 한다. 또한, 국가수준 교육과정을 이해하여 체육과가 추구하는 성격, 목표, 내용, 방법, 평가에 관한 교육과정 지식을 가지고 있어야 하며, 수업모형, 교수전략, 교수 스타일 등 체육수업의 질을 향상시킬 수 있는 교수・학습 과정에 관한 이론적, 실제적 지식도 구비해야 한다. 그래야만 안내자, 조력자로서의 역할을 충분히 해낼 수 있다.

구성주의는 인식의 초점에 따라 급진적 구성주의(radical constructivism)와 사회적 구성주의(social constructivism)로 나눌 수 있다. 급진적 구성주의는 개인에 초점을 두며, 사회적 구성주의는 공동체 구성원들 간의 사회적 상호작용에 초점을 둔다. 급진적 구성주의에 의하면 학습은 전적으로 개인의 문제이며 학습자는 자신의 배경 지식이나 신념체계 등을 이용하여 학습활동에 능동적으로 참여하고 서로 다른 방법으로 지식을 구성해 낸다. 급진적 구성주의를 비판하며 등장한 사회적 구성주의에서는 학습활동을 사회·문화적 활동의 관점에서 파악하여 공동체 구성원들 간의 사회적 상호작용을 중시한다. 이러한 사회·문화적 관점에서는 공동체 구성원들 간의 대화를 통한 의사소통이 학습활동의 본질이라는 입장을 갖는다. 즉 학습은 직접 과제 활동에 참여하여 다른 사람의 의견에 영향받을 수 있는 사회적 상호작용이 가능할 때 이루어진다고 가정한다. 따라서 구성주의 관점에서의 교수·학습은 교사와 학생, 학생과 학생 사이의 상호작용을 중시하는 사회적 구성주의 원리에 입각한다. 체육수업모형 측면에서 직접교수모형과 개별화지도모형은 급진적 구성주의와, 협동학습모형, 이해중심게임모형, 탐구학습모형 등은 사회적 구성주의의 원리와 일맥상통함을 인지할 수 있다.

구성주의 교육에서 중요한 것은 둘 이상의 사람들 간의 협력적 대화의 과정이며, 구성주의자들은 협동학습의 효과를 증명한 비고츠키(Lev Vygotsky)의 근접발달영역(zone of proximal development, ZPD)이론에 상당한 관심을 갖고 있다. 사회적 상호작용이라는 구성주의의 의미를 제대로 반영하는 체육수업모델이 바로 협동학습모형이라고 할 수 있다. 체육수업에서 협동학습은 모든 학생이 학습과정과 결과에 공헌하기를 기대하면서 제한된 시간 또는 과제에 따라 학생을 팀으로 나누는 것이 중요하다. 팀은 모든 구성원들이 공동 목표를 성취하기 위해 팀원들이 서로 협동해야 하는 스포츠팀과 같은 개념이므로 사회적 구성주의에서 강조하는 사회적 상호작용을 통한 학습이 자연스럽게 일어날 수 있다. 체육수업과 관련된 많은 선행연구에서도 협동학습은 운동 수행 능력 촉진, 학업 성취, 자아존중감 개선, 능동적이고 적극적인 학습, 사회적 기술 발달, 동료 간의 수용과 친밀감 증대 등에 긍정적인 영향을 끼쳤다고 보고하고 있다. 이러한 협동학습의 교육적 가치와 효과를 발현하기 위해서는 일회적인 협력이 아니라 협동학습이 가지고 있는 과제구조의 내용과 방법에 관한 이론과 실제의 지식을 교사가 완전히 인지해야만 한다.

협동학습 과제구조는 제9장의 수업계획 및 도입에서 기술되므로 과제구조 이전에 협동학습(cooperative learning)과 협력학습(collaborative learning)에 대한 개념을 올바로 정립하는 것이 필요하다. 일선 현장에서는 모둠 협력 학습 구조를 단순히 학생들이 협력하여 과제를 완성해 간다는 가시적인 측면에서 협동학습이라는 용어를 사용하기도 한다. 예를 들어 체육 시간에 태권도의 유래를 조사하고 토의해서 발표하는 과제를 실행할 때 태권도의 유래에 대해서 모둠원들이 숙제로 조사해 온 자료를 모둠장이 취합해서 다시 요약하고 정리하는 과정을 거친다. 그리고 발표를 위한 포스터를 제작하는데 주로 모둠장이 리더가 되고 나머지 모둠원들은 색연필을 들고 있거나, 모둠장에게 반론을 제기하기도 하고, 무심히 바라보거나, 비과제행동을 하기도 한다.

〈표 1-3〉 협동학습과 협력학습의 차이

협동학습(cooperative learning)	협력학습(collaborative learning)
긍정적 상호작용	상호의존성이 없음
개인적 책무성	개인적 책무성이 없음
구성원의 이질성	구성원의 동질성
의도적인 팀 구성	일회적인 팀구성
공유하는 리더십	한 사람이 리더가 됨
서로에 대한 책임을 공유	자신에 대해서만 책임을 짐
과제와 구성원과의 관계지속성 강조	과제만 강조
사회적 기술을 직접 배움	사회적 기술을 배우지 않음
교사의 관찰과 개입	교사는 집단의 기능을 무시함

협동학습은 팀 보상, 개인의 책무성, 학습 성공에 대한 동등한 기회 제공 등을 바탕으로 학습과제구조가 내재되어 있다. 또한, 각 개인에게 주어진 할당 과제에 대한 책임이 있으며, 과제 완수 정도는 팀의 성적과 직결되므로 개인적 책무성이 강하다. 반면 협력학습은 덜 형식적이고 영속적인 구조를 가지는데 사회성과 운동 수행 능력 함양보다는 수업의 효율성을 높이기 위한 관리상의 이유로 대개 단기간 내에 소집단으로 협동이 이루어진다. 이러한 협동학습 요소들을 이용한 교육환경은 강의와 암기, 시범과 반복, 직접 교수 등 체육수업에서의 전통적 학습형태에 하나의 대안이 될 수 있다. 학습자들이 팀 활동, 의사소통, 효과적인 협력과 같은 다양한 활동에 참여할 기회를 제공받고, 동등한 기회를 부여받은 구성원들 사이에서 사회적 상호작용이 활발하게 이루어질 수 있다.

7. 교사 전문성과 반성적 수업

지금까지 교사의 전문성을 개발하기 위해 대학과 현장에서는 어떠한 관점으로 접근했으며 이에 대한 대안으로 등장한 새로운 관점은 무엇인지 기능주의적 관점과 실천주의적 관점으로 구분하여 제시하고자 한다.

가. 기능주의적 관점

교사의 전문성 향상은 주로 사범대학이나 교육대학에서의 직전 교사교육과 현장에서의 현직 교사교육을 통해 이루어진다. 대학에서는 교양과목과 교직과목을 이수하고 교생실습에 참여하는 것으로, 현장에 나가서는 실제 수업을 행하고 각종 연수에 참여함으로써 전문성 향상이 이루어진다. 이러한 방식을 기능주의적 관점 또는 합리적 관점이라고 하고 현재의 지배적인 관점이다. 이 관점은 이론이 실제보다 우선하고, 실제의 개선은 이론적 지식을 통하여 이루어진다고 간주한다. 실제로 거의 모든 교사교육 프로그램이 이러한 관점을 따르고 있다.

그러나 이러한 방식은 교사의 전문성을 함양하는 데 개선의 여지가 많다는 반성의 목소리가 높다. 왜냐하면, 교사교육 프로그램에서 배우는 이론적·학문적 지식과 학교에서 실제로 일을 수행하고 가르치는 것 간에 상당한 괴리가 존재하기 때문이다. 전문적인 능력을 함양하기 위해 학교에서 배운 이론과 그 전문능력이 실천될 실제 사이의 비관련성은 많은 사람들이 인정하고 있다. 그 이유는 학자들은 이론을 만드는 생산과정에만 관여하며, 교사는 그것을 적용하는 소비과정에만 관여하기 때문이다. 지식의 생산자와 소비자가 구분되어 있는 것이다. 결국, 교사의 전문능력은 학자가 만들어내는 지식에 전적으로 의존하게 됨으로써 교사는 수동적인 위치에만 머물게 한다는 것이다. 이 관점은 논리적 추론이나 과학적 검증을 거쳐 참으로 증명된 명제적 지식만을 가치 있는 지식으로 인정하기 때문에 당연히 과학적 탐구방법에 정통한 학자들이 만들어낸 이론적 지식을 중요시한다. 그러므로 체육교수는 체육에 관한 학문적 지식을 생산해 내며, 또 그 지식을 생산한 사람으로서 학생과 교사를 가르치는 관점을 취하고 있다. 당연히 교사는 가치 있는 지식을 만들거나 소유하지 못하는 지식의 소비자로 간주되므로 전문능력의 향상에 필요한 지식을 학자에게 의존하게 된다.

그리하여 교사가 능동적인 관점에서 반성과 실천에 의한 지식의 생산자가 아닌 지식의 소비자이면서 수동적인 상태에 머물게 되므로 새로운 대안이 등장하게 된 것이다. 이 역시 구성주의 패러다임이 등장하면서 교사교육에 대한 반성이 제기되면서 나타난 현상이다.

나. 실천주의적 관점

반성주의적 관점 또는 실천주의적 관점에서 말하는 지식은 실천에 대한 반성적 성찰과 탐구를 통해서 얻은 실천적 지식이다. 이 지식은 학문적 탐구를 통해 얻은 이론적 지식이 아니다. 과학의 체로 걸러진 과학적 성격의 이론과 명제가 아니라 실천적 체험 속에서 반성적 성찰 과정을 거쳐 걸러낸 비형식적, 비명제적 형태의 지식이다. 현장에서 몸소 체험과 노력을 통해서 얻어진, 객관적 지식이 아닌 주관적 관점의 지식이기 때문이다. 교육현장 실제에서 매일매일 학생들과 생활하고 업무를 담당하면서 얻어진 지식이다. 따라서 실천주의적 관점에서는 교사가 갖추어야 할 전문능력으로 '반성적 성찰 능력'을 중요시한다. 자신의 전문능력을 함양하기 위해서 실천 활동을 반성적으로 탐구하여 문제점을 파악하고 그 해결책을 발견해내는 '성찰 능력'이 필요하다. 이 성찰 능력이 세련됨에 따라 교사의 전문능력은 향상된다.

실천주의적 관점에서 학자나 교수는 교사로 하여금 자신의 실천에 대한 반성적 탐구를 통하여 자신이 가진 실천적 지식(지혜 · 이론)을 발견하도록 하며, 자신의 전문능력을 스스로 발견시킬 수 있도록 도와준다. 따라서 교사의 전문능력을 향상시키는 과정에서 학자나 교수는 '가르치는 사람'이 아니라 '함께 배우는 사람'의 역할을 한다. 물론 실천주의적 관점에서도 학자들이 개발한 이론적 지식은 중요하다. 그러나 학자들에 의해 개발된 이론적 지식은 교사가 탐구하는 실제적 문제를 보다 깊게 이해하는 데 도움을 주는 이차적 역할만 할 뿐이다. 따라서 교수와 교사는 주종적 관계가 아니라 협조적 관계이다.

실천주의적 관점은 교사를 '연구자로서의 교사(teacher as researcher)'로 보고 있다. '연구자로서의 교사'는 '탐구적 자세'와 '비판적 자세'를 취하면서 자신의 수업 활동을 스스로 연구하는 것이다. 이러한 방식에 의해서 실현되는 '현장개선연구'는 교사로 하여금 자신이 수업시간에 하는 여러 가지 일을 보다 잘 이해하고 개선하는 작업에 훌륭한 도구로 이용될 수 있다. 현장개선연구는 이러한 실천적 지식을 얻을 수 있는 비옥한 터전을 제공한다. 교사의 전문능력 향상은 교사 자신의 주체적 노력으로 개발되어야 한다. 그 개발은 교사들이 탐구의 과정과 실천의 과정을 하나로 이해하고, 자신의 실천을 스스로 탐구할 때 이루어질 수 있으며, 이를 위해 교사는 자신의 수업활동을 반성적으로 연구하는 교사연구자가 되어야 한다.

다. 반성적 수업과 절차

최근 회자되고 있는 좋은 수업이란 무엇인가? 수업은 커리큘럼을 매개로 한 티칭(teaching)과 러닝(learning)의 상호작용이다. 교수·학습 과정에서 교사와 학생의 상호작용은 수업의 질을 결정하는 매우 중요한 요소이다. 운동장에서 무슨 일이 벌어지고 있는가? 이 부분에 대해 오랜 세월 동안 블랙박스(black box)로 남겨진 부분이 체계적 관찰에 의해 파헤쳐지면서 비로소 수업의 질에 대한 반성이 시작되었다. 학생과 교사 사이에 무슨 일이 벌어지고 있는가를 구체적으로 들여다보면서 효율적 수업에서 반성적 수업으로 패러다임이 바뀌었다.

실제학습시간(ALT-PE)이 높고 효율적인 수업을 한다고 해서 좋은 수업은 아니다. 수업의 양도 중요하지만, 구성주의 패러다임이 등장하면서 수업의 질에 대한 연구가 오래전부터 심도 있게 논의되고 회자되고 있다. 이제는 수업의 질에 관한 평가를 하고 학생 개개인에 대한 배려가 있어야 한다. 전통적인 교사교육에서 좋은 수업이란 세밀한 수업계획, 최대한의 학생활동 참여(높은 ALT-PE), 강력한 통제 등에 의해 교수·학습과정안을 따라 하는 것이었다. 물론 이러한 것들이 수업에서 중요한 요인이다. 하지만 학생들이 체육에 흥미를 잃어가고, 체육 시간이 고통스럽고 불편함을 느낀다면 이 수업을 좋은 수업이라고 할 수 없다. 체력이 향상되고, 운동기술을 습득하고, 실제학습시간이 높은 것도 중요하지만 좋은 체육수업은 참여하는 모든 학생이 긍정적인 자아를 형성하게 해 주고, 체육 시간을 즐겁고 가치 있는 경험이 되도록 해야 한다. 즉 수업 효율성에 관한 기능적 관점이나 체육수업을 도구적 방식(수단적 방식)으로 접근해서는 안 된다는 뜻이다. 이젠 수업 효율성(teaching effectiveness)보다는 수업의 질(teaching quality)을 추구해야 한다. 수업의 질을 논의할 때 수업 효율성 측면을 거부하는 것은 아니다.

이러한 측면에서 반성적 수업은 수업의 다양한 측면에 대한 탐구와 성찰을 촉진하고 반성적 능력을 길러 줄 수 있다. 반성적 수업의 과정은 〈계획, 실천, 관찰, 반성, 수정〉이 연속해서 순환적 사이클로 진행된다. 이 관점은 수업이 곧 반성이고, 반성이 곧 수업이라는 관점이다. 교사는 자신의 수업을 개선하기 위한 열정을 가지고, 이러한 동기가 수업 개선에 대한 반성의 계기를 마련해 준다. 즉, '나의 수업에서 지금 무엇이 잘못되고 있는가?'라는 근본적인 의문을 던지게 되는 것이다. 이것을 찾기 위해 수업 장면에서 무엇이 잘되고, 무엇이 잘못되고 있는가를 탐구하며, 얻어 낸 자료를 바탕으로 그 원인에 대해 파악하고 치료책에 대해 성찰하려고 노력한다. 이와 같이 의문 제기－실천반성－원인파악－해결방안 마련－개선계획실천－실천반성의 활동이 계속적으로 이루어지는 것이다. 즉, 이 반성이 수업의 진행 속에서 이루어지고 수업의 과정 후에 지속된 반성이 다시 수업으로 실천됨으로써, 수업이 바로 반성이 되고 반성은 수업이 된다.

이 반성과 실천의 과정이 보다 체계적이고 의도적인 절차를 따라 이루어질 때, 이 과정은 연구가 되며 수업은 연구이고 교사는 연구자가 된다. 따라서 반성적 체육수업은 교사로 하여금 연구자가 되도록 요청하며, 교사는 연구로서의 체육수업을 하게 되는 것이다. 이 과정은 교사 혼자 할 수 있으나 수업의 질을 향상시키기 위해서는 비판적 동료 교사나 협조자 등과 함께하는 협동적 노력이 필수적이다. 반성적 교사는 가르치는 활동 자체를 반성적으로 탐색하여 그것에서 문제점을 발견하고, 그것의 개선을 위한 해결책을 스스로 마련하며, 실행해보고 비판적으로 관찰한 후, 또 다른 문제점을 발견해나가는 끊임없는 순환적 탐구과정이 바로 반성적 교사의 모습이다.

자신이 하는 일이 무엇인가 문제가 있으면 그 문제의 원인을 파악하고, 해결 방법을 계획하여 실행에 옮긴다. 실천에 옮기되 생각하면서 반성과 실천이 한꺼번에 이루어진다. 이때의 반성은 실천을 통해서 이루어지므로 실천적 반성이 되며, 이때의 실천은 반성적으로 행해지기 때문에 반성적 실천이 된다. 반성적 교사의 변화는 일회적으로 그치지 않고 지속적이며 그가 교사로서 활동하는 한 계속되는 과정이다.

묻고 답하기(Q&A)

체육교과교육의 역사와 가치

1. 근대 학교체육의 시작을 국가주의 교육과 스포츠 관점에서 기술하시오.

2. 신체의 교육과 신체를 통한 교육의 개념적 차이를 설명하시오.

3. 체육교육의 목적과 목표를 설명하시오.

4. 초등학교 체육교과의 교과교육적 가치를 논하시오.

5. 구성주의 패러다임이 초등학교 체육수업에 미치는 영향을 논하시오.

참고문헌

고재천, 강원근, 고전, 권동택, 김은주, 박경묵, 박상완, 박영만, 서명석, 이정선, 정혜영(2007). **초등학교 교사론**. 서울: 학지사.

고전규(2011). 스포츠강사제 도입에 따른 초등교사의 체육수업 진행 유형. **한국스포츠교육학회지**, 18(3), 85-97.

교육부(2015). **체육과 교육과정**. 교육부 고시 제2015-74호 [별책 11].

김동규(2005). **세계체육사-고대동방・서양사-**. 대구: 영남대학교출판부.

김성곤(2016). 신체의 교육, 몸(신체), 현상학, 뇌과학(신경과학). **한국초등체육학회지**, 21(4), 11-25.

김용환, 송춘현, 양갑렬, 정우식, 한만규(2000). **체육교수법의 이론과 실제**. 서울: 양서원.

오만록(2016). **교육과정론**. 서울: 동문사.

윤홍주(1996). **교사발달 및 직능발달 요인에 관한 연구**. 미간행 석사학위논문. 서울대학교 대학원.

이광섭, 김동규, 안용규, 조한무, 차옥수, 최덕묵, 이행원, 신종순(2000). **체육・스포츠론**. 서울: 21세기교육사.

이병진(2005). **초등교육학개론**. 서울: 문음사.

정우식, 이호철(2013). 소규모 초등학교 초임교사의 교육적 삶과 체육교육에 관한 내러티브 탐구. **한국체육교육학회지**, 17(4), 77-95.

최의창(2001). **체육교육탐구**. 서울: 태근문화사.

한국스포츠교육학회(2015). **스포츠교육학**. 서울: 대한미디어.

Anderson, W. G. & Barrette, G. T. (1978). What's going on gym: Descriptive Studies of Physical Education. *Monograph, 1*, 25-38.

Feiman-Nemser, S. & Floden, R. E. (1986). The culture of teaching. In (Ed.). Wittrock, M. C. (1986). *Handbook of Research on Teaching*(3rd Ed.). 505 - 526. Macmillan Publishing Co.

Huberman, M. (1989). The Professional Life Cycle of Teachers. *Teachers College Record, 91*(1), 31-57.

Linder. K. (2002). The physical activity participation-academic performance relationship revisited. *Pediatric Exercise Science, 14*, 155-169.

Lortie, D. C. (1975). *Schoolteacher: A socialogical study*. 진동섭 역(1993). **교직사회: 교직과 교사의 삶**. 서울: 양서원.

Shulman, L. S. (1987). Knowledge and teaching: Foundations of the new reform. *Harvard Educational Review, 57*(1), 1-22.

Sikes, P. (1985). *Teacher careers: Crises and continuities*. London: The Falmer Press.

Veenman, S. (1984). Perceived problems in beginning teachers. *Review of Educational Research, 54*(2), 143-178.

Whitehead, M. (2010). The concept of physical literacy. *European Journal of Physical Education, 6*(2), 127-138.

제 2 장

초등학생의 발달특성

학습목표

- 초등학교 아동들의 심동적 발달에 따른 학년별 특징과 적합한 활동내용을 설명할 수 있다.
- 초등학교 아동들의 인지적 발달에 따른 학년별 특징과 적합한 활동내용을 설명할 수 있다.
- 초등학교 아동들의 정의적 발달에 따른 학년별 특징과 적합한 활동내용을 설명할 수 있다.
- 비만아동의 발달특징과 효과적인 체육수업 방안을 설명할 수 있다.
- 학습자 중심의 효율적인 교수 · 학습 방안의 모색에서 초등학생의 발달 특징은 어떠한 의미가 있는지 설명할 수 있다.

1. 초등학생의 발달

초등학생은 유아기와 청소년기의 가운데 위치한 발달단계로 약 7세에서 12세 사이의 아동들을 대상으로 한다. 초등학생의 발달단계는 유아기의 급속한 신체적 성장과는 달리 완만하고 안정적인 특징을 나타내며 달리기, 뛰기, 던지기 등에 필요한 협응력, 근력 및 지구력 등의 심동적 영역이 발달한다. 또한 신체활동이 왕성하고 활동에너지가 넘쳐 아무리 많이 놀아도 부족함을 느낄 만큼 놀이 활동에 적극성을 나타낸다. 그러나 청년기에 비해 아직 정교한 운동 능력이 완성되지 않은 시기이며 체육과 건강에 대한 지식을 조금씩 습득하면서 다양한 신체활동에 본격적으로 참여하기 시작하는 단계라고 할 수 있다.

2022 개정 체육과 교육과정은 활동적이고 창의적인 삶, 건강하고 주도적인 삶, 신체활동 문화를 향유하며 사회 속에서 바람직하고 더불어 사는 삶을 영위하기 위해 움직임 수행 역량, 건강관리 역량, 신체활동 문화향유 역량을 기르는 것을 목표로 하고 있다(교육부, 2022).

특히 학습자의 삶과 성장을 지원하는 맞춤형 교육과정으로 깊이 있는 학습을 통해 역량을 함양할 수 있도록 학생의 삶과 연계된 학습을 강조하고 있는 2022 개정 체육과 교육과정의 중점내용을 고려해 볼 때 초등학생의 발달 특성은 역량함양을 위한 깊이 있는 학습에 중요한 의미가 있다고 할 수 있다.

2022 개정 체육과 교육과정 중 교수·학습 및 평가의 교수·학습 방법에서는 "학습자 수준을 고려한 교수·학습활동의 다양화" 측면에서 학습자 수준에 맞는 교수·학습활동을 계획하고 운영하기 위해 체력, 운동기능, 신체특성, 문화적 배경 등의 학습자 수준과 사전 학습 경험을 파악하여 평등한 학습기회를 보장받게 해야 한다고 강조하고 있다. 또한 평가에서도 "학습자의 수준을 고려한 맞춤형 평가" 측면에서 학습자의 신체활동에 대한 흥미와 동기, 체력, 기능 등의 수준을 고려하여 맞춤형 평가를 해야 한다고 강조하고 있다.

따라서 본 장에서는 초등학교 아동들의 발달특성을 알아보고 이를 통해 2022 개정 체육과 교육과정에서 강조하는 학습자의 수준을 고려한 효율적인 교수·학습 및 평가에 도움이 되는 정보를 제공하고자 한다.

초등학생은 성별 그리고 학년별 발달단계에 따라 심동적, 인지적, 정의적 발달수준이 서로 다르며 다양한 특징을 나타낸다. 또한 학습자의 장애수준이나 비만 등에 따라서도 학습 성취 결과가 다르게 나타날 수 있다. 따라서 교사는 학기 초의 처음 몇 차시 동안은 학생들의 특성을 관찰하는 것이 당해 학년의 수업을 계획할 때 매우 유용하다. 즉 학생들의 발달단계와 특성에 적합한 교수법을 계발하고 활용하는 데 도움을 줄 수 있다.

예를 들어 저학년 학생들은 교사의 칭찬을 바라기 때문에 칭찬이나 격려로 동기부여를 한다. 유치원 수업은 아동들의 이러한 경향이 더 높아 교사의 계속적인 관심과 칭찬을 더욱더 요구하는 경향을 나타낸다.

중학년 아동들은 교사를 기쁘게 하려는 욕구와 동료들을 즐겁게 하려는 욕구가 동시에 수반되면서 동료의 관심과 기대가 동기유발에 필수적인 요소가 된다. 한편, 고학년 학생들은 동료와의 상호작용이 활발해지고 책임감이 높아지면서 게임이나 표현활동 등의 문제해결을 위한 활동과 다양한 발표 기회를 동기유발에 활용하는 것이 무엇보다 중요하다.

한편, 운동기능의 발달이 부진한 아동에게는 수준별 학습, 협동학습 및 동료학습을 활용하여 자신의 능력에 맞는 과제와 역할을 수행하여 균등한 성공경험을 갖게 하고 학습자 간의 협력적인 상호작용을 촉진하여 자기존중감, 사회성, 대인관계 개선, 타인배려, 학습동기 유발에 도움을 줄 수 있다. 또한 학습에 소외되거나 참여의지가 부족한 학생을 위해서는 교우 간의 친밀도를 고려하여 특정한 아동을 모둠에 포함시키거나 경쟁성을 최소화한 학습형태를 조직하는 것을 고려해야 한다. 또한 학급 구성원 중 체력이 약한 아동이 많을 경우 매 체육시간의 일부나 방과 후 체육 활동시간 등을 할애해서 부족한 체력 육성을 위한 보충활동을 실시하는 것도 필요하다.

가. 초등학생의 심동적 발달

심동적 발달이란 시각적으로 관측 가능한 인간의 신체적 움직임과 관련된 것으로 자신의 의지와 같은 심리적 변인이 반드시 가미되어야 한다. 체육교과는 운동수행에 필요한 특성을 다루는 교과로 운동수행능력과 체력을 주요 내용으로 한다. 운동수행능력은 협응성과 정확성에 관련된 운동 기능, 운동감각기능, 민첩성, 순발력, 속도,

반응시간, 균형성 등의 운동능력과 신장, 체중, 체형, 자세 등으로 측정하는 체격 그리고 지구력, 근력, 유연성, 체지방률 등을 포함하는 기초체력으로 분류하기도 한다.

초등학교 아동기의 심동적 발달은 입학 초기에서 중학년까지는 영유아기나 사춘기에 비해 신체발달은 비교적 완만하고 성장속도가 둔화되지만 신체의 크기나 비율의 급속한 발달에 적응할 필요가 없기 때문에 운동기능 발달이 더욱 용이한 측면이 있어 신체가 건강해지고 자기 통제력이 높아지는 경향을 나타낸다. 그 후 고학년이 되면서 사춘기와 함께 성장속도가 다시 빨라지고 자기의식도 높아지는 경향을 나타낸다. 특히 여학생은 이 시기에 남학생에 비해 유일하게 신체적으로 우세한 특징을 보인다. 즉 아동기는 적극적이고 활발한 신체활동을 통해 대근육과 신경계통의 성숙이 이루어져 운동능력이 꾸준히 발달하고 운동기능도 훨씬 능숙하고 정교해지게 된다. 이러한 운동기능의 발달특성은 다양한 개인차와 성차를 나타내는 배경으로 작용한다. 남아는 활발한 신체활동을 통해 대근육을 사용하는 운동기능이 지속적으로 발달하는 반면 여아는 13세를 정점으로 조금씩 쇠퇴하거나 정체되어 소근육을 사용하는 신체활동에 우세한 경향을 나타낸다. 그러나 이러한 성차는 남아와 여아 간에 생물학적으로 결정된 불가항력적인 차이로 해석하기보다는 성별에 따른 기대 및 참여 경험에 따라 후천적으로 나타난 특징으로 보는 것이 바람직하다.

한편 초등학생은 성인에 비해 몸의 열을 효과적으로 발산하지 못하는 발달단계에 있으므로 장기간의 고강도 운동보다는 저강도 내지 중강도 수준의 유산소 운동을 자주 제공하는 것이 바람직하다고 할 수 있다(고문수, 2012).

나. 초등학생의 인지적 발달

인지적 발달은 인간의 성장에 따라 학자들 간에 여러 단계로 구분하여 설명하고 있으나 개인차와 성차로 인하여 각 단계의 특성이 조금씩 다른 경향을 나타내기도 한다.

초등학교 저학년 시기의 아동은 피아제의 인지발달이론상 전조작기의 말에서 구체적 조작기의 시작 단계의 특징을 나타낸다. 따라서 대부분 자기 본위적이며 눈앞의 구체적 대상에 대한 판단은 가능하나 가설적 상황과 추상적 개념은 다루지 못하는 경향이 있다. 초등학교 중학년이 되면서 자기중심적 사고에서 점차적으로 벗어나 사물을 객관적으로 지각하게 되며 타인의 내적 상태에 대한 추론능력과 자신의 심리적 과정을 되짚어볼 수 있는 능력이 생기고 다른 사람도 자신과 동일한 일을 할 수 있다는 것을 깨닫게 된다. 이후 초등학교 고학년이 되면서 아동들은 성인들과 유사한 형식적 조작기에 들어가면서 논리적으로 문제를 해결하고 과학적이고 연역적인 사고가 가능하게 될 뿐 아니라 자유, 정의, 사랑과 같은 추상적인 원리와 이상들을 이해할 수 있게 된다. 또한 주어진 문제의 해결을 위해 더욱 조직화되고 정교화된 상위인지 전략을 사용하게 된다.

Box 2-1 피아제의 인지발달 단계

	감각 운동기 (0세~2세)	전조작기 (2세~7세)	구체적 조작기 (7세~12세)	형식적 조작기 (12세~)
특징	• 감각과 운동 활용 • 반사작용 • 사고의 시작 • 대상 영속성 획득	• 기본적 사고 가능 • 상징적 활동 • 직관적 판단 • 자기중심성 • 물활론적 사고 • 도덕론적 사고	• 논리적 귀납적 사고 • 보존개념, 유목화 • 탈자기중심화 • 자율적 도덕성 • 습관형성 (운동감각, 손놀림) • 현실적 관심(체험)	• 추상적 사고 • 상징적 추론 • 연역적 사고 • 이상향 추구 • 자기중심적 사고 • 일시적 반항과 과격한 행동

다. 초등학생의 정의적 발달

정의적 발달은 감정적인 색조나 정서, 태도 등과 관련된 가치판단 혹은 생각과 신념 체계와 관련된 영역의 발달을 지칭한다.

초등학생은 타인과의 관계 속에서 죄책감, 수치감, 자랑스러움 등과 같은 보다 복잡한 정서를 경험하면서 서로 간의 감정에 얽힌 관계를 조절하는 능력을 점차적으로 기르는 단계라고 할 수 있다. 즉 또래 집단의 다양한 상호작용을 통해 가치관, 신념, 자기통제능력, 공정성 등의 정서적·사회적 특징들이 형성되고 촉진된다. 저학년 아동은 자신이 좋아하는 일에 열중하고 스스로 여러 가지 놀이를 하면서 기쁨과 성취감을 느끼는 동시에 교사의 행동이나 기분에 민감한 성향을 나타낸다. 중학년에 들어서면서 여러 영역에서 자신이 객관적으로 평가받는 경험을 통해 자아 존중감이 객관적 수준으로 조정된다. 즉 자기 자신이 수행한 기능 수준은 또래 집단에서의 명성이나 지위와 관련되면서 운동기능이 뛰어난 아동은 뒤지는 아동에 비해 일반적으로 순응력이 높게 나타난다. 이후 고학년이 되면서 또래집단의 응집력이 매우 강해지고 다양한 과제에 대한 성공과 실패 경험을 통해 자기 효능감과 학습된 무력감을 나타내기도 한다.

한편 에릭슨은 심리사회적 발달이론에서 학령기(school ager: 5~12세)인 초등학교 저학년과 중학년 시기는 가정이나 학교의 부모, 교사, 또래집단을 통해 근면성과 열등감을 통해 정의적 발달이 획득된다고 하였다. 또한 고학년 시기인 청소년기(adolescent: 12~18세)의 초기는 자신에 대한 스스로의 인식이 생기면서 자기존중감, 정체감, 습관 등이 형성되는 시기이다. 따라서 이 시기의 아동들이 잘하는 것은 무엇이며 원하는 것이 무엇인가를 찾아서 도와주는 교사의 지도가 무엇보다 중요하다고 주장하였다.

이처럼 초등학생의 정의적 발달은 장기간에 걸쳐 성장하는 과정에서 생득적 기본 소질과 사회화를 통해 정서의 폭이 다양해지고 상황에 따른 적절한 수정이 이루어지면서 획득되고 발달된다.

2. 초등학생의 발달과 신체활동

〈표 2-1〉 저학년(1-2학년) 아동의 발달특성과 적합한 신체활동

영역	발달 특성
심동적	• 몸통, 팔, 다리 등의 대근육이 소근육보다 더 많이 발달 • 머리 무게가 상대적으로 큼 • 눈과 손의 협응력, 거리감, 공간지각능력 부족 • 손 운동의 정확성과 치밀성이 약함 • 기초적인 운동기능의 발달로 활동량이 많아지고 장난이 심함 • 신체활동과 놀이에 열성적이고 왕성한 활력을 갖고 전신 활동에 참여 • 쉽게 피로하고 빨리 회복 • 저항력이 약해 병에 걸리기 쉬움
인지적	• 놀이에 관심이 많으며 규칙을 지켜 놀이에 참여함 • 활동공간이 좁은 편이고 현재 중심의 시간관념 • 집중력은 대체로 약하나 관심 있는 부분에 대한 기억력은 좋음 • 자신이 잘 알고 행할 수 있는 것을 반복하여 수행함 • 감각적으로 사고하고 주의력이 부족함
정의적	• 교사의 인정을 받고자 하며 칭찬에 민감함 • 끊임없이 움직이며 흥분하기 쉽고 침착하지 못함 • 감정 위주로 행동하고 집단의식이 약함 • 정서의 지속시간이 짧아 한 가지 일에 열중하지 못하는 경향이 있음 • 자기중심적이고 소유욕과 과시욕이 강하며 친구 간에 싸움이 잦음 • 교사를 절대적인 권위자로 생각함 • 모험심과 호기심이 강하고 남녀 구별 없이 잘 어울리며 표현활동을 즐김 • 직접적이고 구체적인 운동경험에 관심이 많고 물건을 갖고 놀기를 좋아함

적합한 신체활동
• 여러 가지 기구를 이용한 조작운동과 감각적 경험을 수반한 다양한 신체활동 • 대근육을 사용하는 활발한 전신운동을 다양하게 경험시키고 충분한 휴식을 제공 • 손과 발의 특정 부위보다는 몸통, 팔, 다리의 대근육군을 활용한 달리기, 매달리기, 뛰기, 걷기, 늑목 오르기, 공 던지고 받기 놀이 등 제공 • 누구나 쉽게 할 수 있는 과제를 자주 바꾸어 제공, 칭찬과 격려 많이 제공 • 구체적 대상이 있는 상황에서 학습이 이루어지고 지속시간이 짧은 신체활동 제공 • 신체적, 정서적, 사회적 성장을 북돋아 주는 다양한 활동을 통해 자신을 표현하는 활동 제공 • 모방과 흉내 내기, 표현놀이 제공 • 신체인지와 기본운동기능 향상을 위한 줄, 공, 사다리, 막대 등을 활용한 다양한 게임, 놀이 제공 • 역할이 정해져있고 서로 도우며 경쟁이 심하지 않은 운동 제공, 안전유의 ※ 저학년(1-2학년)군은 교실에서 정한 통합 주제에 맞는 신체놀이, 감각놀이, 리듬놀이, 표현놀이 등과 관련된 기본 움직임 유형을 다양하게 경험하는 활동(2022 개정 체육과 교육과정 학년군별 내용 요소의 선정 원리)

출처: 고문수(2012), 문규진, 김용환(1999), 한영주(2004)

〈표 2-2〉 중학년(3-4학년) 아동의 발달특성과 적합한 신체활동

영역	발달 특성
심동적	• 신체발달에 개인차가 나타나고 비만아가 늘어남 • 여아의 발달이 남아보다 일시적으로 앞서고 성숙한 여학생은 사춘기에 들어감 • 근력의 발달은 남아가 여아보다 빠르나 소근을 이용하는 기능은 여아가 빠름 • 협응력, 신체지배 능력이 현저히 발달되어 기능이 세련화됨 • 손가락 운동의 정확성과 치밀성이 발달하여 가위질, 바느질, 옷 입기도 빨라짐 • 신체성장은 완만하고 소근육의 발달이 현저하여 손으로 하는 놀이 등에 몰두함 • 근력이 신체성장을 따르지 못해 자세가 잘못 형성되기 쉬움 • 집단놀이와 게임을 좋아하고 승패에 대한 집착이 강함
인지적	• 지적 호기심, 주의집중시간이 길어지며 반성적 사고과정 발달 • 탈자기중심화가 일어나고 문제해결력, 비판적 사고가 점차적으로 발달 • 조별조사, 탐구능력, 종합능력이 발달 • 형식을 갖춘 모둠 토의가 가능해짐 • 친구들을 의식하여 발표가 활발하지 못함
정의적	• 자기중심적이고 이기적인 성향에서 객관적 가치판단능력 발달 • 남녀 차이를 느끼기 시작하고 이성에 대한 적대감이 싹틈 • 자기들끼리 몰려다니는 걸 좋아하고 집단 소속감과 공동체의식 발달 • 운동기능이나 체력이 또래집단에서의 지위에 영향을 주기 시작함 • 어른들에 대한 반항이 시작되며 어른보다 동료로부터 인정을 받고 싶어 함 • 남들과 비교하기 시작하면서 경쟁심이 강해지고 남·여 따로 놀이 집단 형성 • 사리판단 능력이 발달하여 사회적 규범을 받아들이고 부정적인 측면에 민감함

적합한 신체활동
• 소근육군의 협응성, 근력과 지구력, 유연성 및 민첩성을 높일 수 있는 운동기회 제공 • 정확한 운동경험을 많이 하고 여러 가지 자세에 대한 바른 습관을 갖게 함 • 규칙이나 방법이 비교적 간단한 운동을 충분한 설명을 통해 이해시킴 • 등과 배의 근육을 많이 활용한 신체활동으로 좋은 자세 유지 • 놀이나 게임 활동을 통해 협동심과 사회성을 기름 • 신체활동의 자기검사를 통해 자신을 평가할 기회를 제공 • 또래에 의해 인정받는 성취활동게임에 참여시키기 • 서로 돕고 규칙을 지키며 공정한 플레이를 하는 태도를 강조 • 성장과 발달에 도움이 되는 달리기, 뛰기, 오르기, 기구놀이 등을 다양하게 제공 • 지나친 경쟁을 피하고 자기주도적 활동을 많이 제공하며 안전의식을 고취함 • 레크리에이션과 무용 등을 통해 서로의 이해심을 키워줌 • 운동기능뿐 아니라 운동에 관련된 기초적 원리나 규칙을 설명하고 이해시킴 ※ 중학년(3-4학년)군은 저학년에서 경험한 움직임 기술의 수준을 운동, 스포츠, 표현의 신체활동에 입문하기 위한 움직임의 기초기술을 연결하여 다양하고 복합적인 움직임 기술을 수행한다. 즉 이동 움직임, 비이동 움직임, 조작 움직임 기술을 신체, 노력, 공간, 관계와 연결한 복합적 움직임 기술을 익혀 간단한 게임 상황에서 활용하는 활동(2022 개정 체육과 교육과정 학년군별 내용 요소의 선정 원리)

출처: 고문수(2012), 문규진, 김용환(1999), 한영주(2004)

〈표 2-3〉 고학년(5-6학년) 아동의 발달특성과 적합한 신체활동

영역	발달 특성
심동적	• 뇌의 크기와 무게가 성인과 비슷해짐 • 전신의 움직임에 대한 조정력이 발달하고 손기능의 정확도가 더욱 발달 • 운동기능과 정확도가 더욱 발달하여 기술수행에서 기교를 부리기도 함 • 협응력, 조정력, 반응시간이 성인과 비슷하나 개인차가 심함 • 2차 성징으로 신체적 변화에 적응이 서툴지만 운동능력이 급격히 발달 • 남자는 경쟁적이고 격렬한 신체활동에, 여자는 운동을 기피하거나 우아하고 창조적인 신체활동에 관심이 높음 • 자신의 우수한 운동기능이나 체력을 타인에게 인정받으려 하고 운동기능을 세련시켜 동료를 능가하려는 욕구 강함 • 근육의 발달이 신체의 성장을 따르지 못함 • 여자는 남자보다 빠르게 사춘기에 접어듦
인지적	• 공부에 대한 부담이 높아져 학력에 뚜렷한 차이가 생김 • 주의 집중시간이 현저히 발달하고 지적 호기심이 증대되며 합리적 비판적 사고 발달 • 반 추상적 개념과 추리 적용능력이 현저히 발달 • 주변 친구들을 의식하여 질문하기를 꺼리고 발표에도 소극적임 • 사회적 이슈에 관심이 높고 정의감이 발달하며 도덕적 판단은 성인과 비슷한 수준
정의적	• 어른 대접을 받고 싶어 하고 차별과 편애에 민감 • 성적인 문제와 외모에 관심이 높음 • 집단놀이와 경기를 좋아하고 승패에 집착 • 흥미에 성차가 생기며, 이성에 대한 대립의식이 증대함 • 배타적인 소집단을 만들어 또래 문화에서 소외되는 아이가 등장하기도 함 • 동료 의견을 존중하며 집단에 대한 충성심과 소속감이 강함 • 교사에게는 합리성과 공정성을 요구하며 부모에게는 대체로 비판적 성향을 나타냄

적합한 신체활동
• 신체활동에 대한 개념과 원리를 이해시키고 적용할 수 있는 상황을 제공 • 여아의 운동에 대한 흥미와 적극적 태도 함양을 위해 다양한 경기관전, 남녀 공동 활동 그리고 안전을 고려한 수준별 과제를 통해 개별화된 성취감을 맛보게 함 • 운동 기능습득은 개인의 성취감과 개인적 복지 및 건강생활과 연관시켜 지도함 • 남아는 운동기능의 숙달과 체력향상을 위해 다소의 신체접촉과 용감성이 요구되는 활동 제공 • 신체활동에 대한 계획과, 실행, 분석 및 평가의 기회 제공 • 개인과 성별에 따라 성장의 속도와 특징이 다름을 이해하고 자신과 타인의 차이를 긍정적으로 수용할 수 있게 신체활동을 지도함 ※ 고학년(5-6학년)군은 3~4학년군에서 학습한 스포츠와 움직임에 관한 지식, 기본 움직임 기술과 스포츠 유형별 기본 기능 및 태도를 바탕으로 제도화된 활동을 위한 응용기술을 수행한다. 즉 기술형, 전략형, 생태형 스포츠의 의미와 유형, 기본 기능과 연계한 움직임 기술의 응용 방법과 기본 전략을 학습할 수 있도록 함(2022 개정 체육과 교육과정 학년군별 내용 요소의 선정 원리)

출처: 고문수(2012), 문규진, 김용환(1999), 한영주(2004)

Box 2-2 사춘기

사춘기는 보통 남자의 경우 12~14세, 여자의 경우 10~12세경인 초등학교 고학년기에 해당된다. 신체적으로 제2차 성징이라는 뚜렷한 신체적 변화를 겪으면서 여러 가지 생리적 변화를 경험한다. 또한 복잡한 심리변화를 겪으면서 가치관의 변화, 자아인식 및 교우관계에 대해서도 많은 변화를 가져오는 시기이다. 피아제의 인지발달 이론에 따르면 사춘기는 구체적 조작기의 말에서 형식적 조작기로 진입하는 시기로 지적 능력이 발달하고 가정을 세우며 가설적인 연역적 추리능력을 발달시켜 이론을 정립시킬 수 있게 되는 시기이다.

사춘기의 일반적인 정서는 독립심과 영웅심이 생기며 학교 규칙을 잘 지키지 않고 교사에 대한 부정적 정서와 교사의 권위에 도전하는 성향을 나타낸다. 또한 자신의 외모, 성격, 환경에 대해 열등의식과 좌절감이 생기기도 하며, 자아존중감이 일시적으로 저하되는 경향을 나타내기도 한다. 또한 이 시기는 여러 가지 감정 변화가 수시로 일어나면서 자살충동이나 약물 남용 등의 위험이 있을 수도 있다. 그러나 사춘기 이후에 남자가 여자보다 더 빠르게 자아 존중감이 회복되는 경향을 나타낸다. 에릭슨은 이때를 인생의 가장 중요한 '자아정체감의 확립' 시기라고 하였다. 따라서 교사는 이 시기 학생들의 삶의 목적과 방향에 대한 정체성 정립을 위해 노력해야 할 것이다.

최근의 급속한 경제성장과 사회 환경의 변화는 식생활의 풍족함과 매스컴이나 컴퓨터의 무분별한 접촉을 통한 성에 대한 지식의 무분별한 조기 습득과 그에 따른 성호르몬 분비의 촉진을 가져왔다. 이는 초등학생들의 성조숙증이나 빠른 사춘기를 발생시키는 결과로 나타나 외모와 이성에 대한 관심이 조기에 크게 증가하는 경향을 나타낸다. 따라서 남자는 초등학교 고학년, 여자는 남자보다 다소 빠른 시기부터 올바른 성교육을 통해 잘못된 성의식이나 고정관념을 긍정적이고 올바르게 길러주는 것이 요구된다.

3. 초등학생과 비만

가. 비만

현대사회는 기계문명의 발달로 인한 풍요로운 물질문명과 의학수준의 급격한 발달에도 불구하고 아동·청소년들의 신체활동 부족과 정신적 스트레스의 증가로 인하여 체력저하, 운동부족, 과잉영양공급 등으로 심각한 비만을 야기하고 있다.

비만은 에너지의 소비에 비해 음식물로 섭취된 에너지양이 많아 신체에 지방 조직이 과잉 축적된 상태를 의미한다. 일반적으로 소아는 같은 연령, 같은 성, 같은 신장의 소아 표준 체중보다 20% 이상을 초과하는 상태를 의미한다. 비만의 원인으로는 잘못된 식습관, 운동부족, 유전적 요인 및 스트레스로 인한 폭식 등을 들 수 있다. 특히 초등학생과 사춘기의 발생 빈도가 가장 높아 아동들의 학교생활과 사회생활에 다양한 문제를 야기하는 요인이 되고 있다. 초등학교 시기는 신체적 발육발달이 급속히 진행되면서 체형의 변화와 아울러 지방조직이 급속히 증가되는 시기로 남아의 경우는 10~12세, 여아의 경우는 11~12세에 비만 아동의 발생이 최고에 도달한다고 보고하고 있다.

비만은 성인들에게서 나타나는 지방세포의 크기가 증가하는 지방세포 비대형과 아동들에게 나타나는 지방세포의 수가 증가하는 지방세포 증식형으로 구분된다. 신체적 측면에서 아동비만의 심각성은 지방세포 크기는 에너지 불균형에 따라 변할 수 있으나 지방세포수가 한번 늘어나면 줄어들지 않는 데 있다는 것이다. 또한 심리·정서적 측면에서는 유아기에서 학령기로 접어들면서 아동들은 사회적 환경이 확장되어 자신의 신체에 대한 인식이 점점 넓어지고, 성역할이 구체화되며, 자신의 신체와 타인의 신체에 대한 관심이 증가되며 다른 사람에게 보이는 자신의 모습에 대해 많은 관심을 갖는다. 따라서 비만아동은 다른 사람들이 평가하는 자신에 대한 신체에 민감해지며 만약 부정적인 신체상을 가지게 되면 이는 곧 열등감 및 자아존중감 저하로 이어질 수 있다. 즉 또래집단으로부터 뚱뚱하다고 놀림을 받거나 체중이 많이 나가는 원인으로 신체활동이 뒤떨어지고 친구들로부터 소외를 당하게 되면 신체적, 인지적, 정서적·사회적 발달 측면에서 심각한 피해가 나타날 수 있다.

예를 들어 비만 초등학생들은 운동기술과 건강 관련 체력요소의 측정결과에서 낮은 수준을 보이며, 이는 아동들의 운동수행 활동경험을 감소시켜 정상아동에 비해 체력수준이 지속적으로 떨어지는 결과를 가져온다. 또한 비만 아동은 심리적, 정서적, 사회적 측면에서 부정적인 신체상과 외모로 인한 스트레스가 높으며, 자아 존중감이 낮고, 우울수준과 열등감이 높아 대인관계에 장애를 나타내거나 학습된 무력감을 나타내기도 한다.

비만 아동의 학습활동과 관련된 연구를 보면, 학습과정에서 비만 아동들은 정상아동에 비해 일반적으로 낮은 수행을 나타낸다. 이는 정지 상태에서 오래 버티거나 몸을 가누는 능력인 주의 집중행동이 부족하기 때문인 것으로 판단된다.

Box 2-3 아동의 성장과 발달(골격, 근육, 심폐계)

• **골격계의 성장과 발달**

골격계는 신체의 여러 기관과 조직을 보호하고 신체의 전반적인 뼈대를 구성한다. 아동의 골격은 크기, 구성 성분 등이 계속적으로 변하는 상태에 있어 5~11세까지는 꾸준히 성장하고, 12세 이후에는 성장 속도가 좀 더 빠르게 진행된다. 아동기의 적절한 운동은 골격을 단련시키나 활동이 부족하면 뼈의 탈석회질화를 유발하여 골절이나 뼈의 손상을 가져올 수 있다. 그러므로 과도한 충격이나 중량을 관절에 가하는 것은 피해야 한다.

• **근육계의 성장과 발달**

인체의 동작은 근육의 수축으로 가능하며, 근육의 구성은 수분(75%), 단백질(20%), 무기염(5%)으로 구성되어 있으며, 화학적 에너지로 활용되는 글리코겐의 함량은 근육 중량의 0.5~1.0% 정도가 된다. 일반적으로 근육은 연령이 증가함에 따라 길이와 폭이 증가된다. 또한 근육의 발달은 몸통에서 먼 부위보다 가까운 부위에서 더 왕성하게 이루어진다. 근육조직의 성장은 5~6세에서 시작되어 11~12세까지 점진적이고 꾸준히 성장하며, 12세가 되면 6세 때 근육조직의 2배 정도까지 성장한다.

• **심폐계의 성장과 발달**

심혈관계는 조직에 다양한 물질을 운반하고 대사적 산물을 제거함으로써 지속적인 내부환경 유지를 가능하게 한다. 심폐계의 발달과정은 심박수와 호흡수의 변화로 알 수 있는데, 이들의 비율은 5세를 지나면서 점차적으로 낮아지기 시작한다. 일반적으로 9세가 되면 심박수는 90회, 호흡수는 20회 정도가 되며, 12세가 되면 심박수는 80~90회이고 호흡수는 15~20회가 된다. 혈압의 경우 대체로 남아와 여아의 차이는 없으나 10~13세에서 여아가 남아보다 높은 경향을 나타낸다.

나. 초등학교 비만아동과 체육수업

초등학교 비만아동의 심각한 실태와 문제점에도 불구하고 우리나라의 비만아동은 전체 아동의 10% 이상을 차지하고 있는 실정이다. 이는 2015 개정 체육과 교육과정에서 강조하는 학습자의 발달특성을 고려한 수준별 수업 또는 평등한 학습기회제공이라는 학습자 중심의 효율적 교수·학습 방안의 실천에 많은 걸림돌이 되고 있는 실정이다. 이를 해결하기 위한 몇 가지 방안은 다음과 같다.

첫째, 비만 해소를 위한 적절한 운동으로 격렬한 운동보다는 숨이 덜 찬 적당한 강도의 운동을 전신을 사용하여 실시하는 것이 효과적이다. 즉 에너지 소비를 극대화할 수 있는 장시간의 저강도 운동으로 계단 오르내리기, 러닝머신, 조깅, 걷기, 등산, 수영 등의 유산소 운동이 바람직하다(배성제, 2011).

둘째, 비만으로 학습에 소외되거나 참여의지가 부족한 아동이 있을 경우, 교우관계나 친밀도가 좋은 아동들끼리 짝을 짓거나 모둠을 만들어 주어 참여의 심리적 부담을 줄여준다. 또한 경쟁상황을 최대한 배제하여 실수에 대한 죄책감이 생기지 않도록 학습 분위기를 만들어 주는 것이 필요하다.

셋째, 비만으로 운동기능이 현저히 떨어져 학습에 참여를 꺼리는 학생의 경우, 수준별 과제를 제시하여 학습의 부담을 줄이고, 친밀도가 높은 아동을 짝으로 하는 동료학습이나 협동학습을 통해 자신의 부족한 운동기능이 지나치게 공개되지 않게 배려한 가운데 학습이 이루어지게 한다. 또한 비만아의 체격 측정시간이나 측정결과의 비교 시 비만아가 수치심을 느끼지 않도록 각별히 주의를 해야 한다.

넷째, 비만아를 지도할 때 반드시 가족의 협조를 얻어서 식습관 지도와 운동을 병행하여 실시하는 것이 효과적이다. 또한 성장기에 있는 아동의 성장발육에 지장을 초래하지 않는 수준에서 이루어져야 하는 것이 무엇보다 중요하다.

묻고 답하기(Q&A)

초등학생의 발달 단계와 특성

1. 초등학생의 심동적, 인지적, 정의적 발달 특성을 요약하시오.

2. 초등학교 저/중/고학년의 발달특성에 따른 적합한 신체활동을 기술하시오.

3. 사춘기 남학생, 여학생의 발달특징을 고려한 체육수업의 유의점을 기술하시오.

4. 사춘기(2차 성징)에 나타나는 남학생과 여학생의 특징을 설명하시오.

5. 아동의 골격계, 근육계, 심폐계의 성장과 발달에 대해 간단히 설명하시오.

6. 신체활동 시 비만학생 지도를 위해 교수기술 측면에서 유의할 점을 기술하시오.

7. 학습자 중심의 효율적인 교수 · 학습 방안의 모색에서 초등학생의 발달 특징은 어떠한 의미가 있는지 설명하시오.

참고문헌

고문수(2012). **초등체육수업론**. 파주: 교육과학사.
교육과학기술부(2015). **체육과 교육과정**. 교육부 고시 제2015-74호.
교육부(2022). **체육과 교육과정.** 교육부 고시 제2022-33호[별책 11]
문규진, 김용환(1999). **구성주의에 의한 체육교재론**. 서울: 양서원.
배성제(2011). **초등체육의 이해**. 서울: 레인보우북스.
한영주(2004). **초등체육교수법**. 충북: 협신사.

제 3 장

체육과 교육과정에 대한 이해

학습목표

- 체육과 교육과정의 정의를 비유를 들어서 설명할 수 있다.
- 체육과 교육과정의 개발 원천과 가치정향의 유형을 알 수 있다.
- 체육과 교육과정에 관한 여러 모형들 간의 특징을 비교 · 설명할 수 있다.
- 우리나라의 체육과 교육과정의 변천 과정을 시기별로 구분하고 특징을 설명할 수 있다.
- 우리나라의 국가수준 교육과정의 개발 과정을 알 수 있다.
- 학교(교사)수준 교육과정 개발(또는 재구성)의 의미와 과정을 설명할 수 있다.

1. 체육과 교육과정의 기초: 정의, 유형, 비유

이 절에서는 체육과 교육과정에 대한 기초적인 이해를 도모한다. 우선 체육과 교육과정(physical education curriculum)을 정의해본다. 체육과 교육과정은 '체육'과 '교육과정'의 합성어인 만큼 '체육'과 '교육과정'의 개념에 초점을 맞추어야 한다.

가. 체육과 교육과정의 정의

1) 교육과정의 이해

교육과정은 어떤 특정한 속성을 가지고 단정적으로 정의되기 어렵다. 혹자가 교육과정을 몇 가지로 정의할 수 있는지를 묻는다고 한다면 교육과정 학자의 수만큼 존재한다고 답을 해도 전혀 이상하지 않을 정도로 교육과정의 정의는 무수히 많다. 가령, 교육을 지식의 전달과정이라고 전제한다면 교육과정은 전달하려는 지식이나 그것과 관련된 교과들을 의미한다. 국어과, 수학과, 음악과, 체육과라 명명되는 그러한 교과들이 곧 교육과정인 것이다. 한편으로 교육을 인격의 함양 또는 바람직한 능력, 특성을 형성하는 것으로 본다면 교육과정은 인격이나 능력(개인적 특성 포함)을 형성하는 데 최적화된 학생들의 경험을 지칭하는 것이 된다. 이것은 교과 또는 경험의 계획에 초점을 두기도 하지만 다른 한편에서는 계획의 실행으로 드러나게 될 학습 결과에 중심을 두기도 한다.

이처럼 교육과정 개념은 다의성(多義性)을 갖는다(조미혜, 오수학, 2004). 먼저 어원을 따져볼 때 교육과정(curriculum)은 쿠레레(curere)와 관련 있다. 쿠레레는 경마장에서 말이 달리는 주로(course of race)를 뜻하는 것으로, 이것에 기초한 교육과정의 개념은 곧 이수해야 할 교수요목(syllabus)을 의미한다(유정애, 2007). 넓은 의미에서는 학교에서의 교육과정을 학생이 경험하는 총체 또는 학교가 제공하는 경험의 총체로 정의하기도 한다(이광무, 김현준, 2007).

한편, 학교 현장에서 교사들 간의 대화에 자주 등장하는 용어로서의 교육과정은 제도화에 따른 문서 형태의 교육과정을 지칭하는 경우가 일반적이다. 즉, 교사들이 주로 이야기하는 교육과정은 국가 및 사회가 학생들이 무엇을 배울 것인가와 교사가 무엇을 가르쳐야 할 것인가에 대해 의사결정을 해 놓은 문서로서 법령에 근거한 것이다(곽병선, 1985). 즉, 우리나라의 경우 초・중등학교교육은 '초・중등교육법'에 따라 운영되고 있으며 이 법의 제23조에는 교육과정에 관한 규정이 있다. 그 규정을 구체적으로 살펴보면, 학교는 교육과정을 운영해야 하며 그 교육과정의 기준과 내용은 교육부장관이 정하고 각 시・도에 따라서는 교육감에 의해 그 지역의 실정에 맞는 기준과 내용을 정할 수 있다. 이렇게 문서화된 계획이 제정되고 고시 내지 공포된 순서에 따라 제1차 교육과정으로부터 제7차 교육과정까지 진행되어왔다. 그리고 그 이후로는 현재까지 교육과정 문서가 고시된 연도를 명칭에 포함함으로써 2007년 개정 교육과정, 2009년 개정 교육과정, 2015년 개정 교육과정 등으로 불리며 이어지고 있다.

2) 체육의 개념

체육 교육과정은 '교육과정'이라는 말 앞에 '체육'이라는 명칭이 붙어있는 만큼 체육교과의 속성에 대한 이해가 필요하다. '체육'이라는 이름으로 인간의 신체활동이 교육의 의미로 정착된 것은 19세기 초기의 일이다. 스포츠, 무용 등 여러 유형의 신체활동에 교육적인 의미를 부여하며 인간 발달을 위한 중요한 과정의 성격을 띠고 학교 교육의 분야에 속하게 되면서 이를 체육(physical education)으로 명명한 것이다(윤명희, 1998). '체육'이라고 칭하게 되었지만, 그 용어 안에는 교육의 속성이 붙박여 있으므로 그것까지 드러내어 용어로 복원한다면 '체육교육'으로 표현하는 것이 정확하다.

이후 체육/체육교육의 개념은 '신체의 교육(education of the physical)'과 '신체를 통한 교육(education through the physical)'으로 자리매김하였는데 이 둘의 개념은 체육 그 자체가 목적을 지닌 독립된 학문을 대표하거나 체육이 지닌 포괄적인 모습을 표현하기에는 부족한 개념이기는 하지만 교육적인 측면에서 볼 때 체육 발전에 공헌한 것으로 평가된다(조미혜, 오수학, 2004). 한편 전인 교육의 관점에서 체육교육의 정의 및 방향성을 제시하는 데 주력해 온 최의창(2018)은 체육(또는 스포츠교육)을 '신체활동을 즐길 수 있고, 그 체험이 자기 성장이 되고, 결과적으로 행복한 삶을 영위하도록 돕는 노력'으로 정의한 바 있다. 이 정의는 체육교육이 신체활동을 본질적인 내용으로 삼으면서 그것의 체험이 개인의 삶과 공동체 영역까지 확장되는 것을 포함하고 있다는 점에서 주목된다.

Box 3-1 학문으로서의 체육, 교과로서의 체육

[학문으로서의 체육]
- 인간의 신체활동을 대상
- 학문의 대상은 독자성을 갖지만, 연구 방법과 지식의 체계는 독자성을 미확보한 상황
- 체육학 탐구의 결과물로 얻어진 지식의 유형은 타 학문(심리학, 사회학, 물리학 등)의 지식의 유형과 동일함.

[교과로서의 체육]
- 신체활동 중심의 교육적 접근이지만 '신체적' 영역에 국한되는 한계를 보임
- 몸과 마음을 분리하지 않는 일원론적 접근이 필요함(피지컬 리터러시 부각)
- 최근에 외국에서는 체육 교과명의 변경을 추구하고 있음. (예: health and physical education / physical activity education)

3) 체육과 교육과정의 정의

교육과정의 개념도 다양하게 존재하고 체육과의 특성도 여러 차원에서 접근될 수 있는 까닭에 체육과 교육과정을 단언적으로 정의하는 일도 쉽지 않다. 그러나 앞에서 진술된 내용을 토대로 체육과 교육과정의 정의를 시도한다면, 체육과 교육과정이란, 교육목적과 연계하여 설정된 체육교육의 목표와 그 목표에 근거하여 타당성 있게 내용과 범위가 체계적으로 구성된 것이며, 학교의 합리적인 계획과 교사의 체계적인 지도로 이루어지는 지식 및 경험, 그리고 이와 관련된 문화 내용을 교육적으로 구성한 국가 및 사회적 수준의 계획이자 학교의 합리적인 계획과 교사의 체계적인 지도 아래에서 이루어지는 학습자의 학습 경험의 총체라고 할 수 있다(강신복, 1994; 조미혜, 오수학, 2004). 이를 다시 요약하면 체육과 교육과정은 학교 체제 안에서 학생이 명시적이든 잠재적이든 체육에 관하여 겪는 모든 경험인 동시에 체육교육에서 의도한 학습 결과라고 할 수 있다(유정애, 2007; Ennis, 2003; Jewett, Bain, & Ennis, 1995; Kelly & Melograno, 2004).

체육과 교육과정 정의에 반드시 포함되고 고려되어야 할 것들을 추려낸다면 다른 교과의 교육과정도 마찬가지이겠으나 첫째는 체육교육의 궁극적인 목적과 목표이고 둘째는 그 목표에 부합되는 내용으로서의 다양한 신체활동이며 셋째, 그 신체활동을 경험하는 방법, 그리고 마지막으로 신체활동 경험을 통해 목표에 도달하였는지를 평

가하는 것이다. 쉽게 말해서 교육과정은 목표, 내용, 방법, 평가를 필수 항목으로 이루어진 것이다.

나. 체육과 교육과정의 유형

앞에서 언급했던 바와 같이 체육과 교육과정의 개념은 다의성(조미혜, 오수학, 2004)을 갖기 때문에 체육과 교육과정의 유형도 다양하게 존재한다. 사실 교육과정에 관련한 용어나 개념, 그리고 유형이 많아질수록 이것들을 이해하는 데 어려움과 혼란스러움이 수반될 수 있지만(유정애, 2007), 교육과정을 바라보는 관점의 층위를 이해할 수 있고 그로 인해 교육과정을 위한 담론을 심층적으로 구성하고 소통하게 해줄 수 있는 장점도 있다. 이하에서는 체육과 교육과정의 유형을 정리하였다.

첫째, 체육과 교육과정의 '의도성'을 기준으로 표면적 교육과정, 잠재적 교육과정으로 구분할 수 있다. 표면적 교육과정은 교육목적과 목표, 내용 등을 명료하게 제시하여 학생이 경험할 수 있도록 하는 공식적인 교육과정이다. 그 구체적인 예는 교과서에 실려 있는 내용이 된다. 잠재적 교육과정은 표면적 교육과정과는 달리 공식적으로 의도되지 않았으나 학생에게 모종의 학습 결과로 나타난 것을 말한다. 주로 관습과 관행이나 이데올로기, 가치관과 태도 등이 잠재적 교육과정의 예가 된다.

둘째, 체육과 교육과정의 '진행 과정'에 따라 계획적 교육과정, 실천적 교육과정, 경험적 교육과정으로 나눌 수 있다. 계획적 교육과정은 교육과정의 계획과 준비 측면이 강조된 것으로서 교육부나 교육청(교육지원청) 및 학교 등에서 의도하고 계획하여 작성된 교육과정을 말한다. 실천적 교육과정은 교사들이 수업으로 구체화한 교육과정을 말한다. 이 실천적 교육과정은 지역 및 학교의 여건, 교사와 학생 등의 사회적 맥락에 의해 영향을 받게 된다. 경험적 교육과정은 학생들이 실제로 경험하고 결과적으로 학습한 교육과정을 말한다.

셋째, 체육과 교육과정의 '의사결정 수준'에 따라 국가수준 교육과정, 지역수준 교육과정, 학교수준 교육과정, 학급(교사)수준 교육과정으로 분류할 수 있다. 국가수준 교육과정은 국가기관인 교육부 주관으로 개발된 교육과정을 말하는 것으로서 교육과정의 보편성과 통일성 및 기회 균등, 그리고 일정 수준의 교육의 질 유지를 구현할 수 있는 장점을 갖는다. 지역수준의 교육과정은 시・도 교육청 수준에서 개발되는 교육과정을 말하는 것으로서 교육청 관내 학교에 학교교육과정의 운영을 지도 및 감독하는 맥락에서 지침의 성격으로 개발하여 부과하고 있다. 학교교육과정은 단위 학교수준에서 개발되는 교육과정을 말하는 것으로서, 학교가 소재하고 있는 지역의 모든 여건과 특성을 반영하여 개발하고 있는데 학교의 특색을 살리기 위해서 특별한 프로그램(예: 아침 건강 달리기, 틈새 신체활동 등)을 계획하고 실천한다. 마지막으로 학급(교사) 교육과정은 교사가 자신이 맡은 학급과 담당 교과에 대한 연간 계획 및 수업의 방향을 담아 작성한 교육과정을 말한다.

다. 체육과 교육과정의 이해를 돕는 비유

체육과 교육과정의 개념과 속성을 이해하는 데 도움이 되는 방식 중 효과적인 것은 비유를 드는 것이다(유정애, 2007). Jewett 등(1995)은 교육과정의 비유가 그냥 보면 보이지 않는 것을 제대로 바라볼 수 있게 돕는다고 하면서 다섯 가지 비유를 제시한 바 있다.

첫째, 오케스트라의 비유이다. 교육과정을 오케스트라로, 학생을 오케스트라의 구성원인 연주가에 비유한 것이다. 연주가인 학생은 꾸준하게 악기를 연습하고 익혀서 오케스트라인 교육과정이 제대로 기능할 수 있도록 한다.

둘째, 항해의 비유이다. 교육과정을 바다에, 학생은 항해하는 배에 비유한 것이다. 배는 출발하기 전에 목적지와 항로를 결정하는데 훌륭한 항해사일수록 자신의 풍부한 경험과 다양한 자료(일기예보, 수심, 풍속 등)를 바탕으로 최적의 항로를 결정한다. 그렇지만 바다의 역동적인 환경 때문에 배의 특성(크기, 추진력 등)에 따라 항로를 일부 수정해야 하기도 한다.

셋째, 우주탐험의 비유이다. 교육과정을 우주 안에 있는 은하수에, 학생을 우주탐험가에 비유한 것이다. 초보 탐험가는 사전에 숙련자로부터 기초적인 훈련을 받은 뒤에 탐험에 나선다. 초보 탐험가는 숙련가의 도움을 받아 탐험 계획을 세우고, 그 계획을 실현해나가면서 변화하고 성장한다.

넷째, 사진 촬영의 비유이다. 교육과정은 사진을 촬영하는 카메라이고, 학생은 사진가이다. 카메라는 모델도 다양하고 기능도 여러 가지이다. 사진가는 카메라를 선택하고 카메라의 기능을 십분 활용한다.

마지막으로, 서커스의 비유이다. 교육과정을 서커스단에, 학생을 서커스의 연기자로 비유한 것이다. 서커스단 안에는 다양한 공연 활동이 준비되는데 각각의 서커스 연기자들은 자신의 연기를 서커스단과 조화롭게 결합하여 훌륭한 쇼를 보인다.

이와 같이 제시된 교육과정 비유는 세부적으로 논리적 연관성을 따진다면 이해의 어려움이 있는 것이 사실이지만 적어도 이러한 비유를 통해서 교육과정이 내용, 교사, 학생, 그리고 사회와 관련이 있음을 엿보게 하는 데 많은 도움이 된다.

2. 체육과 교육과정 이론

체육과 교육과정 이론은 체육과의 성격과 목표 및 주요 내용과 방법에 관한 사항들에 관한 담론이다. 즉, 체육과 교육과정 이론은 체육교육이 지향하는 교육적 인간상에 따라 어떠한 내용에 가치를 부여하고, 어떠한 방법을 중요시하는지를 담고 있다. 여기서 체육과 교육과정 이론의 주된 초점은 교육과정의 개발과 적용에 있다. 이하에서는 체육과 교육과정의 개발에 관련된 요인과 그것에 연관된 사조, 그리고 그것에 의한 구체적인 이론적인 모형에 대해서 살펴본다.

가. 체육과 교육과정의 개발 원천

이 절에서는 체육과 교육과정을 개발(development) 또는 개정(revision)할 때에 그것을 위한 의사결정에 주요하게 영향을 미치는 요인을 살펴본다. 이러한 요인들을 체육과 교육과정 이론 분야에서는 교육과정의 개발 원천(source)으로 불러왔다. 교육과정의 개발 원천에 해당하는 것은 '교과', '학생', '사회'이다. 앞 절에서 체육과 교육과정이 교육 의도성 여부에 따라 명시적 교육과정과 잠재적 교육과정으로 구분된다는 것을 살펴보았는데 체육과 교육과정의 원천은 명시적(공식적) 교육과정에 관련된 것이라는 것을 먼저 이해할 필요가 있다.

1) 교과 내용

교육과정 연구에서 가장 중요한 질문 중의 하나는 '어떤 지식이 가장 가치가 있는가?'이다. 이 물음은 '무엇을 교육 내용으로 삼을 것인가?'라는 질문과도 같다. 체육과에서 이 물음에 대한 답으로서 신체활동을 언급한다면 틀린 답은 아니다. 그 이유는 체육에 대한 개념이나 정의가 신체활동에 기초하고 있기 때문이다. 따라서 체육과의 교육과정을 개발 및 개정하고자 할 때 가장 먼저 고려해야 할 것은 그 교과에서 가장 중요하게 가르칠 내용이 무엇인지, 그리고 그러한 내용이 어떻게 변화되고 있는지에 대해 주목할 필요가 있다.

지금까지 체육교과 내용으로 지지받고 있는 신체활동은 주로 세 가지 영역으로 구분할 수 있는데 체력(fitness), 움직임(movement), 스포츠(sport) 등이다. 첫째, 체력을 체육의 주요 내용이라고 보는 입장에서는 체력의 요소를 중심으로 목표를 설정하고, 그 목표를 달성하기 위한 프로그램(유산소 운동, 근력과 지구력, 유연성, 신체구성 등)이 교육과정의 중심이 되어야 할 것을 강조한다. 둘째, 움직임에 관심을 가지는 입장에서는 모든 신체활동 유형을 움직임의 관점으로 파악하고, 움직임을 효과적으로 수행하기 위해 인지해야 할 필요가 있는 기초개념을 강조한다. 대표적인 예로서 초등학교 수준에서 가장 많이 활용되는 움직임교육 프로그램은 게임, 무용, 체조를 중심으로 하며 신체인지, 공간인지, 노력과 관계 등의 기초개념들을 강조하고 있다. 셋째, 스포츠를 주요한 내용으로 보는 관점에서는 체육과의 목표를 신체활동에 스스로 참여하는 태도와 자신에게 맞는 스포츠를 평생 참여할 수 있게 하는 데 둔다. 그러므로 스포츠의 기본 기능과 게임 전략의 학습에 초점을 둔다.

2) 학생의 발달수준

교육과정은 무엇을 가르치고, 어떻게 가르칠 것인가의 물음을 담고 있다. 그리고 그 물음들은 궁극적으로 학생을 지향한다. 교육내용의 수준과 교육방법의 유형을 결정할 때 가장 참고되어야 할 사람은 교사가 아니라 학생인 것이다. 동일하고 유사한 내용이라 하더라도 학생의 발달수준을 고려해서 내용을 재구성할 필요가 있다. 가르치는 방법도 마찬가지이다. 피아제(Piaget)가 제시한 인지발달이론을 가져와 이해하면 쉽다. 가령 구체적 조작기에 해당하는 초등학생을 가르치는 방법과 형식적 조작기에 해당하는 고등학생을 가르치는 방법은 같을 수가 없다. 따라서 교육과정을 개발할 때에는 학생의 인지발달 수준을 비롯해 신체능력과 정서발달 수준 등이 고려되어야 한다.

3) 사회의 요구

교육과정에 포함되는 내용은 단지 교과 범위에 국한되지 않는다. 이 말은 체육과 교육과정이라 해서 오로지 체육교과의 본질적 내용(신체활동 중심의 내용)만 포함하는 게 전부가 아니라는 의미이다. 이는 교육이 사회화의 기능을 담당하고 있기 때문이다. 이홍우(2009)는 뒤르켐(Durkheim)의 관점을 반영하여 교육을 어린 세대에게 주어지는 체계적인 사회화로 정의한 바 있다. 교육이라는 것이 사회를 염두에 두고 진행되어야 비로소 의미를 갖게 된다는 점을 반영한 정의인 것이다. 그렇기 때문에 교과내용의 본질의 여하를 떠나서 사회적으로 필요하고 중요하다고 여겨지는 가치들을 교과 내용에 포함하여 교육과정 개발이 이루어지는 것이다. 창의·인성 교육과정이니 역량 기반 교육과정이니 하는 용어들은 결국 사회의 요구가 교과 교육과정에 반영된 것이라는 것을 보여주는 단적인 예가 된다.

Box 3-2 교육과정 '개발 원천'과 교수·학습 과정안 중 '단원의 개관'

- 교사가 수업을 위해 작성하는 교수·학습 과정안도 넓은 의미에서 교육과정에 포함된다.
- 교수·학습 과정안은 양식에 따라 세안과 약안으로 나뉜다. 세안은 '단원의 개관', '단원의 계열', '학급 실태 분석', '교수·학습 지도 계획', '참고 자료' 등의 세부적인 내용을 담고 있는 반면에 약안은 세안 중에서 '본시 교수·학습 지도 계획'의 일부를 중심으로 기술한 것이다.
- 교수·학습 과정안의 세안 작성 항목 중 '단원의 개관'은 단원의 선정 이유와 중요성을 국가·사회적 측면, 교육과정 측면, 학생 측면 등으로 기술하고 있다. 이때 세 가지 항목은 교육과정 개발 원천을 적용한 것으로 볼 수 있다.

나. 체육과 교육과정의 가치정향

수업에서 어떠한 교수법을 활용하고 어떻게 수업을 진행해 나가는지는 학생들의 학습에 중요하게 영향을 미친다. 교사의 신념과 가치관에 따라 가르칠 내용과 방법은 상이하게 나타날 수 있으며 그것은 학생들의 신체적, 정신적, 사회적 측면에서 사뭇 다른 결과를 낼 수 있다. 이에 관련해 Eisner와 Vallance(1974)는 교사의 신념이나 가치관을 가치정향(value orientation)이라는 용어로 기술한 바 있다(강신복, 1994 재인용). Jewett, Bain과 Ennis(1995)가 교사의 교육과정과 교수방법은 이러한 가치정향에 의해 실행되고 결정된다는 것을 주장한 이래 가치정향에 대한 연구가 많이 진행되어 왔다(정우영, 2007). 체육과 교육과정 개발과 관련해서 가치정향은 교육과정의 개발 원천의 요소 중 어디에 비중을 두느냐에 따라서 내용숙달, 학습과정, 자아실현, 사회재건, 생태통합 등으로 구분된다.

1) 내용숙달

내용숙달(subject mastery)은 교육과정 개발에 있어서 가장 전통적인 가치정향으로서, 중요한 지식의 습득, 또는 학문적 지식의 통합을 최우선으로 한다. 이 가치정향에서 기대되는 학교의 역할은 한 세대에서 다음 세대로 문화적 유산을 전달해 주는 것이며, 교육자의 역할은 학생들로 하여금 이 문화적 유산에 참여할 수 있는 도구와 자질을 습득하고 역사상 가장 훌륭한 지식을 배우도록 도와주는 것이다.

내용숙달 가치정향의 교사는 운동기능, 스포츠, 움직임, 체력 요소를 강조하며 정확한 동작 또는 가장 효과적인 수행 방법을 가르치고자 한다. 일반적으로 수업은 배울 내용이나 전술을 수행하는 정확한 방법의 시범과 함께 간단한 설명을 하는 방식으로 전개한다. 교사가 가르친 동작들을 학생이 최대한 많이 연습할 기회를 제공하고, 학생이 연습하는 동안 교사는 피드백을 제공하면서 학생의 기능 수행을 개선해 간다. 명령식, 연습식 수업 스타일부터 문제해결 및 자기주도식 스타일에 이르는 다양한 수업방법을 활용하며 평가는 일반적으로 운동기능 검사 등을 활용한다.

2) 학습과정

지식이 폭증하는 현대 사회를 살아가는 학습자에게 필요한 것은 낱낱의 지식을 습득하는 것이 아니라 최선의 지식을 선택하고 활용할 수 있는 능력이다. 비슷한 맥락으로 볼 때 학교체육에서는 운동 역시 종목 하나하나를 학습하기보다는 운동의 원리를 기반으로 이 운동에서 저 운동으로 전이해 갈 수 있도록 학습해나가는 것이 더 효과적이라 할 수 있다. 학습과정(learning process) 가치정향은 바로 이러한 맥락에 초점을 맞추어 '무엇을 배워야 하는가?'보다는 '어떻게 배워야 하는가?'를 더 중요시한다(유정애, 2007).

학습과정 가치정향은 체육과에서 다루는 전통적인 내용을 학습해야 하는 동시에 학생들이 그 내용에 대해서 합리적인 의사결정을 내리고 다양한 문제를 해결해 나갈 수 있는 능력을 학습하는 것을 지향한다. 그러한 점에서 이 가치정향은 교육과정 개발 원천 중에서 '교과'와 '학생'을 동시에 고려한다. 학습과정 가치정향을 지향하는 교사는 운동, 스포츠, 체력 등에 관해서 이것을 어떻게 단계적으로 학습해 나가야 할 것인지를 명확히 알고 있으나 학생들에게 직접 알려주지 않고 탐구 중심적인 방식을 활용하여 지도한다.

3) 자아실현

자아실현(self-actualization) 가치정향은 학생의 자기 관리 능력의 개발과 자아 성취감의 경험을 중요시한다. 자신에게 잠재된 능력을 발견하고 자신의 장·단점을 인식하도록 하면서 자신에게 적절한 수준의 목표를 설정하고 도전하여 성취를 경험할 수 있게 하는 것에 주력한다. 따라서 학습자가 이러한 학습경험을 지속할 수 있도록 하기 위해서 교육과정 개발에 무엇보다 학생의 흥미와 요구를 우선적으로 고려한다. 따라서 자아실현은 교육과정 개발 원천 중에서 '학생'에 큰 비중을 두고 있다.

이 가치정향을 지닌 교사는 학생들이 주체적으로 학습목표를 수립하여 자신의 학습을 수행해 갈 수 있도록 지원하는 역할을 한다. 즉, 체육수업에서 학생들이 자신감과 긍정적인 자아개념을 가질 수 있도록 가능한 한 다양한 스포츠 종목을 활용하고, 어려운 기술을 시도하거나 타인과 함께 도전하는 기회를 제공하여 학생들이 개인적인 성장을 할 수 있도록 유도한다.

4) 사회재건

사회재건(social reconstruction) 가치정향은 교육과정 개발 원천 중 '사회'에 가장 큰 비중을 두고 있다. 이 가치정향에서는 사회적 평등과 사회 정의를 강조하는 환경에서 필수적인 긍정적인 대인관계 기술을 개발하는 데 초점을 둔다. 이 가치정향은 움직임, 스포츠, 운동을 학생이 타인과 함께 더불어 학습하며, 불평등적인 학습과제나 행동을 발견하는 기회를 제공하는 데 활용한다(유정애, 2007).

사회재건 가치정향을 지지하는 교사는 교육과정의 목표를 학생들에게 학교나 사회에서의 불평등에 관한 인식을 심어주는 것에 맞추고 있는데 학생들에게 현존하는 상황의 변화와 이러한 변화를 용이하게 할 수 있는 전략을 강조한다. 그리고 성, 인종, 장애인 등에 관한 평등적 관점을 중요시하며 협동하는 방법과 팀스포츠 활동에서 책임감을 인식시키는 데 중점을 둔다.

5) 생태통합

생태통합(ecological integrity)은 교육과정 개발 원천 중 '교과', '학생', '사회' 모두를 고려하는 것이 특징이다. 이 가치정향에서는 학생들이 광범위한 신체활동을 학습하고, 미래 생활에서 필요한 자기 관리 능력과 사회적인 기술을 습득하도록 하는 데 중점을 둔다.

이 가치정향을 지지하는 교사는 체육수업이 다른 여타의 교과들과 내용 요소 간에 상호 영향을 주고받을 수 있는 하나의 거대 생태 체계가 될 수 있다고 인식한다. 그래서 체육수업 내에서 이루어지는 모든 활동은 일상생활 속에서 이루어지는 모든 의사결정과 타 교과 학습에 영향을 미치게 된다.

다. 체육과 교육과정 모형

교육과정 모형은 가치정향이 실천으로 이어지는 데 있어서 체육교육의 궁극적인 목표와 내용 및 방법이 어떻게 구성되었는지를 보여주는 기능을 한다. 비유하자면 견본 주택(model house)이 드넓은 벌판에 들어설 아파트 단지가 전체적으로 어떠한 모습을 띠고, 개별 집 안의 구조가 어떻게 만들어질 것인지를 보여주는 것과 같다.

교육과정 모형은 가치정향에 근거를 두고 특정의 내용과 방법을 지향하고 있다는 점을 고려할 때 크게 체육교과의 '내용'을 지향하는 교육과정 모형과 '개인' 및 '사회성'의 발달을 지향하는 교육과정 모형으로 구분해볼 수 있다. 움직임교육모형, 스포츠교육모형, 체력모형이 전자에 해당하고, 발달교육모형, 인간중심체육모형, 개인의미추구모형은 후자에 해당한다. [그림 3-1]은 교육과정 개발 원천과 가치정향 및 교육과정 모형의 관계를 잘 보여주고 있다.

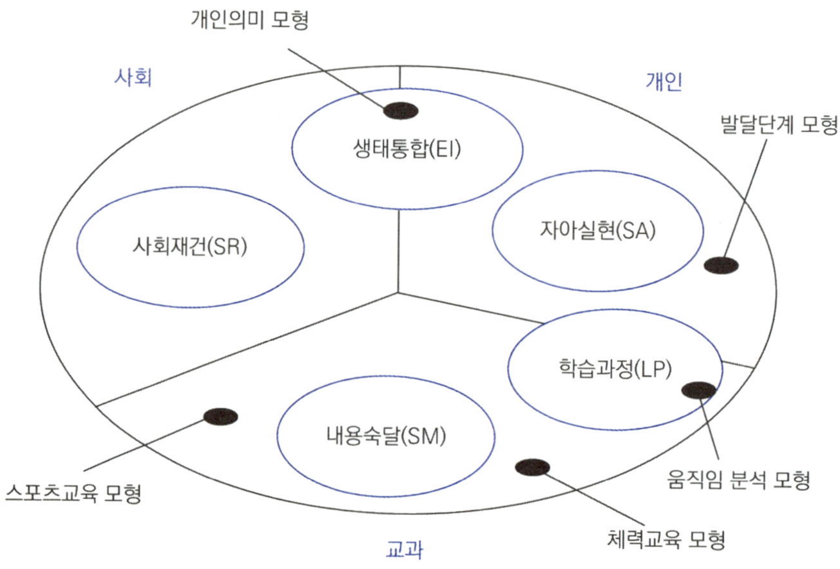

[그림 3-1] 교육과정 개발 원천과 가치정향 및 모형

1) 움직임교육모형

움직임교육모형(movement education model)은 내용숙달 가치정향에 바탕을 둔 모형으로서 체육교육의 핵심 내용을 '움직임'으로 규정한다. 움직임의 구조에 관련된 개념들에 초점을 맞추고 있어서 움직임분석모형(movement analysis model)으로 불리기도 한다(최의창, 2003). 신체 움직임에 대한 제어 원리뿐만 아니라 학습 참여 시 자기이해와 함께 제어 기술의 습득 방법을 학습하게 하는 것이 움직임교육의 목적이 된다. 쉽게 말해서 학습자가 움직임 지식을 이해하고 효과적으로 움직일 수 있도록 하는 데 초점을 둔다. 그렇기 때문에 전통적인 체육교육에서처럼 체조, 육상, 구기

종목 등을 구분하여 가르치는 것이 아니라 모든 운동과 스포츠에 공통되는 기본 움직임(표 3-1 참고)을 배우게 하고 아울러 신체 인식, 공간, 움직임의 질 등 모든 움직임의 기본 개념 및 원리 등을 이해시키면서 운동이나 스포츠를 지도해 나간다.

〈표 3-1〉 기본 움직임의 유형

이동 움직임	비이동 움직임	조작 움직임
걷기(워킹), 달리기(러닝), 뛰기(점핑), 호핑, 스키핑, 슬라이딩, 갤러핑 등	구부리기, 뻗기, 꼬기, 회전하기, 스윙하기, 서있기, 거꾸로 서기, 구르기, 착지하기, 피하기 등	던지기, 받기, 차기, 튀긴 공 잡기, 공 튀기기, 공 굴리기, 공 멈추기 등

움직임교육은 독일의 무용 교사인 루돌프 라반(Rudolph Laban)의 교육적 신념에서 비롯되었으며 기존의 무용교육에서 활용되어왔던 훈련 과정의 내용을 정리하여 〈표 3-2〉와 같이 움직임 주제로 분류한 개념 틀을 만들었다. 제8장 표현 영역에서 움직임 개념 틀에 대한 상세한 설명과 예시를 통해 보다 구체적이고 세부적으로 기술할 것이다.

〈표 3-2〉 라반의 움직임 개념 틀

요소	차 원	실제 내용
신체	(행위동작) 내 몸이 무엇을 하는가?	신체를 활용한 동작(actions of body) 신체 부위의 동작(actions of body parts) 신체를 활용한 활동(activities of body) 신체의 모양(shapes of body)
노력	(시간) 내 몸이 어떻게 움직이고 있는가?	시간(time) 무게(weight) 공간(space) 흐름(flow)
공간	(구역) 내 몸이 어디로 움직이는가?	방향(direction) 수준(level) 움직이는 길(path) 움직이는 면(planes) 확장되는 공간(extentions)
관계	(신체부위) 어떠한 관계가 벌어지는가?	개인 및 단체(individual & group) 기구 및 용구(apparatus & equipments) 기타

움직임 개념 틀의 네 가지 요소는 인간이 움직이는 데 관여하는 필수적인 것들을 정리한 것으로 볼 수 있다. 기본적으로 인간이 움직이려면 신체가 있어야 하고, 신체를 움직이는 노력과 공간이 있어야 한다(한규령, 1988). 이 중에서도 '시간', '무게', '공간', '흐름'을 포함하고 있는 '노력' 요소는 움직임의 질을 결정짓는 요소로 이해된다. 가령 '시간'은 몸의 각 부분이 여러 가지 속도로 움직일 수 있는 능력을 말하고, '무게'는 몸의 움직임에 있어서 근육의 수축 정도를 말한다. '공간'은 몸이 공간을 어떻게 사용하는가를 말하는 것이며 '흐름'은 움직임이 계속해서 진행되는 특징을 말한다.

교사가 이 모형을 적용할 때에는 다음과 같은 역할이 중요하다(유정애, 2007). 첫째, 교사는 움직임의 구조와 과학적 원리를 잘 알아야 한다. 둘째, 교사는 학생들이 움직임의 개념을 다양한 상황에 적용할 수 있는 능력을 기르도록 교육과정을 구성해야 한다. 셋째, 교사는 학생들이 다른 교과 시간에 배운 내용과 연계해 이해할 수 있도록 도와야 한다. 넷째, 교사는 학생들의 현재 발달 수준에 맞는 개념과 학습과제를 제시해야 한다.

움직임교육모형은 움직임 개념을 강조하기 때문에 체육교육을 관념화시킬 수 있다는 점, 그리고 다양한 체육활동 중에서 유독 움직임만 편협하게 강조한다는 점에서 비판을 받고 있다. 그러나 이러한 비판에도 불구하고 모든 아동의 최대 참여와 개인차를 고려한 점, 그리고 스포츠, 운동, 체조, 무용 등을 움직임 개념으로 통합을 시도한 점은 매우 긍정적으로 평가되고 있으며 특히 초등체육 분야에 큰 영향을 미쳤다(안양옥, 2006).

2) 스포츠교육모형

스포츠교육모형(sport education model)은 스포츠를 본질적인 가치가 있는 활동으로 강조하면서 체육교과의 핵심 내용으로 간주하고 스포츠의 기본 기능을 익히고(competent), 스포츠에 대해 많은 것을 알고 있으며(literate), 스포츠에 열정(enthusiastic)을 가지고 참여하는 스포츠인의 양성을 교육의 목적으로 한다. 스포츠를 주요 교육내용으로 강조한다는 점에서 내용숙달 가치정향에 바탕을 두고 있다고 할 수 있다. 이 모형은 시덴탑(Siedentop)에 의해 개발되었는데, 놀이교육모형을 한 차원 발전시킨 것이다.

스포츠교육모형에서는 일련의 경쟁적이고 표현적인 스포츠 활동을 중심으로 프로그램이 구성된다. 그러나 반드시 경쟁성을 전제로 하는 것은 아니다. 스포츠교육모형은 교과내용으로서 스포츠를 강조하는 것이지, 스포츠의 한 특성인 경쟁성 자체만을 중시하는 것이 아니기 때문이다(안양옥, 2006). 스포츠교육모형은 교육과정 모형으로 분류되기도 하지만 수업모형으로도 각광을 받고 있다. 이 모형은 [그림 3-2]와 같이 스포츠시즌, 팀 소속, 역할 분담, 공식경기, 기록작성, 결승 행사 등의 6가지 요소를 바탕으로 설계되어 적용된다.

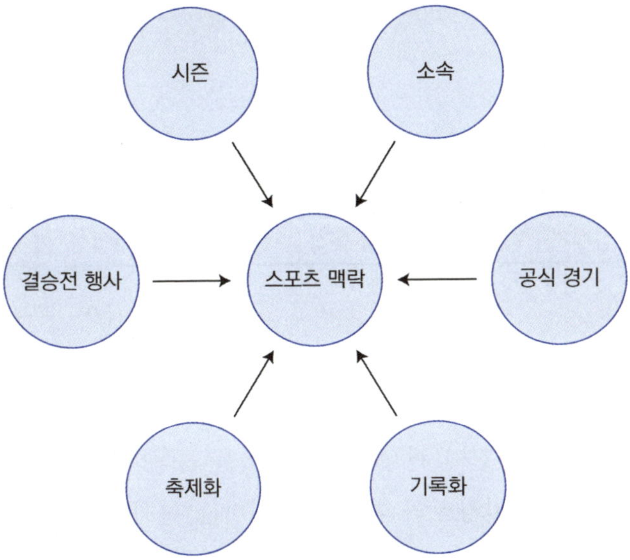

[그림 3-2] 스포츠 교육모형의 특징을 이루는 요소들

스포츠교육모형을 적용함에 있어서 교사에게 요구되는 역할은 다음과 같다(유정애, 2007). 첫째, 스포츠에 대한 기술, 지식, 태도를 균형 있게 강조해야 한다. 둘째, 학생의 발달단계에 적합한 스포츠 활동을 제공해야 한다. 스포츠교육모형은 학생이 스포츠 기술을 익힐수록 곧 스포츠 참여 경향이 촉진될 것이라고 가정하고 있는데 이에 대한 비판이 제기되고 있다. 또한 전통적인 스포츠 종목을 강화하는 반면에 뉴스포츠에 대한 관심이 부족하며 요가나 에어로빅 등과 같은 비경쟁적인 스포츠를 프로그램 구성에서 간과하고 있는 점도 비판을 받고 있다. 그러나 놀이교육모형이 체육활동에 참여하는 학생의 개인적 의미와 자발성을 중시하고, 평생스포츠 프로그램의 활용과 같은 사회참여준비를 강조함으로써 체육과 교육과정의 발달에 크게 기여했다는 것은 널리 인정받고 있다(안양옥, 2006).

3) 체력모형

체력모형(fitness model)은 체육을 개인 복지증진 수단으로 간주하면서 건강증진이라는 범위에 한정시킨다(강신복, 1994; 안양옥, 2006). 이 모형은 '신체의 교육(education of the physical)'의 맥락을 고스란히 보여주고 있는데, 체력이라는 체육과의 고유 내용을 강조하고 있다는 점에서 내용숙달 가치정향에 토대를 두고 있다고 할 수 있다.

〈표 3-3〉 체력의 구분 및 구성 요소

건강체력	운동체력
근력 및 근지구력, 심폐지구력, 유연성, 신체 구성	순발력, 민첩성, 평형성, 협응력

체력모형은 교육이 아닌 훈련이라는 비판을 받기도 한다. 그러나 체력모형은 신체활동에만 국한되지 않고 운동수행과 그에 대한 이해력 증진을 강조하기도 한다. 즉, 신체활동을 통한 체력의 증진이 건강한 생활양식을 습득하고 이를 향유하는 데 필수적이며, 그러한 건강한 생활양식의 발달을 위해서는 신체활동과 건강과의 관련성에 관한 지식, 건강에 도움이 되는 신체활동을 하는 기술, 운동의 중요성에 대한 인식 등이 필요하다는 점을 역설하고 있다(강신복, 1994).

체력모형의 개념틀은 체력 요소의 발달로서, 건강에 직접적인 도움이 되지 않는 신체활동은 프로그램 구성에서 제외시킨다. 체력모형에서의 프로그램 구조는 특정 체력요소의 발달에 초점을 둔 단원과 건강증진에 초점을 둔 단원이 결합된다.

4) 발달교육모형

발달교육모형(developmental education model)은 '신체를 통한 교육(education through the physical)'에 근거를 둔 것으로서 개인의 발달 단계의 촉진을 통한 전인적 발달, 즉 심동적·인지적·정의적 영역에서의 균형적인 발달을 교육목표로 설정한다.

그리고 발달교육모형에서는 학생이 목표를 설정하고 그것을 조금씩 성취해나감으로써 얻어지는 개인적 성장에 초점을 맞추고 있으며(최의창, 2003), 이 때문에 자아실현 가치정향에 바탕을 두고 있다고 할 수 있다. 이 모형에서의 체육프로그램은 게임, 스포츠, 무용, 운동 등 다양한 활동 프로그램을 중심으로 구성되어 왔으나 최근에는 다양한 활동보다는 발달단계에서의 개인차를 강조하고 단계별 주제를 중심으로 프로그램이 구성되고 있다.

발달교육모형은 체육과 교육과정 모형 중에서 가장 널리 적용되고 있는 모형이다. 많은 체육프로그램의 목표는 이 모형의 목표와 일치하고 있다. 그러나 이 모형을 따르는 프로그램들은 대개 다양한 활동(multi activities)을 포함하는데 교수전략 차원에서 발달 단계에서 나타나는 개인차를 고려하지 못하는 경우가 있다. 또한, 특정 발달 목표에 직접적 영향을 주기 위한 교육내용을 선정하는 데 무관심한 경향이 있다. 아울러 경기나 스포츠 활동에 참여하기만 하면 저절로 전체적 발달이 이루어질 것이라는 가정을 하는 경향이 있다. 신체를 통한 교육방법에 대해 과연 그러한 방식으로 폭넓은 발달성과를 거둘 수 있겠는가 하는 의문이 제기되어 왔다. 아울러, 체육프로그램에 참여하는 것이 개인적, 사회적 발달에 기여한다는 주장에는 납득할 만한 증거가 없다는 지적도 제기된다. 또, 개별화 교수의 실패도 비판의 대상이 되고 있다. 그러나 현재 발달 단계적 교육과정 이론가들은 교수의 초점을 발달 단계적 주제에 맞추고 발달단계의 개인차를 고려함으로써 이러한 비판들을 수렴하려 노력하고 있다.

5) 인간중심체육모형

인간중심체육모형(humanistic physical education model)은 인간 개개인의 개별 특성을 강조하여 체육이 학생 자신의 정체성을 찾고 자아를 실현하는 데 도움을 주어야 한다는 입장을 가지고 있다. 이 모형은 체육이 개인의 행복에 기여해야 한다는 것을 강조하는 점에서 각 개인의 개별적 특성을 강조한다. 따라서 표준화된 학교교육 프로그램과 교수방법은 적합하지 못한 것으로 간주하며 심동적 영역이나 인지적 영역 못지않게 정의적 영역도 중요시한다.

인간중심체육은 신체활동을 통해 학생이 개인의 정체성을 발견하도록 도와주며 학생의 자기존중, 자아실현, 자기이해, 대인관계의 발달을 교수활동의 중심과제로 삼는다(Hellison, 1978). 이 모형의 기본가정은 다음과 같다. 첫째, 인생의 주요 목적은 개인의 잠재력을 실현하고 스스로의 꿈을 달성하며 유능한 인간존재가 되는 것이다. 건강이란 소극적인 의미에서 질병이 없다는 것이 아니라 적극적인 의미에서 고도의 복지 수준을 향유하는 것이다. 둘째, 각 개인은 자기만의 잠재능력이 있다. 욕구, 능력, 흥미가 똑같은 두 사람이란 존재하지 않는다. 따라서 학생을 어떤 정해진 틀 속에 맞추어 교육하면 안 된다. 셋째, 각 개인은 사회적 가치의 영향으로 개인의 발달이 저해되지 않도록, 필요하다면 자신의 문화로부터 선택적인 이탈을 할 수 있어야 한다. 넷째, 인간이 어떻게 느끼는가는 그가 무엇을 알고 있는가보다 중요하다. 사실상, 개인이 자기 자신을 어떻게 생각하느냐 하는 것에 의해 학습 성과가 결정된다. 더욱이 자기 자신을 인정하지 않는 사람이 자아실현을 위해 노력한다는 것은 불가능하다. 마지막으로, 학습의 방법과 학습의 의미를 가장 잘 아는 사람은 학습자 그 자신이다.

인간중심체육모형의 개념틀은 궁극적으로 자아실현에 이르도록 발달 단계를 설정하는 것이다. Hellison은 〈표 3-4〉와 같이 5가지의 발달 단계를 규정하고 있다(강신복, 1994; 안양옥, 2006). 인간중심체육모형은 다음과 같은 특징을 갖는다고 할 수 있다. 첫째, 학습내용은 학습자 스스로 선택한다. 둘째, 학습자는 자신의 학습과제를 스스로 설정한다. 셋째, 가장 새롭고 독특한 수업이 전개된다. 즉, 학생 중심의 수업 전개가 강조되며 교사는 지시를 내리거나 학습활동을 감독하는 것이 아니라 학생들이 자기통제하에 학습에 임할 수 있도록 조언하고 돕는 학습의 촉매자 혹은 안내자 역할을 담당하게 된다. 넷째, 표준화된 평가방법을 사용하지 않는다.

〈표 3-4〉 인간중심 체육교육에서의 발달 단계

발달 단계	특 성
위험 단계	모험심이 가장 높은 청소년기로의 진입을 최초로 인식하는 단계. 무력감을 느끼고 극단적인 방어심리가 팽배해 있으며 외부 세계와의 접촉이 부족하여 의미 있는 것들에 대해 무조건적인 불신을 표명한다. 조급한 성장욕구는 불만감과 결합하여 적대적인 대인행동을 유발한다.
참여 단계	공식적인 의미의 학습은 아니지만 최소한 무엇인가를 배운다는 의미에서 몇 가지 신체활동에 참여하는 단계. 이때 교사와 다른 학생의 간섭을 받지 않는 자기조절 성향을 띤 움직임 활동이 병행된다.
자기 방향 설정 단계	개인적 욕구를 충족시키기 위해 자신이 좋아하는 활동을 발전시켜 나가는 자기방향설정 단계. 이 시기에는 먼저, 운동기능과 연습개념, 연습경험을 체득하고 다음

발달 단계	특 성
	으로, 개인별 목표를 정하고 자신의 결정에 대해 책임을 지며 그 다음으로, 인생의 목표와 과정을 깨닫고 마지막으로, 동료의 압력을 거부하고 자신의 포부를 지켜 나갈 수 있는 용기를 기른다.
친사회적 행동 단계	친사회적 행동의 단계. 협동, 집단적 결정, 타인 돕기, 감정이입의 발달, 사회에서 자신에게 부여된 역할 완수하기 등의 자질을 기른다.
통합 단계	일, 놀이, 친사회적 행동, 그리고 남들이 그냥 지나쳐 버리는 대상을 보고도 웃을 수 있는 건전한 유머 감각 등을 개인 내에 통합할 줄 알게 된다.

이 모형에 의거한 체육수업 전개 방법으로는 첫째, 자아존중을 개발·발전시키는 데 학습의 중점을 두고 그를 위해서 비위협적인 환경 조성하기, 학습자 개개인을 하나의 고유한 존재로 다루기, 가능한 한 많은 성공감을 맛보게 하기 등을 강조한다. 둘째, 학습자의 자아실현을 돕는 방법에 중점을 두고 그를 위해서 심동적 영역의 개발, 자아표현, 총체적인 참여를 고려하여 지도한다. 셋째, 학습자의 자아 이해를 돕기 위해 집단별로 강의하고 토론하며, 개별지도 및 특별 프로그램 등을 고려하여 지도한다. 넷째, 바람직한 인간관계를 향상할 수 있도록 지도하되, 운동 중의 협동심을 강조하고 경기 중에 나타나는 협동심에 대해 가르치고 토론하며 다른 사람에게서 나타나는 협동하는 태도를 관찰하게 하는 등의 방법을 이용하여 지도한다.

인간중심모형은 교육의 인간화라는 관점에서 학생 개개인의 독특한 특성을 고려하여 학생 자신의 정체성 발견과 자아실현을 교육의 주된 목표로 삼고 있다. 그러나 이에 대해서 자아실현의 개념이 불분명하고, 그 결과 체육 프로그램의 목표를 정확히 정의하지 못하고 있다는 비판이 제기된다(Siedentop, 1980). 그뿐만 아니라, 명확하게 조직화된 교육과정이 제시되지 않고 있으며 포괄적인 평가방법도 부족하다(최의창, 1988). 그러나 한편으로 인간관계 기술과 개별화 교수법에 대해 관심을 둔다는 점과 수업 시 학습자 측면을 중시했다는 점에서 이 모형은 긍정적으로 기여했다고 평가된다.

6) 개인의미모형

개인의미모형(personal meaning model)은 움직임 경험이 교육적 가치를 지니기 위해서는 반드시 개인적 의미와 중요성을 지녀야 한다고 주장한다(안양옥, 2006). 따라서 교육의 중심 과제를 개인적 의미의 발견과 창조에 두고 있다. 또한, 개인의미모형에서는 움직임의 본질적인 것과 실용적인 것 모두를 포괄하며 그 의미를 놀이에 한정시키지 않는다. 움직임 경험 자체에 내재해 있는 즐거움, 기쁨, 만족감 등과 같은 감정을 중시하며 참여자의 실용적 목적 달성을 위한 움직임 활용에 초점을 맞춘다. 그러므로 개인의미모형에서 교사의 역할은 학생 개인별 의미의 잠재적 원천을 분석하고 광범위한 활동 기회를 제공하며 학생 개개인이 의미를 탐색할 수 있도록 도움을 주는 데 있다.

개인의미모형은 인간의 창조 정신과 전인성에 기초하고 있다. 대부분의 다른 교육과정이 교육의 내용을 강조하는 데 반해 이 모형은 개인의 의미 창조에 초점을 두고 있다. 타 교육과정 모형과 비교하여 구별되는 특성으로는 학생 중심, 개인 간의 관계, 과정 전개의 융통성, 학습에 참여하는 개인들의 실존적 요구, 교수에 있어서 정의적 내용의 중시 등을 들 수 있다. 무엇보다도, 개인의미모형은 사회적 맥락 혹은 환경 내에서 학습자의 인간성을 개발하고, 최대한의 생태학적 통합을 이루며, 자아를 실현하는 데 관심을 기울인다. 개별적 특수 환경 내에서의 전인 발달이 주된 목표이기 때문에, 학교는 개인적 요구와 사회적 요구 양쪽에 모두 관심을 기울이도록 요구된다.

개인의 의미를 중시하는 체육 교육과정 모형은 그간 여러 학자들에 의해 그 이론적 토대가 제시됐으나, Jewett과 Mullan(1977)이 체계화한 목표·과정 중심 교육과정 개념틀(purpose process curriculum framework: PPCF)에 의해 가장 잘 설명되고 있다(안양옥, 2006). PPCF는 개인의미 교육과정 모형의 한 준거로서 '목표' 영역과 '과정' 영역의 두 가지로 구성된다. 우선, 목표 영역은 개인의 목적을 달성하는 데 인간 움직임이 어떻게 기능하는가를 논리적으로 분석하여 도출한 것으로서 개인적 발달, 환경의 극복, 사회적 상호작용이라는 3가지 핵심개념(key concepts)으로 이루어진다. PPCF는 학습자 개개인의 다양한 특성과 욕구에 부응하고 다변적인 학습상황에 대처하기 위해 설정목표의 다양화를 기본전제로 하고 있다. 따라서 이러한 3가지 핵심개념은 다시 움직임기능과 관련하여 생리적 효율성, 심리적 안정성, 공간적 정향, 물체조작, 의사소통, 집단 상호작용, 문화적 참여의 7가지 주요 개념(major concepts)과 심폐효율성, 기계적 효율성, 신경·근육 효율성, 움직임의 즐거움, 자기이해, 감정의 정화, 도전, 인지, 이동, 관련성, 중량처리, 물체투사, 물체수용, 표현, 명료화, 의태, 팀워크, 경쟁, 지도력, 참여, 움직임 감상, 문화이해라는 22가지 개념 요소로 세분된다. 이러한 목표영역은 교육과정 설계자가 교육과정 내용의 범위와 성격을 결정하는 데 지침으로 활용된다. 특히, 이들 영역의 7가지 주요 개념과 22가지 개념 요소들은 학습자의 특성과 학습여건을 감안하여 탄력 있게 적용해야 한다.

한편, PPCF의 과정 영역은 기본 움직임, 응용 움직임, 창조 움직임 등의 3가지 핵심 개념과 이들 핵심 개념을 세분화한 인지화, 유형화, 적용화, 숙련화, 변용화, 창안화, 구성화 등의 7가지 과정 범주(process categories)로 구성되어 있다. PPCF의 과정 범주들은 인간이 움직임을 배우는 방식, 즉 인지, 유형, 적용, 숙련, 변용, 창안, 구성의 과정을 설명하고 있다. 이러한 과정기능들은 움직임 참여에서 얻을 수 있는 모든 요소를 포함하고 있기 때문에 그 자체로서 학생들이 배워야 할 프로그램 내용이 된다. 학생들은 그들의 목적을 달성하기 위해서 이들 각 과정을 경험해 보아야 할 뿐만 아니라 이들 과정들을 이해하고 활용할 수 있어야만 한다. 또 학생들은 과정기능을 터득하기 위해 과정기능 자체를 익히고, 나아가 그 현상을 파악하고 이를 논리적으로 분석할 수 있어야 한다. 과정기능을 터득하고 그 현상을 이해할 수 있을 때 학생들은 비로소 다른 유사 움직임 상황에도 계속 참여할 수 있게 된다. 이러한 움직임 과정들은 교수 활동을 계획하고 그 계열성을 결정하는 근거를 제공한다. 또 교사는 수업목표를 정하고 학생의 운동수행능력을 평가하는 근거로서 이러한 과정들을 활용할 수 있다.

PPCF로 대변되는 개인의미모형은 다른 교육과정 모형과 비교해 볼 때 다음과 같은 장점을 지닌다고 평가받는다(안양옥, 2006). 첫째, 움직임 활동에 참여하는 개개인의 의미를 반영하여 프로그램 내용을 선정할 수 있다. 둘째, PPCF의 과정범주들은 일관된 하나의 개념구조 내에서 학교나 지역사회의 특성에 부응하는 교육과정을 설계할 수 있게 해 준다. 셋째, 학습목표뿐만 아니라 학습 과정까지 중시하는 유일한 교육과정 모형이다. 넷째, 이 모형은 체육과 교육과정을 이론화하는 데 크게 기여했다.

그러나 한편, 목표·과정 중심 교육과정 모형의 한계에 대한 비판도 적지 않게 제기되고 있다. 첫째, 지나치게 이론화에 치중하여, 실제로 PPCF에 토대를 둔 교육과정 프로그램 개발 노력이 부족하다. 둘째, 개념과 용어가 불명확하고 개념들 자체에 대한 정의도 불충분하다. 셋째, 개념들을 이해하지 못한다거나 움직임 활동 참여자의 개인 목표를 프로그램 목표로 구체화하는 방법을 모르고서는 이 모형을 활용하기가 힘들다. 넷째, 7가지의 주요 목표를 포괄하는 폭넓은 움직임 경험을 제공한다고 명시하고 있다고 해서 개별화 프로그램이 저절로 도출된다는 보장이 없다. 다섯째, 목표 측면만이 아니라 과정 측면까지도 중시하지만 다양한 학습 과정이 제공된다고 해서 소정의 목표성취가 가능하다는 보장이 없다.

Box 3-3 '체육과 교육과정 모형'과 '체육수업모형'은 어떤 차이가 있는가?

체육교육 분야에서는 교육과정 모형과 수업모형이 자주 회자된다. 교육과정 모형은 앞에서 언급된 것처럼 대체로 7개의 모형이 있고, 수업모형은 체육과 이외의 교과에서도 다루는 수업모형까지 일부 관련되기도 하기 때문에 무수히 많이 있지만 대체로 체육수업모형은 메츨러(2000)의 책에서 제시하고 있는 7가지 모형(직접교수모형, 개별화지도모형, 협동학습모형, 동료교수모형, 탐구중심수업모형, 스포츠교육모형, 이해중심게임모형)을 말한다.

모형은 일단 이론적인 체계라는 속성을 가지고 있다. 결국, 양자 간에 차이가 있다는 교육과정과 수업의 개념적 차이로 볼 수 있다. 그런데 교육학자에 따라서는 교육과정의 개념과 수업의 개념을 동일한 것으로 주장하기도 한다. 그것은 교육과정이나 수업이나 모두 목표, 내용, 방법, 평가라는 네 가지 항목을 핵심으로 포함한다는 이유 때문이다. 그러나 두 개념을 달리 보는 견해로는 교육과정 개념이 수업의 개념보다 추상적이고 포괄적이라는 것에 주목한다. 즉, 교육과정 모형은 이념적 수준에서의 교육과정으로서 목표, 내용, 방법, 평가를 포괄하는 이론으로서 거시적, 추상적, 계획적인 특성을 갖지만 반면에 수업모형은 체육과의 내용을 지도하는 맥락에서 목표, 내용, 방법 및 평가에 관한 체계적인 이론으로서 미시적, 구체적, 실천적인 특성을 갖는다.

3. 체육과 교육과정의 역사적 변천

우리나라의 체육과 교육과정은 공식적으로는 1954년부터 1차 개발이 이루어져서 2015 개정 교육과정까지 모두 9차례의 개정이 이루어졌다고 볼 수 있다. 비공식적으로는 교수요목기가 있었고 이것이 1차 교육과정 개발의 토대가 되었다고 할 수 있다. 그리고 그 이후의 교육과정의 개정은 주기적이고 전면적인 방식으로 1차 교육과정부터 7차 교육과정까지 이루어졌고, 수시적이고 부분적인 방식으로 전환이 이루어진 것이 주목할 만한 특징이다. 이하에서는 우리나라 체육과 교육과정의 변천 과정(유정애, 2007)을 살펴본다.

가. 교수요목기

교수요목기는 우리나라가 1945년에 독립한 이후 학교교육을 위해 마련된 교육과정으로서 1946년부터 1954년까지 적용되었다. 교수요목기는 1950년 한국전쟁으로 인해 정상적인 학교교육이 진행되기 어려운 교육 수난을 겪었으나 피란지에서 교육의 명맥을 유지하면서 우리나라 학교교육의 기초를 다지는 시기로 평가받는다(한밭교육박물관 온라인 자료 http://hbem.or.kr 인용). 그러나 사실 교수요목기는 단순히 학교에서 가르쳐야 하는 교과의 편제와 시수를 배당하고 교과별로 지도되어야 할 항목이나 주제들을 제시한 것에 불과한 것으로서 교육과정 문서도 교과서도 마련되지 않았다. 일본 강점기 시대의 잔재를 말소하는 데 주력하였고 그에 따라서 '체조'라는 교과 명칭이 초등학교에서는 '보건', 중학교에서는 '체육 · 보건', 고등학교에서는 '체육'으로 바뀌었다(조미혜, 오수학, 2004).

나. 주기적 · 전면적 · 일시적 개정 방식: 1차 교육과정~7차 교육과정

최초의 법령 형태로 된 교육과정이 등장하게 된 것은 1954년에 고시된 교육과정인데 이 교육과정을 1차 교육과정이라고 부른다. 이후로 교육과정은 주기적으로 개정이 이루어졌고, 그 시기와 범위는 일시적이며 전면적이었다. 1차 교육과정은 처음으로 체계화된 교육과정인 동시에 국가 기준으로서의 교육과정임을 강조하면서 필수적인 교과 내용을 최소한으로 담고 있는 게 특징이다(조미혜, 오수학, 2004). 또한 교육과정은 교과 중심이지만 교과서는 생활 중심으로 지향하였다. 교과 명칭은 여전히 초등학교 체육은 '보건'이라 명명됐지만 놀이 중심 교육이 강조되었고, 무용과 보건은 각각 리듬놀이와 위생으로 표현된 것이 특징이다. 주요 내용을 정리하면 체조놀이, 놀이, 리듬놀이, 위생으로 구성되었다(유정애, 2007).

2차 교육과정(1963~1973년)은 생활 중심 또는 경험 중심 교육과정으로 불렸다. 교과 명칭을 초 · 중등학교에서 모두 '체육'으로 통일하였고 문서 체제에는 목표, 지도내용, 지도상의 유의점을 담았다. 주요 내용은 1차 교육과정과 비교할 때 리듬 놀이가 춤 놀이로 명칭이 바뀌었고 위생이 보건위생으로 바뀐 점이 특징이다.

3차 교육과정(1973~1981년)은 학문 중심 교육과정 시기라 할 수 있다. 학문 중심 교육과정은 학문적 지식을 보다 효과적으로 가르치기 위해서 지식의 구조를 학생에게 가르치고 학생이 스스로 탐구할 수 있는 능력을 배양하는 데 주력하였다. 2차 교육과정에서 목표와 학년 목표를 구분하여 제시하던 것을 수정하여 하나의 목표 아래에 일반 목표와 학년 목표로 구성한 것도 하나의 주목할 만한 변화였다. 초등학교에서의 주요 내용은 기초적 운동, 기계운동, 육상운동, 공운동, 수영, 무용, 보건 등으로 구성되었으며 '놀이'라는 용어가 '운동'이라는 용어로 바뀐 점이 주목된다. 그리고 순환운동과 질서운동이 강조되었다.

4차 교육과정(1981~1987년)은 이전 교육과정처럼 특정의 사조나 이념을 추구하기보다는 종합적이고 복합적인 성격을 지향하였다. 초등학교에서는 통합교과가 등장한 것이 주목할 만하며 저학년(1-2학년)에서의 신체활동 교육은 '즐거운생활'이라는 명칭의 통합교과에서 다루어졌다. 그리고 평가의 중요성이 강조되면서 '지도상의 유의점'에 평가 부분이 첨가되었다. 체육과에 있어서 초등학교에서의 주요 내용은 기본운동, 육상운동, 기계운동, 구기운동, 계절 및 민속운동, 무용, 보건 등 7개의 영역으로 구성된 것이 특징이다.

5차 교육과정(1987~1992년)은 교육과정의 적정화와 내실화 및 지역화에 방점을 두었다. 특히 이 시기의 교육과정의 가장 큰 특징은 내용체계를 심동적 영역, 인지적 영역, 정의적 영역으로 구분하였다는 점이다. 초등학교에서의 주요 내용으로 심동적 영역에서는 기본 운동, 리듬 및 표현 운동, 기계운동, 게임, 계절 및 민속운동이 포함되고, 인지적 영역에서는 이론, 보건이 구성되었다.

6차 교육과정(1992~1997년)은 5차 교육과정에 이어서 교육과정의 지역화에 주력하였다. 체육과 차원에서는 교육과정 문서에 처음으로 '성격' 항을 신설함으로써 체육과의 성격을 규정하였고 평가 영역도 따로 분리 제시됨으로써 교육과정의 구성이 세분화되었다. 그리고 실기와 이론의 통합을 위하여 기능뿐만 아니라 운동을 하는 데 필요한 운동의 원리를 학습내용으로 설정하였다. 학생들의 기초 체력 저하의 문제를 해결하기 위해 체력 운동 영역을 5, 6학년에 신설하였다. 그리하여 초등학교에서의 주요 내용은 기본운동, 리듬 및 표현운동, 기계운동, 게임, 계절 및 민속운동, 체력운동, 보건으로 구성되었다.

7차 교육과정(1997~2006년)은 수요자 중심의 '만들어 가는' 교육과정을 지향하였다. 초등학교 1학년부터 고등학교 1학년까지의 10년을 국민공통기본 교육과정으로, 그 이후 고등학교 2, 3학년은 선택 중심 교육과정으로 이원화하는 특징을 보였다. 또 학습할 내용을 제시하는 데 있어서도 '필수'와 '선택'으로 구분하였다. 초등학교에서의 주요 내용은 3, 4학년에서는 체조활동, 게임활동, 표현활동, 보건으로 구성되었고 5, 6학년은 3, 4학년의 네 가지 내용에 덧붙여 육상활동과 체력활동이 추가되어 구성되었다.

다. 수시 · 부분적 개정 방식: 2007 개정 교육과정~2022 개정 교육과정

2007 개정 교육과정(2007~2011년)의 등장은 새로운 의미를 가진다. 7차 교육과정의 후속 교육과정으로서 이전의 주기적 · 전면적인 개정 방식으로부터 벗어나 수시적이면서 부분적인 개정 방식을 취한 첫 번째 교육과정이다. 당시에 이 교육과정을 7차 교육과정을 수시로 개정한 교육과정이라는 의미에서 '7차 수시 개정 교육과정'으로 불렀으나 '7차 교육과정'과 '7차 수시 개정 교육과정' 사이에서 용어의 혼란이 야기될 뿐만 아니라 그 이후의 교육과정에 대한 명칭을 부여하는 데에도 고민할 수밖에 없는 상황에 이르게 되어 결국 교육과정의 고시(공고)되는 연도를 중심으로 명칭을 붙이는 것으로 가닥이 잡혔다. 따라서 '2007 개정 교육과정'이라는 이름이 붙게 되었다. 2007 개정 체육과 교육과정은 운동 기능 중심의 체육교육에서 신체활동가치 중심의 체육교육으로 패러다임을 전환시켰다는 것이 가장 큰 특징이다. 기존의 내용체계가 운동종목 중심으로 구성되었다고 한다면 2007 개정 체육과 교육과정에서는 건강활동, 도전활동, 경쟁활동, 표현활동, 여가활동으로 구성되었다.

그 다음으로 개정된 교육과정은 2009 개정에 따른 교육과정(2011~2015년)으로서 2007 개정 체육과 교육과정이 현장에 도입되기도 전에 다시 새 교육과정이 도입되는 것이었기 때문에 현실적으로 개정의 폭은 크지 않았다. 교과교육의 기본 방향은 다른 교과와 동일하게 창의 · 인성 교육을 강조하였고 교과 내에서 주목할만한 변화는 학년 중심으로 내용 제시 방식에서 학년군제로 변경되었고, 내용 영역에서 일부 조정된 것이었다. 가령 도전활동 영역에서 동작도전은 6학년에서 3, 4학년군으로, 표적 · 투기 도전은 4학년에서 5, 6학년군으로 변동되었다.

Box 3-4 왜 2011년 개정 체육과 교육과정이라 하지 않는가?

2009년 후반기에 교육과정 총론이 고시됐으나 각 교과 교육과정이 개발되는 데 몇 해의 시간이 흘렀고 2011년이 되어서야 고시가 이루어졌다. 이 때문에 교육과정 명칭 부여에 혼란이 있을 수 있는데 교육과정 명칭에 활용하는 고시 연도는 총론을 기준으로 하기 때문에 2011년에 고시된 체육과 교육과정은 '2009 개정에 따른 체육과 교육과정'이라고 불리게 된 것이다.

2015 개정 교육과정(2015년 이후)은 핵심역량을 기반으로 한 교육과정이면서 창의·융합을 강조하는 교육과정이라 할 수 있다. 이 교육과정도 2007 체육과 교육과정과 2009 개정에 따른 체육과 교육과정과 함께 기본적으로 신체활동가치 중심의 체육교육을 강조하면서 국가적인 기조인 역량 기반 교육이 포함되었다. 초등학교 내용 영역은 건강, 도전, 경쟁, 표현, 안전으로 구성되었으며 각각의 영역의 학습을 통해 교과 역량을 증진하는 데 주력하고자 한 것이 큰 특징이다.

2022 개정 교육과정은 기존에 신체활동 가치 중심 체육교육 패러다임을 수정해 신체활동 형식 중심의 내용 체계로 전환을 시도하였다. 2009 개정과 2015 개정 시기에서부터 점차 강조되어 온 역량 중심 교육과정 설계 기조를 이어 2022 개정 체육과 교육과정은 체육과에서 기를 역량을 신체활동 역량으로 규정하고 건강 관리 역량, 움직임 수행 역량, 신체활동 문화 향유 역량을 체육과 역량인 동시에 체육교과의 목표로 제시하였다. 그리고 체육과의 내용 체계에 획기적인 변화를 주고 있는데 앞서 언급한 바와 같이 신체활동의 형식을 중심으로 교과 영역을 구분하였다. 2007 개정 이후부터 신체활동 가치에 해당하는 건강, 도전, 경쟁, 표현, 안전(또는 여가)으로의 구분을 없애고 운동, 스포츠, 표현 등 신체활동의 형식으로 재정립하였다.

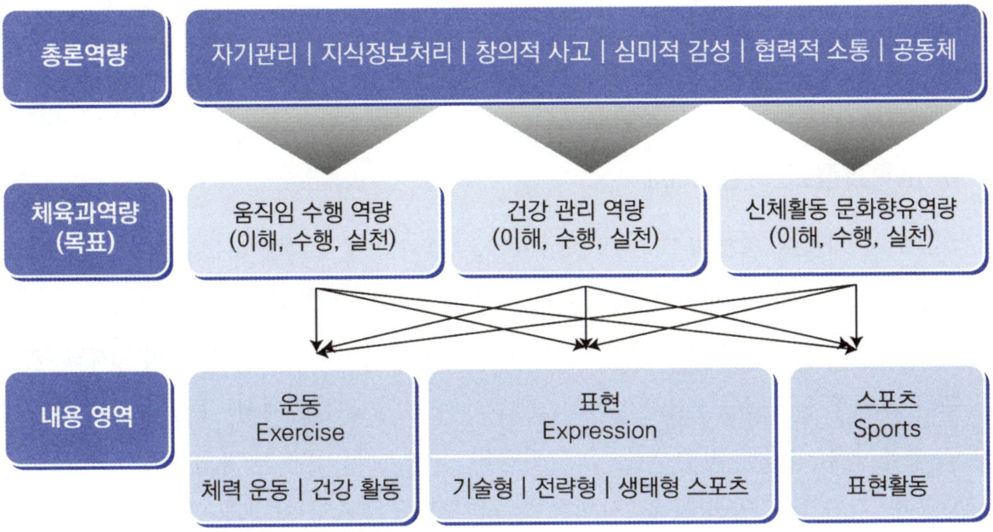

[그림 3-3] 2022 개정 체육과 교육과정: 역량, 목표, 영역

4. 체육과 교육과정의 개발

2절(체육과 교육과정 이론)에서 살펴본 체육과 교육과정은 이념적 수준에서의 교육과정인 반면에 4절에서 다루는 체육과 교육과정은 문서적 수준의 교육과정이다. 교육과정의 개발 주체는 국가, 지역(교육청), 학교, 교사 등 다양하지만 교육과정 개발의 결과물은 문서로 드러난다는 점에서는 동일하기 때문이다. 이하에서는 교육과정의 개발이 어떠한 체제로 진행되고 그에 따른 장단점이 무엇인지를 정리하였다. 국가수준의 교육과정이 개발되는 과정과 함께 단위 학교 내에서 교사가 체육과 교육과정을 재구성하는 방법과 절차에 대해서도 살펴본다.

가. 체육과 교육과정 개발 체제와 수준

교육과정 개발 체제란 교육과정 결정의 절차와 책임의 주체, 그것을 떠받치고 있는 제도적 요인, 그리고 결정에 영향을 주는 조직 구조적인 측면을 의미한다. 즉, 교육과정 개발 체제는 누가 교육과정 개정의 필요성을 느끼고, 개발을 주도하느냐 또는 개발의 실제에서 누가 얼마만큼의 결정권을 가지고 있느냐에 따라 그 유형을 달리한다(함수곤, 2003).

1) 교육과정의 개발 체제

교육과정 개발의 결정권을 누가 얼마만큼을 가지고 있느냐에 따라 교육과정의 개발 방식은 중앙집권적 체제와 지방분권적 체제로 나눌 수 있다.

중앙집권적 체제는 학생들에게 가르쳐야 할 내용, 교육방법, 교육평가까지도 중앙정부의 교육행정 관료들이 결정하고, 학교에서는 중앙정부에서 규정하고 통제하는 대로 수용하며 실행만 하면 되는 교육과정의 결정 방식이다. 중앙집권적 교육과정은 보통교육, 각급 학교의 균등화, 사회통합, 국가 교육목표의 달성과 일관성 유지, 전문가들에 의한 수준 높은 교육과정의 개발, 충분한 행·재정 지원, 새로운 교육과정 보급의 경제성 및 효율성 등을 높이기 위해 필요하다고 볼 수 있다. 그러나 이러한 개발 방식은 교사 배제 교육과정(teacher proof curriculum)의 특징을 갖는다.

한편, 지방분권적 체제는 기본적으로 중앙집권적 교육과정 개발이 갖는 문제점에 대한 비판에서 출발한다(진영은, 2002). 따라서 교육과정 의사결정 권한이 국가수준의 권력 핵심부나 행정 당국에 집중되어 있지 않고, 지역 교육기관, 학교, 교사, 학부모 등 교육과 직접적으로 관련된 당사자들이 그들의 역할과 책임 한계 내에서 교육과정을 결정할 수 있도록 개방되고, 참여의 폭이 확대된 교육과정 결정 구조를 갖는다. 지역 교육 기관이나 학교, 학생, 학부모 등은 교육과정 결정과정에 참여할 수 있는 기회를 가질 수 있으므로 자신들의 요구를 교육과정에 적절하게 반영시킬 수 있으며, 교육과정 결정 과정에서 자율성과 전문성을 발휘할 수 있다는 데 의의가 있다(조미라, 2002).

〈표 3-5〉 교육과정 개발 방식의 장 · 단점(함수곤, 2003; 유정애, 2007 재인용)

	중앙집권적 개발 방식	지방분권적 개발 방식
장점	• 새로운 교육 혁신 아이디어나 국가 교육목표의 실현을 쉽게 전달할 수 있다. • 체계적이고 국가적인 노력에 의해 질 높은 교육과정을 설계할 수 있다. • 교육과정과 학교교육의 질 관리를 국가수준에서 용이하게 할 수 있다. • 통일된 학교교육 평가 기준으로 전국의 학교수준을 균등하게 높일 수 있다. • 지방 교육청, 학교, 교사의 교육과정 개발 노력을 절감할 수 있다. • 새 교육과정 적용 단계에 효과적 교사 교육을 시행할 수 있다.	• 지역, 학교, 학생의 특성을 고려한 다양하고 탄력적인 교육과정 개발이 될 수 있다. • 지역 단위의 교육청, 학교, 교사들에게 교육 문제 해결의 자율 능력을 키울 수 있다. • 지역 단위 교육청, 학교, 교사들이 교육과정 개발 참여로 교육 전문성을 높일 수 있다. • 교육과정 개발의 다양한 접근 방법이 수용될 수 있다. • 학생에게 그들의 필요에 따라 선택적인 교육과정을 제공할 수 있다.
단점	• 학교와 교사는 수업에 있어서 수동적이고, 지식 정보의 매개체로 전락하기 쉽다. • 정부, 지방, 교육청-학교-교사 관계에서 권위주의적인 맥락이 형성될 가능성이 있다. • 한번 제정된 교육과정은 법규적인 권위와 개정에 대한 신중성 때문에 교육과정 시행이 획일화, 경직화되기 쉽다. • 교사가 교육과정 문제로부터 소외되어 자신의 전문성 향상을 위해 교육과정과 수업에 대해 깊이 사고하지 않는 경향이 생긴다. • 지역, 학교, 학생의 특수성에 부응할 수 있는 다양한 교육과정이 되기 어렵다.	• 전국적으로 합의할 수 있는 교육의 목표와 내용을 가지기 어렵다. • 제작의 용이성 때문에 질적으로 수준이 낮은 교육과정이 되기 쉽다. • 지역 중심, 학교 중심, 교사 중심이 지나쳐 새로운 교육 혁신이 전파되지 못할 염려가 있다. • 국가수준에서 학교교육을 주도하고자 할 경우 정책 시행에 한계가 있다. • 특정인의 가치나 이익에 영향을 준다.

그러나 지방분권적 개발 방식 역시 다음과 같은 단점이 있다(김대현, 김석우, 2011). 첫째, 전국적으로 합의된 교육과정을 갖기 어렵다. 둘째, 전문가, 예산, 시간, 인식 부족 때문에 질적 수준이 낮은 교육과정이 되기 쉽다. 셋째, 지역 중심, 학교 중심, 교사 중심에 치우쳐 교육 개혁이 전파되기 어렵다. 넷째, 지역, 학교 간 격차가 심화될 가능성이 있다. 마지막으로, 국가수준에서 학교교육을 주도하고자 할 경우에 정책을 시행하는 데 한계가 나타날 수 있다.

2) 교육과정의 개발 수준

〈표 3-6〉과 같이 교육과정 개발은 국가수준의 교육과정 문서에서부터 특정 지역 단위 학교와 교사에 적용되는 문서에 이르기까지 다양하고 광범위한 수준에서 이루어진다(유정애, 2007). 교육과정 개발 주체에 따라서 교육과정 개발 수준이 결정되는데, 교육부 주관으로 국가교육과정이 개발되며 시·도 교육청 주관으로 교육과정의 편성 운영 지침과 장학 자료가 만들어지고, 학교와 교사 주관으로 학교교육과정 및 교수·학습 과정안이 만들어진다.

〈표 3-6〉 교육과정 개발 수준과 성격

개발 체제	개발 주체	개발 수준(형태)	성 격
중앙집권적	교육부	• 국가 교육과정	• 교육행정가에 의해 교육내용, 교육방법, 교육평가까지 다 결정되어 지역, 학교, 학습자의 특수성에 부합되는 다양한 교육과정 운영이 어려움. • 일반적, 공통적, 기본적, 대강적 기준 제시
지방분권적	교육청	• 교육과정 편성 운영 지침 • 실천 중심 장학자료	• 지역적 특성, 실태, 요구를 고려한 지침 • 지역, 학교 간의 편차가 크거나 일정 질적 수준이 담보되지 않을 수도 있음.
절충적	학교, 교사	• 학교교육과정 • 교수·학습 과정안 • 교수·학습 자료	• 국가는 교육과정에 대한 지침을 발표, 최소한의 평가 수행 • 지역과 학교는 국가수준에서 발표된 교육과정을 지역이나 학교의 특성에 맞게 재구성, 운영, 평가

가) 국가수준 교육과정

국가수준 교육과정이란 교육에 대한 국가의 의도를 담은 문서 내용을 말한다. 우리나라에서는 교육부 장관이 교육과정의 개발(개정)을 결정 및 고시하고 있다. 국가수준 교육과정에는 각급 학교에서 편성하고 운영해야 할 교육과정의 목표, 내용, 방법, 평가, 운영 등에 관해서 일반적이고 공통적이며 대강적인 기준이나 지침을 담고 있다. 국가 교육과정은 전국적으로 표준화된 교육을 도모할 수 있는 장점이 있으나 지역이나 학교 및 학습자의 특수성에 부합되는 다양한 교육과정의 운영이 어렵다는 단점이 있다.

나) 시·도교육청(지역) 교육과정

시·도교육청 교육과정이란 국가수준 교육과정을 시·도 또는 그 이하 단위에서 지역의 특성과 실정 및 필요 요구 등을 반영하여 지침 형태로 구체화한 것을 말한다. 즉, 국가수준 교육과정을 조정하고 보완하여 그 결과를 학교교육과정에 반영시키려는 데 목적이 있다. 이 수준에서의 교육과정 유형을 구체적으로 제시하자면 교육과정 편성 운영 지침과 실천 중심 장학 자료 등이 이에 해당한다. 이 수준에서의 교육과정은 지역적 특성과 실태 등을 고려한 것이라는 장점이 있지만 지역, 학교 간의 편차가 크거나 질적 수준이 담보되지 않을 수도 있다는 단점이 있다.

다) 학교 및 교사 교육과정

학교 및 교사 교육과정은 학교의 실태, 학부모와 학생의 특성 및 요구 등을 반영하여 학교교육의 구체적인 의도를 담아낸 문서를 말한다. 학교교육과정은 국가 교육과정과 교육청의 교육과정 편성 운영 지침을 근거로 학교의 실정과 주변 여건 등을 고려해 학교가 마련한 의도적인 학교교육 실천 계획이라 할 수 있다. 따라서 학교교육과정은 해당 학교의 교육목표, 교육 중점, 전통, 특성 등이 치밀하게 반영되어 각 학교가 특색 있는 교육 활동이 이루어질 수 있도록 개발될 필요가 있다.

교사 교육과정은 현실적으로 학교교육과정 체제 안에서 작용하는 것이므로 학교교육과정과 동일시하는 경우도 많으나, 상위의 교육과정을 근간으로 하여 교실 수업에서 실천적으로 이루어지는 교육과정을 의미하는 것이다. 구체적으로 교사 교육과정은 교과에 대한 연간 지도 계획에서부터 한 차시 분량의 교수·학습 과정안에 이르기까지 교사 수준에서 재구성하여 작성된 문서나 자료를 말한다.

나. 국가수준 체육과 교육과정 개발 과정

국가수준의 교육과정은 초·중등교육법에 의거해 교육부(장관) 주관으로 개발이 이루어지며 다음의 절차를 중심으로 전개된다(신기철, 2016). 교육과정의 개발 주관 기관은 교육부이지만 교육과정을 개발하기 위한 사전 연구와 본격적인 개발 연구의 효과적인 실행을 위해 전문 연구 기관에 개발 업무가 위탁된다. 즉, 교육부가 교육과정 개발을 위한 연구를 위탁 수행할 기관을 공모하게 되고, 이에 여러 연구 기관과 대학 및 학회 등이 참여할 수 있도록 하고 있다. 이러한 공모 과정을 거쳐서 교육과정 개발을 수행할 전문 기관이 선정된다. 그동안 체육과 교육과정은 한국교육과정평가원이 위탁을 받아 개발 연구를 진행해 왔고, 실제 연구 진행은 한국교육과정평가원의 전문 연구원(내부 위원) 외에 별도로 위촉된 체육 계열의 현장 교사와 교수(외부 위원)를 중심으로 연구진을 구성하는 것으로부터 시작된다.

이렇게 구성된 개발 연구진은 주어진 개발 기간 동안 연구 및 회의, 그리고 집필 작업을 수행한다. 이때 체육과 교육과정 개발 연구는 독립적으로 진행되지 않고 교육과정 총론 연구팀에서 사전에 정한 교육과정 개발 가이드라인을 토대로 교육과정 개발 연구를 진행하게 된다. 가이드라인은 총론팀과 체육과 개발 연구 책임자의 협의를 통해 만들어지고 이후 진행되는 과정에서 지속적으로 수정이 이루어진다. 예컨대, 2015 개정 체육과 교육과정이 핵심역량을 중심으로 개발되어야 한다든지 체육과 내용 체계에 안전 영역이 대영역으로 포함되어야 할 것 등이 정해진다.

일차적으로 개발 연구가 진행되어 연구 결과물이 나오면 전문가 집단을 따로 구성하여 자문을 받는 과정을 거친다. 그리고 대중을 상대로 교육과정 개정에 관한 공청회를 통해 연구 결과에 대한 안내를 하고 참여자로부터 질문 내지는 조언과 건의 사항을 수렴하여 필요한 부분을 반영하고 수정하는 과정을 거친다. 이와 함께 현장 교원들의 의견을 적극적으로 수렴하기 위해 교육부, 한국교육정책연구소, 새교육개혁포럼 등이 주관하는 현장 교원 및 전문가 포럼을 여러 차례 실시하기도 한다. 이러한 과정을 통해 최종적으로 도출된 연구 결과물은 다시 교육부 내에 구성되어 있는 교육과정 심의위원회에서 심의를 받은 후에 최종적으로 교육부로 이관하고 정해진 기간에 고시를 하게 됨으로써 교육과정 개발 과정이 종료된다.

다. 체육과 교육과정의 재구성: 학교 또는 교사 수준에서의 교육과정

학교교육에서의 수업은 국가에서 마련한 교육과정에 근거해야 한다. 즉, 모든 수업의 내용과 방법 등은 원칙적으로 국가수준의 교육과정을 준수해야 한다. 수업을 결코 교육과정과 떨어뜨려 생각할 수 없는 것이다. 그러나 실제로는 교육과정을 그대로 수업으로 구현하는 데 어려운 상황은 현실에서 얼마든지 발생할 수 있다(신기철, 2007). 이하에서는 교육과정의 재구성이 필요한 이유와 구체적으로 재구성의 방식에 대해 살펴보고자 한다.

1) 교육과정 재구성의 필요성

국가 수준에서 개발된 교육과정이 그대로 학교교육에 적용되는 데에는 현실적으로 무리가 있다. 국가 수준 교육과정이 개별 학교의 특성을 모두 포괄하고 있지 못할 뿐만 아니라 학교 교육의 세부적인 부분까지 다루고 있지 못하기 때문이다. 또는 학교의 여건이 맞지 않아서일 수도 있고, 학생의 수준과 특성에 맞지 않아서일 수도 있으며, 교육과정에 대한 교사의 이해 여부나 관심 여부에 관련되기 때문일 수도 있다(신기철, 2007; 유정애, 2002). 따라서 국가 수준의 교육과정은 학교 내지 교사 수준에서 재구성되어야 할 필요가 있다.

교육과정 재구성은 교사가 학생들과의 상호작용을 통해 교육과정을 변형하고 수정하여 학생들에게 적합한 학습 경험을 형성해가는 과정(남유리, 2004; 전현정, 2006)을 말한다. 이렇게 교육과정 재구성이 필요한 이유는 국가수준, 지역수준, 학교수준 교육과정이 어디까지나 문서로서 존재하는 교육과정일 뿐이나 수업의 맥락에서는 교사가 교육과정의 최종 결정권자로서 교육과정의 재구성과 실행에 가장 비중을 두어야 하며, 학급에 따라 구성인원과 수준 및 요구 사항이 다르고 지도하는 교사의 능력과 성향 및 가치관도 상이하기 때문이다(이은화, 2001; 정재성, 2008 재인용). 이러한 교육과정 재구성을 통해 교육과정의 중앙 집중성을 탈피할 수 있고, 교육과정 구조의 획일성을 극복할 수 있으며, 교육과정 내용의 적합성을 확보할 수 있고, 교육과정에 대한 교사들의 관심과 자율성을 확보할 수 있다(이연형, 2006).

2) 교육과정 재구성의 유형과 방법

교육과정 재구성은 결코 교사가 임의로 교육목표, 내용, 방법 및 평가를 설정하는 것이 아니다. 국가수준 교육과정이나 시·도 교육과정 편성·운영지침의 내용을 삭제하고 별도의 내용을 선정하는 정도의 적극적인 자율성을 부여받은 것이라기보다는 동일한 교육내용을 가르치기 위한 소재를 지역사회에서 찾아보려고 노력하라는 정도의 자율성을 부여받은 것이다(최호성, 1996).

제7차 교육과정 이후부터 현재까지의 교육과정은 교육내용 선정에 관하여 제한된 의미에서의 자율성을 허용하지만, 교과 교육과정의 운영, 즉 교과내용 전개 상황에서의 재구성에 대해서는 보다 적극적인 자율성을 허용하고 있다. 국가수준 교육과정 문서는 교과의 내용 배열과 활동 형태가 반드시 학습의 순서나 주된 내용인 것을 나타낸다기보다는 예시적인 성격을 띠므로 필요한 경우에는 지역의 특수성, 계절 및 학교의 실정과 학생의 요구, 교사의 필요에 따라 각 교과의 학년별 지도 내용의 활동과 순서와 비중, 방법 등을 조정해 운영할 필요가 있다.

신기철(2007)은 초등교사의 체육수업 내용 재구성 방식에 관한 연구에서 교사는 학생의 학습을 극대화하기 위해서 교과내용의 재구성을 시도한다고 하였으며, 구체적인 방식으로 내용 순서 조정, 내용 생략, 내용 축약, 내용 첨가, 내용 대체 등을 제시한 바 있다(표 3-7 참고).

〈표 3-7〉 교육과정 재구성의 유형과 방법

유 형	방 법
순서 조정	계절, 교구 준비도 등을 고려해 단원의 순서를 바꾸거나 한 단원 내에서 내용의 전개 순서를 재구성한다.
내용 생략	학생의 수준에 맞추기 위해 또는 시간이 부족하거나 교과 전문성이 부족한 탓에 단원이나 단원 내의 일부 내용을 생략한다.
내용 축약	학생 수준에 맞추기 위해 여러 차시로 나뉘어 있는 교과 내용을 그보다 적은 차시로 묶는다.
내용 추가	수업의 효과성, 학생의 능력 수준과 흥미 등을 고려하여 원래의 내용에서보다 한 수준 높은 내용을 더하거나 새로운 내용을 추가하여 재구성한다.
내용 대체	학생의 수준이나 흥미, 수업 실행의 여건 등을 고려해 단원 내용의 일부를 다른 내용으로 바꾸어서 실행한다.

'내용 순서 조정'은 교육과정에 편제된 교과 시수를 확보하는 동시에 실질적인 수업의 운영 및 학습 효과의 극대화를 염두에 두고 수업 단원을 재배치하는 것을 말한다. 이때 내용 순서의 조정은 기상 여건, 시설 및 용기의 활용 여건에 대한 검토가 반영된 것이며 주로 교사의 임의적인 판단에 의존하고 있다. '내용 생략'은 교육과정에 명시되어 있지만 교사가 지도하는 데 어려움이 있거나 가르칠 수 있는 환경적 여건이 준비되지 않았을 때 실질적으로 가르치지 않고 넘어가는 것을 말한다. 주로 수영이나 스키와 같은 계절 활동, 그리고 체조와 같이 교구가 필요하고 활동의 위험성이 수반되는 경우

에 교사는 수업을 기피하는 경우가 많은 것이다. '내용 축약'은 학생들의 흥미 유발이나 교사 자신의 전문성의 부족 등의 이유로 여러 차시의 내용을 한 차시로 묶어서 수업을 하는 것을 말한다. 반면에 '내용 첨가'는 수업의 효율성을 높이려 하거나 학생의 수준과 흥미를 고려해 교과 내용을 여러 차시로 늘리거나 새로운 내용을 첨가 또는 새로운 자료를 활용하는 것을 말한다. '내용 대체'는 내용 생략과 비슷한 속성을 지니고 있으나 교사의 수업 실행 의지가 보다 적극적으로 반영된 경우로 볼 수 있다. 예를 들어 빙상에서 스케이트를 타는 것이 교육과정 및 교과서에 제시되어 있지만 학교 여건상 지도하기 어려운 상황이라 이를 생략하기보다는 인라인 스케이트로 대체하여 지도하는 것을 말한다.

한편, 재구성의 수준에 있어서 세 가지 수준을 고려해 볼 수 있다(강현석, 주동범, 2004). 첫째, 모방 유지 수준이다. 공식적인 교육과정 문서나 교과서 및 교사용 지도서 등에 크게 의존하는 형식으로 교육과정을 단지 주어진 그대로 유지하는 데 그치는 현실 안주형 방식이다. 둘째, 중간 변형 수준이다. 교육과정 재구성을 위한 자료를 변형하거나 조정하려는 시도를 하고 자신이 처한 실정에 따라 다르게 다루려는 노력을 하는 정도이다. 셋째, 창의적 개발 수준이다. 변화를 위한 열정과 아이디어를 갖고, 어떻게 진행해야 할지에 대한 계획도 준비되어 있다. 즉 교사가 주체가 되어 외부에서 주어진 교육과정을 수동적으로 적용하는 입장에서 벗어나서 스스로 교육과정의 결정 주체가 되어 자신의 수업에 가장 알맞은 교육 내용과 방법 그리고 수업 자료를 개발하는 것이다.

3) 교육과정 재구성의 과정

교육과정 재구성은 교사 개인 또는 동료 교사와 함께 실행할 수 있다. 그러나 엄밀하게 교육과정의 재구성은 동 학년 협의회를 통해서 이루어지는 것이 바람직하며, 국가수준 교육과정 문서에서도 교육과정 재구성을 그와 같이 실행할 것을 권장하고 있다. 교사가 주체가 되어 수행하는 교육과정 재구성의 일반적인 과정을 제시하면 다음과 같다(유정애, 2007).

먼저, 국가수준 체육과 교육과정 문서를 분석한다. 국가수준 체육과 교육과정 문서에서 제시된 체육교과의 목표와 주요 내용 및 교수·학습 방법과 평가에 관한 기본적인 이해와 분석이 선행되어야 한다. 교육과정 문서에서 핵심적으로 강조하고 있는 사항이 무엇인지, 어떠한 신체활동을 다루고자 하는 것이며, 어떠한 학습 결과를 지향하고 있는지 등을 면밀하게 살펴보는 것이다.

둘째, 단위 학교교육과정을 살펴본다. 전년도에 개발된 학교교육과정을 통해 대략적인 내용, 예컨대 학교교육과정의 편성 및 운영의 방안과 학교 역점 사업이나 특색사업 등을 파악하도록 하며, 국가수준 교육과정을 어느 정도 충실하게 반영하고 있는지를 점검하는 동시에 당해연도 학교교육 운영의 역점 사항을 반영하도록 노력한다.

셋째, 체육과 교육의 연간 계획을 수립한다. 동 학년 교사와의 협의를 통해 체육과 교육을 위한 연간 계획서를 수립한다. 연간 계획에는 지도할 내용(단원)의 순서, 지도 방법과 수업 자료 및 평가방법 등이 포함된다. 이러한 계획을 수립하는 과정은 보통 체육에 특기가 있거나 소질 및 관심 있는 교사가 체육교과 연간 계획을 주도적으로 담당하지만 동 학년 교사로부터 동의를 받는 형태로 진행된다. 동 학년 협의회에서 연간 계획 내용의 실현 가능성, 학교 행사와의 연계 여부, 학생 수준의 적합성, 학교 여건의 상황 등을 고려해 최종적인 결정을 내리고 이를 학년 교육과정으로 문서화한다.

묻고 답하기(Q&A)

체육과 교육과정의 이해

1. 체육과 교육과정을 정의하고, 이를 구체적으로 이해하기 위한 비유를 제시하시오.

2. 체육과 교육과정의 유형별 특징을 제시하시오.

3. 체육과 교육과정의 개발 원천과 체육과 교육과정 모형의 관계를 설명하시오.

4. 우리나라 체육과 교육과정의 변천 과정에서 나타나는 특징을 제시하시오.

5. 체육과 교육과정이 개발되는 과정을 설명하시오.

6. 체육과 교육과정의 재구성이 필요한 이유를 설명하고, 재구성의 구체적인 방법을 제시하시오.

참고문헌

강신복(1994). **체육과 교육과정이론.** 서울: 보경문화사.

강신복(2009). **현대 스포츠교육학의 이해.** 서울: 레인보우북스.

강현석, 주동범(2004). **현대 교육과정과 교육평가.** 서울: 학지사.

곽병선(1985). **한국의 교육과정.** 서울: 배영사.

교육부(2015). **체육과 교육과정.** 서울: 교육부.

김대현, 김석우(2011). **교육과정 및 교육평가.** 서울: 학지사.

남유리(2004). **교사에 의한 교육과정 재구성 전략의 구안.** 경북대학교 석사학위논문.

신기철(2007). 초등교사의 체육수업내용 재구성 방식 이해. **한국스포츠교육학회지,** 14(3), 71-88.

신기철(2016). 2015 개정 체육과 교육과정에 대하여. **한국스포츠교육학회 우리체육, 15호,** 55-58.

안양옥(2010). **초등체육 교과교육론.** 서울: 레인보우북스.

유정애(2002). **체육과 수업 내실화 방안. 교실 수업과 생활지도의 내실화 방안 모색.** 한국교육과정평가원 연구보고서 ORM 2002-12.

유정애(2007). **체육과 교육과정 총론.** 서울: 대한미디어.

윤명희(1998). **체육과 교육과정 개론.** 서울: 태근문화사.

이연형(2006). **초등학교 교사의 교육과정 재구성 실태와 실천 방안 연구.** 경북대학교 석사학위논문.

이은화(2001). **지역과 학교에서의 국가수준 교육과정 재구성에 관한 연구.** 부산대학교 박사학위논문.

이홍우(2009). **교육의 개념.** 서울: 문음사.

장태영(2004). **한국과 일본의 초등학교 체육과 교육과정 비교 분석.** 청주교육대학교 석사학위논문.

전현정(2006). **교사에 의한 내러티브 중심의 교육과정 재구성 전략.** 경북대학교 석사학위논문.

정우영(2007). 가치정향에 따른 체육교사 수업행동 프로파일 분석. **한국스포츠교육학회지,** 12(2), 61-76.

정재성(2008). **초등교사의 실천적 지식이 교육과정 재구성에 미치는 효과.** 단국대학교 박사학위논문.

조미라(2002). **국가수준, 지역수준, 학교수준, 교사수준의 재량활동 교육과정에 관한 연구.** 이화여자대학교 석사학위논문.

조미혜, 오수학(2004). **체육과 교육과정과 평가.** 서울: 무지개사.

진영은(2002). **교육과정: 이론과 실제.** 서울: 학지사.

최의창(2003). **체육교육탐구.** 서울: 도서출판 태근.

최의창(2018). **스포츠 리터러시.** 서울: 레인보우북스.

최호성(1996). 학교중심 교육과정의 과제와 전망. **교육과정연구,** 14(1), 78-105.

한규령(1988). **움직임교육 지도에 관한 사례연구.** 이화여자대학교 석사학위논문.

함수곤(2003). **교육과정 개발의 이론과 실제.** 파주: 교육과학사.

Eisner, E. W. & Vallance, E. (1974). *Conflicting conceptions of curriculum.* Berkeley, CA: McCutchan.

Ennis, C. (2003). Using curriculum to enhance student learning. In Silberman, S. & Ennis, C. (Eds.), *Student learning in physical education: Applying research to enhance instruction.* Champaign, IL: Humna Kinetics.

Jewett, A. E., Bain, L. L., & Ennis, C. D. (1995). *The curriculum process in physical education.* Iowa: Brown & Benchmark.

Jewett, A. E., Bain, L. L., & Ennis, C. D.(1995). *The curriculum process in physical education(2nd.).* Dubuque, IA: Brown and Benchmark.

Kelly, L. & Melograno, V. (2004). *Developing the physical education curriculum: An achievement-based approach.* Champaign, IL: Human Kinetics.

Pangrazi, R. P. & Darst, P. W. (1985). *Dynamic physical education curriculum and instruction for secondary school students.* Minnesota: Burgess Publishing Company.

Siedentop, D. (1994). *Introduction to physical education, fitness, and sport.* London: Mayfield Publishing Company.

Wuest, D. A. & Fisette, J. L. (2009). *Foundations of Physical Education, Exercise Science, and Sport(17th ed.).* New York: Connect Learn Succeed.

제 4 장

2022 개정 체육과 교육과정

교육부 고시 제2022-33호 [별책 11]

학습목표

- 2022 개정 체육과 교육과정의 성격을 설명할 수 있다.
- 2022 개정 체육과 교육과정에 제시된 체육과의 역량에 대하여 정의할 수 있다.
- 2022 개정 체육과의 영역에 대하여 이해하고 설명할 수 있다.
- 2022 개정 체육과 교육과정에서 내용 체계 및 성취기준을 이해할 수 있다.
- 2022 개정 체육과 교육과정에 제시된 교수 · 학습 및 평가의 방향을 이해할 수 있다.
- 2022 개정 체육과 교육과정에 제시된 교수 · 학습 계획 및 평가의 활용 방안을 설명할 수 있다.

일러두기

체육과 교육과정은 아래의 문서 목차를 기준으로 작성되었으며,
목차 및 주요 용어의 의미에 대한 해설을 참고하여 교육활동에 활용하시기 바랍니다.

교육과정 설계의 개요

- 교과(목) 교육과정의 설계 방향에 대한 개괄적인 소개
- 교과(목)와 총론의 연계성, 교육과정 구성 요소(영역, 핵심 아이디어, 내용 요소 등) 간의 관계, 교과 역량 등 설명

1. 성격 및 목표

성 격 교과(목) 교육의 필요성 및 역할 설명

목 표 교과(목) 학습을 통해 기르고자 하는 능력과 학습의 도달점을 총괄 목표와 세부 목표로 구분하여 제시

2. 내용 체계 및 성취기준

내용 체계 학습 내용의 범위와 수준을 나타냄

- **영역**: 교과(목)의 성격에 따라 기반 학문의 하위 영역이나 학습 내용을 구성하는 일차 조직자
- **핵심 아이디어**: 영역을 아우르면서 해당 영역의 학습을 통해 일반화할 수 있는 내용을 핵심적으로 진술한 것. 이는 해당 영역 학습의 초점을 부여하여 깊이 있는 학습을 가능하게 하는 토대가 됨
- **내용 요소**: 교과(목)에서 배워야 할 필수 학습 내용
  - **지식·이해**: 교과(목) 및 학년(군)별로 해당 영역에서 알고 이해해야 할 내용
  - **과정·기능**: 교과 고유의 사고 및 탐구 과정 또는 기능
  - **가치·태도**: 교과 활동을 통해 기를 수 있는 고유한 가치와 태도

성취기준 영역별 내용 요소(지식·이해, 과정·기능, 가치·태도)를 학습한 결과 학생이 궁극적으로 할 수 있거나 할 수 있기를 기대하는 도달점

- **성취기준 해설**: 해당 성취기준의 설정 취지 및 의미, 학습 의도 등 설명
- **성취기준 적용 시 고려 사항**: 영역 고유의 성격을 고려하여 특별히 강조하거나 중요하게 다루어야 할 교수·학습 및 평가의 주안점, 총론의 주요 사항과 해당 영역의 학습과의 연계 등 설명

3. 교수 · 학습 및 평가

교수·학습

- **교수·학습의 방향**: 교과(목)의 목표를 달성하기 위한 교수·학습의 원칙과 중점 제시
- **교수·학습 방법**: 교수·학습의 방향에 따라 교과(목) 수업에서 활용할 수 있는 교수·학습 방법이나 유의 사항 제시

평 가

- **평가의 방향**: 교과(목)의 목표를 달성하고 학습을 지원하기 위한 평가의 원칙과 중점 제시
- **평가 방법**: 평가의 방향에 따라 교과(목)의 평가에서 활용할 수 있는 평가 방법이나 유의 사항 제시

1. 교육과정 설계의 개요

체육과는 활동적이고 창의적인 삶, 건강하고 주도적인 삶, 신체활동 문화를 향유하며 사회 속에서 바람직하고 더불어 사는 삶을 추구한다.

체육과가 추구하는 삶은 세 가지 신체활동 역량을 갖춤으로써 실현된다. 첫째, '움직임 수행 역량'은 신체활동 형식에 적합한 움직임의 기능과 방법을 효율적, 심미적으로 발휘할 수 있는 능력으로 운동, 스포츠, 표현 활동 과정에서 움직임에 필요한 지식, 기능, 태도를 다양한 상황에 적용하며 발달한다. 둘째, '건강 관리 역량'은 체력 및 신체적, 정신적, 사회적 건강을 유지하고 증진하는 능력으로 체육과 내용 영역에서 학습한 신체활동을 일상생활에서 실천하고, 개인과 사회적 측면에서 건강을 저해하는 요소에 적극적으로 대처하며 함양된다. 셋째, '신체활동 문화 향유 역량'은 다양한 신체활동 문화를 전 생애 동안 즐기며 타인과 상호작용할 수 있는 능력으로 각 신체활동 형식의 특성을 이해하고 인류가 축적한 문화적 소양을 내면화하여 공동체 속에서 실천하면서 길러진다.

신체활동 역량은 총론이 추구하는 인간상을 실현하는 기반이 된다. 자기 주도성은 건강한 삶을 위해 다양한 건강 관련 문제를 적극적, 주도적으로 해결하는 과정에서 학습되고, 창의적 사고는 신체적으로 활동적인 삶을 사는 데 필요한 움직임을 다양한 환경에서 수행하고 적용함으로써 길러지며, 포용성과 시민성은 신체활동에 참여하며 공동체의 가치 있는 규범과 문화를 인식하고 공유함으로써 함양된다.

체육과의 내용은 '운동', '스포츠', '표현'의 세 가지 영역으로 구성되며, 이는 움직임 기술의 발달을 통해 조직화되고 제도화된 신체활동 형식이다. '운동' 영역은 체력과 운동 기능 향상, 건강 증진을 목적으로 수행하는 신체활동 형식으로, 체력 운동과 건강 활동으로 구분된다. '스포츠' 영역은 제도화되고 조직화된 신체활동과 다양한 환경과의 상호작용을 통해 생태적 결합을 추구하는 신체활동 형식으로, 기술의 수월성을 겨루는 '기술형 스포츠', 전략에 따라 승패가 결정되는 '전략형 스포츠', 다양한 환경 맥락에 따라 활동 특성이 나타나는 '생태형 스포츠'로 분류된다. '표현' 영역은 생각과 감정을 연속된 움직임과 다양한 동작으로 표현하는 신체활동 형식이다.

영역별 핵심 아이디어는 '운동', '스포츠', '표현'이라는 신체활동 형식의 개인적, 사회적 가치, 활동의 원리와 맥락, 실천 및 활용 방식에 따라 설정되었다. 운동은 건강한 삶의 기반이 되고, 건강은 체력 및 건강 증진 운동과 다양한 건강 활동을 통해 증진되며, 운동을 통해 습득한 건강한 생활 습관은 주도적이고 행복한 삶을 견인한다. 스포츠는 인간이 제도화된 규범과 문화를 통해 타인과 소통하며 사회 속에서 더불어 사는 존재로 성장하도록 하며, 표현은 생각과 감정의 심미적이고 창의적인 움직임을 통해 자유롭고 주체적인 삶을 살아가도록 한다.

내용 요소는 영역별 핵심 아이디어에 따라 '지식 · 이해', '과정 · 기능', '가치 · 태도'의 세 가지 범주로 제시되었다. '지식 · 이해' 요소는 체육과의 내용 지식을 구성하는 명제적 지식(각 내용 영역에서 이해해야 하는 개념이나 원리 등)과 방법적 지식(명제적 지식을 실제 상황에서 수행할 수 있는 기술이나 활동 방법 등)을 의미한다. '과정 · 기능' 요소는 체육과의 '지식 · 이해' 요소를 탐구하는 절차적 지식과 결과적으로 발휘할 수 있는 능력을 의미하며, '가치 · 태도' 요소는 이러한 신체활동의 학습 과정에서 습득되는 바람직한 성품을 의미한다. 특히 체육과의 내용 요소에는 총론에서 강조하는 '핵심 역량', '생태교육', '민주시민교육' 등의 가치와 언어, 수리, 디지털 소양 등의 '기초 소양'을 반영하여 총론의 목표를 체육과에서 구현할 수 있도록 하였다.

내용 요소는 〈표 4-1〉과 같이 학년군별 내용 요소의 선정 원리에 따라 계열화되었다. 첫째, '지식 · 이해' 요소의 명제적 지식은 지식을 구성하는 내용 수준에 따라 개념과 원리로 구분되었고, 방법적 지식은 움직임 기술의 수준에 따라 신체활동 입문을 위한 기초 기술, 신체활동 참여를 위한 복합 기술, 제도화된 활동을 목표로 하는 응용 기술로 분류되었다. '가치 · 태도' 요소는 주관적 수준으로 나타나는 개인적 태도, 타인과의 관계 속에서 나타나는 대인적 태도, 보편적인 사회적 규범 수준에서 요구되는 사회적 태도로 분류되었다. 또한 '과정 · 기능' 요소는 '지식 · 이해', '가치 · 태도' 요소별로 학습 과정 및 결과에서 요구되는 행동을 학년군별 발달 수준에 맞게 제시하였다.

〈표 4-1〉 학년군별 내용 요소의 선정 원리

<table>
<tr><th rowspan="2">내용
학년군</th><th colspan="2">지식 · 이해</th><th rowspan="2">가치 · 태도</th><th rowspan="2">과정 · 기능</th></tr>
<tr><th>명제적 지식</th><th>방법적 지식</th></tr>
<tr><td>3~4학년군</td><td rowspan="4">개념적 수준
⬇
원리적 수준
⬇
이론적 수준</td><td rowspan="4">입문을 위한 기초 기술
⬇
참여를 위한 복합 기술
⬇
제도화된 활동을 위한 응용 기술
⬇
정식 활동의 심화 및 전문 기술</td><td rowspan="4">개인
⬇
대인
⬇
사회</td><td rowspan="4">인지, 시도, 수용
⬇
분석, 적용, 실천
⬇
평가, 구성, 지속</td></tr>
<tr><td>5~6학년군</td></tr>
<tr><td>중학교 1~3학년군</td></tr>
<tr><td>고등학교</td></tr>
</table>

2. 성격 및 목표

가. 성격

체육과는 신체활동의 학습을 통해 활동적이고 창의적인 삶, 건강하고 주도적인 삶, 신체활동 문화를 향유하며 사회 속에서 바람직하고 더불어 사는 삶의 자질을 길러주는 교과이다. 신체활동은 놀이, 게임, 운동, 스포츠, 표현 등의 맥락에서 계획적, 의도적으로 수행되는 움직임으로, 신체 능력과 건강을 증진하고, 다양한 기술과 전략을 바탕으로 타인 및 환경과 상호작용하는 과정에서 형성된 삶의 양식이다.

인간은 움직임 기술을 바탕으로 운동, 스포츠, 표현 활동을 실천하며 일상생활과 여가활동에서 활동적인 삶을 영위할 수 있다. 운동 실천과 전략적 경기 수행, 심미적 표현과 같은 신체활동 체험을 통해 인간은 주변 세계와 적극적으로 상호작용하며 창의적으로 대응한다. 신체활동은 건강하고 주도적인 삶의 기초로 신체적, 정신적, 사회적 건강을 위한 필수적인 활동이다. 건강한 삶은 현대 사회의 기후 환경 위기, 좌식화된 생활 방식, 개인화된 사회 구조 등으로 인한 신체적, 정신적, 사회적 건강 문제를 적극적으로 대처하려는 주도적인 노력을 통해 실현된다. 또한 신체활동은 인간이 신체와 관련된 고유한 문화를 향유하고 사회의 다양한 구성원과 더불어 살도록 한다. 인류의 문명화 과정에서 신체활동 문화는 신체적 수월성을 겨루는 경기 문화, 인간의 삶을 풍요롭게 하는 놀이 및 여가 문화, 신체적 움직임이 미적으로 승화한 표현 문화,

제도화된 신체활동에 내재한 정신문화, 건강한 생활을 추구하는 과정에서 형성된 건강 문화 등 다양한 문화 양식으로 발전해 왔다. 이러한 신체활동 문화는 바람직한 인간관계의 기초가 되며 책임 있고 협력적인 태도, 공정하고 호혜적인 관계와 더불어 생태환경과의 조화로운 삶을 경험할 수 있는 기반이 된다.

이를 실현하기 위해 체육과에서는 첫째, 학습자가 기본 움직임 기술을 익히고, 신체활동 형식과 관련된 개념, 기술, 전략 등을 습득하며, 일상생활에서 신체활동을 계획하고 실천하도록 한다. 둘째, 연구와 실천을 통해 축적된 신체활동에 관한 이론적·경험적 지식을 이해하고 생활 속에서 적용하고 즐기며 다양한 안목을 기르도록 한다. 셋째, 다양한 신체활동 경험을 성찰하며 자신과 세계와의 관계를 인식함으로써 신체활동에 내재한 가치와 태도를 실천하도록 한다. 즉, 체육과 학습을 통해 학습자는 신체활동 문화에 입문하고, 운동, 스포츠, 표현 등의 신체활동 형식과 관련된 움직임 지식, 기술, 태도를 습득하며, 이를 기반으로 체육과가 추구하는 삶의 방식을 생애 전반에 걸쳐 실천할 수 있는 역량을 함양한다. 또한 이러한 신체활동 역량을 운동, 스포츠, 표현 맥락뿐만 아니라 일상생활과 직무, 여가활동 등에서 효과적이고 효율적으로 발휘할 수 있다.

따라서 체육과는 학습자가 전 생애에 걸쳐 체력과 건강, 움직임에 대한 기능과 지식, 다양한 신체활동에 참여하려는 의지와 태도를 길러 적극적으로 신체활동에 참여하며, 신체활동 문화를 깊이 이해하고 실천함으로써 건강하고 활기찬 삶을 생활화하고, 타인 및 세계와 소통하며 바람직한 민주 시민으로 성장할 수 있도록 한다.

나. 목표

체육과는 활동적이고 창의적인 삶, 건강하고 주도적인 삶, 신체활동 문화를 향유하며 사회 속에서 바람직하고 더불어 사는 삶을 영위할 수 있는 신체활동 역량을 기르는 것을 목표로 한다.

(1) 움직임 관련 지식을 이해하고, 움직임의 목적과 환경에 적합하게 움직임 기술을 수행하며, 움직임 수행에 필요한 가치와 태도를 실천한다.

(2) 건강 관련 지식을 이해하고, 생애 전반에 걸쳐 건강을 증진 및 관리하며, 건강의 증진과 관리에 필요한 가치와 태도를 실천한다.

(3) 신체활동의 고유한 문화 특성을 이해하고, 신체활동 문화를 일상생활에서 누리며, 다양한 문화 양식에 내재한 가치와 태도를 실천한다.

3. 내용 체계 및 성취기준

가. 내용 체계

1) 운동

핵심 아이디어	• 운동은 체력과 건강을 관리하는 주요 방법으로, 생애 전반에 걸쳐 건강한 삶의 토대가 된다. • 체력은 건강의 기초가 되며, 건강은 신체적 특성에 맞는 운동과 생활 습관을 계획하고 관리함으로써 증진된다. • 인간은 생활 속에서 운동을 즐기고, 심신의 건강을 유지하며, 행복한 삶을 영위한다.		
범주 \ 구분	내용 요소		
	초등학교		중학교
	3~4학년	5~6학년	1~3학년
지식 · 이해	• 운동과 체력 • 기본 체력운동 방법 • 운동과 건강 • 건강한 생활 습관	• 건강 체력과 운동 체력 • 체력 종류별 운동 방법 • 운동과 성장 발달 • 안전한 생활 습관	• 체력 증진의 원리 • 체력 증진 운동 방법 • 체력 관리의 원리 • 체력 관리 운동 방법 • 운동 처방의 원리 • 운동 처방 방법 • 신체 건강의 특성 • 신체 건강 활동 • 정신 건강의 특성 • 정신 건강 활동 • 사회적 건강의 특성 • 사회적 건강 활동
과정 · 기능	• 운동과 체력의 관계 파악하기 • 기본 체력 운동 시도하기 • 운동과 건강의 관계 파악하기 • 건강한 생활 습관 시도하기 • 안전하게 활동하기	• 건강 체력과 운동 체력의 의미와 요소 파악하기 • 체력을 측정하고 다양한 운동 시도하기 • 운동과 성장 발달의 관계 파악하기 • 운동과 생활 속 안전사고 예방 방법 탐색하며 대처하기 • 안전하게 활동하기	• 체력 운동 원리 분석하기 • 체력 요소별 운동 방법 적용하기 • 건강 활동 특성 분석하기 • 건강 활동 방법 실천하기 • 안전하게 활동하기
가치 · 태도	• 긍정적 신체 인식 • 운동 및 건강에 관한 관심 • 운동 및 건강 습관 실천 의지	• 체력 운동 참여의 근면성 • 체력 증진을 위한 끈기 • 성장 발달의 차이 공감 • 안전사고에서의 침착성	• 체력 문제 해결 의지 • 운동 실천의 자기 주도성 • 자율적인 건강 추구 • 자신과 공동체에 대한 안전의식

2) 스포츠

핵심 아이디어	• 스포츠는 인간이 제도화된 규범과 움직임 기술을 바탕으로 타인 및 주변 세계와 소통하며 바람직한 구성원으로 성장하는 데 이바지한다. • 스포츠는 인간이 환경과 상호작용하고 다양한 기술과 창의적인 전략을 발휘하며 한계를 극복하는 과정에서 발달한다. • 인간은 스포츠를 다양한 방식으로 체험함으로써 움직임의 즐거움을 느끼고 활동적인 삶의 태도를 배운다.		
범주 \ 구분	내용 요소		
	초등학교		중학교
	3~4학년	5~6학년	1~3학년
지식 · 이해	• 스포츠와 움직임 기술 • 기본 움직임 기술의 종류와 수행 방법 • 스포츠에서의 기본 움직임 기술 수행 방법	• 기술형 · 전략형 · 생태형 스포츠의 유형 • 기술형 · 전략형 · 생태형 스포츠의 유형별 움직임 기술 응용 방법 • 기술형 · 전략형 · 생태형 스포츠의 활동 방법과 기본 전략	• 기술형 · 전략형 · 생태형 스포츠의 역사와 특성 • 기술형 · 전략형 · 생태형 스포츠의 경기 기능과 수행 원리 • 기술형 · 전략형 · 생태형 스포츠의 경기 방법과 전략
과정 · 기능	• 스포츠의 의미와 유형 이해하기 • 기본 움직임 기술과 스포츠의 관계 파악하기 • 기본 움직임 기술의 종류 파악하고 시도하기 • 스포츠 유형별 움직임 기술 종류 파악하기 • 스포츠 유형별 움직임 기술 시도하기 • 안전하게 움직이기	• 기술형 · 전략형 · 생태형 스포츠의 유형 파악하기 • 기술형 · 전략형 · 생태형 스포츠의 유형별 움직임 기술 응용 방법 활용하기 • 기술형 · 전략형 · 생태형 스포츠의 기본 전략 적용하기 • 안전하게 활동하기	• 기술형 · 전략형 · 생태형 스포츠 유형별 역사와 특성 비교하기 • 기술형 · 전략형 · 생태형 스포츠 유형별 수행 원리를 경기 기능에 적용하기 • 기술형 · 전략형 · 생태형 스포츠 유형별 경기 방법과 전략을 경기에 활용하기 • 안전하게 경기하기
가치 · 태도	• 움직임 수행의 자신감과 적극성 • 최선을 다하는 태도 • 게임 규칙 준수 • 스포츠 환경에 대한 개방성 • 스포츠 활동 참여의 적극성	• 목표 달성 의지 • 상대 기술 인정 • 팀원과의 협력 • 구성원 배려 • 스포츠 환경을 아끼는 태도 • 스포츠 환경에 감사하는 태도	• 경기 수련에 대한 인내심 • 도전적 경기 태도 • 팀워크와 신뢰 • 페어플레이 • 스포츠 환경 개선을 위한 공동체 의식 • 스포츠 환경에 친화적인 태도

3) 표현

<table>
<tr><td>핵심 아이디어</td><td colspan="3">• 표현 활동은 인간이 신체 움직임에 생각과 감정을 담아 심미적으로 표현하는 과정에서 창의적인 삶의 태도를 형성하고, 예술적 신체활동 문화를 향유할 수 있도록 한다.
• 표현 활동은 기본 움직임에 표현 원리가 적용되어 다양한 유형으로 구현되며, 구성 및 창작의 과정을 통해 발달한다.
• 인간은 다양한 표현 활동을 체험함으로써 움직임의 심미적 가치를 내면화하며 자유롭고 주체적으로 사는 방법을 터득한다.</td></tr>
<tr><td rowspan="3">구분
범주</td><td colspan="3">내용 요소</td></tr>
<tr><td colspan="2">초등학교</td><td>중학교</td></tr>
<tr><td>3~4학년</td><td>5~6학년</td><td>1~3학년</td></tr>
<tr><td>지식 · 이해</td><td>• 표현 활동과 움직임 기술
• 기본 움직임 기술의 표현 방법</td><td>• 표현 활동의 유형
• 표현 활동의 유형별 움직임 기술 응용 방법
• 표현 활동의 유형별 움직임 기술 구성</td><td>• 표현 활동의 역사와 특성
• 표현 활동의 동작과 표현 원리
• 표현 활동의 창작과 감상</td></tr>
<tr><td>과정 · 기능</td><td>• 표현 활동의 움직임 기술 파악하고 시도하기
• 다양한 방법으로 움직임 기술 표현하기</td><td>• 표현 활동의 유형 파악하기
• 표현 활동의 유형별 움직임 기술 응용 방법 활용하기
• 표현 활동의 유형별 움직임 기술 구성하고 발표하기</td><td>• 표현 활동의 유형별 역사와 특성 비교하기
• 표현 활동의 유형별 동작 표현하기
• 표현 활동의 유형별 원리 적용하기
• 표현 활동의 유형별 작품 창작하고 감상하기</td></tr>
<tr><td>가치 · 태도</td><td>• 움직임 표현에 대한 호기심
• 움직임 표현에 대한 감수성</td><td>• 다양한 표현 활동 유형에 대한 수용적 태도
• 움직임 표현의 심미성 추구</td><td>• 표현의 독창성
• 다양한 표현 활동에 대한 개방성
• 예술적 표현에 대한 공감과 비평의식</td></tr>
</table>

나. 성취기준

[초등학교 3~4학년]

1) 운동

[4체01-01] 운동과 체력의 의미를 이해하고 관계를 파악한다.
[4체01-02] 기본 체력운동의 방법과 절차를 익히며 자신의 수준에 맞는 운동을 시도한다.
[4체01-03] 운동과 건강의 의미를 이해하고 관계를 파악한다.
[4체01-04] 건강을 위한 바른 생활 습관을 이해하고 생활 속에서 규칙적으로 실천한다.
[4체01-05] 자신의 신체적 특징을 긍정적으로 인식하고 운동 계획을 세워 안전하게 활동한다.
[4체01-06] 운동과 건강한 생활 습관 형성에 관심을 갖고 적극적으로 실천한다.

가) 성취기준 해설

- [4체01-01]은 운동이 신체 변화와 체력 증진에 미치는 영향을 이해하기 위해 설정하였다. 운동과 체력의 의미를 이해하고 운동 전후의 신체 및 체력의 변화와 특성을 파악하여 운동의 중요성을 인식하도록 한다.
- [4체01-02]는 체력 증진을 위한 기본 운동 방법과 절차를 체험하며 자신의 신체 특성과 체력 수준에 맞게 운동하기 위해 설정하였다. 준비 운동, 본 운동, 정리 운동의 단계별 목적과 주안점을 파악하면서 운동 방법과 절차를 익히고, 자신의 신체 특성과 체력 수준에 적합한 운동을 선택하여 안전하게 시도하도록 한다.
- [4체01-03]은 운동과 건강의 관계를 이해하기 위해 설정하였다. 건강의 의미와 운동이 건강을 유지, 증진하는 데 미치는 영향을 탐색하고 운동의 필요성을 파악하도록 한다.
- [4체01-04]는 건강을 유지하는 바른 생활 습관을 이해하고 일상생활에서 적극적으로 실천하는 습관을 기르기 위해 설정하였다. 건강한 생활 습관이 신체적 건강뿐만 아니라 정신적, 사회적 건강에도 영향을 미친다는 점을 이해하고, 건강 증진을 위한 생활 태도와 행동을 가정, 학교, 지역사회에서 규칙적으로 실천하도록 한다.
- [4체01-05]는 기본 체력운동을 통해 자신에게 적합한 운동 계획을 세우고 실천하기 위해 설정하였다. 체격, 체형, 체력 등 개인마다 다른 신체 특성을 긍정적

으로 인식하고 자신의 신체 특성에 맞는 운동을 안전하고 효과적으로 수행하도록 한다.

- [4체01-06]은 운동을 통한 건강한 생활 습관 형성의 의지를 기르기 위해 설정하였다. 자신의 운동 및 생활 습관을 점검해 보고, 건강 유지, 증진의 저해 요인을 삼가며, 적절한 운동과 바람직한 생활 태도에 관심을 갖고 적극적으로 실천할 수 있는 의지를 갖도록 한다.

나) 성취기준 적용 시 고려 사항

- 3~4학년군 운동 영역에서는 자신의 체력 수준에 맞는 운동을 하며 즐거움을 느끼고, 체력과 건강을 증진하면서 정서적, 사회적 건강을 유지할 수 있도록 운동과 일상생활에서의 건강 활동을 체험하도록 한다.
- 체력 운동에서는 학습자가 자신의 신체 특성과 수준을 고려한 운동 방법을 다양하게 탐색하고 실천하도록 운영한다. 단순한 흥미 위주의 활동을 지양하고 자신의 체력 수준을 점검하며 체력의 중요성을 인식할 수 있는 활동을 선정한다. 건강 활동에서는 학습자 스스로 생활 습관을 점검하면서 건강에 대해 적극적인 관심을 두고 올바른 생활 습관 실천 의지를 가질 수 있도록 운영한다. 이론 중심의 수업보다는 생활 속의 다양한 신체활동을 체험하면서 바람직한 생활 태도를 습관화할 수 있도록 활동을 구성한다.
- 3~4학년군의 발달 특성, 학습자의 흥미와 신체활동 능력을 고려하여 수업을 운영한다. 체력 증진에 도움이 되는 다양한 기본 운동 방법을 흥미 있게 구성하여 운동에 관한 관심과 욕구를 가질 수 있도록 한다. 또한 건강한 생활 습관을 자기주도적으로 실천할 수 있도록 일상생활에서 쉽게 실천할 수 있는 생활 방식을 활용하며, 더욱 생동감 있게 학습할 수 있도록 디지털 기기와 온라인 프로그램의 모의 상황 또는 가상현실 등 다양한 자료를 활용한다.
- 3~4학년군 운동 영역에서는 운동과 체력, 기본 운동 방법, 운동과 건강, 건강한 생활 습관에 관한 이해력, 체력과 건강을 효과적으로 관리하기 위한 운동 수행 능력, 일상생활에서 운동과 건강에 적극적인 관심을 갖고 실천할 수 있는 능력을 균형 있게 평가한다.
- 체력 운동에서 학습자의 체력 증진 수준을 평가할 때는 단순히 체력 측정 결과

중심으로 평가하기보다는 자신의 체력 증진을 위한 자기 주도적인 계획 수립과 실천, 관리의 과정을 전개했는지를 종합적으로 평가한다. 건강 활동에서는 운동에 기초하면서도 그 밖의 건강과 신체의 안전에 긍정적인 영향을 미칠 수 있는 다양한 건강 행동 및 생활 습관을 일상생활에서 실천하는지를 평가한다.

- 3~4학년군 운동 영역 지식에 관한 이해력은 운동과 건강 관련 기본 지식을 중심으로 평가하고, 운동 및 건강 활동 수행 능력과 태도는 건강과 신체의 안전에 영향을 미칠 수 있는 다양한 운동 및 건강 습관을 일상생활에서 꾸준하게 실천하는 과정과 결과를 보여주는 체크리스트, 개인일지, 운동 기능 검사 등을 활용하여 평가한다.
- 3~4학년군 운동 영역에서는 범교과 학습 주제인 안전·건강 교육과 연계하여 학교와 일상생활에서 안전하고 건강한 생활의 기본 습관을 형성할 수 있도록 체험 중심의 교수·학습을 운영하고, 학습자의 변화 과정을 다양한 방법으로 평가한다.

2) 스포츠

[4체02-01] 스포츠의 의미와 유형을 파악한다.
[4체02-02] 기본 움직임 기술의 의미와 종류를 이해하고 스포츠와의 관계를 파악한다.
[4체02-03] 움직임 요소에 따른 기본 움직임 기술의 수행 방법을 파악하고 시도한다.
[4체02-04] 기본 움직임 기술을 연결한 복합적인 움직임 기술을 파악하고 시도한다.
[4체02-05] 기술형 스포츠에 적합한 기본 움직임 기술을 파악하고 시도한다.
[4체02-06] 전략형 스포츠에 적합한 기본 움직임 기술을 파악하고 시도한다.
[4체02-07] 생태형 스포츠에 적합한 기본 움직임 기술을 파악하고 시도한다.
[4체02-08] 움직임 기술 수행에 자신감을 갖고 적극적으로 시도한다.
[4체02-09] 게임 활동에 최선을 다하고 규칙을 지킨다.
[4체02-10] 다양한 스포츠 환경에 개방적인 태도를 갖고 적극적이고 안전하게 스포츠 활동에 참여한다.

가) 성취기준 해설

- [4체02-01]은 스포츠의 의미와 유형을 이해하기 위해 설정하였다. 일정한 규칙과 방법에 따라 경기 기술을 수행하고 환경과의 상호작용을 통해 발달한 스포츠의 개념과 기술형, 전략형, 생태형 스포츠의 유형별 특성을 이해하도록 한다.

- [4체02-02]는 기본 움직임 기술의 의미, 종류(이동 움직임, 비이동 움직임, 조작 움직임)와 특성을 파악하기 위해 설정하였다. 기본 움직임 기술의 종류를 다양하게 탐색하면서 스포츠 활동에 기초가 되는 기본 움직임 기술의 특성과 스포츠 활동 수행과의 관계를 파악하도록 한다.
- [4체02-03]은 움직임 요소의 의미를 이해하고, 기본 움직임 기술을 다양한 상황에서 시도하기 위해 설정하였다. 이동 움직임, 비이동 움직임, 조작 움직임 기술을 단계적으로 익히고, 움직임 요소(신체, 노력, 공간, 관계)에 변화를 주어 안전하고 효과적으로 기본 움직임 기술을 수행하도록 한다.
- [4체02-04]는 기본 움직임 기술을 연결하여 다양하고 복합적인 움직임 기술을 수행하기 위해 설정하였다. 움직임 기술의 종류별(이동 움직임 기술 내 호핑과 스키핑의 연결 등), 종류 간(조작 움직임 기술의 치기와 이동 움직임 기술의 달리기의 연결 등)에 기본 움직임을 다양한 방식으로 연결하여 기본 움직임보다 심화된 복합적인 움직임 기술을 익히고, 간단한 게임 상황에서 시도하도록 한다.
- [4체02-05]는 기술형 스포츠 유형에 적합한 움직임 기술을 탐색하고 수행하기 위해 설정하였다. 움직임 기술의 수월성을 겨루는 기술형 스포츠 활동에서 활용되는 다양한 기능과 관련된 움직임 기술의 효과적 수행 방법(앞뒤 구르기, 옆 돌기, 전력 달리기, 헤엄치기, 발차기 등)을 익히고, 간단한 게임 상황에서 시도하도록 한다.
- [4체02-06]은 전략형 스포츠 유형에 적합한 움직임 기술을 탐색하고 수행하기 위해 설정하였다. 움직임 기술과 전략에 따라 승패가 결정되는 전략형 스포츠 활동의 다양한 기능과 관련된 움직임 기술의 효과적 수행 방법(공던지기와 잡기, 공몰기, 공차기와 멈추기, 공치기와 받기, 라켓으로 치기 등)을 익히고, 기본적인 전략을 세워 간단한 게임 상황에서 시도하도록 한다.
- [4체02-07]은 생태형 스포츠 유형에 적합한 움직임 기술을 탐색하고 수행하기 위해 설정하였다. 생활 주변과 자연환경에서 이루어지는 다양한 생태형 스포츠 활동과 관련된 움직임 기술의 수행 방법(균형 잡고 이동하기, 타고 버티기, 잡고 오르기 등)을 익히고, 간단한 활동 상황에서 안전하게 시도하도록 한다.
- [4체02-08]은 기본 움직임 기술의 지속적인 시도를 통해 움직임 기술 수행에 대한 자신감을 기르기 위해 설정하였다. 기본 움직임 기술을 체계적으로 숙달하고,

간단한 규칙을 적용한 활동 상황에서 적극적으로 시도하며 움직임 기술 수행에 대한 자신감을 갖도록 한다.

- [4체02-09]는 게임 활동을 수행하며 정해진 규칙을 지키고 최선을 다하는 태도를 기르기 위해 설정하였다. 다양한 유형의 스포츠 활동에 임하는 마음가짐, 구성원에 대한 태도, 규칙 준수의 필요성, 최선의 가치 등을 실제 활동 과정에서 느끼고 실천하도록 한다.
- [4체02-10]은 스포츠 활동을 즐길 수 있는 환경에 개방적인 태도를 갖고 적극적이고 안전하게 활동하는 태도를 기르기 위해 설정하였다. 가정, 학교, 지역사회 체육 시설, 자연환경 등 다양하고 도전적인 스포츠 환경을 적극적으로 수용하고 활용하되, 안전 수칙을 숙지하여 안전사고를 예방하는 태도를 실천하도록 한다.

나) 성취기준 적용 시 고려 사항

- 3~4학년군 스포츠 영역에서는 스포츠의 개념을 이해하고 다양한 유형의 스포츠 활동을 수행하는 데 요구되는 기본 움직임과 복합적인 움직임을 탐색하고 간단한 게임 상황에서 시도하도록 한다. 특히 3~4학년군 스포츠 영역은 움직임의 체계적 발달을 위한 입문 단계로서 이동 움직임, 비이동 움직임, 조작 움직임 기술을 신체, 노력, 공간, 관계와 연결한 다양한 복합 움직임 기술의 수행 능력을 기를 수 있도록 충분한 학습 기회를 제공한다.
- 스포츠 유형별 기본 기능과 관련된 기본 움직임 기술을 습득하기 위해 신체, 노력, 공간, 관계의 변화에 따라 다양한 기술을 단계적으로 향상할 수 있는 학습 활동을 선정하고 조직한다. 스포츠 유형에 적합한 기본 움직임 기술과 복합적인 움직임 기술을 연결하여 간단한 게임 상황에서 시도하고 익힐 수 있도록 활동을 구성한다. 기본 움직임 기술을 수행할 기회를 충분히 제공하며, 스포츠 경기 방법 자체보다 기본 움직임의 수행 능력을 충실하게 습득할 수 있도록 운영한다.
- 3~4학년군 스포츠 영역에서는 스포츠 수행에 필요한 다양한 기본 움직임 기술을 탐색하고 간단한 활동 상황에서 기본 움직임 기술을 시도하고 습득하는 것을 평가한다. 다양한 기본 움직임 기술의 정확하고 효과적인 수행 능력 습득에 평가의 초점을 맞추고, 이를 활용한 움직임 기술의 연결 능력과 스포츠 유형별 기본 기능에 적합한 복합 움직임 기술의 수행 능력을 평가한다.

- 기본 움직임 기술을 움직임의 요소에 따라 실제로 다양하게 수행할 수 있는지를 평가하도록 한다. 일회성 평가를 지양하고 간단한 게임 상황에서 각각의 움직임 기술을 상황에 맞게 수행할 수 있는지를 평가한다. 이를 위해 움직임 기술 수행 능력 평가, 체크리스트, 자기 평가 등의 다양한 평가 방법을 학습 상황에 맞게 활용한다.
- 3~4학년군 스포츠 영역의 지식에 관한 이해력은 스포츠의 의미와 유형에 관한 이해를 간단한 질의응답이나 평가지를 통해 확인할 수 있으며, 스포츠 관련 움직임 수행 능력은 기본 움직임 기능 및 복합 움직임 기능을 조작적 상황 또는 게임 상황에서 평가할 수 있다. 가치·태도의 실천 능력은 지속적인 태도 변화를 관찰하거나 체크리스트, 성찰 일지, 관찰 등의 평가 방법과 함께 수업 상황에서의 실천 여부를 중심으로 평가한다.
- 3~4학년군 스포츠 영역에서는 다양한 기본 움직임을 탐색하고 습득하는 과정을 통해 개인별 특성을 존중하고, 상호 존중 및 공동체 의식을 함양할 수 있도록 교수·학습을 계획하고 평가한다.

3) 표현

[4체03-01] 표현 활동의 의미와 기본 움직임 기술과의 관계를 파악한다.
[4체03-02] 움직임 요소에 따른 기본 움직임 기술의 표현 방법을 파악하고 시도한다.
[4체03-03] 기본 움직임 기술을 활용하여 사물이나 자연을 모방하여 표현한다.
[4체03-04] 기본 움직임 기술을 활용하여 느낌이나 생각을 표현한다.
[4체03-05] 기본 움직임 기술을 리듬에 맞춰 표현한다.
[4체03-06] 기본 움직임 기술을 도구를 활용하여 표현한다.
[4체03-07] 움직임의 심미적 표현에 대한 호기심과 감수성을 나타낸다.

가) 성취기준 해설

- [4체03-01]은 표현 활동의 의미, 표현 활동과 기본 움직임 기술과의 관계를 이해하기 위해 설정하였다. 표현 활동에서의 움직임 기술과 운동 및 스포츠 영역에서의 움직임 기술의 차이를 이해함으로써 표현 활동에서 움직임 기술의 창의적이고 심미적인 특성을 이해하도록 한다.

- [4체03-02]는 움직임 요소에 따른 다양한 기본 움직임 기술을 학습함으로써 표현 활동의 기본 수행 능력을 기르기 위해 설정하였다. 이동 움직임, 비이동 움직임, 조작 움직임 기술을 체험하되 신체, 노력, 공간, 관계 등 움직임 요소의 변화에 따라 기본 움직임 기술을 창의적이고 심미적으로 표현하도록 한다.
- [4체03-03]은 기본 움직임 기술을 활용한 모방 표현 능력을 기르기 위해 설정하였다. 기본 움직임 기술을 활용하여 사물, 인물, 자연 현상 등의 모양과 움직임을 모방하여 표현하는 방법을 탐색하고 그 특징을 살려 표현하도록 한다.
- [4체03-04]는 기본 움직임 기술을 활용한 추상 표현 능력을 기르기 위해 설정하였다. 기본 움직임 기술을 활용하여 느낌과 생각 등을 동작으로 표현하는 방법을 탐색하고 창의적으로 표현하도록 한다.
- [4체03-05]는 기본 움직임 기술을 활용한 리듬 표현 능력을 기르기 위해 설정하였다. 기본 움직임 기술을 활용하여 박자, 강약, 빠르기, 패턴에 맞춰 표현하는 방법을 탐색하고 리듬감을 살려 표현하도록 한다.
- [4체03-06]은 기본 움직임 기술을 활용한 도구 표현 능력을 기르기 위해 설정하였다. 기본 움직임 기술을 활용하여 줄, 공, 천, 훌라후프 등 도구의 특성을 활용한 표현 방법을 탐색하고 도구의 조작과 움직임을 연결하여 표현하도록 한다.
- [4체03-07]은 움직임을 심미적으로 표현하는 것에 대한 호기심과 감수성을 갖도록 설정하였다. 기본 움직임 기술을 아름답게 표현하며 움직임을 심미적으로 표현하는 다양한 자극에 관심을 갖고 운동이나 스포츠 기술과는 다른 감성을 느낄 수 있도록 한다.

나) 성취기준 적용 시 고려 사항

- 3~4학년군 표현 영역에서는 표현 활동의 의미와 움직임 기술의 관계에 관한 이해를 바탕으로, 움직임 요소에 따른 표현 기술을 파악하고, 모방 및 추상 표현 방법, 리듬, 도구 등을 활용한 표현 방법을 탐색하여 발표함으로써 표현 활동의 기본 능력을 기르도록 한다. 표현에 관한 이해의 폭을 넓힐 수 있도록 다양한 표현 사례를 직·간접적으로 학습할 기회를 제공한다.
- 모방 표현 방법을 학습하면서 모방 대상의 움직임을 충분히 관찰하고 자유로운 방식으로 표현할 수 있는 학습 분위기를 조성하며, 자연 현상과 주변 환경을 모방

대상으로 설정함으로써 생태전환적 관점에서 환경을 이해할 기회를 제공한다. 추상 표현 방법의 경우 느낌이나 생각을 자유롭게 나타내고, 타인의 표현 방법을 존중하는 허용적인 학습 분위기를 조성한다. 리듬 표현에서는 음악뿐만 아니라 자연 현상이나 생활에서 나타나는 규칙적, 불규칙적 리듬에 따라 신체 표현을 할 수 있도록 표현 대상을 다양화한다. 도구를 활용한 표현의 경우 사전에 안전한 도구 사용 방법을 충분히 숙지하고 그 특징을 파악하여 표현 활동에 활용하도록 한다.

- 기본 움직임 기술의 표현 방법은 자기 주도적 학습을 통해 다양한 움직임 요소를 반영한 기본 움직임 기술을 탐색할 기회를 제공하고, 탐색한 움직임을 모둠별로 공유할 수 있도록 협력 중심의 수업을 설계하고 운영할 수 있다. 또한 협력하여 만든 작품을 서로 발표하고 감상하는 과정을 통해 표현을 위한 움직임 기술을 넓게 탐색하도록 한다.
- 3~4학년군 표현 영역에서는 생각과 느낌을 자유롭게 움직임으로 표현하는 과정에서 인간의 신체적 자유에 대한 기본 권리와 행복추구권을 연계하고, 다양한 표현 방식을 이해하고 존중하는 태도를 학습하도록 한다.
- 3~4학년군 표현 영역에서는 표현과 움직임 기술의 관계, 움직임 요소에 따른 다양한 기본 움직임 기술의 이해력, 표현 방법에 따른 움직임 기술의 수행과 구성 능력, 표현 활동 과정에서 나타나는 움직임에 관한 호기심과 감수성을 균형 있게 평가한다.
- 모방 대상의 특징을 움직임의 관점에서 파악하고 표현하는 능력, 생각과 느낌을 움직임으로 표현하는 능력, 리듬에 맞춰 다양한 요소에 따라 움직임을 표현하는 능력, 도구의 특성을 활용하여 심미적으로 표현하는 능력을 종합적으로 평가한다.
- 3~4학년군 표현 영역에서 표현의 의미와 움직임 기술의 관계에 대한 지식은 지필 평가 외에 실제 움직임 표현 과정에서의 이해력을 중심으로 평가한다. 움직임 표현 능력은 표현 동작 검사, 관찰 평가, 프로젝트 평가 등을 활용하여 움직임 기술과 표현 방법의 선택, 동작 수행, 구성의 과정을 종합적으로 평가한다. 가치·태도에 관한 평가는 표현 활동의 적극성과 긍정적인 태도 변화를 관찰하거나 수행 일지, 감상문 등을 통해 평가할 수 있다.

〈표 4-2〉 초등학교 3~4학년군의 신체활동 예시

영역	세부 영역	신체활동 예시
운동	기본 체력운동	• 체력운동 관련 기본 움직임 기술(걷기, 달리기, 매달리기, 버티기나 굽히기, 밀기, 당기기 등) • 체력운동 기능(오래 달리거나 걷기, 팔굽혀펴기, 윗몸말아올리기, 왕복달리기 등)
	건강 운동 및 생활 습관	• 건강 생활 습관(자세, 체중 및 체형 관리, 위생, 식습관, 정서 관리 활동 등) • 운동 생활 습관(맨손체조, 산책, 계단 오르기, 생활 주변 운동기구 활용하기 등)
스포츠	기본 움직임의 기초 기술	• 이동 움직임(방향 전환 달리기, 뛰기, 구르기, 물에서 이동하기 등) • 비이동 움직임(균형잡기, 구부리기, 회전하기, 물에 뜨기 등) • 조작 움직임(던지기, 굴리기, 차기, 잡기, 치기, 튀기기, 몰기, 타기 등)
	스포츠 유형별 움직임 기술	• 기술형 스포츠 유형별 움직임(앞뒤 구르기, 옆 돌기, 전력 달리기, 헤엄치기, 발차기 등) • 전략형 스포츠 유형별 움직임(공던지기와 잡기, 공몰기, 공차기와 멈추기, 공치기와 받기, 라켓으로 치기 등) • 생태형 스포츠 유형별 움직임(균형 잡고 이동하기, 타고 버티기, 잡고 오르기 등)
표현	기본 움직임의 기초 표현	• 이동 움직임 표현(워킹, 점핑, 호핑, 스키핑, 갤러핑, 리핑, 슬라이딩 등) • 비이동 움직임 표현(펴기, 접기, 비틀기, 제자리 돌기, 털기, 흔들기 등) • 조작 움직임 표현(들기, 돌리기 등)
	기본 움직임의 표현 방법	• 추상 표현(언어 표현, 느낌이나 생각 표현하기 등) • 모방 표현(사물 표현, 인물 표현, 자연 현상 표현하기 등) • 리듬 표현(박자, 강약, 빠르기, 패턴에 따라 표현하기 등) • 도구 표현(줄, 공, 천, 훌라후프 등을 활용하여 표현하기 등)

[초등학교 5~6학년]

1) 운동

[6체01-01] 건강 체력과 운동 체력의 의미와 요소를 파악하고 다양한 운동 방법을 탐색한다.
[6체01-02] 건강 체력과 운동 체력을 측정하고 자신의 체력 수준에 맞는 운동을 시도한다.
[6체01-03] 성장 발달의 의미와 특성을 이해하고 운동과의 관계를 파악한다.
[6체01-04] 운동 및 생활 속 위험 상황, 성장 발달을 저해하는 생활 방식의 문제점을 파악하고 예방 및 대처 방법을 익혀 안전하게 활동한다.
[6체01-05] 체력 운동을 끈기 있게 규칙적으로 수행한다.
[6체01-06] 성장과 발달 과정에서 나타나는 신체적, 정서적, 사회적 특성과 차이를 공감하고 위험 상황에 침착하게 대처한다.

가) 성취기준 해설

- [6체01-01]은 3, 4학년군에서 학습한 기본 운동 방법을 체력 요소별로 구분하여 이해하고 체력 요소별로 다양한 운동 방법을 탐색하기 위해 설정하였다. 체력을 건강 체력과 운동 체력으로 구분하고, 유형별 체력 요소를 이해하며, 학습자 스스로 자신의 수준에 적합한 체력 요소별 운동 방법을 찾도록 한다.
- [6체01-02]는 자신의 건강 체력과 운동 체력 수준을 파악하여 체력을 증진할 수 있는 다양한 운동 방법을 선택하고 실천하기 위해 설정하였다. 자신의 우수한 체력과 부족한 체력이 무엇인지를 파악하고, 특히 부족한 체력을 기르기 위해 체력 수준에 적합한 운동 방법을 탐색하여 꾸준하게 실천하도록 한다.
- [6체01-03]은 자신의 성장 발달을 이해하고, 운동이 성장 발달에 미치는 긍정적인 영향을 이해하기 위해 설정하였다. 성장에 따른 신체적, 정서적 변화, 특히 제2차 성징에 대한 이해를 바탕으로 자신의 성장 발달 양상을 긍정적으로 파악하고, 사춘기에 운동이 신체적, 정서적, 사회적 성장 발달에 바람직한 영향을 미친다는 점을 이해하도록 한다.
- [6체01-04]는 운동과 일상생활에서 발생할 수 있는 다양한 안전사고의 유형과 성장 발달을 저해하는 생활 방식의 문제점을 파악하고 침착하게 대처하기 위해 설정하였다. 운동 시설이나 용・기구, 지상・수상・빙상 등의 다양한 운동 환경에서 발생할 수 있는 안전사고, 건강한 성장 발달에 부정적인 생활 습관(흡연, 음주,

약물 오·남용 등), 안전을 위협하는 생활 및 자연 환경을 탐색하며 건강하고 안전한 생활 습관을 실천하도록 한다.

- [6체01-05]는 체력 증진에 필요한 끈기와 근면성을 기르기 위해 설정하였다. 단기간에 증진되기 어려운 체력 운동의 특성상, 학습자가 운동 과정에서 쉽게 포기하지 않도록 체력 증진을 저해하는 개인적, 환경적 조건을 탐색하고 극복하면서 체력 운동을 규칙적으로 수행하도록 한다.
- [6체01-06]은 성장과 발달 과정에서 개인별 차이를 공감하며, 안전을 위협하는 위험 상황에 대처하기 위해 설정하였다. 자신의 신체적, 정서적, 사회적 건강 특성이 다른 사람과 어떤 차이가 있고, 그러한 차이를 공감하는 것이 자신과 공동체에 어떤 영향을 미치는지를 실제 사례를 통해 이해하도록 한다.

나) 성취기준 적용 시 고려 사항

- 5~6학년군 운동 영역에서는 체력 유형별로 각 체력 요소에 적합한 운동을 선정하고 자기 수준에 맞는 운동 방법을 찾아 실천하도록 한다. 운동을 통해 신체의 성장과 발달 및 체력 향상뿐만 아니라 정서적, 사회적 성장 발달과의 관계를 파악할 수 있도록 교수·학습을 운영한다.
- 체력 운동에서는 건강 체력과 운동 체력의 요소를 학습자가 이해하기 쉬운 수준으로 안내하고, 체력 요소별로 다양한 운동 방법을 선정하며, 끈기와 근면함을 바탕으로 자신의 체력을 점진적으로 증진할 수 있도록 단계적으로 학습을 운영한다. 건강 활동에서는 신체 성장에 따른 신체적 변화와 제2차 성징에 대한 이해와 함께 양성평등 감수성을 갖출 수 있도록 운영하고, 다양한 운동을 시도해 보면서 운동이 신체의 성장과 발달, 정서적 건강, 사회적 관계에 긍정적인 영향을 미친다는 것을 체험하도록 한다.
- 건강 체력과 운동 체력의 측정 결과를 참고하여 자신의 체력 강점과 약점을 파악하고, 수준에 적합한 운동을 선정하여 안전하게 활동할 수 있도록 운영한다. 개인별 성장 및 발달 속도의 차이, 성별에 따른 차이를 인권 보호 및 양성 평등적 관점에서 수용할 수 있도록 하며, 디지털 도구와 프로그램을 활용하여 지속적이고 자기 주도적인 건강 관리와 체력 운동을 실천하도록 한다.
- 5~6학년군 운동 영역에서는 개인적, 사회적으로 올바른 생활 양식의 실천을 민주

시민 교육과 양성평등 및 상호 존중의 인권 교육과 연계하여 학습하도록 한다.

- 5~6학년군 운동 영역에서는 건강 체력과 운동 체력, 체력 요소별 운동 방법, 운동과 성장 발달, 안전한 생활 습관에 관한 이해력, 체력 측정 결과를 바탕으로 다양한 운동을 안전하게 시도할 수 있는 운동 및 건강 활동 수행 능력, 일상생활에서 체력 운동에 끈기 있고 꾸준하게 참여하면서 개인별 차이를 공감하고 수용하는 태도를 균형 있게 평가한다.
- 체력 운동에서는 체력 측정 결과 자체보다는 자신의 체력 수준에 적합한 체력 운동을 선정하고 계획하여 안전하게 실천하는 과정을 중심으로 평가한다. 건강 활동은 학습자가 운동이나 건강 활동을 하면서 자신과 타인의 신체적, 정서적 성장 발달의 차이를 공감하고 배려하면서 건강하고 안전한 생활 습관을 실천하는 태도를 평가한다.
- 5~6학년군의 운동 영역의 지식은 체력 운동 및 건강 활동 과정에서의 이해력을 중심으로 평가한다. 체력 운동 및 건강 활동 수행 능력과 태도는 체력 및 건강을 증진할 수 있는 다양한 운동 및 건강 습관을 일상생활에서 꾸준하게 실천하는 과정과 결과를 체력 및 건강 검사, 체크리스트, 개인일지 등을 활용하거나 디지털 도구 및 온라인 교수·학습 방법을 적용하여 평가한다.

2) 스포츠

[6체02-01] 기술형 스포츠의 의미와 유형을 파악한다.
[6체02-02] 기술형 스포츠 유형별로 기본 움직임 기술을 응용한 기본 기능을 파악하고 수행한다.
[6체02-03] 기술형 스포츠 유형별 활동 방법을 파악하고 기본 전략을 게임 활동에서 수행한다.
[6체02-04] 전략형 스포츠의 의미와 유형을 파악한다.
[6체02-05] 전략형 스포츠 유형별로 기본 움직임 기술을 응용한 기본 기능을 파악하고 수행한다.
[6체02-06] 전략형 스포츠 유형별 활동 방법을 파악하고 기본 전략을 게임 활동에서 수행한다.
[6체02-07] 생태형 스포츠의 의미와 유형을 파악한다.
[6체02-08] 생태형 스포츠 유형별로 기본 움직임 기술을 응용한 기본 기능을 파악하고 수행한다.
[6체02-09] 생태형 스포츠 유형별 활동 방법을 파악하고 기본 전략을 게임 활동에서 수행한다.
[6체02-10] 스포츠 활동에 참여하며 목표를 달성하기 위한 의지를 실천하고 상대의 기술을 인정한다.
[6체02-11] 스포츠 활동에 참여하며 팀원과 협력하고 구성원을 배려한다.
[6체02-12] 스포츠 활동에 참여하며 환경을 아끼고 감사하는 태도를 실천한다.

가) 성취기준 해설

- [6체02-01]은 기술형 스포츠의 의미와 유형을 이해하기 위해 설정하였다. 기술의 수월성을 추구하는 기술형 스포츠의 의미를 이해하고 다양한 환경(지상, 수상, 빙상 등)에서의 움직임 기록 향상을 위한 기록형, 일련의 절차와 방법이 정해진 움직임을 정확하게 수행하는 동작형, 상대방의 신체적 기량과 겨루는 투기형으로 구분하여 유형별 움직임의 세부 특성을 파악하도록 한다.
- [6체02-02]는 기록형, 동작형, 투기형 스포츠에서 기본 움직임 기술을 응용한 기본 기능을 효과적으로 활용하기 위해 설정하였다. 속도와 거리, 정확성에 도전하는 기록형 스포츠의 기본 기능(도움닫기하여 멀리뛰기, 목표물에 정확히 던지기 등), 절차와 방법이 정해진 움직임을 수행하는 동작형 스포츠의 기본 기능(손 짚고 옆 돌기, 다리 벌려 뛰어넘기 등), 상대방과 신체적 기술을 겨루는 투기형 스포츠의 기본 기능(발차기, 다리 걸기 등)을 게임 상황에 맞게 효율적으로 수행하도록 한다.
- [6체02-03]은 기록형, 동작형, 투기형 스포츠의 활동 방법과 기본 전략을 활용하기 위해 설정하였다. 기록형, 동작형, 투기형 스포츠를 변형한 게임 활동의 경기 방법을 이해하고, 기록 측정과 분석, 동작 수행의 점검과 분석, 자신과 상대의 기량 확인과 분석 등 기술형 스포츠의 기본 전략을 파악하고 수행하도록 한다.
- [6체02-04]는 전략형 스포츠의 의미와 유형을 이해하기 위해 설정하였다. 움직임 기능 수행 능력과 전략에 따라 승패가 결정되는 전략형 스포츠의 의미를 이해하고 스포츠의 유형을 상대 영역으로 이동하여 정해진 지점으로 공을 보내 득점하는 영역형, 동일 공간에서 공격과 수비를 번갈아 하며 정해진 구역을 돌아 점수를 얻는 필드형, 네트 너머에 있는 상대 영역에 공을 보내 넘기지 못하게 하여 득점하는 네트형으로 구분하여 각각의 세부 특성을 파악하도록 한다.
- [6체02-05]는 영역형, 필드형, 네트형 스포츠에서 기본 움직임 기술을 응용한 기본 기능을 효과적으로 활용하기 위해 설정하였다. 패스, 드리블, 슛 등과 같은 영역형 스포츠의 기본 기능, 포구, 송구, 타격, 주루 등과 같은 필드형 스포츠의 기본 기능, 서브, 리시브, 토스, 스트로크(스매싱) 등과 같은 네트형 스포츠의 기본 기능을 변형게임이나 뉴스포츠 수준의 게임 상황에 맞게 효율적으로 수행하도록

한다.

- [6체02-06]은 영역형, 필드형, 네트형 스포츠의 활동 방법과 기본 전략을 활용하기 위해 설정하였다. 영역형, 필드형, 네트형 스포츠를 변형한 게임이나 뉴스포츠와 같은 게임 활동에 참여하며 경기 방법을 파악하고, 공간 만들기, 공간 차단하기, 골 넣기와 막기, 빈 곳으로 공 치기, 구역과 역할 나누어 수비하기, 빈 곳으로 공 넘기기, 유기적으로 역할 분담하기 등 전략형 스포츠의 기본 전략을 파악하고 수행하도록 한다.
- [6체02-07]은 생태형 스포츠의 의미와 유형을 이해하기 위해 설정하였다. 다양한 환경 맥락에 따라 활동 특성이 나타나는 생태형 스포츠의 의미에 관한 이해를 바탕으로 생활 주변의 환경을 이용하여 활동하는 생활환경형, 자연환경과 상호작용하며 활동하는 자연환경형으로 구분하여 유형별 세부 특성을 파악하도록 한다.
- [6체02-08]은 생활환경형, 자연환경형 스포츠에서 기본 움직임 기술을 응용한 기본 기능을 효과적으로 활용하기 위해 설정하였다. 주변 생활환경에서 할 수 있는 골프형 게임, 디스크형 게임, 자전거 타기, 롤러스케이팅, 클라이밍 활동, 민속놀이 등과 자연환경에서 체험할 수 있는 등산 활동, 캠핑 활동, 수상 활동, 설상 활동 등 생태형 스포츠의 기본 기능을 익혀 주변의 다양한 활동 상황에 맞게 환경친화적으로 수행하도록 한다.
- [6체02-09]는 생활환경형, 자연환경형 스포츠의 활동 방법과 기본 전략을 활용하기 위해 설정하였다. 생활환경형, 자연환경형 스포츠를 변형한 게임이나 뉴스포츠 수준의 활동에 참여하며 활동 방법을 파악하고 스포츠 환경에 적합한 활동의 선정과 장비 사용, 안전하고 환경친화적인 활동과 정리 등 생태형 스포츠의 기본 활동 방법과 전략을 파악하고 수행하도록 한다.
- [6체02-10]은 스포츠 활동에 참여하며 목표 달성을 위한 의지와 상대 기술을 인정하는 태도를 기르기 위해 설정하였다. 스스로 목표를 설정하고 책임감 있게 꾸준히 실천하도록 하며, 함께 참여하는 상대 팀과 구성원의 우수한 기술을 인정하고 배우는 태도를 실천하도록 한다.
- [6체02-11]은 스포츠에 참여하며 팀원과 협력하고 구성원을 배려하는 태도를 기르기 위해 설정하였다. 민주적인 의사결정을 통해 역할을 분담하고 전략을 수립하는 등 팀원과의 협력을 강조하며, 기능 수행에 어려움을 겪는 학습자를 도와주

고 배려함으로써 팀의 활동 성과를 공유하도록 한다.

- [6체02-12]는 스포츠 활동 환경을 아끼고 감사하는 태도를 기르기 위해 설정하였다. 주변의 다양한 스포츠 시설 및 용·기구 현황을 탐색하고 이를 적극적으로 활용하면서 학교 및 지역사회가 제공하는 스포츠 복지의 중요성을 이해하도록 한다. 또한 스포츠 환경을 아끼고 보존함으로써 지속해서 혜택을 누릴 수 있다는 점에 감사함을 느낄 수 있도록 한다.

나) 성취기준 적용 시 고려 사항

- 5~6학년군 스포츠 영역에서는 3~4학년에서 학습한 스포츠와 움직임에 관한 지식, 기본 움직임 기술과 스포츠 유형별 기본 기능 및 태도를 바탕으로 기술형, 전략형, 생태형 스포츠의 의미와 유형, 기본 기능과 연계한 움직임 기술의 응용 방법과 기본 전략을 학습할 수 있도록 한다. 특히 스포츠 활동을 체험할 수 있는 주변 환경을 아끼는 태도와 목표 달성을 위한 의지를 발휘하며 경기 결과에 집착하지 않고 팀원과 협력하며 동료를 배려하는 태도를 꾸준히 실천할 수 있도록 교수·학습을 운영한다.
- 기술형 스포츠에서는 동작형, 기록형, 투기형 스포츠의 유형별 목표 달성에 효과적인 응용 기능, 활동 방법, 전략을 파악하고 시도하는 데 중점을 둔다. 기본 움직임 기술을 경기에서 활용할 수 있는 응용 기능으로 발전시켜 학습하면서 기록을 향상하거나, 동작의 정확성을 추구하며, 상대의 기술에 맞춰 상호작용하는 기술형 스포츠의 특징을 학습할 수 있는 변형게임이나 뉴스포츠 등의 활동을 선정하고 운영한다.
- 전략형 스포츠에서는 영역형, 필드형, 네트형 스포츠의 유형별로 개인 또는 팀의 전략을 겨루는 활동에 효과적인 응용 기능, 활동 방법, 전략을 파악하고 시도하는 데 중점을 둔다. 학습자가 활동 방법과 기본 전략을 협력적으로 수행하고 역할을 맡으며 민주적 의사결정 과정을 경험하도록 활동을 조직하고, 전략형 스포츠의 기본 전략을 학습할 수 있는 변형게임이나 뉴스포츠 등의 활동을 선정하고 운영한다.

- 생태형 스포츠에서는 자연환경형, 생활환경형 스포츠 유형별로 환경과 상호작용하며 즐길 수 있는 활동에 유용한 응용 기능, 활동 방법, 전략을 파악하고 시도하는 데 중점을 둔다. 단위 학교의 환경을 고려한 활동으로 재구성하여 직접 체험하거나 디지털 기술을 활용하여 다양한 활동을 간접적으로 체험할 수 있도록 한다. 또한 가족이나 친구들과 함께 학교 밖 여가활동으로 이어질 수 있는 실천 방법을 안내하고 주변 환경을 보호하는 활동(플로킹, 플로깅 등)을 병행하여 생태적 감수성을 높이도록 한다.
- 스포츠 영역에서는 교내외 체육 시설 이용에 따른 안전사고를 예방할 수 있도록 교수·학습을 운영한다.
- 5~6학년군 스포츠 영역에서는 기술형·전략형·생태형 스포츠의 의미와 유형, 활동 방법과 기본 전략에 관한 이해력, 스포츠 유형별 기본 기능의 습득을 위한 움직임 기술의 응용 방법과 활동 수행 능력, 목표 달성 과정에서 인내하고 팀원과 협력하며 상대를 배려하고 스포츠 환경을 아끼고 감사하는 태도를 균형 있게 평가한다.
- 기술형 스포츠에서는 학습자 수준별로 목표 달성 여부, 수행 과정에서의 변화 정도를 평가한다. 전략형 스포츠에서는 개인별 기본 움직임 기술의 응용 기능 및 전략 수행 능력과 함께 팀별 활동 수행 능력을 함께 평가한다. 생태형 스포츠에서는 생활 및 자연환경의 활용 능력뿐만 아니라 자연환경을 보호하기 위한 활동을 병행함으로써 스포츠 환경을 아끼고 감사하는 태도를 함께 평가한다.
- 5~6학년군의 스포츠 영역 지식에 관한 이해력은 자기 점검 및 경기 분석 보고서, 포트폴리오 등을 활용하고, 기본 움직임 기술을 응용한 게임의 기본 기능은 동작 분석용 애플리케이션 등 디지털 도구를 활용한 평가, 게임 수행 능력은 활동 중 기본 기능과 전략을 평가할 수 있는 체크리스트 등을 활용한다. 교육환경의 제약으로 생태형 스포츠를 학습하기 힘든 경우, 간접 체험 활동을 통해 평가할 수 있다.

3) 표현

[6체03-01] 표현 활동의 의미와 유형을 파악한다.
[6체03-02] 스포츠 표현에서 움직임 기술을 응용한 기본 동작을 파악하고 표현한다.
[6체03-03] 스포츠 표현의 기본 동작을 다양하게 구성하여 발표하고 감상한다.
[6체03-04] 전통 표현에서 움직임 기술을 응용한 기본 동작을 파악하고 표현한다.
[6체03-05] 전통 표현의 기본 동작을 다양하게 구성하여 발표하고 감상한다.
[6체03-06] 현대 표현에서 움직임 기술을 응용한 기본 동작을 파악하고 표현한다.
[6체03-07] 현대 표현의 기본 동작을 다양하게 구성하여 발표하고 감상한다.
[6체03-08] 다양한 표현 활동 유형을 수용하고, 움직임 표현의 아름다움을 추구한다.

가) 성취기준 해설

- [6체03-01]은 표현 활동 의미와 유형을 이해하기 위해 설정하였다. 스포츠에서 신체 움직임의 심미성을 다루는 스포츠 표현, 민족의 고유한 전통을 신체 움직임으로 표현한 전통 표현, 자유로운 형식으로 움직임을 표현하는 현대 표현의 유형별로 다양한 작품을 직·간접적으로 체험함으로써 기본 동작과 구성 방법의 공통점과 차이점을 중심으로 특징을 파악하도록 한다.
- [6체03-02]는 스포츠 표현의 기본 움직임 기술과 응용 동작을 탐색하고 심미적으로 표현하기 위해 설정하였다. 신체활동의 예술적 아름다움을 추구하는 스포츠 표현의 기본 동작에 적합한 움직임 기술의 응용 동작을 심미적으로 표현하도록 한다.
- [6체03-03]은 스포츠 표현에 적합한 움직임 기술의 응용 동작을 활용하여 작품을 구성하고 표현하기 위해 설정하였다. 스포츠 표현에 적합한 움직임 기술의 응용 동작을 창의적으로 구성하고, 개인 또는 모둠별로 간단한 작품을 만들어 발표하며 작품의 의도와 동작의 심미성을 감상하도록 한다.
- [6체03-04]는 우리나라와 세계 여러 민족과 지역에서 전해 내려오는 전통 표현에서 기본 움직임 기술을 응용한 동작의 문화적 특징을 파악하고 그 특성을 살려 표현하기 위해 설정하였다. 전통 표현의 기본 동작에 적합한 움직임 기술의 응용 동작을 문화적 특색이 드러나게 표현하도록 한다.
- [6체03-05]는 전통 표현에 적합한 움직임 기술의 응용 동작을 활용하여 작품을 구성하고 표현하기 위해 설정하였다. 다양한 전통 표현에 담긴 역사와 특성을

이해하고 전통 표현의 움직임 기술 응용 동작을 문화적 특성에 따라 구성한다. 개인 또는 모둠별로 간단한 작품을 만들어 발표하며 작품의 의도와 동작이 갖는 전통적 의미를 감상하도록 한다.

- [6체03-06]은 현대 표현에서 기본 움직임 기술을 응용한 동작의 자유로움이 갖는 특징을 파악하고 창의적으로 표현하기 위해 설정하였다. 기본 동작에 적합한 움직임 기술 응용 동작을 기존의 표현 방법이나 틀에 얽매이지 않고 자유롭고 창의적으로 표현하도록 한다.
- [6체03-07]은 현대 표현에 적합한 움직임 기술의 응용 동작을 활용하여 작품을 구성하고 표현하기 위해 설정하였다. 현대 표현에 적합한 움직임 기술의 응용 동작을 표현의 주제와 자유로운 흐름을 고려하여 구성한다. 개인 또는 모둠별로 간단한 작품을 만들어 발표하며 작품의 의도를 현대 사회의 문화적 특징과 비교하며 감상하도록 한다.
- [6체03-08]은 다양한 표현 활동 유형을 긍정적으로 수용하고 움직임 표현의 아름다움을 추구하도록 설정하였다. 다양한 표현 유형에 담긴 의미와 표현 특성을 직·간접적으로 탐색하며 표현 문화에 대한 이해의 폭을 확장하고 움직임 표현의 아름다움을 추구하도록 한다.

나) 성취기준 적용 시 고려 사항

- 5~6학년군 표현 영역에서는 3~4학년군에서 학습한 표현과 움직임에 관한 지식, 기본 움직임 기술과 표현 유형별 기본 움직임 기술 및 태도를 바탕으로 스포츠 표현, 전통 표현, 현대 표현의 의미와 유형, 기본 움직임 기술의 심미적 응용 동작과 구성 방법을 학습하도록 한다. 스포츠 표현, 전통 표현, 현대 표현의 유형별 다양한 사례를 직·간접적으로 체험함으로써 공통점과 차이점을 인식할 수 있도록 교수·학습을 운영한다.
- 스포츠 표현에서는 기술적 표현과 예술적 표현이 강조되는 활동을 중심으로 신체 활동을 선정하되 움직임이나 동작의 개수, 난이도를 고려하여 절차와 규칙을 간소화한 형식으로 활동을 구성한다. 전통 표현에서는 우리나라와 세계 여러 나라의 전통 표현을 체험함으로써 문화와 관련된 움직임 표현의 특성을 파악할 수 있도록 하며, 다양한 문화를 존중하고 수용하는 태도를 기를 수 있도록 한다.

현대 표현의 경우 최근의 문화적 변화를 반영한 다양한 표현 사례를 직·간접적으로 체험할 기회를 제공함으로써 표현 문화의 개인적, 사회적 가치를 인식하도록 하며, 창의적이고 자유로운 표현이 가능한 분위기를 조성한다.

- 표현 유형별 의미와 특징을 활동 과정에서 자연스럽게 이해할 수 있도록 하며, 언어와 이미지, 영상 등을 활용한다. 표현 유형별 움직임 기술의 응용 동작은 기본 및 복합 움직임 기술을 표현 유형별 동작에 맞게 연결하되, 다양한 표현 동작을 학습자 스스로 탐색할 수 있도록 한다. 모둠별 협력 수업을 통해 표현 동작을 공유하고 개선할 수 있도록 운영하고, 동작의 연결, 대형의 선택, 예술적 표현 방법 등 표현 동작과 구성 방법을 설계하며, 작품의 의도와 표현 동작의 심미적 특성을 고려하여 기본적인 감상이 이루어지도록 한다. 특히 모둠별 작품 구성 및 발표 과정에서 발생할 수 있는 안전사고를 예방할 수 있도록 교수·학습을 운영한다.
- 5~6학년군 표현 영역에서는 표현 유형에 따라 심미성을 추구하는 다양한 표현 방식을 존중하는 태도를 기를 수 있도록 한다. 이를 위해 세계 여러 나라의 전통 표현을 체험하면서 문화와 전통의 다양성을 존중하는 다문화 교육과 연계하여 운영할 수 있다.
- 5~6학년군 표현 영역에서는 표현 활동 유형별 움직임 기술의 공통점과 차이점에 관한 이해, 유형별 특성을 반영한 움직임 기술의 표현 능력, 작품을 구성하고 감상할 수 있는 능력, 다양한 표현 활동 유형을 수용하는 태도와 움직임 표현의 아름다움을 추구하는 태도를 균형 있게 평가한다.
- 스포츠 표현은 움직임 기술의 수행과 함께 심미적 표현 능력, 전통 표현에서는 표현에 담긴 문화적 특성을 이해하고 동작을 구성하여 발표하는 능력, 현대 표현에서는 타인의 작품을 공감하고 자신의 생각과 감정을 자유롭게 표현하며 감상하는 능력을 종합적으로 평가한다.
- 5~6학년군 표현 영역에서 표현 활동 유형별 의미와 특성에 관한 지식은 단순 지필평가보다는 유형별 표현 활동 과정에서의 이해력을 평가한다. 유형별 움직임 표현 능력은 표현 동작 평가, 관찰 평가, 동료 평가, 포트폴리오 평가 등을 활용하며, 유형별 특성이 잘 드러나도록 표현 방법의 선택, 수행, 구성 및 감상의 과정을 종합적으로 평가한다. 가치·태도에 관한 평가는 다양한 표현 활동 유형을 수용

하고 표현 유형별 움직임의 아름다움을 추구하는 태도를 확인할 수 있는 관찰 평가, 개인일지, 감상문 등의 평가 방법을 활용한다.

〈표 4-3〉 초등학교 5~6학년군의 신체활동 예시

영역	세부 영역	신체활동 예시
운동	건강 체력 및 운동 체력	• 건강체력 관련 운동(근력, 근지구력, 심폐지구력, 유연성 운동 등) • 운동체력 관련 운동(순발력, 민첩성, 평형성, 협응성 운동 등)
	성장 및 안전 활동	• 성장 관련 활동(신체 변화 및 제2차 성징 이해 활동, 감정 수용 및 조절 활동, 관계 형성 활동, 성 건강 활동 등) • 안전 활동(운동 관련 안전사고 예방 및 대처 활동, 생활 안전사고 예방 및 대처 활동, 자연환경 변화 대처 활동 등)
스포츠	기술형 스포츠 유형별 활동	• 기록형(육상 활동, 경영 활동, 빙상 활동, 표적 활동 등) • 동작형(매트 활동, 뜀틀 활동, 평균대 활동 등) • 투기형(태권도 활동, 씨름 활동 등)
	전략형 스포츠 유형별 활동	• 영역형(축구형 게임, 농구형 게임, 핸드볼형 게임, 럭비형 게임, 하키형 게임 등) • 필드형(야구형 게임 등) • 네트형(배구형 게임, 배드민턴형 게임, 족구형 게임, 탁구형 게임, 테니스형 게임 등)
	생태형 스포츠 유형별 활동	• 생활환경형(골프형 활동, 플라잉디스크형 활동, 자전거타기형 활동, 인라인스케이팅 활동, 스포츠클라이밍 활동, 민속놀이 등) • 자연환경형(오리엔티어링, 등산 활동, 캠핑 활동, 수상 활동, 설상 활동, 승마 활동 등)
표현	스포츠 표현 활동	• 창작체조 활동, 음악줄넘기 활동 등
	전통 표현 활동	• 우리나라의 민속무용 활동, 외국의 민속무용 활동 등
	현대 표현 활동	• 라인댄스 활동, 댄스스포츠 활동, 스트리트댄스 활동 등

4. 교수 · 학습 및 평가

가. 교수 · 학습

1) 교수 · 학습의 방향

가) 신체활동 역량 함양을 위한 교수 · 학습

신체활동 역량의 함양을 위해 영역별 내용 요소를 깊이 있게 경험할 수 있는 다양한 수업 주제와 교수·학습 활동을 선정하고 지도한다. 신체활동을 위한 학습을 통해 신체활동 형식의 움직임 기술, 방법 등을 습득하며 신체활동을 효율적, 심미적으로 수행하고, 신체활동에 관한 학습을 통해 신체활동에 관한 이론적, 경험적 지식을 이해하고 안목을 기르며, 신체활동을 통한 학습에서 자신의 신체활동 경험을 성찰하며 사회 속에서 자신과 타인의 관계를 인식함으로써 신체활동의 의미 있는 가치와 태도를 함양하도록 한다.

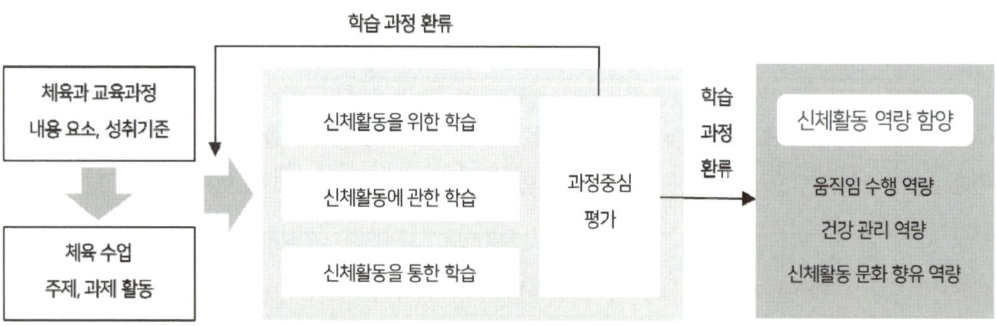

[그림 4-1] 신체활동 역량 함양을 위한 교수 · 학습

나) 움직임의 체계적 발달을 위한 교수 · 학습

움직임 수행 역량은 신체활동 역량의 핵심으로, 움직임의 개념적 요소와 기술, 전략을 체계적으로 학습함으로써 발달한다. 이를 위해 움직임 요소를 이해하고, 움직임의 원리를 기술 수행에 적용하여, 다양한 신체활동 상황에서 효과적인 의사결정과 전략을 발휘할 수 있도록 지도한다. 특히 움직임의 지식·이해, 과정·기능, 가치·태도를 학년군에 따라 계열적으로 학습하도록 신체활동의 상황과 조건을 발달 단계에 적합하게 조직하고 지도한다.

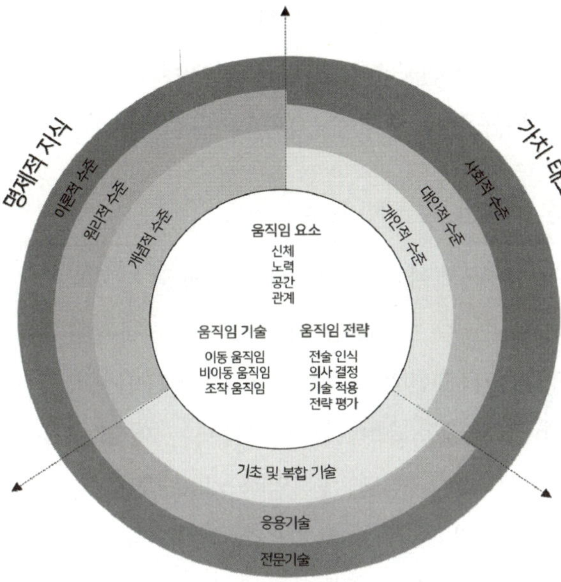

[그림 4-2] 움직임의 체계적 발달을 위한 교수 · 학습

다) 자기 주도적 학습을 위한 맞춤형 교수 · 학습

학습자의 자기 주도적 학습을 촉진하기 위해서는 교사에 의해 안내된 학습과 학습자가 직접 설계한 학습을 병행하여 맞춤형 교수·학습이 이루어지도록 한다. 이를 위해 학습자가 스스로 학습 내용을 파악하고, 주어진 과제를 적극적으로 해결할 수 있도록 교수·학습 환경을 조성하며, 학습자의 관심과 특성을 고려한 수준별 과제 제시, 자신감을 높여주는 동기 유발 전략 등을 마련한다. 학습자 스스로 문제를 해결하기 위한 탐구적 교수·학습 자료를 제공하고 신체활동의 적극적인 연습과 교정이 이루어질 수 있도록 학습 과제, 시설 및 기자재를 안전하고 효율적으로 조직한다. 또한 영역과 활동의 특성을 고려하여 적합한 수업 모형 및 전략을 선정하거나 이를 창의적으로 변형함으로써 교수·학습의 타당성을 높인다.

라) 신체활동의 시간적 · 공간적 확장을 위한 교수 · 학습

체육과 학습을 통해 습득한 신체활동의 지식, 기능, 태도는 생애 전반에 걸쳐 건강하고 행복한 삶의 토대가 된다. 따라서 학습자가 학습한 내용을 학교뿐만 아니라 가정 및 집 주변, 지역사회에서 실천할 수 있도록 자율성과 실천력을 길러주고, 교·내외 체육대회, 학교스포츠클럽 활동, 자율 체육 활동에 적극적으로 참여할 수 있도록 지도한다. 또한 학습자가 해당 학년군뿐만 아니라 생애주기별로 지속해서 신체활동에 참여하며 다양한 문화적 삶을 향유할 수 있도록 안내한다.

마) 디지털 기술을 활용한 효율적 교수・학습

체육수업에서 디지털 도구, 매체, 소프트웨어, 영상 자료 등의 기술은 교수・학습 및 평가에 긍정적으로 활용될 수 있다. 예를 들어, 신체활동 모니터 도구로 수집된 신체 활동 정보는 학습자가 자신의 신체활동 수준을 확인하고, 운동 계획을 수립하는 데 활용될 수 있으며, 신체활동 참여 동기를 높이는 데 도움을 줄 수 있다. 모바일 기기의 동작 인식 프로그램은 다양한 움직임과 기능 관련 피드백을 효과적으로 제공할 수 있다. 또한 엑서게이밍(exergaming)과 같이 가상현실, 증강현실, 인공지능 기반의 실감형 콘텐츠를 활용한 학습은 학교에서 학습하기 어려운 신체활동 체험을 가능하게 하거나 체험의 질을 확장시켜 줄 수 있다. 특히 디지털 기술은 체육수업 외의 신체활동 관리에 효과적으로 활용될 수 있다. 학습자는 디지털 매체로 전달된 과제를 시・공간의 제약에서 벗어나 확인할 수 있고, 교사는 학습자의 활동 결과를 실시간으로 모니터링하고 피드백할 수 있다. 따라서 학습 과정에서 온・오프라인을 연계하거나 디지털 기술을 활용함으로써 학습자의 신체활동 참여를 촉진하고 효율적인 학습 자료 관리가 이루어지도록 지도한다.

바) 창의성과 인성 함양을 위한 통합적 교수・학습

체육과에서는 학습자의 창의성과 인성 함양을 위해 두 가지 측면으로 통합적 교수・학습 활동을 제공한다. 첫째, 학습자가 영역별 내용을 깊이 있게 학습할 수 있도록 직접 체험 활동과 함께 간접 체험 활동을 제공하도록 한다. 즉 신체활동의 직접 체험뿐만 아니라 신체활동과 관련된 다양한 문화 자원을 탐색함으로써 새롭고 창의적인 신체활동을 체험하고, 바람직한 삶의 가치를 느끼고 성찰할 수 있도록 한다. 둘째, 타 교과 및 범교과 학습 주제, 예를 들어 문학 및 예술적 감수성, 과학 및 수학적 분석력, 인성 및 민주시민 의식, 생태전환과 지속 가능한 발전 등의 주제를 체육과 학습 내용과 융합하여 학습함으로써 학습자가 체육과의 학습 내용을 다양한 분야와 연계하여 비판적으로 사고하고, 바람직한 가치 판단과 공동체의 삶의 방식을 폭넓게 수용하고 실천할 수 있도록 지도한다.

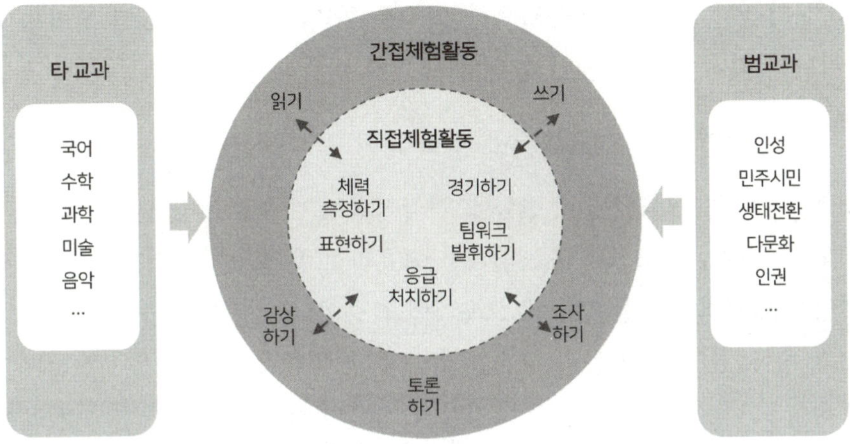

[그림 4-3] 창의성과 인성 함양을 위한 통합적 교수・학습

2) 교수・학습 방법

가) 교육과정의 운영

① 학년군 단위 교육과정의 운영

단위 학교에서는 해당 학년군의 교육과정에서 제시한 모든 영역을 성취기준에 맞게 반드시 지도한다. 체육과의 학습 내용은 학년군 단위로 계획하여 구성하되, 운동, 스포츠, 표현 영역별 학습 내용은 학년별 수준을 고려하여 단위 학교에서 자율적으로 재편성할 수 있다. 이를 위해 학년 또는 체육 교과 협의회를 통해 학년군 단위 지도 계획을 수립하고 매년 연계하여 운영한다. 해당 학년군에서 제시된 모든 성취기준이 학습될 수 있도록 해야 하며, 학년별로 영역의 중복 학습이 이루어지지 않도록 한다.

② 연간 교육과정 운영

학기 초 단위 학교의 연간 학사 일정을 바탕으로 교내・외 체육 대회, 현장 학습 등의 학교 행사를 사전에 확인하여 수업 가능 일수와 시간을 파악하고, 실제 수업 시수를 바탕으로 수업 활동을 계획한다. 다양한 신체활동 형식의 학습 기회를 보장하기 위해 특정 영역의 내용에 편중되지 않도록 연간 교육 계획을 수립하고 시수를 배정한다. 내용 영역을 통합하여 계획을 수립할 경우, 각 영역의 내용 요소를 누락하지 않아야 하며 영역 설정의 취지를 벗어나지 않는 범위 내에서 통합할 수 있다. 체력 운동 등 장기간의 학습 활동이 필요한 영역은 학기 초와 학기 말에 영역을 나누어 편성하거나 학기 중 주당 1시간을 해당 영역에 편성하는 등 융통성 있게 운영한다.

③ 온・오프라인 연계 교육과정의 운영

단위 학교에서는 교육환경의 변화에 적극적으로 대응하고 학교 안팎의 신체활동 학습 지원을 위해 온・오프라인을 연계한 교육과정 운영을 적극적으로 고려한다. 교사는 다양한 디지털 매체를 활용해 오프라인 학습의 시・공간적 한계를 넘어, 학습자의 흥미와 체력, 환경 특성 등을 고려한 온라인 과제 활동을 제공하고, 학습자 스스로 학습 과정을 모니터링하여 학습에 책임감 있게 참여하도록 지원한다. 오프라인 학습에서는 온라인 학습 내용과의 연계를 통해 학습 활동을 심화하고 교사와 학습자, 학습자와 학습자 간 상호작용이 충분히 이루어지도록 운영한다.

나) 단원의 운영

① 영역의 특성을 고려한 단원 목표와 학습 활동의 선정

영역별 신체활동은 학년군별 내용 요소와 성취기준에 적합하게 선정한다. 단, 학교 여건 및 학습자 수준에 따라 다른 학년군의 신체활동을 선택할 수 있다. 예를 들어, 영역형 경쟁 단원에서 경기 시설 부재 또는 학생 수 부족 등으로 인해 정식 농구 수업이 어려운 경우, 농구형 게임(넷볼, 3대3 농구 등)을 선택하거나 경기를 변형하여 운영할 수 있다. 또한 같은 신체활동이라도 영역의 특성과 성취기준에 따라 학습 목표, 학습 내용 및 방법을 다르게 설정하도록 한다. 예를 들어, 기술형 스포츠 영역에서의 달리기는 건강 활동을 위한 달리기와는 다르게 기록 향상을 위한 트레이닝과 경기 수행을 위한 단계별 기능 및 기록 분석, 경기 전략이 강조되도록 한다.

② 학습자 수준을 고려한 교수・학습 활동의 다양화

학습자의 사전 학습 경험과 특성 등을 고려하여 학습자 수준에 맞는 교수・학습 활동을 계획하고 운영한다. 학습자의 사전 학습 경험은 수업 내용과 직・간접적으로 관련되는 신체활동의 경험뿐만 아니라 지적, 정서적 경험을 포함한다. 교사는 교수・

학습 운영을 계획할 때 체력, 운동 기능, 신체 특성, 문화적 배경 등 학습자의 수준과 사전 학습 경험을 파악하여 평등한 학습 기회를 보장받도록 한다.

③ 체육 시설 및 교육환경을 고려한 교수・학습

수업에 필요한 시설과 용・기구의 수요를 파악하여 교수・학습 운영에 적합한 환경을 구축해야 한다. 시설 및 용・기구가 부족한 경우, 교육과정의 성취기준과 동일한 교육적 가치와 효과를 가져올 수 있는 용・기구로 대체 또는 보완할 수 있으며, 이를 위해 주변 학교, 지역사회 시설을 이용하는 등의 대안을 마련한다. 이때 교육적 효과와 안전을 충분히 고려하고 학교 및 지역사회 시설 환경에 대한 존중과 생태적 가치를 실천하도록 한다.

④ 차시별 수업 내용의 엄선과 위계적 조직

단원의 차시별 수업 내용은 영역별 내용 요소와 성취기준에 근거하여 선정하고, 해당 학년군 수준에 적합하게 조직한다. 이를 위해 신체활동의 유형과 종목(활동)이 영역의 성취기준 달성에 필요한 충분한 지식과 활동 내용을 제공할 수 있는지를 고려한다. 또한 차시별 수업 목표와 학습 내용을 교수・학습의 원리에 맞게 조직하기 위해 내용 요소와 학습 과제를 절차적, 위계적으로 분석하도록 한다.

다) 수업의 운영

① 학습 활동의 재구성

영역의 특성과 성취기준을 준수하되, 단위 학교별 학습자의 특성 및 학습 환경을 고려하여 학습 활동을 재구성할 수 있다. 예를 들어, 경기장의 형태와 용・기구, 참여 인원과 조직, 경기 규칙 및 방법 등을 변형하여 학습 활동을 유연하게 조직할 수 있다. 학습 활동의 재구성 시 학습자의 의견을 적극적으로 수렴함으로써 참여 동기와 학습 활동에 대한 이해도를 높일 수 있다. 단, 목표 도달의 효과성과 안전성을 충분히 고려하여 학습 활동을 재구성한다.

② 학습 기회의 형평성 제고

모든 학습자에게 자기 수준에 맞는 평등한 학습 기회를 제공한다. 평등한 학습 기회는 모든 학습자에게 같은 학습 내용과 방법을 제공하는 것이 아니라, 학습자의 특성과 상황을 고려한 학습 과제를 제공함으로써 학습의 과정과 결과에서 모두 학습자가 목표를 성취하도록 지원하는 것이다. 특히, 체력, 운동 기능, 신체 특성, 문화적 차이로 인해 과제 참여가 제한되지 않도록 해야 한다. 예를 들어, 규칙과 방법을 변형하여 체력 및 운동 기능 수준별로 과제를 다양화하고 장애 유무, 문화의 특수성을 고려하여 시설 및 용・기구를 지원하는 등 개별 특성에 맞는 활동 과제와 환경을 제공한다. 또한 학습 활동에서 다양한 역할을 제시하여 활동에 적극적으로 참여할 수 있게 함으로써 수업에 소외되는 학습자가 없도록 한다.

③ 학습자의 효율적 관리와 안전한 수업 분위기 조성

학년 또는 학기 초에 수업 규칙을 수립하고 일관성 있게 적용함으로써 학습자를 효율적으로 관리하고 부적절한 행동을 예방한다. 또한 안전사고를 예방하기 위해 안전 수칙과 절차를 마련하고 이를 학습자가 숙지하도록 한다. 신체활동의 특성을 고려한 준비 운동 및 정리 운동을 하고, 수업 전・후 체육 시설 및 장비 점검을 통해 안전사고를 예방한다. 또한 과도한 성취 욕구와 경쟁심으로 인해 운동 손상이나 안전사고가 발생하지 않도록 하며, 수업 과정에서 구성원을 상호 존중하고, 긍정적인 관계를 형성할 수 있도록 한다.

나. 평가

1) 평가의 방향

가) 신체활동 역량 함양을 위한 종합적 평가

신체활동 역량은 지식, 기능, 태도를 포괄하는 총체적 능력이며, 일상생활과 여가활동 등 삶의 다양한 맥락과 밀접하게 관련되어 있다. 따라서 학습의 결과로서 습득한 지식과 기능 그리고 내면화된 가치와 더불어, 학습의 과정에서 나타나는 지식의 이해 양상과 수행 과정, 학습 태도에 관한 능력을 종합적으로 평가할 수 있도록 수행 중심의 평가를 활용한다. 이를 위해 첫째, 평가 내용 측면에서는 내용 영역(운동, 스포츠, 표현)과 범주(지식・이해, 과정・기능, 가치・태도)에 따라 분류된 내용 요소를 균형 있게 평가한다. 둘째, 평가 방법 측면에서는 학습의 결과와 과정을 평가할 수 있도록 실제 맥락에서의 수행 능력을 평가한다. 셋째, 평가 도구 측면에서는 신체활동 역량의 성취 정도를 직·간접적으로 파악하고, 특히 인지적, 정의적 영역의 경우 서술형, 논술형, 보고서 등의 평가 도구를 다양하게 활용한다.

나) 학습자의 성장 과정을 반영한 다양한 평가

학습자는 신체활동을 통해 체형, 체력, 운동 기능, 인성, 개념 등 다양한 측면으로 성장할 수 있다. 따라서 교사는 학습자의 성장을 다면적으로 평가해야 한다. 첫째, 학습 경험을 수업 전, 중, 후로 평가하여 학습자의 학습 과정을 지원한다. 일회성 평가를 지양하고, 교육의 목표와 내용, 교수·학습 및 평가의 일관성을 고려하여 학습 과정을 지속해서 평가함으로써 학습 결과뿐만 아니라 학습 과정에서 나타나는 학습자의 변화를 학습 활동 및 개선 자료로 활용한다. 둘째, 학습자의 성취수준은 교사뿐만 아니라 동료 학습자, 학습자 자신 등 다양한 주체가 평가하도록 한다. 셋째, 체육수업은 인지적, 심동적, 정의적 학습 맥락에서 이루어지기 때문에, 각 학습 맥락에서 나타나는 학습자 경험을 다양한 평가 방법 및 도구를 활용하여 평가하도록 한다. 이때, 다양한 디지털 매체를 활용하여 학습자가 자신의 학습 경험을 기록하고, 체계적으로 관리하도록 한다.

다) 학습자의 수준을 고려한 맞춤형 평가

학습자의 신체활동에 대한 흥미와 동기, 체력, 기능 등의 수준을 고려하여 교사는 단원이나 수업의 출발점 단계에서 학습자 수준을 파악하고 이를 학습의 과정과 결과에 반영함으로써 학습자 수준을 고려한 맞춤형 평가를 시행한다. 즉 학습자의 출발점 수준에 따라 학습 과정을 체계적으로 관찰하고, 개인별 수준을 고려하여 학습을 통해 도달해야 하는 성취기준을 융통성 있게 설정할 수 있다. 학습자는 맞춤형 평가를 통해 자기 수준에 적합한 다양하고 구체적인 피드백을 제공받을 수 있으며, 자신의 성취수준을 파악함으로써 학습에 대한 흥미와 동기를 유지할 수 있다.

2) 평가 방법

가) 평가 내용 선정

① 평가 범위는 교수・학습 활동을 통해 지도된 전 영역을 대상으로 하되, 내용 영역에 따라 평가 비중을 달리할 수 있다. 단, 평가 내용의 균형성을 고려하여 특정 영역에 편중되지 않도록 한다.

② 평가 내용에는 수업 목표와 학습 내용에 제시된 지식・이해, 과정・기능, 가치・태도 요소를 균형 있게 포함한다.

③ 평가의 주체를 고려하여 평가 내용을 선정한다. 동료 또는 자기 평가와 같이 학습자가 주체가 된 평가를 할 경우, 평가의 목적에 부합하도록 평가 내용을 선별하고 구체적인 성취수준을 제공한다.

나) 성취기준 및 성취수준 선정

① 평가를 위한 성취기준과 성취수준은 교육과정 성취기준, 단위 학교 수업 내용 등을 고려하여 선정한다.

② 평가를 위한 성취기준 선정 시 교수・학습의 내용과 방법 등을 고려하여 영역별 성취기준을 나누거나 통합할 수 있다. 단, 성취기준을 나누거나 통합할 경우, 내용 영역별 성취기준이 누락되지 않도록 한다.

③ 성취수준은 점수화 및 등급화를 위한 기능의 단순 분류나 기록의 명시보다는 영역별 내용 요소에 따른 기능의 도달 정도를 구체적인 행동 수준으로 진술하고, 평가 등급(단계) 또한 양적 요소와 질적 요소를 모두 포함하여 수준에 맞게 진술한다.

다) 평가 방법 및 도구의 선정

① 학습 목표 및 평가 목적에 적합하게 평가 방법을 선정한다. 다양한 평가 방법의 특징과 장・단점을 파악한 후 학습자의 특성과 수준을 고려하고, 평가 목적(학습의 과정 또는 결과에 대한 평가, 학습자의 학습 성취도 파악, 교수・학습 과정의 개선 등)을 고려하여 가장 적합한 평가 방법을 선정한다.

② 체육과 평가에서 활용되는 기존 평가 도구를 사용하거나 평가 내용에 적합한 도구를 개발하여 사용할 수 있다. 평가 도구의 선정 또는 개발 시 평가의 목적이나 내용에 대한 타당도 및 신뢰도를 면밀하게 검토하며, 디지털 도구를 활용할 경우, 학습자의 도구 접근성이나 활용도 등을 고려한다. 또한 평가의 효용성을 높이기 위해 평가 대상, 평가 시기, 평가 장소, 채점 방식, 시설 및 장비, 평가 인원 등을 고려한다.

③ 모둠별 학습 활동의 경우, 개별 학습자의 역할이나 노력, 기여 정도를 평가할 수 있는 방안을 마련한다. 과제 수행의 계획 단계부터 구성원이 맡은 역할을 책임 있게 수행하도록 역할 분담과 참여 방법, 시기와 절차를 명확히 제시하며, 개인별 과제 기여도를 타당하게 평가할 수 있도록, 교사의 관찰 평가와 더불어 자기 평가와 동료 평가를 병행하여 실시한다.

라) 평가 결과의 활용

① 평가 결과는 교수·학습을 수정하고 보완하는 데 활용한다. 개별 평가 자료는 학습 과제의 수준과 활동 방법을 수정하기 위한 기초 자료로 활용하며 전체 평가 결과의 특징을 분석하여 교수·학습 방법 전반을 개선하는 데 활용한다.

② 평가 결과의 활용성을 높이기 위해 학습자와 학부모가 쉽게 이해하도록 평가 결과를 재구성하여 안내한다. 이를 통해 학습자는 생활 속에서 학습 주제와 관련된 신체활동 수행 계획을 스스로 수립하고 지속해서 실천할 수 있다.

③ 디지털 기술은 평가 결과의 누가 기록 및 체계적인 관리, 결과 분석에 활용될 수 있다. 학습자 스스로 디지털 도구를 활용하여 개인별 학습 과정과 평가 결과를 누가 기록하고 이를 활용함으로써 자신의 건강 관리, 진로 진학, 여가 활용 등과 연계하여 체계적인 신체활동 계획을 수립하고 실천하기 위한 기초 자료로 활용할 수 있다.

[체육과 교육과정 용어]

건강 체력: 건강을 증진하고 신체활동을 효율적으로 수행하는 데 필요한 체력의 종류로 심폐지구력, 근력, 근지구력, 유연성, 신체 조성 등의 요소로 구성됨.

건강 활동: 신체적, 정신적, 사회적 건강을 증진하기 위한 활동으로 목적과 대상에 따른 운동(신체 건강 운동, 정신 건강 운동, 건강한 사회와 안전을 위한 운동 등)과 건강 관리 활동(생활 안전 관리, 질병 관리, 영양 관리, 약물 및 기호품 관리, 체형 및 체질 건강 관리)으로 구분됨.

경기 기능: 정식 스포츠 경기에서 요구되는 기능으로, 경기 규칙, 방법, 전략에 따라 발휘됨.

경기 수행 능력: 스포츠 게임 또는 경기에서 기능, 전술 및 전략 등을 상황에 맞게 수행할 수 있는 능력

경기(게임) 전략: 공격이나 수비 등의 다양한 전술을 비롯해 경기(게임) 목적을 달성하기 위해 수립하는 전반적인 경기(게임) 운영 방법

경기(게임) 전술: 경기(게임) 중 즉각적인 목표를 수행하거나 특정 상황을 해결하기 위해 개인 또는 팀이 내리는 대응 방법

기록형 스포츠: 속도(speed), 거리(distance), 정확성(accuracy)을 기준으로 수립한 기록에 도전하는 스포츠 활동

기본 기능: 스포츠 경기와 활동에 참여하기 위해 기본적으로 요구되는 기능으로 축구나 농구의 패스하기, 기계체조 마루 종목의 손 짚고 앞구르기 등이 해당함.

기본 움직임 기술(fundamental movement skills): 모든 신체활동의 바탕이 되는 움직임 기술로, 비이동 기술(뻗기, 굽히기, 균형 잡기 등), 이동 기술(걷기, 뛰기 등), 조작 기술(던지기, 치기, 차기 등)로 분류됨.

기술형 스포츠(skills-based sports): 참여자 개인의 기술 수행 능력에 따라 경기의 승패가 좌우되는 스포츠 활동으로, 기술 수행(혹은 도전)의 목표에 따라 동작형, 기록형, 투기형 스포츠 유형으로 구분됨.

네트형 스포츠: 네트를 사이에 두고 서로 공이나 콕을 주고받는 스포츠 활동으로, 상대 영역으로 보낸 공이나 콕을 받아넘기지 못할 때 득점이 됨. 상대(팀)와 신체적 접촉이 없다는 특성이 있으며, 배구, 탁구, 배드민턴, 테니스 등이 해당함.

도구 표현: 기본 움직임 기술을 도구의 종류(줄, 공, 천, 훌라후프 등)와 특성(모양, 움직임 등)에 맞게 표현하는 활동

동작형 스포츠: 맨몸 혹은 기구 등을 활용해 신체가 이루어낼 수 있는 최고의 동작을 추구하며 동작의 완성도를 겨루는 스포츠 활동으로, 대표적으로 기계체조(마루, 평균대, 철봉, 도마 등)가 해당함.

리듬 표현: 기본 움직임 기술을 리듬의 요소, 즉 박자(time), 강약(accent), 빠르기(tempo), 패턴(pattern)에 맞게 표현하는 활동

모방 표현: 기본 움직임 기술을 활용하여 사물, 인물, 자연 현상 등을 모방하여 표현하는 활동

변형 게임(활동)(modified game): 정식 경기의 경기장, 인원수 등의 물리적 환경, 전술적 상황, 경쟁적 요소 축소 등의 심리적 환경 등을 교육이나 훈련의 목적으로 변형한 게임(활동)

복합 기술(combination skills): 기초 기술이 결합된 기능으로, 드리블하며 패스하기, 방향 전환하여 구르기(앞구르기 후 물구나무서기) 등이 해당함.

생태형 스포츠(ecological sports): 생활 주변이나 자연환경 등 다양한 환경적 맥락 속에서 인간과 환경과의 상호작용 및 생태적 결합을 추구하는 스포츠 활동으로, 활동 공간에 따라 생활환경형, 자연환경형 스포츠 유형으로 구분됨.

생활환경형 스포츠: 공원, 공터, 도로, 주변 실내 공간 등과 같이 일상생활 공간에서

체험할 수 있는 스포츠 활동으로, 볼링, 인라인 스케이팅, 사이클링, 스포츠클라이밍, 플라잉디스크 등이 해당함.

수행 원리: 신체활동 종목별 기본 기능과 경기 기능을 효율적이고 효과적으로 수행하는 데 작용하는 원리로, 특정 기능 수행에 필요한 인지적, 심동적, 정의적 측면의 내용으로 구성됨. 예를 들어, 축구 패스하기의 수행 원리는 전술적 이해 등의 인지적 측면, 자세나 균형 유지, 공을 차는 발의 면과 임팩트 지점, 차는 발의 스윙 등의 심동적 측면, 자신감이나 협력 등의 정의적 측면으로 설정될 수 있으며, 기능의 특성에 따라 심미적 측면이 추가될 수 있음. 단, 기능이 심화하면서 수행 원리의 초점(기초 기술: 동작 수행 초점, 복합 기술: 기초 기술의 연결 초점, 응용 기술: 전술이나 전략 등의 상황적 맥락에 초점 등)이 달라질 수 있으며, 고등학교에서는 학문적으로 검증되어 통용되는 인문사회적, 자연과학적, 예술적 이론으로 원리를 구성함.

스포츠(sports): 기술, 규칙, 경쟁적 특성을 바탕으로 제도화되고 조직화된 신체활동과 다양한 환경과의 상호작용을 통해 생태적 결합을 추구하는 신체활동을 포괄하는 형식

스포츠 정신(sportsmanship 또는 sports-personship): 스포츠에 참여하는 사람이 지녀야 하는 올바르고 이상적인 덕목이자 마음가짐

스포츠 표현: 스포츠에서 예술적 아름다움을 추구하는 표현 활동으로, 스포츠에 존재하는 움직임의 원리와 예술성 등을 적용하고 창의적으로 표현하는 활동 유형이며, 창작체조, 리듬체조, 음악줄넘기, 피겨스케이팅 등이 해당함.

신체활동(physical activity): 놀이, 게임, 운동, 스포츠, 표현 등의 맥락에서 계획적, 의도적으로 수행되는 움직임으로, 신체 능력과 건강을 증진하고, 다양한 기술과 전략을 바탕으로 타인 및 환경과 상호작용하며 도전, 경쟁, 표현하는 과정에서 형성된 삶의 양식을 의미함.

신체활동 문화(physical activity culture): 제도화된 신체활동의 역사와 정신, 지식과 수행 방법 등 신체활동과 관련된 생활 양식을 총체적으로 일컫는 용어

신체활동 역량(physical activity competency): 신체활동과 관련된 지식, 기능, 태도의 총체로서, 신체활동에 참여할 수 있는 역량이자 신체활동 참여를 통해 길러질 수 있는 역량을 포괄함.

신체활동 형식(forms of physical activity): 신체활동을 참여 목적이나 방식 등에 따라 가장 상위 수준에서 분류한 개념으로, 기본 움직임(fundamental movements), 놀이(play), 운동(exercise), 스포츠(sport), 표현(dance), 무예(martial arts), 여가활동(leisure) 등으로 분류됨.

영역형 스포츠: 상대 영역으로 이동하여 정해진 지점에 공을 보내 득점하는 스포츠 활동으로, 상대 팀의 영역을 침범하기 위해 상호 경쟁하는 특성을 보이며, 축구, 농구, 핸드볼, 럭비, 하키 등이 해당함.

운동(exercise): 체력과 기능 향상, 건강 증진을 목적으로 행해지는 신체활동 형식

운동 처방(exercise prescription): 과학적인 검사를 통해서 개인의 건강 상태와 체력 수준에 맞는 운동을 선택하여 운동 시간, 운동 빈도, 운동 강도, 운동 기간 등을 적용하는 행위

운동 체력: 운동을 효율적으로 수행하는 데 기초가 되는 체력의 종류로서, 순발력, 협응성, 민첩성 등의 요소로 구성됨.

움직임 요소(movement concepts): 인간의 움직임을 구성하는 신체(body), 공간(space), 노력(effort), 관계(relationship) 요소를 의미함. 인간의 모든 움직임은 어떤 신체 부위를 움직일 것인가(신체), 어디로 움직일 것인가(공간), 어떻게 움직일 것인가(노력), 환경이나 도구, 다른 사람과 어떤 관계를 맺고 움직일 것인가(관계)와 같은 요소의 결합으로 분화되고 다양해짐.

응용 기술(skills in contexts): 특정 신체활동 종목의 전술적 혹은 전략적 상황에 맞게 기초 및 복합 기술을 다양하게 적용할 수 있는 기능으로, 공격 기회를 만드는 공간 패스 혹은 드리블, 주자를 다음 누(base)에 보내기 위한 배팅 등이 해당함.

자연환경형 스포츠: 일상생활 공간을 벗어나 자연환경 속에서 체험할 수 있는 스포츠

활동으로, 골프, 등반, 카약, 래프팅, 스키, 승마 등이 해당함.

전략형 스포츠(strategies-based sports): 경기 기능뿐만 아니라 경기 전략이 승패에 주된 영향을 미치는 스포츠 활동으로, 전략적 특성에 따라 영역형, 필드형, 네트형 스포츠 유형으로 구분됨.

전문 기술(specialized skills): 정식 경기의 전술적 혹은 전략적 상황에 맞게 응용 기능을 수행할 수 있는 기능으로, 정식 축구 경기나 농구 경기 등에서 응용 기능을 수행할 수 있는 능력을 의미함.

전통 표현(traditional expression): 민족의 고유한 전통을 신체 움직임으로 표현하는 활동으로, 우리나라 또는 외국의 민속무용에서 나타나는 전형적이고 예술적인 표현 동작 또는 유형을 의미하며, 민속무용(탈춤, 부채춤, 플라멩코 등), 궁중무용(춘앵무, 향발무, 발레 등)이 해당함.

정식 경기(full game): 국내외 각 종목별 공인 기관에서 공식화한 경기 방법, 규칙 등을 따르는 경기

체력 운동: 신체적성(physical fitness)과 이를 통한 신체 수행(physical performance) 능력을 향상하기 위해 수행하는 운동

추상 표현: 기본 움직임 기술을 활용하여 느낌, 생각 등을 독창적으로 표현하는 활동

투기형 스포츠: 여러 가지 공격과 방어 기술들을 주고받으면서 상대방의 신체적 기량에 맞서는 스포츠 활동으로, 유술형, 타격형, 혼합형 스포츠 등으로 구분됨.

표현(expression): 생각과 감정을 다양한 동작으로 나타내는 신체활동 형식

표현 방법: 움직임의 기술, 요소를 바탕으로 다양한 동작을 아름답게 나타내는 방법으로, 모방 표현, 추상 표현, 리듬 표현, 도구 표현 등이 포함됨.

표현 요소: 표현(활동) 작품에서 요구되는 주제, 동작, 구성, 음악, 의상 등의 표현적 특성을 드러내는 요소

표현(활동) 유형: 유사한 형태로 이루어진 표현 형식의 세부 활동을 묶은 것으로, 스포츠 표현, 전통 표현, 현대 표현으로 구분됨.

표현 원리: 움직임을 창의적이고 아름답게 표현하는 데 작용하는 원리로, 특정 표현 활동을 수행하는 데 필요한 인지적, 심동적, 정의적 측면의 내용으로 구성됨.

필드형 스포츠: 동일 공간에서 공격과 수비를 번갈아 하며 정해진 구역(혹은 누)을 돌아 점수를 얻는 스포츠 활동으로, 야구, 소프트볼 등이 해당함.

현대 표현: 전통적이고 형식적인 표현 방식에서 벗어나 자유롭고 개성 있는 신체 움직임으로 표현하는 활동으로, 현대무용, 댄스스포츠, 스트리트댄스 등이 해당함.

제 5 장

운동 영역

학습목표

- 운동과 건강의 관계 및 건강의 개념을 설명할 수 있다.
- 체력의 종류와 체력의 종류에 따른 구성 요소를 설명할 수 있다.
- 생활 속 여가 활동(생태형 스포츠)의 종류와 여가 활동의 가치를 설명할 수 있다.
- PMI 기법을 활용하여 여가 활동 계획을 세워 실천할 수 있다.
- 체육수업에서 준비운동과 정리운동의 필요성 및 방법을 설명할 수 있다.
- 심폐소생술의 정의와 방법을 알고, 생활 속에서 실천할 수 있다.

1. 건강

가. 건강의 개념

건강이란 질병이 없고 허약하지 않을 뿐만 아니라 신체적으로 건강한 몸, 정신적으로 건강한 마음, 사회적으로 아름다운 만남을 유지하는 안녕한 상태 그리고 영적 건강을 추구한다.

세계 보건 기구(World Health Organization: WHO)

1) 신체적 건강

건강은 개인의 질병이나 결함 없이 몸과 마음의 평안을 유지할 수 있을 뿐만 아니라 사회적으로도 조화로운 삶을 살아갈 수 있는 능력을 의미한다. 이 중 신체적으로 건강하다는 것은 질병 없이 정상적인 생활을 영위할 수 있는 것을 넘어 체격이 튼튼하고 자세가 바르며 체력이 강하다는 것을 말한다.

신체적 건강의 특성은 다음과 같다.

첫째, 질병이 없는 상태를 의미한다. 이는 환경에 대한 적응력, 질병에 대한 저항력, 세균에 대한 면역력 등과 같이 질병으로부터 견디어 내는 능력이 높은 상태이다.

둘째, 체력이 강한 상태를 의미한다. 이는 근력, 근지구력, 심폐 지구력, 유연성, 민첩성, 평형성, 협응성 등과 같은 체력 요소의 능력이 높아 동맥 경화증, 당뇨병 등의 생활 습관 병에서 내성이 강한 상태이다.

셋째, 로마의 시인 유베날리스는 'A sound mind in a sound body'라는 말로 '건강한 정신은 건강한 신체에 깃든다.'라고 하였다. 이 말은 본래 신체는 건강하면서 정신은 퇴폐해져 가는 그 시대의 상황을 경고하는 의미가 담겨 있다.

2) 정신적 건강

정신이란 사물을 느끼고 생각하며 판단하는 능력을 뜻한다. 정신적으로 건강하다는 것은 우리의 마음에 해당하는 지각, 사고, 기억, 의식, 욕구, 감정 등이 정상적으로 움직이고 있는 것을 말한다. 여기서 말하는 정신적 건강의 차원은 다음과 같다.

첫째, 지각은 주변의 사물을 있는 그대로 인식하도록 한다.
둘째, 사고는 자신에게 일어나는 일을 바르게 생각하도록 한다.
셋째, 기억은 자신에게 일어났던 일을 생각해 내도록 한다.
넷째, 의식은 자신에게 일어나는 일을 바르게 분별하도록 한다.
다섯째, 욕구는 생활에 의욕을 갖도록 한다.
여섯째, 감정은 정서적으로 치우치지 않도록 한다.

나. 건강의 목표

건강은 건강에 관한 올바른 이해를 바탕으로 개인의 건강을 유지하고 증진하는 것을 목표로 한다. 개인의 건강을 위해서는 운동 등의 개인적인 노력뿐만 아니라 환경오염, 안전사고를 막는 등 지역사회의 건강을 위한 노력도 중요하다. 따라서 자신의 잘못된 생활습관(음주, 흡연 등) 및 운동습관을 점검하여 건강 관리 계획을 수립하고 환경오염, 안전사고 등의 예방에 관심을 두도록 한다.

무엇보다 신체적·정신적·사회적 건강의 통합에 관심을 집중해야 한다. 신체가 건강하면 정신적 건강에 긍정적인 영향을 주어 정신적 건강도 좋아지고, 정신적 건강이 좋으면 사회적 건강도 좋아진다. 반면, 사회적 건강 상태가 좋지 않으면 정신적 건강을 해치고, 정신적 건강을 해치면 신체적 건강에도 문제가 발생할 수 있다. 따라서 건강하게 생활하려면 신체적 건강뿐만 아니라 정신적 건강, 사회적 건강 등을 통합하여 관리하고 유지하도록 해야 한다(이종형 외 6인, 2013에서 재인용).

Box 5-1 읽을거리 - 역사 속의 담배 이야기

담배는 이로움보다는 해로움이 더 심합니다. 안으로 정신을 해치고, 밖으로 귀와 눈을 해칩니다. 담배 연기를 쬐면 머리카락이 희어지고, 얼굴이 창백해집니다. 이가 빠지고, 살이 깎이며, 사람이 노쇠하게 됩니다. 내가 이 담배에 대해 이로움보다는 해로움이 더 심하다고 하는 것은 냄새가 독해지면서 신명과 통할 수 없는 것이 첫째이고, 재물을 축내는 것이 둘째이며, 이 세상에는 할 일이 너무 많아 걱정인데 요즘 사람들은 상하노소를 막론하고 일년 내내 온종일 담배 구하기에 급급하여 잠시도 쉬지 못하는 것이 셋째입니다.

출처: 1760년 이익 "성호사설" 중

다. 스포츠 7330과 신체활동 가이드라인 7560⁺ 실천하기

생활 속에서 스포츠를 실천하는 문화의 형성이 요구된다. 문화체육관광부와 국민생활체육회에서 전개하고 있는 스포츠 참여 범국민 캠페인으로 '7330'은 "1주일에 세 번 이상, 한 번 운동할 때마다 30분 이상 운동하자."라는 뜻을 담고 있다.

Box 5-2 7330에서 30분은 어떻게 운동을 해야 하는가?

1) 7330에서 30분 운동은 최대 심박수의 50% 이상으로 운동하는 것이 가장 적절하다.
2) 최대 심박수를 구하는 공식은 (220-나이)이다. 최대 심박수의 50%는 (220-나이×50/100)을 의미한다.

신체활동 가이드라인 7560⁺는 성장기 청소년의 건강 체력 증진, 질병 예방, 비만 감소를 위해 "7(1주일에), 5(5일), 60(하루에 60분), +(누적해서) 운동하자."라는 뜻이다. 실천 방법은 다음과 같다.

- 학교에 오갈 때는 걸어서 다닌다.
- 아침 시간을 활기찬 체조로 시작한다.
- 점심시간에는 산책하거나 친구들과 뛰어논다.
- 방과 후 학교스포츠클럽에 참여한다.

Box 5-3 '국민 체력 100'을 알고 있나요

1) '국민 체력 100'은 국민의 체력 및 건강 증진에 목적을 두고 체력을 과학적 방법으로 측정하고 평가하여 운동 상담 및 처방을 해주는 국민의 체육 복지 서비스이다.
2) '국민 체력 100'에 참가한 모든 국민에게 체력 수준에 맞는 맞춤형 운동 프로그램을 제공하고, 운동에 꾸준히 참여할 수 있도록 체계적으로 관리하며 국민 체력 참가증을 발급한다.

2. 체력의 구성요소

체력은 건강 체력과 운동 체력으로 구분된다. 과거에는 모든 체력 요소의 향상을 중요하게 생각했지만 최근에는 건강 유지를 목적으로 건강과 관련된 심폐 지구력, 근력 및 근지구력, 유연성 등 건강 체력 요소를 먼저 향상한 후 운동 체력 요소의 향상에 관심을 집중하고 있다. 운동 체력은 순발력(power), 민첩성(agility), 평형성(balance), 협응성(coordination) 등으로 구성된다. 체력을 증진하기 위해서는 자신의 체력 수준을 파악하고, 건강을 유지하기 위한 운동 방법을 습득한 후 자신의 체력수준에 맞는 운동 계획을 수립하여 실천하는 것이 좋다.

가. 건강 체력[1)]

1) 심폐 지구력 운동

심폐 지구력은 걷기, 달리기, 수영, 자전거 타기, 계단 오르기 등과 같이 일정 시간 동안 지속할 수 있는 유산소운동을 통해 향상할 수 있다. 무엇보다 유산소운동을 할 때는 운동 강도를 적절하게 결정하는 것이 중요하다. 강도가 너무 낮으면 운동의 효과가 낮고, 강도가 너무 높으면 오랜 시간 운동을 지속하기 어렵다. 운동 강도를 결정할 때에는 주로 목표 심박수를 계산하는 방법을 활용한다.

Box 5-4 심폐 지구력 증진 운동 방법

1) 운동 빈도는 일주일에 3회 이상 실시한다.
2) 운동 강도는 최대 운동 능력의 60~80% 정도로 실시한다.
3) 운동 시간은 20~30분 이상 지속한다.

1) 이 내용은 정영린 외 5인(2013)의 '중학교 체육' 교사용 지도서와 한국스포츠교육학회(2015)의 '스포츠교육학' 도서에서 발췌하여 수정·보완하였다.

Box 5-5 목표 심박수 계산하기

1) 목표 심박수 = 운동 강도×(최대 심박수 - 안정 시 심박수)+안정 시 심박수
2) 최대 심박수 = 220 - 자신의 나이
3) 예시) 안정 시 심박수가 80회인 16세 학생이 최대 운동 능력의 60% 강도로 운동할 때의 목표 심박수 계산 방법은 다음과 같다.

목표 심박수 = 0.6×(204-80)+80
= 0.6×124+80
= 154.4(약 154회/분)

심폐 지구력 운동의 효과는 다음과 같다.

첫째, 심장질환 및 고혈압을 낮추고, 지방을 소모하여 체지방을 감소시킨다.

둘째, 제2형 당뇨병(40세 이후 성인에게 많이 나타나며, 운동 부족 등의 환경적 요인이 크게 작용함)의 위험을 낮추고 혈당 조절을 돕는다.

셋째, 면역 기능을 향상시켜 감기, 유행성 독감, 바이러스성 질병 감염률을 낮춘다.

넷째, 혈관과 모세혈관을 튼튼하게 한다.

Box 5-6 읽을거리 - 인간은 오래달리기의 제왕

인간은 순수하게 신체 능력을 겨루는 모든 종목에서 동물을 이길 수 없는 것일까? 규칙이 복잡하거나 공이나 기구를 사용하는 종목을 제외하면 유일하게 금메달이 유력시되는 종목이 있다. 바로 장거리 달리기이다. 대부분 동물의 움직임은 '생존'이 가장 우선적이다. 이 때문에 짧은 시간 안에 가장 효율적으로 움직이는 데 초점이 맞춰져 있다. 치타는 최고 속도를 600㎞ 이상으로 유지하지 못하고, 장거리 달리기의 제왕으로 여겨지는 말은 10~15분 이상 달리면 속도가 절반 가까이 줄어든다. 먹잇감을 끈질기게 쫓는 것으로 유명한 늑대나 하이에나도 몇 시간 이상 달리지만 20~30㎞ 정도가 한계이다. 동물은 달리기에 많은 에너지를 소비하고, 체온과 호흡을 유지하는 데 어려움을 겪는다.

반면, 인간의 몸은 장거리 달리기에 최적화되어 있다. 다리가 신체의 길이에 비해 길고, 발달한 엉덩이 근육이 상체를 곧게 펴고 유지할 수 있도록 도와준다. 42.195㎞를 달리는 마라톤에서 인간을 이길 동물은 거의 없다. 특히 인간은 더 멀리, 오래 달릴수록 유리하다.

그리스의 울트라 마라톤 세계 챔피언 야니스 쿠로스는 11시간 46분 동안 160㎞를 달렸다. 24시간 동안 290.221㎞, 48시간 동안 433.095㎞가 울트라 마라톤의 세계 기록이다.

영국 웨일스에서 1980년부터 매년 열리는 말과 사람의 35㎞ 마라톤 경주에서는 실제로 2004년과 2007년에 사람이 말을 이기기도 하였다.

출처: 조선일보 2016.7.30.

2) 근력 및 근지구력 운동

근육의 힘은 무게를 이용하여 체력을 관리하는 방법인 근력운동을 통해 기를 수 있다. 근력 운동은 팔굽혀펴기, 턱걸이 등과 같이 자신의 체중을 이용하는 방법과 아령, 역기 등의 기구를 활용하는 방법이 있다. 근력을 향상하기 위해서는 운동 강도를 강하게 하고, 반복 횟수를 적게 하는 것이 좋다. 반면 근지구력을 향상하기 위해서는 근력 운동보다 운동 강도를 약하게 하고, 반복 횟수를 늘리는 것이 효과적이다.

Box 5-7 근력 및 근지구력 운동

분류	근력 운동하기	근지구력 운동하기
체중 이용 방법	• 운동 빈도: 일주일에 3회 이상 실시 • 운동 강도: 최대로 할 수 있는 횟수의 70% 정도로 실시 • 운동 횟수: 2~3세트 반복	• 운동 빈도: 일주일에 3회 이상 실시 • 운동 강도: 최대로 할 수 있는 횟수의 50% 정도로 실시 • 운동 횟수: 4~5세트 반복
기구 활용 방법	• 운동 빈도: 일주일에 3회 이상 실시 • 운동 강도: 최대로 할 수 있는 횟수의 60~80% 정도로 실시 • 운동 횟수: 2~3세트 반복, 1세트마다 10~15회 실시	• 운동 빈도: 일주일에 3회 이상 실시 • 운동 강도: 최대로 할 수 있는 횟수의 40~60% 정도로 실시 • 운동 횟수: 2~3세트 반복, 1세트마다 15~20회 실시

근력 및 근지구력 운동의 효과는 다음과 같다.

첫째, 육체적 업무수행 능력을 향상시키고, 상해의 위험을 줄인다.

둘째, 골밀도를 증가시켜 골다공증을 예방하고, 경추 및 요추의 부담을 덜어준다.

Box 5-8 읽을거리 - 장애 학생 지도

시각 장애가 있는 학생은 동작에 대한 설명보다는 친구의 도움으로 동작을 취할 수 있도록 도와주는 것이 좋다. 시각 장애가 있는 경우 곧바로 운동량 감소로 이어지게 되는데 주변 시야 손실이 있는 경우, 하루 1,700보가량의 운동량이 감소한다는 보고가 있다. 이는 넘어짐에 대한 두려움으로 인하여 일상생활에서의 활동량이 감소하기 때문이다. 이동이 많은 체력 운동보다는 제자리에서 반복적인 동작으로 근력이나 근지구력을 기르는 운동을 하는 것이 효과적이다.

출처: 서울의대 국민건강지식센터(2014). 시각 장애인을 위한 운동 길라잡이

3) 유연성 운동

유연성은 신체의 각 관절이 움직일 수 있는 범위를 크게 해주는 스트레칭을 통해 기를 수 있다. 스트레칭은 근육이 긴장하지 않도록 몸의 힘을 빼고 정확한 자세로 실시해야 한다. 동작은 크고 천천히 하는 것이 효과적이다. 스트레칭을 하는 방법은 혼자 또는 두 명이 하는 방법 그리고 기구를 활용하는 방법 등이 있다.

Box 5-9 유연성 운동 방법

1) 운동 종목은 주요 관절을 중심으로 10~12 동작을 선택한다.
2) 운동 강도는 근육을 서서히 늘리고 긴장을 느끼는 단계에서 정지 자세 유지한다.
3) 반복 횟수는 10~30초간×2~3회 반복한다.
4) 운동 빈도는 매일 한다. (다른 체력 운동을 할 때 준비운동과 정리운동으로 함께 시행한다.)

유연성 운동의 효과는 다음과 같다.

첫째, 평형성과 조정력이 향상된다.

둘째, 신체활동 수행 능력을 향상하고, 좋은 자세를 갖도록 한다.

셋째, 혈액순환이 잘 되도록 하고, 신체조직에 필요한 영양 공급 능력을 향상한다.

나. 운동 체력

운동 체력은 운동을 잘하는 데 필요한 체력으로 순발력, 민첩성, 평형성, 협응성 등이 있다.

1) 운동 체력의 요소

가) 순발력

순발력(power)은 순간적으로 강한 힘을 발휘할 수 있는 능력이다. 순발력을 향상하는 운동에는 단거리 달리기, 멀리뛰기, 높이뛰기, 모둠발로 콘 뛰어넘기, 낮은 허들 넘기, 줄넘기 2단 뛰기 등이 있다.

Box 5-10 수업 운영 시 주의사항

1) 달리기 수업에서는 항상 똑같은 달리기를 하는 것이 아니라 건강 영역과 도전 영역의 특성을 고려한 수업을 해야 한다. 건강 영역에서는 건강과 체력을 증진하기 위한 달리기를 하고, 도전 영역은 기록을 단축하기 위한 달리기를 수행하도록 한다.
2) 똑같은 달리기를 하더라도 수업의 의도에 따라 다른 결과가 나타날 수 있으므로 교사는 교수-학습 계획 수립 시 영역의 특성과 학습 주제를 명확히 인식해야 한다.

나) 민첩성

민첩성(agility)은 몸의 위치나 방향을 빠르게 바꿀 수 있는 능력이다. 민첩성을 향상하는 운동에는 구기 종목, 8자 달리기, 줄넘기 빨리 뛰기, 엎드려 발 바꿔 주기, 엎드린 사람 등 짚고 뛰어넘기, 십자 달리기, 제기차기하면서 손바닥으로 발바닥 터치하기, 제자리에서 뛰어 두 발 좌우 번갈아 발바닥 치기, 엎드렸다 일어서기(버피 테스트) 등이 있다.

다) 평형성

평형성(balance)은 신체를 안정되게 유지할 수 있는 능력이다. 평형성을 향상하는 운동에는 싱글 레그 박스 업(Single-Leg box-up stabilization), 안정화 상태에서 다면적 동작(점프했다 한 발로 착지하는 등 여러 변형 동작) 등이 있다.

라) 협응성

협응성(coordination)은 몸 전체를 조화롭게 통제하고 조정할 수 있는 능력이다. 협응성을 향상하는 운동에는 정지된 공차기, 공 몰기, 훌라후프 돌리며 달리기, 셔틀콕 주고받기, 저글링 등이 있다.

2) 운동 체력과 건강한 생활과의 관계

가) 순발력과 건강한 생활과의 관계

첫째, 일상생활 중 위기 상황을 피함으로써 안전한 생활과 즐거운 여가 생활에 도움이 된다.

둘째, 순발력은 스포츠 활동에서 도약이나 던지기와 같이 순간적으로 강력한 힘을 내야 할 때 필요하다.

나) 민첩성과 건강한 생활과의 관계

첫째, 일상생활에서 위험한 상황일 때, 재빠르게 몸을 피할 수 있고, 안전을 지키면서 신체활동을 즐길 수 있다.

둘째, 축구, 핸드볼, 농구 등에서 드리블을 할 때 달리는 방향을 신속하게 바꾸어 상대 선수를 따돌릴 수 있다.

다) 평형성과 건강한 생활과의 관계

첫째, 좁은 길을 걸을 때 몸의 균형을 잘 유지할 수 있다.

둘째, 미끄러운 길이나 달리는 차 안에서 넘어지는 사고를 방지할 수 있다.

라) 협응성과 건강한 생활과의 관계

첫째, 신체활동이 필요한 상황에서 다양한 교구를 잘 다룰 수 있다.

둘째, 공이나 배트, 라켓, 글러브 등을 사용하여 활동하는 다양한 운동 종목을 하는 데 도움이 된다.

Box 5-11 읽을거리 - 가벼운 근육통엔 파스를

예전에는 운동 초기의 무산소 운동 과정에서 발생하는 젖산 때문에 근육통이 생긴다고 생각하였다. 하지만 최근에 근육 통증의 원인이 젖산 때문이 아니라는 새로운 이론이 나왔다. 왜냐하면 강한 근육 운동 후 발생하는 젖산은 제거도 빨리 이루어져 운동 후 1시간 정도가 지나면 회복기 수준으로 돌아가기 때문이다. 또한, 잘 훈련된 선수들은 강한 근육 운동 후에도 근육통이 생기지 않는다. 따라서 운동 후 며칠씩 계속되는 근육 통증의 원인을 단지 젖산 때문이라고 볼 수는 없다.

최근의 연구에 따르면, 이러한 근육 통증은 근섬유의 파열 때문에 생긴다고 한다. 신체 조건에 무리를 주는 과도한 운동을 하면 근섬유에 작은 균열이 생기면서 파열되는데, 이때 면역 체계의 활동으로 근섬유에는 염증이 생기고 붓는다. 이 때문에 근육 통증을 느끼는 것이다. 잘 훈련된 근육은 저항력이 늘어나서 근육이 파열되는 일이 줄어들며 파열된다고 해도 손상이 적다.

우리는 근육통을 없애기 위해 아픈 부위에 여러 종류의 '파스'라고 부르는 제품을 붙이기도 한다. 파스는 일종의 소염진통제로 염증과 통증에 효과가 있는 약물을 접착성이 있는 습포제에 발라서 피부에 붙이는 것이다. 이때 약물은 피부를 통해 흡수되어 약효를 낸다. 파스에는 여러 성분이 포함되어 있어 신경에 작용하거나 국소 부위를 자극해 통증을 줄여준다.

출처: 손영운, 김은선(2006). 스포츠 속에 과학이 쏙쏙

묻고 답하기(Q&A)

건강과 체력을 말하다

1. 건강의 개념과 체력의 요소를 구분하여 기술하시오.

2. 운동 체력의 의미와 종류를 설명하시오.

3. 〈보기〉의 학생이 이야기하는 체력의 요소를 각각 쓰시오.

〈보기〉

- 영민: 순간적으로 큰 힘을 발휘할 수 있는 능력을 갖추고 싶어. 짧은 시간에 큰 힘을 내서 팔씨름에서 이기고 싶은걸.
- 서희: 에이, 팔씨름은 시시해. 나는 그런 능력보다는 몸 전체를 빠르고 효율적으로 통제하고 조정할 수 있는 능력을 갖추고 싶어. 그러면 체조선수 손연재처럼, 몸을 움직이면서도 공과 기구를 잘 다룰 수 있을 거야.
- 소정: 그것도 좋겠지만, 내 생각에는 몸을 재빠르게 움직이거나 방향을 바꾸는 능력이 좋겠어. 축구 경기를 할 때 드리블하면서 방향을 빨리 바꾸면 정말 멋질 것 같아.
- 진영: 나는 몸의 균형을 정지 상태나 움직이는 상태에서 유지하고 싶어. 한 발을 들고도 계속 스케이트를 타면서 균형을 유지하는 김연아 누나는 대단하지 않니?

① 영민: (　　　　　　　　), ② 서희: (　　　　　　　　)
③ 소정: (　　　　　　　　), ④ 진영: (　　　　　　　　)

4. 안정 시 심박수가 80회인 13세 학생이 최대 운동 능력의 50% 강도로 운동할 때의 목표 심박수는 얼마인가요?

3. 여가활동과 운동

가. 여가 활동의 의미

여가 활동은 일하고, 먹고, 자고, 숙제하고, 집안일을 하는 데 사용하는 시간 이외에 일이 없어 남는 시간에 하고 싶은 운동을 하거나 영화나 텔레비전 등을 보는 것, 여행하는 것, 봉사활동을 하는 것 등을 말한다. 우리가 즐기는 다양한 여가 활동(생태형 스포츠)은 몸과 마음에 활력을 불어넣고, 다른 사람과의 관계를 더 좋게 만들 수 있다. 2022 개정 체육과 교육과정에서는 생활 속 여가활동과 관련된 스포츠를 생태형 스포츠(자연환경형 스포츠, 생활환경형 스포츠)에서 제시하였다. 이 글에서는 생태형 스포츠를 여가활동과 운동에 포함하여 기술하였다.

나. 우리가 즐길 수 있는 여가 활동

1) 신체활동 중심의 여가 활동

생활 주변의 체육 시설에서 즐기는 여가 활동으로는 축구, 농구, 인라인스케이팅, 건강 달리기, 균형 잡고 이동하기, 타고 버티기, 잡고 오르기 등이 있다. 이 중 2022 개정 체육과 교육과정의 생태형 스포츠에 포함된 내용은 다음과 같다.

가) 타고 버티기

타고 버티기를 할 수 있는 활동으로는 플레이 스틱, 짐볼, 밸런스 보드, 썰매 또는 스쿠터 등이 있다.

① 플레이 스틱 위에서 다양하게 이동하기

플레이 스틱 위에서 다양한 방법으로 이동하면 균형 감각을 기른다.

- 1단계: 앞과 뒤로 이동하기
- 2단계: 옆으로 이동하기
- 3단계: 옆에 있는 플레이 스틱으로 옮겨가는 징검다리 이동하기

② 짐볼 위에서 버티기

흔들리는 짐볼 위에서 버티는 활동을 통해 균형 감각을 기른다.

- 1단계: 짐볼 위에 앉아서 양손 대고 버티기
- 2단계: 짐볼 위에 앉아서 한 손과 한 발을 들고 버티기
- 3단계: 짐볼 위에 무릎과 양손 대고 버티기
- 4단계: 짐볼 위에서 무릎으로 버티기

③ 밸런스 보드 위에서 균형 잡기

다양한 밸런스 보드 위에서 균형 감각을 기른다. 이 중 U자형 밸런스 보드는 유아를 위해 만들어진 형태로 다리를 점점 넓혀가면서 균형 잡기를 한다.

- 1단계: 밸런스 보드와 친해지기
- 2단계: 밸런스 보드에 앉아서 중심 잡기
- 3단계: 어깨너비만큼 다리를 벌리고 중심 잡기
- 4단계: 다리를 넓게 벌려 중심 잡기

Box 5-12 안전 사항

몸이 불편하거나 균형 감각이 부족하여 부상의 위험이 있는 학생은 의자나 나무 등의 보조기구를 활용하거나 친구의 손을 잡고 이동하도록 한다.

④ 썰매나 스쿠터 위에서 버티기

썰매나 스쿠터에서는 느리게 이동하는 물체에서 균형을 잡으며 중심 이동의 원리를 익힌다.

- 1단계: 썰매나 스쿠터 위에 올라서서 중심 잡기
- 2단계: 친구가 끌어 주는 썰매나 스쿠터에 앉아서 중심 잡기
- 3단계: 썰매나 스쿠터를 스스로 밀어서 이동하며 균형 잡기

Box 5-13 스쿠터 수업 지도 방법

이동하는 물체를 활용하여 수업을 할 때에는 한 공간에서 다른 공간으로 이동하는 활동을 할 수도 있지만, 운전면허 코스(T자 코스, S자 코스, 주행 코스, 굴절 코스 등)를 설계하면 학생의 수업 참여도를 높일 수 있다.

Box 5-14 읽을거리 - 로데오(Rodeo)

로데오는 소나 말을 타고 누가 오래 버티는가를 겨루는 마장 마술 경기이다. 19세기 카우보이들이 자신의 소를 포획하는 솜씨를 겨루기 위해 만든 놀이에서 유래되었다. 로데오라는 말은 스페인어에서 유래한 말로 '가축을 모으는 일'을 의미한다. 우리에게 익숙한 것은 날뛰는 소의 등 위에서 버티는 종목이지만 황소 타기, 안장 놓고 말 타기, 안장 없이 말 타기, 밧줄 던져 송아지 옭아매기 등 다양한 종목이 있다. 로데오는 다리와 손의 근력도 중요하지만 끊임없이 흔들리는 동물 위에서 무게 중심을 잡고 자세를 유지하는 균형 감각이 필요하다.

〈출처: 두산백과〉

나) 잡고 오르기

① 잡고 오르기

잡고 오르기를 할 수 있는 활동으로는 줄 잡고 오르기, 봉 잡고 오르기, 놀이 기구 오르고 내리기, 늑목 오르기 등이 있다.

Box 5-15 오르고 내리는 기구에서의 안전 수칙

첫째, 다른 사람이 내려오는 방향으로 올라가지 않는다.
둘째, 위에 있는 사람의 발을 잡거나 흔들지 않는다.
셋째, 내려올 때는 아래를 잘 살피도록 한다.
넷째, 물에 젖어 있는 기구에서는 놀지 않는다.

② 스포츠 클라이밍

스포츠 클라이밍은 인공으로 만들어진 암벽에 설치된 홀드를 따라 손과 발을 이용하여 목표 지점을 향해 올라가는 스포츠이다. 제32회 도쿄올림픽에서 처음으로 올림픽 정식 종목으로 채택되었다. 경기 종목으로는 4분 동안 여러 코스에 도전하는 '볼더링', 15m 높이의 고정된 코스를 오르면서 시간을 겨루는 '스피드', 6분 동안 15m 높이의 암벽을 줄을 끼워 가며 오르는 '리드' 클라이밍 경기 등이 있다.

한편, 자연 속에서 즐기는 여가 활동으로는 등산, 캠핑, 래프팅, 하이킹 등이 있다. 실내에서 휴식을 취하며 즐기는 여가 활동으로는 게임, 텔레비전 시청, 독서, 음악 감상, 영화 관람 등이 있다. 또한, 지역의 문화를 체험할 수 있는 여가 활동으로는 유적지 탐방, 공원이나 고궁 답사, 박물관 견학이 있다.

[그림 5-1] 래프팅

[그림 5-2] 독서

Box 5-16 여가 활동 시 주의사항

1) 자신의 체력에 맞는 운동을 선택한다.
2) 자신이 좋아하는 운동을 선택한다.
3) 운동 중 몸의 반응에 집중한다.
4) 운동 종류에 맞는 운동 용품을 착용한다.
5) 운동 중 적절한 수분을 섭취하도록 한다.

2) 여가 활동의 가치

가) 신체적 가치

우리 몸을 튼튼히 하고 건강하게 해주는 역할을 한다. 몸이 균형 있게 성장할 수 있도록 도와준다. 예) 스키 타기, 래프팅, 달리기 등이 있다.

나) 정신적 가치

스트레스와 피로를 풀어주고 마음을 순화한다. 심신을 안정시키고 상쾌한 기분을 제공한다. 그리고 교양을 쌓을 수 있다. 예) 박물관 견학, 음악 감상, 미술관 관람 등이 있다.

다) 사회적 가치

사회적으로 여러 사람들과 좋은 관계를 맺도록 한다. 협동심, 배려심 등을 기를 수 있다. 예) 캠핑, 봉사활동, 동아리 활동 등이 있다.

Box 5-17 여가 활동의 가치를 정리하는 방법

여가 활동의 가치는 여가 활동을 통해 경험하는 다양한 측면의 결과이다. 하지만 여가의 의미를 더하기 위해서는 단순히 참여하는 것 이외에도 그 결과를 기록하는 것이 중요하다. 다음의 방법을 통해 여가의 성과를 기록하도록 한다.

1) 일기 또는 일지 형식으로 정리한다. 가족과 함께한 여행과 같은 여가 활동이라면 매일 저녁에 하루의 일을 되돌아보고 반성하는 시간을 가진 후에 작성한다. 이 방식은 여가 활동에 대한 사후 활동을 하는 방식으로 할 수 있다.
2) 스마트 기기를 활용한다. 요즘 학생들의 경우 거의 스마트폰이나 사진 촬영이 가능한 휴대 전화가 있다. 따라서 여가 활동 중 사진 또는 동영상 형식으로 촬영하여 간단한 느낌이나 소감과 함께 다양한 형태의 누리 소통망 등에 올려 같은 체험 활동에서 다른 사진, 다른 느낌을 서로 확인하고 함께할 수 있다. 이때 자세한 일정이나 개인 정보가 노출되지 않도록 유의한다.
3) 신문 만들기를 한다. 학생들이 경험한 것을 신문의 형태로 정리하는 방식이다. 큰 종이에 개인 또는 협동 작품으로 구성한다. 이는 여가 활동 후 학생들의 배운 내용, 경험, 다양한 추억을 전시물의 형태로 오래 두고 볼 수 있다는 장점이 있다.

다. 여가 활동 계획 세우기

1) PMF 기법의 활용

드 보노(de Bono)의 PMI 기법에서 I(Interest)를 F(Future)로 바꿔서 활동한다.

P(Plus)	아이디어(여가 활동에 대한 계획)의 좋은 점은 무엇인가? 또는 왜 그것을 좋아하는가?
M(Minus)	아이디어의 좋지 않은 점은 무엇인가? 왜 그것을 좋아하지 않는가?
F(Future)	아이디어로 예상되는 미래는 무엇인가? 앞으로 어떤 변화가 예상되는가?

첫째, 이 활동을 통해서 나 자신의 현재 여가 활동을 평가하고 반성할 수도 있으며 계획한 여가 활동을 평가하고 관리할 수 있다.

둘째, 이 기법은 새로운 아이디어를 생성하는 과정에 적용하기보다는 여러 계획이나 현재의 상태 등에서 좋은 것을 가려내고자 할 때 활용한다.

2) 통합사고 접근법의 활용

통합사고 접근법(CAF)은 드 보노(de Bono)가 제시한 CoRT 프로그램 안에 제시한 기법의 하나로 'Consider All Factors'의 첫 문자를 따서 지은 이름이다.

첫째, 통합사고 접근법은 주어진 문제 상황에서 모든 요인을 고려하여 생각하도록 돕는 사고 기법으로 학생의 사고 과정에서 놓치고 있는 것을 다시 한번 고려하도록 함으로써 사고를 정교하게 하고 생각의 범위를 넓힐 수 있다.

둘째, 우리가 어떤 것을 선택하거나 결정을 내려야 하는 사고 과정에서 고려해야 할 요인은 매우 많다. 문제를 해결하는 과정에서 만약에 한 가지 요인이라도 빠뜨린다면 우리는 결과적으로 잘못된 판단을 내릴 가능성이 매우 크다.

셋째, 통합사고 접근법 활동을 할 때는 문제와 관련된 모든 요인을 정리하는 활동부터 한다.

Box 5-18 통합사고 접근법을 활용한 여가 활동 계획하기

1) 여가 활동을 하는 데 필요한 모든 요인 찾기
2) 모인 요인 중 빠진 요인이 없는지 확인하기
3) 자신이 생각한 중요도에 따라 순서 정하기
   예) 함께하는 삶-시간-비용-활동-장소-준비물 등
4) 각 요인을 생각하면서 여가 활동의 계획 세우기

묻고 답하기(Q&A)

여가와 운동을 말하다

1. 여가 활동의 의미와 가치를 설명하시오.

2. 여가 활동 계획을 세우는 기법의 하나를 선택하여 자신만의 계획을 세워 모둠원들과 이야기해 봅시다.

3. 생활 속에서 여가 활동에 참여한 후 사회성 신장의 요소(인성, 협력, 책임감 등)를 포함하여 체육 일기를 써 봅시다.

4. 신체활동과 안전

신체활동은 학생의 건강과 체력을 유지하고 향상하는 데 도움을 준다. 따라서 학생들은 체육수업은 물론 생활 속에서 움직임을 가져올 수 있도록 노력해야 한다. 다만, 신체활동을 할 때는 본 활동을 원활히 수행하고, 상해를 방지하기 위해 하는 준비운동과 근육의 이완을 통해 신체활동의 피로를 풀어줄 수 있는 정리운동을 해야 한다. 그럴 때만이 신체활동 전과 후에 자신의 안전을 지킬 수 있다. 신체활동 중에 학생이 다치거나 쓰러져서 호흡할 수 없을 때를 대비하여 통증과 염증을 줄여주는 RICE 요법과 심폐소생술의 방법을 바르게 알고 실천하는 것도 안전을 확보하는 좋은 방법이다.

가. 준비운동과 정리운동의 중요성

1) 준비운동

학생들에게 운동을 시작하기에 앞서 준비운동의 중요성을 인지시키는 것은 중요한 일이다. 준비운동은 학생에게 바람직한 운동습관을 확립하기 위한 교육적 수단일 뿐만 아니라 토론과 시범, 연습 등과 같은 실질적인 모둠 활동을 위한 교육적인 수단으로서 중요한 가치를 지닌다. 학생이 준비운동을 해야 하는 이유는 학생에게 주어진 신체활동에 적극적으로 준비할 수 있도록 만들기 때문이다. 자동차나 자전거의 기어를 서서히 변속하는 것이 바람직한 것처럼 신체를 점차 편안하게 하여 운동에 대해 준비를 하는 것이 현명한 것이다. 급하게 기어를 변경하듯이 운동을 시작하게 되면 신체에 불필요한 압박을 가하게 되어 불편하고 거북한 상태를 초래하며 피로를 쉽게 느끼도록 만든다. 효과적인 준비운동은 몸과 마음을 신체활동에 대해 준비하고, 부상을 방지하며, 운동 수행을 개선하는 데 도움을 제공한다.

Box 5-19 준비운동의 효과

- 근육 및 혈액의 온도 상승
- 심박수 증가
- 근육의 힘 증가
- 골격근의 확장성 및 탄력성 증가
- 젖산 제거 및 효소 활동이 용이(容易)
- 모세혈관 확장(혈류 흐름 촉진)
- 근육의 대사 능력 증가 및 산소 공급 촉진
- 관절의 가동 범위 증가
- 본 운동에서의 심장 적응력 상승
- 아드레날린(adrenaline) 분비

학생이 편안하게 서서히 운동을 시작하는 것은 운동을 편안히 하고, 근육 당김과 같은 상해가 일어날 가능성을 줄이도록 한다. 학생들은 활동 중에 근육을 당기는 경우가 많지는 않지만 그래도 좋은 습관을 일찍 형성하는 것이 중요하다. 학생은 어릴 적부터 스트레칭을 하여 근육을 따뜻하게 하는 것이 운동할 때 필요한 중요한 준비 단계라는 것을 알아야 한다. 긍정적인 운동 경험으로 안전하게 참여하는 것은 신체활동에 장·단기적으로 참여하는 것을 효과적으로 장려하는 데 필수적이다. 학생은 근육통을 느낄 수 있는 불편한 운동을 서둘러 하게 되면 체육 시간을 달가워하지 않을 수 있다. 준비운동을 하는 동안에 포함되어야 할 활동으로는 가동(mobility) 운동, 맥박을 상승시키거나 몸을 데우는 활동 및 짧은 정적 근육 스트레칭 등이 있다.

첫째, 가동 운동은 주 활동(팔 돌리기, 옆으로 굽히기, 무릎 들어올리기 등)에서 사용될 관절의 통제된 움직임이다. 이러한 운동들은 관절 내의 체액을 따뜻하게 하고 순환시키어 좀 더 자유로운 활동을 가능하게 하고 활동에 대해 준비를 시켜준다. 근육이 빠른 속도로 가동 범위의 말단에 부담을 가하여 일어나는 부상의 위험이 있으므로 통제되지 않은 내던지는 듯한 활동은 억제되어야 한다.

둘째, 맥박을 상승시키거나 몸을 데우는 활동으로는 걷기, 건강 달리기, 스키핑, 옆으로 걷기, 행진 등이 있는데 이는 체온을 상승시킨다. 이러한 활동은 심박수와 호흡량을 점차 증대시킴으로써 심폐 계통(심장, 폐, 혈관)을 준비시킨다. 근육에 많은 산소를 공급하고 운동하는 동안 근육이 데워지도록 한다. 학생들은 신체가 완전히 데워지고 알맞은 스트레칭을 하지 않은 상태에서 활발한 전력 질주나 점프를 해서는 안 된다.

셋째, 짧은 정적 근육 스트레칭은 안전하게 근육의 길이를 늘여주고 근육의 당김이나 뻣뻣함과 같은 부상을 막는 데 효과적이다. 준비운동에는 달리기를 위한 장딴지 근육, 점프를 위한 사두근과 같은 근육처럼 주 활동에서 사용될 근육에 대하여 짧은 정적 스트레칭이 포함되어야 한다. 각 스트레칭은 6~10초간 정지된 상태로 유지되도록 한다. 스트레칭에 익숙하지 않은 학생은 처음에 짧은 시간만 하고, 스트레칭 자세에 익숙해짐에 따라 점차 시간을 늘리도록 한다. 그리고 이어지는 활동에 따라 가동운동이나 맥박을 올리는 활동을 준비운동 안에 포함한다. 즉 농구의 준비운동은 수업의 주제(공간 확보, 정확한 패스, 대인 방어 등)에 따라 간단한 활동으로 구성해야 한다. 이것은 수업의 초점을 맞추는 데 도움이 되고 학생을 심리적으로 준비하도록 한다. 가동 운동과 맥박을 올리는 활동은 병행할 수 있다. 어떠한 순서로도 구성할 수 있고, 시간을 효율적으로 사용하기 위해 걷거나 건강달리기를 하면서 어깨를 돌리는 것과 같이 동작을 결합할 수 있다. 근육이 데워졌을 때만이 안전하게 스트레칭을 할 수 있고 맥박을 올리거나 신체를 데우는 활동을 한 후에 스트레칭을 해야 한다.

다만, 현행 체육수업에서 준비운동이 단순히 체조나 운동장 돌기 등 매번 똑같은 준비운동을 통해 학생들에게 흥미를 제공하지 못하고 형식적으로 운영되는 사례도 발견되기 때문에 이 부분에 대하여 고민을 해야 할 것이다. 준비운동은 본 활동(운동)을 원활히 수행하기 위한 사전운동의 성격을 갖고 있다. 또한, 체온 상승을 통해 안전사고를 예방하는 측면에도 관심을 기울여야 한다.

위의 내용을 참고하여 아래의 ㉠과 ㉡에 공통으로 들어갈 내용은 무엇인가? (정답: 본 활동)

준비운동은 (㉠)을/를 원활하게 수행하기 위해 이루어지는 것으로서 (㉡)와/과 관련된 흥미로운 내용으로 실시하는 것이 좋다.

2) 준비운동의 유형

준비운동의 유형은 크게 정적 스트레칭과 동적 스트레칭으로 구분할 수 있다. 이를 간략히 살펴보면 다음과 같다.

가) 정적 스트레칭

정적 스트레칭(static stretching)은 근육을 천천히 이완시킨 후 일정한 자세와 함께 이완된 장력을 유지하면서 운동수행자가 견딜 수 있을 정도로 근육을 신장시켜 나가는 것을 말한다. 과거에는 운동을 시작하기 전에 필수적인 과정으로 정적인 스트레칭을 실시하였지만 최근에는 이러한 과정을 생략하거나 짧게 실시하는 경우가 많다. 왜냐하면, 정적 스트레칭이 운동 중 부상 방지나 유연성의 향상에는 도움을 줄 수 있지만, 운동선수의 경우에는 경기 중 반응 속도, 최대 파워, 운동수행능력 등에는 오히려 부정적인 영향을 줄 수 있기 때문이다(Bradley, Olson, & Portas, 2007). 정적 스트레칭은 근육을 풀어줌으로써 부상을 방지하고, 유연성을 향상시킬 수 있지만 너무 길게 하면 근육의 약화를 초래할 수 있다(Wikipedia, 2019). 따라서 많은 전문가들은 스트레칭이 체온을 상승시키기 위한 준비운동으로서의 역할보다는 정리운동으로서의 역할이 적절하다고 주장하고 있다(Graham, 2008).

Box 5-20 정적 스트레칭의 원리

- 신체의 큰 근육을 먼저 풀어주기
- 심장에서 먼 근육부터 풀어주기
- 손과 팔 근육 → 발과 다리근육 → 복부근육과 등 근육 → 목 근육 → 어깨근육과 가슴근육 순서로 실시
- 자신의 유연성에 맞게 근육의 긴장감을 느낄 때까지 천천히 스트레칭하기
- 호흡은 멈추지 않고 정상적으로 호흡하기

나) 동적 스트레칭

동적 스트레칭(dynamic stretching)은 신체 부위의 동작을 최대 수행 범위에 이르기까지 수행자가 원하는 방식으로 움직여 운동수행능력을 향상시키는 방법이다(Wikipedia, 2019). 동적 스트레칭은 과거부터 많이 사용되어 왔다. 특히, 근육이나 힘줄에 많은 자극을 주는 방법으로 알려져 있다. 그러나 동적 스트레칭은 반복적인 동작을 실시하게 되므로 정적 스트레칭에 비해 근육 조직의 상해 및 통증의 위험성이 있기 때문에 무리한 동작으로 실시하는 것은 바람직하지 않다. 왜냐하면, 동적 스트레칭은 앞서

말한 바와 같이 근육이나 힘줄에 갑자기 큰 힘을 가하기 때문에 근섬유(筋纖維, muscular fiber), 근막(筋膜, fascia), 모세혈관(毛細血管, capillary) 등의 조직에 무의식중으로 작은 손상을 주기 쉽기 때문이다. 근육에는 신장반사(伸張反射, stretch reflex)라는 생리 반사 작용이 있는데, 큰 힘이 갑자기 가해지면 근육은 스스로를 지키기 위해서 수축하려는 반사 작용을 일으킨다. 따라서 무리한 동적 스트레칭으로 인해 이러한 반사 작용이 여러 번 반복되면 우리 몸은 조건 반사적으로 근육을 경직시켜 오히려 유연성은 떨어지게 된다. 따라서 학생들에게 준비운동의 일환으로 동적 스트레칭을 시키려면 정적 스트레칭을 충분히 실시한 후에 하는 것이 효과적이다.

달리기는 대표적인 동적 스트레칭 방법으로 준비운동 방법으로 효과가 좋다. 달리기를 준비운동으로 실시할 때에는 학생이 완전히 지치지 않도록 유의하면서 아주 느린 속도로 시작하여 점차 속도를 높여가며 실시하는 것이 바람직하다. 특히, 초등학생들에게 뜀뛰기 놀이는 체중조절에도 도움이 될 뿐만 아니라 건강에도 유익하고 즐거운 운동이 될 수 있다. 보통 뜀뛰기 운동은 5~7회 정도가 적당한 것으로 알려져 있지만, 반복횟수와 시간은 학생들의 운동 능력(혹은 기능) 수준과 나이를 고려하여 계획해야 한다. 야구형(필드형), 농구형(영역형) 수업에서 '던지기－받기 운동(캐치볼)'은 효과적인 준비운동이 될 수 있다. 이러한 운동은 준비운동과 함께 실기 연습의 효과도 거둘 수 있어서 바람직하다. 또한, 여러 가지 도구를 이용하여 준비운동을 하면 학생이 즐거움과 재미를 느끼면서 준비운동에 참여할 수 있다.

3) 정리운동

정리운동은 학생들이 신체가 점차 운동을 중지하는 것에 대해 준비하도록 하고 뻣뻣한 근육통을 감소시키는 데 도움이 된다. 높은 기어에서 낮은 기어로 갑작스럽게 변속하는 것이 차에 무리가 가듯이 인체에도 무리를 줄 수 있다. 정리운동은 활발한 운동으로부터 심박수와 호흡량을 원래 상태로 회복시킨다. 근육의 피로를 풀어주어 혈액순환을 돕는다. 만약, 운동 후 즉시 정리운동을 하지 않으면 혈액순환에 장애가 나타나고, 급기야는 피곤함과 어지러움을 유발할 수 있다. 정리운동은 전력 질주나 뛰기와 같은 활발한 운동을 한 후에 더욱 중요하다. 학생들은 서서히 활동을 약하게 하지 않으면 어지럽고, 기력이 없거나 구역질을 할 수 있다. 정리운동은 혈액 순환을 안정 상태로 서서히 낮추고 근육에 축적된 젖산과 같이 피로를 느끼게 하는 노폐물을 경감한다. 그러나 주 활동이 빠르고 격렬한 운동을 포함하지 않으면 맥박을 낮추는 특정한 운동이 필요하지 않을 수도 있다.

정리운동은 맥박을 낮추거나 몸을 식혀주는 활동을 포함해야 하는데 근육 스트레칭이 역시 유용하다. 맥박을 낮추다가 몸을 식혀주는 활동은 가볍게 건강 달리기하기, 걷기, 무릎 들어올리기와 같은 단순한 가동 운동 등을 하여 그 강도를 점차 편안하게 감소시키며 혈액순환과 근육에 쌓인 노폐물을 제거하는 데 도움이 된다. 에너지를 많이 소모하거나 격렬한 활동을 한 후에는 정리운동을 하는 것이 중요하다. 근육 스트레칭은 근육이 땅기지 않게 하여 유연성을 유지하는 데 도움이 되고 어떠한 근육통이라도 경감하는 데 도움이 된다. 정리운동의 예를 들면, 던지기를 한 후에 가슴과 위팔 아래쪽 근육을, 달리기나 점프를 한 후에 장딴지나 허벅지 근육을 풀어주는 것처럼 주 활동에 사용된 근육을 보다 긴 정적 스트레칭을 하는 것을 포함해야 한다. 이때, 각 스트레칭은 10~12초 동안 정지된 상태에서 시행해야 한다. 준비운동과 마찬가지로 스트레칭에 익숙하지 않은 학생은 처음에는 스트레칭을 짧게 하고, 스트레칭 자세에 익숙해져 감에 따라 점차 시간을 늘리는 것이 효과적이다.

정리운동은 중요하기 때문에 수업 종료 시각이 연장되더라도 실시해야 한다. 이러한 과정은 바람직한 운동습관의 형성과 평생 교육 차원에서도 긍정적인 영향을 미치게 된다. 정리운동을 하지 않는 것보다는 차라리 주 운동을 짧게 하는 편이 더 바람직하다. 정리운동의 내용은 주 내용이나 강도에 따라서 달라지기 때문에 일괄적으로는 말할 수 없으나 일반적으로 가벼운 조깅이나 순환운동, 운동 중 가장 많이 사용한 근육을 중심으로 한 스트레칭, 유연체조 등을 함으로써 근육 및 관절에 발생되기 쉬운 운동 상해를 감소시킬 수 있으며 기본 원리는 〈Box 5-20〉과 같다. 또한, 정리운동은 수업의 주요 요점을 재생시키고 요약하는 기회로 이용하기도 한다. 예를 들어, 무용 수업이라면 학생들이 무용을 해보는 것으로 끝마치고, 영역형 경쟁 수업이라면 1대1 수비를 활용한 정리운동을 하도록 한다.

나. 체육수업에서 준비운동과 정리운동의 시점

체육수업은 학생들과의 만남으로부터 시작된다. 학생들이 운동장에서 수업하는 경우라면 교사는 먼저 운동장에 나와서 학생을 맞이할 준비를 한다. 교사는 수업 시작을 알리는 수업 종이 울리면 학생이 운동장에 둥글게 그려져 있는 원 주위에 모일 수 있도록 안내를 하도록 한다(둥글게 원을 그릴 여건이 허락되지 않으면 학생의 실내화 주머니를 원형으로 놓고 모이도록 한다. 이때, 교과서도 실내화 주머니 옆에 함께 내려놓는다). 이후 교사는 학생을 원 안으로 한두 걸음 들어오도록 하여 학생들이 학습과제에 집중할 수 있도록 한 후 학습 목표, 학습활동 그리고 지켜야 할 약속을 안내한다.

그러고 나서 학생들이 준비운동을 시작할 수 있도록 한다. 준비운동은 수업의 본 활동과 관련된 활동으로 학생들이 수업에 참여할 수 있는 즐거운 활동으로 동기를 제공하는 것이 좋다. 단순히 운동장 돌기나 매시간마다 똑같은 활동으로 준비운동을 한다면 학생은 수업이 재미없고 지루함을 느끼게 될 것이다. 이러한 측면에서 학생이 새로운 신체활동을 통해서 건강과 체력을 향상할 수 있는 다양한 방법의 준비운동을 마련하는 것이 좋다. 일반적으로 교사는 준비운동을 수업의 맨 처음에 진행하는 경향이 있다. 하지만 준비운동은 학생들이 수업에 참여할 수 있는 몸을 만들기 위한 준비인 만큼 본 활동 바로 전에 하는 것이 적합할 수 있다.

Box 5-21 체육과 수업 전개 구조[2]

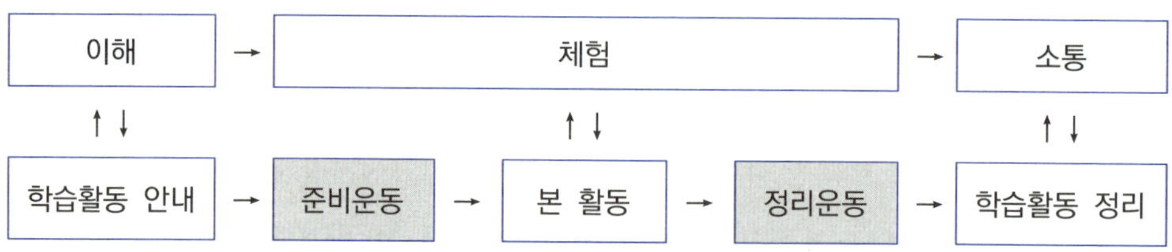

여러분들은 주변의 교사들이 맹목적으로 운동장에 나오자마자 운동장 돌기나 체조 등의 준비운동을 하는 모습을 본다면 어떤 조언을 할 수 있을지를 이해할 수 있을 것이다. 교사가 준비운동을 하는 이유를 바르게 알고 실천한다면, 좋은 체육수업을

2) 자세한 체육수업 전개 구조의 내용은 고문수 외 3인(2024)이 집필한 '초등교사를 위한 체육교수법'의 12장 '수업 전개구조와 교수학습 전략'을 참고하기 바란다.

위한 준비를 잘하는 것이다. 교사는 준비운동의 중요성과 준비운동을 언제 해야 하는가에 관한 깊이 있는 탐색을 통해 좋은 체육수업을 전개해야 한다.

또한, 정리운동은 본 활동을 마치고 난 후 바로 진행해야 한다. 학습활동을 정리하고 나서 정리운동을 하는 것이 아니라, 본 활동 직후에 정리운동을 통해 근육을 이완시켜주고 학습활동을 정리하는 단계를 거치게 된다면 의미 있는 체육수업의 전개 구조를 마련하게 될 것이다. 준비운동과 정리운동은 본 활동을 기점으로 전과 후에 수행하는 것이 학습의 효율성 측면에서 효과가 있다.

다. 준비운동에 대한 새로운 관점

학교 현장에서는 준비운동을 생략하거나 형식적으로 실시하는 경우가 많다. 때로는 준비운동을 단순히 운동장 돌기(달리기)로 대체하는 경우도 있다. 물론 운동장 돌기의 경우에도 학생들의 체온을 상승시켜 줄 수 있기 때문에 준비운동의 효과를 기대할 수 있다. 하지만 Graham(2008)에 따르면, 매 차시 지루하게 반복되는 전통적인 준비운동 방법인 유연체조(calisthenics)와 운동장 돌기는 학생들에게 체육수업을 즐기기보다는 참고 견뎌야 한다는 메시지를 줄 수 있음을 경고한 바 있다. 이제행(2019)은 교사의 안전 불감증, 귀찮음, 준비운동 방법에 대한 무지, 재미없음, 시간 부족 등의 이유로 인해 준비운동이 학교 현장에서 소홀히 다루어지고 있다고 하였다. 교사가 이러한 문제점을 해결하기 위해서는 수업의 도입단계에서 이루어지는 준비운동을 획일적인 방법이 아니라 학생의 호기심과 흥미를 자극할 수 있는 다양한 방법을 활용해야 한다. 축구 수업에서 활용 가능한 준비운동의 방법은 다음과 같다.

- 교사는 수업이 시작되기 전에 과제 포스터의 형태로 즉각적 활동(instant activity)을 제시한다.
- 과제 포스터에는 즉각적 활동으로 지난 수업 시간에 배운 인사이드 드리블 과제를 학생이 연습하도록 안내되어 있다.
- 학생은 수업 장소에서 즉각적 활동을 확인하고, 수업이 시작되기 전에 몇 분간 활발히 축구 인사이드 드리블 과제를 연습한다.
- 교사는 수업 장소에서 음악을 틀어 놓고 가볍게 유연체조를 실시한 후 준비운동을 마친다. 이렇게 학생들이 본 활동이 시작되기 전에 지난 시간에 배운 드리블

과제에 참여하면 자연스럽게 체온 상승의 효과를 기대할 수 있다. 이러한 즉각적 활동을 통해 학생의 몸이 어느 정도 이완되었다면, 교사는 수업 시작과 함께 음악을 틀어 놓고 주동근(主動筋, agonistic muscle)을 중심으로 가볍게 유연체조 정도만을 실시하고 준비운동을 마무리한다. 이러한 방법은 준비운동 시간을 길게 가져가며 본시 학습과제와 무관한 활동으로 인한 수업 시간의 낭비와 지루함을 줄일 수 있다. 이전 차시의 학습 내용을 복습함으로써 오늘 배울 학습과제의 이해를 높이고, 흥미를 갖도록 할 수 있다.

라. RICE 요법

다쳤을 때 통증과 염증을 줄여주는 방법으로 안정, 얼음찜질, 압박, 환부 올리기의 순서로 진행한다.

1) 안정(Rest)

일상 활동의 양을 줄이며 필요한 경우 목발을 이용할 수 있다. 통증이 심하거나 지속할 경우 부상 부위에 부목을 대는 것도 좋은 방법이다.

2) 얼음찜질(Ice)

약 15~20분씩 하루에 4~8회가량 얼음찜질을 해준다. 얼음을 수건에 감싸서 사용하며, 한 번에 너무 장시간 적용하거나 얼음이 직접 피부에 닿는 경우 동상의 위험이 있으므로 주의해야 한다. 얼음찜질은 부종을 감소시키고 염증반응을 감소시켜 준다. 온열요법은 급성기에는 내부 출혈과 부종을 증가시킬 수 있어서 부상 4~5일 이후부터 시행하는 것이 좋다.

3) 압박(Compression)

압박은 부기를 줄여주고 안정을 도와준다. 붕대를 감고 있는 경우 피부 접촉면에 물집이 생길 수 있으므로 주기적으로 확인이 필요하다. 심한 압박으로 인해 혈액순환 장애가 발생할 수 있으므로 압박 부위 주변의 피부 색깔이 다른 부위와 다를 경우 압박의 정도를 약하게 하고 병원에 방문하는 것이 좋다.

4) 환부 올리기(Elevation)

환부 올리기는 부종을 감소시키고 원활한 혈액순환을 위해 환부를 심장보다 높게 하는 것이 좋다.

마. 심폐소생술

1) 심폐소생술의 정의

일상생활에서 심장과 관련된 질병은 발생 직후 초기 대응이 중요하다. 따라서 심폐소생술이라 불리는 심장 기능을 유지하기 위한 응급처치법을 배워두는 것이 필요하다. 심폐소생술은 정지된 심장을 대신해 심장과 뇌에 산소가 포함된 혈액을 공급해주는 응급처치기술로 심정지와 같은 급작스러운 상황에서 필요한 처치방법이다. 심정지가 발생한 후 4~6분이 지나면 뇌에 혈액 공급이 끊기면서 뇌 손상이 급격히 진행되는데, 예측되지 않은 심정지의 60~80%는 가정, 직장, 길거리 등 의료시설 이외의 장소에서 발생하며, 심정지의 첫 목격자는 가족, 동료, 행인 등 주로 일반인인 경우가 많다. 혈액 공급이 차단되는 시간이 길어질수록 뇌 손상은 점점 심각해져 사망에 이르거나 살아나도 대부분이 의식을 회복하지 못하고 지속적인 치료를 받아야 하거나 타인에게 의존적인 삶을 살게 되는 경우가 많다. 따라서 일반인도 기본적인 응급처치 방법인 심폐소생술을 배워서 환자가 발생할 시 전문가가 오기 전까지 환자의 심장박동을 유지할 수 있도록 해야 한다.

2) 심폐소생술 방법

심폐소생술은 크게 두 가지 방법으로 나눌 수 있다. 자동으로 처치가 진행되는 자동심장충격기를 활용하는 방법과 직접 처치해야 하는 흉부 압박법이 있다.

가) 자동 심장충격기

일명 심장충격기라고도 하는 휴대형 심장충격기로 급한 상황에서 사용할 수 있도록 관공서나 대형 할인점, 길거리의 ATM, 공중전화 박스 등에 비치되어 있다. 전원을 켜고 두 개의 패드를 각각 설명에 따라 부착한다. 이후 지시에 따라 버튼을 누르면 자동으로 환자에게 전류가 흘러 심장에 충격을 주어 심장을 다시 소생하게 만든다.

나) 흉부 압박

자동 심장충격기가 없거나 사용할 수 없는 경우에는 흉부 압박을 통해 직접 처치해야 한다. 남성의 경우 민방위 훈련을 통해 교육받을 기회가 있다. 그 외에는 남녀 모두 응급처치 교육을 별도로 이수할 경우 배울 수 있다. 현장 교사는 시·도지역의 소방학교 연수, 체육교과연구회, 학교 자체의 연수 등을 활용하여 주기적으로 배울 수 있도록 해야 한다.

Box 5-22 심폐소생술의 순서 익히기

1) 환자를 발견하면 심정지 및 호흡 여부를 확인한다.
2) 주위 사람에게 도움을 요청하고 119에 신고한다. 매우 급하게 처치를 시행해야 할 때 119에 직접 신고할 상황이 되지 않기 때문에 주변 사람을 지목하여 신고를 요청한다.
3) 양손에 깍지를 끼어 손꿈치로 가슴 중앙(명치를 피해)을 압박하되, 손가락 끝이 몸에 닿지 않도록 한다.
4) 팔꿈치를 펴고 팔이 바닥으로부터 수직이 되도록 한 후 체중을 이용해 가슴을 압박한다. 한 번에 30회가량 압박을 진행한다.
5) 머리를 젖히고 입을 벌려 기도를 확보한 후 인공호흡을 2회 실시한다. 만약, 정식으로 배우지 않은 사람이라면 이 과정을 생략하고 가슴 압박만 진행하는 것이 좋다.
6) 전문가가 올 때까지 가슴 압박과 인공호흡을 병행하여 최소한 5분 이상 반복한다. 심정지 후 6분 이내에 응급조치를 받으면 생존 확률이 3배까지도 높아진다. 응급상황이 발생하면 당황하거나 외면하지 말고 심폐소생술을 하거나 도움을 요청해야 한다.

묻고 답하기(Q&A)

신체활동과 안전을 말하다

1. 준비운동과 정리운동의 개념과 각각의 효과를 설명하시오.

2. 체육수업 전개 구조에서 준비운동과 정리운동의 시점을 설명하시오.

3. RICE 요법의 개념과 방법을 설명하시오.

4. 모둠원과 짝을 지어 심폐소생술의 개념과 구체적인 방법을 이야기하시오.

참고문헌

고문수, 송지환, 백준형, 이희수(2024). **초등교사를 위한 체육교수법**. 파주: 교육과학사.

고문수, 엄혁주, 송지환(2015). **초등체육수업론**. 파주: 교육과학사.

손영운, 김은선(2006). **스포츠 속에 과학이 쏙쏙**. 이치.

이대형, 배문엽, 고문수, 전세명, 안해룡, 조해경(2019). **초등학교 체육6 지도서.** 서울: 천재교육.

이제행(2019). **체육교과교육론**. 서울: 정민사.

이종영, 김종욱, 정동식, 이병근, 박경석, 정세미, 국태식(2013). **중학교 체육**. 서울: 천재교육.

정영린, 정영수, 홍석표, 김선일, 박승하, 주지원(2013). **중학교 체육**. 서울: 천재교과서.

한국스포츠교육학회(2015). **스포츠 교육학**. 서울: 대한미디어.

Bradley, P. S., Olson, P. D., & Portas, M. D. (2007). The effect of static, ballistic, and proprioceptive neuromuscular facilitation stretching on vertical jump performance. *The Journal of Strength & Conditioning Research, 21*(1), 223-226.

Graham, G. (2008). *Teaching Children Physical Education - Becoming a Master Teacher*: 3rd Edition. Champaign, IL: Human Kinetics.

Wikipedia(2019). *Warming up.* https://en.wikipedia.org/wiki/Warming_up.

제 6 장

기술형 스포츠 영역

학습목표

- 기술형 스포츠 영역의 주요 내용을 설명할 수 있다.
- 기술형 스포츠 영역의 주요 교수 · 학습 방법을 설명할 수 있다.
- 기록형 스포츠 영역에서 움직임의 기록 향상을 위한 전략을 설명할 수 있다.
- 동작형 스포츠 영역에서 절차와 방법이 정해진 움직임을 안전하고 효과적으로 수행하기 위한 전략을 설명할 수 있다.
- 투기형 스포츠 영역에서 상대방과 신체적 기술을 겨루는 전략과 보호도구 사용 방법을 설명할 수 있다.

1. 기술형 스포츠의 주요 내용[1)]

기술형 스포츠(skills-based sports)는 스포츠에 참여하는 개인의 기술 수행 능력이 경기의 승패를 좌우하는 데 큰 영향을 미치는 스포츠 활동을 의미한다. 3~4학년군에서는 기술형 스포츠 활동에서 주로 활용되는 기능과 관련된 움직임 기술(앞뒤 구르기, 옆 돌기, 전력 달리기, 헤엄치기, 발차기 등)을 파악하고 이를 효과적으로 수행하는 데 필요한 방법을 익혀 간단한 게임 상황에서 시도하도록 하는 데 초점을 맞추고 있다. 동시에 움직임 기술 수행과정에서 자신감과 적극적인 태도를 강조한다.

3~4학년군의 신체활동 예시 가운데 달리기는 운동 영역과 스포츠 영역에 공통적으로 반영되어 있는 것을 발견할 수 있다. 이는 운동 영역에서는 건강 및 체력 증진을 목적으로, 스포츠 영역에서는 빠른 속도를 내는 것에 초점을 맞추고 있는 것이다. 또한 신체활동 중 구르기는 스포츠 영역과 표현 영역에서 동시에 지도할 수 있는데, 스포츠 영역에서는 정확한 동작을 추구하도록 하고 표현 영역에서는 동작의 심미성에 초점을 맞추고 있다.

5~6학년군에서는 3~4학년에서 학습한 스포츠와 움직임에 관한 지식, 기본 움직임 기술, 스포츠 유형별 기본 기능 및 태도를 바탕으로 기술형 스포츠의 의미와 유형을 이해하고, 유형별 움직임 기술을 응용하여 게임 상황에서 이를 수행할 수 있으며 유형별 활동 방법과 기본 전략 활용을 강조한다.

특히 5~6학년군에서는 기술형 스포츠의 의미를 이해하고 지상, 수상, 빙상 등의 다양한 환경에서 기록 향상을 추구하는 기록형 스포츠, 일련의 절차와 방법이 정해진 움직임을 정확히 수행하는 동작형 스포츠, 상대방의 신체적 기량과 겨루는 투기형 스포츠와 같은 유형별 움직임의 특성 파악을 강조한다. 구체적으로 과거 속도 도전, 거리 도전, 표적 도전 영역에서 주로 다뤘던 속도와 거리, 정확성에 도전하는 기록형 스포츠의 기본 기능(도움닫기하여 멀리뛰기, 목표물에 정확히 던지기 등), 동작 도전 영역과 같이 절차와 방법이 정해진 움직임을 수행하는 동작형 스포츠의 기본 기능(손 짚고 옆 돌기, 다리 벌려 뛰어넘기 등), 투기 도전과 같이 상대방과 신체적 기술을 겨루는 투기형 스포츠의 기본 기능(발차기, 다리 걸기 등)을 게임 상황에 맞게 효율적

1) 1절과 2절은 교육부 고시 제2022-33호, 별책 11 내용의 일부를 기초로 작성하였음.

으로 수행하도록 하고 있다. 더불어 스포츠 활동에 참여하며 목표 달성을 위한 의지를 기르고 상대의 기술을 인정하며, 스스로 목표를 설정하며 책임감 있고 꾸준한 실천 그리고 함께 참여하는 상대 팀과 구성원의 우수한 기술을 인정하고 배우는 태도의 실천을 강조한다.

2. 기술형 스포츠의 교수 · 학습 방법

3~4학년군에서는 기술형 스포츠 활동에서 주로 활용되는 다양한 기능과 관련된 움직임 기술을 효과적으로 수행하기 위한 방법을 익혀 게임 상황에서 이를 적절히 시도해 보도록 하고 있다. 그런데 학생들이 기술형 스포츠에 대한 용어나 개념에 대한 이해가 어려울 수 있으므로 일상생활에서 직 · 간접적으로 체험한 스포츠 종목 등을 도입하여 이해에 도움을 주도록 한다. 또한 기술형 스포츠의 의미와 유형에 관한 이해 여부를 확인하기 위해 간단한 질의응답이나 평가지를 활용할 수 있으며, 가치 · 태도 영역에서 강조하는 실천 능력에 대한 확인을 위해 지속적으로 태도 변화를 관찰하며, 체크리스트나 성찰 일지 등을 활용할 수 있다.

5~6학년군에서는 기본 움직임 기술을 경기 상황에서 활용 가능한 응용 기능으로 발전시키도록 한다. 이를 위해 기록을 향상하거나, 동작의 정확성을 추구하며, 상대의 기술에 맞춰 상호작용하는 기술형 스포츠의 특징을 학습할 수 있도록 변형 게임이나 뉴스포츠 등의 활동을 선정하고 운영하도록 한다.

구체적으로 기록형, 동작형, 투기형 스포츠의 유형별로 변형한 게임 활동의 경기 방법을 이해하고 이를 수행하는 과정에서 기록 측정과 분석, 동작 수행의 점검과 분석, 자신과 상대의 기량 확인 및 분석의 기회를 제공하도록 한다. 예를 들면, 기본 움직임 기술을 응용한 게임의 기본 기능의 분석을 위해 동작 수행 장면을 디지털 기기를 이용하여 촬영한 다음 이를 분석하여 학습자에게 피드백을 제공할 수 있다. 이때 동작분석용 애플리케이션을 활용하는 것도 좋은 방법이 될 수 있다. 또한 AR, VR 등의 가상현실 스포츠교실이 갖춰진 경우 이를 적극적으로 활용하여 다양한 유형별 스포츠 활동에 참여 동기를 높이도록 하며, 유형별 목표 달성에 효과적인 응용 기능, 활동 방법, 전략을 파악하고 이를 시도하게 한다.

또한 학습자 수준별로 목표 달성 여부, 수행 과정에서의 변화 정도를 평가에 반영하도록 하며, 기술형 스포츠에 관한 이해력의 평가는 자기 점검 및 경기 분석 보고서, 포트폴리오 등을 활용하도록 한다.

3. 기록형 스포츠

가. 단거리 달리기에 반영된 과학의 원리와 스타팅 블록(starting block) 사용하기

단거리 달리기는 짧은 거리를 달리며 빠르기를 겨루는 운동이다. 단거리 달리기는 누구나 쉽게 참여할 수 있으며 많은 스포츠 종목의 기초가 된다. 단거리 달리기에는 뉴턴의 운동 3대 법칙인 '관성의 법칙', '가속도의 법칙', '작용-반작용의 법칙'이 반영되어 있다. '관성의 법칙'은 단거리 달리기에서 결승선까지 질주한 뒤에도 바로 멈추지 못하고 일정 거리를 더 달리는 현상이다. '가속도의 법칙'은 선수들이 스타트한 후 질주 방향으로 힘을 계속 주어 가속도를 증가시켜 중간 질주 시 최고 속도를 만들어 내게 한다.

특히 100m 경기에서 출발은 경기의 승패와 기록 수립에 중요한 역할을 한다. 이때 빠른 출발을 위해 스타팅 블륵을 사용하는데, 선수가 블록을 밀 때 이에 대한 반작용으로 블록이 선수를 밀어낸다. 비스듬한 각도로 되어 있는 스타팅 블록은 힘의 방향을 위쪽이 아닌 앞쪽으로 향하게 해 선수가 출발할 때 무게중심의 이동이 쉽도록 도와주는 역할을 한다.

스타팅 블록이 개발되기 전에는 땅에 구멍을 판 다음 그곳에 발을 딛고 출발하는 방법을 사용하였다. 그러다가 1939년 국제 육상 경기 연맹에서 스타팅 블록 사용을 허용하였다. 이후 단거리 육상경기의 경우 스타팅 블록을 줄곧 사용해오고 있다.

Box 6-1 스타팅 블록과 출발 동작

스타팅 블록	스타팅 블록을 이용한 출발 동작

오른쪽 사진출처: 미래엔 중학교 체육 1 p. 110

육상경기의 100~400m 단거리 경기를 위해 사용되며, 스타트 시 작용과 반작용의 원리를 이용하여 기록을 단축시키는 데 도움을 준다. 스타팅 블록은 블록(발을 올려놓는 부분), 랙(스타팅 블록의 위치가 이동하는 부분), 받침대(발받침 지지), 고정대(스타팅 블록을 트랙에 고정)로 구성된다.

스타팅 블록 사용이 익숙하지 않은 초등학생들에게는 먼저 스탠딩 자세에서 출발하거나 다양한 출발 방법을 경험해보도록 한 다음 스타팅 블록을 사용하여 출발하도록 하여 이들의 차이점을 비교해보게 할 수 있다. 만일 스타팅 블록이 없거나 체육관과 같이 스타팅 블록 설치가 어려운 장소에서는 짝의 도움을 통해 스타팅 블록 사용의 효과를 얻게 할 수 있다. 예를 들어, 2인 1조로 짝을 정한 후 보조자는 출발하는 사람의 뒤에 앉아 발바닥을 견고하게 지지해 주고 달리는 사람이 보조자의 발바닥을 밀면서 출발하면, 스타팅 블록을 이용한 출발 동작 습득의 효과를 얻을 수 있다. 이와 같은 역할을 번갈아 가면서 연습을 진행하도록 한다.

Box 6-2 스타팅 빨리하기 게임

1) 학급 구성원들을 토끼 팀과 거북이 팀으로 구성한다.
2) 토끼 팀과 거북이 팀은 일렬로 선 다음 서로 뒤돌아 앉아 스타팅 자세를 취한다.
3) 교사가 토끼(거북이)를 외치면 토끼(거북이)는 빠르게 앞으로 달려 나가고, 거북이(토끼)는 뒤돌아 달리면서 토끼(거북이)를 잡도록 한다.
4) 이와 같은 방법으로 게임을 계속 진행한다.

나. 이어달리기에서 배턴 터치(baton touch)를 어떻게 할까?

이어달리기는 4명이 한 모둠을 이뤄 경쟁하는 경기로 주자의 특성을 고려하여 달리는 순서를 정하는 것이 중요하다. 또한 이어달리기에서 좋은 기록을 내기 위해서는 빠르게 달리는 능력이 있어야 할 뿐만 아니라 배턴 터치를 잘해야 한다. 이어달리기 경기에서는 20m 이내의 배턴 존(baton zone)에서 배턴을 터치해야 하며, 배턴 존을 벗어나 배턴 터치가 이루어질 경우 실격 처리가 된다.

배턴을 던지는 행위는 금지되어 있으므로, 이어달리기 경기에서는 달리기 기록이 비슷하다면 배턴 터치 기술이 승부를 결정한다고 할 수 있다. 배턴을 터치하는 방법에는 크게 두 가지가 있는데, 위에서 아래로 전달하는 다운 스타일과 아래에서 위로 전달하는 업 스타일이 있다.

Box 6-3 다운 스타일로 배턴 터치하기

뒤에 있는 주자가 손바닥이 위로 향하도록 하고 있는 앞 주자에게 배턴을 위에서 아래로 건네주고 있음

먼저, 다운 스타일은 이어달리기에서 가장 많이 사용되는 방법이다. 배턴을 받는 사람은 팔을 뒤로 뻗어 트랙과 평행하게 유지하며 손바닥이 하늘로 향하도록 한다. 뒤에서 달려오는 주자는 팔을 아래로 내리듯이 배턴을 전달한다. 다음으로, 업 스타일은 배턴을 받는 주자가 팔의 각도를 아래로 45도 유지하여 뒤로 내밀고, 엄지손가락과 집게손가락은 V자 형태가 되도록 한다. 달려오는 주자는 배턴을 아래에서 위로 건네

도록 한다.

배턴 터치는 각각의 장·단점이 있으므로 특정한 방법을 무조건 강조하기보다는 연습을 통해 효과적인 방법을 찾도록 한다. 특히 이어달리기를 처음 경험하는 학생들에게 배턴을 정확하게 터치하는 방법을 익히게 하는 것은 어려운 일이다. 이에 배턴을 대용할 수 있는 다양한 도구들(스카프, 콩 주머니 등)을 사용하면서 속도를 줄이지 않고 달리는 방법, 주자들 간의 의사소통하는 방법 등을 먼저 익히도록 하는 것이 좋다.

Box 6-4 다운 스타일과 업 스타일의 장·단점

	다운 스타일	업 스타일
장점	• 배턴 전달 후 별도로 배턴을 조정할 필요가 없다.	• 초보자가 배우기 쉽다.
단점	• 뒤에서 달려오는 사람의 손이 움직이기 때문에 전달이 어렵다.	• 배턴을 받고 난 다음 배턴의 위치 조정이 필요하다. 떨어뜨릴 위험성이 높다.

다. 이어달리기에서 주자 배치

400m 이어달리기는 4명의 주자가 달리는 경기인데, 직선 주로와 곡선 주로를 번갈아 달리기 때문에 주자의 특성을 고려하는 것이 중요하다. 주자의 특성과 주요 역할은 다음과 같다.

Box 6-5 이어달리기 주자의 특성과 주요 역할

	주자의 특성	주자의 주요 역할
1번 주자	• 출발이 빠르고 곡선 주로를 잘 달리는 사람	• 스타팅 블록을 차고 나가는 초반 속도를 월등히 높여야 한다. 배턴 전달에만 집중해야 한다.
2번 주자	• 직선 주로를 잘 달리고 속도가 빠른 사람	• 배턴 주고받는 연습을 많이 해야 한다. 예비 배턴구역을 이용하여 많은 직선거리를 달릴 수 있다.
3번 주자	• 곡선 주로를 잘 달리는 사람	• 마지막 주자에게 배턴을 잘 전달해야 한다.
4번 주자	• 직선 주로를 잘 달리고 승부욕이 강한 사람	• 일반적으로 가장 빠른 사람이다. 배턴 받는 것에만 집중하며, 폭발적인 스피드를 내야 한다.

곡선 주로를 달릴 때에는 자신의 속도를 최대한 유지하기 위해 몸을 안쪽으로 기울여야 한다. 이와 같은 이유로는 곡선 주로를 달릴 때 원심력(원운동을 하는 물체가 원의 중심에서 벗어나려는 힘)이 작용하기 때문이다. 따라서 곡선 주로를 빠르게 달리면 몸이 바깥쪽으로 향하게 되므로 반대로 몸을 안쪽으로 기울여야 한다.

초등학생들을 지도하다 보면 달리기 기록은 쉽게 확인되지만 자신이 곡선 주로를 잘 달리는지 직선 주로를 잘 달리는지 이를 정확히 알기 어렵다. 또한 배턴 주고받기의 능력은 팀 기록에 더 큰 영향을 미칠 수도 있다. 따라서 배턴 주고받기를 잘 익히도록 하는 것이 중요하다. 주자 선정은 학생들로 하여금 4명이 한 팀을 이루어 각자가 1~4번의 주자 역할을 번갈아가며 이어달리기를 반복하게 한 후 기록에 근거하여 진행할 수 있다.

라. 멀리뛰기에서 손해를 보지 않으려면

멀리뛰기는 도움닫기를 한 다음 한 발로 발 구르기를 하여 공중동작을 취한 다음 착지하는 동작으로 연결된다. 멀리뛰기에서 좋은 기록을 내기 위해서는 발 구르기 직전에 최대 속도에 도달해야 하고 발바닥 전체에 체중을 실어 강하게 구름판을 밟는 것이 무엇보다 중요하다. 구름판을 멀리서 밟게 되면 그만큼 더 멀리 뛰어야 하고 보폭이 맞지 않아 속도가 줄면 도약의 힘도 줄어들게 된다. 공중동작에서는 정점에 이르렀을 때 허리와 어깨를 뒤로 젖히면서 양 무릎을 뒤로 굽혀 몸을 휘도록 한다. 착지 시에는 몸을 앞으로 숙이면서 팔을 뒤로 보낸다. 특히 착지한 곳에서 퇴장할 때는 착지장소의 경계선 또는 착지장소 바깥의 지면에 최초로 접촉한 지점이 모래장에 착지한 흔적보다 발구름선으로부터 더 먼 쪽에 있어야 기록으로 인정받을 수 있다. 자신에게 적합한 도움닫기의 거리, 보폭 수 등을 탐색하여 좋은 기록을 낼 수 있도록 꾸준한 연습이 필요하다.

Box 6-6 좋은 기록을 내기 위한 멀리뛰기 자세

- 도움닫기: 발 구르기 직전 최대 속도 도달하기
- 발 구르기: 발바닥 전체에 체중 싣기
- 공중동작: 정점에서 허리와 어깨 뒤로 젖히기
- 착지: 몸을 앞으로 숙이며 팔 뒤로 보내기

Box 6-7 멀리뛰기에서 착지의 중요성 예시

착지한 후 균형을 잃어 뒤쪽에 손을 짚었을 때의 기록	착지한 후 정상적으로 앞으로 걸어 나갈 때의 기록
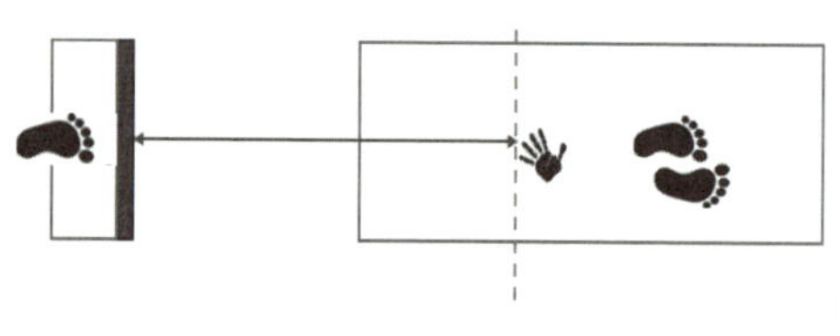	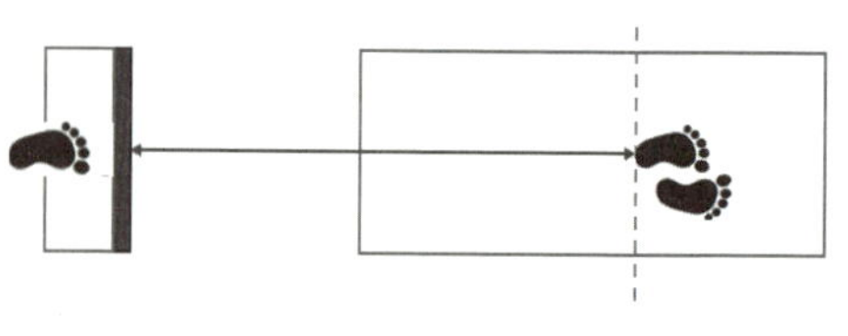

도움닫기 연습은 질주 능력을 높이는 것뿐만 아니라, 도움닫기의 효율적인 주법을 몸에 배도록 하는 것이 중요하다. 효과적인 도움닫기 연습 방법은 다음과 같다.

첫째, 높은 자세를 유지하며 달리는 연습을 한다. 높은 자세(심리적으로 중심을 높은 위치에 두고 달리는 것)를 유지하면서 달리면 질주 스피드뿐만 아니라, 정확한 달리기 동작을 익히는 데 도움이 된다. 이를 위한 트레이닝 방법에는 가속 달리기가 있다.

둘째, 리드미컬하게 달리는 연습을 한다. 느슨한 동작을 하거나 불필요한 근육을 수축시키면 스피드 증가는 물론 스피드 유지에도 어려움을 겪게 된다. 특히, 도움닫기에서 가속을 할 때는 스포츠카의 스타트와 같은 경쾌함을 생각하며 연습하도록 한다.

셋째, 릴랙스하며 달리는 연습을 한다. 릴랙스는 필요한 곳에 필요한 양만큼의 힘을 효과적으로 사용하는 것을 말한다. 특히 도움닫기에 있어서 출발 동작이나 발 구름 동작에 들어가기 직전의 상황에서 릴랙스가 요구된다.

멀리뛰기에서 처음 연습을 할 때는 주로 천천히 달리기 때문에 발 구름 동작에 크게 어려움이 없다. 하지만 점차 빠른 속도로 달리다 보면 무효 판정의 사례가 나올 수 있다. 이때 자신에게 주로 나타나는 무효 판정의 내용이 무엇인지 확인하고 이를 극복하기 위한 연습방법을 탐색하도록 한다.

도움닫기 멀리뛰기에서는 공중 동작 후 바닥에 착지할 때 충격이 발생한다. 이때 발생하는 충격량은 작용하는 힘과 시간을 곱한 값이 되는데, 예를 들어 상대방이 던진 야구공을 받을 때 공을 몸 쪽으로 천천히 끌어당기는 것은 충격이 전달되는 시간을 늘려 주어 충격을 줄이기 위함이다. 또 다른 예로 높이뛰기 매트 위로 떨어질 때 충격이 덜한 이유도 바닥에 충돌하는 시간을 늘려 주기 때문이다. 이와 같은 원리를 이용하여 멀리뛰기에서는 착지할 때 무릎을 구부리면 충격을 줄이는 효과를 얻을 수 있다.

Box 6-8 읽을거리 - 세단뛰기 알아보기

세단뛰기의 근대 경기로서의 기원은 아일랜드나 스코틀랜드이다. 처음에는 '홉-홉-점프', '스텝-스텝-점프', '홉-스텝-점프'와 같이 뛰는 방법이 있었으나, 점차 개량되어 19세기 말경부터는 현재와 같이 '홉-스텝-점프'로 통일되었다. 현재 공식 용어로는 트리플 점프(triple jump)라고 하며, 1996 애틀랜타 올림픽에서는 여자경기가 정식종목으로 채택되었다. 세단뛰기에서는 홉으로부터 착지지점까지의 거리를 경기기록으로 측정한다. 따라서 홉 동작에서 과도하게 멀리 뛰게 되면 착지와 동시에 도약을 해야 하는 스텝 동작에 어려움을 겪게 된다. 홉, 스텝 동작이 매끄럽게 잘 이어지게 하는 것이 좋은 기록을 낼 수 있는 관건이 된다. 세단뛰기의 동작은 다음과 같이 이루어진다.

도움닫기: 멀리뛰기 도움닫기와 동일하다.

홉: 홉은 구른 발과 착지하는 발이 동일해야 한다. 예를 들어, 오른발로 도약을 하면 다음에 지면을 딛는 발이 오른발이어야 한다. 처음 도약한 발은 착지와 동시에 다시 도약을 해야 하므로 착지 시 뒤꿈치가 살짝 닿을 정도로 내리도록 한다.

스텝: 스텝은 홉과 반대 발로 착지를 해야 하고, 시선은 전방을 향하면서 상체는 약간 숙이며 팔을 균형을 유지하기 위해 옆으로 벌리도록 한다.

점프: 상체를 세우고 머리가 뒤로 젖혀지지 않도록 한다.

초등학생들은 세단뛰기에서의 홉 동작이 익숙하지 않아 처음 시도할 때는 어려움을 느낄 수 있다. 따라서 처음에는 세단뛰기의 연속동작을 시도하기보다는 홉과 스텝 연습을 반복하는 것이 좋다. 예를 들어, 후프를 설치하고 후프 안에서 '왼발(오른발) - 왼발(오른발), 오른발(왼발)'을 번갈아가며 연습을 할 수 있다. 홉과 스텝이 익숙해지면 멀리뛰기 연습장에서 점프 동작까지 연결해서 연습을 할 수 있다. 학생들이 연습을 통해 자신의 홉과 스텝의 거리를 잘 찾는 데 도움을 줄 수 있도록 콘이나 마커 등을 적절히 이용하는 것도 좋은 방법이 될 수 있다.

세단뛰기(홉, 스텝, 점프)

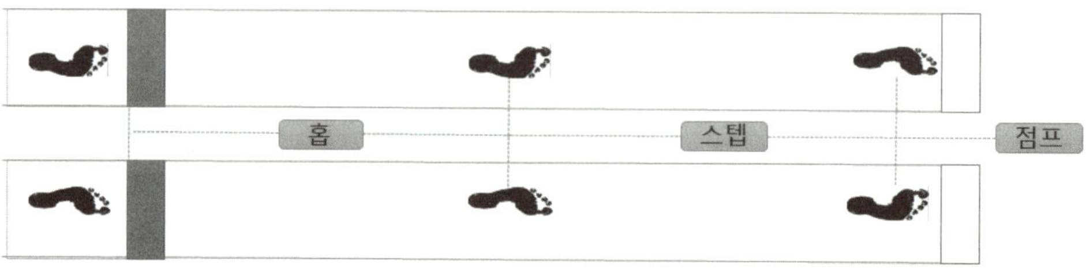

마. 배면뛰기와 무게중심, 경기력을 높이는 신발

배면뛰기는 미국의 딕 포스베리가 처음 선보인 높이뛰기 기술로 일반적인 높이뛰기 방법이 앞, 또는 측면에서 가로 바를 넘는 것과는 달리 등 뒤로 가로 바를 넘는 기술이다. 높이뛰기 선수들이 여러 가지 방법 가운데 배면뛰기 자세를 선택하는 이유는 무게중심과 관련이 있다. 배면뛰기는 다른 높이뛰기 방법에 비해 무게중심을 가장 낮춘 자세로 무게중심이 낮으면 그만큼 적은 에너지로 높이 뛸 수 있는 장점이 있다. 무게중심은 물체의 각 부분에 작용하는 중력의 합력이 작용하는 점을 말하며, 사람의 경우 무게중심이 배꼽 아래 약 2.5cm 위치에 있다. 이 무게중심을 높이 끌어 올려야 한다. 이와 같은 이유로 높이뛰기를 할 때 구르지 않은 쪽의 무릎을 들어주면 무게중심을 높이는 데 도움이 된다. 배면뛰기를 할 때는 ∩자형의 빈 공간에 무게중심이 있기 때문에 다른 자세보다 10cm 아래에 무게중심이 오게 된다. 반면 가위뛰기의 경우 무게 중심이 바(bar)보다 높게 형성된다. 따라서 배면뛰기를 하게 되면 다른 높이뛰기 방법보다 힘을 덜 들이고도 바를 넘을 수 있게 된다.

Box 6-9 배면뛰기 동작

바를 향해 달리는 장면	도약 시 구르는 발의 반대쪽 무릎을 들어 올리는 장면	바를 넘을 때 상체를 ∩자 형태로 젖히는 장면

일반적으로 단거리나 중거리 선수들의 신발은 속도를 내기 위해 앞꿈치에 짧은 못이 박혀 있다. 그러나 높이뛰기의 경우에는 발이 안정적으로 바닥에 닿도록 하기 위해

신발 밑창을 고무로 감싸고 있다. 또한 높이 도약할 때 미끄러지지 않고 수평 방향의 힘을 수직 방향으로 전환하기 위해 신발 뒤꿈치를 사용하여 순간적으로 정지해야 한다. 이를 위해 신발의 앞꿈치뿐만 아니라 뒤꿈치에도 짧은 못이 박혀 있다. 이처럼 운동선수의 신발에는 좋은 기록을 내기 위한 과학의 원리가 반영되어 있다.

Box 6-10 육상 선수의 신발 비교

단거리 달리기 선수의 신발	멀리뛰기 선수의 신발	높이뛰기 선수의 신발
	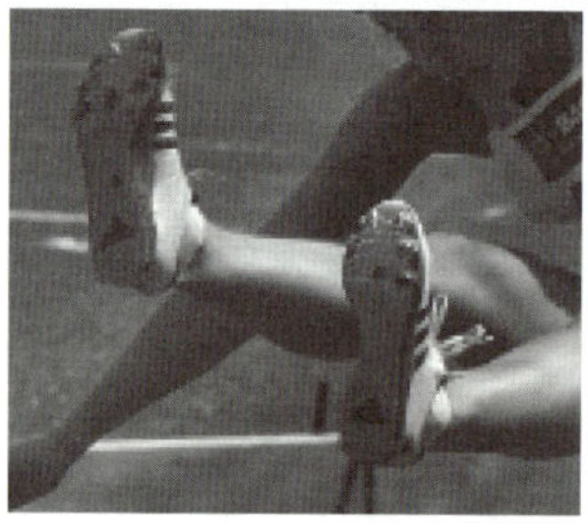	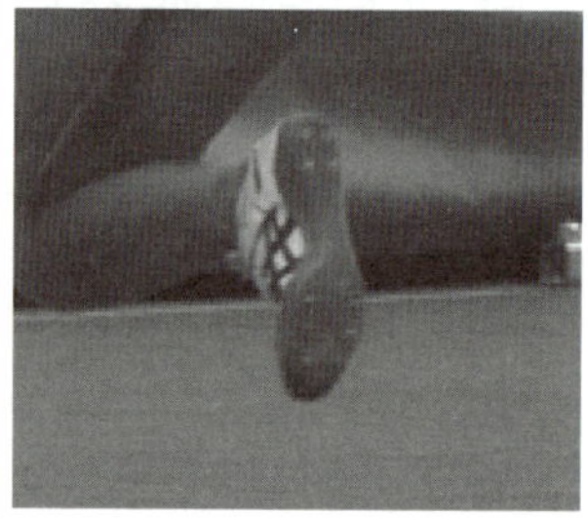

바. 회전력을 이용한 포환던지기

포환던지기에서는 초등학생의 경우 남자, 여자 모두 3kg의 포환을 사용한다. 이로 인해 야구공이나 테니스공과 같이 비교적 가벼운 공 던지기와 같은 동작을 취하기 어렵다. 또한 자칫 포환을 잘못 던지는 경우에는 어깨, 팔, 손목 등에 상해를 입을 수 있으므로 주의해야 한다.

포환을 쥘 때는 둘째, 셋째, 넷째 손가락의 위에 포환을 가볍게 올려놓고 엄지와 약지 손가락으로 포환이 밀려 내려와 떨어지지 않도록 받쳐 주듯이 잡는다. 이때 포환이 손바닥 가운데로 오지 않도록 해야 한다. 포환이 손바닥에 붙어 있으면 포환을 던질 때 손목의 스냅 이용이 불리하기 때문이다. 포환던지기를 할 때 온몸의 힘을 이용하여 멀리 던지기 위해서는 포환의 힘의 전달 순서를 알아야 한다. 포환의 힘이 전달되는 순서는 '다리－허리－몸통－어깨－팔－손－포환'이다. 또한 지면반력(지면에 힘을 가했을 때 반작용하는 힘)을 최대한 이용하면 좋은 기록을 낼 수 있다.

Box 6-11 포환던지기 절차

준비 자세: 포환을 던지는 반대편으로 몸을 웅크려 앉음	이동하기: 왼발을 뒤로 쭉 빼듯이 차며 포환을 던지는 방향으로 이동	몸 돌리기: 수평 속도, 순간의 회전력을 포환에 전달	던지기: 손목에 스냅을 주어 포환을 밀어 냄
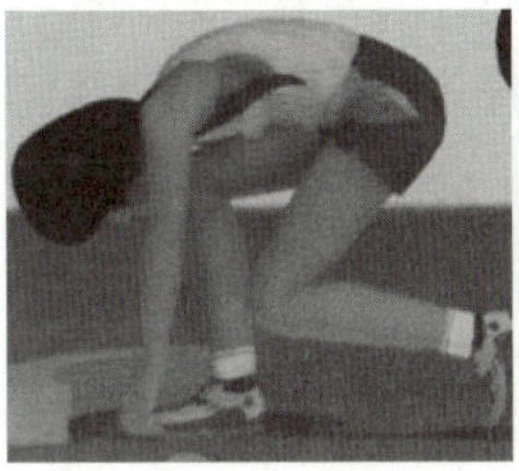			

사진출처: 지학사 중학교 (1~3학년군) pp. 140~141

Box 6-12 포환던지기에서 잦은 실수 유형

1) 포환을 던지는 동작 중에 실수로 포환을 떨어뜨린다.
2) 포환을 던진 후 발이 원 앞쪽으로 나간다.
3) 포환을 던지고 난 후 원의 중앙선 뒤쪽이 아닌 다른 곳으로 나온다.
4) 포환이 투척될 때 자신의 어깨 연장선보다 포환이 뒤쪽에 있다.

Box 6-13 읽을거리 - 포환던지기 기술의 진화

미국의 윌리엄 패리 오브라이언은 제14회 헬싱키 올림픽과 제16회 멜버른 올림픽에서 금메달을 따낸 선수이다. 그는 '활주 투척'이라는 신기술을 선보이며 포환던지기 기술에 혁신을 일으켰다. 활주 투척은 투척방향으로 180도 등을 돌리면서(과거에는 90도 정도 몸을 돌려 던졌다.) 몸을 잔뜩 웅크리고 있다가 왼발(왼손잡이의 경우 오른발)을 던지는 방향으로 들어 내리면서 탄력을 붙이는 방법이다. 오른발은 구부린 상태로 체중을 싣고 있다가 던지는 방향으로 빠르게 이동하면서 순간적으로 온몸을 던지듯 다리와 허리, 팔을 쭉 내뻗으며 포환을 던진다. 오브라이언은 이 기술을 활용하여 18m의 벽을 깼다.

한편, 1976년 구소련의 바르슈니코프는 '회전 투척'이라는 신기술로 22m를 넘어서며 세계 기록을 수립하였다. 회전식 투척은 빠른 회전 운동을 이용하여 탄력을 얻을 수 있는 장점이 있는 반면에 정확한 회전과 호흡이 요구되어 많은 연습이 요구된다. 현재 일류 선수들은 '회전 투척' 방법을 주로 사용하지만 '활주 투척' 방법도 종종 사용하고 있다. 초등학생의 경우 무거운 포환을 먼저 사용하기보다는 던지기 공을 이용하여 자세 연습을 한 다음 제자리에서 투척 연습을 하도록 한다. 이후 무거운 포환에 익숙해지면 활주 투척에도 도전해보도록 할 수 있다.

사. 팔 젓기를 통한 추진력 만들기

수영 종목 중 자유형은 배영, 접영, 평영과 달리 정해진 영법을 따르지 않는다. 자유형에서는 일반적으로 엎드린 자세에서 발을 수직으로 차며 팔을 번갈아 돌리며 물을 밀어내며 나아가는 크롤을 사용한다. 자유형에서는 팔에서 얻는 추진력(70~80%)이 다리에서 얻는 추진력(20~30%)보다 크다. 따라서 손으로 물을 잡아서 끌어당긴 만큼 전진하게 되므로 팔 젓기 방법을 잘 익히는 것이 중요하다. 팔 젓기 동작은 '입수(entry)－푸시(push)－물 잡기(catch)－스컬링 풀(sculling pull)(추진력을 일으키는 동작)－물 밀기(finish)－팔 되돌리기(recovery)'와 같은 일련의 동작으로 이루어진다.

Box 6-14 팔 젓기 동작 시 주의사항

1) 입수(entry)는 몸의 중심선과 어깨 사이의 전방에서 손을 입수하도록 한다. 이때 팔꿈치가 높아야 한다.
2) 물 잡기(catch)를 할 때는 손과 팔의 안쪽 면 전체로 물을 잡도록 한다. 팔꿈치를 높이 유지해야 하며 팔이 수중에 들어가는 동시에 가능한 한 빨리 스컬링 풀(sculling pull)을 해야 한다. 이때 지그재그(S자) 형태로 팔을 젓도록 한다. 또한 몸이 전진하는 스피드보다 손동작의 스피드를 높여야 추진력을 얻을 수 있다.
3) 물 밀기(finish)는 몸 아래의 중앙선에서 외측으로 행하며 엄지손가락이 대퇴부에 스치는 정도로 시도하도록 한다.
4) 팔 되돌리기(recovery)는 몸의 롤링과 팔의 동작이 협응하여 이루어지며 팔꿈치가 수면으로 나올 때 시작하도록 한다. 이때 팔을 옆으로 과도하게 벌리거나 손을 높게 들어 올리지 않도록 주의한다.

초등학생의 경우, 처음부터 정확한 팔 젓기 동작을 강조하기보다는 손목과 팔꿈치를 펴서 물 잡기를 지도하도록 한다. 이후 이 동작에 익숙해지면 손목과 팔꿈치를 살짝 구부린 상태에서 물을 잡는 방법을 익히도록 한다. 이때 손으로 공을 쥐거나, 풀판을 사용하면 물 잡기 방법을 보다 쉽게 배울 수 있다.

아. 볼링핀을 많이 쓰러뜨리려면

볼링 게임에서 10개의 볼링핀을 쓰러뜨리기 위해서는 공의 무게, 던지는 힘, 공의 스피드도 중요하지만 그에 못지않게 공이 굴러가는 경로도 중요하다. 이는 공을 위에서 내려다볼 때 역삼각형 형태로 놓여 있기 때문에 볼링공이 직접 핀을 쓰러뜨리게 하거나 쓰러지면서 다른 핀을 쓰러뜨리는 도미노 효과를 적절히 이용할 수도 있다. 볼링 게임에서는 한 번에 모든 핀을 쓰러뜨리는 스트라이크가 가장 높은 점수를 얻을 수 있다. 그런데 공을 직선으로 굴려 1번 핀을 정확히 쓰러뜨리면 스페어 처리가 어려운 스플릿 상태가 될 수도 있으므로, 볼링공을 굴리는 사람은 공을 신중하게 굴려야 한다.

Box 6-15 스트라이크를 위한 이상적인 볼의 경로 Wiedman(2015, p. 169) 재구성

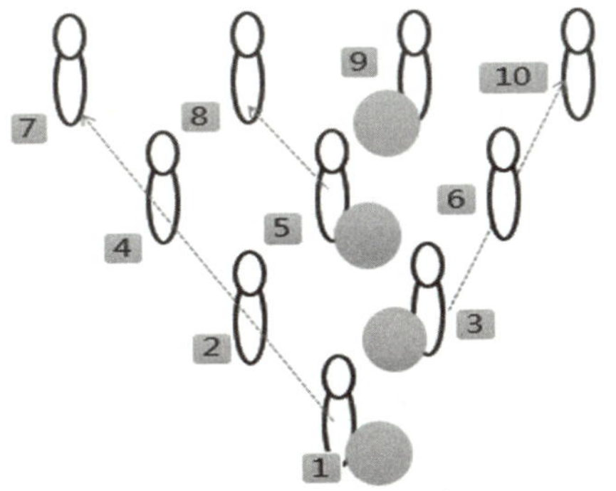

완벽한 스트라이크를 위해서는 그림과 같이 공이 4개의 핀만을 쓰러뜨리면 된다. 다른 나머지 핀들은 그 결과로 연쇄적인 접촉(pin-to-pin contact)을 통해 쓰러진다. 즉, 이것은 높은 점수를 얻기 위한 적절한 포인트에서 목표한 핀의 타격이 이루어져야 한다. 오른손잡이가 스트라이크를 하기 위한 공의 경로는 다음과 같다.

첫째, 헤드 핀(1번 핀)의 약간 오른쪽 부분에 공을 타격한다. 그렇게 되면 헤드 핀은 2번 핀과 4번 핀, 7번 핀을 차례대로 쓰러뜨린다.

둘째, 공이 3번 핀의 약간 왼쪽 부분을 타격하면 3번이 쓰러지면서 6번 핀과 10번 핀을 쓰러뜨린다.

셋째, 공이 5번 핀의 오른쪽 부분을 타격하면 5번 핀이 쓰러지면서 8번 핀을 쓰러뜨린다.

넷째, 공이 마지막으로 9번 핀을 쓰러뜨린다.

학교 수업의 경우 볼링 경기장을 방문하여 볼링공을 굴리는 연습의 기회를 얻는 것이 쉽지 않다. 이에 평평한 바닥에 간이 볼링핀을 세워 놓고 가까운 곳에서 간이 볼링공으로 쓰러뜨리면서 이를 확인해보도록 한다. 또한 볼링핀을 많이 쓰러뜨리기 위한 타격 포인트를 처음부터 설명하기보다는 모둠별로 간이 볼링공과 볼링핀을 가지고 연습해보면서 어떤 타격 방법이 볼링핀을 효과적으로 쓰러뜨릴 수 있는지 탐색해 보도록 하는 것이 좋다. 이러한 과정을 통해 볼링핀을 쓰러뜨리는 원리를 알게 되면 공을 던지는 지점과 볼링핀과의 거리를 점차 늘리면서 공을 던지는 감각을 익히도록 할 수 있다.

일반적으로 볼링은 한 손으로 공을 잡고 다른 손으로는 공을 든 손을 보조하여 공을 굴리는 기술을 사용하지만, 경우에 따라서는 두 손으로 공을 잡고 굴리는 기술도 있다. 이 기술은 엄지를 구멍에 넣지 않는 기술로부터 발전한 것이다. 한 손으로 공을 굴릴 때보다 강한 힘과 회전을 얻을 수 있는 장점이 있어 요즈음에는 각종 대회에서 이 기술을 사용하는 선수들을 종종 발견할 수 있다. 따라서 힘이 부족한 학생들의 경우 두 손을 사용하여 공을 굴려보게 하는 것도 좋은 방법이 될 수 있다.

Box 6-16 읽을거리 - 볼링공을 잡는 방법

볼링은 무거운 공을 사용하여 볼링핀(1.5~1.6kg)을 쓰러뜨리는 경기로 정확한 자세로 공을 잡고 굴리는 것이 무엇보다 중요하다. 볼링공에는 세 개의 구멍이 있어서 공을 굴리기 전에 손가락을 넣어야 하는데 먼저 중지와 약지 손가락을 그리고 엄지를 차례로 넣도록 한다.

그런데 엄지를 구멍에 먼저 넣지 않는 이유는 무엇일까? 볼링공의 엄지 구멍은 동그랗게 되어 있다. 따라서 엄지는 어느 위치에서도 넣을 수 있다. 그런데 다른 두 손가락을 넣은 구멍은 어느 위치에서나 편하게 손가락을 넣을 수 있는 구조가 아니다. 또한 일반적으로 엄지를 구멍에 먼저 넣는 경우에는 구멍 깊이 넣는 경향이 있다. 이로 인해 공을 릴리스(손가락에서 공을 뺄 때) 할 때 엄지가 구멍에 걸릴 수 있다. 따라서 공을 잘 컨트롤하기 위해서는 손가락을 먼저, 마지막에 엄지를 구멍에 넣어야 한다.

다음으로, 엄지손가락을 구멍에 넣지 않고 두 손가락만을 사용하여 볼링공을 잡는 방법[Two-Finger(Thumbless)]이 있다. 이 방법의 장점으로는 볼링공을 굴렸을 때 회전과 강한 훅이 발생한다는 것이다. 정확하게 공을 들고 릴리스 자세까지 유지되면 강한 힘이 공에 전달될 수 있다. 엄지와 두 손가락을 사용할 때보다 릴리스가 쉽다.

볼링공을 잡는 방법

볼링공의 구멍	엄지와 두 손가락으로 볼링공을 잡은 장면

볼링공을 잡는 방법은 다양하지만 볼링을 처음 시도하는 초등학생의 경우 무거운 공을 사용하게 하는 것보다는 팔의 회전에 무리가 가지 않는 가벼운 간이 볼링공 등을 이용하여 손가락 사용에 따른 공의 움직임, 특성 등을 이해하도록 하면 좋다. 이러한 활동에 익숙해지면 자신의 체중, 손가락의 크기 등을 고려한 볼링공을 선택하여 정교한 방법으로 공을 잡고 공을 굴려보게 할 수 있다.

Box 6-17 읽을거리 - 표적형 스포츠에 필요한 전략은?

표적형 스포츠에서 좋은 성과를 거두기 위해서는 학생 스스로 언제 무엇을 해야 할지를 결정하고 활동의 진행 속도를 조절하는 것이 중요하다. 표적형 스포츠는 다른 유형의 스포츠나 활동과 달리 비교적 정적인 활동이 주가 되기 때문이다. 교사는 학생이 활동에 서두르지 않고 자신의 페이스를 유지하며 안정된 상태에서 표적에 집중하도록 지도해야 한다. 표적 맞히기 활동의 구체적인 전략은 다음과 같다.

첫째, 자신감과 여유가 생길 때까지 기다린다. 표적형 스포츠는 속도를 겨루는 경쟁이 아니다. 따라서 학생은 여유롭게 게임을 수행할 필요가 있다. 예컨대, 다트 게임에서 학생이 다트를 많이 던진다고 해서 반드시 높은 점수를 얻는 것은 아니다. 많은 횟수를 던지기보다는 여유를 가지고 표적에 정확히 던질 수 있어야 한다.

둘째, 서두르지 않고 스스로 언제 시작할지를 결정한다. 표적형 스포츠에서는 옆 사람이 시작한다고 해서 무조건 따라 할 필요가 없다. 표적형 스포츠는 정확성이 가장 핵심적인 요소이며, 정확성을 추구하기 위해서는 심리적 안정이 반드시 요구된다. 따라서 학생은 심리적 안정을 찾은 후에 활동을 시작해야 한다.

셋째, 자신의 기술 및 상황을 고려하여 정확성이 떨어지더라도 높은 점수를 시도할 것인지, 비교적 안전한 점수가 낮은 표적을 맞힐 것인지를 판단한다. 일반적으로 표적형 스포츠에서는 여러 가지 난이도가 설정된다. 쉬우면 점수가 낮고 어려우면 점수가 높다. 학생들은 주로 높은 점수를 얻기 위하여 어려운 표적 맞히기를 시도하는 경향이 있다. 그러나 이러한 경우 오히려 낮은 점수를 얻게 되는 경우가 종종 발생한다. 따라서 자신의 수준이 어느 정도인지를 파악할 수 있는 능력을 먼저 길러야 한다.

넷째, 가능한 한 표적에 집중한다. 표적형 스포츠에서는 정적인 활동이 주를 이루기 때문에 정신 집중이 매우 중요한 요소이다. 실제로 양궁, 볼링, 골프 등의 표적형 스포츠는 고도의 심리적 안정과 세심한 주의집중력이 요구된다. 따라서 게임이 진행 중일 때에는 가능한 한 주위의 소음을 줄임으로써 최대한 정신 집중을 유도할 수 있는 환경을 조성해야 한다.

골프 게임에서의 전략과 에티켓

서두르지 않고 자신감이 생길 때까지 기다린다.	골프 게임에 방해가 되는 사진 촬영이나 소음을 금지하도록 한다.

4. 동작형 스포츠

가. 앞구르기

매트 운동은 도구나 기구를 사용하지 않고 누구나 쉽게 참여할 수 있으며 다양한 신체 부위를 사용하여 균형 잡기, 구르기, 돌기 등의 동작을 수행할 수 있는 특징이 있다. 매트 운동에서는 앞(뒤)구르기, (손 짚고) 옆 돌기, (머리 대고) 물구나무서기 등과 같은 동작을 다룬다. 이 가운데 앞구르기는 여러 가지 운동 상황에서 자신의 몸을 보호하기 위한 효과적인 동작이자 매트 운동에서 수행할 수 있는 다양한 동작들과 연결하는 데 필요한 기초 동작이라고 볼 수 있다.

Box 6-18 앞구르기 절차

		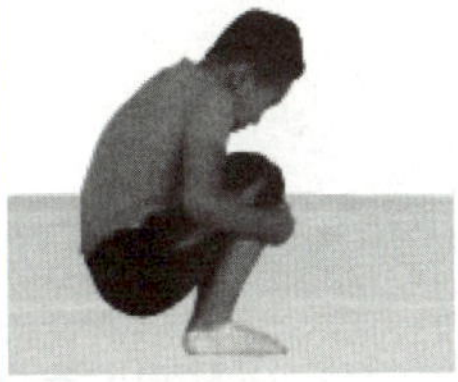	
두 손으로 매트를 잡고 엉덩이를 위로 들어 올린 채 턱을 당긴다.	다리를 밀면서 무게 중심이 앞으로 향하도록 하면서 몸을 넘긴다.	상체가 회전하면 두 손으로 무릎을 잡는다.	일어서서 균형을 유지한다.

사진출처: 지학사 초등학교 (3~4학년군) 4 p. 36

이와 같은 절차대로 앞구르기를 수행하는 과정에서 어려움을 느끼는 학생이 있는 경우, 먼저 원인이 무엇인지를 파악하도록 한다. 학생들은 부상에 대한 두려움이 있을 수 있고 또 이로 인해 자신감이 부족한 상태에서 정확한 동작 수행이 어려울 수 있다. 교사는 두려움을 느끼는 학생의 경우 심리적인 안정을 취하도록 충분히 기다려주고 학생들의 동작 수행 시 직접 보조 또는 보조도구 사용 등도 고려할 필요가 있다.

예를 들어, 앞구르기 자체에 대한 두려움을 갖고 있는 학생에게는 동작을 강요하기보다는 친구들의 동작을 관찰한 다음 시도하게 하거나, 앞구르기와 유사한 선수 동작(한쪽 어깨로 구르기)을 먼저 경험해보도록 할 수 있다. 또한 학생이 앞구르기를 시도할 때 학생 옆에서 보조하는 것도 도움이 될 수 있다.

Box 6-19 앞구르기 보조 방법

1) 교사는 학생 옆에 앉아 한 손은 학생의 다리를, 다른 한 손은 팔꿈치를 잡는다.
2) 다리를 들어 뒷머리가 매트에 닿도록 한다.
3) 구르는 방향으로 중심을 이동시킨다.
4) 일어서는 순간 등을 받쳐 중심을 잡도록 한다.

Box 6-20 마커 사용하기

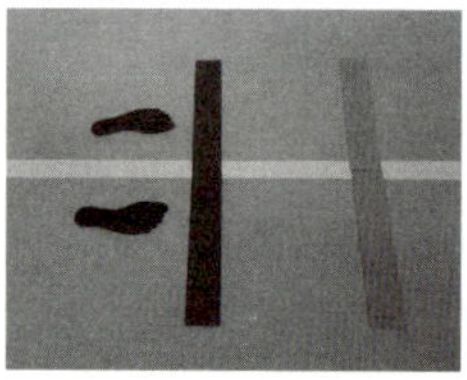

매트 위에 마커를 설치하여 손과 발의 위치를 지정해 줄 수 있음

한편 앞구르기에서 종종 발생하는 오동작의 유형으로는 앞으로 반듯하게 구르지 못하거나, 정수리가 매트 위에 닿는 경우, 구르는 동안 다리를 가슴에 붙이지 않거나 구른 후에 손을 짚고 일어나는 경우 등이 있다. 이때 해당 동작에 대한 교정적 피드백을 제공하는데, 한 번에 한 가지 주의사항만 전달하도록 한다. 동시에 많은 정보를 제공하면 학생들은 혼란스러워할 수 있기 때문이다. 특히 앞구르기를 할 때 주의할 점은 정수리가 매트에 닿는 경우 자칫 떨어지는 충격에 의해 목 부위에 통증이 발생할 수 있다는 점이다. 또한 손의 위치가 발과 가까워도 이러한 문제점이 발생할 수 있다. 이때는 손(발바닥)마커나 라인 마커를 사용하여 발과 매트에 짚는 손의 위치를 정해주면 구르기 동작을 원활하게 하는 데 도움을 줄 수 있다. 또한 구르기를 할 때 콩 주머니를 턱과 목 사이에 끼우면 몸을 공처럼 동그랗게 말아서 쉽게 구를 수 있다.

앞구르기에 익숙해지면 다리 벌려 앞구르기를 시도하게 한다. 다리를 굽힐 때보다 다리를 펴게 되면 저항력이 발생하게 되므로 이를 극복하기 위해 허리와 엉덩이가 매트에 닿는 순간 다리를 벌리고 팔로 매트를 밀면서 일어나도록 한다.

Box 6-21 다리 벌려 앞구르기

사진출처: 미래엔 중학교 체육 1 p. 82

나. 손 짚고 옆 돌기

손 짚고 옆 돌기(cartwheel)는 수레바퀴의 휠처럼 두 팔과 두 다리를 편 채 몸을 옆으로 회전시키는 동작이다. 앞구르기나 뒤구르기가 몸을 작게 만들어 동작을 수행하는 것과 달리 이 동작은 몸을 완전히 편 채 회전을 일으키는 특징이 있다. 학생들은 대부분 구르기와 달리 몸을 펴서 세우는 동작이 익숙하지 않으므로 다음과 같은 선수 활동을 통해 도움을 주도록 한다.

Box 6-22 손 짚고 옆 돌기를 위한 선수 활동

손 짚고 옆 돌기를 하는 데 어려움이 있는 학생들은 손을 바닥에 짚을 때, 자신의 체중을 버틸 수 있는 능력을 키우는 데 집중해야 한다. 이를 익힌 후에는 몸을 적절한 위치로 옮기는 방법을 습득하도록 해야 한다. 다음과 같은 활동을 연습하도록 한다.

1) 매트에 두 손을 짚은 채 다리를 가볍게 들어 올리며 오른(왼)쪽으로 착지한다. 이와 같은 방법으로 이번에는 다리를 들어 올려 왼(오른)쪽으로 착지한다. 자신감이 생길 때까지 동작을 반복 연습한다.

삽화출처: 미래엔 중학교 체육 1 p. 84

2) '제자리에서 두 다리 들어보기' 활동이다. 제자리에서 두 발을 들어 (　)초 버티기, 발로 박수 (　)회 치기와 같은 동작을 한다. 이때 고개를 숙인 상태에서 다리를 높이 들어 올리면 앞으로 고꾸라질 수 있으므로 이를 주의해야 한다.
3) '손으로 징검다리 짚고 뛰어넘기' 활동이다. 이 활동은 매트 위에 원 마커(징검다리)를 놓고, 출발점에서 손으로 원 마커(징검다리)를 짚으면서 이동하는 것이다. 학생들은 자신의 수준에 맞게 다리를 들어 올리도록 한다.
4) '손 짚고 고무줄 뛰어넘기' 활동이다. 이 활동은 손 짚고 옆 돌기 동작을 하면서 고무줄 넘기 동작을 추가한 것인데 고무줄의 높이가 높을수록 학생들의 다리도 점차 펴지게 된

다. 처음에는 고무줄을 의식하여 동작 수행에 어려움을 겪을 수 있으므로 고무줄의 높이를 낮추도록 한다. 이후 익숙해지면 고무줄의 높이를 점차 높이도록 한다.

5) '원하는 시간으로 이동하기' 활동이다. 매트 위에 후프를 올려놓고 후프를 시계의 중심으로 간주한다. 교사가 "6시-3시"를 지시하면 학생은 '6시 위치'에서 후프 안에 손을 짚고 '3시 위치'로 이동하도록 한다. 두 시각의 각이 커질수록(예를 들어, "6시-12시") 손 짚고 옆 돌기 동작에 가까워진다. 교사는 학생들의 수준을 고려하여 과제를 제시하도록 한다.

이와 같은 활동을 수행한 다음에는 손 짚고 옆 돌기를 수행하도록 한다.

Box 6-23 손 짚고 옆 돌기 절차

두 팔을 높이 펴서 들었다가 앞으로 뻗도록 한다. 이때 한 다리를 가볍게 들었다가 내리도록 한다.	한 손씩 번갈아 매트를 짚으면서 동시에 한 발씩 힘차게 차올리면서 앞으로 회전한다. 이때 시선은 손끝을 바라보도록 한다.	두 발이 번갈아 모두 착지할 때까지 팔을 굽히지 않고 편 채 균형을 유지한다.

사진출처: 지학사 초등학교 (3~4학년군) 4 p. 39

다. 물구나무서기

물구나무서기(hand stand)는 매트 운동에서 초등학생이 도전 가능한 높은 수준의 동작이다. 특히 물구나무서기를 하다가 착지를 잘못하게 될 경우 부상을 당할 수 있으므로 보조자 배치, 안전한 운동환경 조성, 수행자의 준비도(자신감, 팔 근력 등) 등을 고려해야 한다. 처음 물구나무서기를 지도할 때는 난이도가 조금 쉬운 머리 대고 물구나무서기(head stand)를 지도하면 도움이 된다. 두 팔과 머리를 바닥에 지지함으로써 물구나무서기를 할 때보다 신체나 물체가 바닥에 접촉하고 있는 면적인 기저면(base of support)이 커져 균형을 유지하기 쉽기 때문이다. 이는 세발자전거가 두발자전거보다 균형 유지가 쉬운 것과 유사한 원리이다.

물구나무서기를 런지 자세로부터 할 수도 있지만 이러한 경우 몸을 들어 올리는 데 많은 힘이 요구되므로 가급적 선 자세에서 시작하는 물구나무서기 동작을 습득하도록 한다.

Box 6-24 물구나무서기의 시작과 끝(entrance and exit) 연습 방법

1) 제자리에 서서 팔을 위로 펴고 잘 사용하는 다리를 포인팅한다.
2) 잘 사용하는 다리를 앞을 향하여 굽히며 런지 자세를 취한다.
3) 뒷다리를 들어 올리며 동시에 손으로 바닥을 밀면서 몸을 편다.
4) 제자리에 서서 잘 사용하는 다리를 앞으로 뻗으며 포인팅하는 처음 자세로 돌아온다.

이와 같은 동작을 반복하여 연습한 후에는 보조자의 도움을 받아 물구나무서기를 시도하도록 한다. 처음에 선 자세에서 앞을 향해 런지 자세를 취하며 매트에 손을 짚고 뒷다리를 들어 올려 두 다리가 빠르게 붙도록 하며 거꾸로 선 자세가 만들어지도록 한다. 이때 발끝에 힘을 주고 머리를 들어 바닥을 보며 균형을 유지하도록 한다. 이후 먼저 구부렸던 다리를 낮춰 매트에 닿도록 하며 처음 자세로 돌아오도록 한다.

Box 6-25 물구나무서기 연속동작

사진출처: 미래엔 중학교 1 p. 85

라. 뜀틀 다리 벌려 넘기

일반적으로 뜀틀을 넘는 동작을 배우기 전에 매트 운동을 지도하는데 이는 매트 운동에서 습득한 기능이 뜀틀 운동을 수행하는 데 도움이 되기 때문이다. 뜀틀의 손을 포함한 몸이 접촉하는 부분을 작은 매트라고 할 수 있다. 매트에서 수행한 앞구르기, 손 짚고 옆 돌기, 손 짚고 앞 돌기와 같은 동작들은 뜀틀에서도 가능하다. 뜀틀 운동이 매트 운동과 다른 점은 구름판의 탄력을 이용하고 빠른 판단을 통해 동작을 수행해야 한다는 점이다. 간단한 과제에서 복잡한 과제로 또는 쉬운 과제에서 어려운 과제로 발전(확대과제)시키는 내용 발달을 고려할 때 뜀틀 위에서 수행하는 동작들을 매트에서 충분히 학습한다면, 뜀틀 운동을 학습하는 데 많은 도움이 될 수 있다.

뜀틀은 '도움닫기－발 구름－손 짚기－공중 자세－착지' 동작이 연속적으로 이루어진다. 이와 같은 부분 동작들이 순차적으로 조화를 이루며 연결되도록 해야 한다. 뜀틀운동을 할 때는 먼저 구름판 가운데를 정확히 밟은 다음 손을 짚도록 한다. 이때 뜀틀을 힘차게 밀어내면서 상체를 세우고 엉덩이를 수평으로 만들어 무릎을 뻗으며 다리를 벌리도록 한다. 이후 바닥에 뛰어내리는 착지 동작으로 이어지는데, 착지는 도약의 끝맺음이며, 뜀틀운동을 평가하는 기준이 된다. 착지할 때는 몸에 가해지는 충격을 줄이기 위해 발목 관절, 무릎 관절, 고관절을 적절하게 굽히고, 팔을 앞으로 가볍게 뻗으며 균형을 유지하도록 한다.

Box 6-26 뜀틀 다리 벌려 넘기를 할 때 균형 유지 방법

사진 출처: 지학사 초등학교 (3~4학년군) 4 p. 36

뜀틀 다리 벌려 넘기 운동에서 주로 발생하는 문제점 중의 하나는 착지할 때 몸이 앞으로 기울어져 넘어지는 현상이다. 이는 도움닫기나 손을 짚는 동작이 너무 강하다든지, 뜀틀에 오랫동안 손을 짚고 있는 경우에도 발생한다. 뜀틀에 손을 짚는 순간 시선 또한 주의해야 한다. 손을 짚을 때 고개를 앞으로 숙이면 앞구르기를 할 때와 같이 회전이 발생하여 몸이 앞으로 기울어진다. 반대로 고개를 세우면 물구나무서기를 할 때와 같이 저항력이 발생하여 착지할 때 몸을 제어하기 쉽다. 이에 뜀틀에 손을 짚을 때 고개를 세우는 동작을 만들도록 한다. 또한 착지 과정에서 관성에 의해 무게중심(center of mass)이 순간적으로 기저면 밖에 위치하여 몸이 앞으로 쏠릴 때 두 팔을 앞으로 뻗으면 균형을 유지하는 데 도움이 된다.

Box 6-27 뜀틀을 넘을 때 이 점만은 알아두기

- 구름판 가운데를 정확히 밟는다.
- 뜀틀을 힘차게 밀어 상체를 세운다.
- 엉덩이를 수평으로 만든다.
- 무릎을 뻗고 다리를 벌린다.

5. 투기형 스포츠

가. 태권도의 공격과 기술

태권도의 공격과 수비 기술에는 막기, 지르기, 찌르기, 찍기, 치기, 차기 등이 있으며 기술에 따른 신체 사용 부위는 다음과 같다.

Box 6-28 태권도 주요 기술의 특징과 신체 사용 부위

구분	기술의 특징과 신체 사용 부위
• 막기	• 공격으로부터 신체를 보호하는 기술
	바깥팔목, 안팔목, 등팔목, 굽힌손목, 앞축, 발등, 발날, 발날등, 발바닥, 정강이
• 지르기	• 몸의 힘을 이용하여 팔꿈치를 뻗어 팔목을 회전하면서 주먹을 일직선으로 뻗어 사용하는 기술
	주먹, 편주먹, 밤주먹, 집게밤주먹
• 찌르기	• 손끝과 같이 사용부위를 좁게 하여 급소를 가격하는 기술
	편손끝, 가위손끝, 한손끝, 모은두손끝, 모은세손끝
• 찍기	• 목표물을 짧고 무겁고 예리한 부위로 가격하는 기술
	모듬손끝
• 치기	• 주로 바른주먹과 손끝을 제외한 모든 공격
	등주먹, 메주먹, 손날, 손날등, 손등, 곰손, 바탕손, 굽힌손목, 아금손, 집게손, 팔굽, 무릎
• 차기	• 다리의 관절을 뻗거나 돌아서 발로 가격하는 기술
	앞축, 뒤축, 발끝, 발날 등, 뒤꿈치 발바닥, 발등

태권도에서 공격을 할 때는 신체의 다양한 부위를 이용하는 반면, 상대방의 공격을 막는 막기 기술의 경우 발을 사용하지 않고 손이나 팔을 이용하는 이유는 다음과 같다. 다리나 발로 막기를 하면 다리나 발을 들어 올림으로써 무게중심이 높아져 몸이 불안정해지고 빠르게 이동하기가 어려워진다. 이는 역으로 생각하면 상대방이 공격할 때 몸의 중심을 잃거나 반격 동작이 제대로 갖춰지지 않으면 공격에 유리한 타이밍이 된다. 따라서 두 다리는 중심을 유지하도록 하고 상대의 공격 순간을 포착하여 자세 바꾸기 동작을 하고 공격으로 연결한다. 이에 막기 기술이 주로 손과 팔을 이용하는 동작으로 발달하였다. 한편, 정강이를 이용한 막기 기술도 있으나 정강이의 경우 상대방이 타격하면 강한 통증이 발생하므로 막기에 적합하지 않다.

Box 6-29 태권도 지도 시 효과적인 과제 전달 방법

태권도의 경험 유무에 따라 학생들의 학습 속도가 달라질 수 있으므로 효과적인 태권도 지도를 위해 아래와 같은 과제 전달 방법을 활용하도록 한다.

1) 학습 내용을 철저히 파악한다. 예를 들어, 태권도 기술의 과학적 원리를 이해하고 설명할 수 있어야 한다.
2) 학습자가 이해할 수 있는 언어를 사용한다. 어려운 용어의 경우 학습자가 이해할 수 있는 수준의 언어로 부연, 또는 은유나 비유를 들어 설명한다.
3) 핵심 요소를 중심으로 시범 보인다.
4) 학습자의 이해 여부를 확인한다.

나. 태권도 보호도구와 겨루기 연습

태권도 겨루기는 상대방의 신체 부위를 타격하고 상대방의 공격을 효과적으로 막는 기술을 습득하는 것이 중요하다. 이러한 과정에서 신체 접촉이 발생할 수 있으므로 겨루기를 할 때는 반드시 보호도구를 착용하고 교사의 임장 아래 활동이 이루어지도록 해야 한다.

Box 6-30 태권도 보호도구와 겨루기 보조도구

태권도 보호도구의 종류와 쓰임새는 다음과 같다.
- 몸통 보호대: 몸통에 착용하며 청, 홍과 같이 상대방과 다른 색깔의 보호대를 착용하여 구별이 쉽도록 한다.
- 머리 보호대: 상대방의 발차기 등으로부터 머리를 보호하기 위하여 착용한다. 또한 겨루기가 아닌 발차기 연습 과정에서도 다리를 높이 들어 올리면 자칫 넘어지면서 머리 뒷부분이 다칠 수 있으므로 이를 착용하도록 한다.
- 발, 다리 보호대: 발차기할 때 발목, 정강이 등을 보호한다.
- 장갑, 팔 보호대: 공격 시 손가락, 손목 등을 보호하며 상대방의 발차기 공격 등의 강한 타격으로부터 부상을 예방하기 위해 사용한다.
- 안면 보호대: 상대방의 지르기와 같은 손 공격, 발차기로부터 안면을 보호한다.
- 샅 보호대: 도복 안에 착용하며 신체의 중요부위를 보호한다.

겨루기 연습을 할 경우에는 상대방을 직접 타격하지 않는 약속 겨루기나 스펀지 막대 등 안전한 교구를 사용하여 공격과 막기 연습을 하면 효과적이다.

태권도 보호도구	효과적인 겨루기 보조도구
	 (사진 출처: 지학사 체육 6 교사용 지도서 p. 133) 스펀지 막대를 이용하여 공격하고 수비자가 막기 동작으로 이를 방어하는 장면

다. 샅바의 특성과 샅바 매기

샅바란 무엇인가? 샅바는 사타구니를 의미하는 '샅'과 무명이나 광목 등으로 굵다랗게 만든 줄인 '바'의 합성어이다. 샅바는 씨름 경기를 하는 선수가 몸에 묶는 천으로 상대방이 잡을 수 있도록 허리와 다리에 둘러 묶는다. 과거에는 죄인의 다리를 얽어 묶던 바를 '샅바'라고 일컫기도 했다. 또한 볏짚이나 삼으로 세 가닥을 지어 굵다랗게 드린 '참바'라는 줄을 사용하였다. 황해도, 평안도, 함경도 등지에서는 이 샅바를 '살바'라고 불러왔는데, 이는 '살에 매는 바'이기 때문이다. 그 이후 무명으로 바를 삼았고 1920년경부터 광목이 등장하여 현재까지 통용되고 있다.

샅바 싸움을 하는 이유는? 샅바는 씨름꾼들에게 반드시 필요한 유일무이한 도구이다. 대부분의 씨름 공격은 상대방을 끌어당기거나 들어 올린 상태에서 실시한다. 씨름 경기에서 몸이 위로 들리게 되면 발로 지지할 수 없게 되어 매우 불리해진다. 따라서 자신의 샅바는 상대방이 잘 잡지 못하게 하고 상대방의 샅바를 깊이 잡으려고 샅바 싸움을 하는 것이다.

Box 6-31 샅바를 사용하는 경기와 맨손으로 겨루는 경기

씨름	레슬링

샅바를 매는 방법은 설명을 들으면서 직접 매면 쉽게 따라서 할 수가 있다. 샅바를 맬 때에는 다음과 같은 순서를 따르도록 한다.

Box 6-32 샅바 매는 방법

다리샅바를 오른쪽 다리에 낀 채 위로 들어 올린다.	긴 샅바를 허리 뒤로 돌려 왼손으로 잡는다.	긴 샅바를 위에서 아래로 넣은 후 오른손으로 잡고 위로 빼낸다.	오른손으로 잡은 샅바를 작은 고리를 만들어 왼손으로 잡아 위로 뺀 후 위에서 아래로 끼워 넣어 고정한다.
		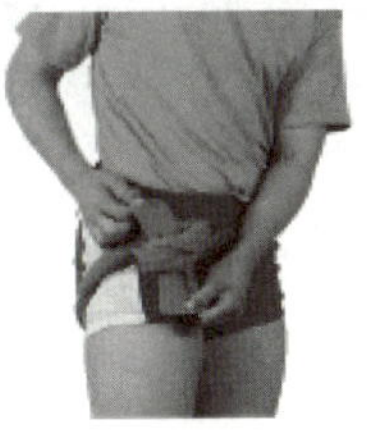	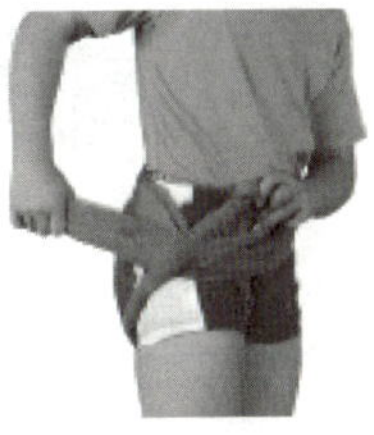

사진출처: 지학사 초등학교 (5~6학년군) 6 p. 54

라. 씨름에서 상대의 힘을 이용한 기술

씨름의 기술에는 손으로 상대의 다리를 치거나 밀고 당겨 넘어뜨리는 손 기술, 상대의 움직임에 따라 다리 또는 발로 다리를 걸어 넘어뜨리는 다리 기술, 상대를 들어 메치거나 좌우로 돌려 넘어뜨리는 허리 기술이 있다. 이와 같은 기술은 자신의 힘을 이용하여 상대를 제압하는 기술이라고 볼 수 있다.

씨름에는 이 밖에도 상대가 기술을 걸어올 때, 상대의 힘을 역으로 이용하여 제압할 수 있는 되치기 기술이 있다. 이는 두 사람이 손바닥을 미는 게임에서 상대가 밀 때 손에 힘을 빼면 상대가 무게중심을 잃고 균형을 잡지 못하는 원리와 유사하다고 볼 수 있다. 이와 같은 기술을 잘 구사하려면 상대의 공격 타이밍을 잘 예측하였다가 상대가 공격할 때 이를 방어하며 자신에게 가한 힘을 역이용하여 상대가 균형을 잃도록 하면 된다. 되치기 기술에는 상대가 뒷무릎치기를 시도할 때 앞으로 나오면서 밭다리 걸기[2)]로 넘어뜨리는 기술, 상대가 오른발로 자신의 왼발을 바깥쪽에서 안쪽으로 걸어 넘어뜨리는 덧걸이 기술을 구사할 때 잡채기[3)]를 하여 넘어뜨리는 기술 등이 있다.

Box 6-33 되치기 기술 중 뒷무릎 치기에 따른 밭다리 걸기

사진출처: 미래엔 중학교 1 p. 147

2) 상대의 오른발이 앞으로 나와 있거나 무게 중심이 오른쪽에 있을 때, 오른발로 상대의 오른발을 바깥쪽에서 걸어 넘어뜨리는 기술

3) 상대를 들려고 할 때, 상대가 넘어지지 않으려고 밑으로 중심을 잡으면 이때 상대의 다리샅바와 허리샅바를 왼쪽으로 당겨 넘기는 기술

묻고 답하기(Q&A)

1. 기술형 스포츠 영역의 주요 교수 · 학습 방법을 설명하시오.

2. 단거리 달리기에 반영된 과학의 원리를 설명하시오.

3. 배면뛰기에서 좋은 기록을 내기 위한 방법을 설명하시오.

4. 앞구르기와 손 짚고 옆 돌기의 움직임 기술의 특징을 비교하여 설명하시오.

5. 태권도 지도 시 효과적인 과제전달방법을 설명하시오.

참고문헌

강익필, 안재로, 설성란, 엄재영, 송남정(2017). **KTA 태권도 기본 기술 지도법과 활용.** 서울: 주식회사 애니빅.

교육부(2015). **체육과 교육과정.** 교육부 고시 제2015-74호 [별책 1].

교육부(2022). **체육과 교육과정.** 교육부 고시 제2022-33호 [별책 11].

김화성(2011). **빨리 높이 멀리 달려라 육상 이야기.** 서울: 상수리.

대한육상연맹(2022). **육상 경기규칙 및 기술규칙.** 대한육상연맹.

대한체육회(2022.03.08.). **[Sports for all] 스포츠 속 숨은 과학 원리.** https://blog.naver.com/sports_7330/222667168755 검색일자 2024.01.30.

손천택(2015). **체육교수학습론.** 파주: 교육과학사.

손천택, 박정호(2019). **태권도 교육론.** 서울: 도서출판 대한미디어.

안양옥, 손천택, 이용수, 조순묵, 배성제, 류태호, 장용규, 김미원, 유창완, 제창욱, 안근옥, 박상봉, 이규일(2012). **중학교 체육.** 서울: 지학사.

안양옥, 손천택, 이용수, 조순묵, 배성제, 류태호, 장용규, 김미원, 유창완, 제창욱, 안근옥, 박상봉, 이규일(2013). **중학교 체육 교사용 지도서.** 서울: 지학사.

안양옥, 장용규, 김갑철, 권민혁, 이옥선, 신기철, 김기철, 박상봉(2011). **개정판 초등학교 게임수업탐구.** 서울: 도서출판 레인보우북스.

안양옥, 조순묵, 배성제, 장용규, 엄우섭, 김갑철, 권민혁, 박상봉, 이정택, 차민철, 이문진, 김동식, 허나리(2019a). **초등학교 체육(5~6학년군). 5 지도서.** 서울: 지학사.

안양옥, 조순묵, 배성제, 장용규, 엄우섭, 김갑철, 권민혁, 박상봉, 이정택, 차민철, 이문진, 김동식, 허나리(2019b). **초등학교 체육(5~6학년군). 6 지도서.** 서울: 지학사.

안양옥, 조순묵, 배성제, 장용규, 엄우섭, 김갑철, 권민혁, 석승하, 박상봉, 이정택, 차민철, 김동식, 허나리(2018a). **초등학교 체육(3~4학년군) 3 지도서.** 서울: 지학사.

안양옥, 조순묵, 배성제, 장용규, 엄우섭, 김갑철, 권민혁, 석승하, 박상봉, 이정택, 차민철, 김동식, 허나리(2018b). **초등학교 체육(3~4학년군) 4 지도서.** 서울: 지학사.

육현철(2018). **수영 지도론 Ⅱ.** 서울: 도서출판 홍경.

이대형, 한윤수, 최정현(2008). **교사를 위한 체조교수법.** 파주: 교육과학사.

이만기, 홍윤표(2003). **씨름.** 서울: 대원사.

이창준(2006). **육상경기의 맥.** 서울: 무지개사.

이태신(2000). **체육학대사전(학술용어 편).** 전주: 민중서관.

전영석, 홍준의(2015). **체육 시간에 과학 공부하기.** 파주: ㈜ 웅진씽크빅.

정상원(2000). **초등학교 육상지도서.** 서울: 도서출판 대경북스.

정성우(2017). **초등교사를 위한 동작도전 가이드북.** 부산: Yoonseul Design.

정영린, 정영수, 홍석표, 고재범, 이원주, 양승희, 신민석, 한동원, 엄혜성(2018). **중학교 체육 1.** 서울: ㈜ 미래엔.

Broomfield, L. (2011). *Complete Guide to Primary Gymnastics.* Human Kinetics, Inc.

Pangrazi, R. P. & Beighle, A. (2016). *Dynamic Physical Education For Elementary School Children* (18th ed.). San Francisco: Benjamin Cummings.

Wiedman, D. (2015). *Bowling steps to success.* IL: Human Kinetics.

MBC 뉴스(2016. 08. 12.). **'1000분의 1초 다툰다' 육상 선수 신발에 숨은 비밀.** https://imnews.imbc.com/replay/2016/nwdesk/article/4074221_30244.html. 검색일자. 2020. 08. 31.

제 7 장

전략형 스포츠 영역

학습목표

- 전략형 스포츠의 개념과 목표를 설명할 수 있다.
- 2022 체육과 교육과정에서 전략형 스포츠의 내용과 지도방법에 대해 알 수 있다.
- 전략형 스포츠 활동 과정에서 올바른 교수기술을 습득할 수 있다.
- 전략형 스포츠 활동에서 복잡성과 난이도를 조절하는 방법을 설명할 수 있다.
- 게임수행평가도구(GPAI)를 이해하고 게임에 활용할 수 있는 방법을 설명할 수 있다.
- 영역형, 필드형, 네트형 스포츠와 관련된 운동의 규칙과 방법을 숙지할 수 있다.

1. 2022 개정 체육과 교육과정에서의 전략형 스포츠

체육과는 신체활동의 학습을 통해 활동적이고 창의적인 삶, 건강하고 주도적인 삶, 신체활동 문화를 향유하며 사회 속에서 바람직하고 더불어 사는 삶의 자질을 길러주는 교과이다. 신체활동은 놀이, 게임, 운동, 스포츠, 표현 등의 맥락에서 계획적, 의도적으로 수행되는 움직임으로, 신체 능력과 건강을 증진하고, 다양한 기술과 전략을 바탕으로 타인 및 환경과 상호작용하는 과정에서 형성된 삶의 양식이다.

이를 실현하기 위해 체육과에서는 첫째, 학습자가 기본 움직임 기술을 익히고, 신체활동 형식과 관련된 개념, 기술, 전략 등을 습득하며, 일상생활에서 신체활동을 계획하고 실천하도록 한다. 둘째, 연구와 실천을 통해 축적된 신체활동에 관한 이론적·경험적 지식을 이해하고 생활 속에서 적용하고 즐기며 다양한 안목을 기르도록 한다. 셋째, 다양한 신체활동 경험을 성찰하며 자신과 세계와의 관계를 인식함으로써 신체활동에 내재한 가치와 태도를 실천하도록 한다. 즉, 체육과 학습을 통해 학습자는 신체활동 문화에 입문하고, 운동, 스포츠, 표현 등의 신체활동 형식과 관련된 움직임 지식, 기술, 태도를 습득하며, 이를 기반으로 체육과가 추구하는 삶의 방식을 생애 전반에 걸쳐 실천할 수 있는 역량을 함양한다. 또한 이러한 신체활동 역량을 운동, 스포츠, 표현 맥락뿐만 아니라 일상생활과 직무, 여가활동 등에서 효과적이고 효율적으로 발휘할 수 있다.

따라서 체육과는 학습자가 전 생애에 걸쳐 체력과 건강, 움직임에 대한 기능과 지식, 다양한 신체활동에 참여하려는 의지와 태도를 길러 적극적으로 신체활동에 참여하며, 신체활동 문화를 깊이 이해하고 실천함으로써 건강하고 활기찬 삶을 생활화하고, 타인 및 세계와 소통하며 바람직한 민주 시민으로 성장할 수 있도록 한다(교육부, 2022).

스포츠 영역은 제도화되고 조직화된 신체활동과 다양한 환경과의 상호작용을 통해 생태적 결합을 추구하는 신체활동을 학습하는 영역으로 경기 규칙과 방법, 상황에 따른 효율적 기술 수행과 전략적 움직임, 여러 가지 경쟁의 형식과 이것을 통해 사회가 축적한 보편적인 신체활동 문화를 포괄적으로 학습할 수 있다. 스포츠 형식은 기본 움직임인 이동 및 비이동 움직임 기술을 개인 수준, 지상, 수상 등의 환경 수준, 개방성이 높은 대인 수준으로 대응하면서 복합적, 조직적으로 심화해 가며, 기술적 수월성을 발휘하는 '기술형 스포츠', 이동 및 비이동 기술을 활용하되, 주로 조작 기술을 중심으로 팀 간의 경쟁을 다루는 '전략형 스포츠'와 다양한 환경적 맥락과의 생태적 상호작용이 고려된 '생태형 스포츠'로 분류된다(박정준, 이규일, 유창완, 김원정, 허창혁, 전세명, 제성준, 김종우, 차민철, 손혁준, 황인택, 박혜연, 김기주, 이동규, 2022).

움직임 기능의 수행 능력과 전략에 따라 승패가 결정되는 '전략형 스포츠'는 영역형, 필드형, 네트형으로 구분된다. '영역형'은 상대 영역의 정해진 지점에 득점하는 스포츠이며, '필드형'은 공격과 수비를 번갈아 하며 정해진 구역을 돌아 점수를 얻는 스포츠이다. 그리고 '네트형'은 네트 너머 상대 영역에 공을 떨어뜨려 득점하는 스포츠이다. 따라서 영역형, 필드형, 네트형의 유형별 특성을 파악한 후 움직임 기술을 응용하여 활용하는 능력을 학습하도록 한다.

2022 개정 체육과 교육과정에 제시된 '전략형 스포츠'와 관련된 내용체계, 신체활동 예시, 성취기준, 성취기준 해설, 성취기준 적용 시 고려사항은 〈표 7-1〉, 〈표 7-2〉, 〈표 7-3〉, 〈표 7-4〉, 〈표 7-5〉와 같다(교육부, 2022).

〈표 7-1〉 스포츠 영역 내용체계(전략형 스포츠 관련)

<table>
<tr><td>핵심 아이디어</td><td colspan="2">• 스포츠는 인간이 제도화된 규범과 움직임 기술을 바탕으로 타인 및 주변 세계와 소통하며 바람직한 구성원으로 성장하는 데 이바지한다.
• 스포츠는 인간이 환경과 상호작용하고 다양한 기술과 창의적인 전략을 발휘하며 한계를 극복하는 과정에서 발달한다.
• 인간은 스포츠를 다양한 방식으로 체험함으로써 움직임의 즐거움을 느끼고 활동적인 삶의 태도를 배운다.</td></tr>
<tr><td rowspan="3">구분
범주</td><td colspan="2">내용 요소</td></tr>
<tr><td colspan="2">초등학교</td></tr>
<tr><td>3~4학년</td><td>5~6학년</td></tr>
<tr><td>지식 · 이해</td><td>• 스포츠와 움직임 기술
• 기본 움직임 기술의 종류와 수행 방법
• 스포츠에서의 기본 움직임 기술 수행 방법</td><td>• 기술형 · 전략형 · 생태형 스포츠의 유형
• 기술형 · 전략형 · 생태형 스포츠의 유형별 움직임 기술 응용 방법
• 기술형 · 전략형 · 생태형 스포츠의 활동 방법과 기본 전략</td></tr>
<tr><td>과정 · 기능</td><td>• 스포츠의 의미와 유형 이해하기
• 기본 움직임 기술과 스포츠의 관계 파악하기
• 기본 움직임 기술의 종류 파악하고 시도하기</td><td>• 기술형 · 전략형 · 생태형 스포츠의 유형 파악하기
• 기술형 · 전략형 · 생태형 스포츠의 유형별 움직임 기술 응용 방법 활용하기
• 기술형 · 전략형 · 생태형 스포츠의 기</td></tr>
</table>

	• 스포츠 유형별 움직임 기술 종류 파악하기 • 스포츠 유형별 움직임 기술 시도하기 • 안전하게 움직이기	본 전략 적용하기 • 안전하게 활동하기
가치 · 태도	• 움직임 수행의 자신감과 적극성 • 최선을 다하는 태도 • 게임 규칙 준수 • 스포츠 환경에 대한 개방성 • 스포츠 활동 참여의 적극성	• 목표 달성 의지 • 상대 기술 인정 • 팀원과의 협력 • 구성원 배려 • 스포츠 환경을 아끼는 태도 • 스포츠 환경에 감사하는 태도

〈표 7-2〉 전략형 스포츠의 신체활동 예시

학년군	세부 영역	신체활동 예시
3~4 학년군	스포츠 유형별 움직임 기술	• 전략형 스포츠 유형별 움직임(공던지기와 잡기, 공몰기, 공차기와 멈추기, 공치기와 받기, 라켓으로 치기 등)
5~6 학년군	전략형 스포츠 유형별 활동	• 영역형(축구형 게임, 농구형 게임, 핸드볼형 게임, 럭비형 게임, 하키형 게임 등) • 필드형(야구형 게임 등) • 네트형(배구형 게임, 배드민턴형 게임, 족구형 게임, 탁구형 게임, 테니스형 게임 등)

〈표 7-3〉 전략형 스포츠의 성취기준

학년군	성취기준
3~4 학년군	[4체02-01] 스포츠의 의미와 유형을 파악한다. [4체02-06] 전략형 스포츠에 적합한 기본 움직임 기술을 파악하고 시도한다.
5~6 학년군	[6체02-04] 전략형 스포츠의 의미와 유형을 파악한다. [6체02-05] 전략형 스포츠 유형별로 기본 움직임 기술을 응용한 기본 기능을 파악하고 수행한다. [6체02-06] 전략형 스포츠 유형별 활동 방법을 파악하고 기본 전략을 게임 활동에서 수행한다.

〈표 7-4〉 전략형 스포츠의 성취기준 해설

학년군	성취기준 해설
3~4 학년군	• [4체02-01]은 스포츠의 의미와 유형을 이해하기 위해 설정하였다. 일정한 규칙과 방법에 따라 경기 기술을 수행하고 환경과의 상호작용을 통해 발달한 스포츠의 개념과 기술형, 전략형, 생태형 스포츠의 유형별 특성을 이해하도록 한다. • [4체02-06]은 전략형 스포츠 유형에 적합한 움직임 기술을 탐색하고 수행하기 위해 설정하였다. 움직임 기술과 전략에 따라 승패가 결정되는 전략형 스포츠 활동의 다양한 기능과 관련된 움직임 기술의 효과적 수행 방법(공던지기와 잡기, 공몰기, 공차기와 멈추기, 공치기와 받기, 라켓으로 치기 등)을 익히고, 기본적인 전략을 세워 간단한 게임 상황에서 시도하도록 한다.
5~6 학년군	• [6체02-04]는 전략형 스포츠의 의미와 유형을 이해하기 위해 설정하였다. 움직임 기능 수행 능력과 전략에 따라 승패가 결정되는 전략형 스포츠의 의미를 이해하고 스포츠의 유형을 상대 영역으로 이동하여 정해진 지점으로 공을 보내 득점하는 영역형, 동일 공간에서 공격과 수비를 번갈아 하며 정해진 구역을 돌아 점수를 얻는 필드형, 네트 너머에 있는 상대 영역에 공을 보내 넘기지 못하게 하여 득점하는 네트형으로 구분하여 각각의 세부 특성을 파악하도록 한다. • [6체02-05]는 영역형, 필드형, 네트형 스포츠에서 기본 움직임 기술을 응용한 기본 기능을 효과적으로 활용하기 위해 설정하였다. 패스, 드리블, 슛 등과 같은 영역형 스포츠의 기본 기능, 포구, 송구, 타격, 주루 등과 같은 필드형 스포츠의 기본 기능, 서브, 리시브, 토스, 스트로크(스매싱) 등과 같은 네트형 스포츠의 기본 기능을 변형게임이나 뉴스포츠 수준의 게임 상황에 맞게 효율적으로 수행하도록 한다. • [6체02-06]은 영역형, 필드형, 네트형 스포츠의 활동 방법과 기본 전략을 활용하기 위해 설정하였다. 영역형, 필드형, 네트형 스포츠를 변형한 게임이나 뉴스포츠와 같은 게임 활동에 참여하며 경기 방법을 파악하고, 공간 만들기, 공간 차단하기, 골 넣기와 막기, 빈 곳으로 공 치기, 구역과 역할 나누어 수비하기, 빈 곳으로 공 넘기기, 유기적으로 역할 분담하기 등 전략형 스포츠의 기본 전략을 파악하고 수행하도록 한다.

〈표 7-5〉 전략형 스포츠의 성취기준 적용 시 고려 사항

학년군	성취기준 적용 시 고려사항
5~6 학년군	• 5~6학년군 스포츠 영역에서는 3~4학년에서 학습한 스포츠와 움직임에 관한 지식, 기본 움직임 기술과 스포츠 유형별 기본 기능 및 태도를 바탕으로 기술형, 전략형, 생태형 스포츠의 의미와 유형, 기본 기능과 연계한 움직임 기술의 응용 방법과 기본 전략을 학습할 수 있도록 한다. 특히 스포츠 활동을 체험할 수 있는 주변 환경을 아끼는 태도와 목표 달성을 위한 의지를 발휘하며 경기 결과에 집착하지 않고 팀원과 협력하며 동료를 배려하는 태도를 꾸준히 실천할 수 있도록 교수·학습을 운영한다. • 전략형 스포츠에서는 영역형, 필드형, 네트형 스포츠의 유형별로 개인 또는 팀의 전략을 겨루는 활동에 효과적인 응용 기능, 활동 방법, 전략을 파악하고 시도하는 데 중점을 둔다. 학습자가 활동 방법과 기본 전략을 협력적으로 수행하고 역할을 맡으며 민주

학년군	성취기준 적용 시 고려사항
	적 의사결정 과정을 경험하도록 활동을 조직하고, 전략형 스포츠의 기본 전략을 학습할 수 있는 변형게임이나 뉴스포츠 등의 활동을 선정하고 운영한다. • 5~6학년군 스포츠 영역에서는 기술형・전략형・생태형 스포츠의 의미와 유형, 활동 방법과 기본 전략에 관한 이해력, 스포츠 유형별 기본 기능의 습득을 위한 움직임 기술의 응용 방법과 활동 수행 능력, 목표 달성 과정에서 인내하고 팀원과 협력하며 상대를 배려하고 스포츠 환경을 아끼고 감사하는 태도를 균형 있게 평가한다. • 기술형 스포츠에서는 학습자 수준별로 목표 달성 여부, 수행 과정에서의 변화 정도를 평가한다. 전략형 스포츠에서는 개인별 기본 움직임 기술의 응용 기능 및 전략 수행 능력과 함께 팀별 활동 수행 능력을 함께 평가한다. 생태형 스포츠에서는 생활 및 자연환경의 활용 능력뿐만 아니라 자연환경을 보호하기 위한 활동을 병행함으로써 스포츠 환경을 아끼고 감사하는 태도를 함께 평가한다.

2. 변형 경기의 개발

전략형 스포츠를 지도함에 있어서 변형 경기는 매우 중요한 역할을 한다. 변형 경기는 스포츠를 학습하기 위해 경기 규칙 및 방법을 변형하는 것을 말한다. 변형 경기를 통해 학생들은 보다 쉽게 해당 스포츠의 원리와 기술 및 전술 등을 익힐 수 있다. 변형 경기 개발을 위한 주요 전략들은 학생들이 경기를 익힐 때 재미와 의욕을 돋우고, 학생들이 보다 많은 성공의 경험을 갖도록 하는 데 초점을 맞추고 있다. 변형 경기의 개발 시 학생들의 수준에 따른 교사의 전문적 지식 혹은 주어진 상황 특성에 따라 변형 경기의 본질은 달라질 수 있다.

가. 득점이 쉽게 경기 방법 변형

경기나 시합 상황에서 학생들은 득점하는 것을 좋아하며, 득점이 나지 않으면 지루해하거나 의욕을 잃는다. 득점은 성공을 정의하는 유일한 방법은 아니지만 매우 중요하다. 득점을 하기 위해서는 득점을 하기에 알맞은 기술과 전술을 사용하는 것이 중요하다. 득점이 잘 나지 않는 경우, 학생들은 좌절감을 느끼기 쉽다. 예를 들어, 초등학생이 10피트짜리 농구 링과 정규 공을 가지고 5명으로 구성된 팀에서 전통적인 방식으로 농구를 배운다면, 부족한 기술과 정확하지 않은 전술을 적용해서는 쉽게 득점에 성공하기가 매우 어려운 것이 현실이다.

교사는 학생들이 성공의 경험을 통해 성취감을 갖고 보다 적극적으로 학습에 참여하게 하기 위해 학생들이 보다 손쉽게 득점할 수 있는 다양한 방법들을 개발할 수 있다. 예를 들어, 농구 골대를 더 낮게 설치하거나, 보다 큰 축구 골대를 사용하여 득점의 기회를 높일 수 있다. 그리고 라켓형 경기에서는 큰 헤드가 있는 라켓이나 더 나은 제어를 할 수 있도록 짧은 라켓을 사용하도록 함으로써 득점을 위한 기술과 전술의 적절한 사용을 늘릴 수 있다. 소프트볼에서 보다 쉬운 투구를 한다면 경기의 속도와 안타의 수가 늘어날 수 있다. 또한 보다 부드럽고, 더 크고, 공중에서 더 느리게 움직이는 공을 사용하거나, 공격 기술과 전략을 보다 적절하게 사용하도록 함으로써 득점을 향상시킬 수 있다.

나. 공이나 물체의 움직임을 느리게

스포츠를 처음 배우는 학생이나 초보자들은 적당한 위치를 잡지 못할 경우 기술을 적절하게 실행하기 어렵다. 학생들은 경기 감각을 기르는 데 있어서 점차 물체, 팀 동료, 그리고 상대편의 움직임을 예상하는 방법을 배우게 된다. 이를 통해 초보자들은 경기가 진행되는 흐름 속에서 다음 행동을 위해 보다 유리한 위치로 이동하는 방법을 학습하게 된다. 배구, 배드민턴, 테니스 같은 네트형 경기에서 공이나 물체의 움직임을 느리게 하는 것은 매우 효과적이다. 이 같은 방법은 경기 흐름을 성공적으로 유지하기 위한 적절한 위치 잡기에 어려움을 겪는 축구, 라크로스, 플로어하키 등 침범형 경기에도 적용 가능하다. 이는 정규 공이 너무 빠르게 움직여서 초보자들이 겪게 되는 어려움을 보다 쉽게 하기 위한 방법이다. 교사는 이러한 목표를 다양한 방법으로 성취할 수 있지만, 더 사용하기 편하고 느린 물체를 사용하는 것과 코트를 분할하고 있는 네트의 높이를 올리는 것과 같은 두 가지 변형이 있을 수 있다.

교사는 변형 경기를 위하여 규정 공보다 더 느리게 움직이는 공을 구입하거나 또는 직접 제작하여 사용할 수 있다. 어린 학생들에게 배구를 가르치는 교사는 정규 배구공 대신에 풍선으로 시작하여 다음 단계에서는 규정보다 25% 더 크고 40% 더 가벼운 연습용 배구공, 그리고 점차 감촉이 부드러운 정규 배구공으로 옮겨가기도 한다. 공이나 물체가 네트를 넘기 위해 더 높은 궤도에서 비행하도록 네트의 높이를 더 높이는 것은 자동적으로 경기의 속도를 늦출 수 있기 때문에 의미가 있다. 이러한 변형은 선수가 적절한 기술을 실행할 수 있는 위치로 이동할 시간을 얻게 해주며 경기가 쉽게 끝나지 않고 경기 흐름이 계속해서 이어지도록 하는 데 도움이 된다.

코트 및 네트 경기를 배우는 초기 단계에서의 효과적인 세 번째 전략은 학생들이 공을 잡을 수 있도록 하는 것이다. 학생이 세트 혹은 포어암 패스 같은 기술을 사용하는 것은 기술이 익숙해지기 전에는 어렵다. 따라서 학생들이 공을 잡을 수 있도록 함으로써 배구 경기의 흐름과 전술을 효과적으로 배울 기회를 더 많이 제공할 수 있다. 특히 2대2와 3대3 같은 소규모 게임을 통해서 공격 측 학생은 효과적인 공격 위치(예를 들어, 상대편 코트의 깊은 곳이나 노출된 지역)를 배우며, 수비 측은 코트 수비 범위(예를 들어, 기본 위치)의 중요성과 조절을 보다 빨리 배울 수 있는 경기 상황을 만들 수 있다. 배구에서 기술적 위치 잡기와 같은 것을 가르치는 전통적 방식들에서는 학생들이 공의 방향으로 움직이는 것이 중요하다는 것을 인식하지 못할 수 있다. 공을 잡고 나서 다른 방향으로 전환하게 하는 것은 어디로 또는 누구에게 공을 향하게 할지 결정하는 데 좀 더 많은 시간을 제공한다. 이는 성공할 기회를 더 늘리며 경기의 속도를 늦추는 또 다른 방법이다. 교사는 학생들이 공을 제어하고 경기의 흐름을 예상하는 능력이 얼마나 발전하는가를 파악함으로써 얼마나 오랫동안 공 잡기를 허용할지 정해야 한다.

다. 기술 및 전술 연습 기회 증가

학생들이 보다 쉽게 스포츠를 익히고 득점을 통해 성공의 기회를 많이 경험함과 동시에 기술 및 전술 연습의 기회를 확대하기 위해서 가장 중요한 전략은 팀 크기를 줄이는 방법이 있다. 기술 및 전술 학습 상황을 연구하는 대부분의 전문가들은 실제 경기와 유사한 상황에서 반복적 성공을 경험함으로써 학생의 실력을 향상시킬 수 있다고 말하며, 이는 학생들이 경기의 숙련된 선수가 되는 비결이라 말한다. 11대11 축구나 6대6 배구에서 학생들은 경기를 수행하는 과정에서 학습 참여 기회를 좀처럼 갖기 힘들다. 반면 2대2 비치발리볼과 3대3 농구 시합에서 참여자들은 정형화된 규칙이 적용된 경기보다 훨씬 많은 활동량을 가진다.

농구, 배구, 핸드볼 혹은 축구와 같은 경기에서 학생들이 전술적인 측면을 학습하기 위해 3대3 소규모 경기를 실시하면 더 좋은 학습 경험을 제공받을 수 있다. 이와 같이 소규모로 경기를 하는 방식은 학생들이 전술과 기술을 빨리 배우면서도 득점의 기회를 더 많이 갖게 한다. 또한 소규모 경기는 복잡성을 줄임으로써 학생이 경기의 전술적 특징을 더 빨리 이해하고 익히는 데 도움이 된다.

야구, 티볼, 소프트볼, 크리켓과 같은 공격 수비 교대형 경기는 일반적으로 많은 학생의 참여 기회가 부족하다. 체육 시간 야구나 티볼, 소프트볼 경기에서 많은 선수가 경기에 참여하고 있음에도 불구하고 그들이 전체 수업시간 동안 공을 만질 수 있는 기회는 매우 적고, 타자로서 타격 기회도 극히 제한적이다. 따라서 야구, 티볼, 소프트볼, 크리켓 등은 소규모 팀에 적합하도록 변형함으로써 학생들에게 재미있고 유용한 경기가 될 수 있다.

네트형 경기와 필드 침범형 경기에서 학생들이 기술과 전술을 더 쉽게 배우도록 하는 마지막 방법은 방어 규칙을 보다 유연하게 적용하는 것이다. 학생들이 스포츠를 배우는 단계에서 수비수들로부터 강력한 방어를 받는다면 학생은 어찌할 바를 몰라 공을 다른 사람에게 넘기거나 드리블하면서 수비수로부터 도망가려 하기 쉽다. 따라서 수비수가 공격자를 방어할 때 한 팔 길이 정도 떨어져 수비하도록 수비 규정을 보다 완화하여 경기를 할 수 있다. 이렇게 생긴 공간은 공격 선수가 당황하지 않거나 곤란을 덜 겪으며 기술을 실행하고 전술적으로 적절하게, 더 쉽게 움직이는 것을 가능하게 한다. 한 팔 길이보다 더 가깝게 방어하는 수비수에게는 반칙을 선언하고, 가능하면 빨리 경기를 다시 시작한다. 보다 완화된 방어 규칙을 사용하여 경기를 하는 것은 공격수들에게 전술 연습 기회를 많이 제공하여 적절한 수비 위치, 경기의 흐름, 그리고 수비수를 헤치고 골을 넣는 방법을 익히는 데 유용한 전략이다.

라. 전술 습득을 위한 경기 계획

영역 침범형 경기는 학생들이 기술과 전술을 숙달하기에 가장 복잡하고 어려운 전술적 특징이 있다. 배구나 테니스 같은 코트 분할 경기는 침범형 경기에 비해 상대적으로 전술적인 예측이 가능하기 때문에 숙달하기에 덜 어려운 경향이 있다. 영역 침범형 경기를 배우는 과정에서 정규 크기의 팀에 소속되어 정규 크기의 경기장으로 떠밀린 학생들은 대부분의 경우 쉽게 당황하고 혼란스러워하며 의욕과 성취감을 잃는 경우가 있다. 일부 학생들은 경기의 흐름 속에서 주요 활동에 열심히 참여하지 않고 소극적으로 참여하지만 이를 발견하기는 쉽지 않다. 많은 학생들이 좁은 공간에서 쉼 없이 움직이기 때문이다.

경기 공간의 크기와 모양 또한 전술을 가르치는 방법을 결정하는 데 도움을 준다. 특히, 영역 침범형 경기에서 선수가 공, 팀 동료 그리고 상대편의 움직임에 적응할 시간이 충분히 제공되어야 할 필요가 있다. 이를 위해 선수 숫자에 비례하여 공간을 충분히 크게 변형하여 제공한다. 반대로 학생들이 경기 감각을 발전시킬수록 교사는 공간을 더 작게 변형하여 제공함으로써 선수가 공간을 평가하고 공격이나 수비 전술을 적용하는 능력이 경기에 중요한 영향을 미치도록 고려할 수 있다. 또한 공간을 변화시키는 것은 일부 전술을 다른 것보다 더 적절하게 만들 수 있다. 예를 들어 공간을 보다 길고 좁게 변형하여 제공하는 것은 긴 패스와 긴 샷 그리고 안타를 멀리 칠 수 있는 데 유용하다.

마. 득점 규칙 변형

교사는 득점 규칙을 바꿈으로써 경기를 변형시킬 수 있고 이는 학생들에게 매우 중요한 영향을 미친다. 일반적으로 경기의 목표는 상대편보다 더 많은 득점을 내어 승리하는 것이기 때문에 교사는 이러한 학생들의 동기를 자극함으로써 점수를 획득하는 기술과 전술을 강조할 수 있다. 이러한 기술을 '차별적 득점'이라고 한다. 교사는 경기 상황에서 학생들이 보다 주의를 집중하기 바라는 항목에 더 많은 점수를 부여하는 방식으로 일반적인 득점 규칙을 변형시킬 수 있다. 또한 교사는 감점 제도를 추가하여 활용할 수 있다. 다시 말해 교사가 제어하고자 하는 부정적 행동이 발생했을 때 부정적 행동을 한 팀의 총 득점을 제하는 방법이다. 예를 들어 배구에서 패스-세트-스파이크와 같이 전형적 배구 경기의 전술을 통해 득점하는 팀에게는 1점 대신 2점을 줄 수 있다. 이는 학생들이 패스-세트-스파이크 전술을 연습하고 사용하도록 강한 동기를 부여하고 이를 통해 패스-세트-스파이크의 전술을 보다 잘 실행하고 적용할 수 있다. 농구에서는 팀 동료를 배제하고 개인 속공으로 득점한 경우 이를 인정하지 않고 1점을 제하는 규칙을 만든다면 기술이 뛰어난 학생 몇 명이 경기를 이끌어 가는 것을 줄이고 동료들과 팀 플레이를 할 수 있는 기회를 보다 많이 제공할 것이다.

바. 수업에서의 경기 변형

수업에서 많은 교사들은 학생들마다 다양한 스포츠를 통해 얻은 경험의 차이가 있음을 예상할 수 있다. 다시 말해, 대부분의 교사들은 학습 경험의 이질성을 예상한다. 심지어 대부분의 학생이 한 번도 본 적이 없는 종목으로 시즌이 계획된다 하여도, 비슷한 기술과 전술이 요구되는 종목들과 유사성이 이어지기 때문에 교사는 학생 능력 간의 다양한 차이를 예상할 수 있다.

교사는 모든 학생들이 경기를 즐길 수 있고 성공할 수 있는 시합을 준비해야 한다. 많은 교사들이 일반적으로 수준별 경쟁이라고 불리는, 비슷한 기술 수준의 학생들이 서로 경쟁하는 시합을 만들어 이를 실천한다. 교사는 각 팀의 선수에게 A, B, C 등급의 시합을 배정한다. 다양한 상황에서 이 같은 방법은 학생이 평등한 시합을 통해 그 경기를 배우고 즐기도록 돕는다. 교사가 각각의 경쟁 수준에서 약간의 변화를 더해줌으로써 수업을 개선할 수 있다. A, B, C 시합에서 경기하는 선수들은 서로 다른 다양한 공, 코트의 크기, 또는 득점 규칙을 적용하여 경기할 수 있다. 경험이 적고 실력이 낮은 학생은 그들이 즐길 수 있고 성공할 수 있는 C 시합에서 경기할 수 있다. A 시합에 참여하는 학생은 조금 더 도전적인 경기에 참여하고 동일한 결과를 성취할 수 있다. C 팀의 훌륭한 경기 결과는 A 팀의 경기 결과와 마찬가지로 모든 수준에서 동등하게 여겨진다. 변형 경기의 제안 예시는 〈표 7-6〉과 같다(조미혜, 김무영, 류춘옥, 박갑준, 박명환, 이선호, 이세환, 조용인, 홍희정, 2010).

〈표 7-6〉 변형 경기 제안 예시

변형 경기 제안
동등한 경쟁을 위한 변형 활동 • 한 장소에 고정되어 있는 공을 차거나 치는 것을 허용 • 배구에서 공을 잡고 던지거나 튀기는 것을 허용 • 베이스에 도달하는 일정 시간을 정해주거나 학생 능력에 알맞은 적당한 골대를 마련 • 실내·외 수업이 동시에 진행되는 곳, 체육관이나 평탄한 표면이 있는 곳에 경기 일정을 공지 • 장애 학생이 규칙 변형과 관련된 결정 과정에 참여
거리 단축 • 베이스의 간격을 더 가깝게 단축 • 골, 또는 네트의 거리를 단축 • 배구나 배드민턴에서 학생이 코트 중간에서 서브하는 것을 허용 • 경기장의 크기 축소
보다 많은 기회 제공 • 2개의 파울 대신에 3개를, 3개의 스트라이크 대신에 4개를 제공 • 4개의 골대 사용 • 수준이 낮은 학생이 득점 시 추가 점수 제공
경기를 더 쉽게 할 수 있는 개조된 장비 사용 • 더 큰 배트 • 더 크고 가볍고 부드러운 공 • 더 크고 납작한 베이스, 골, 바스켓 등 • 더 짧은 라켓 손잡이나 더 큰 라켓 면
장애 학생의 실력에 맞는 포지션 제공 • 골키퍼, 투수와 같이 움직임이 많지 않은 포지션 제공

3. 전략형 스포츠의 평가

교사에게는 학생들의 수업목표 달성 여부를 평가해야 할 책무가 있다. 체육수업에서 교사가 주로 사용하는 평가기법은 기능테스트와 지필테스트이다. 그 밖에 교사가 학생들의 학습 경험에 관한 정보를 얻을 수 있는 다양한 평가기법들이 있다. 여기에서는 다양한 평가기법 중에서 전략형 스포츠를 평가하기에 적합한 평가기법을 제시하고자 한다.

가. 체크리스트

체크리스트는 어떤 사건이나 행동의 발생 여부를 신속히 확인할 때 주로 사용한다. 체크리스트를 이용한 자료수집에서는 행동의 발생 여부를 보통 '예', '아니오'로 대답하지만 가끔 '예'와 '아니오' 사이에 '가끔', '때때로' 등의 반응이나 대답을 할 수 있는 점검표를 구안할 수 있다. 운동 기능의 질적인 측면을 평가할 때 '우수, 보통, 미흡'으로 평가할 수 있다.

체크리스트는 단순히 어떤 사건이나 행동의 발생 여부에 관한 자료를 수집하는 도구로 인식되어 중요성을 제대로 인정받지 못하는 경우가 있다. 하지만 체크리스트의 항목을 구체적으로 정의하여 신중하게 사용하면 매우 유익한 정보를 얻을 수 있다. 체계적으로 구성된 체크리스트는 운동 기능의 장단점을 파악하여 기초기능의 학습에 필요한 유익한 정보를 제공한다. 또한 체크리스트로 얻은 정보를 잘 활용하면 학습자의 운동 능력에 적합한 구체적인 훈련프로그램을 계획하는 데에도 도움이 된다.

체크리스트를 사용할 때 주의해야 할 점은 관찰 행동을 구체적으로 정의하고 그 행동의 발생 시점을 정확하게 확인하는 것이다. 예를 들어 체육 교사의 수업 열정을 평가하기 위해서는 우선 수업 열정을 구체적으로 정의해야 한다. 열정을 정확하게 정의하고 열정에 대한 구체적인 예를 충분히 제시하지 않으면 열정과 관계없는 다른 행동을 관찰하는 결과를 초래할 수 있다. 체크리스트를 잘 개발하여 사용하면 학습자의 계속적인 성장에 필요한 정보를 간단하고 편리하게 수집할 수 있다.

나. 루브릭

복잡한 행동은 보통 다양한 차원에서 평가해야 한다. 다양한 차원의 행동을 동시에 관찰하기 위해서는 부여할 점수규정을 미리 결정해야 하며 이런 경우에 사용되는 평가도구가 루브릭(scoring rubric) 평가방법이다. 루브릭은 어떤 의미에서 학습자의 운동수행능력을 다차원적으로 평가하는 일종의 평정척도이다. 루브릭은 학생의 완성된 작품이나 학업에 대해 교사가 검토한 평가기준을 알리는 데 사용된다. 루브릭은 사전에 정한 언어(예: 우수, 보통, 미흡)나 수치(1: 미흡, 2: 보통, 3: 잘함, 4: 매우 잘함)로 학습의 질을 평가한다. 평가에 필요한 점수 규정 절차는 그리 어렵지 않다. 우선 평가과제의 성공적인 수행 여부를 확인할 수 있는 기준을 설정한 다음 각 기준에 적합한 언어 또는 수치를 정한다. 모든 기준을 수준에 맞게 결정한 다음 적합한 운동수행 수준을 단계적으로 확정한다.

루브릭은 학습자의 운동수행을 구성주의적 관점에서 평가하는 도구로 인정받고 있다. 루브릭을 사용하면 성취해야 할 학습결과를 매우 구체적으로 제시할 수 있다. 다시 말해 루브릭은 교사에게는 무엇을 평가해야 하는지 상세히 알려주고 학생에게는 현재의 수행능력과 어떤 노력을 해야 하는지에 대한 분명한 정보를 제공한다. 뿐만 아니라 루브릭을 사용하면 평가과정에 학생을 참여시킬 수 있어 학생들이 학습초점을 분명히 알고 자기 주도적인 학습을 할 수 있는 장점이 있다.

루브릭을 효과적으로 사용하기 위해서는 수행역량을 전체적으로 파악한 다음 각각 수행수준에 적합한 기준을 설정해야 한다. 루브릭을 제작하기 위해서는 우선 무엇을 평가할 것인지 확인하고 평정척도와 점수 분포를 명확히 한 다음 수행수준에 대해 그 수행수준을 결정해야 한다. 마지막은 검토 단계로서 수행 수준의 연속성을 고려하였는지, 같은 기준을 적용하고 있는지, 수행 수준을 명확히 구별하였는지, 각 수행 수준에 부여한 점수가 타당한지 등을 검토해야 한다.

루브릭을 사용할 때 무엇보다 중요한 것은 학습상황에 적합한 평가 기준을 미리 정하는 것이다. 예를 들어 3m 정도 떨어진 파트너에게 수준 높은 농구패스를 기대할 수는 없다. 평가는 학습지도의 일부이므로 교사가 계획하여 가르치는 내용과 평가하는 내용이 일치해야 한다. 이를 위해 학생들과 협의하여 점수규정을 결정할 수 있다. 루브릭은 심동적 영역뿐만 아니라 지필테스트, 학습과제, 학생일지 등을 할 때에도 사용할 수 있다. 평가 대상 행동이 복잡한 경우에는 모든 항목을 한꺼번에 평가하지 않고 일부 항목을 평가한 다음 나머지 항목을 추가적으로 평가할 수도 있다. 루브릭의 예시는 〈표 7-7〉과 같다.

〈표 7-7〉 루브릭 예시

루브릭

평가 과제: 반코트에서 3:3 농구 경기

평가 기준:

- 일관되고 능숙하게 공을 다루는 기술(드리블, 패스, 리시버)
- 훌륭한 기술, 일관성 있는 슛
- 훌륭한 기술의 공격 전략
- 훌륭한 기술의 방어 전략
- 규칙을 준수하는 경기

학습 지침: 학생들은 농구의 반코트를 사용하여 20분 동안 간이농구게임을 하게 될 것이다. 농구를 하는 동안 학생들의 드리블 능력, 패스 능력, 슛 능력을 평가할 것이며 공격 능력과 방어 능력을 평가하고 규칙에 따라 안정되게 경기하는 능력을 평가할 것이다. 반코트 경기에 적용된 규칙에 따라 경기해야 하며 학생들 스스로 심판을 보면서 점수를 기록한다. 각 팀은 5분 동안 준비운동을 하고 경기에 임할 수 있다.

시설 및 장비: 3:3 농구경기에 필요한 1개의 반코트와 준비운동에 필요한 공

점수 규정

수준3

- 드리블과 패스에서 오류를 거의 발견할 수 없다.
- 능숙하고 일관되게 슛을 한다.
- 공격 전략을 능숙하고 일관되게 수행하고 있다.
- 방어 전략을 일관되게 수행하고 있다.
- 규칙을 준수하며 좀처럼 반칙을 하지 않는다.

수준2

- 드리블, 패스 등 공을 능숙하게 컨트롤한다.
- 대체로 슛을 성공적으로 수행한다.
- 대체로 공격 전략을 잘 수행하고 있다.
- 대체로 방어 전략을 잘 수행하고 있다.
- 규칙을 잘 준수하지만 가끔 반칙을 한다.

수준1

- 드리블, 패스 등을 하면서 공을 놓친다.
- 좀처럼 슛을 성공하지 못한다.

- 좀처럼 공격 전략을 성공하지 못한다.
- 좀처럼 방어 전략을 성공하지 못한다.
- 규칙을 잘 모르고 반칙을 자주 한다.

수준0

- 농구기능을 거의 발휘하지 못하고 농구의 전략이나 규칙에 대해 잘 알지 못한다.

학년 반 성명:

이름	공 컨트롤	공격 기술			방어 기술			경기 규칙	총점
		패턴	슛	패스	압박	위치	리바운드		
김지성	2	1	3	1	2	3	1	3	16
정태환	1	2	3	2	2	3	2	2	17

다. 관찰

관찰은 체육에서 자주 사용하는 평가방법이다. 관찰 평가는 교사가 학생들의 운동수행을 평가하거나 학생들이 자신 또는 다른 학생을 평가할 때 유용하게 사용할 수 있다. 학생들이 자신이나 다른 학생들을 평가하는 것은 매우 유익한 학습 경험이 될 수 있다. 학생들은 자신이나 다른 학생의 운동수행을 평가하면서 일단의 기준을 사용하게 되므로 자신의 학습에서 무엇이 중요하고 기능향상을 위해 어떤 노력을 해야 하는지 알 수 있게 된다.

구체적으로 동료를 직접 관찰하거나 비디오 촬영한 내용을 스스로 관찰하여 필요한 평가정보를 얻을 수 있다. 자기 평가와 동료 평가를 하기 위해서는 학생들에게 평가방법을 가르쳐야 한다. 자기 평가와 동료 평가를 처음 시작하는 학생은 한 가지 기준을 관찰하거나 한두 가지 객관적 자료를 수집하는 수준에 그치지만 점차 관찰에 익숙해지면 교사를 대신하는 평가책임을 질 수 있게 된다. 자기 평가와 동료 평가를 처음 사용할 때에는 시간이 소비되더라도 사용방법을 가르쳐야 한다. 자기 평가와 동료 평가를 가르치는 데 소비한 시간은 학생들이 동료 평가를 하면서 피드백 제공과 같은 효과를 얻게 되므로 선택할 가치가 있다(손천택, 2015).

라. 게임 수행 평가 도구(GPAI)

Griffin, Mitchell, Oslin(1997)은 체육수업에서 전형적으로 지도되어왔던 다양한 게임의 전술적 지식을 평가하는 실제적인 평가 기법을 고안하였다. 게임 수행 평가 도구(GPAI)는 학생의 전술적 지식을 평가하기 위해 여러 유형의 게임에 적용할 수 있는 기본적인 평가 기법이다. GPAI는 〈표 7-8〉에 제시되어 있듯이 게임의 7가지 공통 수행 요소를 포함하고 있다.

〈표 7-8〉 게임 수행평가 도구 요소

요소	수행평가 기준
돌아오기	수행자가 기술시도를 하면서 홈 또는 제자리로 적절하게 돌아오기
적응하기	게임 진행에 필요한 수행자의 공격적인 움직임과 수비적인 움직임
의사결정하기	게임 중에 공을 가지고 수행할 내용에 대한 적절한 선택하기
기술 수행하기	선정된 기술의 효과적인 수행
보조하기	소속팀이 공을 가지고 있을 때 패스를 받을 수 있는 위치로 움직이기
커버하기	공을 가지고 있는 팀원이 경기를 하거나 공에 다가갈 때 지원하기
가드/마크하기	공을 가지고 있거나 그렇지 않은 상대 팀원에 대해 수비하기

특정 게임에서 GPAI를 활용할 때, 교사는 7가지 요소 중 어떤 요소가 게임에 적용되는지를 파악하고, 각 요소에서 좋은 전술적 의사결정과 수행을 나타내는 한 가지 이상의 기준을 결정한다. GPAI는 각 요소의 세 가지 수행 측면, 의사결정의 적절성(적절함/부적절함), 기술 수행의 효과성(효과적임/비효과적임), 보조의 적절성(적절함/부적절함)에 초점을 맞춘다. 그런 다음 교사는 게임 과정에 있는 각 학생을 관찰하고 선택된 요소에 해당하는 전술적 지식과 기술 수행의 적절성과 효과성을 기록한다.

Griffin, Mitchell, Oslin(1997)이 제시한 축구의 예를 들어보면 〈표 7-9〉는 학생의 전술적 지식[평가받을 구성요소: 재시작(스로잉, 골킥, 코너킥 포함)]을 평가하기 위해 GPAI가 어떻게 사용될 수 있는지를 보여준다.

〈표 7-9〉 축구에서 GPAI 활용 예

관점	기준
의사 결정	1. 경기자는 상대선수가 근처에 없는 팀 동료에게 패스를 시도한다. 2. 경기자는 적절한 시기에 슛을 시도한다.
기술 실행	수용: 패스의 통제 및 공을 찰 준비하기 패스: 공을 목표지점까지 패스한다. 슈팅: 공이 머리 높이 아래 있고 목표를 향한 위치에 있다.
보조	경기자는 공을 가지고 있는 사람 옆에 따라가거나, 패스를 받을 수 있는 적절한 위치로 이동하면서 보조한다.

〈표 7-10〉은 축구 경기 동안 교사가 관찰한 기록이다. 각 ×는 학생이 전술적 수행을 하고 있는 사례를 가리킨다.

〈표 7-10〉 10분간의 3대3 게임에 대한 GPAI

	의사결정		기술 실행		보조	
이름	A	IA	E	IE	A	IA
Matthew	××××××	×	××××××	×	×××××××	××××
Bryan					×××	×××
Katie	×××××	×	×××××	×	××××	×
Kelly	××	×	×××	×	×××××	××
Peter	×××	×	××	×××	××	×
Alison	×	×	×	××	×××××××	×

교사의 관찰기록에 따라 각 학생의 전술적 게임 수행에 관한 일부 측정치를 계산할 수 있다. Griffin, Mitchell, Oslin(1997)은 서슴없이 학생의 게임 수행 점수는 비율일 뿐 결코 백분율이나 절대 수가 아님을 강조한다. 이 게임 수행 점수는 적절성/부적절성과 효율성/비효율성 사이의 균형을 나타낼 뿐, 게임 상황에서 긍정적인 사례수가 많은 학생이 반드시 긍정적인 사례수가 적은 학생보다 높은 점수를 받게 됨을 의미하지 않는다. 최고의 GPAI 점수는 학생이 부정적인 사례 수보다 긍정적인 사례 수를 많이 가질 때 나타날 수 있다. 이 점수는 학생이 좋은 전술적 의사결정을 하고 부정적인 의사결정의 빈도를 줄이는 데 일조를 할 수 있다. 따라서 좋은 게임 수행이 많다고

해서 반드시 훌륭하다고 볼 수 없다. 각 긍정적인 전술적 시행의 실수를 줄여 나가는 것이 더 중요하다(유정애, 김선희, 김원정, 김윤희, 김종환, 문도순, 신기철, 이충원, 조남용, 2019).

〈표 7-11〉 10분간 시합에 대한 Matthew의 GPAI의 점수

항목	계산법
게임참여	적절한 의사결정 수 + 부적절한 의사결정 수 + 효과적인 기술 실행의 횟수 + 비효과적인 기술 실행의 횟수 + 적절한 보조 움직임의 횟수
의사결정 (DMI)	적절한 의사결정 수 ÷ (적절한 의사결정 수 + 부적절한 의사결정 수) × 100
기술실행 (SEI)	효과적인 기술 실행의 횟수 ÷ (효과적인 기술실행의 횟수 + 비효과적인 기술실행의 횟수) × 100
보조하기 (SI)	적절한 보조 움직임의 횟수 ÷ (적절한 보조 움직임의 횟수 + 부적절한 보조 움직임의 횟수) × 100
게임수행	[DMI+SEI+SI] ÷ 3(사용된 항목의 수)

Matthew의 GPAI 평가:

게임참여 = 6+1+6+1+7=21 　　의사결정 = 6÷(6+1)×100=86

기술실행 = 6÷(6+1)×100=86 　　보　조 = 7÷(7+4)×100=64

게임수행 = (86+86+64)÷3=79

4. 영역형 스포츠의 실제

가. 영역형 스포츠

영역형 스포츠는 상대 팀의 영역으로 침투하여 골을 넣는 스포츠로서 개개인의 기술을 최대화할 수 있는 전술이 중요한 경기이다(김용환, 2017). 즉, 상대팀의 영역을 침범하여 득점을 하는 것이 주요한 특징이다. 대부분의 영역형 스포츠는 서로 비슷한 기술 구조와 전략을 가지고 있다. 즉, 패스를 주고받으면서 허용된 신체 부위를 이용하여 다양한 기술을 구사한다(주명덕, 조미혜, 최의창, 유춘옥, 오길희, 박정준, 김영대, 김정한, 한민국, 홍애령, 2018). 영역형 스포츠에서는 상대 구역으로 이동하여 정해진 공간에 공을 보내 득점하는 영역형 게임을 수행하며 영역형 스포츠의 의미와

기본 기능, 전략을 탐색한다. 특히, 영역형 스포츠를 수행하며 팀원들과의 의사 결정을 바탕으로 협력적 분위기를 형성하고, 경기 규칙을 준수하며 공정하게 경기에 참여하는 것이 중요하다.

영역형 스포츠는 상대 팀 영역으로 침투하여 경기를 진행하므로 상대 팀과 신체적 접촉이 잦고 때론 격렬하여 체력이 필요하다. 영역형 스포츠를 잘 하기 위해서는 패스를 주고받으며 골을 넣는 기술이 필요하고 공격과 수비를 위한 다양한 대형이 필요하다. 따라서 영역형 스포츠에 필요한 다양한 기본 기능의 연습과 함께 공격과 수비를 위한 다양한 전술 연습과 전략이 필요하다. 영역형 스포츠를 통해 상대방을 존중하며 정정당당히 경기에 임하는 페어플레이 정신과 같은 팀원들이 서로 협력하는 협동심 등을 기를 수 있다. 영역형 스포츠에는 축구형 게임, 농구형 게임, 핸드볼형 게임, 럭비형 게임, 하키형 게임 등이 있다.

나. 영역형 스포츠의 지도 및 유의 사항

영역형 스포츠에서는 학습 주제와 학생들의 발달 단계에 적합하도록 변형한 형태의 게임을 중심으로 신체활동을 구성한다. 영역형 스포츠에서는 공간 만들기, 공간 차단하기, 골 넣기와 막기의 기본 전략과 공 이어주기, 공 몰기, 공 빼앗기, 골 넣기와 막기 등의 기본 기능을 다룬다. 영역형 스포츠에서는 남녀 성별에 따른 차이가 비교적 두드러지게 나타난다. 남녀 혼합 팀을 구성하여 경쟁을 할 경우 양성의 평등한 참여를 보장할 수 있는 게임 규칙을 적용한다. 영역형 스포츠의 경우 게임의 흐름을 유지할 수 있도록 충분한 공간을 확보한다. 또한, 공간 만들기의 기본 전략(공간 침투 등)이 구현될 수 있도록 활동을 구성한다. 영역형 스포츠의 경우 신체 접촉이 많이 일어나므로 과도한 신체 접촉을 완화할 수 있는 규칙(공을 빼앗을 수 있는 조건을 명확히 하는 등)을 적용하면 좋다.

다. 영역형 스포츠의 종목별 실제

축 구

역사

축구는 기원전 400년경부터 현재의 축구처럼 공을 차는 경기가 있었다는 기록이 있으며, 그리스와 로마를 비롯한 세계 여러 나라에서 구 모양의 물체를 차며 즐겼다는 기록이 남아있다. 우리나라 삼국유사에도 공을 차는 축국이라는 놀이의 기록이 남아 있을 정도로 매우 오래된 운동이다. 축구는 14세기경 영국에서 '풋볼'이라는 이름으로 행해졌으며, 1863년 영국축구협회가 만들어지면서 현대 스포츠로 자리 잡게 되었고, 1904년 국제축구연맹(FIFA)이 창립되었다(주명덕 외 9인, 2018).

경기장

터치라인의 길이는 골라인의 길이보다 반드시 더 길어야 한다.

- 터치라인 길이: 최소 90m(100야드), 최대 120m(130야드)
- 골라인 길이: 최소 45m(50야드), 최대 90m(100야드)

경기 방법

- 경기 인원
  - 한 팀은 골키퍼를 포함하여 11명으로 구성되며, 선수는 최대 5명까지 교체할 수 있다. 어느 한 팀이 7명보다 적을 때에는 경기를 시작하거나 계속할 수 없다.
- 경기 시간
  - 전・후반 각 35분(고등부 이상은 45분)이며, 중간 휴식은 15분이다.
  - 허비된 시간의 추가: 다음으로 인해 허비된 모든 시간은 주심이 전・후반에 추가한다.
    - 선수 교체, 부상당한 선수의 상태 검진 또는 이송, 시간 낭비, 징계 처분, 대회규정에 따라 허용된 의료 목적의 일시적 경기 중단, VAR '체크' 및 '리뷰'와 관련한 지연 등
- 득점: 득점하는 팀이 반칙을 범하지 않고, 볼 전체가 골포스트 사이와 크로스바

아래의 골라인을 완전히 넘어갔을 때 득점이 된다.

- 승리 팀: 더 많은 득점을 한 팀이 승리 팀이다. 양 팀이 무득점 또는 같은 숫자의 득점이라면 경기는 무승부다. 대회 규정이 무승부 경기 또는 홈 앤드 어웨이 동점 이후에도 승자를 결정하도록 요구할 경우, 승자를 결정하는 승인된 절차는 오직 다음과 같다.
  - 어웨이 골 규정: 전·후반 각각 15분을 초과하지 않는 연장전
  - 승부차기: 승부차기는 경기가 끝난 후에 실시되며, 따로 명기되어 있지 않다면 관련 경기규칙을 적용한다.
- 심판원
  - 주심(1명): 주심이 경기규칙 시행과 관련한 모든 권한을 갖고 경기를 관리한다.
  - 부심(2명): 주심을 보조하여 경기를 진행한다.

경기 규칙

- 오프사이드: 공격자가 골키퍼를 제외한 최종 수비수보다 골라인에 더 가까이 들어가 공을 받을 때 선언된다. 단, 다음은 예외이다.
  - 골킥, 스로인, 코너킥인 경우
  - 하프라인을 넘지 않은 경우
  - 오프사이드 위치에 있지만 공격과 전혀 관계없다고 판단되는 경우
  - 마지막으로 공을 터치한 사람이 수비수인 경우
- 페널티 킥
  - 페널티 에어리어 내에서 직접 프리킥에 해당하는 반칙을 범한 경우 상대 팀에게 주어진다.
- 직접 프리킥: 다음과 같은 경우에는 직접 프리킥이 주어지며, 직접 골로 연결할 수 있다.
  - 키킹: 상대를 차거나 차려고 했을 때
  - 트리핑: 상대를 걸어 넘어뜨리려고 했을 때
  - 차징: 몸이나 어깨로 상대를 거칠게 밀었을 때
  - 홀딩 및 푸싱: 상대를 잡거나 밀었을 때
  - 핸드볼: 골키퍼 이외 선수의 손이나 팔에 공이 닿았을 때

- 간접 프리킥: 다음과 같은 경우에는 간접 프리킥이 주어지며, 직접 골로 연결할 수 없다.
  - 골키퍼가 6초 이상 공을 가지고 있었을 때
  - 위험한 태도로 경기하거나 상대 팀 경기 진행을 방해했을 때
  - 오프사이드 반칙을 범했을 때
  - 공을 던지려는 골키퍼를 방해했을 때
- 경고: 다음과 같은 반칙을 범하면 경고가 주어진다.
  - 반스포츠적 행위를 했을 때
  - 거친 말과 행동으로 항의했을 때
  - 경기 규칙을 계속 위반했을 때
  - 경기를 고의로 지연시켰을 때
- 퇴장: 다음과 같은 반칙을 범하면 퇴장이 선언된다.
  - 2회의 경고를 받았을 때
  - 욕설을 하거나 폭력적인 행동을 했을 때
  - 명백한 득점 기회에 반칙하거나 심한 반칙을 했을 때(대한축구협회, https://www.kfa.or.kr; 주명덕 외 9인, 2018)

축구의 기본 기능

- 패스: 팀 동료와 서로 공을 주고받을 때 필요한 기본 기술
  - 아웃사이드 패스: 발 바깥쪽으로 공을 밀면서 찬다.
  - 인프런트 패스: 발등의 안쪽 앞부분으로 찬다.
  - 인사이드 패스: 발 안쪽의 넓은 면으로 찬다.
- 트래핑: 구르거나 날아오는 공을 자신이 다루기 쉽도록 만들기 위해 정지시키는 기술
  - 발 트래핑: 발의 공을 진행 방향으로 약간 뒤로 빼면서 공을 맞힌 후 정지시킨다.
  - 허벅지 트래핑: 허벅지를 들었다가 뒤로 빼면서 공을 맞힌 후 정지시킨다.
  - 배 트래핑: 상체를 숙이면서 공을 맞힌 후 정지시킨다.
  - 가슴 트래핑: 상체를 뒤로 젖히면서 공을 맞힌 후 정지시킨다.
- 드리블: 상대 팀 선수의 움직임에 대응하기 위해 공을 이동하는 기술

- 아웃사이드 드리블: 발목을 안쪽으로 회전하여 공을 발의 바깥쪽으로 밀면서 찬다. 주로 방향을 전환할 때 사용한다.
- 인스텝 드리블: 무릎을 구부리고 발등 전체로 가볍게 차면서 나아간다. 주로 속공을 펼칠 때 사용한다.
- 인사이드 드리블: 양쪽 발의 안쪽 면을 사용하여 공을 가볍게 밀면서 달린다. 주로 방향을 전환할 때 사용한다.

■ 킥: 패스하거나 골을 넣을 때 사용하는 기술
- 인사이드 킥: 발의 안쪽 면으로 차며, 단거리 패스를 하거나 슛을 할 때 사용한다.
- 인프런트 킥: 엄지발가락 쪽의 발등으로 차며, 긴 패스나 프리킥, 코너킥 등을 할 때 사용한다.
- 아웃프런트 킥: 새끼발가락 쪽 발등으로 차며, 패스의 방향을 파악하기 어렵다.
- 인스텝 킥: 발등 전체로 볼의 중앙을 차며, 장거리 패스 또는 중거리 슛을 할 때 사용한다.

■ 헤딩: 상체와 목의 반동을 이용하여 이마의 중앙에 공을 맞히는 기술
- 스탠딩 헤딩: 양발을 벌리고 무릎을 구부리는 느낌으로 몸을 뒤로 젖힌다. 턱을 당긴 채 반동을 이용하여 이마로 공을 쳐낸다.
- 점프 헤딩: 점프와 동시에 몸을 뒤로 젖혔다가 공이 오는 방향으로 향한 후 몸을 펴면서 헤딩한다.

■ 스로인: 공이 터치라인 바깥으로 나갔을 경우, 상대 팀 선수가 공을 잡고 경기장 안으로 던지는 기술

■ 골 키핑: 유일하게 손을 사용할 수 있는 골키퍼의 기술(주명덕 외 9인, 2018)

축구의 기본 전술

■ 공격 전술
- 상대 팀의 빈 공간으로 공을 보낸다.
- 수비수를 따돌려 슛할 수 있는 위치를 확보한다.
- 수비수의 움직임과 우리 팀 선수들의 움직임을 파악한다.
- 수비수가 없는 곳으로 이동하여 패스를 기다린다.
- 과감하게 슛을 한다.

- 수비 전술
  - 공을 가진 공격수를 외곽 쪽으로 유도한다.
  - 공을 가진 상대와 골문 사이에서 수비한다.
  - 공간을 침투하는 상대 선수를 집중 마크한다.
  - 공을 패스받지 못하도록 공을 갖고 있지 않은 상대 선수를 압박한다.
  - 각자 수비할 상대 선수를 정한 후에 수비한다(대인 방어).
  - 각자 일정한 지역을 분담하여 수비한다(지역 방어)(주명덕 외 9인, 2018).

축구의 특성 및 효과

- 효과적인 경기를 위해서는 팀원들과의 협력과 다양한 기술과 전략이 필요하다.
- 넓은 운동장과 오랜 시간 휴식 없이 쉬지 않고 움직여야 하는 경기이므로 강한 체력이 필요하다.
- 축구하는 과정에서 근력과 근지구력, 심폐지구력, 순발력, 민첩성, 협응성 등 다양한 체력 요소를 고르게 발달시킬 수 있다.
- 상대방 영역을 침투하며 골을 넣는 과정에서 박진감 있는 경기를 할 수 있고, 즐거움과 정신적 만족감도 느낄 수 있다.
- 팀원들과 서로 협력하며 경기를 하는 과정에서 협동심, 책임감, 희생정신 등 사회성을 기를 수 있다.
- 정정당당하게 경기를 하는 과정에서 페어플레이 정신을 기를 수 있다(대한축구협회, www.kfa.or.kr; 주명덕 외 9인, 2018).

농 구

역사

농구는 1891년 미국의 체육 교사인 네이스미스(Naismith, J. A.)가 겨울철 실내 스포츠로 창안하였다. 우리나라에는 1907년 미국인 질레트(Gilet, P.)에 의하여 처음 소개되었고, 1925년에 대한민국농구협회가 조직되면서 인기 있는 종목으로 발전하였으며

1996년 11월 프로농구(KBL)가, 1998년 11월 한국여자농구연맹(WKBL)이 출범하였다(대한민국농구협회).

정의

농구경기는 각기 5명씩으로 구성된 두 팀이 플레이를 하는 것이다. 각 팀의 목적은 볼을 상대 팀의 바스켓에 넣어 득점하거나, 또는 상대 팀이 득점하려는 것을 못 하게 하는 데 있다. 농구경기는 심판과 테이블 오피셜, 그리고 커미셔너(배석했다면)에 의해 진행된다.

경기장

경기장은 바닥이 단단한 평면으로 직사각형이어야 하며 장애물이 없어야 한다. 규격은 경계선 안으로부터 측정하여 길이 28m, 너비 15m이어야 한다.

경기 방법

- 경기 인원
  - 한 팀은 5명으로 구성되며, 교체 선수는 7명까지 가능하다. 선수는 인원과 횟수에 관계없이 교체할 수 있다.
- 경기 시간
  - 경기는 10분 4쿼터로 진행한다.
  - 경기 개시 예정시간 전에 적어도 20분의 준비시간이 있어야 한다.
  - 1, 2쿼터 사이(전반전)와 3, 4쿼터 사이(후반전) 그리고 연장전 시작 전의 휴식시간은 2분으로 한다.
  - 하프 타임의 휴식시간은 15분으로 한다.
  - 만일 4쿼터의 경기 시간이 끝났을 때 스코어가 동점이 되었으면, 경기는 승패가 가려질 때까지 5분씩의 연장전을 계속해야 한다.
- 득점
  - 골이란 라이브된 볼이 바스켓 위로부터 들어가 안에 머무르거나 또는 통과했을 때에 성공된 것으로 한다.
  - 프리스로에 의한 골은 1점.
  - 2점슛 지역에서의 필드 골은 2점.

-3점슛 지역에서의 필드 골은 3점으로 계산한다.

-마지막 또는 하나만의 프리스로에 있어서 볼이 링에 터치된 다음, 바스켓을 통과하기 전에 공격 또는 수비 선수가 정당하게 터치하여, 골이 성공되었다면, 그 골은 2점으로 계산한다.

■ 승리 팀

-더 많은 득점을 한 팀이 승리 팀이다.

■ 선수 교체: 선수 교체의 기회는 다음과 같은 때 시작된다.

-볼이 데드되고 경기 시계가 정지되어, 심판이 기록석과 의사전달을 끝냈을 때 양 팀에 기회

-마지막 또는 하나만의 프리 스로가 성공되고 나서 볼이 데드되었을 때, 양 팀에 기회

-4쿼터와 모든 연장전의 마지막 2분 동안 필드 골이 성공되고, 득점한 반대 팀이 선수교체를 요청했을 때

■ 심판원

-심판은 주심 1명과 부심이 1명 또는 2명이어야 하며, 테이블 오피셜과 1명의 커미셔너(만일 배석하였다면)가 그들을 보좌하여야 한다.

-테이블 오피셜은 기록원, 기록보조원, 계시원, 24초 계시원이 각 1명씩 있어야 한다.

경기 규칙

■ 바이얼레이션: 신체적 접촉 없이 단순히 규칙을 위반하는 행위로, 파울로 인정되지는 않지만 상대편에게 공격권을 넘겨준다.

-트래블링: 드리블을 하기 전에 피벗 풋을 떼거나, 공을 가지고 3보 이상 걷는 경우

-키킹: 공을 발로 차는 경우

-더블 드리블: 드리블하다가 잡은 공을 다시 드리블하는 경우

-그 밖의 경우(오버타임)

• 3초 룰: 상대편의 제한 구역 안에 3초 이상 머무는 경우

• 5초 룰: 5초 이상 공을 잡고 있거나 스로인을 5초 이내에 하지 않는 경우

- 8초 룰: 상대 코트로 8초 이내에 전진하지 못하는 경우
- 24초 룰: 공을 소유한 팀이 24초 이내에 슛하지 못하는 경우

■ 퍼스널 파울: 상대 선수와의 신체 접촉에 의한 반칙으로, 반칙 지점에서 가장 가까운 사이드라인 밖에서 상대 팀에게 스로인이 주어진다. 만약 슛 동작을 하는 선수에게 퍼스널 파울을 범한 경우에는 자유투가 주어지는데, 슛이 성공한 경우에는 추가 자유투 1개가 주어지고, 슛이 성공하지 못한 경우에는 자유투 2개(3점 슛이면 3개)가 주어진다.

- 홀딩: 상대 선수를 잡았을 때
- 차징: 상대 선수(수비수)의 몸에 부딪혔을 때
- 푸싱: 손으로 상대 선수(공격자)를 밀었을 때
- 트래핑: 상대 선수의 다리를 걸었을 때
- 핸드 체킹: 공격을 방해할 목적으로 상대 선수의 손을 쳤을 때

■ 팀 파울: 각 피리어드에서 한 팀의 반칙 수가 4개를 초과할 때부터 적용되며, 반칙을 할 때마다 상대 팀에게 자유투 2개가 주어진다.

■ 스포츠 정신에 위배되는 파울: 속공 기회를 없애려고 고의로 파울을 하는 것과 같이 규칙의 정신과 의도를 벗어나 정당한 플레이를 할 의도가 없는 파울을 말하며, 상대 팀에게 자유투가 주어진다. 파울을 2회 범했을 경우 실격된다(대한민국 농구협회, https://www.koreabasketball.or.kr; 주명덕 외 9인, 2018).

농구의 기본 기능

■ 패스와 캐치: 같은 팀 동료에게 공을 주고받는 기술

- 체스트 패스: 가슴 위치에서 양손을 사용하여 자연스럽게 패스하는 방법으로 정확성이 높다.
- 베이스볼 패스: 한 손으로 어깨 위에서 강하고 빠르게 던진다. 먼 거리에 패스할 때 사용한다.
- 바운드 패스: 공을 바닥에 튀겨 패스하는 방법으로, 수비수의 자세가 높거나 상대가 점프하여 수비할 때 주로 사용한다.
- 오버헤드 패스: 공을 머리 위에서 던지는 방법으로, 공격수와 공을 받을 동료 사이에 수비수가 있을 때 주로 사용한다.

- 슛: 득점과 직접 연결되는 팀 공격의 마무리 기술
  - 세트 슛: 제자리에 서서 하는 슛으로, 무릎을 굽혔다 펴는 탄력, 팔을 위로 펴 주는 힘, 손목의 스냅을 이용하여 던진다.
    - 원 핸드 슛: 한 손으로 공을 던져 넣는다.
    - 투 핸드 슛: 두 손을 사용하여 공을 던져 넣는다.
    - 점프 슛: 두 발로 점프하여 최고점에 이르렀을 때 공을 던져 넣는다.
  - 레이업 슛: 림에 최대한 가까이 접근하여 점프해 올라가면서 슛을 하는 방법이다.
- 드리블: 패스나 슛을 할 기회가 없거나 혼자서 공을 이동시키는 것이 유리할 때 사용하는 기술
  - 좌우 드리블: 공을 좌우로 낮게 드리블한다.
  - 전후 드리블: 앞뒤로 공을 드리블할 때에는 공을 치지 말고 밀어야 한다.
- 풋워크
  - 스톱: 공을 공중에서 잡으면서 정지하는 기술
    - 점프 스텝: 공을 공중에서 잡으면서 두 발로 동시에 정지한다.
    - 스트라이드 스텝: 공을 공중에서 잡으면서 한 발을 먼저 착지한 후 다른 발을 멈추며 정지한다.
  - 피벗: 제자리에서 한 발을 딛고 방향을 바꾸는 기술이다. 상대방으로부터 공격을 방해받는 상황에서 공을 지키거나 패스, 드리블, 슛을 하기 위해 방향을 전환할 때에 사용한다(주명덕 외 9인, 2018).

농구의 기본 전술

- 공격 전술
  - 모든 선수가 동시에 계속 움직인다.
  - 동료가 편하게 공격할 수 있도록 스크린을 만든다.
  - 상대 팀이 수비 대형을 갖추기 전에 재빨리 공격한다(속공법).
  - 속공이 여의치 않을 때 외곽으로 공을 돌리면서 수비 대형의 허점을 이용하여 공격한다(지공법).
  - 최대한 림 가까이에서 슛을 시도한다.

- 수비 전술
  - 상대 팀 공격수의 동작을 주시한다.
  - 상대 팀 공격수를 외곽 쪽으로 유도한다.
  - 상대편 선수들을 골 밑에서 밀어내고 리바운드 시 유리한 위치를 차지한다(스크린 아웃).
  - 5명의 선수가 각각의 수비할 상대 선수를 정한 후에 수비한다(대인 방어).
  - 5명의 선수가 골대를 중심으로 일정한 지역을 각각 분담하여 수비한다(지역 방어).
  - 반대 방향의 움직임에도 대비한다(주명덕 외 9인, 2018).

수업 절차

- 많은 농구 기술을 꼭 농구공으로 가르칠 필요는 없다. 배구 또는 탱탱볼과 같은 다른 공을 사용하는 것도 효과적이다.
- 대부분의 기술들은 개별적, 또는 짝을 이뤄서 연습할 수 있다. 이를 통해 기술 수준에 관계없이 모든 어린이들이 각자의 속도에 맞춰 기술을 발전시킬 수 있다. 드리블, 패스, 캐칭스킬은 더 많은 볼을 사용하여 연습할 때 더 효과가 좋다.
- 어린이의 연령과 신장에 따라 골대의 높이를 조절한다. 지역사회 시설인 경우, 기계적으로 조절 가능한 농구 골대가 필요하다. 1.5m 정도의 골대는 휠체어를 이용하는 어린이에게 좋다. 이 정도 높이는 어린아이들이 적절한 슛 자세를 연습하는 데에도 효과적이다.
- 프로그램은 기술에 집중하고, 기술의 다양성과 깊이를 제공할 수 있는 훈련을 포함해야 한다. 농구는 끝없는 가능성을 가지고 있다. 이는 정규 시합이나 풀코트 경기로 농구 수업의 대부분을 할애하는 경우에는 불가능한 일이다(김동식, 남재식, 박민영, 박의수, 엄우섭, 오수용, 이문진, 이영석, 장보원, 장용규, 차민철, 한은상, 2018).

농구의 특성 및 효과

- 좁은 경기장에서 격렬하게 움직이므로 운동량이 많아 강한 체력이 필요하다.
- 손으로만 공을 다루는 운동이며, 주로 실내에서 이루어지는 경기이므로 계절에

관계없이 즐길 수 있다.

- 팀플레이가 돋보이는 박진감 넘치는 경기로 직접 참여하여 경기를 하는 것도 좋고 경기장에 찾아가 관전하는 즐거움도 있다.
- 달리기, 점프하기, 던지기 등의 복합적인 동작이 나타나고 지구력, 순발력, 민첩성 등의 체력을 향상할 수 있다.
- 공격과 수비의 전환이 매우 빠르므로 빠른 판단력과 정확한 예측력을 기를 수 있다.
- 같은 팀원들과 팀워크를 발휘해야 좋은 경기 결과를 얻을 수 있으므로 협동심, 책임감 등의 태도와 페어플레이 정신도 기를 수 있다(대한농구협회, www.koreabasketball.or.kr; 주명덕 외 9인, 2018).

핸드볼

역사

핸드볼 경기는 아주 오래된 역사를 가지고 있다. 핸드볼은 전통적인 올림픽 경기와 함께 고대 경기 중의 하나라는 것을 뒷받침하는 것으로 오디세이(Odyssey)에 호머(Homer)가 핸드볼 경기자들을 칭찬하는 내용이 있고, 아테네 근처의 디플리온(Diplyon)의 무덤에는 손으로 하는 멋진 볼 경기가 있다. 또한 기원전 나일강 유역의 볼 경기는 전적으로 손으로 하는 것이었다.

현대 핸드볼의 발전은 실내핸드볼(7인제)과 필드핸드볼(11인제)로 나누어져 이루어졌다. 필드 핸드볼(11인제)은 독일의 체육교사가 발전시켰는데 이것은 특히 여성에게 축구의 대안으로 유명해졌다. 세계 2차 대전이 끝나고 1년 후 8개국의 대표가 덴마크 수도인 코펜하겐에서 만나 국제핸드볼연맹(IHF)을 출범시켰다. 7인제 경기가 점점 더 인정되었고 1960년에는 마지막 11인제 야외 경기는 여자세계선수권대회로 막을 내렸다.

핸드볼은 발전을 거듭하였고, 세계선수권대회 및 세계남여주니어선수권대회(1977년부터) 그리고 IHF컵(1982년부터/후에 EHF 컵) 등의 큰 대회가 성공적으로 개최되었다. 1982년 인도 뉴델리아시안게임에서는 남자핸드볼이 정식종목으로 채택되었고 여자핸드볼은 1990년 북경아시안게임에서 정식종목으로 채택되었다. 핸드볼은 전 세계적으로 사랑받고 있으며, 또 지속적으로 발전하고 있다(대한핸드볼협회, http://khf.handballkorea.com).

경기장

경기장은 길이 40m, 폭 20m의 직사각형으로, 두 군데의 골 에어리어와 나머지 경기 구역으로 구성된다. 길이가 긴 쪽의 경계선을 사이드라인, 짧은 쪽의 경계선을 골라인(골 포스트 사이)과 외곽골라인(골의 양쪽 부분)으로 칭한다. 경기장은 사이드라인을 따라 최소 1m 폭, 골라인을 따라 최소 2m 폭의 안전지역을 확보하여야 한다.

경기 방법

- 경기 인원
  - 핸드볼은 일반적으로 골키퍼 1명, 코트 선수 6명, 총 7명으로 구성되며, 교체 선수는 7명까지 둘 수 있다.
- 경기 시간
  - 16세 이상 팀(남·여 고교 및 대학, 일반)의 경기 시간은 전·후반 각 30분이며, 10분간 중간 휴식을 갖는다.
  - 12-16세 청소년 팀의 경기 시간은 전·후반 각 25분, 8-12세 어린이 팀의 경기 시간은 전·후반 각 20분이며, 모두 10분간 중간 휴식을 갖는다.
  - 동점인 상황에서 정규 경기 시간이 종료된 후 승리 팀을 가려야 할 경우, 5분간의 휴식 뒤 연장전을 갖는다. 연장전은 전·후반 각 5분이며, 1분간 중간 휴식을 갖는다.
  - 1차 연장전 종료 후에 동점일 경우, 5분간 휴식 후 2차 연장전을 갖는다. 2차 연장전 역시 전·후반 각 5분이며, 1분간 중간 휴식을 갖는다.
  - 2차 연장전 종료 후에도 동점일 경우, 대회 규정에 따라 승리 팀을 결정한다.
- 작전 타임: 전·후반 1회씩 1분간 작전 타임을 가질 수 있다.
- 득점: 공 전체가 골대를 완전히 통과했을 때에만 득점으로 인정한다.
- 승리 팀: 더 많은 득점을 한 팀이 승리 팀이다.

■ 심판원: 심판은 2명으로, 동등한 권한을 가지며 경기 진행 및 골 판정 등의 임무를 수행한다.

경기 규칙

■ 프리스로: 다음과 같은 반칙을 하면 반칙 지점에서 프리스로가 주어지며, 심판의 별도 신호 없이 실시한다.
- 오버스텝: 공을 가지고 4보 이상 걸었을 때
- 킥볼: 공에 발을 대거나 발로 찼을 때
- 오버타임: 드리블 없이 3초를 초과하여 공을 가지고 있을 때
- 더블드리블: 드리블을 하다 잡은 공을 가지고 다시 드리블할 때
- 해킹: 손으로 상대의 팔을 칠 때
- 패시브플레이: 공을 가진 팀이 공격이나 득점을 위해 별다른 시도를 하지 않을 때

■ 7m 스로: 다음의 경우 7m 라인에서 골키퍼 이외의 수비수 없이 슛 기회를 준다.
- 명백한 득점 기회를 상대 선수의 반칙으로 잃게 되는 경우
- 명백한 득점 기회에 부당하게 휘슬이 울렸을 때
- 명백한 득점 기회가 경기 참가 자격이 없는 사람, 즉, 감독, 코치 등에 의해 무산된 경우

■ 스로인
- 공이 상대 팀에게 닿은 후 라인 밖으로 나간 경우에 실시한다. 직접 슛을 할 수 없다.

■ 2분 퇴장: 다음과 같은 경우에는 2분 동안 경기에 참가할 수 없다.
- 프리스로가 인정되었음에도 가지고 있던 공을 바로 내려놓지 않았을 경우
- 1회의 경고 후에도 또다시 비신사적인 행위를 했을 경우
- 선수 교체를 잘못한 경우
- 머리나 목을 대상으로 반칙한 경우
- 반칙의 정도가 심하거나 빠르게 달리는 선수에게 반칙하여 위험을 가져왔을 경우

■ 실격: 다음 같은 경우에는 즉시 실격된다.
- 무모하게 위험한 반칙을 했을 경우

- 게임과 관계없이 고의적이고 악의적인 반칙을 했을 경우(대한핸드볼협회, http://khf.handballkorea.com; 주명덕 외 9인, 2018)

핸드볼의 기본 기능

- 패스와 캐치: 같은 팀 동료와 공을 주고받는 기술
  - 숄더 패스: 어깨를 사용하여 공을 빠르고 멀리 보낼 때 사용한다.
  - 래터럴 패스: 수비수를 앞에 두고 공격할 때 옆에 있는 동료에게 공을 보내는 기술로, 동료와의 거리가 가까울 때 사용한다.
  - 캐치: 손가락을 넓게 벌리고 삼각형 모양을 유지하며 두 팔을 뻗었다 당기면서 잡는다.
- 슛: 골대에 공을 넣어 득점하는 기술
  - 점프 슛: 달려오는 속도를 적절히 이용하여 한 발로 점프하여 공중에서 허리와 상체를 회전시키면서 슛을 한다.
  - 스텝 슛: 패스를 받자마자 스텝을 밟으면서 발로 던지는 슛으로, 골키퍼가 미처 준비하지 못했을 때 시도한다.
  - 다이빙 슛: 골 에어리어 근처에서 골문을 향해 비스듬히 넘어지면서 슛을 한다.
- 드리블: 공을 바닥에 튀기면서 이동하는 기술
  - 낮은 드리블: 수비수가 가까이 있을 때 사용하며, 되도록 자세를 낮추고 수비수를 등지며, 다른 한 팔로는 방어 자세를 유지하는 것이 좋다.
  - 높은 드리블: 수비수가 멀리 떨어져 있을 때 사용하며, 공을 바닥에 튀길 때에는 바운드 지점을 앞쪽에 두어야 한다.
- 풋워크와 페인트
  - 풋워크: 공격과 수비를 효과적으로 하기 위해 달리거나 멈추거나 방향을 바꾸는 발의 동작을 말한다.
  - 페인트: 페인트는 여러 가지 동작으로 상대를 속여 수비 지역을 벗어나는 데에 이용하는 기술을 말한다. 페인트 후에 슛이나 패스로 연결하는 것이 중요하다(주명덕 외 9인, 2018).

핸드볼의 기본 전술

- 공격 전술
  - 모든 선수가 동시에 계속 움직인다.
  - 전술에 따라 움직인다.
  - 상대 팀의 공격이 무산되거나 도중에 공을 가로챘을 때, 상대 팀이 수비 대형을 갖추기 전에 재빨리 공격한다(속공법).
  - 상대편이 수비 태세를 갖추고 있어서 빠른 공격이 어려울 때 공을 돌리면서 수비 대형의 허점을 이용하여 공격한다(지공법).
- 수비 전술
  - 상대를 압박하며 따라붙는다.
  - 공과 골문 사이에서 방어한다.
  - 공격수의 움직임을 파악한다.
  - 상대 팀 선수를 한 사람씩 책임지고 맡아 수비한다.
  - 각자 수비해야 할 구역을 미리 정해 놓고 그 구역 안에 있는 상대편 선수를 수비한다(주명덕 외 9인, 2018).

핸드볼의 특성 및 효과

- 좁은 경기장에서 격렬하게 움직이므로 운동량이 많아 강한 체력이 필요하다.
- 핸드볼은 달리고, 던지고, 점프하고 받는 기본적인 운동 능력을 활용하는 스포츠이다.
- 손으로 공을 다루기 때문에 패스와 슛이 섬세하고 공격과 수비의 전환이 빨라 긴장감과 박진감을 느낄 수 있다.
- 전신 운동으로서 순발력, 지구력, 민첩성을 기를 수 있고 기초 체력도 기를 수 있다.
- 민첩한 움직임이 필요하기 때문에 강한 투지와 정신력을 기를 수 있다.
- 신체 접촉이 매우 많은 경기로 과감성과 빠른 판단력을 기를 수 있다.
- 팀플레이를 함으로써 협동심, 책임감 등 사회성을 기를 수 있고 페어플레이 정신을 기를 수 있다(대한핸드볼협회, http://khf.handballkorea.com; 주명덕 외 9인, 2018).

5. 필드형 스포츠의 실제

가. 필드형 스포츠

필드형 스포츠는 두 팀이 운동장에서 공격과 수비로 나누어 공을 상대편이 없는 곳으로 보내고, 정해진 구역을 돌아오면 점수를 얻는 방식으로 행해진다(주명덕 외 9인, 2018). 필드형 스포츠 활동은 던지고 받기, 치고 달리기 등의 운동으로 개인에게 주어진 역할 수행이 게임의 승패에 가장 많은 영향을 끼치는 활동으로 야구, 소프트볼 등이 이에 포함된다(유생열, 이대형, 이강순, 강일, 김재욱, 김정희, 배문엽, 안해룡, 이천재, 한창우, 조필환, 2011). 필드형 스포츠에서는 빈 곳으로 공을 보내고 정해진 곳을 돌아와 득점하는 필드형 게임을 수행하며 필드형 스포츠의 의미와 기본 기능, 전략을 탐색한다. 특히, 경기를 수행하며 자기가 맡은 역할을 잘 숙지하고 완수하려는 태도를 강조한다. 필드형 스포츠에는 야구형 게임 등이 있다.

나. 필드형 스포츠의 지도 및 유의사항

필드형 스포츠를 지도할 때는 스포츠의 정형화된 규칙을 적용하기보다는 학습 주제와 학생들의 발달 단계에 부합되는 형태의 변형된 규칙(경기장, 인원 구성, 사용하는 도구 등)을 적용하면 좋다. 필드형 스포츠에서는 빈 곳으로 공 보내기, 구역과 역할을 나누어 수비하기 등의 전략과 공 치기, 공 차기, 공 던지기, 공 받기, 달리기 등의 기본 기능을 다룬다. 필드형 스포츠는 공격과 수비 역할이 명확히 구분되므로 공수교대에 따른 전략의 변화를 명확히 인식할 수 있도록 지도한다. 필드형 스포츠는 배트 등을 사용하는 경우가 많으므로 주변을 잘 살피고 충분한 활동 공간을 확보할 수 있도록 한다. 필드형 스포츠의 이해 정도는 개념 진술에만 의존하기보다는 게임 구성 및 게임의 원활한 수행 능력 등을 통합적인 관점에서 평가한다. 필드형 스포츠에서 빈 곳으로 공을 보내고, 역할을 유기적으로 분담하여 수비를 하는 행동의 빈도와 적절성 등을 중심으로 전략의 이해와 적용력을 평가한다. 필드형 스포츠에 관한 지식과 기능, 태도 등을 게임 수행의 맥락에서 종합적으로 평가한다. 게임에서의 실천 양상을 중심으로 책임감을 평가한다.

다. 필드형 스포츠의 종목별 실제

티 볼

정의

1980년경, 호주와 뉴질랜드에서 소프트볼이나 야구를 시작하려는 어린이를 대상으로 보급되었다는 설과 1988년 국제야구협회(IBA)와 국제소프트볼연맹(ISF)이 중심이 되어 고안되었다는 의견이 공존한다. 티볼은 미국, 호주, 뉴질랜드, 캐나다를 비롯하여 일본에서도 1993년 티볼협회가 발족하는 등, 성행하고 있다. 우리나라에서는 1997년도에 티볼협회가 창립되었으며 학교 체육을 대상으로 보급을 시작, 티볼 대회와 강습회 등을 통하여 홍보와 보급에 주력하였다([네이버 지식백과] 티볼 [teeball], 스포츠 백과, 2008., 대한체육회).

경기장

경기장은 평탄한 지역에 설치하며 페어지역과 파울지역으로 나뉜다. 배팅 티(Tee)는 홈플레이트 중앙에 둔다. 대체적으로 야구와 대동소이하나 상황에 따라 특별한 규칙을 적용해도 된다.

경기 방법

- 경기 인원
  - 수비수는 10명으로 하고, 공격은 지명 타자(타격만 하는 선수)를 두어 11~15명으로 할 수 있다.
- 공수교대: 다음의 방식 중 하나를 선택한다.
  - 공격 측의 타자 모두가 타격을 완료했을 때 공수를 교대하고, 규정 횟수(3~5회)를 끝냈을 때 득점이 많은 팀이 승리하게 된다. 매회 잔루의 주자는 다음 회에 이어지는 것으로 하지만, 최종회에는 적용하지 않는다.
  - 공격 측의 타자 7명이 타격을 완료했을 때 득점이 많은 팀이 승리하게 된다. 매회 잔루 주자는 다음 회에 이어지는 것으로 하지만, 최종회에는 적용하지 않는다.

- 공격 팀 선수 3명이 아웃되면 공수를 교대한다.

■ 득점

- 주자가 그 회 종료까지 1루, 2루, 3루, 본루의 순서로 베이스를 밟고 한 바퀴 돌았을 때마다 1점씩 득점이 된다.

■ 선수 교대

- 등록선수(엔트리)는 한 경기당 한 회 이상 출장하거나 또는 적어도 한 번 이상은 타격하는 것을 권장한다.
- 선수 교대는 주장 또는 부주장이 주심에게 신청했을 때만 성립된다.
- 한번 교대한 선수는 그 경기 종료 시까지 재출전하지 못한다.

■ 승리 팀

- 더 많은 득점을 한 팀이 승리 팀이다.

■ 심판

- 심판은 원칙적으로 2심제이며 주심과 누심으로 나눈다.

경기 규칙

■ 스트라이크 판정

- 타자가 헛스윙을 했을 때
- 타자가 배팅티만 쳤을 때
- 타구가 파울이 되었을 때
- 타자가 번트 또는 푸시 번트를 했다고 주심이 판단했을 때
- 심판의 신호 후 10초 이내에 타격하지 않았을 때
- 타격 시 축이 되는 발을 2보 이상 움직였을 때
- 주심의 "플레이" 선언 전에 타격했을 때(진루나 득점 허용 안 됨)

■ 타자가 아웃되는 경우

- 투 스트라이크 후에 헛스윙했을 때
- 투 스트라이크 후에 배팅 티만 쳤을 때
- 투 스트라이크 후에 타구가 파울볼이 되었을 때
- 투 스트라이크 후에 번트, 또는 푸시번트를 시도했다고 심판이 판정했을 때
- 투 스트라이크 후에 축이 되는 발을 2보 이상 움직였을 때

- 투 스트라이크 후에 신호 후 10초 이내에 타격하지 않았을 때
- 투 스트라이크 후에 주심의 “플레이” 선언 전에 타격했을 때
- 플라이 볼(뜬공)이 파울 지역이나 페어지역에서 야수에 의해 캐치되었을 때
- 주심에 의해 “반칙타격”으로 판정받았을 때
- 타자가 타격 후 배트를 타자서클 밖으로 던졌을 때에는 해당 팀에게 첫 번째는 경고, 두 번째부터는 모두 아웃 처리한다.(단, 배트가 굴러서 타자서클 밖으로 나간 경우 제외)
- 공격 도중 수비 측에 의해 타순의 잘못을 지적받았을 때, 이 경우 정규타순의 타자가 아웃이 된다.
- 인필드플라이 아웃: 주자가 1루, 2루 또는 1루, 2루, 3루에 주자가 있을 때에 타자가 친 볼이 내야플라이가 되었을 경우 심판이 타구를 판단 후에 인필드플라이를 선언한다. 수비수가 공을 잡든 못 잡든 타자는 아웃 처리된다.

■ 주자가 아웃되는 경우

- 타자가 타격 후 볼 인플레이 상황에서 주자가 베이스에서 떨어져 있을 때에 볼을 가진 수비수가 주자를 태그하면 아웃으로 처리된다.
- 페어플라이볼, 파울플라이볼이 포구되기 전, 베이스를 벗어난 주자가 다시 베이스에 닿기 전에 주자를 태그하거나, 해당 베이스를 밟으면 아웃으로 처리된다.
- 주자가 야수를 터치하려는 순간 야수로부터 어느 쪽이든 1m 이상 벗어났을 때
- 주자가 포스플레이로 다음 베이스로 진루해야 할 경우에 그 베이스에 도달하기 전에 야수가 볼을 갖고 베이스를 밟았을 때
- 주자가 아직 아웃되지 않은 선행주자를 추월했을 때
- 주자가 착각으로 자기 팀 벤치에 들어갔을 때
- 주자가 슬라이딩했을 때
- 인필드플라이가 선고된 타구가 베이스에 떨어져 있는 주자에 닿았을 경우 타자, 주자 모두 아웃으로 처리된다.

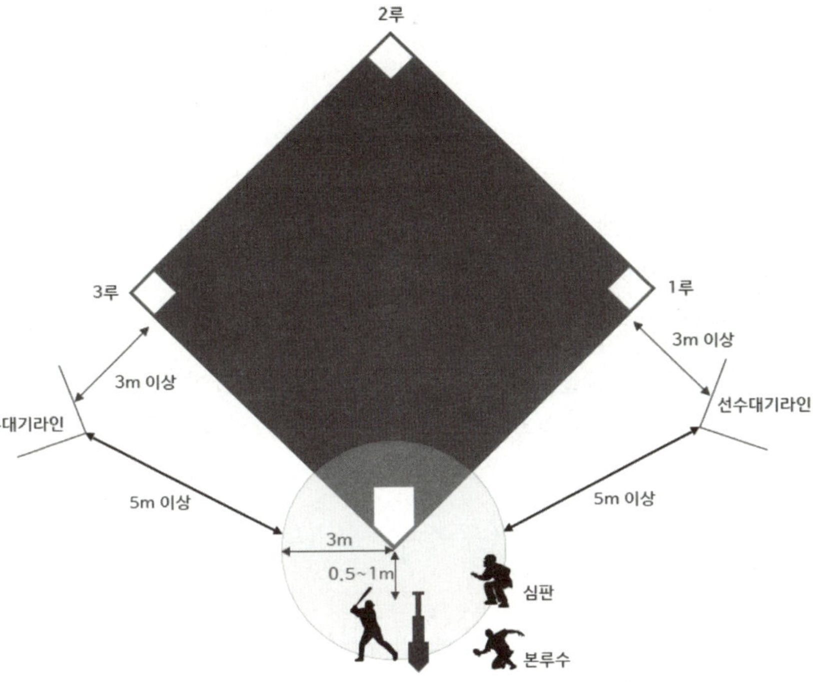

[그림 7-1] 티볼의 포지션

출처: 한국티볼협회, http://www.teeball.or.kr

티볼의 기본 기능

■ 던지기

- 오버핸드 스로: 가장 기본적인 던지기 방법으로, 어깨 관절이 움직이는 범위를 크게 할 수 있도록 높은 위치에서 공을 던진다. 공을 강하고 빠르게 멀리 던질 수 있다.
- 사이드핸드 스로: 낮게 날아오는 공을 잡아 재빠르게 던질 때 사용하며, 내야수들이 주로 사용한다. 가까운 거리에 던질 때 적합하다.
- 언더핸드 토스: 5m 내외의 아주 가까운 거리에서 빠르게 공을 던져야 할 경우에 주로 사용한다. 받는 사람과 타이밍을 정확하게 맞추어야 한다.

■ 받기

- 바운드 볼 받기
  - 공이 굴러오는 방향으로 신속하게 이동하여 자세를 낮춘다.
  - 가능한 한 몸의 정면에서 볼을 잡는다.

• 글러브를 지면과 수직이 되도록 세워 벌리고, 공이 들어오면 가볍게 잡아 올린다.

– 직선 볼 받기

• 팔은 공이 날아오는 방향으로 뻗는다.

• 손은 가슴 앞에 모으고, 팔은 몸 쪽으로 당기면서 잡는다.

– 플라이 볼 받기

• 글러브를 위로 올린 상태에서 반대 손은 글러브에 같이 댄다.

• 두 손을 모아 볼을 잡고 글러브를 가슴으로 끌어당긴다.

• 글러브를 머리 위로 들고 공을 끝까지 주시한다.

■ 주루

– 타격 후 주루: 첫발의 보폭을 좁게 하고, 1루 쪽으로 중심을 기울여 전력 질주한다.

– 연속 베이스 주루: 장타 등으로 연속해서 베이스 러닝을 할 때에는 안쪽으로 몸을 기울이고 자세를 낮게 하여 베이스를 강하게 차면서 달려 나간다.

■ 타격: 투수가 던진 공을 배트에 맞혀 자신이 원하는 방향으로 보내는 기술

– 공의 구질을 파악한다.

– 몸 전체의 탄력을 이용한다.

– 자신에게 맞는 그립과 스탠스를 찾는다(한국티볼협회, http://www.teeball.or.kr).

티볼의 기본 전술

■ 공격 전술

– 팀 배팅을 한다.

– 주자의 위치를 정확히 파악하고 배팅한다.

– 베이스 러닝 시 전력을 다해 달린다.

– 주자가 있을 때 타자가 의도적으로 외야 방면으로 플라이 볼을 쳐서 주자가 득점할 수 있도록 희생 플라이를 사용하기도 한다.

■ 수비 전술

– 주자의 상황을 파악하여 수비한다.

– 공이 동료 수비수의 뒤로 빠질 것을 대비하여 뒤쪽에서 받쳐준다.

- 내야 수비수가 원래의 위치를 벗어나게 되면 서로 약속된 움직임에 의해 이동하여 다른 동료가 베이스를 커버해 준다.
- 타자가 친 공을 신속하게 처리하여 타자와 주자, 또는 2명의 주자를 아웃시킨다(주명덕 외 9인, 2018).

티볼의 특성 및 효과

- 티볼은 야구의 리드업 게임으로 안전한 공과 배트, 작은 경기장, 쉬운 기술을 이용하여 누구나 안전하고 쉽게 참여할 수 있다.
- 필드형 스포츠의 게임 원리와 게임 방법 및 전략을 익히는 데 매우 좋다.
- 투수가 던지는 볼을 기다릴 필요가 없고, 헛스윙도 거의 없기 때문에 야구 경기의 호쾌함을 누구나 맛볼 수 있다.
- 선수 전원이 게임에 집중할 수 있고 운동량이 많아 기초체력을 기를 수 있다.
- 게임을 수행하는 과정에서 빠른 판단력과 결단력 등을 기를 수 있다.
- 개인 능력과 팀 전술의 조화가 중요하므로 공동체 의식, 협동심, 팀워크를 기를 수 있으며, 희생정신과 준법정신, 책임감을 기를 수 있다(한국티볼협회, http://www.teeball.or.kr).

야 구

역사

야구 기원에 대해서는 두 가지 설이 있다. 하나는 13세기에 영국에서 시작된 크리켓이 라운더스(rounders: 배트와 공, 베이스를 사용한 놀이)가 되고, 이것이 발달하여 야구가 되었다는 것이다. 19세기 전반 무렵에 영국에서는 배트와 공을 사용하는 놀이가 유행하여 라운더스나 피더, 포코너즈 등으로 불려왔는데, 이것이 미국에 전해져 동부 지방에서 많이 하다가 19세기 중엽 무렵 전국 각지로 퍼져 나갔다. 1830년에는 보스턴(Boston)에서 라운더스를 모방한 타운볼이라는 경기가 시작되었고, 1833년에는 필라델피아(Philadelphia)에서 역시 같은 무렵, 뉴욕(New York)에서도 내용이 약간 다른 타운볼이 선을 보였고, 이와 같은 놀이경기가 발전하여 순수경기로서의 야구로 변천했다는 것이다.

또 하나의 설은 야구는 1839년 뉴욕주 쿠퍼즈타운(Cooperstown)에서 애브너 더블데이(Abner Doubleday) 소장이 창안했다는 설이다. 야구를 오늘날과 거의 비슷한 경기로 발전시킨 사람은 카트라이트(Cartwright, A.)로, 1845년 뉴욕에서 세계 최초의 야구팀인 니커보커 야구협회를 조직하여 다이아몬드형 경기장을 고안하여 경기 인원을 9명으로 하였고, 3스트라이크가 1아웃이 된다는 등의 근대야구의 규칙을 공식화하였다.

1858년에는 전국야구선수협회가 설립되어 야구에 대한 관리를 하게 되었다. 1869년에는 신시내티(Cincinnati) 레드스타킹스 클럽이라는 최초의 직업야구단이 생겨 흥행에 성공하였고, 1875년에는 세인트루이스 · 신시내티 · 루이스빌 등의 야구클럽 대표단이 모여 현재의 내셔널리그가 창설되었다. 이후 1901년에 아메리칸리그가 결성되어 지금의 메이저리그 양대 리그 체제가 갖추어졌다(네이버 지식백과, 2024).

정의

야구는 펜스로 둘러싸인 경기장에서 감독이 지휘하는 9명의 선수로 구성된 두 팀이 한 명 이상의 심판원의 주재 아래 이 규칙에 따라 치르는 경기이다(지명타자 제도를 채택한 경우 10명이 된다).

경기장

경기장은 먼저 본루(home plate)의 위치를 정하고, 그 지점부터 2루를 설정하고 그 다음 본루와 2루를 기점으로 본루부터 오른쪽의 교차점을 1루로 하고 본루부터 왼쪽의 교차점을 3루로 한다.

경기 방법

- 경기 인원
  - 각 팀은 9명으로 구성되며, 선수는 언제든지 교체할 수 있지만 교체된 선수는 다시 경기에 참가할 수 없다.
- 경기 시간
  - 매회 공격 팀의 3명이 아웃되면 공격과 수비를 교대한다.
  - 초등부는 6회, 중등부는 7회, 고등부 이상은 9회까지 공격과 수비를 하여 얻은

득점으로 승패를 가린다.

■ 득점

－3아웃이 되어 이닝이 끝나기 전에 주자가 정규로 1루, 2루, 3루, 본루에 닿을 때마다 1점이 된다.

■ 승리 팀

－더 많은 득점을 한 팀이 승리 팀이다.

■ 정식경기: 정식경기는 보통 9회로 성립되지만 다음과 같은 예외가 있다. 즉, 동점으로 경기가 연장전으로 들어가거나, 다음과 같은 이유로 경기가 단축될 수 있다.

－홈 구단이 상대 팀보다 더 많은 득점을 올려 9회 말 공격의 전부 또는 일부를 필요로 하지 않을 경우

－주심이 콜드게임을 선고하였을 경우

－두 팀이 9회의 공격을 끝내고도 득점이 같을 때는 연장전을 이어가야 하는데 연장 회의 초, 말을 모두 끝냈을 때 원정구단의 득점이 홈구단의 득점보다 많을 경우

－홈 구단이 연장전 말 공격 도중에 결승점을 기록하였을 경우 경기는 종료된다.

－주심이 중도 종료를 선고한 경기(콜드게임)가 다음에 해당할 경우 정식경기가 된다.

- 5회를 끝낸 뒤에 종료를 선고한 경기
- 5회 초를 마쳤거나 5회 말 공격이 진행되는 도중에 홈 구단의 득점이 원정구단의 득점보다 많아졌을 때 종료를 선고한 경기
- 5회 말 공격 중에 홈 구단이 득점하여 원정구단의 득점과 같아졌을 때 종료를 선고한 경기

－경기가 끝났을 때 두 팀의 득점이 같을 경우 주심은 “무승부 경기”를 선고하여야 한다.

■ 심판원

－주심 1명과 누심 3명이 경기를 운영한다.

－주심은 전 경기를 운영하며, 스트라이크와 볼, 페어볼과 파울 볼, 타자와 투수의 반칙 등을 판정한다.

－누심은 주심을 보조하고 누에서 일어나는 플레이와 투수의 동작을 판정한다.

경기 규칙

- 투수에 관한 규칙: 투수가 다음의 행위를 하는 경우에는 보크가 선언되며, 주자는 1루씩 진루한다.
  - 연속된 투구 동작을 중지하거나 머뭇거렸을 경우
  - 투수판을 밟지 않고 투구했을 경우
  - 경기 지연을 목적으로 오랫동안 투구를 하지 않았을 경우
  - 공에 이물질을 묻히고 투구했을 경우
  - 투구 동작이 시작된 후 베이스로 공을 던지거나 던지는 동작을 취했을 경우
- 타자가 아웃되는 경우
  - 페어 플라이 볼 또는 파울 플라이 볼(파울 팁은 제외)이 야수에게 정규로 포구되었을 경우
  - 제3스트라이크가 포수에게 정규로 포구되었을 경우
  - 무사 또는 1사에 1루 주자가 있을 때 제3스트라이크가 선언된 투구를 포수가 잡지 못했을 경우
  - 2스트라이크 뒤의 투구를 번트하여 파울 볼이 되었을 경우
  - 인필드 플라이가 선언되었을 경우
  - 2스트라이크 뒤 타자가 쳤으나(번트도 포함) 투구가 배트에 닿지 않고 타자의 신체에 닿았을 경우
  - 야수(투수 포함)에게 닿지 않은 페어볼이 타자 주자에게 닿았을 경우
  - 타자주자가 본루에서 1루 사이의 후반부를 달리는 동안 3피트 라인의 바깥쪽(오른쪽) 또는 파울 라인의 안쪽(왼쪽)으로 달려 1루 송구를 처리하려는 야수를 방해하였다고 심판원이 판단하였을 경우
  - 타자가 제3스트라이크를 선언당하거나 페어볼을 친 뒤 1루에 닿기 전에 그 신체나 1루에 태그되었을 때
- 주자가 아웃되는 경우
  - 주자가 태그당하지 않으려고 베이스를 연결한 직선으로부터 3피트(91.4cm) 이상 벗어나서 달렸을 경우
  - 1루를 밟은 후 베이스 라인에서 벗어나 다음 베이스로 가려고 하는 의사를

명백히 포기하였을 경우
- 주자가 송구를 고의로 방해하였을 경우 또는 타구를 처리하고 있는 야수를 방해하였을 경우
- 볼 인 플레이 중에 주자가 베이스에서 떨어져 있다가 태그당한 경우
- 페어 플라이 볼, 파울 플라이 볼이 정규로 포구된 뒤 주자가 베이스에 다시 닿기 전에 신체 또는 그 베이스에 태그당한 경우
- 타자가 주자가 됨에 따라 진루할 의무가 생긴 주자가 다음 베이스에 닿기 전에 야수가 그 주자나 베이스에 태그하였을 경우(이것은 포스 아웃이다)
- 주자가 페어지역에서 내야수(투수 포함)에 닿지 않았거나 내야수(투수 제외)를 통과하지 않은 페어볼에 닿았을 경우
- 무사 또는 1사에서 주자가 득점하려고 할 때 타자가 본루에서 벌어지고 있는 수비 측의 플레이를 방해하였을 경우
- 후위주자가 아웃되지 않은 선행주자를 앞질렀을 경우

■ 타자가 진루하는 경우
- 안타를 쳤을 때
- 볼넷이 되었을 때
- 투수가 던진 공이 타자의 몸이나 경기복에 닿았을 때
- 포수나 야수가 타자의 타격 행위를 방해했을 때

■ 주자가 진루하는 경우
- 타자의 타구 형태에 따라 다음 누로 뛸 수 있다.
- 도루나 수비의 실수에 의해 다음 누로 갈 수 있다.
- 타자의 볼넷이나 몸에 맞는 볼로 후속 주자에게 밀려서 안전하게 진루할 수 있다(대한야구소프트볼협회, http://www.korea-baseball.com; 주명덕 외 9인, 2018).

야구의 기본 기능

■ 던지기와 받기
- 오버핸드 스로: 어깨 관절이 움직이는 범위를 크게 할 수 있도록 높은 위치에서 공을 던진다. 공을 빠르고 멀리 던질 때 적합하다.

- 사이드핸드 스로: 땅볼처럼 낮게 오는 공을 잡아 재빠르게 던질 때 사용한다. 가까운 거리에 던질 때 적합하다.

■ 주루: 공을 치고 누로 달리거나 다음 누로 달리는 기술

- 슬라이딩: 빠르고 안전하게 베이스에 닿을 수 있는 기술이지만 부상의 위험이 있다. 슬라이딩의 종류에는 피트 퍼스트 슬라이딩, 헤드 퍼스트 슬라이딩, 훅 슬라이딩이 있다.

■ 타격: 득점을 올리기 위해 가장 중요한 기술로 자신에게 맞는 그립을 선택하고, 공을 끝까지 주시하며, 공을 정확하게 맞힌다.

- 머리, 어깨, 허리가 거의 수평을 유지하며 준비 자세를 잡는다.
- 배트를 뒤로 끌어당기고 체중을 뒤로 이동시키며 테이크 백을 한다.
- 몸의 회전력을 이용하여 배트를 앞쪽으로 내민다.
- 손목을 고정하고 몸보다 앞쪽에서 공을 맞힌다.
- 배트를 자연스럽게 돌리고 체중을 앞발에 실어 폴로 스루를 한다.

■ 번트: 타자가 타격할 때 배트를 스윙하지 않고 공에 갖다 대는 방법으로, 배트를 가볍게 잡고, 배트의 아랫부분에 공을 맞힌다. 주자와 미리 사인을 주고받는다.

- 배트는 지면과 거의 평행이 되도록 충분히 내민다.
- 무릎과 허리는 약간 구부려 자세를 낮춘다.
- 번트 후에 바로 뛰어나갈 준비를 한다.
- 공을 끝까지 주시하고 번트를 한다.

■ 투구: 투수가 투수판을 밟고 타자를 향해 공을 던지는 기술

- 오버핸드 투구: 팔을 어깨 위로 올렸다가 아래로 내리면서 공을 던진다.
- 언더핸드 투구: 팔꿈치를 어깨보다 낮게 하여 지면과 가까운 위치에서 던지는 투구 자세로 공에 변화를 주기 쉽다.
- 사이드암 투구: 옆에서 던지듯이 투구하는 자세로, 가로로 떨어지는 변화구를 구사하는 투수에게 유리하다.
- 구질
  - 직구: 일반적인 투구의 구질로, 거의 직선으로 빠르게 날아간다.
  - 커브: 공에 톱 스핀이 걸려 타자 가까이에 왔을 때 공이 아래로 휘어진다.
  - 슬라이더: 속도는 직구와 비슷하며 공이 좌우 옆으로 휘어진다.

- 체인지업: 공을 손바닥 깊숙이 쥐고 직구처럼 던지는 방법으로, 공의 속도가 타자 가까이에 왔을 때 느려진다(주명덕 외 9인, 2018).

야구의 기본 전술

■ 공격 전술

- 타자가 주자를 다음 누로 보내기 위해 팀 배팅을 한다.
- 경기 상황을 정확히 파악한다.
- 베이스 러닝 시 전력을 다해 달린다.
- 투수의 투구와 동시에 주자가 달리고 타자는 무조건 타격을 하는 히트 앤드 런을 사용하기도 한다.
- 주자가 있을 때 타자가 의도적으로 외야 방면으로 플라이 볼을 쳐서 주자가 득점할 수 있도록 희생 플라이를 사용하기도 한다.

■ 수비 전술

- 주자의 상황을 파악한다.
- 공이 동료 수비수의 뒤로 빠질 것을 대비하여 뒤쪽에서 받쳐준다(백업 플레이).
- 타구의 방향이나 주자의 움직임으로 인해 내야 수비수가 원래의 위치를 벗어나게 되면 서로 약속된 움직임에 의해 이동하여 다른 동료가 베이스를 커버해준다(커버 플레이).
- 타자가 친 공을 신속하게 처리하여 타자와 주자, 또는 2명의 주자를 아웃시킨다(주명덕 외 9인, 2018).

야구의 특성 및 효과

■ 야구는 치기, 달리기, 던지고 받기 등 다양한 기능이 포함된 스포츠이다.

■ 다양한 경기 전략과 작전이 필요하며, 정밀하고 과학적이다.

■ 팀플레이가 돋보이는 운동으로, 직접 참여는 물론 관전에도 재미 요소가 많다.

■ 전신 운동으로 전면적인 기초 체력을 강화하는 데 효과적이다.

■ 희생정신과 준법정신, 책임감과 경기 상황에 따른 빠른 판단력과 결단력 등을 기를 수 있다.

■ 개인 능력과 팀 전술의 조화가 중요하므로 공동체 의식과 협동심, 팀워크, 책임감

을 기를 수 있다(대한야구소프트볼협회, http://www.korea-baseball.com; 주명덕 외 9인, 2018).

6. 네트형 스포츠의 실제

가. 네트형 스포츠

네트형 스포츠는 네트를 사이에 두고 하는 신체활동으로 상대 팀과의 신체적 접촉이 없으며, 개개인의 경기수행 능력뿐만 아니라 팀 구성원 간의 협동심, 팀워크, 게임 운영의 전략이 승패에 영향을 주는 활동으로 배구형 게임, 배드민턴형 게임, 족구형 게임 등이 포함된다(교육과학기술부, 2007). 즉, 네트형 스포츠 활동이란 두 팀(team)이 네트를 경계로 상대 코트에 공을 여러 가지 방법으로 공격하여 득점하며 상대 팀은 득점을 저지하며 방어해 실점을 최소화한다. 정해진 점수를 먼저 득점한 팀이 승리하는 단체 경기이다(오승영, 2010). 네트형 스포츠에서는 네트 너머의 상대가 받아넘기지 못하도록 공을 보내 득점하는 네트형 게임을 수행하며 네트형 경쟁의 의미와 기본 기능, 전략을 탐색한다. 특히, 경기를 수행하며 다른 사람들의 입장을 이해하고 공감하는 태도를 함양하는 것이 중요하다. 네트형 스포츠에는 배구형 게임, 배드민턴형 게임, 족구형 게임, 탁구형 게임, 테니스형 게임 등이 있다.

나. 네트형 스포츠의 지도 및 유의 사항

네트형 스포츠를 지도할 때 스포츠의 정형화된 규칙을 적용하기보다는 학습 주제와 학생들의 발달 단계에 부합되는 형태의 변형된 규칙(경기장, 인원 구성, 사용하는 도구 등)을 적용한다. 네트형 스포츠에서는 공을 받아넘기기 어려운 지역으로 공 보내기, 역할을 유기적으로 나누어 수비하기 등의 전략과 공 넘기기, 공 받기, 공 이어주기 등의 기본 기능을 다룬다. 네트형 스포츠는 공격과 수비의 역할이 동시에 이루어지는 경우가 많으므로 미리 다음 상황을 예측하며 게임을 할 수 있도록 지도한다. 네트형 스포츠는 라켓 등을 사용하는 경우가 많으므로 주변을 잘 살피고 충분한 활동 공간을 확보할 수 있도록 한다. 네트형 스포츠의 이해 정도는 개념 진술에만 의존하기보다는 게임 구성 및 게임의 원활한 수행 능력 등을 통합적인 관점에서 평가한다. 네트형 스포츠에서 빈 곳으로 공을 보내고, 역할을 유기적으로 분담하여 수비를 하는 행동의 빈도와 적절성 등을 중심으로 전략의 이해와 적용력을 평가한다. 네트형 스포츠에 관한 지식과 기능, 태도 등을 게임 수행의 맥락에서 종합적으로 평가한다. 게임에서의 실천 양상을 중심으로 다른 사람을 이해하고 배려하려는 태도를 평가한다.

다. 네트형 스포츠의 종목별 실제

배 구

역사

배구는 1895년 미국 매사추세츠(massachusetts)주 홀리욕시에 있는 Y. M. C. A의 체육부장 Williams G. Morgan에 의하여 고안되었다. 당시 모건은 과격한 농구보다 좀 유연한 볼 게임의 필요성을 느껴, 흥미 있고 남녀노소가 적당한 운동으로서 함께 즐길 수 있는 대중적 운동을 모색하는 데 심혈을 기울였다.

배구의 초기 명칭은 민토넷(Mintonette)으로 불렸으나 처음에는 테니스에서 힌트를 얻고 테니스 네트를 체육관 중앙에 설치하여 시험하였다. 이에 미국 매사추세츠의 스프링필드의 할스테드(DR.Halstead) 씨가 볼을 네트를 넘겨 날려 보내는 게임을 창안해낸 후부터 "발리 볼"(Volley Ball)이라는 명칭을 붙이게 되었다. 처음 직장인을 위한 레크리에이션 활동으로서 고안되었으나 점차 널리 행해졌다.

배구가 올림픽 종목으로서 채택된 것은 1961년 남자 배구가 아테네에서 열린 I.O.C 총회의 결정에 의하여 채택되었으며, 여자배구는 그 다음 해 1962년 모스크바에서 열린 I.O.C 총회에서 채택, 1964년 일본 도쿄 올림픽대회부터 정식 종목으로 인정되어 오늘에 이르고 있다(대한배구협회, https://www.kva.or.kr).

정의

배구는 두 팀이 코트 중앙에 설치된 네트를 사이에 두고 경기를 펼치는 스포츠이다.

팀은 볼을 세 번 타구(블록접촉 이외에)한 후 상대편 코트로 넘겨야 한다. 랠리는 볼이 코트 바닥 또는 코트 "밖으로" 떨어지거나 팀이 볼을 상대편 코트로 적절하게 넘기지 못할 때까지 지속된다. 배구에서는 한 랠리를 이긴 팀이 1점을 획득한다(랠리 포인트제).

경기장

경기장은 경기코트와 자유지역을 포함한다. 경기장은 직사각형으로 둘로 나뉜 양쪽이 대칭을 이루어야 한다. 경기 코트는 모든 면이 최소 3m 폭의 자유지역으로 둘러진 18×9m 크기의 직사각형이다. 자유경기공간은 어떠한 장애물도 없는 자유로운 경기장 위의 공간을 말하며 경기장 표면으로부터 최소 7m 높이가 확보되어야 한다. 센터라인의 중심축으로부터 3m 뒤로 그려지는 각 코트의 어택라인은 전위지역을 나타낸다.

네트

- 네트는 센터라인에서 수직으로 남자 2.43m, 여자 2.24m 높이로 설치한다.
- 네트는 너비 1m, 길이 9.50~10m(사이드밴드 양옆 25~50cm 길이 포함)로 10cm 크기의 정사각형 검정색 그물로 만들어진다.
- 폭 7cm의 상단 수평 밴드는 두 겹의 흰색 캔버스로 만들어지며 전체 길이를 꿰맨다. 밴드 양 끝에 있는 구멍으로 끈을 통과시켜 지주에 밴드를 고정시킴으로써 상단 부분을 팽팽하게 유지시켜 준다.
- 네트 하단에는 상단 밴드와 유사한 너비 5cm의 수평 밴드를 통해 로프를 연결한다.

안테나

- 안테나는 길이 1.80m, 직경 10mm의 유리섬유나 이와 유사한 재질로 만들어진 유연한 막대기를 말한다.
- 안테나는 각 사이드밴드 바깥쪽 가장자리에 고정시키고 네트의 반대편에 각각 설치한다.
- 각 안테나의 상부 80cm는 네트 위로 뻗어 있으며 주로 빨간색과 흰색의 대비색상으로 이루어진 너비 10cm의 줄무늬로 표시한다.
- 안테나는 네트의 일부로 간주하며 측면의 통과허용 공간의 경계를 정해준다.

경기 방법

- 경기 인원
  - 한 팀은 6명으로 구성되고, 각 팀은 1명의 수비 전문 선수(리베로)를 경기에 참여시킬 수 있다. 한 세트에 최대 6명의 선수를 교체할 수 있으며, 동시에 여러 명의 선수를 교체하는 것도 가능하다.
- 득점: 다음과 같은 경우 팀은 1점을 획득한다.
  - 상대편 코트에 볼이 성공적으로 닿은 경우
  - 상대편이 반칙을 한 경우
  - 상대편이 벌칙을 받은 경우
  - 서비스권과 관계없이 랠리마다 득점을 하며, 득점을 한 팀이 서비스권을 갖는다.
- 경기 구성
  - 5세트 경기로 이루어지며, 3세트를 먼저 이기는 팀이 승리한다(초등부, 중등부 경기는 3세트 2선승제).
  - 각 세트는 25점을 먼저 얻으면 승리하지만 마지막 세트는 15점을 먼저 얻는 팀이 승리한다.
  - 휴식시간은 세트와 세트 사이의 시간을 말한다. 모든 세트 간 휴식시간은 3분간 지속된다. 이 시간에 코트를 교대하고 경기기록지에 팀 라인업을 기록한다.
  - 2세트와 3세트 사이의 휴식은 조직위의 요구에 따라 10분까지 연장될 수 있다.
- 듀스
  - 24대24로 동점을 이룬 경우에는 2점 차이가 날 때까지 경기를 계속 진행한다.
  - 세트가 2대2인 경우 5세트는 최소 2점이 앞선 상황에서 15점을 먼저 획득한 팀이 승리한다.
- 작전 시간
  - 한 팀은 세트마다 30초씩 2회의 작전 시간을 가질 수 있다.
- 코트 교체
  - 한 세트가 끝날 때마다 코트를 바꾼다.
  - 마지막 5세트에서는 한 팀의 득점이 8점일 때 코트를 바꾼다.

경기 규칙

- 로테이션
  - 리시브한 팀이 득점에 성공하여 서비스권을 얻으면 시계 방향으로 한 자리씩 이동해야 한다. 2번 위치의 선수는 서브를 위해 1번 위치로 이동하고 1번 위치의 선수는 6번 위치로 이동 등
- 선수교대
  - 선수교대란 기록원에 의해 기록된 선수가 코트에서 나오는 선수 위치로 교체되어 들어가는 행위를 말하며 리베로 또는 리베로 대체선수는 선수교대에 해당되지 않는다.
  - 경기 중 선수 부상으로 인해 선수교대를 해야 하는 경우 감독(또는 경기주장)은 선수교대 공식 핸드 시그널을 보여주어야 한다.
  - 선발 라인업 선수는 세트당 한 번 교대되어 나갔다 다시 들어올 수 있으며 다시 들어올 때는 라인업 용지에 기재된 원래 위치로 복귀해야 한다.
  - 교대선수는 세트당 한 번 선발 라인업 선수 위치로 들어갈 수 있으며 반드시 동일한 선발 선수와만 교대할 수 있다.
- 공격과 블로킹
  - 공격과 블로킹에는 전위 3명만이 참가할 수 있다.
  - 후위도 공격을 할 수 있지만 어택 라인 뒤에서만 가능하다.
- 리베로
  - 각 팀은 경기 기록지 명단에 수비 전담 선수인 리베로를 2명까지 선택적으로 등록할 수 있다.
  - 동료와 다른 색상의 유니폼을 입어야 한다.
- 반칙: 다음과 같은 반칙을 한 경우에는 1실점한다.
  - 오버네트: 네트 너머에 있는 공을 터치했을 경우(블로킹을 할 때 손이 상대팀 네트 쪽으로 넘어가는 경우는 제외)
  - 네트 터치: 플레이 도중 네트에 신체 일부가 닿았을 경우
  - 더블 콘택트: 한 선수가 계속해서 두 번 공을 터치했을 경우(블로킹은 제외)
  - 패싱 더 센터 라인: 경기자가 플레이 도중 센터 라인을 넘었을 경우

- 어택 라인 침범: 후위 선수가 어택 라인을 밟거나 어택 라인을 넘어 공격했을 경우
- 캐치볼: 경기자가 손바닥으로 공을 친 경우

■ 9인제 배구 경기 규칙(6인제 배구와 다른 점)

- 21점 3세트 경기로 진행한다.
- 선수들의 로테이션 규정이 없다.
- 9명의 선수가 전위와 후위의 구분 없이 자유롭게 공격과 수비를 할 수 있다(주명덕 외 9인, 2018; 대한배구협회, https://www.kva.or.kr).

배구의 기본 기능

■ 서비스: 배구 경기의 시작이면서 공격의 첫 단계

- 언더핸드 서비스: 공을 허리 아래에서 위로 쳐올려 포물선을 그리며 떨어지게 하는 서비스
- 오버핸드 서비스: 공을 머리 위로 토스하고 반대쪽 손을 어깨 위에서 강하게 회전하여 치는 서비스
- 스파이크 서비스: 높은 점프력과 강한 근력이 필요한 서비스로 도움닫기를 한 후에 점프하여 어깨 위에서 오른팔을 백스윙하여 손바닥 아랫부분으로 공을 친다.

■ 패스: 동료에게 공을 보내는 기술

- 언더핸드 패스: 허리 아래로 낮게 날아오는 공을 올려치는 패스, 공의 낙하지점으로 재빨리 이동하여 몸의 정면에서 받아 올린다.
- 오버핸드 패스: 높이 날아오는 공을 처리할 때나 느리게 오는 공을 패스할 때 사용, 공의 낙하지점으로 재빨리 이동한 후에 무릎의 반동과 손가락의 스냅을 이용한다.

■ 스파이크: 토스된 공을 점프하여 강하게 치는 공격 기술

- 도움닫기하여 크게 앞으로 내딛으면서 점프한다.
- 양손의 반동을 이용하여 높게 점프하고 허리를 뒤로 젖힌다.
- 공을 앞에 놓고 젖힌 허리를 펴면서 그 탄력으로 체중을 실어 스파이크한다.

■ 블로킹: 상대방의 공격을 네트 위에서 막는 수비 기술

-살짝 앉으며 웅크렸다가 상대의 스파이크 타이밍에 맞춰 점프한다.
-양팔을 어깨너비로 벌리고, 손가락도 벌려 최대한 넓은 면으로 블로킹한다(주명덕 외 9인, 2018).

배구의 기본 전술

- 공격 전술
  -상대편 블로커를 따돌린다.
  -다양한 공격 전술을 구사한다.
  -자신의 포지션에 최선을 다한다.
  -세터가 좌우 안테나 근처로 공을 높게 올려주면 공격수가 공격한다(오픈 공격).
  -상대 블로커가 미처 따라오기 전에 재빨리 공격한다(속공).
  -상대 팀의 블로킹을 따돌리기 위해 실제로 공격하는 선수 외에 1~2명의 선수가 스파이크하는 동작을 취해 블로커의 타이밍을 어긋나게 하며 공격한다(시간차 공격).
- 수비 전술
  -정확한 수비 위치를 잡는다.
  -공에 대한 집중력을 갖는다.
  -안정된 자세를 유지한다(주명덕 외 9인, 2018).

수업 절차

- 배구형 게임은 서브에서 시작되므로 성공적인 서브는 중요하다. 정식 배구 규칙에서 서브는 한 번의 기회가 주어진다. 세 가지 시도가 성공적 서브를 가능하게 한다. (a) 코트의 중간에서 서브하기, (b) 첫 번째 서브가 안 좋았다면 한 번 더 서브하게 하기, (c) 네트 위로 공을 보내기 위해 동료의 도움을 받는 것을 허락하기
- 시간을 아끼려면 서브하는 선수에게 공을 굴려주는 것을 가르쳐야 한다. 다른 학생들은 가로채기 없이 공이 목적지에 가게 내버려 두어야 한다.
- 효과적인 수업은 고통 없이 손과 팔로부터 공을 리바운드할 수 있을 때 가능하다.

무거운 공이나 딱딱한 공은 학생들이 기피하므로 비치볼이나 연습용 안전배구공을 활용하는 것이 좋다.

- 개별활동 또는 파트너 활동을 통해 연습을 지속시킨다. 개별활동 시에는 각각의 학생들에게 공이 주어져야 한다.
- 주먹을 사용하여 볼을 치게 되면 컨트롤이 제대로 안 되거나 정상적인 게임을 이어갈 수 없다. 공을 받을 때 학생들은 두 손을 사용한다. 연습을 계속하면서 주먹으로 공을 치면 점수를 잃게 된다는 규칙을 정하기도 한다.
- 리드업 게임을 통해 로테이션의 방법을 지도한다(김동식 외 11인, 2018).

배구의 특성 및 효과

- 배구는 네트를 사이에 두고 경기를 진행하여 상대 팀 선수와 신체 접촉이 없어 안전하게 누구나 참여하여 즐길 수 있다.
- 상대로부터 넘어온 공을 재빨리 리시브하거나 상대의 수비 위치를 빠르게 파악하여 공격함으로써 근력, 순발력, 민첩성, 유연성 등을 기를 수 있다.
- 팀을 이루어 참여하는 과정에서 협동심, 책임감, 희생정신 등의 사회성과 운동예절 등을 기를 수 있다.
- 빠른 경기 진행 과정에서 집중력과 빠른 판단력을 기를 수 있다.
- 여럿이 함께 참여하는 과정에서 스트레스를 해소할 수 있다(대한배구협회, https://www.kva.or.kr; 주명덕 외 9인, 2018).

배드민턴

역사

배드민턴 경기의 기원에 대해서는 여러 가지 설이 있으나 1820년경 인도의 봄베이 지방에서 성행하였던 푸나(Poona)라는 놀이를 당시 인도에서 주둔하고 있던 영국 육군사관들이 배워 본국으로 돌아와 경기화시키게 된 것이 정설이라고 할 수 있다. 당시 영국에서는 그루스타주의 뷔포오드 경을 중심으로 보급되기 시작하였으며 오늘날의 배드민턴이 되었다. 초창기 영국의 배드민턴이라는 지명을 따서 경기의 명칭으로 사용함으로써 오늘날의 배드민턴이 되었다.

1893년 영국 배드민턴협회의 창립과 동시에 규칙이 제정되었고 1899년 배드민턴대회가 개최되어 덴마크, 스웨덴, 서독 등의 유럽 각국과 캐나다, 미국 등으로 확산 보급되었다. 특히 말레이시아, 태국, 인도네시아, 인도 등지에서는 국기라고 할 만큼 인기 있는 스포츠로서 널리 보급되어 있다. 근래 세계의 배드민턴 강국으로는 영국, 덴마크, 독일 등과 동양권의 중국, 한국, 일본, 말레이시아, 인도네시아 등이 있다.

세계적인 경기대회로는 1939년 국제 배드민턴연맹의 초대회장 조지 토머스 경이 기증한 토머스컵(THOMAS CUP)대회와 H.S 우버 여사가 기증한 우버컵(UBER CUP)대회, 세계배드민턴선수권(WORLD CUP), 전영오픈 배드민턴선수권대회 등이 있으며 1988년 서울 올림픽의 시범종목을 거쳐 1992년 바르셀로나 올림픽에서는 정식종목으로 채택되었다(대한배드민턴협회, http://www.koreabadminton.org).

경기장

- 경기장 13.4m×6.1m(라인 포함)
- 라인 폭: 4cm
- 코트 대각선 길이: 14.723m
- 네트 높이: 양 끝 부분 1.55m, 중앙 1.524m
- 포스트(지주대) 높이: 1.55m

경기 방법

- 경기 종류
  - 남녀 단식과 복식
  - 혼합 복식
- 득점
  - 해당 랠리에서 이긴 편이 득점한다.
  - 상대편에서 폴트를 범하거나, 셔틀이 상대방 코트 바닥에 떨어졌을 때 랠리에서 이기게 된다.
  - 해당 게임에서 이긴 편이, 다음 게임에서 첫 서비스를 한다.

■ 승패

－특별히 별도 규정이 없으면 3게임 2선승제를 원칙으로 한다.

－21점을 선취한 편이 해당 게임을 이긴다.

■ 듀스

－스코어가 20:20 동점부터는 2점을 먼저 앞선 편이 승리한다.

－스코어가 29:29 동점인 경우, 30점에 먼저 도달한 편이 승리한다.

■ 코트 변경: 선수는 아래의 경우에 코트(사이드)를 교대한다.

－제1게임의 종료 후에

－만약 제3게임이 이루어지는 상황이 되면 2게임 종료 후

－그리고 제3게임 중, 11점을 선취한 후

－코트 변경을 못 했을 경우, 그 실수가 확인된 시점부터 그리고 셔틀의 움직임이 없을 때 정정한다. 이미 진행되어 획득한 점수는 그대로 이어간다.

■ 휴식

－매 경기 11점에 도달했을 경우 60초의 쉬는 시간을 허용한다.

－매 경기와 경기 사이에는 2분간의 휴식 시간을 갖는다.

■ 심판원

－심판은 주심 1명, 부심 1명, 선심 10명으로 구성된다.

경기 규칙

■ 서비스

－셔틀콕은 서버의 허리 아래에서 쳐야 한다.

－셔틀콕을 치는 순간 라켓의 전체 머리 부분이 서버의 손 전체 부분보다 확연하게 식별할 수 있을 정도의 아래에 있어야 한다.

－서버와 리시버는 양편 서비스 코트 안에서 대각선으로 서야 한다.

－서버가 셔틀콕을 치는 순간 라켓의 샤프트는 아래쪽을 향하고 있어야 한다.

－서버의 라켓 움직임은 서비스 시작부터 끝까지 멈춤 없이 연속적으로 이루어져야 한다.

■ 복식 서비스: 어느 경기에서도 서브권은 다음과 같은 순서로 연속적으로 옮겨진다.

－오른쪽 서비스 코트에서 경기를 시작한 첫 번째 서버에서

- 첫 번째 리시버의 파트너에게
- 첫 번째 서버의 파트너에게
- 첫 번째 리시버에게
- 첫 번째 서버에게로, 그리고 이 순서대로 연속적으로 진행.
- 그 어떤 선수도 서비스와 리시브의 순서가 바뀌면 안 되고 리시브를 두 번 연속으로 하면 안 된다.
- 이긴 편의 선수들 중 누구라도 상관없이 그 다음 경기에서 서브를 할 수 있고, 진 팀 선수들 중 누구라도 상관없이 그 다음 경기에서 리시브할 수 있다.

■ 반칙
- 서비스가 올바르지 못할 경우
- 서버가 서비스하는 도중 셔틀콕을 치지 못하고 헛스윙을 했을 경우
- 선수의 라켓 또는 네트 이외의 다른 곳에 셔틀콕이 닿았을 경우
- 셔틀콕이 네트를 넘어오기 전에 네트를 넘어 셔틀콕을 치거나 헛쳤을 경우 (단, 셔틀콕이 네트를 넘어왔을 경우 셔틀콕을 치고 상대편 코트로 넘어가는 것은 허용)
- 라켓이나 선수의 몸이 네트에 닿았을 경우
- 셔틀콕을 연속적으로 두 번 이상 쳤을 경우

■ 폴트: 다음 상황에서는 '폴트'가 된다.
- 서비스가 바르지 못한 경우
- 서비스를 하는 중 셔틀이 다음과 같을 때
  • 네트 위에 걸려서 그 자세로 멈춰 있는 경우
  • 네트 위로 넘어갈 때, 네트에 걸리는 경우
  • 리시버의 파트너가 셔틀을 친 경우
- 랠리 중에 셔틀이 다음과 같을 때
  • 코트의 경계선 밖으로 셔틀이 떨어지는 경우(즉, 경계선 위 혹은 안쪽에 떨어지지 않은 경우)
  • 네트를 넘어가지 않은 경우
  • 천장 혹은 벽에 닿은 경우
  • 셔틀이 선수의 신체 또는 옷에 닿은 경우

- 셔틀이 코트 밖의 어떤 물건이나 사람에 닿은 경우
- 라켓에 걸려서 멈추어져 있는데 스트로크를 하는 그 상태에서 내던지는 경우
- 동일 선수에게 연속적으로 셔틀이 닿은 경우, 그러나 한 번의 스트로크에서 라켓의 헤드와 스트링 부분에 동시에 닿으면 '폴트'가 아니다.
- 한 선수가 셔틀을 치고 그 선수의 파트너가 연속적으로 셔틀을 치는 경우
- 셔틀이 선수의 라켓에 맞고 상대방 코트로 넘어가지 않은 경우

■ 레트(Let, 경기 중단 및 무효)

- 레트가 선언되었을 경우 바로 전에 서비스한 선수의 서비스권은 그대로 유효하며, 그 선수가 다시 서비스한다.
- 레트는 예상하지 못한 우발적인 사고 및 행동이 발생하여 경기가 중단되었을 때 선언된다.
  - 리시버가 준비되지 않은 상황에서 서비스했을 때
  - 경기 중 다른 코트로부터 셔틀콕이 들어와 경기를 방해했을 때 등

■ 경기의 중단

- 선수들의 책임 외의 상황에서 필요할 때, 심판은 자신의 판단으로 필요하다고 생각되는 동안 경기를 중단할 수 있다.
- 긴박하고 특별한 상황에서는 레프리가 심판에게 경기 중단을 지시할 수 있다.
- 경기가 중단되는 경우 점수는 그대로 유지하며, 다시 시작할 때 그 점수에서 다시 시작한다(대한배드민턴협회, http://www.koreabadminton.org; 주명덕 외 9인, 2018).

배드민턴의 기본 기능

■ 서비스

- 포핸드 롱 서비스: 단식 경기에서 주로 하는 서비스로, 셔틀콕을 높이 멀리 쳐서 엔드라인의 깊숙한 지점에 수직으로 떨어지게 하는 서비스이다. 손목의 힘을 이용하여 셔틀콕을 강하게 끊어 친다.
- 백핸드 쇼트 서비스: 복식 경기에서 주로 하는 서비스로, 셔틀콕이 네트를 살짝 타고 넘어가도록 하여 쇼트 서비스 라인 근처에 셔틀콕이 떨어지게 하는 서비스이다. 손목을 이용하여 부드럽게 밀어 친다.

- 리시브: 상대의 서비스를 리턴하는 기술
  - 정확한 위치를 잡는다.
  - 상대 코트의 빈 곳을 향해 리시브한다.
  - 상대방이 받아치지 못하도록 리시브한다.
- 스트로크: 날아오는 셔틀콕을 라켓으로 치는 기술
  - 클리어
    - 하이클리어: 셔틀콕이 상대방의 백 바운더리 라인까지 높고 멀리 포물선을 그리며 날아가 수직으로 떨어지게 한다.
    - 드리븐 클리어: 상대방의 라켓이 미치지 못할 정도의 높이로 빠르고 깊숙이 보낸다.
  - 스매시: 가장 강력한 공격법으로, 높이 떠서 오는 셔틀콕을 강한 힘과 속도로 상대방 코트에 떨어뜨린다.
  - 헤어핀: 네트 바로 앞에 떨어지는 셔틀콕을 다시 네트 상단으로 살짝 넘겨 상대 팀의 코트에 떨어지게 한다.
  - 드라이브: 셔틀콕이 거의 네트 상단과 평행을 이루면서 날아가게 하는 기술이다. 복식 경기에 있어서 상대방의 콤비네이션을 깨는 데 효과적이다.
  - 드롭: 엔드라인 가까이 날아오는 셔틀콕을 상대방 네트 너머 바로 앞에 살짝 떨어지게 하는 기술이다. 상대 팀 선수가 홈 포지션 뒤쪽에 있을 때 사용한다.
  - 푸시: 네트 상단으로 짧게 넘어오는 셔틀콕을 강하게 상대방 코트에 밀듯이 치는 기술이다. 네트를 따라 스윙하므로 라켓이 네트에 닿지 않도록 주의한다.
- 풋워크
  - 러닝 스텝: 가볍게 달리듯이 오른발, 왼발, 오른발을 차례대로 자연스럽게 옮기면서 뛰는 방법이다. 허리를 축으로 하여 다리를 교차시키는 방법으로, 먼 거리를 재빠르게 이동하려 할 때 주로 사용하는 스텝이다.
  - 슬라이딩 스텝: 좌우의 다리를 교차시키지 않은 상태에서 한 발을 내딛고 다른 한 발을 이동시키는 스텝이다. 짧은 거리를 재빠르게 전후좌우로 움직일 때 유용하다.
  - 홉 스텝: 한쪽 발로만 연속적으로 가볍게 뛰면서 이동하는 방법이다. 백핸드 쪽 뒤로 이동할 때 주로 사용하며, 스트로크를 원활하게 하기 위한 방법이다.

- 피벗: 한쪽의 앞발 끝을 축으로 해서 상체를 좌우로 회전하며 몸의 방향을 바꾸는 동작을 말한다. 복식 경기에서 드라이브나 푸시를 구사할 때 많이 사용한다(주명덕 외 9인, 2018).

배드민턴의 기본 전술

- 단식 경기 전술
  - 롱 서비스를 구사한다.
  - 가끔 쇼트 서비스를 적절하게 사용한다.
  - 서비스의 높이나 방향을 다르게 하여 상대의 타이밍을 빼앗는다.
  - 상대의 단점을 공략한다.
  - 셔틀콕을 항상 주시한다.
  - 상대 선수를 많이 움직이게 한다.
- 복식 경기 전술
  - 상대의 서비스를 과감하게 공략한다.
  - 실력이 약한 선수를 공략한다.
  - 파트너를 존중하고 신뢰한다.
  - 다양한 스트로크를 배합하여 공략한다(주명덕 외 9인, 2018).

배드민턴의 특성과 효과

- 배드민턴은 실내경기이기 때문에 계절에 구애됨이 없고, 좁은 장소에서도 여러 사람이 함께 즐길 수 있다.
- 개인의 신체적 특성에 따라 운동량을 자유로이 조절할 수 있다.
- 남녀노소 누구나 참여할 수 있으며, 시설과 용구에 큰 비용이 들지 않는다.
- 네트를 가운데 두고 신체적인 접촉 없이 행하여지는 운동경기로서 신사적인 인간성의 함양에 도움을 준다.
- 많은 인원이 필요하지 않으므로 가족, 직장 등의 집단 속에서 언제 어디서나 쉽게 행할 수 있어 훌륭한 인간관계를 형성할 수 있다.
- 배드민턴 경기는 달리기, 도약, 몸의 회전 및 굴곡과 신전으로 이루어진 전신운동으로 신경계의 발달과 함께 호흡 순환계의 발달에 도움이 된다.

- 규칙과 장비가 간단하고 개인의 신체적 능력에 따라 운동량을 조절할 수 있다.
- 게임에 참여하는 과정에서 민첩성, 심폐지구력, 순발력 등을 기를 수 있다.
- 배드민턴의 활동형태가 달리고 치는 동작으로 이루어져 정신적인 스트레스를 해소할 수 있다.
- 동료와 함께 팀플레이를 하는 과정에서 협동심과 배려심, 책임감과 페어플레이 정신을 기를 수 있다(대한배드민턴협회, http://www.koreabadminton.org).

탁 구

역사

탁구의 기원과 발상지는 분명하지 않다. 탁구의 원류에 대해서는 견해가 분분하지만 남아프리카, 인도 등 영국 식민지에 살던 영국인들이 더위를 피해 실내에서 놀 수 있는 유희로서 방바닥에 네트를 친 실내경기로 만들었다는 것이 통설이 되고 있다.

탁구는 1898년 셀룰로이드 공을 사용하게 되면서 그 면모를 일신했다. 당시 영국의 크로스컨트리 주자였던 제임스 깁(James Gibb)이 미국 여행을 하고 돌아오면서 장난감 셀룰로이드 볼을 가지고 와 그것을 쇠가죽으로 만든 라켓으로 쳤더니 핑퐁 소리가 난다고 하여 명칭도 핑퐁(Ping-pong)이라 하였다. 이것이 근대탁구의 출발점이다.

이후 탁구는 급속도로 보급되기 시작했고 1902년 라버의 발명으로 획기적인 발전과정을 밟게 되었다. 탁구가 국제경기로 발전한 것은 1926년 당시 독일탁구협회장이었던 레만 박사(Dr. Georg Lehmann)가 제창하여 오스트리아, 서독, 헝가리 등의 대표들이 모여 국제탁구연맹(The International Table Tennis Federation)을 창설하면서부터이다. 탁구(Table Tennis)라는 이름도 이때부터 공식명칭으로 사용하게 되었다(대한탁구협회, http://www.koreatta.or.kr).

경기장

- 시합 표면이 되는 탁구대의 상판 표면은 폭 1.525m, 길이 2.74m의 직사각형으로 바닥에서 76cm 위에 수평 상태로 설치한다.

경기 방법

■ 경기 종류

－남녀 단식과 복식

－혼합 복식

－단체전

■ 경기 순서

－단식 경기에서는 서버가 먼저 올바른 서비스를 하고 리시버는 올바른 리턴을 하며 이후에는 서버와 리시버가 번갈아 가며 올바르게 리턴한다.

－복식 경기에서는 서버가 먼저 올바른 서비스를 하고 리시버가 올바른 리턴을 하면 서버의 파트너가 올바른 리턴을 하고 그 다음으로 리시버의 파트너가 올바른 리턴을 한다. 이후에는 각 선수가 교대로 순서에 맞게 리턴한다.

■ 점수

－서비스권과 관계없이 해당 랠리에서 이긴 편이 1득점한다.

－랠리가 레트가 아닌 경우 선수는 다음과 같은 경우에 득점하게 된다.

• 상대방 선수가 올바른 서비스를 하지 못했을 때.

• 상대방 선수가 올바른 리턴을 하지 못했을 때.

• 서브나 리턴을 한 후 상대편 선수가 공을 치기 전에 네트 어셈블리 이외의 다른 것에 공이 닿았을 때.

• 상대편 선수가 친 공이 자신의 코트에 닿지 않고 엔드라인을 넘어갔을 때.

• 상대편 선수가 공을 방해했을 때.

• 상대편 선수가 고의적으로 두 번 연속으로 볼을 쳤을 때.

• 상대편 선수 또는 상대편 선수의 착용품이나 소지품에 의해 시합 표면이 이동되었을 때.

• 상대편 선수 또는 상대편 선수의 착용품이나 소지품이 네트 어셈블리를 건드렸을 때.

• 상대편 선수의 프리 핸드가 시합 표면에 닿았을 때.

• 복식 경기 시 상대편 선수가 올바른 순서를 지키지 않고 볼을 쳤을 때.

• 경기 촉진 제도(expedite system)하에서 한 선수(단식) 또는 한 선수와 그의 파트너(복식)가 서비스 리턴을 포함 연속 13개의 올바른 리턴을 한 경우

■ 승패

－각 세트는 11점을 먼저 획득했을 때

－10대10인 상황에서는 연속 2점을 먼저 획득했을 때 게임에서 승리

■ 매치

－경기는 홀수전, 선승제로 이루어진다(5전 3선승제, 7전 4선승제)

■ 서비스권 교대

－서비스는 한 팀이 2회씩 실시하고, 양쪽의 득점이 2의 배수가 될 때 서비스권을 교대하며, 듀스일 때에는 1점마다 교대한다.

－복식 경기에서 매 게임 시 우선 서브할 권리를 가진 조는 누가 서브를 할 것인가를 선택하고 매치의 첫 게임 시에 리시브 조는 누가 리시브를 먼저 할 것인지를 결정한다. 매치 후속 게임에서는 첫 서버를 결정하고 나면 이전 게임에서 그에게 서비스를 한 선수가 첫 리시버가 된다.

－복식에서는 서비스가 바뀔 때마다 이전의 리시버는 서버가 되며 이전 서버의 파트너는 리시버가 된다.

－한 게임에서 먼저 서비스한 선수나 조는 후속 게임에서 먼저 리시브를 하게 되며, 복식 매치의 마지막 게임에서는 어느 조가 5포인트를 먼저 획득한 경우 다음 리시브 조는 리시브 순서를 바꾼다.

－한 게임에서 어느 한쪽 엔드에서 시작한 선수 또는 조는 매치의 후속 게임에서는 다른 엔드에서 시작하며, 한 매치의 마지막 게임에서는 어느 선수나 조가 먼저 5포인트를 획득한 경우 서로 엔드를 바꾼다.

■ 코트 변경

－매 게임마다 코트를 교대

－마지막 게임에서는 한쪽이 5점을 득점했을 때 교대

경기 규칙

■ 올바른 서비스

－서비스는 공이 서버의 손바닥 위에 정지된 상태에서 시작해야 하며, 공은 회전 없이 손바닥에서 최소 16cm 이상 올라가야 한다.

－공이 내려오면 서버는 공을 쳐서 서버의 코트에 먼저 닿도록 한다. 그런 다음,

공은 네트 어셈블리 위나 네트 어셈블리를 돌아서 리시버의 코트에 바로 닿아야 하며, 복식 경기 시에는 공이 서버와 리시버의 오른쪽 하프 코트에 연속적으로 닿아야 한다.

- 서비스가 시작된 순간부터 공이 라켓에 맞는 순간까지, 공은 시합 표면 위와 서버의 엔드라인 뒤에 있어야 하며, 서버나 서버 파트너(복식 경기일 경우)의 복장 또는 신체 일부분에 의해 공이 리시버에게 가려져서는 안 된다.
- 서버의 프리 암(Free Arm)과 손은 볼을 띄운 즉시 공과 네트 사이의 공간에서 치워져야 한다.
- 심판 또는 부심이 보았을 때 서비스의 적법성이 의심될 경우, 매치의 첫 번째 경우에 한해 레트를 선언하고, 서버에게 경고를 준다.
- 만일, 해당 선수나 그의 복식 파트너가 적법성이 의심스러운 서브를 다시 반복했을 경우에는 리시버에게 1포인트를 준다.
- 올바른 서비스 요건을 명백히 위반했을 경우에는 경고가 주어지는 대신 곧바로 리시버가 1포인트를 얻게 된다.

■ 레트(Let, 경기 중단 및 무효)

- 서비스된 공이 네트 어셈블리(네트, 지주대, 지주봉) 위나 옆을 통과하면서 네트 어셈블리를 건드린 경우
- 리시브하는 측의 선수가 준비되지 않은 상태에서 서비스했을 경우(단, 리시버나 그의 파트너가 공을 치려고 시도하지 않았을 경우)
- 서비스나 리턴을 하지 못하거나 규정을 준수하지 못한 것이 선수가 통제할 수 없는 상황에 의해 발생했을 경우
- 경기가 심판이나 부심에 의해 방해를 받은 경우
- 공이 리시버 쪽에 바운드된 뒤 네트 방향으로 향할 경우
- 공이 리시버의 시합표면 위에 멈춰 섰을 경우
- (단식에서) 공이 리시버 쪽에 바운드된 뒤 양 사이드라인 중 하나를 벗어났을 경우
- 다음의 경우에는 경기를 중단시킬 수 있다.
  - 서빙, 리시빙, 엔드의 순서에 있어 잘못을 교정시키고자 할 때
  - 경기 촉진 제도를 실시하고자 할 때

• 선수나 조언자에게 경고나 처벌을 주고자 할 때
• 랠리의 결과에 영향을 줄 정도로 경기 조건이 방해받았을 때

■ 경기 촉진 제도
－경기 촉진 제도는 10분 동안 시합을 해도 게임이 끝나지 않을 때 시행하는 것이다. 단, 양 선수 또는 조가 적어도 9점을 획득한 경우나 10분이 경과하기 전에 양 선수 또는 조의 요청이 있을 경우는 예외이다.
－제한 시간이 다 되었는데도 볼이 경기 상태에 있다면 심판은 경기를 중단시키고 중단된 랠리에서 서브한 선수가 서브하도록 하여 경기를 재개시킨다.
－제한 시간이 다 되었을 때 볼이 경기 상태에 있지 않다면 직전 랠리에서 리시브한 선수가 서브하도록 하여 경기를 재개시킨다.
－이후 각 선수는 게임이 끝날 때까지 교대로 서브하되 1점을 따면 다음 선수에게 넘긴다. 리시브 선수 또는 조가 13개의 리턴에 성공하면 리시버는 1포인트를 획득하게 된다.
－경기 촉진 제도가 일단 시행이 되면 매치가 끝날 때까지 시행한다(대한탁구협회, http://koreatta.sports.or.kr; 주명덕 외 9인, 2018).

탁구의 기본 기능

■ 서비스
－포핸드 서비스
• 손바닥 위에 공을 올린 후에 수직으로 던져 올린다.
• 공을 끝까지 주시하고 라켓 면으로 공을 짧게 끊어서 친다.
• 회전 방향으로 팔을 돌려 폴로 스루한다.
－백핸드 서비스
• 공을 손바닥 위에 올려놓는다.
• 공을 던져 올린다.
• 팔꿈치를 몸 앞으로 끌어당기며 백스윙한다.
• 앞발의 체중을 뒤로 옮기면서 공을 친다.

■ 서비스 리시브
－라켓과 공을 끝까지 주시한다.

- 선제공격을 하지 못하도록 한다.
- 자신에게 적합한 자세를 취한다.

■ 스트로크

- 드라이브: 공의 윗부분을 감아 쳐서 전진 회전을 주는 공격형 타법이다. 포핸드 드라이브와 백핸드 드라이브가 있다.
- 쇼트: 상대가 스트로크를 한 후에 수비 자세를 취하기 전에 짧게 되받아치는 수비 성격의 스트로크이다.
- 커트: 라켓 면을 앞으로 내밀면서 공에 역회전을 주어 상대방 코트에 낮게 보내는 수비형 기술이다. 포핸드 커트와 백핸드 커트가 있다.
- 스매시: 높이 뜬 공을 위에서 강하게 내리치는 기술로 속도감과 득점력이 가장 높은 공격형 타법이다(주명덕 외 9인, 2018).

탁구의 기본 전술

■ 단식 경기 전술

- 상대의 장단점을 신속히 파악한다.
- 다양한 플레이로 공략한다.
- 선제공격을 한다.
- 결단력 있는 플레이를 한다.

■ 복식 경기 전술

- 동료를 신뢰하고 협력한다.
- 서로의 플레이에 방해되지 않도록 위치 선정을 잘한다.
- 적절한 타이밍에 공격한다(주명덕 외 9인, 2018).

탁구의 특성 및 효과

■ 탁구는 네트를 사이에 두고 하는 경기로 상대 선수와 신체 접촉이 없어 안전하게 즐길 수 있다.

■ 좁은 공간에서도 경기를 즐길 수 있으며, 경기 규칙과 경기 기술이 간단하여 남녀노소 누구나 쉽게 익히고 참여할 수 있다.

■ 공의 속도가 빠르고 회전이 많아 순발력, 민첩성, 협응성 등을 기르는 데 효과적

이다.

- 경기를 참여함으로써 집중력과 판단력을 기를 수 있으며, 스트레스를 해소할 수 있다.
- 심판과 상대 선수를 존중하는 등 경기 예절을 기를 수 있다(대한탁구협회, http://www.koreatta.or.kr; 주명덕 외 9인, 2018).

묻고 답하기(Q&A)

전략형 스포츠 교수 · 학습의 실제

1. 2022 개정 체육과 교육과정의 신체활동 예시 중 3~4학년군의 '전략형 스포츠 유형별 움직임'과 5~6학년군의 '전략형 스포츠 유형별 활동'에 대해 설명하시오.

2. 2022 개정 체육과 교육과정에서 5~6학년 전략형 스포츠의 성취기준 중 [6체02-03]을 쓰고 설명하시오.

3. 전략형 스포츠에서 변형 경기를 개발하여 활용하는 이유를 설명하시오.

4. 영역형 스포츠를 변형하기 위한 변형 경기 개발 원리를 두 가지 쓰고 예를 들어 설명하시오.

5. 필드형 스포츠의 야구형 게임 중 티볼의 경기 규칙에서 '타자가 아웃되는 경우'와 '티볼의 특성과 효과'에 대해 간단히 설명하시오.

참고문헌

교육과학기술부(2007). **초등학교교육과정 해설**(Ⅴ).

교육부(2015). **2015 개정 체육과 교육과정.**

교육부(2022). **2022 개정 체육과 교육과정.**

김동식, 남재식, 박민영, 박의수, 엄우섭, 오수용, 이문진, 이영석, 장보원, 장용규, 차민철, 한은상(2018). **초등학생을 위한 활기찬 체육수업.** 서울: 도서출판 한미의학.

김용환(2017). **경쟁활동.** 청주: 뒷목.

네이버 지식백과(2024). 야구 [baseball]. https://terms.naver.com/entry.naver?docId= 1123877&cid=40942&categoryId=31968

대한민국농구협회, https://www.koreabasketball.or.kr

대한배구협회, https://www.kva.or.kr

대한배드민턴협회, http://www.koreabadminton.org

대한야구소프트볼협회, http://www.korea-baseball.com

대한축구협회, https://www.kfa.or.kr

대한탁구협회, http://koreatta.sports.or.kr

대한핸드볼협회, http://khf.handballkorea.com

박정준, 이규일, 유창완, 김원정, 허창혁, 전세명, 제성준, 김종우, 차민철, 손혁준, 황인택, 박혜연, 김기주, 이동규(2022). 2022 개정 체육과 교육과정 시안(최종안) 개발 연구. 인천대학교, 인천.

손천택(2015). **체육교수학습론.** 파주: 교육과학사.

오승영(2010). **네트형 경쟁활동의 좋은 체육수업과 전통적 체육수업 비교 연구: 배구를 중심으로**. 미간행 석사학위논문, 청주교육대학교교육대학원, 청주.

유생열, 이대형, 이강순, 강일, 김재욱, 김정희, 배문엽, 안해룡, 이천재, 한창우, 조필환(2011). **초등학교 5학년 체육지도서**. 서울: 천재교육.

주명덕, 조미혜, 최의창, 유춘옥, 오길희, 박정준, 김영대, 김정한, 한민국, 홍애령(2018). **체육.** 서울: 동아출판(주).

한국티볼협회, http://www.teeball.or.kr

Griffin, L., Mitchell, S., Oslin, J. (1997). *Teaching sport concepts and skills: A tactical games approach*. Campaign, Il: Human Kinetics.

Metzler, M. (2011). Instructional Models for Physical Education(3rd). New York: Routledge. 유정애, 김선희, 김원정, 김윤희, 김종환, 문도순, 신기철, 이충원, 조남용(역)(2019). **체육수업모형.** 서울: 도서출판 대한미디어.

Siedentop, D., Hastie, P. A., & Mars, H. V. D. (2004). Complete guide to sport education. 조미혜, 김무영, 류춘옥, 박갑준, 박명환, 이선호, 이세환, 조용인, 홍희정(역)(2010). **교사와 학생이 함께하는 스포츠교육.** 서울: 대한미디어.

제 8 장

표현 영역

학습목표

- 무용의 발생 배경을 설명할 수 있다.
- 표현영역에서 함양할 수 있는 가치와 태도를 설명할 수 있다.
- 기본 움직임 기술의 다양한 표현 방법을 시도할 수 있다.
- 움직임 요소가 잘 적용된 모방, 추상 움직임을 표현할 수 있다.
- 전통적으로 계승되고 있는 한국과 외국의 민속무용 종류와 특징을 설명할 수 있다.
- 스포츠, 전통, 현대 표현 활동 등 유형별 움직임 기술을 창작, 발표하고 감상할 수 있다.
- 무용의 다양한 가치를 제시할 수 있다.

인류 역사의 모든 시대에는 그 시대 나름의 고유한 무용이 있었으며 현재, 오늘날까지 무용이 존속해 오고 있다는 것은 무용의 존재 가치를 증명해 준다. 의사소통을 위하여 인간은 여러 가지 표정, 손짓을 함께 사용하며 자신의 생각이나 주장을 다양한 몸짓으로 표현할 수 있어 무용은 인간의 삶과 공존하고 있는데 이는 인간의 마음과 몸, 감정과 몸짓은 하나이기 때문이다. 인간의 몸짓은 희, 노, 애, 락 등의 감정과 함께 그리움, 희망, 애절함, 소중함, 절망, 벅참, 좌절, 자유 등 언어로 설명하기 어려운 복잡한 감정이나, 생각, 사상 등을 전달할 수 있다.

[그림 8-1] '녹담' 중 창작무 (2021, 제주도립무용단, 김혜림 예술감독 안무)

몸짓은 살아있는 존재에게만 허용되는 생명의 표현이다. 그리고 춤은 인간의 본능적인, 구체적인 몸짓이다. 인간은 누구나 춤추고 싶어 하고 춤을 좋아하여 동서고금을 막론하고 춤이 없었던 시대는 없었다. 인간은 신에게 다가가고 생명의 안전과 영원한 삶을 위하여 주술적 춤을 추기 시작하였으며 자연을 이해하고 자연과 공존하기 위하여 동물, 식물 등과 관련된 모방의 춤을 추게 되었다. 또한 노동의 고단함에서 벗어나기 위하여 흥겨운 노동의 춤을 추었으며 인간 삶의 지향점인 자유와 행복을 갈망하는 기원의 춤을 추었다. 이러한 다양한 의미를 가진 춤들은 인간을 둘러싼 삶의 조건인 시대와 역사적 상황 등 시, 공간에 따라 다양한 형태로서 발전되기 시작하였으며 이 주술적, 모방적, 노동적, 기원적 춤은 인간의 여러 가지 감정이나 복잡한 생각, 욕구와 함께 움직임으로 표현되면서 오늘날의 무용 예술로 발전하게 되었다.

[그림 8-2] 시계에 의하면 (1999, 예술의 전당 자유 소극장, 홍예주)

일반적으로 움직임을 본질로 하는 무용은 인간 스스로 표현하고 싶은 다양한 사상과 느낌을 미학적 법칙에 결합시킨 창의적 신체 표현의 움직임으로 시, 공간적 종합예술로 정의된다. 이러한 무용은 학교 현장에서 발육단계에 있는 학생들에게 기본 움직임 기술을 이용하여 고유감각기능을 발달시키고 움직임 요소를 통해 표현하고자 하는 것들을 가장 합리적이면서 창의적으로 표현하도록 하는 시간을 제공한다. 또한 무용 활동을 통해 학생들은 경험과 호기심, 관찰 및 탐색 활동과 함께 자기 생각과 감정을 적극적으로 표현할 수 있도록 하는 자신감과 함께 소통하는 방법을 자연스럽게 학습하게 된다.

이와 같은 무용의 창의적이며 자유로운 표현 경험의 과정들은 학생들의 신체적 측면과 함께 내면의 지적, 정신적, 정서적 발달과 결합되어 양적, 질적으로 학생 개개인을 밝고 건강하게 성장하도록 돕는다. 이때, 교사(지도자)는 관찰과 탐색을 통한 모방 춤, 리듬과 함께 다양한 자극에 대한 느낌과 생각을 표현하도록 하는 추상 춤 등을 다양한 도구 활용으로 창의적 표현능력을 높이도록 하는데 집중하여 학생 개개인의 잠재능력을 발전시킬 수 있는 기회를 제공해 주어야 한다.

Box 8-1 인류 역사 속 무용과 삶

프리드리히 니체(1844-1900, 독일 철학자)

- '만일 춤을 출 수 있다면 그대가 곧 신이다'라고 했다. 니체는 춤을 춤줄 안다는 것은 창조자가 된다는 것이며 이는 새상을 아름답게 만드는 것이라고 보았다. 니체에 있어 춤은 곧 신이며 이 신은 삶 자체의 다른 이름이다. 이 삶은 전체적으로, 전인적으로, 기쁨으로 그리고 강력한 열정으로 사는 삶이다.

소크리테스(BC 4, 3, 고대 그리스 철학자)

- 고대 그리스 철학자 소크라테스는 건강을 위해, 신체의 완전하고 조화 있는 발달을 위해, 적정한 체중을 유지하기 위해, 왕성한 식욕을 얻기 위해, 또 숙면을 즐기려면 춤은 보다 많은 사람에게 가르쳐야 한다고 하였다. 그리고 그 자신도 새벽에 혼자 춤을 추며 이 우아한 예술에 대해 좀 더 훌륭한 기술을 얻고 싶다는 소망을 갖고 있다고 하였다.

구츠므츠(1759-1839년, 독일 교육자)

- 독일 교육의 개척자인 요한 구츠므츠는 춤은 대단히 권장할 만한 운동으로 이것은 우아하고 균형 있는 동작과 힘있고 경쾌한 기분을 결합시키는데 이바지하기 때문이다.

존 로크(1693-1704, 영국 철학자)

- 영국 철학자이나 정치 사상가로서 존 로크는 연구와 서적으로 얻어져야 할 것 이외에도 신사와 숙녀에게는 여러 가지 교양이 필요하다고 하였다. 이들 가운데 연습에 의해 얻어질 수 있는 것, 시간을 필요로 하는 것, 그리고 훌륭한 교사가 있어야만 얻어질 수 있는 것 등이 포함된다. 이 중, 춤은 모든 사람에게 우아한 정서도 주고 무엇보다 어린이들에게 남자다움, 적당한 신뢰감 등을 주게 되므로 나는 아무리 어린 나이라 할지라도 춤을 배우는 데는 이르지 않다고 생각한다.

2022 개정 체육과 교육과정의 표현영역에서 무용은 초등학교 체육교과서 3, 4학년 군과 5, 6학년 군에서의 인체 움직임에 생각과 감정을 담아 심미적으로 표현하는 과정에서 창의적인 삶의 태도를 형성하고, 예술적 신체활동 문화를 향유할 수 있도록 하고 있다. 학생들은 표현활동을 통해 기본 움직임에 표현 원리를 적용하여 다양한 유형과 양식으로 움직임을 구현하며 구성 및 창작과정을 통해 창의적인 표현 방법을 이해하며 다양한 표현 형식의 체험과 표현으로 움직임의 심미적 가치를 내면화하며 자유롭고 주체적으로 사는 방법을 배우게 된다.

세부적으로 3, 4학년 군에서 3학년 표현영역은 표현활동의 의미와 기본 움직임 기술과의 관계를 파악하도록 하고 있으며 움직임 요소에 따른 기본 움직임 기술의 표현방법을 파악하고 시도하도록 하면서 움직임의 심미적 표현에 대한 호기심을 갖도록 하고 있다. 4학년 표현영역에서는 사물이나 자연모방, 느낌이나 생각을 기본움직임 기술을 활용하여 표현하도록하고 리듬과 도구를 활용하여 표현할수 있도록 하면서 감수성을 가르도록 하고 있다.

5, 6학년 군에서 5학년 표현영역은 표현활동의 의미와 유형을 파악하면서 움직임 기술을 응용한 기본동작을 파악하고 이를 다양하게 구성하여 발표하고 감상하도록 하면서 다양한 표현활동을 수용하도록 하고 있다. 6학년 표현영역에는 전통표현과 현대표현의 기본 움직임 기술을 이해하고 다양하게 응용하여 작품을 발표해 보면서 움직임 표현이 아름다움을 추구하도록 하고 있다.

따라서 3~4학년군 표현 영역에서는 움직임 요소에 따른 움직임 기술을 파악하고, 모방 표현, 추상 표현, 리듬, 도구 등을 활용한 표현 방법을 탐색하여 발표함으로써 표현 영역 학습의 기본 능력을 기르도록 해야 한다. 이를 바탕으로 5, 6학년 군의에서는 스포츠 표현, 전통 표현, 현대 표현의 의미와 유형, 움직임 기술의 심미적 응용동작과 구성 방법을 학습할 수 있도록 초점을 두도록 한다.

1. 기본 움직임의 기초표현

체중을 이동하며 움직이는 표현이나 움직이는 이동 움직임 표현이나 체중을 움직이지 않고 움직이는 비이동 표현은 누구나 할 수 있는 자연스러운 움직임이지만 표현활동에 익숙하지 않은 초등 학생들에게는 다소 어색할 수 있다. 특히 기본 움직임 기술을 수행하며 신체, 노력, 공간, 관계 등의 움직임 요소를 적용해 표현하는 것은 쉽지 않을 수 있다.

그러나 일반적으로 기본 움직임 기술과 움직임 요소를 적용한 표현활동은 학생들의 대근육, 소근육 활동 등과 함께 호흡계통의 기능을 발달시키고 집중력을 높이도록 하는 중요한 역할을 제공하므로 학생들 스스로 이동 움직임 표현, 비이동 움직임 표현, 조작 움직임 표현과 관련된 기본 움직임 기술을 탐색하고 수행하도록 하는 것은 많은 의미가 있다고 할 수 있다. 특히 신체, 노력, 공간, 관계 등 움직임 요소를 적용해 표현할 때 기본 움직임 표현들이 어떠한 느낌과 변화가 나타나는지 이해할 수 있도록 지도하는 것이 매우 중요하다.

표현활동을 위한 기본 움직임 기술은 한글에서의 자음, 모음 영어에서의 알파벳을 익히는 것과 같다고 할 수 있으며 움직임을 통해 표현하고자 하는 것을 표현하려면 신체의 각 부분이나 신체 전체를 움직여 보면서 신체를 통한 움직임의 느낌을 이해하는 과정이 필요하다. 이러한 과정을 통해 기본 움직임 기술을 어색하지 않고 자연스럽게 학습할 수 있으며 신체 움직임으로 다양한 표현도 시도할 수 있게 된다.

〈표 8-1〉은 기본 움직임 기술로 기본 움직임 기술에는 이동 움직임 표현, 비이동 움직임 표현, 조작 움직임 표현이 있다. 특히 2022 개정에서는 신체활동 예시로 이동 움직임 표현에 워킹, 점핑, 호핑, 스키핑, 갤러핑, 리핑, 슬라이딩 등을 제시하고 있었으며 비이동 움직임 표현으로는 펴기, 접기, 비틀기, 제자리 돌기, 털기, 흔들기 등을 제시하였다. 또한 조작 움직임 표현에서는 들기, 돌리기 등을 신체활동 예시로 제시하고 있다.

〈표 8-1〉 기본 움직임 기술의 종류

이동 움직임 표현	워킹, 점핑, 호핑, 스키핑, 갤러핑, 리핑, 슬라이딩 등과 같이 한곳에서 다른 곳으로 이동하며 표현하는 움직임
비이동 움직임 표현	펴기, 접기, 비틀기, 제자리 돌기, 털기, 흔들기 등과 같이 이동하지 않으며 표현하는 움직임
조작 움직임 표현	들기, 돌리기 등을 표현할 수 있는 소품이나 기구나 장비로 표현하는 움직임

가. 이동 움직임 표현

이동 움직임 표현은 신체의 무게중심을 다양한 방향으로 이동하여 신체 부위가 접촉하는 지면의 위치를 바꾸면서 신체의 외부공간으로 이동하는 움직임으로 2022 개정에서는 워킹, 점핑, 홉핑, 스키핑, 갤러핑, 리핑, 슬라이딩 등을 이동 움직임 표현을 위한 신체활동 예시로 제시하고 있다. 이외 롤링(구르기), 크롤링(기어가기) 등으로도 이동하며 움직일 수 있다.

워킹은 체중을 오른쪽, 왼쪽으로 체중을 옮겨가며 걷는 움직임이고 점핑은 두 발로 함께 뛰는 이동 움직임이다. 홉핑은 한쪽 발로 뛰어 올랐다가 착지하는 움직임으로 한발로 뛰며 이동하는 움직임이다. 스키핑은 워킹과 호핑을 번갈아 가면서 이동하는 움직임이고 갤러핑은 한쪽 발(오른쪽)을 앞으로 짚고 전진하면 다른쪽 발(왼쪽)이 오른쪽 발을 따라가는 것처럼 뛰는 움직임인데, 말이 뛰는 움직임을 연상하면 이해하기 쉽다. 리핑은 한발로 뛰어 올라 다른 발에 체중을 실으며 이동하는 움직임으로 낮은 장애물이나 징검다리를 넘어가기 위해 움직이는 동작이다.

슬라이딩은 [그림 8-3], [그림 8-4]에서 보는 바와 같이 두 다리를 이용해 미끄러지며 이동하는 움직임으로 [그림 8-5], [그림 8-6]에서와 같이 신체의 여러 부위로도 슬라이딩을 시도할 수 있다.

[그림 8-3] 슬라이딩(옆)[1)]

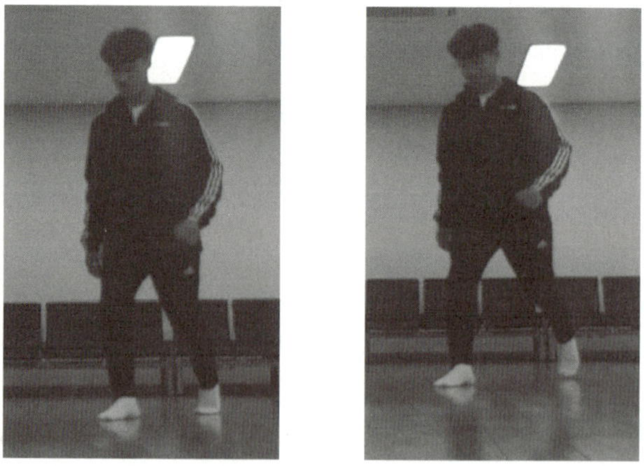

[그림 8-4] 슬라이딩(앞, 연속 컷)

1) 오태헌, J지역 초등학교 교사

[그림 8-5] 몸 앞으로 슬라이딩

[그림 8-6] 몸 옆으로 슬라이딩

[그림 8-7], [그림 8-8]에서는 실제 캥거루 사진이 제시되어 있는데 기본 움직임 기술 중 이동 움직임 표현은 다양한 동물들이 이동하는 움직임을 탐색하고 이해하며 활동하도록 하면 학습자 중심의 학습활동 제공과 함께 창의적 표현능력을 위한 기본 움직임 기술을 다양한 사례로 학습할 수 있다.

[그림 8-7] 캥거루의 점핑

[그림 8-8] 움직임 요소와 캥거루의 점핑

[그림 8-9] 표범의 리핑

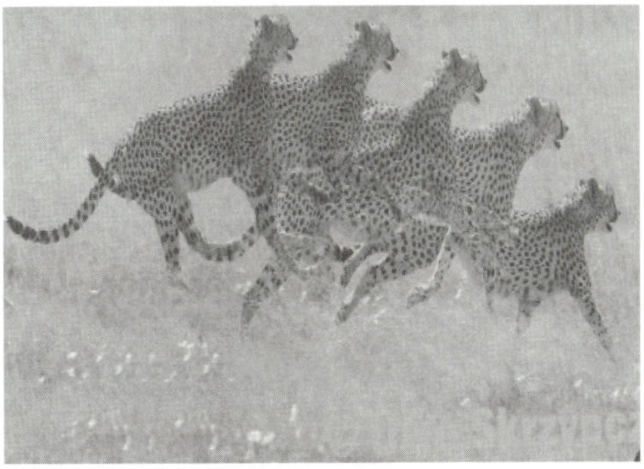

[그림 8-10] 움직임 요소와 표범의 리핑

먼저, 학생들이 제시된 사진의 캥거루가 어떻게 점핑하며 이동하는지 기본 자세, 무릎 구부림의 정도, 뛰는 높이 등 그 움직임을 탐색하고 특징을 이해하도록 한다. 그리고 탐색 과정을 통해 이해한 캥거루의 점핑을 표현해보고 시도해 보면서 자기 주도적으로 점핑 이동 움직임에 대한 이해도를 높이도록 유도한다.

이를 바탕으로 움직임 요소를 적용해 더 높이 점핑 할 수 있는 방법을 탐색할 기회를 제공해 주고 친구들과 함께 탐색한 점핑으로 이동 움직임을 시도해 보면서 협력중심의 수업을 제공한다. 또한 워킹, 홉핑, 스키핑, 갤러핑, 리핑([그림 8-9], [그림 8-10]), 슬라이딩 등도 점핑에서와 같이 학생들 스스로 다양한 동물들의 움직임 특징을 탐색하고 이해하게 한 후 점핑과 함께 워킹, 홉핑, 스키핑, 갤러핑, 리핑, 슬라이딩 등의 다양한 이동 움직임으로 창작활동에 참여해 보도록 하면서 작품을 만들고 발표하는 기회를 통하여 이동 움직임 표현능력을 높이도록 한다.

나. 비이동 움직임 표현

비이동 움직임은 중력을 이용하여 신체의 균형을 잡고 다양한 높낮이에서 신체 다양한 부위를 여러 형태로 움직이면서 움직임을 탐구하는 표현활동의 가장 기초적인 단계이다. 2022 개정에서는 펴기, 접기, 비틀기, 제자리 돌기, 털기, 흔들기 등 등을 비이동 움직임 표현을 위한 신체활동 예시로 제시하고 있다. 이외 밀기, 당기기, 앉았다 일어서기 등으로도 이동하지 않고 표현할 수 있다.

펴기는 [그림 8-11]에서 보는 바와 같이 팔이나 다리, 손가락이나 발가락 등 몸과 몸의 일부 또는 전체를 쭉 펴는 움직임이며 접기는 [그림 8-12]에서 보는 바와 같이 몸통을 포함하여 무릎이나 팔, 손목, 손가락 등을 구부리는 움직임이다. 비틀기는 [그림 8-13]과 같이 허리를 중심으로 상체와 하체를 반대로 비틀며 움직이는 것으로 손가락을 이용해 비트는 움직임을 시도할 수 있고 팔, 다리 등을 이용할 수도 있다. 제자리 돌기는 체중을 이동하지 않고 제자리에서 도는 움직임이며 털기는 먼지나 물기와 같은 것들을 신체나 사물 등으로부터 떨어뜨리려는 움직임이다. 흔들기는 털기보다는 조금 더 큰 움직임으로 이해하면 되겠다.

[그림 8-11] 펴기[2]

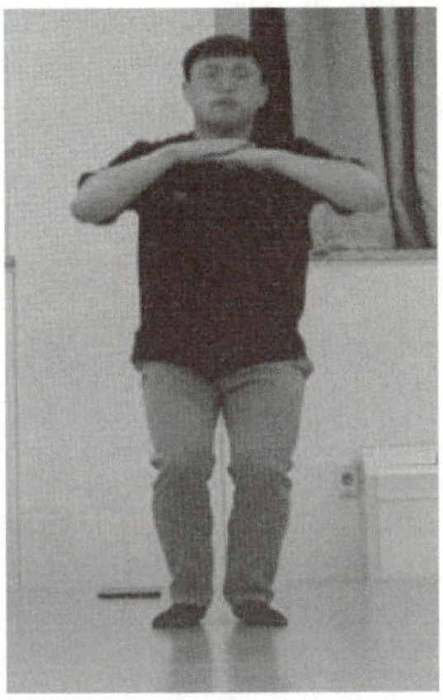

[그림 8-12] (팔과 무릎)접기

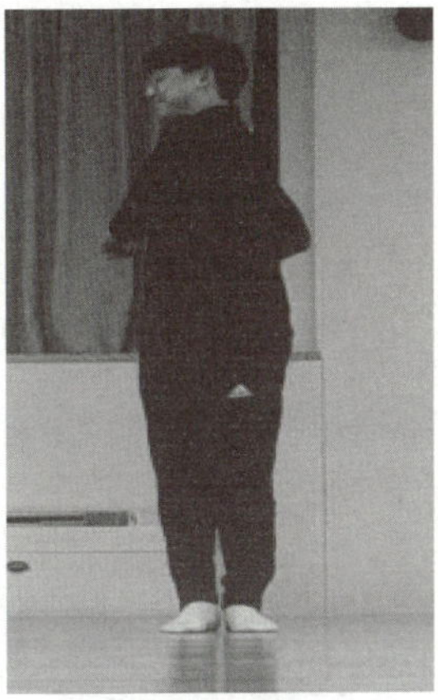

[그림 8-13] 비틀기

[그림 8-14]에서는 비틀기로 표현할 수 있는 실제 아이스바 사진이 제시되어 있으며 [그림 8-15]에서는 흔들기로 표현할 수 있는 꼬리를 흔드는 강아지 사진이 제시되어 있다.

기본 움직임 기술 중 비이동 움직임 표현은 우리 생활 주변의 다양한 사물들의 특징을 탐색하고 이해하면서 표현활동을 하면 학습자 중심의 학습활동 제공과 함께 다양한 창의적 표현능력을 함양할 수 있다. 이때, 무엇보다 제시된 사진의 아이스바 실제 형태가 어떠한지 그리고 강아지는 꼬리를 어떻게 흔드는지 그 비틀어진 모양이나 흔드는 움직임을 탐색하고 특징을 이해하는 것이 무엇보다 중요하다. 이러한 탐색 과정을 통해 학생들은 스스로 이해한 비틀기나 흔들기의 비이동 움직임을 표현해보고 시도해 보면서 자기 주도적으로 비틀기나 흔들기의 비이동 움직임 표현에 대한 대한 이해를 높일 수 있다.

동시에 이러한 비이동 움직임 표현에 움직임 요소를 적용해보면서 더 잘 비틀기 위한 방법이나 더 잘 흔들기 위한 방법을 탐색할 기회를 제공해 주고 친구들과 함께 탐색한 비틀기나 흔들기 비이동 움직임 특징을 공유하며 함께 시도해 보도록 유도하며 협력중심의 수업을 설계하여 제공한다. 또한 펴기, 접기, 털기, 제자리 돌기 등도 비틀기, 흔들기 비이동 움직임 표현에서와 같이 학생들 스스로 주변의 다양한 사물의 특징을 [그림 8-16]에서와 같이 탐색하고 움직임 요소([그림 8-17])를 적용해 표현해

2) 김민석, J지역 초동학교 교사 [그림 8-11], [그림 8-12]

보도록 하면서 비이동 움직임 표현에 대한 이해도를 높이도록 한다.

이러한 비이동 움직임 표현을 통해 [그림 8-18]에서와 같이 펴기, 비틀기로 사탕 껍질을 표현할 수 있으며, 일상생활에서 펴기, 접기, 털기, 제자리 돌기, 비틀기, 흔들기 등과 같은 비이동 움직임으로 표현할 수 있는 것들을 탐색해 창의적인 움직임을 시도해 보도록 유도하여 비이동 움직임 표현 능력을 신장시키도록 한다.

[그림 8-14] 아이스바의 비틀기

[그림 8-15] 강아지 꼬리의 흔들기

[그림 8-16] 사탕껍질의 비틀기

[그림 8-17] 움직임 요소와 사탕 껍질의 비틀기

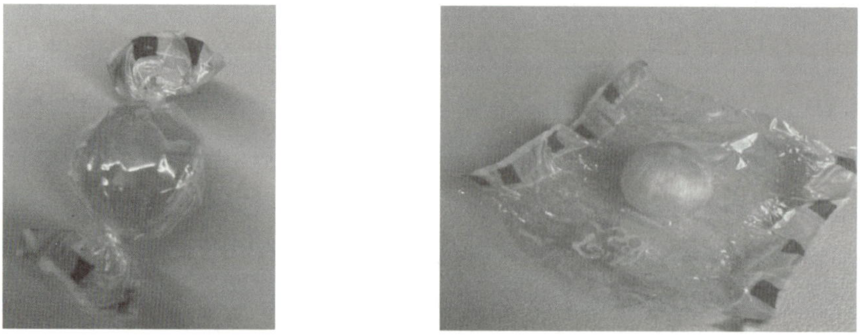

[그림 8-18] 사탕 껍질 - 비틀기와 펴기

다. 조작 움직임 표현

조작 움직임 표현은 신체 움직임과 도구와 관련된 움직임으로 신체로부터 도구에 힘을 작용시켜 도구가 신체로부터 멀어지거나 떨어져 나가는 움직임과 도구로부터 힘을 수용하면서 표현하는 움직임 있다. 도구와 함께 활동할 수 있는 움직임에는 흔들기, 들기, 받기, 안기, 던지기, 접기, 차기, 굴리기 등이 있으며 2022 개정에서는 들기와 돌리기를 신체활동 예시로 제시하고 있다. 들기는 도구나 소품의 위치를 위쪽 방향으로 이동시키는 움직임이며 돌리기는 신체 각 부위를 활용하여 소구나 소품을 돌리며 표현하는 움직임이다.

[그림 8-19]은 공을 활용하여 드는 움직임을 시도하는 사진이며 [그림 8-20]은 긴 스카프를 활용하여 팔로 돌리는 조작 움직임 표현으로 이와 같은 조작 움직임 표현에서는 도구도 내 신체 중 하나라는 생각으로 움직이게 하는 것이 중요하며 이때 자연스러우면서도 정확한 조작 움직임으로 표현을 시도할 수 있게 된다. 조작 움직임으로 표현할 경우, 먼저 공이나 스카프의 특성 즉, 무게나 재질 등을 탐색하도록 하며 공과 스카프 같은 도구나 소품으로 어떠한 움직임을 시도할 수 있는지 기초 표현 활동 속에서 충분히 조작 움직임 표현에 대한 즐거움과 자신감을 높이도록 한다.

[그림 8-19] 공으로 들기

[그림 8-20] 긴 스카프로 돌리기

[그림 8-21] 후프로 돌리기

[그림 8-22] 움직임 요소와 후프로 돌리기

또한 후프로도 돌리기 조작 움직임 표현을 [그림 8-21]과 같이 시도할 수 있으며 [그림 8-22]에서와 같이 움직임 요소를 적용해 다양하게 후프를 돌리며 표현할 기회를 제공해 주면서 협력 중심의 수업 속 창작작품을 만들고 발표하는 기회를 통해 조작 움직임 표현능력을 높이도록 한다.

조작 움직임 표현을 위해 활용되는 도구나 소품은 차후, 창작 활동시 창작의 주제와 내용 표현을 극대화시키는 역할을 하므로 각 활동에 맞는 적절한 도구나 소품 선택의 의미와 중요성을 이해시키는 것도 요구된다. [그림 8-23]은 조작 움직임 표현을 위해 사용할 수 있는 다양한 도구와 소품이다.

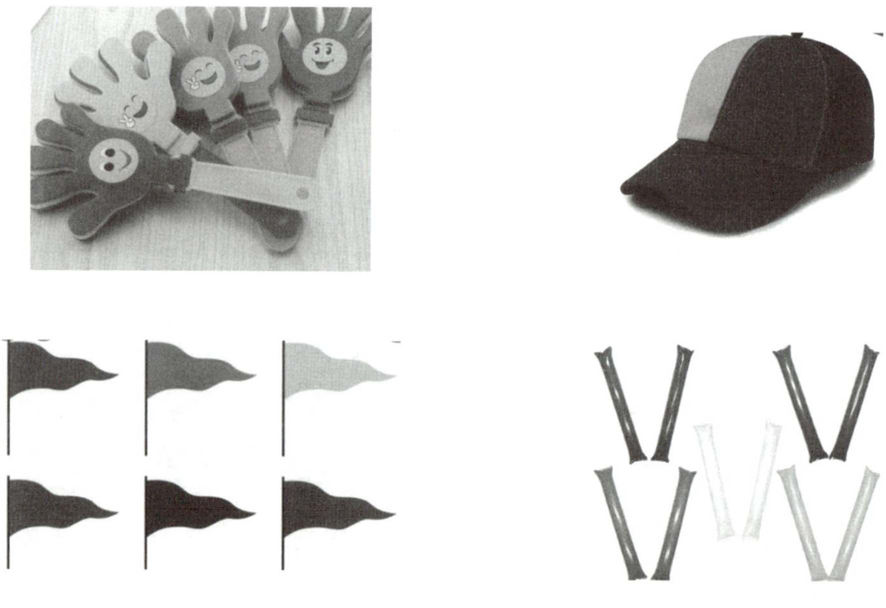

[그림 8-23] 조작 움직임 표현을 위한 다양한 소품이나 도구

라. 기본 움직임 기술의 기초표현 지도

이동 움직임 표현, 비이동 움직임 표현, 조작 움직임 표현과 같은 기본 움직임 기술의 기초 표현은 그리 어렵지 않지만 여전히 예비 교원이나 초등교사에게 어렵게 인식되고 있다. 이동 움직임 표현의 경우 동작이 어렵거나 복잡하지 않으므로 앞서 제시한

동물들의 이동 움직임 특성을 스스로 또는 친구들과 탐색해 보면서 이동 움직임 방법을 학습하도록 하는 것이 요구된다. 또한 이동 움직임 표현은 동작이 단순하므로 활동 공간이나 구간을 제시하여 동일한 이동 움직임 표현이든, 다른 이동 움직임 표현이든 반복적이며 연속적으로 움직여 보게 하면서 스스로 이동하며 표현하는 움직임이 어렵지 않고 어색하지 않도록 하는 것이 필요하며 자연스럽고 재미있는 활동으로 느껴지도록 하는 것이 무엇보다 중요하다. 그리고 움직임 요소를 적용할 때 즉, 한 장소에서 다른 장소로 이동하거나 이동하는 방향을 바꾸어 표현할 때 이동 움직임 표현 간 움직임들이 잘 연결될 수 있도록 지도하는 것이 필요하다. 또한 모듬별 활동을 통해 서로의 활동을 감상하여 간단하고 단순한 이동 움직임 표현이 다양하고 다채로운 이동 움직임으로 창작되고 표현될 수 있다는 것을 경험하고 이해하는 것이 요구된다. 이때 다양한 종류의 음악을 활용한다면 이동 움직임 표현활동을 즐겁게 수행할 수 있으며 어떠한 움직임 요소를 적용하느냐에 따라 몸의 움직임과 느낌이 달라지게 된다는 것을 이해하는 것이 중요하므로 이동 움직임 표현 활동에서 적용한 움직임의 요소를 공유하고 느낀 점을 이야기해 보면서 서로의 경험을 공유하도록 한다.

비이동 움직임 표현에 있어서는 이동하지 않고 스스로의 신체로 표현할 수 있는 움직임들에는 어떠한 것들이 있을까를 탐색하고 이해하는 것이 요구되며 일상생활 주변에서 이동하지 않고 표현할 수 있는 사물들에는 어떠한 것들이 있는지 학생 스스로 먼저 생각해 보는 것이 중요하다. 또한 이 사물들의 특징을 탐색해 보면서 표현할 비이동 움직임을 표현하고 시도해 보면서 자기 주도적으로 비이동 움직임 표현에 대한 이해도를 높이도록 유도한다. 이때, 이러한 특징들을 어떠한 비이동 움직임으로 표현할 것이며 어떠한 과정과 어떠한 움직임 요소를 적용해 표현할 것인가를 생각해 보도록 하고 발문으로 즐겁게 비이동 움직임 표현활동에 참여하도록 한다.

"아침에 일어나(비이동 움직임 표현) 기지개를 쭉 펴고(비이동 움직임 표현, 움직임 요소) 일어나 세수하러 화장실에 가는 것(이동 움직임 표현, 움직임 요소)" 은 어떻게 표현하면 좋을까요~~?

"비가 너무 세게 많이(움직임 요소)와 흠뻑 젖은 머리(움직임 요소)를 흔들었어요(비이동 움직임 표현)"를 어떻게 표현하면 좋을지 표현해 봅시다~~"

"등교 시간이 늦어 막 뛰어(이동 움직임 표현, 움직임 요소) 학교에 갔어요"를 표현해 볼까요~~? 등을 예로 들 수 있다.

초등학생들의 경우. 교사나 친구들의 움직임을 따라 하는 모방 학습이 가능하고 관찰과 탐구 및 도구나 소품을 잘 다룬다는 특징이 있다. 따라서 조작 움직임 표현에서는 다양한 도구나 소품들의 모양이나 특성을 먼저 생각해 보도록 하고 이 모양이나 특성을 어떻게 표현할 수 있을까를 탐색해 보면서 창의적 움직임을 시도해 보도록 한다. 또한 학생 개개인별 관심이 있는 도구나 재미있는 활동을 할 수 있는 소품들에는 어떠한 것들이 있는지 주변에서 알아보고 각 도구나 소품들로 어떠한 활동들을 할 수 있는지에 대해서 서로 의견을 공유하면서 조작 움직임 표현 활동을 시도하면 더 많은 흥미와 관심을 집중시킬 수 있다. 이때, 학생들에게는 움직임의 주체인 나와 도구 간 정말 다양한 표현 활동이 가능하다는 것을 먼저 이해하도록 하는 것이 중요하므로 동영상이나 사진 자료를 활용하여 다양한 조작 움직임 표현을 예로 제시해주는 것도 좋은 방법이 되겠다.

기본 움직임 기술 중 워킹, 점핑, 홉핑, 스키핑, 갤러핑, 리핑, 슬라이딩 등 이동 움직임 표현과 관련된 창의적인 활동으로는 놀이동산에서 친구들과 노는 모습, 아침에 등교하는 모습, 오즈의 마법사 동화에서 길을 따라 여행을 떠나는 도로시의 모습이나 여러 가지 길을 따라 이동하는 활동이 제안되며 펴기, 접기, 비틀기, 제자리 돌기, 털기, 흔들기 등의 비이동 움직임 표현과 관련된 창의적 활동으로는 우리 주변에 있는 것들을 제자리에서 표현하기, 제자리에서 움직이는 물체의 특징을 생각해 보고 몸으로 표현하기, 아름다운 시골 풍경(허수아비, 태양, 풍차, 나무 등) 표현하기, 관절 인형의 움직임 표현하기 등을 시도할 수 있다. 또한 들기나 돌리기와 관련된 조작 움직임 표현으로는 우산이나 깃발, 훌라후프 돌리기나 공이나 고무밴드 들기 등을 시도할 수 있으며 심미적 표현을 위해 표현 움직임에 적합한 리듬을 선정해 자유롭게 표현하고 친구들과 함께 감상하며 표현에 대한 이해를 높이도록 한다.

일반적으로 이동 움직임 표현과 비이동 움직임 표현의 경험은 자세 조절에 필요한 균형감각과 신체 유연성 증진 및 상황 변화에 따른 신체 부위별 조정능력을 발달, 증진시킬 수 있으며, 조작 움직임 표현에서는 초등학생들의 체력 중 특히, 협응력의 발달을 신장시킬 수 있다. 또한 이동 움직임 표현, 조작 움직임 표현 활동시 [그림 8-24]에서 보는 바와 같이 다양한 동선을 이해하는 것이 표현활동에 도움이 되며, 학생들 스스로 어떠한 동선으로 움직이며 표현할 것인지 계획하고 직접 그려보도록 하는 것도 좋은 방법으로 제안된다.

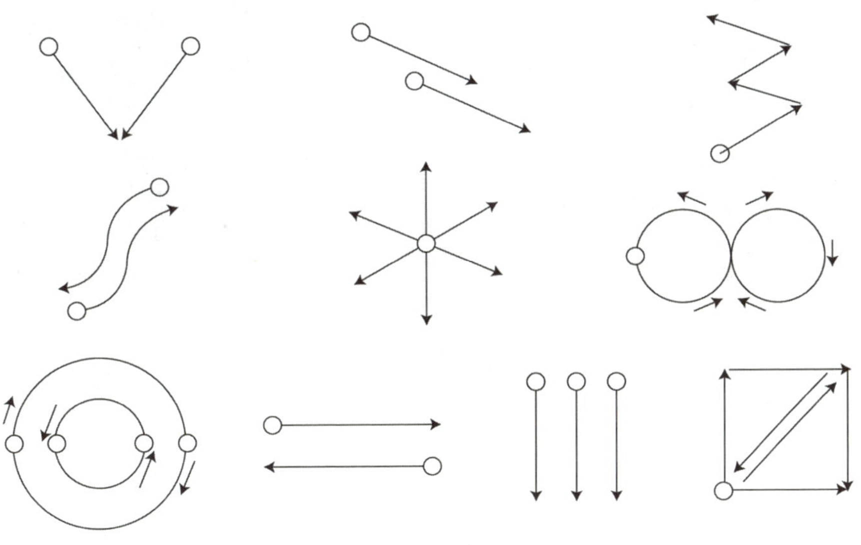

[그림 8-24] 이동 움직임 표현, 조작 움직임 표현을 위한 다양한 동선

Box 8-2 표현활동과 자세

- 이동 움직임 표현, 비이동 움직임 표현, 조작 움직임 표현 등 기본 움직임 기술 표현을 위한 활동에서는 [그림 8-25](1, 왼쪽), (2, 중간)에서 보는 바와 같이 머리부터 몸통, 다리 그리고 발끝까지 자세를 바르게 하는 것에 대한 이해가 필요하다. 바른 자세는 학생들에게 스스로에 대한 자신감과 좋은 표정, 맑은 눈빛 등 좋은 점들을 제공하게 된다.

- 일반적으로 많은 학생들은 활동을 시작하기도 전에 [그림 8-25](3, 오른쪽)에서와 같이 머리를 숙여 바닥을 보거나 몸통이나 팔, 다리가 펴지지 않고, 심지어 부끄러워서 몸을 꼬면서 주저앉아 버리곤 하므로 이를 잘 살펴 자신감 있게 활동을 시작할 수 있도록 편안한 활동 분위기를 제공한다.

- 또한 바른 자세를 잡고 활동을 시작하였다 하더라도 활동 중 수시로 자세가 흐트러지거나 집중하지 못하는 경우가 많으므로 학생 스스로가 표현하고자 하는 움직임을 잘 표현할 수 있도록 자세나 움직임에 대한 긍정적 피드백을 제공할 필요가 있다.

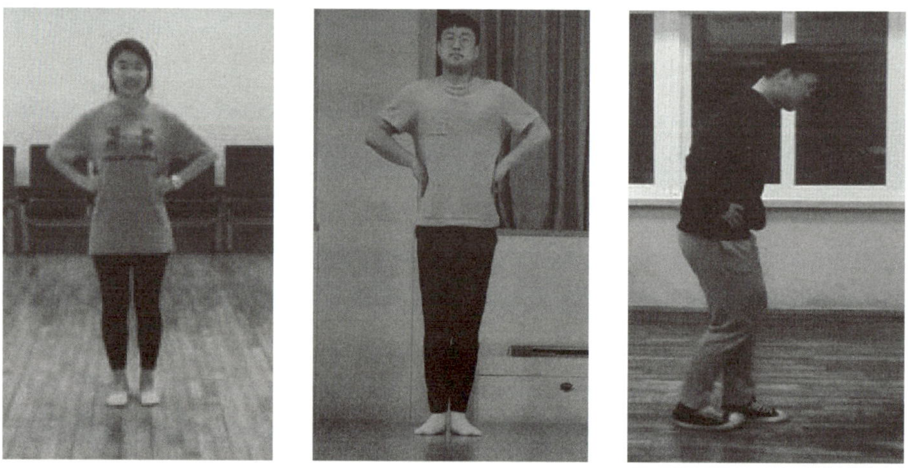

[그림 8-25] 표현활동과 자세

마. 움직임 요소

움직임 요소에는 신체, 노력, 공간, 관계가 있다. 이 중 신체는 골격과 근육구조의 협응에 의해 다양하고 자연스러운 움직임의 형태를 만들어 내는 역할을 하며 노력은 움직임의 질로서 빠르게 또는 느리게 등 움직임의 느낌을 다르게 하여 신체 움직임 간 조화와 특색을 이루게 한다. 공간은 높낮이, 방향, 넓이 등을 다르게 하여 신체 움직임을 다양하게 변화시키고 발전할 수 있도록 하는 요소이며 관계는 예민한 통찰력으로 개인이나 모둠 간, 도구 간 관계 속에서 서로에 대한 이해와 적응, 관계에 의한 새로운 움직임을 생성해 낸다.

〈표 8-2〉 움직임 요소

움직임 요소	움직임 방법	실제내용	
신체 (body)	신체는 많은 동작을 할 수 있다 - 신체는 무엇을 하는가?	부분	- 머리, 목, 어깨, 몸통, 골반, 척추 - 팔, 손목, 팔꿈치, 손, 손가락 - 다리, 무릎, 발, 발가락, 발목, 뒤꿈치 등
		형태	- 곡선/직선 - 각진/꼬인 - 대칭적/비대칭적
		균형	- 균형상태/불균형상태
노력 (effort)	움직임은 여러 가지 노력을 가진다 - 신체를 어떻게 움직이는가?	빠르기 (시간, 속도)	- 날카롭게(빠르게, 갑작스럽게) - 부드럽게(느리게, 지속적인)
		힘 (에너지)	- 무거움/가벼움
		흐름, 느낌	- 절제/자유
공간 (space)	이동을 통하여 공간을 충분히 활용한다 - 신체는 어디로 움직이는가?	장소	- 개인/전체(일반)
		크기	- 크게/작게 - 멀리 뻗기/가깝게 뻗기
		높이	- 높게/중간/낮게
		방향	- 앞/뒤 - 오른쪽/왼쪽 - 위/아래
		경로	- 곡선/직선/지그재그
		초점	- 한 곳의 초점 - 여러 곳의 초점
관계 (relationship)	움직이는 신체와 주위 환경과의 관계를 이해한다 - 어떠한 관계를 갖는가?	- 신체부분간 관계 - 신체부분에서 대상(물체)으로 - 개인에서 전체로	

움직임 요소	움직임 방법	실제내용
		- 개인, 전체에서 대상(물체)으로 - 가까이/멀리, 조화/대조 - 모이기/흩어지기, 안/밖 - 위에/아래 - 옆/사이, - 에 붙어서/에 떨어져서 등

학생들은 동화, 시, 동요에 대한 생각이나 느낌 등을 자유롭게 표현하기 위해서이 신체, 노력, 공간, 관계 등 움직임 요소에 대한 개념과 내용을 이해하는 것이 무엇보다 중요하다. 특히, 움직임 요소 학습에 있어 예를 들어 신체 움직임 요소를 표현할 때는 노력, 공간, 관계가, 노력 움직임 요소를 표현할 때는 신체, 공간, 관계가, 공간 움직임 요소를 표현할 때는 신체, 관계, 노력이, 관계 움직임 요소를 표현할 때는 공간, 신체, 노력이 자연스럽게 포함되어 표현된다는 것을 이해하도록 한다. 표 2는 움직임 요소별 움직임 방법과 실제 내용이다.

1) 움직임 요소 - 신체

우리는 신체로 많은 움직임을 표현할 수 있는데 신체로는 머리, 목, 어깨, 몸통, 골반, 팔, 손목, 팔꿈치, 손, 손가락, 다리, 무릎, 발, 발가락, 발목 등 모든 부위를 다양하게 움직여 표현하게 된다. 이때 신체의 어느 부분이 움직이고 어떻게 움직이는가 그리고 어떠한 순서로 움직이는가 등을 인식하는 것이 중요하다.

[그림 8-26]은 신체각 부위별 수축과 이완, 굽히고, 펴고, 비틀고 등의 움직임 기능, 상, 하, 좌, 우 등 신체 범위의 변화 그리고 무게를 이동하지 않는 비이동 움직임 표현, 무게 중심을 변화시켜 이동하는 움직임 등의 관계에 의해서 다양한 신체의 움직임 표현 언어가 생성되고 창작되는 것을 보여주고 있다. 신체는 이와 같이 어느 부위를 어떻게 움직이느냐에 따라 여러 가지 풍부한 언어를 만들어 낼 수 있다. 이러한 신체 부위별 움직임 활동은 신체의 지각 정도를 이해하게 하며 고유감각기능을 발달시키는 중요한 역할을 제공한다.

[그림 8-26] 움직임 요소 - 신체의 다양한 부위

2) 움직임 요소 - 노력

노력은 움직임의 내적 욕구로 움직임 질로 정의된다. 신체의 다양한 움직임은 여러 가지 노력 예를 들면, 빠르기·시간·속도, 힘·에너지, 느낌, 흐름 등을 가지며 이것은 어떠한 움직임 언어를 만들어 낼 것인가를 결정하게 된다. 따라서 움직임을 수행할 때 빠르기 변화, 힘의 변화, 느낌과 흐름의 변화에서 오는 움직임 차이를 알고 이해하게 된다면 움직임의 목적이 뚜렷해지고 움직임 특징이나 독특한 표현 언어를 습득할 수 있으며 표현활동 과정에 몰입도를 높일 수 있다. 일반적으로 신체의 숙련도가 좋고 표현 활동 경험이 많을수록 노력의 표현은 적절하고 정확하게 수행된다.

[그림 8-27] 중 왼쪽 그림은 위로 솟구치는 움직임으로 '빠르고', '강하며' '짧은'

움직임의 질을 보여주며 중간 그림은 날개 짓하는 움직임으로 '부드러움', '가벼움', 그리고 '경쾌하고' '자연스러운' 움직임의 질을 느낄 수 있다. 오른쪽 그림은 무언가를 잡기 위해 움직이는 모습으로 '느리고', '정적인' 그리고 '정확함' 같은 움직임의 질을 보여준다.

[그림 8-27] 움직임의 요소 - 노력

3) 움직임 요소 - 공간

공간은 신체가 어디로 움직이는가에 대한 인식을 의미한다. 신체 움직임은 개인 공간 또는 전체 공간에서 높게, 중간, 낮게 등 높이에 따라 움직임의 변화가 만들어지며 다채로운 표현이 가능하게 되는데 앞과 뒤, 오른쪽과 왼쪽, 위와 아래 등의 움직임 방향에 의해서 신체는 더 많은 표현을 할 수 있게 된다.

[그림 8-28](좌)은 움직임의 주체가 공간의 왼쪽/높게, 서서(위), 공간의 중간/바닥, 앉아서(아래)에 위치한 모습이며 [그림 8-28](우)은 움직임의 주체가 바닥에서 뛰어올라 활동 공간에서 아주 높게 위치해 있는 모습이다. 이러한 움직임 들은 공간에서는 또한 곡선, 직선, 지그재그 등 [그림 8-24]에서와 같이 많은 동선과 함께 다이나믹하게 시도할 수 있으며 신체, 관계, 노력에 의한 움직임의 크고 작음 등과 함께 끊임없이 생성되고 재창조된다.

[그림 8-28] 움직임 요소 - 다양한 공간

4) 움직임 요소 - 관계

인간은 스스로의 생각과 내면적 욕구와 동기 등 느낌을 신체 움직임으로 표현할 때 의식적, 무의식적으로 시간, 공간, 상황 및 주위 환경과 상호작용하며 관계를 형성하기 시작한다. 예를 들면, 신체 부분 간 관계, 신체 부분과 도구간 관계, 개인간 관계, 개인과 도구간 관계, 개인과 전체간 관계, 전체와 도구간 관계 등 무수히 많은 관계 형성이 가능하며 이것들은 서로 많은 시너지를 형성한다.

[그림 8-29] 움직임 요소 - 관계

[그림 8-29]에서 왼쪽은 신체와 도구간 관계, 오른쪽은 신체간 관계를 보여준다. 이 관계들은 또한 서로 가까이 또는 멀리, 조화 또는 대조, 모아지고 또는 흩어지고, 안 또는 밖, 위에 또는 아래, 옆 또는 사이, ~에 붙어서 또는 ~에 떨어져서 등 서로의 관계가 지속적으로 변화되고 발전되어 간다. 이러한 관계 속 움직임의 주체인 신체는 표현하고자 하는 주제나 이야기에 맞는 움직임을 스스로 탐색하고 결정하면서 주어진 공간에서 창의적인 움직임을 수행하게 된다. 따라서 관계에 대한 이해는 [그림 8-30] 삼고무에서 보는 바와 같이 공간 이해와 함께 표현활동에서 움직임 표현 언어에 대한 다양성과 확장성을 제공한다고 하겠다.

[그림 8-30] 삼고무 (2019, 제주도립무용단, 김혜림 예술감독 안무)

Box 8-3 루돌프 본 라반(Rudolf von Laban, 1879~1958)

라반은 인간의 내적 충동으로부터 발생하는 움직임의 힘에 감명을 받아 몸과 정신의 관계성을 연구하였으며 라반의 에포트(effort)란, 내면적 충동이나 요구에 의해 솟아나는 에너지를 움직임에 반영하는 하나의 표정이다. 라반은 에포트 개념을 도입해 동작연구를 실시하였으며 다양한 동작들의 발생은 양적으로 뿐만 아니라 질적으로 고찰되어야 한다고 하였다.

움직임의 질적 요소는 몸의 각 부분이 여러 방향과 궤도의 여러 단계로 움직일 수 있는 공간, 몸의 각 부분이 여러 가지 속도로 리듬에 맞추어 움직일 수 있는 시간, 몸의 움직임과 관련 있는 근육 수축의 정도를 의미하는 무게, 지속적으로 움직이거나 멈춤 등 움직임의 특성과 관련된 흐름이다. 양적요소로서는 신체, 에포트, 공간, 관계를 이용하였다. 이것은 인간 움직임의 발현이 신체를 도구로 움직일 수 있는 에포트가 있어야 하고 공간 속에서 관계가 형성되는 개념이다. 라반의 움직임 교육의 특징 및 의의는 다음과 같다.

- 인간 움직임이 학문적 접근의 대상이다.
- 교육 현장에서 움직임의 탐구와 발견식 지도법을 정착시킬 수 있는 토대를 마련하였다.
- 실존주의 철학과 관련된 움직임의 개념을 무용교육에 적용하였다.

5) 움직임 요소의 표현 지도

신체, 노력, 공간, 관계 등 움직임 요소를 적용하여 표현 움직임을 지도할 경우, 학생들 스스로 표현하고자 하는 움직임의 특성을 잘 탐색하고 이해하면서 표현하는 것이 중요하다. 예를 들어 기본 움직임 기술 표현에서와 같이 우리 주변에 있는 다양한 사물들을 몸으로 표현할 경우, 신체의 어느 부분을 어떠한 방법으로 움직이고 어떠한 흐름을 가지고 있는지 그리고 어느 방향으로 움직이고 있는지를 명확하게 인지하도록 지도한다. 이때, 표현하고 있는 다양한 사물들의 각 모양이나 특징, 움직임을 잘 탐구하여 표현하고 있는지를 지속적으로 살피면서 공간과 관계의 요소를 생각할 수 있도록 지도하는 것이 중요하다. 특히, 노력의 경우, 표현할 주제나 동화, 노래 등을 직접 말하가나 노래를 따라 부르게 하면서 움직임을 표현해 보도록 하면 각 단어에서 주는 느낌을 이해하게 되어 움직임에 감정을 더 잘 이입할 수 있고 느낌을 잘 살릴 수 있어 친구들과도 즐겁게 활동할 수 있다. 또한 동화, 노래에는 스토리가 있어 초등학생들이 말이나 노래를 하면서 표현을 시도하게 되면 자신감을 높일 수 있고 동시에 움직임에 대한 어색함이나 거부감을 낮출 수 있어 감정 표현이 더 쉬워지고 감정표현이 쉬워지면 노력 즉, 움직임의 질이 더해진 생명력 있는 움직임을 수행할 수 있게 된다.

그럼에도 불구하고 신체를 움직임여 무엇인가를 표현하는 것을 힘들어하거나 부끄러워하는 학생들의 경우, 작은 근육을 사용하는 움직임에서부터 시작하여 큰 근육을 사용하는 움직임으로 움직임의 범위를 넓혀나가는 것이 요구되며 몇 가지 시도하기 쉬운 움직임들을 제시해 주어 학생들이 표현에 자신감을 가지고 활동에 참여할 수 있는 분위기를 제공해 주고 스스로 움직임을 발전시킬 수 있도록 한다. 그래도 만약, 표현을 어색해하는 친구들이 있다면, 움직임시 주요 단어들을 말로 제시해 주고 긍정적인 시그널을 주어 학생들이 편안하고 자신감 있게 활동에 참여하도록 하는게 무엇보다 선행되어야 한다. 또한 움직임으로 다양한 것들을 표현할 때는 서로 다르게 표현될 수 있음을 이해하는 것이 중요하므로 서로의 움직임을 감상하는 시간이나 서로의 표현을 함께 수행해 보는 시간 그리고 각 표현활동시 친구들의 의견을 반영하면서 표현활동을 함께 해 보는 시간을 통해 소통하면서 친구들의 의견이나 움직임을 이해하도록 하는 것도 좋다.

움직임 요소 중 신체를 이해하기 위한 표현 활동으로는 몸, 손, 팔 등을 활용한 다양한 모양 표현하기, 여러 숫자를 신체로 표현하기, 다양한 사진 장면 표현하기, 내가 좋아하는 운동 동작 특징을 신체로 표현하기, 피라미드 표현하기 등의 활동이 제안된다. 이와 같은 활동을 통해 학생들은 신체의 다양한 부분으로 표현하고자 하는 움직임을 시도하면서 신체 표현에 대한 이해도를 높일 수 있다. 노력과 관련된 표현활동으로는 공룡의 움직임 표현하기, 학 또는 독수리, 달팽이의 움직임 표현하기, 바다와 육지에서의 펭귄의 움직임 표현하기, 화산의 모습이나 태풍, 산들바람 표현하기 등이 제안되며 이러한 활동을 통해 빠르기, 힘, 느낌과 흐름 등 노력에 따라 움직임들이 다르게 표현될 수 있음을 이해할 수 있겠다. 또한 공간을 이해하기 위한 활동으로는 우뚝 솟은 산이나 녹아내린 빙하 표현하기, 하늘은 나는 비행기와 잠자리 표현하기, 활짝 핀 들국화나 아직 봉우리인 들국화 표현하기, 다양한 분수의 모습 표현하기 등이 있으며 이러한 활동을 통하여 학생들은 공간을 이해하고 움직임을 표현할 수 있다. 관계와 관련된 활동으로는 그림자놀이를 하며 친구와 같이 표현하기, 친구들과 함께 여러 가지 모양을 다양한 도구로 표현하기, 친구와 반대로 움직여 표현하기 등이 제안

되며 이러한 활동을 통해 학생들은 관계와 관련된 이해를 높일 수 있겠다.

그러나 2022 개정에서는 움직임 요소별로 활동을 따로 제사하고 있는 15 개정에서와 다르게 기본 움직임 기술에 움직임 요소를 적용하면서 표현활동의 기본 수행 능력을 기르도록 하고 있다. 다음의 [그림 8-31]은 움직임 요소가 잘 적용된 제주도립무용단의 '녹담' 중 풍상무 작품(2021, 제주문화예술회관대극장, 김혜림 예술감독 안무)으로 각 움직임에 움직임 요소가 잘 적용되어 살아 있는 움직임을 볼 수 있으며 이와 같은 작품 영상이나 사진을 활용하여 어떠한 움직임 요소가 표현되었는지 탐색하면 학생들의 움직임 요소에 대한 이해를 높일 수 있겠다.

[그림 8-31] '녹담' 중 풍상무 (2021, 제주도립무용단, 김혜림 예술감독 안무)

2. 기본 움직임의 표현 방법

가. 모방표현

1) 모방무용

아주 오래전 선사시대부터 사람들은 동물들과의 공존을 위해 각 동물들의 특징과 특성을 탐색하며 춤을 추었으며 동시에 스스로의 생존을 위해 이러한 특징과 특성을 이용해 그 동물들을 사냥하기도 하였다. 또한 각 부족들의 번영과 번창을 위해 다양한 동물들을 숭배하며 인간의 욕망을 진하게 담아 동물의 몸짓을 모방하며 춤을 추는 등 전 세계에는 여러 동물들을 모방한 여러 형태의 춤이 많이 존재한다.

우리나라에는 옛날부터 [그림 8-32]에서 보는 바와 같이 용춤, 학춤, 거북춤, 사자춤, 원숭이춤, 나비춤 등 다양한 동물들을 모방한 춤이 많은 나라로 알려져 있다. 이 중 특히 학춤은 '학'이라는 새의 몸짓을 아름답게 모방한 춤으로 이 '학춤'에는 인간의 염원과 희망을 담아 이상 세계에 대한 동경이나 행복 그리고 길상의 축원 등을 멋지게 몸짓으로 그려내고 있다.

[그림 8-32] '흑룡' (2022, 제주도립무용단, 노원문화예술회관, 김혜림 예술감독 안무)

여러 학춤 중, 동래학춤은 부산광역시 지정 무형문화재 제 3 호로 '덧배기 춤'을 기반으로 한 즉흥 춤이며 동래지방 관속이나 기방 한량들에 의해 전문화되어 전승된 우수한 춤이다[그림 8-33]. 이 동래학춤은 즉흥성이 많은 덧배기 춤이면서도 고도의 상징성을 가진 춤이라 할 수 있다. 이 춤은 정형화된 체계를 바탕으로 순간적인 감정의 변화나 흐름에 따라 독창성과 즉흥성을 표현해낼 수 있는 독특한 형태를 가지고 있는데 이는 질서와 무질서가 공존하는 아름답고 우수한 모방 춤의 정수라 할 수 있다. 이러한 모방 춤은 비단 동물만이 아닌 [그림 8-34]에서의 '한대(漢代) 금강 조각상' 등과 같이 사물을 모방하여 춤으로 표현할 수 있으며 이외 우리 주변의 여러 인물 포함, 존재하는 모든 것이 포함된다.

[그림 8-33] '학' - 동래학춤[3)]

[그림 8-34] '한대(漢代) 금강 조각상' - 작품 금강 중[4)]

3) 김정원(2021). 진주교육대학교 교육대학원 석사학위논문.
4) 무동희(2020). 국민대학교 대학원 석사학위논문.

2) 모방표현 - 사물, 인물, 자연현상 표현

2022 개정에서 모방표현은 기본 움직임 기술을 활용하여 우리 주변에서 표현하고자 하는 대상이나 사물, 자연현상의 특징이나 움직임을 호기심을 가지고 충분히 탐색하고 관찰하여 표현하고자 하는 대상의 특징이나 움직임을 표현하도록 하고 있다.

관련된 활동으로는 상모 놀이하는 사람 특징을 살려 표현하기, 리본 체조하는 선수 표현하기, 이글이글 타는 태양 표현하기, 파도치는 물결 탐색하여 표현하기 등이 제안되며 [그림 8-35]는 인도의 타지마할 특징을 살려 표현하는 그림이며 생각하는 사람이나 놀이기구의 특징을 살려 모방하며 표현을 시도할 수 있다.

[그림 8-35] 모방표현 - 인도의 타지마할, 생각하는 사람, 놀이기구[5)]

나. 추상표현

1) 추상무용

추상은 개별의 사물이나 개념에서 공통되는 속성이나 관계 따위를 추출하여 파악하는 작용으로 무용뿐만 아니라 문학, 미술, 음악 등 각 예술 분야에서 표현되며 큰 역할을 하고 있다. 추상이라는 것은 볼 수 없는 형상을 표현하고 추상의 이미지는 표현과 서정을 중요시하며 사람 또는 사물의 이미지를 창조하는 것을 위주로 한다.

추상무용에서 무용가나 안무가는 어떠한 특정 사물이나 현상, 개념에 대한 사상과

---

5) 교학사 15개정 표현영역

감정에 관한 표현을 구체적인 이미지를 통해 표현하는 것이 아니라 어떠한 특정한 장면과 형식에 추상적인 움직임이나 몸짓을 그려내며 무용가, 안무가, 예술가 전달하고자 하는 또는 전달하고 싶은 내용과 정수를 사람들의 마음에 비추도록 하는 것이다.

여기에는 무수히 많고 풍부한 생명과 함께 엄청난 감정적 선택으로 관객이나 감상자 마음속에 격한 반응과 감동을 느끼도록 하는데 이는 급속도로 발전하고 있는 정보화시대에 가장 진솔한 신체 언어인 몸의 움직임으로 풍부한 이미지를 창조해 표현하며 사람들의 정신적 수요를 충족시켜주는 아름다운 역할을 한다. [그림 8－36]은 국립현대무용단의 '그후 1년', 권령은 안무 작품이다.

[그림 8-36] 그후 1년 (20021, 국립현대무용단, 예술의 전당 cJ토월, 권령은 안무)6)

2) 추상표현 - 느낌과 생각 표현

2022 개정에서 추상표현은 기본 움직임 기술을 활용하여 스스로의 느낌이나 생각을 몸짓이나 동작으로 자유롭게 표현하는 방법을 탐색하고 창의적으로 표현하도록 하는 다양한 표현 방법 중 하나로 제시되고 있다. 추상표현 - 느낌과 생각을 표현하기 위한 활동으로는 동화, 시 등에서와 같이 언어에서 느껴지는 움직임이나 이미지, 일상생활, 자연, 동식물 등에서 느껴지는 생각이나 느낌을 자유롭게 표현할 수 있는

6) 국립현대용단 https://blog.naver.com/kncdc3472/222397700321

활동이 제안되며 학생들은 이와 같은 다양한 활동 속 스스로의 느낌과 생각을 표현할 수 있는 움직임을 탐구해 자유롭고 심미적으로 표현하면서 감수성을 키울 수 있도록 하고 있다.

구체적으로 [그림 8-37]에서와 같이 학생들은 바람을 타고 날아가는 민들레 꽃에 대한 느낌을 자유롭게 표현할 수 있으며 언어가 주는 이미지나 느낌도 창의적으로 표현할 수 있다. 또한 [그림 8-38]에서와 같이 사람의 다양한 감정도 느낌 그대로 표현해 보면서 스스로의 느낌과 생각을 움직임으로 자유롭게 표현하는 방법을 이해하고 타인의 표현 방법도 존중하도록 제시하고 있다.

[그림 8-37] 추상표현 - 날아가는 민들레 꽃과 언어에서 느껴지는 느낌 표현[7)]

[그림 8-38] 추상표현 - 슬픈 감정에 대한 느낌 표현[8)]

7) 금성 15 개정 표현영역

다. 리듬표현

1) 리듬무용

리듬(rhythm, 흐름결)이란 일정한 규칙으로 흐르는 소리의 진행으로 음과 쉼의 길이를 달리하여 연속적으로 진행하는 것으로 음표의 장단, 악센트, 음의 셈여림, 빠르기 등에 따라 반복되는 흐름이다. 리듬을 이루는 작은 단위는 박(beat)으로 박에는 규칙 박, 불규칙 박, 센 박, 여린 박, 빠른 박, 느린 박 등 다양하며 음악은 이러한 성질들을 활용하여 리듬을 만들어 낸다.

[그림 8-39]는 작고 빠른 박의 리듬에서 느낄 수 있는 움직임이며 [그림 8-40]는 크고 무거운 박의 리듬을 움직임으로 표현하고 있는 움직임이다. 앞서 제시되었던 모방 춤(표현)이나 추상무용(표현)에서 창작한 작품에 다양한 리듬을 적용시켜 활동을 시도해 보면 다양한 리듬에 따른 움직임의 변화나 느낌을 이해할 수 있게 되고 이러한 변화나 느낌을 잘 이해하게 되면 리듬과 관련된 표현을 더 자유롭게 시도할 수 있다.

대표적인 리듬무용으로는 우리나라의 경우 설장구, 북춤, 소고춤 등과 [그림 8-41]에서의 진도북춤이 대표적이라 할 수 있으며 외국의 경우 아프리카의 자울리댄스, 폴리네시아인의 훌라 춤 등이 있다.

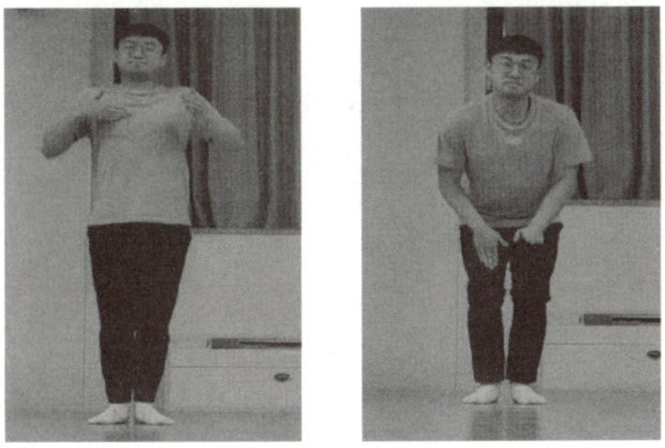

[그림 8-39] 작고 빠른 박의 움직임

[그림 8-40] 크고 무거운 박의 움직임

8) 금성 15 개정 표현영역

[그림 8-41] 진도북춤 (2019, 제주도립무용단, 김혜림 예술감독 재안무)

2) 리듬표현 -박자, 강약, 빠르기, 패턴에 따라 표현

2022 개정에서 리듬표현은 기본 움직임 기술 표현시 리듬 표현 능력을 기르기 위해 제시되고 있다. 따라서 기본 움직임 기술 표현에 있어 강약, 박자, 규칙적, 불규칙적 리듬 등 리듬의 특징을 이해하고 표현할 수 있도록 하는 것이 중요하며 동시에 리듬감을 살려 표현하는 데 중점을 두는 것이 요구된다. 특히, 교육 현장에서 리듬표현은 음악뿐만 아니라 자연현상이나 일상생활에서의 규칙, 불규칙 리듬을 탐색해 표현할 수 있도록 하고 다양한 자극에 관심을 가지고 표현을 시도하도록 제안되고 있다.

예를 들어 일반적으로 리듬은 빠른 리듬이나 느림 리듬, 복잡한 리듬이나 단순한 리듬, 크고 강한 리듬이나 작고 약한 리듬, 무거운 리듬이거나 가벼운 리듬 등과 같이 구분할 수 있다. 그러나 리듬은 규칙적인 리듬도 있고 불규칙적인 리듬도 있으며 이러한 리듬들이 복잡하게 구성되어 제시되고 있다. 뿐만 아니라 자연이나 일상생활에서 승용차의 경적 소리, 바람 소리, 청소기 소리, 기차 소리 등과 같은 불규칙적인 소리(리듬)이나 시계 바늘 소리, 전화벨 소리 등 규칙적인 소리(리듬) 또는 마우스 커서의 규칙적인 움직임에서 느껴지는 규칙적인 리듬 패턴 등도 탐색할 수 있다. 2022 개정에서는 이러한 많은 리듬을 탐색해 표현을 시도하도록 하면서 학생들의 리듬감 향상과 함께 표현에 대한 이해를 높이도록 하고 있다. 구체적으로 리듬과 관련된 활동으로는 [그림 8-42]에서 보는 바와 같이 3박자, 4박자에 따른 움직임 표현하기, 리듬과 함께 약하거나 강한 파도 움직임 표현하기, 빠르기와 세기에 따라 움직임 탐색해 표현하기, 북소리 변화에 따라 빠르고 가볍게, 느리고 무겁게 등 리듬감을 살려 표현하기, 빗소리 듣고 표현하기, 동요나 민요에 맞추어 우리 가락에 표현하기 등이 제안된다.

[그림 8-42] 리듬표현 - 3박자, 4박자 동요의 리듬감 표현9)

9) 와이비엠 15 개정 표현영역

Box 8-4 다양한 자극의 이해

초등학교 시기는 움직임을 좋아하고 자기표현을 즐기는 시기이며 어휘와 개념에 대한 이해력이 좋아지는 시기로 이동, 비이동, 조작 움직임 표현 등 기본 움직임 기술을 활용한 표현이나 모방표현, 추상표현 등 무용(표현)활동을 학습시키고 향상시키기에 좋은 시기가 되는데 이때 신체의 다양한 자극을 적극적으로 활용하면 효과적이다.

자극에는 움직임 그 자체로 동작을 만드는 근육 운동적 자극, 분위기나 상황 또는 느낌을 설명하는 언어적 자극과 함께 오감 자극이 있다. 오감 자극에는 소리, 음악 등을 활용한 청각적 자극과 물체, 모양, 형태, 그림, 색깔 등의 시각적 자극, 압각(눌리는 감각), 통각(아픈 감각), 냉각(차가운 감각) 등 피부에 닿아서 느껴지는 촉각적 자극, 냄새, 향기 등을 활용하는 후각적 자극과 단맛, 신맛, 짠맛, 쓴맛 등의 맛을 활용하는 미각적 자극이 있는데 이러한 자극을 적극적으로 활용한다면 학생들은 표현능력을 개발시키고 신장시키는 데 효과적이다. 또한 주제나 혹은 스토리 자극 등 관념적 자극이 있는데 여기에는 작은 상황에서부터 시작하여 극적인 상황, 그리고 지나온 역사까지 포함된다.

[그림 8-43]는 다양한 자극을 보기 쉽게 제시한 것으로 학생들은 이와 같은 다양한 자극을 통해 이동, 비이동, 조작 움직임 표현 등 기본움직임기술을 활용한 표현이나 모방표현, 추상표현 등의 활동에서 더욱 편안하고 즐겁게 표현 활동에 참여할 수 있으며 표현 언어를 폭넓게 학습할 수 있다.

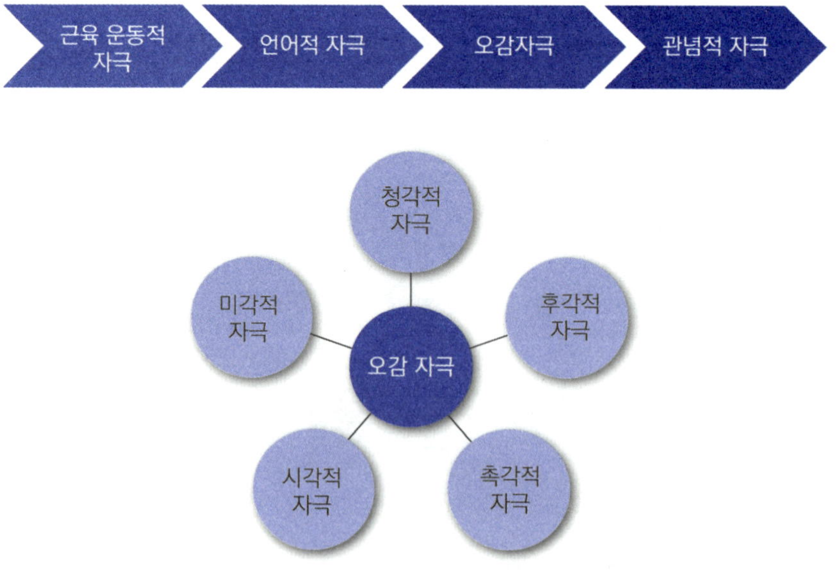

[그림 8-43] 다양한 자극

라. 도구표현

1) 도구를 활용한 무용

무수히 많은 무용 작품에서는 깃털, 수건, 장구, 부채, 한삼, 방울, 칼 등 다양한 도구나 소품 등이 작품의 표현을 위해서 적극적으로 사용되고 활용되고 있다. 실제 무용 작품에서 활용되는 도구나 소품은 [그림 8-44]에서 보는 바와 같으며 이러한 부채나 긴 천 등의 도구나 소품은 표현하고자 하는 주제나 느낌을 더 잘 표현하기 위해서 활용된다.

예를 들어 작품의 극적인 긴장도를 높일 때나 더 강한 움직임(에너지)을 보여주고자 할 때 또는 여러 상황이나 느낌을 더 심화시키고자 할 때 활용되며 때때로 이 도구나 소품들은 사랑하는 연인이 되기도 하며 그리움의 대상이 되기도 한다. 이러한 도구나 소품들을 활용할 때에는 무엇보다 안전상의 문제를 확인하는 것이 가장 중요하며 작품 주제에 적합하거나 필요한 도구나 소품을 잘 선택해 활용하는 것이 필요하다. 또한 표현하고자 하는 것을 더 잘 표현할 수 있도록 도구나 소품의 특성을 이해하면서 다채로운 방법으로 움직임을 탐색해 표현하는 것이 요구된다.

도구를 활용한 대표적인 춤으로는 '부채춤', '칼춤', '무당춤', '장구춤([그림 8-45])' 등과 함께 [그림 8-46]에서 보는 바와 같이 꽹과리를 활용한 진쇠춤 등이 있으며 이외에도 많은 춤 들이 있다.

[그림 8-44] '부채'(Seoul, 2009,국립무용단), '긴천'(바리, 2009, 서울시립무용단)10)

10) 동아일보 https://www.donga.com/news/article/all/20090521/8734228/1

[그림 8-45] 장구춤 (2003, 국립민속박물관, 홍예주)

[그림 8-46] 진쇠 (2020, 제주도립무용단, 김혜림 예술감독 재구성)

2) 도구표현 - 줄, 공, 천, 훌라후프로 표현

2022 개정에서는 도구표현의 경우 기본 움직임 기술과 함께 줄, 공, 천, 훌라후프 등 도구의 특성을 활용하여 더 다양한 방법으로 움직임 표현을 시도하도록 제시하고 있다. 도구표현에서는 기본적으로 학생들이 기본 움직임 기술을 활용하여 도구와 함께 표현하는 방법을 탐색하고 도구의 조작과 움직임을 연결하여 자신감을 가지고 표

현하는 데 중점을 둔다.

구체적으로 도구와 관련된 표현 활동으로는 줄을 활용하여 별 모양과 같은 다양한 모양 표현하기, 천으로 다양한 바람 표현하기, 공으로 해가 뜨고 지는 모습 표현하기, 후프로 우리가 살고 있는 지구 표현하기 등의 활동이 제안되며 이러한 활동은 동요나 학생들이 관심 있는 음악 등을 활용하여 표현하도록 하는 것이 좋겠다.

[그림 8-47]은 동요 '가을길'에 공을 활용하여 3학년 때 학습한 들기, 돌리기 움직임을 적용해보면서 친구들과 창의적인 표현을 시도하고 있는 예이다. 이러한 도구를 활용하여 표현활동을 할 때에는 무엇보다 도구를 던지거나 발로 차는 등 장난을 치지 않도록 하는 것과 학생들이 안전한 도구 사용 방법을 충분히 숙지하도록 하는 것이 중요하다. 이후, 도구의 특징을 잘 파악하여 창작활동을 할 수 있도록 기초활동 시간을 충분히 제공해 주고 활동에 참여한 학생들이 다양한 자극에 대한 호기심과 감수성을 가지고 활동에 참여하도록 긍정적인 분위기를 유도한다.

[그림 8-47] 도구표현 - 공을 활용하여 동요 표현하기[11)]

11) 천재교과서 15 개정 표현영역

마. 기본 움직임 표현의 지도

2022 개정에서 모방표현에서는 기본 움직임 기술로 표현하고자 하는 우리 주변의 사물, 자연현상, 인물 등의 특징이나 움직임을 탐색해 표현하도록 하고 있으며 추상표현에서는 기본 움직임 기술로 스스로의 느낌이나 생각을 자유롭고 창의적으로 표현을 시도하도록 제시하고 있다. 리듬표현에서는 음악뿐만 아니라 자연현상이나 일상생활에서의 규칙, 불규칙 리듬을 탐색해 표현하도록 하고 있으며 도구표현에서는 기본 움직임 기술과 함께 줄, 공, 천, 훌라후프 등 도구의 특성을 활용하여 더 다양한 방법으로 움직임 표현을 시도하도록 제시하고 있다.

모방표현에서는 먼저 사진이나 영상을 보며 모방표현에 대한 이해를 높이도록 하는 것이 필요하며 모방하며 잘 표현하기 위한 방법을 탐색하도록 하는 것이 중요하다. 이때 친구들과 서로 의견을 공유하며 사물이나 인물의 어떠한 특징을 어떠한 움직임으로 표현할 것인지 충분히 탐색해 자유로운 방식으로 표현을 시도하게 하면서 서로의 표현을 감상하고 표현 특징들을 탐색하면서 모방표현에 대한 이해를 높이도록 한다.

추상표현에서는 학생들 스스로가 다양한 이미지나 느낌을 탐색하여 표현을 시도하도록 하는 것이 필요하며 무거운 것, 거친 것, 차가운 것, 뜨거운 것 등과 같이 다양한 생각이나 느낌을 더 잘 표현할 수 있는 분위기를 제공하여 학생들이 느낌이나 생각의 차이를 잘 인지하도록 지도하는 것이 중요하다. 또한 추상표현에서는 동일한 주제에 대하여 모둠별 표현이 다를 수 있음을 안내하는 것이 필요하며 동시에 서로의 추상표현에 대한 의견을 공유하며 느낌이나 생각이 더 다양하게 표현되도록 하면서 심미적 능력을 높이도록 지도한다.

리듬표현에서는 여러 가지 리듬을 들어보면서 리듬의 변화, 곡의 분위기, 가사 등을 탐색하게 하면서 다양한 리듬에 대한 이해와 흥미를 가지도록 하는 것이 필요하다. 리듬표현을 위해서는 리듬을 듣고 느낀 점을 서로 이야기해 보도록 하고 리듬의 변화나 분위기 등도 이야기해 보도록 하면서 리듬의 특징을 잘 파악하도록 한다. 이때 충분한 시간을 제공하는 것이 중요하다. 학생들이 리듬표현을 시도할 때는 쉬운 표현부터 시작하여 친구들이 함께 활동이 이루어질 수 있도록 하고 차차 대형에 변화를 주어 창의적 표현이 되도록 지도한다. 리듬표현에서는 특히 반복 연습이 중요하고 표현이 자연스럽지 않을 경우 수정할 수 있음을 지도한다. 물론 과도한 움직임은 피하도록 안내한다.

조작표현에서는 먼저 도구나 소품의 특징을 잘 파악하여 활동할 수 있도록 해야 하며 도구나 소품을 잘 조작할 수 있도록 기초활동 시간을 충분히 제공하는 것이 필요하다. 그래야 이후 도구와 신체 움직임이 자연스럽게 연결된 창의적 표현활동을 시도할 수 있게 된다. 또한 주의에서 쉽게 활용할 수 있는 도구나 소품을 탐색해 그 특징과 함께 조작 활동을 시도하도록 유도하는 것도 좋은 방법이 되며 이때 도구에 따른 적절한 간격 유지로 친구들을 다치게 하거나 불편하게 하는 일이 없도록 안전에 주의를 기울이도록 한다. 추가적으로 조작표현에서는 다양한 도구를 혼자나 둘 또는 여러 명이 함께 즐겁게 활동할 수 있음을 인지하는 것이 중요하며 도구를 활용할 때는 더 창의적 표현을 시도할 수 있도록 유도한다. 조작표현을 할 수 있는 도구로는 풍선, 우산, 템버린, 모자, 신문지, 페트병, 응원도구 등이 있다.

이와 같은 모방, 추상, 리듬, 조작표현 등을 통해 학생들은 스스로 표현하고자 하는 것들을 충분히 탐색해 다양한 표현을 시도할 수 있으며 이러한 표현활동을 통해 학생들은 적극성과 긍정적 태도 그리고 다양한 활동 속 호기심과 심미적 표현 능력 향상으로 감수성을 키울 수 있다.

3. 스포츠 표현 활동

가. 스포츠 표현

스포츠 표현을 대표하고 있는 리듬체조는 신체 움직임, 줄, 공, 후프, 볼, 곤봉, 리본 등 다양한 수구적 요소와 리드미컬한 음악을 하나로 자연스러운 움직임의 아름다움을 표현하는 대표적인 스포츠라 할 수 있다. 특히 [그림 8-48]에서 보는 바와 같이 수구 요소의 여러 방향, 높이, 조작 기술 등은 신체의 다양한 부위, 다양한 위치에서 수행되어야 하며 신체와 수구의 움직임 모두 음악과 적절하게 표현되면서 자신의 아름다움을 최대치로 끌어올려 최상의 표현해야 완벽한 연기(표현)를 하였다는 평가를 받게 된다.

이 심미적 아름다움을 표현하는 리듬체조는 1970년대 도입, 국제체조연맹(FIG)으로 정식 종목으로 채택되었고 우리는 1988년 서울 올림픽 출전을 시작으로 2008년 베이징 올림픽에서 한국의 신수지 선수 12위, 2012년 런던 올림픽, 2016년 리우 올림픽에서 손연재 선수가 5위, 4위로 좋은 성적을 거둔 종목이기도 하다. 리듬체조 외 피겨 스케이팅도 스포츠 표현을 대표하는 종목이다.

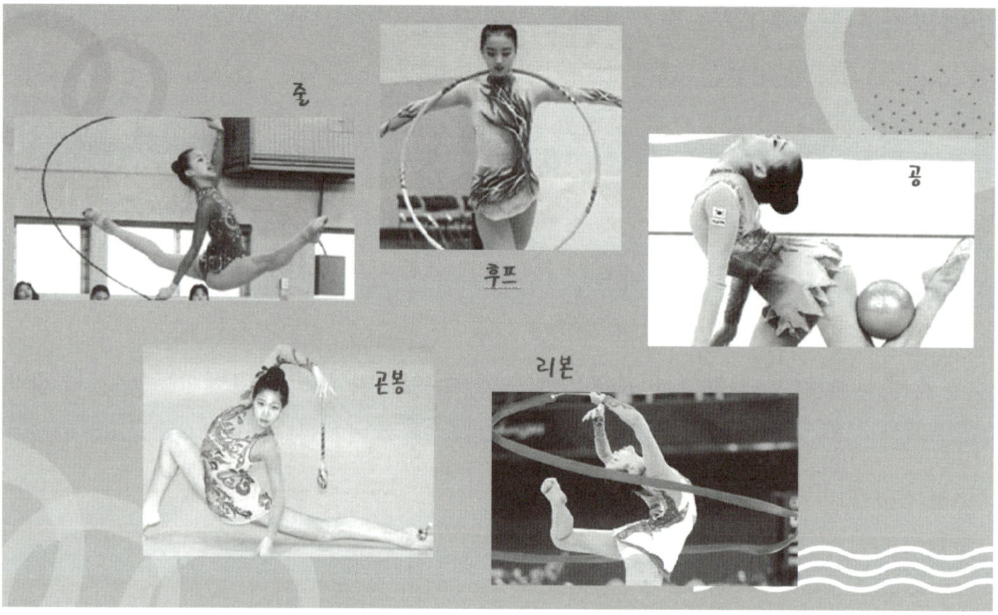

[그림 8-48] 리듬체조(줄, 후프, 볼, 곤봉, 리본)12)

나. 스포츠 표현 활동 - 창작 체조, 음악 줄넘기

2022 개정에서 스포츠 표현은 기본 움직임 기술과 응용 동작을 탐색하여 창의적으로 구성하고 심미적으로 표현하기 위해 설정되었다. 이를 위해 학생들은 움직임 기술을 응용한 기본동작을 파악하고 표현할 수 있어야 하며 스포츠 표현을 위한 기본동작을 다양하게 구성하여 발표, 감상하도록 하면서 표현의 아름다움을 추구하도록 해야 하다.

스포츠 표현을 위한 실제 활동으로는 [그림 8-49]에서 보는 바와 같이 창작 체조와 음악 줄넘기가 제안되며 이 활동에서는 기본 움직일 기술과 이를 응용한 움직임을 심미적으로 표현하도록 한다. 특히 스포츠 표현 활동에서는 동작의 개수나 난이도,

12) 대한체조협회 http://www.gymnastics.or.kr/gymnastics/rhythmic/

절차, 규칙을 간소화하되 기술적 표현과 예술적 표현이 조화롭게 활동으로 이어지도록 하는 것이 무엇보다 중요하겠다.

[그림 8-49] 스포츠 표현 활동 - 창작체조(기본, 응용: 위) 음악줄넘기(기본, 응용: 아래)[13]

13) 금성 15개정 표현영역

다. 스포츠 표현 활동의 지도

스포츠 표현은 2022 개정에서 기본 움직임 기술과 응용 움직임을 창의적으로 구성하고 심미적으로 표현하기 위해 제시되고 있어 학생들은 기술적 표현과 예술적 표현을 함께 고려한 움직임을 아름답게 창작하고 발표, 감상하도록 하면서 심미감을 함양할 수 있도록 해야 하다.

창작 체조를 위해서는 기본적으로 안전을 위한 충분한 활동공간과 매트 제공 및 준비, 정리운동은 필수적으로 요구된다. 또한 체조의 기본 움직임 기술에 대한 이해와 신체 표현 능력이 무엇보다 중요하므로 기본자세와 기본 움직임 기술에 대한 충분한 이해와 무엇보다 균형감을 유지할 수 있는 능력이 필요하다. 기본 기술을 자유롭게 표현할 수 있을 때 까지는 지나치게 어려운 동작이나 움직임보다는 자신의 능력이나 수준에 적합한 난이도를 고려하도록 유도하고 특히, 안전을 위해 질서와 순서, 규칙을 정하고 협동하며 활동하도록 지도한다.

체조를 통해 움직임을 창작할 때에는 모둠별로 창작하고 싶은 주제를 의논하여 정하고 주제별 특징을 탐색하여 그에 적합한 동작이나 움직임을 창의적으로 구성, 발표하도록 한다. 이때 다양한 주제를 표현할 수 있도록 사진이나 영상을 제공하여 상상력을 높일 수 있도록 하고 학생들 스스로 창작하고 싶은 것들에 대하여 그려보거나 이야기해 보며 어떻게 표현할지 모둠원들과 소통하도록 지도한다.

예를 들어 고궁과 같은 건축물을 창작 체조로 표현할 경우 관련 사진, 동영상 등을 통해 건축물의 이미지를 상상할 수 있도록 하고 창작할 건축물의 역사, 특징 등도 탐구하도록 하면 창작 활동에 도움을 줄 수 있다. 3학년 때 배운 모방표현의 경험을 살려 창작 체조로 표현할 주제들의 특징이 잘 드러나도록 유도하며 어려운 동작 구성보다는 창작 체조로 잘 표현할 수 있는 주제를 선정할 수 있도록 한다. 또한 각 모둠원들이 체조로 창작한 작품을 감상할 때에는 작품별 무엇을 표현하고 있는지 표현주제와 관련지어 작품을 감상하도록 지도하여 심미성을 함양하도록 지도한다.

음악 줄넘기 지도에 있어서는 학생들이 일반 줄넘기와 음악 줄넘기의 차이를 잘 모를 수 있으니 차이를 잘 이해하도록 지도하고 음악 줄넘기를 잘 모르거나 익숙하지 않은 학생들을 위해 다양한 사진, 영상자료를 제공하고 흥미를 유도하는 것이 중요하다. 본격적인 활동에서는 시선을 정면으로 하고 몸에 힘을 주지 않는다 등과 같은 음악 줄넘기 자세와 함께 학생들이 줄넘기 특성을 잘 파악할 수 있도록 하는 것이 필요하다. 특히, 기본 움직임 동작 즉, 양발 모아뛰기, 양발 번갈아 뛰기, 옆으로 흔들며 뛰기, 앞으로 흔들며 뛰기, 8자 돌리기, 앞/뒤 멈춤 등을 잘 수행하고 익힐 수 있도록 충분한 시간을 제공하도록 한다.

또한 줄넘기는 쉬운 동작부터 익힌 후 어려운 동작을 시도하도록 하고 기초 연습이 충분하다면 리듬에 맞추어 다양한 줄넘기 동작을 연결하며 창의적으로 표현하도록 한다. 이때 혼자서도 해보고 친구들과도 함께 대형을 만들어 표현을 시도하도록 지도하며 음악과 함께 줄넘기를 시도할 때는 연속적으로 표현을 시도하도록 유도한다. 음악 줄넘기에 사용되는 음악은 박자가 정확한 것이 좋으며 학생들이 좋아하는 음악이나 스스로 선정한 음악에 표현을 시도하도록 하는 것도 좋은 방법이다.

4. 전통 표현 활동

가. 전통 무용

무용은 인류의 역사와 함께 발전되어온 가장 오래된 예술로 언어와 도구를 사용하기 이전 부터 실시되었으며 무용은 그것이 속해 있는 문화적 배경과 밀접한 관계를 맺으면서 계승, 발전되어 왔다. 따라서 우리는 전통적으로 내려오고 있는 민속무용 속에서 세계 다양한 나라의 문화예술과 고유한 민속무용의 종류와 특징, 움직임을 탐색할 수 있으며 종교와 사상, 관념과 정서, 의, 식, 주 등 각 나라의 문화적 특색을 이해하고 표현할 수 있다.

한국의 대표적 민속무용에는 농업이 시작될 때부터 발생된 농악이 있으며 탈춤(봉산 - 국가무형문화재 제 17 호, 강령 - 국가무형문화재 제 34 호, 은율 -국가무형문화재 제 61 호), 승무(국가무형문화재, 제 27 호), 살풀이(국가무형문화재, 제 97 호)등이 국가무형문화재로 지정되어 있다. [그림 8－50]는 태평무(국가무형문화재, 제 92 호)이다. 또한 지방형문화재로는 진주 교방굿거리(경상남도무형문화재 제 21호), 한량무(경상남도 무형문화재, 제 3 호), 부채춤(김백봉 류, 평안남도 무형문화재, 제 3 호), 수건춤(대구무형문화재, 제 18 호), 동래학춤(부산광역시 무형문화재 제 3 호) 등이 있다. [그림 8-51]은 2019년 제주도립무용단의 '부채춤' 작품이다.

[그림 8-50] 태평무 (2022, 제주도립무용단, 김혜림 예술감독 재구성)

[그림 8-51] 부채춤 (2019, 제주도립무용단, 김혜림 예술감독 재안무)

특히, 강강술래(2009, [그림 8-52])는 한국의 인류무형문화유산(intangible cultural heritage of humanity)으로 인류무형문화 유산이란 유네스코 무형문화유산 보호 협약에 의거하여 문화적 다양성과 창의성을 유지하기 위하여 세계 각국의 무형유산을 등재하는 제도이다. 강강술래 외 종묘제례 및 종묘제례악(2001), 판소리(2003), 처용무(2009), 제주 칠머리 도당굿(2009), 택견(2011), 아리랑(2012), 농악(2014), 제주해녀문화(2016), 씨름(2018) 등이 한국의 인류무형문화 유산으로 지정되어 있다.

[그림 8-52] 강강술래 (2019, 제주도립무용단, 김혜림 예술감독 재안무)

한국의 대표적 무용가로는 한성준(1874-1942, 살풀이, 태평무), 이매방(1927-2015, 승무, 살풀이), 한영숙(1926-1989, 승무, 태평무), 강선영(1925-2016, 태평무), 김백봉(1927- 현재, 부채춤), 김수악(1926-2009, 진주 교방굿거리 춤), 김숙자(1929-1991, 도살풀이), 박병천(1933-2007, 진도북춤) 최현(1929-2002, 송범(1926-2007), 송수남(1938-2012) 등이 있다. [그림 8-53]에서는 한국의 예술가 김혜림(무용)의 대표적인 작품들이 소개되어 있다.

외국의 민속무용에는 일본의 경우, 덴카쿠(풍작 기원 춤), 가구라(샤머니즘 요소가 강한 춤) 시시게이노(우리나라의 사자춤과 유사) 등이 있으며, 티벳은 와장(추수 후 감사의 춤), 엽(명절 때 추는 춤), 일파(성자를 위한 춤) 등이 알려져 있으며 이 외

사자춤, 봉황등불 춤(중국), 옌카(핀란드), 패티 케이크 폴카(미국), 에이스 오브 다이아몬드(덴마크), 구스타프 스콜(스웨덴), 트로이카(러시아), 티니클링(필리핀) 등이 있다.

Box 8-5 한국의 예술가: 무용, 김혜림

한국의 무용가 김혜림은 2024년 현재 제주특별자치도립무용단 예술감독 겸 안무자로 2018 평창 동계올림픽 개, 폐막식 안무, 2014 인천 아시안 게임 안무 외 모화의 소, 뿔, 고리와 꼬리, 나무물고기, 추평, 모래샤워, 표, 이어도사나, 녹담 등 많은 작품들을 국내, 외에 선보이며 좋은 반응을 이끌어 내고 있는 예술가이다.

김혜림의 창작작품인 그믐(2023). 연혼(2020), 단선무(2019)는 그녀가 직접 출연하며 선보인 작품들이다.

그믐(2023, 아코르대극장)

연혼(2020, 제주문예회관대극장)

단선무(2019, 대전시립연정국악원큰마당)

[그림 8-53] 한국의 예술가 - 무용 김혜림

나. 전통 표현 활동– 우리나라와 외국의 민속무용

2022 개정에서 전통표현은 전통표현 속 우리나라와 외국의 여러 민족, 지역에서 전해 내려오는 민속무용 동작의 문화적 특징을 파악하고 움직임의 특성을 살려 표현하는 능력을 함양하기 위해 제시하고 있다. 학생들은 다양한 전통 표현에 담긴 역사와 특성을 이해하고 전통 표현 속에서 사용하는 움직임 기술의 응용 동작을 문화적 특성과 함께 존중하고 고려하면서 개인 또는 팀별로 간단한 작품을 만들어 발표하며 전통적 의미를 감상하는 데 중점을 두도록 한다. 또한 세계 여러 나라의 민족과 지역별로 전수되어 온 다양한 표현 유형에 담긴 의미와 표현 특성을 직 · 간접적으로 탐색하며 표현 문화에 대한 자신의 이해 폭을 확장하는 데 중점을 둔다.

실제 학생들의 활동을 위한 활동으로는 농사의 노고를 덜고 노동의 능률을 올리기 위한 수단으로 추어진 농악과 소고춤, 강강술래(걷기와 뛰기, 남생이 놀이, 덕석몰이와 풀기, 청어엮기와 풀이, 대문열기) 등이 제안된다. 또한 [그림 8−54]에서 보는 바와 같이 한국인의 낙천적인 성격과 삶의 여유, 풍자적 멋을 지닌 탈춤(불림, 고개잡이, 다리들기, 황소걸음, 외사위, 양사위)을 전통적으로 내려오고 있는 우리나라 민속무용으로 제시할 수 있으며 살풀이, 부채춤, 화관무 등도 제안된다.

오랜 시간 전해 내려온 외국의 민속무용으로는 티니클링, 트로이카, 용춤(중국), 페티 케이크 폴카, 구스타프 스콜 등과 [그림 8−55]에서 보는 바와 같이 마임(이스라엘) 등이 있다. 이러한 민속춤은 설명만으로 이해하기 어려운 부분이 많아 다양한 민속무용 영상을 보면서 각 작품들에 대한 이해 후 활동을 하면 좋다.

[그림 8-54] 전통 표현 활동(우리나라) - 탈춤14)

[그림 8-55] 전통 표현 활동(세계) - 마임15)

14) 천재교육 15 개정 표현영역

다. 전통 표현 활동의 지도

전통 표현 활동에서는 각 민속무용에 담긴 역사와 특성을 이해하고 움직임 별 기본 움직임 기술이 어떠한 동작으로 구현되었는지 이해하면서 동직별 특징을 살려 표현할 수 있도록 지도하는 것이 무엇보다 중요하다. 또한 전통 표현에서의 움직임의 기술의 문화적 특성을 존중하고 고려하여 개인이나 모둠별로 작품을 만들고 발표하는 시간을 통해 전통적 의미를 감상하도록 지도해야 한다.

이를 위해 먼저, 전통적으로 전승되고 있는 우리나라 탈춤의 경우, 역동적이며 팔, 다리의 움직임이 큰 동적이 많으므로 관절을 부드럽게 충분히 풀어주어 다치지 않도록 하는게 요구된다. 특히, 탈춤은 한삼이라는 도구를 사용하여 거칠게 뿌리면서 춤을 추기 시작하는데 처음부터 한삼을 끼고 활동하기 시작하면 초등학생들의 경우 어색하고 움직임이 자연스럽지 않을 수 있으므로 한삼의 특성을 탐색하여 이해를 높인 후 활동을 시작하도록 한다. 맨손으로 움직임을 연습해 보고 한삼을 사용하는 것도 도움이 될 수 있겠다. 또한 큰 움직임이 많다는 점을 고려하여 주변 사물이나 친구들간 부딪치지 않도록 공간을 충분히 확보한 후 활동을 하도록 지도한다.

구체적으로는 먼저, 탈춤 활동을 위해서 타령 장단을 이해하는 것이 필요한데 이때 타령 장단을 입으로 따라 하면서 어깨 춤을 추어보도록 하는 것도 좋다. 불림에서는 '낙양동천/이화정' 불림을 하면서 양쪽 무릎을 깊숙이 구부리도록 하고 동시에 양팔을 위에서 아래로 S 자를 그리며 내린다. '낙양동천'에 S자 2개가 그려지며 하나의 불림에 총 4개의 S자가 그려지도록 한다. 이때, 팔만 움직이는 것이 아니고 몸을 사용하면서 한삼을 낀 팔이 같이 움직일 수 있도록 유도한다.

고개잡이는 양팔을 어깨에 메도록 하고(이때 팔꿈치가 떨어지지 않고 어깨높이에서 유지하도록 지도) 오른쪽/왼쪽 발에 체중을 실으면서 오른쪽/왼쪽 상체와 머리를 크게 움직이며 숙였다가 들도록 한다. 이때, 머리를 움직이는 동작이 크고 많아 중심이 흔들릴 수 있으므로 넘어지지 않도록 안전에 주의하도록 지도한다.

다리들기는 양팔을 양쪽 어깨에 메고 팔꿈치를 어깨 높이로 한 후 오른쪽/왼쪽 다리를 힘차게(무릎이 많이 올라가면 올라갈수록 좋음) 두 번씩 들었다 내린다(반복). 황소

15) J 대학교 교육대학 20학번(예비교원:강태웅, 김대성, 김민주, 김여준, 김지흔, 박은주, 신동훈, 함소정)

걸음은 양팔을 어깨에 메고 좌, 우 한발씩 크게 원을 그리면서(황소를 생각하며) 황소가 걷는 움직임을 연상하며 어기적, 어기적 느낌이 나도록 걷는다. 한 장단에 네 걸음씩 걷는다. 외사위는 오른쪽/왼쪽 다리를 'ㄱ'자로 들고 뛰면서 동시에 오른팔/왼팔을 머리 위 뒤쪽에서 앞쪽으로 원을 그리도록 해야 한다. 좌우, 번갈아 가며 한다. 양사위는 다소 어려운 동작으로 오른쪽/왼쪽 다리를 들고 오른쪽/왼쪽으로 돌면서 뛸 때 양팔은 머리위 앞쪽에서 뒤쪽, 머리위 뒤쪽에서 앞쪽으로 원을 그리도록 지도한다.

외국무용의 마임이 경우 먼저, [그림 8-55]에서 같이 원모양으로 서로 손을 잡도록 하고, 그레이프바인 스텝을 하며 왼쪽으로 돈다. 원 안쪽으로 손을 들고 모이며 마지막에 토를 찍고(반대로) 다시 제자리에(마지막에 토 찍기) 위치한다. 그리고 왼쪽으로 네 박자 걷고 왼발과 오른발을 차례로 앞과 옆을 찍으며 옆 사람과 손뼉을 치도록 지도한다. 전통적으로 내려오는 민속무용은 이와 같이 순서가 정해져 있으므로 충분한 연습의 시간이 제공된다면 누구나 할 수 있다. 그러나 민속무용 동작을 어려워하거나 익숙하지 않아 힘들어하는 친구가 있을 경우 모둠별을 구성, 친구들을 서로 도와 함께 움직임을 탐색하고 연습하도록 지도하면서 기본 예의와 배려심을 갖도록 하고 아름다운 전통 표현을 시도할 수 있도록 한다.

전통적으로 전승되어 오는 민속무용 지도시 특히, 우리나라의 한국무용은 [그림 8-56]에서 보는 바와 같이 호흡을 통한 움직임 수행의 경험을 제공하는 것이 무엇보다 중요하다. 이를 통해 학생들은 심리적 안정감을 느끼는 것과 동시에 스스로를 통제할 수 있는 자제력과 문제해결능력과 관련된 집중력을 키울 수 있다. 동시에 움직임들이 자연스럽게 연결되기 위한 호흡의 역할과 중요성을 이해하게 된다면 이후 다양한 표현 움직임 활동에서의 완성도를 높일 수 있고 다양한 창작활동에서도 이를 적절하게 활용하여 표현능력을 향상시킬 수 있다. 또한 전통적으로 내려오는 한국과 외국의 민속무용은 개인이 하는 독무도 있지만 교과서에 제시된 것과 같이 여러 명이 함께 어울려 하는 작품이 많으므로 학생들은 이와 같은 전통 표현 활동을 통하여 서로를 인정하고 협동하는 것에 대한 의미를 알고 다양한 문화 유형을 존중하고 수용하는 태도를 기를 수 있도록 유도한다.

[그림 8-56] 12발 상모 (2022, 제주도립무용단, 김혜림 예술감독 안무)

5. 현대 표현 활동

가. 현대무용

표현예술인 무용은 시간예술과 공간예술 등 두 가지의 복합적인 성질을 가진 종합예술로 인간이 창조하는 신체의 움직임은 움직임 표현의 기본이 되는 기본 움직임 기술과 움직임 요소의 원리에 의해 무한대로 창조되며 이것은 우리에게 직접적인 감동을 주면서 인간의 삶을 보다 윤택하고 풍요롭게 해준다.

다양한 무용의 유형 중 현대무용은 19세기 기초 과학에서 정밀 과학의 출현으로 새로운 사실들이 발견되고 새로운 철학과 지적 자유를 향한 거센 움직임이 일기 시작하면서 인간은 새로운 지식에 대한 갈망과 함께 무용 예술에서는 발레의 형식을 탈피, 새로운 시작으로 무용의 본질을 찾아 독자적인 무용을 확립하려 시도한 것이 현대무용의 시초라 볼 수 있다.

현대무용의 선구자인 이사도라 던컨은 무용이 인간 영혼의 가장 고상하고 심오한 느낌의 표현이라 하며 무용의 본질을 구현한 예술가이며 무용이 독립된 예술로서 주목을 받기 시작한 기점을 마련하였다. 현대무용은 시대적 변화와 사회적 상황들에 따른 예술사조의 흐름에 영향을 받아 다양하게 변모해 가지만 여전히 현대무용이라는 큰 틀 안에 존재하고 있다. [그림 8-57]은 국립 현대무용단의 2024년 6월 시즌 프로그램으로 김성용 예술감독의 '정글'이다. 이 작품은 정글로 표상된 무대 위에서 이뤄지는 해프닝을 원근적 시점으로 들여다 보는 작품이다.

[그림 8-57] 정글 (2024, 국립현대무용단, 김성용 예술감독 안무)16)

나. 현대 표현 활동 - 라인댄스 댄스스포츠, 스트릿 댄스

2022 개정에서 현대표현은 기존의 표현 방법이나 틀에 얽매이거나 구속되지 않고 자유롭게 표현하는 현대무용에서 기본 움직임 기술을 응용한 동작의 자유로움이 갖는 특징 파악을 통해 학생들이 창의적으로 표현하는 능력을 함양하도록 제시되고 있다. 따라서 표현을 위한 동작에 움직임 요소를 자유롭고 창의적으로 표현하는 것이 필요하며 이때 표현하고자 하는 작품의 주제와 흐름을 잘 파악하여 전개 방식을 탐구하고 작품을 창작해 발표하도록 한다. 이러한 과정을 통해 학생들은 스스로 창작한 작품들의 특징을 이해하고 감상하며 움직임 표현에 아름다움을 느낄 수 있으며 표현 문화, 더 나아가 공연예술 문화에 대한 이해 폭을 확장 시킬 수 있다.

16) 국립현대무용단 '정글' https://www.nocutnews.co.kr/news/6082686

실제 2022 개정에서는 초등학생들을 위한 현대 표현 활동으로 [그림 8-58]에서 보는 바와 같이 라인댄스, 댄스스포츠, 스트릿 댄스 활동이 제안되고 있는데 라인댄스는 여러 사람이 줄을 맞추어 정해진 움직임을 리듬에 맞춰 추는 춤으로 네 단계 수준으로 구성된다. 라인댄스는 성별에 따른 움직임에 차이가 없으며 발 스텝 위주의 동작이 반복적으로 이루어진다는 것, 모두 동일한 움직임을 수행한다는 것, 방향 전환으로 다양한 활동을 제공한다는 것 등의 특징을 가진 무용이다. 따라서 처음 무용을 접하는 사람이라도 누구나 활동에 부담 없이 참여할 수 있다.

댄스 스포츠는 댄스와 스포츠적 요소가 결합된 사교댄스로 이 용어는 1987년 국제 올림픽 위원회 가입이 추진되면서 공식적으로 사용되었다. 댄스 스포츠는 라틴(삼바, 차차차, 룸바, 파소도블레, 자이브 - 5종목)와 모던댄스(왈츠, 탱고, 폭스트롯, 퀵스텝, 비엔나 왈츠 - 5종목)로 분류된다. 스트릿 댄스는 1960년대 여러 형태의 거리문화에서 유입된 춤으로 하나의 장르가 아닌 여러 장르를 칭하는 개념이다. 대표적으로 락킹, 팜핑, 왁킹, 부레이킹, 하우스, 프리스타일 힙합, 크럼프 등 7가지가 알려져 있다.

[그림 8-58] 현대 표현 - 라인댄스, 댄스스포츠, 스트릿댄스

다. 현대 표현 활동의 지도

현대 표현은 기존의 표현 방법이나 틀에 얽매이지 않고 학생들 스스로 표현하고자 하는 작품의 주제와 흐름을 잘 파악하여 자유롭게 표현하는 능력을 함양하도록 제시되고 있다. 이러한 과정을 통해 학생들은 작품을 창작, 감상하면서 창작작품 내 문화적 변화가 어떻게 표현되고 있는지도 이해할 수 있어 작품의 아름다움과 함께 표현문화, 더 나아가 공연예술 문화에 대한 이해와 함께 개인적, 사회적 가치도 인식할 수 있게 된다.

라인댄스의 경우 먼저 관련된 영상을 감상하도록 하고 라인댄스의 특징을 이야기해 보도록 하면서 이 춤에 대한 이해를 높이도록 한 후 기본동작을 익히는 활동 시간을 제공한다. 이때, 라인댄스의 기본동작을 충분히 익힐 수 있도록 충분한 시간을 제공하고 반복하며 연습하도록 유도한다. 연습시 친구들과 함께 입 또는 음악에 박자를 맞추며 기본동작을 연습하도록 하면 좋다. 라인 댄스로 창작을 시도할 경우, 다양한 경험 공유를 통해 창작할 수 있는 주제를 선정하고 주제에 적합한 움지임들을 탐색해 보도록 지도한다. 움직임은 쉬운 동작, 난이도가 있는 움직임이 중요한 것이 아닌 다양한 주제나 상황에 맞는 움직임을 창작하도록 한다. 모둠별로 라인댄스로 창작을 시도할 때는 [그림 8-24]에서의 다양한 움직임의 선(동선)을 활용하면 좋으며 서로 부딪치지 않도록 안전하게 활동하도록 강조한다.

댄스 스포츠 활동을 위해서는 먼저, 신체 가동 범위를 넓히고 긴장된 근육을 유연하게 만들어 부상을 예방할 수 있도록 충분한 스트레칭 시간을 제공한다. 특히, 하체의 동작을 크게 움직이는 기본 움직임이 많으므로 고관절을 유연하게 해주는 것이 필요하며 이때 편안한 음악과 자연스러운 호흡은 그 효과를 높이도록 한다.

모든 무용에서와 같이 댄스 스포츠에서도 기본 테크닉인 베이직, 자세가 가장 중요하며 우리가 일반적으로 공연을 감상할 때 '참 잘하네'하고 같이 생각이 드는 것은 기본적으로 좋은 자세를 가지고 수행을 시도하고 있기 때문이다. 특히 댄스 스포츠는 남녀가 같이 수행하는 종목으로 학생들에게 바른 자세를 가진 개개인이 함께 동작/표현을 수행하고 상대에게 의존하는 것이 아닌 상대를 인정하고 존중하도록 하는 것은 상당히 중요하다. 일반적으로 자세와 같은 기본이 잘 준비되어 있으면 안정적인 수행으로 이어질 가능성이 높고 이는 성공적 수행으로 이어져 학생들의 성취감을 높이는 데 기여한다. 이 자세와 관련된 부분은 [그림 8-25]에서 제시한 내용과 동일한 내용으로 이해하면 되겠다.

또한 댄스 스포츠의 기본 움직임 학습을 위한 충분한 시간 제공으로 라틴, 모던 댄스에서의 기본 움직임 이해와 수행이 익숙해졌다면 각 기본 움직임들 간 연결을 통해 표현을 시도하게 하는데 각 기본 움직임 간 연결은 우리가 대화를 할 때 각 단어를 하나씩 말하는 것이 아닌 하나의 문장으로 자연스럽게 말하는 것과 같이 생각하면 되겠다. 각 기본 움직임들간 연결은 각 움직임 동작을 창작하는 것 만큼이나 중요한 부분으로 학생들이 스스로 탐색한 움직임들을 자연스럽게 연결하여 예술적으로 표현을 시도할 수 있도록 지도해야 한다. 또한 댄스 스포츠 감상에서는 창작된 작품들이 어떠한 특징들을 가진 동작들로 표현을 시도하고 있는지 학생들이 타인의 작품에 공감하면서 심미적 감상 능력을 함양하도록 유도하는 것이 제안된다.

라인댄스나 스포츠 댄스의 기본 움직움직임 기술 창작에서는 발상(주제, 소재 및 내용), 계획(음악, 소품 등), 구성(움직임 언어 창작), 수행(작품 발표하고 감상하기) 등의 과정에서 학생들이 표현하고자 하는 창작작품을 다양한 방법으로 모색하고 표현하면서 표현 유형에 담긴 의미와 특성을 직, 간접적으로 체험하며 움직임의 아름다움을 추구하도록 지도한다.

6. 표현영역의 가치

표현활동은 이미지와 운동의 결합으로서 그 내면의 형식(마음)과 외면의 형식(운동)을 융합시켜 나타난다는 특성이 있어 표현활동의 가치는 여러 가지로 설명할 수 있다. 표현활동은 시, 공간을 초원한 연속된 움직임으로서, 친화와 융합의 움직임으로서, 자기표현의 움직임으로서, 오락적 형태의 움직임으로서, 예술적 표현의 움직임으로서 등 많은 가치를 가진다. 다음은 Box 8-6은 표현영역의 가치를 4가지 측면에서 설명한 것이다.

Box 8-6 표현영역 가치

신체적 가치

- 움직임 표현에 대한 개념과 원리들을 이해하고 적용시키면서 자기 표현능력이 발달
- 신체자각, 통제, 균형능력 및 호흡방법 습득
- 신체 활력과 자기 훈련이 가능
- 지속적인 움직임을 통해 신체 발달 도모
- 신체적 힘, 유연성, 심폐지구력 등 고른 체력의 향상
- 표현과정에 몰입함으로써 자기 집중을 통한 스트레스 해소
- 더불어 같이 움직이면서 함께 움직이는 것의 즐거움 이해

인지, 정의적 가치

- 표현활동의 요소와 원리 통해 유기적 사고능력 증가
- 움직임 표현과 언어에 대한 다양성 함양
- 창작표현 활동 속, 소통 및 문제 해결 능력 향상
- 우리와 세계인의 역사와 문화 학습
- 관찰 능력과 탐구 능력 신장
- 상상력 및 창의력 확장
- 감정에 대한 이해와 표현 방법 습득으로 공감 능력 향상
- 느낌이나 감정, 생각을 언어로 표현하는 방법 이해
- 긍정적이고 비경쟁적인 표현 활동 속에서 자기표현을 통한 자존감 증가

사회적 가치

- 함께하는 공간과 생각의 공유로 공동사회에 대한 이해 촉진
- 짝 및 모둠활동을 통해 배려, 협동심 및 유대관계 증가
- 리더십 함양
- 지역과 나라의 문화예술에 대한 다양성 가치 발견
- 비공식 혹은 공식 작품발표 시간을 통해 문화예술 향유 기회 확장

교육적 가치

- 조화로운 신체적, 인지, 정의적, 사회적 능력 발달
- 창조적 잠재능력 자극
- 비경쟁적 표현 활동 속에서 건강하고 바람직한 인격 형성
- 창작과정 속에서 협력적인 관계 형성
- 우리와 다른 민족의 문화에 대한 이해를 높임

묻고 답하기(Q&A)

친구와 함께 창의적으로 표현하기

- 생활 주변의 인물이나 사물을 비이동 움직임 표현으로 표현해볼까요?

- 조작 움직임 표현 활동을 하는데 다른 학생이 내 도구를 가지고 갔어. 넌 어떻게 하겠니?

- 이동 움직임 표현과 조작 움직임 표현을 위한 동선(움직임 선)을 다양하게 그려보고 시도해볼까요?([그림 8-24] 참조)

- 모방 표현 활동 시간에 사물의 특징을 잘 표현하지 못하는 학생이 있었어. 그런데 그것을 본 학생이 웃었다면 너는 어떻게 하겠니?

- 추상 표현 활동을 어려워하고 부끄러워하는 학생이 있어. 어떻게 하면 그 학생과 함께 활동 할 수 있을까?

- 우리나라에서 전통적으로 내려오는 대표적인 민속무용의 특징적인 동작을 문화적 특성에 따라 구성하고 발표할 수 있을까?

- 현대 표현 활동에서 친구들과 함께 발표를 해야하는데 모듬원 중 한 친구의 움직임이 잘 맞지 않고 자꾸만 틀려. 넌 어떻게 하겠니?

참고문헌

고운(2022). 전통 소재를 기반으로 한 현대춤 작품 추상표현 연구 -작품〈행조〉, 〈제노스〉를 중심으로-, 한양대학교 대학원, 박사학위논문.

교육과학기술부(2009). 초등학교 교육과정. 서울: 교육과학기술부.

교육과학기술부(2011). 체육과 교육과정. 서울: 교육과학기술부.

교육부(2015). 2015 개정 교육과정 질의 응답자료. 서울: 교육부.

교육부(2015). 초중등학교 교육과정 총론. 서울: 교육부.

김두련(2018). 현대인의 댄스스포츠. 혜민북스.

김명수(2015). 2015 개정 체육과 교육과정의 특징과 현장적용을 위한 과제. 한국체등체육학회지, 23(1), 1-14.

김은희, 김병준, 이옥선(2015). 신체활동과 인성향성을 위한 체육수업모형개발. 교육문화연구, 21(1), 199-227.

김정원(2021). 동래학춤의 춤사위와 반주음악 연구. 진주교육대학교 교육대학원, 석사학위논문.

김정희, 이강순(2018). 초등학교 체육과 교육과정 중 표현영역의 변천과 개선방향 탐색. 한국초등체육학회지, 24(2), 95-108.

김형숙(2009). 라반의 Effort 요소를 포함한 훈련이 무용의 기본동작에 미치는 영향. 서울대학교 대학원 박사학위논문.

김혜은, 송혜순(2006). 무용창작과 표현의 기초적 이해. 형설출판사.

노란(2022). 한영숙류 학춤과 김천흥 류 학춤의 비교를 통한 정은혜 학춤 가치 및 계승에 관현 연구, 충남대학교 대학원, 석사학위논문.

무동희(2020). 조각이미지를 활용한 무용창작: 창작작품 금강을 중심으로. 국민대학교 일반대학원, 석사학위논문,

문화재청 http://www.cha.go.kr/main.html(202년 1월 13일)

백지선(2018)/ 리듬체조 선수들이 지각하는 동우럽 코치와 한국 코치의 지도유형 분석. 한국체육대학교 대학원. 석사학위논문.

변재경, 김화숙, 신은경, 한혜리 공역(2002). 다함께 즐기는 창작무용. 대한미디어.

서보라(2016). 최근 현대무용 작품의 레파토리 동향 분석. 숙명 여자대학교 대학원, 석사학위논문.

성기숙 역(1994). 창조적 경험으로서 춤. 현대미학사.

이웅탄(2020). 댄스 스포츠의 현황 및 발전 방안. 배제대학교 대학원, 석사학위논문.

이명심(2023). 라인댄스 참여자의 심리적 프로세스 요인과 참여만적, 운동지속의사의 구조적 관계 모형 분석. 강릉원주대학교 대학원, 박사학위논문.

안병순(2005). 라반의 움직임 교육을 통한 즉흥 무용 프로그램이 대학무용수의 창의성에 미치는 영향. 단국대학교 대학원 박사학위논문.

양소영, 김동영, 윤해린, 김나영, 김명숙 김철성, 박용혁, 박명옥, 이은영(2010). 음악미술개념사

전. 아울북.
육완순(1986). Rudolf von Laban에 대한 연구. 한양대학교 대학원 박사학위논문.
육완순, 이희선(1992). 무용교육과정. 도서출판 금광.
이애현, 강지영(2007). 초등학교 민속무용 교육 과정에 관한 연구. 한국무용연구, 25, (1), 135-162.
장정윤(2000). 니체의 무용관, 한국무용교육학회지, 11(1), 105-124
정범태(2006). 한국 춤 백년 1. 눈빛.
정범태(2006). 한국 춤 백년 II. 눈빛.
정세빈(2024). 스트릿 댄스 조기교육에 대한 한국과 일본의 현황 비교 연구. 세종대학교 융합예술대학원, 석사학위논문.
정옥조, 강인숙, 김현옥, 민현주, 박영애, 안병주, 이덕자, 윤미라, 장정윤, 조기숙. 춤과 문화. 대한미디어.
최의창(2003). 체육교육과정론. 태근출판사.
한국교육과정평가원(2015). 2015 개정 체육과 교육과정 2차 시안.
홍정희 역(1985). 무용, 역사를 통해 본 예술성과 교육적 기능.
홍정희 역(1989). 무용, 역사를 통해 본 그 예술성과 교육적 기능. 성정출판사
황명자, 정강우(2014). 초등체육 표현 활동 영역 중 민속 표현의 효과적 지도 방안 모색. 교과교육학연구, 18(4), 969-987.
15개정 교학사 3,4,5,6 체육교과서 및 지도서-표현영역
15개정 금성 3,4,5,6 체육교과서 및 지도서-표현영역
15개정 천재교과서 3,4,5,6 체육교과서 및 지도서-표현영역
15개정 천재문화 3,4,5,6 체육교과서 및 지도서-표현영역
Schurr, E. L.(1980). Movement Experiences for Children. New Jersey: Prentice-Hall Inc. Englewood Cliffs.
DuFour, R.(2004). What is professional learning community?. Educational Leadership, 1(6), 6-11.
Hanna, L. Judith(2001). The Language of Dance. JOPERD, 72(4). 10-22.

사진 출처

1. 제주특별자차도립무용단
   [그림 8－1], [그림 8－30], [그림 8－31], [그림 8－32], [그림 8－41], [그림 8－44], [그림 8－46], [그림 8－50], [그림 8－51], [그림 8－52], [그림 8－53], [그림 8－56]

2. 네이버 이미지
[그림 8-5]
https://search.naver.com/search.naver?sm=tab_hty.top&where=image&query=%EC%8A%AC%EB%9D%BC%EC%9D%B4%EB%94%A9&oquery=%EB%A6%AC%ED%95%91&tqi=ij4Bdlqo15wssMsFCLdssssstXo-062363#imgId=image_sas%3Anews_3ca80536a36a573d62b117bcd7816e61
[그림 8-6]
https://search.naver.com/search.naver?sm=tab_hty.top&where=image&query=%EC%8A%AC%EB%9D%BC%EC%9D%B4%EB%94%A9&oquery=%EB%A6%AC%ED%95%91&tqi=ij4Bdlqo15wssMsFCLdssssstXo-062363#imgId=image_sas%3Anews_dff146d089d93fff61430d32395f62c5
[그림 8-7]
https://search.naver.com/search.naver?where=image&sm=tab_jum&query=%EC%BA%A5%EA%B1%B0%EB%A3%A8#imgId=image_sas%3Ablog_4f9f690a2ddb53f03a05401e54f9a940
[그림 8-8] https://blog.naver.com/skyuiop77/223058820603
[그림 8-9]
https://search.naver.com/search.naver?sm=tab_hty.top&where=image&query=%EB%8B%AC%EB%A6%AC%EB%8A%94+%ED%91%9C%EB%B2%94&oquery=vyqja&tqi=ijh7NdqVN8wssQUthhRssssssuK-282515#imgId=image_sas%3Aweb_2212ae52f61b86a5f98a2a5419947858
[그림 8-10]
https://search.naver.com/search.naver?sm=tab_hty.top&where=image&query=%EB%8B%AC%EB%A6%AC%EB%8A%94+%ED%91%9C%EB%B2%94&oquery=vyqja&tqi=ijh7NdqVN8wssQUthhRssssssuK-282515#imgId=image_sas%3Aweb_ab393bb59e85260bc342f63ee6efe3bb
[그림 8-14]
https://search.naver.com/search.naver?sm=tab_hty.top&where=image&query=%EC%8A%A4%ED%81%AC%EB%A5%98+%EB%B2%84&oquery=%EB%B9%84%ED%8B%80%EA%B8%B0+%EC%82%AC%EB%AC%BC&tqi=ijhU%2FdqVOZCssscCgVwssssss9C-396427#imgId=image_sas%3Acafe_8b0a69f3cc51630912a5502a9b6880b3
[그림 8-15]
https://search.naver.com/search.naver?where=image&sm=tab_jum&query=%EA%B0%95%EC%95%84%EC%A7%80+%EA%BC%AC%EB%A6%AC+%ED%9D%94%EB%93%A4%EA%B8%B0#imgId=image_sas%3Apost_53681c1569d1a0430d85efe83711e4b0
[그림 8-16]
https://search.naver.com/search.naver?sm=tab_sug.top&where=image&query=%EC%82%AC%ED%83%95&oquery=%EC%8A%A4%ED%81%AC%EB%A5%98+%EB%B2%84&tqi=ijhhUlqo1Soss4IbnWdssssssLN-396508&acq=%EC%82%AC%ED%83%80&acr=1&qdt=0#imgId=image_sas%3Ablog_42108c9b36def261b857360200072747
[그림 8-17]
https://search.naver.com/search.naver?sm=tab_sug.top&where=image&query=%EC%82%AC%ED%83%95&oquery=%EC%8A%A4%ED%81%AC%EB%A5%98+%EB%B2%84&tqi=ijhhUlqo1Soss4IbnWdssssssLN-396508&acq=%EC%82%AC%ED%83%80&acr=1&qdt=0#im

gId=image_sas%3Ablog_d87c3ed37e42a4b1d4f9c283074703ec
[그림 8-18]
https://search.naver.com/search.naver?sm=tab_sug.top&where=image&query=%EC%82%AC%ED%83%95&oquery=%EC%8A%A4%ED%81%AC%EB%A5%98+%EB%B2%84&tqi=ijhhUlqo1Soss4IbnWdssssssLN-396508&acq=%EC%82%AC%ED%83%80&acr=1&qdt=0#imgId=image_sas%3Ablog_14dd279a3f78919bdc4da8443461bd0d
[그림 8-19]
https://search.naver.com/search.naver?sm=tab_hty.top&where=image&query=%ED%9B%84%ED%94%84+%EB%8F%8C%EB%A6%AC%EA%B8%B0&oquery=%ED%9B%84%ED%94%84+%EB%93%A4%EA%B8%B0&tqi=ijOJCsqo1awssB7gGShssssstzV-242853#imgId=image_sas%3Ablog_da50819b4c91dc6b78a9a8ec65dd98d5
[그림 8-21]
https://www.google.com/search?q=%ED%9B%84%ED%94%84+%EB%8F%8C%EB%A6%AC%EA%B8%B0&sca_esv=599052157&tbm=isch&source=lnms&sa=X&ved=2ahUKEwjfutD-8OODAxUkbvUHHdkEBq8Q_AUoAXoECAIQAw&biw=1491&bih=787&dpr=1#imgrc=CfdYRHiPUTp5BM&imgdii=GpM_DodgcZvSZM
[그림 8-22]
https://sports.seoul.go.kr/main/board/10/4110/board_view.do?cp=3&pageSize=9&listType=list&bdOpenYn=Y
[그림 8-23] 깃발, 야구응원, 손바닥, 모자 순
https://search.naver.com/search.naver?sm=tab_hty.top&where=image&query=%EA%B9%83%EB%B0%9C&oquery=%ED%9B%84%ED%94%84+%EB%8F%8C%EB%A6%AC%EA%B8%B0&tqi=ijOJFdqo15wss4BDFlVssssstso-464277#imgId=image_sas%3Ablog_50b2af4e626add0bf1fb43445dc1bec4
https://gidshopping.com/?pn=product.view&cuid=402&pcode=G6998-K9631-A4129
http://domeme.domeggook.com/17441502
https://www.google.com/search?q=%EB%AA%A8%EC%9E%90&sca_esv=599052157&ei=_nynZbjzEsqpvr0PssiVkA0&udm=&ved=0ahUKEwi46v3X7uODAxXKlK8BHTJkBdIQ4dUDCBA&uact=5&oq=%EB%AA%A8%EC%9E%90&gs_lp=Egxnd3Mtd2l6LXNlcnAiBuuqqOyekDIFEC4YgAQyCxAAGIAEGLEDGIMBMggQABiABBixAzILEAAYgAQYsQMYgwEyBRAAGIAEMgUQABiABDIREC4YgwEYxwEYsQMY0QMYgAQyCxAuGIAEGLEDGIMBMgUQABiABDIFEAAYgAQyFBAuGIAEGJcFGNwEGN4EGN8E2AEBSOwDUABYsgJwAXgAkAEBmAGpAaABjwWqAQMwLjS4AQPIAQD4AQHCAhEQLhiABBixAxiDARjHARjRA8ICERAuGIAEGLEDGIMBGMcBGK8B4gMEGAAgQboGBggBEAEYFA&sclient=gws-wiz-serp#vhid=0sI_d9VlwF_5jM&vssid=l
[그림 8-32]
https://search.naver.com/search.naver?sm=tab_hty.top&where=image&query=%ED%95%99&oquery=%ED%98%84%EB%8C%80%EB%AC%B4%EC%9A%A9%EB%8B%A8&tqi=ijFJFdqVOZossS5a1LwssssstKd-378293#imgId=image_sas%3Ablog_1512922015c2440eeeb2844a5dc3fa67
[그림 8-57] 현대표현(라인댄스, 댄스스포츠, 스트릿 댄스 순)
https://blog.naver.com/0me1260/140178183924(네이버)
https://blog.naver.com/vhdisvlqn/222609137056(네이버
https://blog.naver.com/kbatv1/222596196480(네이버)

제 9 장

수업계획 및 도입

학습목표

- 체육수업계획의 필요성에 대해 설명할 수 있다.
- 체육수업계획 시 유의해야 할 점에 대해 설명할 수 있다.
- 체육수업 단원 계획 시 포함해야 할 요소에 대해 설명할 수 있다.
- 계획하는 체육수업에 적합한 수업모형을 선택하는 방법에 대해 논의할 수 있다.
- 9가지 수업모형의 개념과 체육수업에서의 활용 방안에 대해 논의할 수 있다.
- 교수 · 학습 과정안 작성 시 포함시켜야 할 요소에 대해 설명할 수 있다.
- 교수 · 학습 과정안이 주는 정보에 대해 설명할 수 있다.
- 체육수업에 필요한 수업대형을 만드는 방법과 사용하는 구령에 대해 설명할 수 있다.

1. 체육수업계획

가. 체육수업계획의 필요성

수업계획은 '내용지식'과 '지도 방법 지식'을 '수업 방법 지식'(어떤 학습자에게 특정한 학습 내용을 효과적으로 가르칠 수 있는 능력)으로 전환하는 촉매 역할을 한다(Shulman, 1987). 또한 수업계획은 각 단원에서 사용되는 수업모형의 교육적 상황, 학습목표, 학습 활동, 수업 관리, 평가와 관련이 있다. 그러므로 교사는 역동적인 수업 환경에서 상호작용하고, 사전에 결정된(대개 제한된) 시간에 발생할 수 있는 복잡한 요인들을 고려하여 학생이 짧은 시간에 학습목표에 도달할 수 있도록 교사 자신, 학생, 시설, 이용 가능한 자원들을 효과적으로 조직할 수 있어야 한다.

그리고 수업계획 과정을 통해 교사는 사전에 가르칠 내용을 검토하거나 자신이 작성한 수업계획이 얼마나 잘 조직되었는지를 타인에게 검토받을 수 있기 때문에 수업을 편안하게 진행하기 위해서 교사는 수업을 계획하게 된다. 수업계획이 가장 필요한 이유는 시간, 노력, 자원을 가장 효과적으로 사용하여 학생이 의도한 학습 결과를 배울 수 있는 가능성을 높일 수 있기 때문이다. 즉, 수업계획은 각 단원과 수업에서 교사의 수업에 대한 운영 효율성을 증가시키기 위해서 이루어져야 한다(Metzler, 2003).

나. 수업계획 시 유의해야 할 점

효과적인 수업계획은 단원과 수업 두 수준에서 모두 이루어져야 한다. 단원 계획은 각 단원에서 선정한 수업모형에 포함될 학습목표, 수업 내용, 학습 활동, 필요한 자원, 수업 운영에 대한 큰 그림을 제공한다. 수업계획은 수업을 시작하기 직전과 수업 중에 만들어진 동일한 형태의 다양한 의사결정과 준비 행동이 포함된다.

Metzler(2003)는 다음에 제시된 유의할 점들이 수업계획을 수립하는 데 도움이 될 것이라고 하였다.

1) 정교하고, 유연성 있는 계획을 수립하라.

정교한 계획은 교사가 수업을 시작하기 전에 수업을 어떻게 진행시킬 것인가에 대한 좋은 아이디어를 제공하고, 유연한 계획은 예상하지 못한 사건이나 상황 때문에 원래의 계획을 수정해야 할 때 교사에게 적절한 선택을 할 수 있도록 돕는다.

2) 자신이 사용할 목적으로 교수·학습 과정안을 작성하라.

수업계획을 활용할 사람은 바로 교사 자신이기 때문에 계획은 교사 자신이 이해하고, 적용할 수 있는 방식으로 작성되어야 한다.

3) 추가 계획을 세워라.

교사가 기대했던 것보다 학생들이 과제를 빨리 혹은 늦게 숙달할 것을 예상하여 부가적인 수업을 준비하는 것이 바람직하다.

4) 대안적인 계획을 수립하라.

체육수업은 종종 교사가 통제할 수 없는 요인들(날씨, 장비 파손, 학교 행사 등)에 의해 영향을 받는다. 이때 교사는 임시로 관련 없는 활동을 제공하기보다는 현재 내용과 직접적으로 관련이 있는 학습 활동을 제공하는 것이 좋다. 그러므로 교사는 수업의 계열성을 유지하면서 적용할 수 있는 이중 장치의 대안 수업을 계획해 두어야 한다.

5) 작성된 교수·학습 과정안을 보관하라.

부지런한 교사는 수업계획대로 수업을 한 후 교수·학습 과정안을 파일로 철하여 보관한다. 보관된 파일은 언제고 반드시 필요할 날이 있을 것이다.

다. 단원을 계획 시 포함시켜야 할 요소들

단원을 계획할 때는 다음과 같은 9가지 요소들을 포함하는 것이 좋다. ① 맥락 분석, ② 내용 분석과 목록화, ③ 학습목표, ④ 단원에 맞는 수업모형, ⑤ 관리 구조,

⑥ 학생의 학습 활동, ⑦ 평가, ⑧ 교사의 역할과 임무, ⑨ 학생의 역할과 임무 등이다 (Metzler, 2003).

1) 맥락 분석

수업 맥락은 가르치는 내용, 방법, 학생이 배우는 것에 영향을 미치는 시간적, 인적, 물적 자원의 총체를 의미한다. 이들 중 일부 요인은 교사의 교수·학습을 촉진하거나, 교사의 수업 운영 효율성을 감소시킬 것이다. 이들 요인 중 중요한 4가지 결정 요인은 교사, 학생, 내용, 이용 가능한 자원들이다.

2) 내용 분석과 목록화

내용 분석은 단원에 포함되어야 할 내용과 학생이 단원에서 배워야 할 순서를 결정한다. 내용 분석의 첫 단계는 활동, 스포츠, 무용 또는 주제 활동에 필수적인 심동적 기술, 인지적 지식, 정의적 성향을 학생의 발달 단계에 적절하게 목록화하는 것으로 시작된다. 교사는 학생의 현재 능력, 지식, 태도를 고려한 후 단원 내용의 출발점으로 그런 고려사항을 활용한다. 가르칠 내용 영역은 내용 분석과 목록화 과정에서 작성한 발달 단계의 논리적인 순서에 따라 정한다.

3) 학습목표

학습목표는 일반적인 수준과 행동적 수준에서 진술할 필요가 있다. 일반 목표는 각 영역 안에서 의도하는 학습의 포괄적인 영역을 의미하고, 행동 목표는 학생이 각 일반 목표 영역 안에서 성취해야 하는 특정한 운동수행 기준을 서술한 것이다.

- 일반 목표: 학생은 축구의 기초 기능을 배울 수 있다.
- 행동 목표: 학생은 7m 거리에서 친구에게 정확한 패스를 5회 중 3회를 할 수 있다.

4) 단원에 맞는 수업모형

수업모형을 선택할 때는 다음의 두 가지를 고려할 것을 권한다. 첫째, 수업모형 선택은 연역적인 과정으로 맥락, 내용, 목표를 고려한 후 수업을 결정한다. 둘째, 전체 단원을 지도할 때는 두 개 이상의 수업모형을 사용하기보다는 어느 특정한 하나의 수업모형을 사용하면 학생들의 학습을 극대화할 수 있다.

5) 관리 구조

관리 구조는 안전하고, 효율적인 학습 환경을 조성하는 중요한 규칙, 상규적 행동 및 절차를 확인해 주는 역할로 용・기구 분배 및 관리, 안전 규칙, 시작 및 종료 신호 등이 있다.

6) 학생의 학습 활동

모든 학습은 학생이 내용과 상호작용하고, 수업목표를 배우도록 하는 일련의 계획된 학습 활동을 포함한다. 학생의 학습 활동을 고려하는 활동에 필요한 용・기구 및 자원을 미리 계획할 수 있다.

7) 평가

단원을 시작하기 전에 교사는 학생의 학습을 평가할 수 있는 계획을 수립해야 한다. 이 계획에는 성적 산출 방법, 절차, 기준 등이 포함된다.

8) 교사의 역할과 임무

각 수업모형에는 교사의 독특한 의사결정 유형과 행동이 명시되어 있다. 이들이 수업에서는 교사가 맡아야 하는 역할과 단원에서 수행해야 할 임무가 된다.

9) 학생의 역할과 임무

각 단원에서 선택된 수업모형은 교사와 마찬가지로 학생의 의사결정 유형, 행동, 책임 및 역할을 제시한다. 직접교수 모형은 학생들에게 수동적인 역할을 요구하는 반면, 상호작용을 필요로 하는 수업모형은 능동적인 역할을 요구한다.

라. 수업계획 전 점검사항

1) 학생

- 어느 정도 공부할 수 있는가?
- 특별한 학습 요구를 가진 학생은 누구인가?
- 이 수업에 필요한 일반적인 발달 단계는 무엇인가?
- 이 내용에 대해 학생들이 사전에 알고 있는 것은 무엇인가?

2) 단원의 수업 진도

- 지금까지 배운 내용은?
- 이 단원의 계획은?
- 다음에 배울 것은?

3) 학습목표

- 오늘 학생이 배워야 할 단원 계획의 목표는?

4) 학습 활동

- 이 시간에 어떤 학습 활동이 계획되어 있는가?
- 이 수업에서 몇 개의 학습 활동이 지도될 수 있는가?

5) 공간과 용・기구

- 각 활동은 어느 장소에서 진행되는가?
- 각 활동에 필요한 장비는 무엇인가?
- 수업 전에 용・기구를 설치할 수 있는가? 그렇지 않다면 용・기구를 어떻게 배분하고, 회수할 것인가?
- 학생의 연습 시간을 증가시키기 위해 어떻게 용・기구의 활용을 극대화할 수 있는가?

6) 과제 제시와 구조

- 어디에서 과제 제시를 할 것인가?
- 각 과제에 제공될 주요 단서는 무엇인가?
- 어떻게 학생에게 과제 시범을 보일 것인가?
- 각 과제를 어떻게 구조화할 것인가?
- 얼마 동안 각 과제를 제시할 것이고, 언제 바꿀 것인가?
- 어디에서 각 활동이 이루어질 것인가?
- 각 과제의 운동수행 기준은?

7) 수업 운영

- 수업을 어떻게 시작할 것인가?
- 어떻게 학생들을 이동시킬 것인가?
- 이 수업에 특별한 규칙들이 필요한가?
- 사고가 날 위험 요소는 무엇인가?
- 각 수업 부분에 필요한 시간을 어떻게 배분할 것인가?

8) 학습 지도

- 학생을 변화시키는 데 필요한 특정 조건은 무엇인가?
- 학생이 연습하는 동안 무엇을 해야 하는가?
- 특별한 관심이 필요한 학생은 누구인가?
- 수업이 잘 안 되는 것은 무엇이고, 그 문제를 어떻게 해결할 것인가?

9) 정리와 종료

- 시간이 얼마나 필요한가?
- 어디에서 할 것인가?
- 정리에 필요한 내용은 무엇인가?
- 최종적으로 학생들에게 무엇을 공지할 것인가?
- 어떻게 수업을 끝낼 것인가?

2. 체육과 수업모형

수업모형은 포괄적이며, 일관성 있는 지도계획으로 이론적 근거, 기대하는 학습결과의 진술, 교사의 내용지식, 학생의 발달단계에 맞게 적절히 계열화된 학습활동, 예상되는 교사와 학생의 행동, 과제 구조, 학습 결과의 평가, 수업모형 그 자체의 적용 가능성을 검증할 수 있는 방법을 포함하고 있다. 그러므로 가장 좋은 수업모형은 교수이론과 학습이론이 체육관이나 운동장이라는 실천의 장에서 구체적인 수업과정과 연계된다.

각 수업모형은 체육수업에서 학생이 보다 잘 학습할 수 있도록 가르치는 방법을 제시해주는 일종의 청사진으로 볼 수 있다. 수업모형은 의사결정, 계획 및 교사와 학생 행동을 제시한다. 교사는 다양한 수업모형을 숙지하고, 학습결과, 학습영역, 학생의 학습유형, 학습내용에 따라 어떤 모형을 언제 사용해야 할지를 잘 알아야 한다. 그리고 이들 간에는 강한 연계성이 있어야 한다(Metzler, 2003).

가. 수업모형 중심 수업의 좋은 점

전통적인 체육수업은 학생에게 가르칠 내용과 활동에 근거하여 이루어져 왔다. 즉, 수업 조직은 목표나 수업모형보다는 수업내용(예: 농구, 하키, 테니스, 에어로빅 … 등)에 의해 대부분 결정되어 왔다고 볼 수 있다. 이러한 수업내용에 근거한 수업에서 교사들은 학년이 다른 학생에게 동일한 내용을 동일한 방식으로 가르치곤 하였고, 이는 '모든 수준의 학생에게 똑같이 효과적이다.'란 가정에서 기인된 것이며, 활동 중심 수업 지도(activity based instruction)라고 볼 수 있다. 그동안 교사들이 체육수업을 설계하는 데 가장 일반적인 방법이기도 하였다(고문수 외, 2018; 교육과학기술부, 2010).

그러나 지도방법을 결정할 때 단지 이것만을 고려해서는 안 된다. 만약 단원 내용이 다음 요인들과 함께 고려된다면 체육수업은 더욱 효과적이고, 안전하며, 즐겁게 이루어질 수 있을 것이다.

- 의도하는 학습 결과
- 교육맥락과 교수 환경

- 학생의 발달 단계와 준비도
- 학생의 학습 선호도
- 학습 영역 순위
- 과제 구조와 조직 유형
- 학습과제의 계열성
- 학습결과의 평가
- 수업 평가

교사가 어느 단원을 학생에게 가르칠 수 있는 방법에 대해 핵심결정을 내리기 전에 위의 요인들을 모두 고려할 때 좋은 수업모형이 선정될 수 있다. 이러한 모든 요인들을 분석할 때 교사는 그 단원을 통일되고 일관성 있는 포괄적인 계획을 가지고 가르칠 수 있게 된다. 이러할 때 수업모형에 기초한 수업방식이라고 한다.

Box 9-1 체육과 수업모형에 기초한 접근이 주는 좋은 점(Metzler, 2003)

- 교사로 하여금 어떤 단원에서 어떤 수업모형을 사용할지를 결정하기 전에 몇 가지 요인들 중 어디에 경중을 두어야 할지를 생각하도록 한다.
- 연역적 추리의 과정을 통해 각 단원의 맥락, 내용, 목표에 잘 부합되도록 수업모형을 선택하게 되면 수업의 효과성은 높아진다.
- 대부분의 수업모형들은 모형이론과 특정한 학습결과를 촉진하는 데 효과적임을 뒷받침하는 연구 토대를 근간으로 한다.
- 각 수업모형은 교사가 수업을 계획하고 수행하는 데 도움이 되는 청사진으로 간주된다.
- 좋은 수업모형은 교사가 수업모형을 올바르게 사용하는지, 그 수업모형이 진술된 학습목표를 성취하는 데 도움을 줄 수 있는지 확인할 수 있는 방법을 제시한다.

Box 9-2 체육과 수업모형 중심 수업이 교사에게 주는 좋은 점(Metzler, 2003)

- 수업모형은 총괄 계획과 일관성 있는 접근 방식으로 교수·학습이 이루어지도록 한다.
- 수업모형은 학습 우선 영역과 영역 간 상호작용을 명백하게 한다.
- 수업모형은 수업의 주제를 제시한다.

- 수업모형은 교사와 학생으로 하여금 현행 및 차후 활동에 대해 이해할 수 있도록 한다.
- 수업모형은 통합된 개념틀을 제공한다.
- 수업모형은 연구 기반을 가지고 있다.
- 수업모형은 교사에게 '기술적 언어'를 제시한다.
- 수업모형은 수업과 학습 간의 관계를 검증하도록 한다.
- 수업모형은 타당성 있는 학습평가를 가능하게 한다.
- 수업모형은 개념틀 내에서 교사의 의사결정 능력을 향상시킨다.

나. 체육과 수업모형

1) 개별화 수업모형

개별화 수업모형의 핵심은 학생들이 학습 속도를 스스로 조절하고 학생 개개인의 능력, 흥미, 적성에 대응하는 교육을 실시하기 때문에 가장 이상적인 방법 중의 하나이다. 개별화 수업 방법은 학생들이 미리 계획하여 선정한 학습과제를 자신의 진보에 따라 학습해 나가는 것을 허용하는 수업 체계를 지닌다. 개별화 수업모형에서는 각각의 지식이나 기능에 대한 분석을 통해 학습과제를 선정한다. 그리고 선정된 학습과제를 계열화하여 단원을 구성하고, 이를 유인물이나 비디오테이프 등의 매체를 통해 학생들에게 제시한다. 이러한 매체는 과제에 대한 정보, 과제 구성, 에러 분석, 수행기준 등이 포함되어야 한다. 학생들은 설정된 수행기준에 맞게 과제를 수행할 수 있으며, 교사의 허락이나 간섭 없이 다음 단계로 넘어갈 수 있다. 이 같은 과정을 통해 교사가 과제에 대한 정보 제시 시간을 절약함으로써 학생들과 교수·학습 상호 작용을 증진시킬 수 있다는 것이 큰 장점이다.

개별화 수업모형에서는 학생들이 개별적으로 학습과제의 계열에 따라 수업에 참여한다. 학생들은 이전 수업 시간에 완수한 과제 다음부터 수업을 시작하면 된다. 학생들은 학습 활동 안내지를 자세히 읽고, 이에 따라 학습 활동을 진행해야 한다. 교사는 학습 활동 안내지에 나와 있지 않은 기준이나 세부사항만을 안내해 주면 된다. 개별화 수업 방법의 핵심은 수업 과정을 통해 학생들은 독립적인 학습자가 되도록 하는 동시에 교사는 불필요한 시간을 절약하여 학생들이 원하는 것에 대해 최대한 상호작용을 하는 데 있다(교육인적자원부, 2004). 학생들은 개별화 수업모형에서 자기주도적인 학습자가 되고, 교사는 학생과의 상호작용이 가능하도록 안내한다. 이 모형은 심동적 영역과 인지적 영역의 학습에 보다 효과적이다(고문수 외, 2018).

〈표 9-1〉 개별화 수업모형을 적용한 스포츠 영역(평균대 위에서 균형잡기) 수업의 예시

과정(분)	학습요소	교수 · 학습 활동	시간	자료 및 유의점
학습 문제 파악	준비활동 동기유발 학습목표	▷ 건강 확인하기 • 학생의 건강상태를 확인하고 조치하기 ▷ 맨손체조의 중요성 알기 • 신체 여러 부위에 탄력을 주는 맨손체조의 가치를 함께 읽기 ▷ 학습목표제시 • 신체의 여러 부위로 자신감 있게 균형잡기를 할 수 있다.	5′	※ 아픈 학생은 참관하도록 한다. ※ 개별화 수업모형은 학습자 중심의 활동이므로 교사가 동기유발을 확실하게 해줄 필요가 있다. ※ 여기에서 제시된 단계구분은 단순한 상중하가 아닌 기본, 보충, 심화 순이라는 사실을 학생들에게 확실히 주지시킨다.
선수 학습 진단	목표설정	▷ 자신의 현재 수준 평가하고 목표 설정하기 • 개별학습지를 보고 자신의 수준과 단계를 예상하기(총 3단계 단계별로 3동작씩 제시) • 단계에 제시된 동작 중 도전할 목표 정하기 1단계- 평균대에서 균형 잡기 3개 동작 2단계- 평균대 균형 잡기 게임 2개 동작 + 심화 동작 1개 3단계- 매트에 머리 대고 균형 잡기 2개 동작 + 평균대 위에서 머리 대고 균형 잡기 1개 동작	25′	
단계별 과제 수행	수준에 적합한 과제수행 자기평가	▷ 준비운동 • 원 주변을 가볍게 돌거나 스트레칭으로 관절과 근육을 충분히 풀어주기 ▷ 진단된 학습 수준과 능력에 맞는 과제 수행하기 • 각자 설정한 도전종목을 수행하기 • 단계를 마친 후 강화스티커 부여하기 ▷ 총 9개의 동작을 수행해 보고 다음 기준에 따라 점수 매기기 ☆ (5) - 자세 정확, 5초 이상 유지 ○ (3) - 자세 보통 이상, 3초 이상 유지 △ (1) - 1초 이상 유지 × (0) - 자세, 유지 불가능		※ 신체에 무리가 가지 않게 1단계부터 차례대로 수행하게 한다. ※ 교사는 학생이 정확한 자기 평가를 할 수 있고 최선을 다해 수행할 수 있도록 적절한 피드백을 제공한다.

과정(분)	학습요소	교수 · 학습 활동	시간	자료 및 유의점
보상	강화 스티커 증정	▷ 각 단계별로 10점 이상의 점수를 획득하면 pass 스티커를 부여하기	5′	※ 다음 시간까지 연습해 와서 10점 이상을 획득할 경우에도 스티커를 부여함을 언급한다.
평가	정리운동 및 평가	▷ 정리운동하기 • 몸에 무리가 가지 않는 요가 동작인 아기 자세, 엎드리기 자세 등의 동작을 하며 몸과 마음을 정리한다. ▷ 자기 평가하기 • 이번 수업을 통해 느낀 점을 글이나 시로 정리하기 • 보충해서 도전할 동작을 선정하기	5′	※ 자기 평가 직전 도입 시 제시한 균형 잡기를 잘하기 위한 방법을 교사가 간단하게 언급하며 마무리한다.

2) 직접교수 모형

직접교수 모형(direct instruction model)은 행동주의 심리학을 기본으로 하여 교사들의 교육 경험을 통해 귀납적으로 만들어진 모형이다. 이 모형은 교사 중심의 의사결정과 교사 주도적인 학생의 참여형태를 특징으로 한다. 교사는 활동 내용에 대하여 분명한 학습목표를 가지고 학생들에게 기술과 기능 및 개념을 교사의 시범을 포함한 모형(model)과 함께 제시하며, 학생들이 과제를 연습하고 있을 때에는 긍정적 · 교정적 피드백 등의 강화 피드백을 사용하면서 학생들의 학습 활동을 주도하고 조절한다. 학생들은 의사결정을 할 수 없으며, 교사의 수업지도에 충실히 따르도록 가정하고 있다. 이 모형의 목적은 학생들이 교사의 지도하에 가능한 한 많이 연습하게 하며, 교사로 하여금 학생들이 연습하는 것을 관찰(monitoring)하고, 학생들에게 다양한 피드백을 제공하는 것이다.

직접교수 모형은 Baumann(1988)이 언급했듯이 어떤 한 시점에 어떤 한 사람의 설계자에 의해 발전한 것이 아니라 학생의 학업 성취수준 향상과 연관 있는 교수법을 연구하는 다른 교과에서 발전했다. 명칭도 외재적 교수(explicit instruction), 적극적 교수(active instruction), 교사 주도 교수(teacher-directed instruction) 등으로 명명되었으나, Rosenshine(1983)이 명명하고, 기본 토대를 제한 직접교수(direct instruction)가 가장 일반화된 명칭으로 사용되고 있다(Metzler, 2003).

직접교수 모형은 지시형 또는 직접교수 전략과 유사하나 수업모형으로서의 체계성은 갖추고 있다. 직접교수 모형은 심동적－인지적－정의적 영역 순으로 학습의 우선순위를 두고 있으며, 교사가 효과적으로 가르치면 학생들이 오히려 적극적으로 수업에 참여함으로써 실제학습시간(academic learning time by physical education)이 매우 높은 것으로 나타났다. 직접교수 모형은 '선행(전시) 학습내용의 복습－새로운 과제 제시－초기 과제의 연습－피드백의 제공 및 수정－독자연습－정기적인 복습'의 6단계의 흐름을 가지고 있다(고문수 외, 2018).

〈표 9-2〉 직접교수 모형을 적용한 스포츠 영역(멀리뛰기) 수업의 예시

학습단계	학습과정	교수 학습 활동	시간	자료 및 유의점(※)
전시 과제 복습	과제복습	▷ 이전에 배운 수업내용을 복습하기 • 이전의 수업과 현재의 수업과제를 연결할 수 있도록 이전에 배운 내용을 말해 본다.	5′	
과제 제시	동기유발	▷ 발 구름 조건에 따른 멀리뛰기 비교하기 • 멀리 뛸 때, 뜀틀을 밟을 때와 구름판을 밟을 때의 다른 점을 예상해서 말해 본다.	5′	
	학습목표 제시	▷ 학습목표제시 • 여러 방법으로 도움닫기하여 멀리뛰기를 할 수 있다.		
초기 과제 연습	준비운동	▷ 원 주변에 둘러서서 준비운동하기 • 원 주변을 가볍게 걷거나 뛰고 나서 발목과 무릎 돌리기	10′	※ 학생 스스로 자기의 움직임과 친구들의 움직임을 인지하고 비교하면서 수정해 가도록 한다. ※ 스프링보드는 탄력이 강하므로 도움닫기를 천천히 하도록 한다. ※ 높이 뛰는 것이 멀리 뛰는 데 도움이 된다는 것을
	제시된 과제연습	▷ 구름판에서 구르는 발바닥을 여러 가지로 하여 멀리뛰기 • 발끝, 뒤꿈치, 발바닥 전체를 딛고 뛰는 연습하기 • 오른발 또는 왼발로 구르면서 비교해 보기 ▷ 뜀틀, 나무 상자, 스프링보드를 밟고 멀리뛰기 • 물체를 힘차게 딛는 공중자세와 내리는 자세를 익히기 ▷ 고무줄, 허들을 놓고 뛰어넘기 • 고무줄, 허들에 닿지 않게 높게 멀리뛰기		

학습 단계	학습과정	교수 학습 활동	시간	자료 및 유의점(※)
		- 고무줄과 허들을 놓는 것은 높게 멀리 뛸 수 있는 가시적인 목표 의식을 가지게 하는 데 목적이 있음을 알게 한다.		인식하도록 한다.
피드백 및 교정	과제에 대한 피드백 제공	▷ 동작에 대한 피드백과 교정해주기 • 발바닥 전체를 힘차게 디디며 멀리 뛰기 • 멀리 뛰어진 발을 선택하여 뛰기 • 멀리 뛰기 위한 높이뛰기를 연습하기	5′	※ 처음에 멀리뛰기 동작들에 대해 교사가 일방적으로 수정해 주지 않는다.
독자적인 연습	멀리뛰기와 높이뛰기 연습	▷ 피드백과 교정받은 자세로 모둠별로 연습하기 • 멀리뛰기 • 높이뛰기	10′	
본시 내용 복습	정리운동	▷ 정리운동하기 • 제자리에서 힘을 빼고 가볍게 뛴다. • 발목과 무릎, 허리, 팔을 가볍게 돌리고, 흔들거나 두들겨 준다.	5′	
	학습활동 정리 및 평가	▷ 학습 활동 정리하기 • 구르기, 공중 자세, 내리는 자세 중에서 뜻대로 되지 않은 것을 발표해 본다. • 오른발과 왼발 중에서 더 멀리 뛸 수 있는 발은 어느 쪽인지 알아본다. ▷ 평가하기 • 구르기, 공중 자세, 내리는 자세가 적절한 학생을 칭찬한다.		

〈표 9-3〉 직접교수 모형을 적용한 스포츠 영역(뜀틀) 수업의 예시

단계	학습요항	교수 · 학습활동	시량	자료 및 유의점(※)
준비	건강상태 점검	▷ 학생의 건강 상태 점검하기 • 몸이 불편하거나 건강상태가 좋지 않은 학생이 있는 경우 보조활동이나 자료 ①을 이용하여 참관하기	5′	① 참관록 ※ 참관학생에게 과제를 부여하도록 한다.
	준비운동	▷ 체육관 가볍게 달리기 및 스트레칭하기 • 체육관 가볍게 달리기 • 뜀틀 위에서 앞구르기에 사용되는 부위를 중심으로 스트레칭하기		
	학습문제 확인	▷ 본시 학습문제 알아보기 • 이번 시간에 공부할 학습문제를 찾아 발표하기		

단계	학습요항	교수 · 학습활동	시량	자료 및 유의점(※)
		뜀틀 위에서 앞구르기를 해 보자.		
탐색	학습계획 안내	▷ 학습 문제를 해결하기 위한 학습 계획 안내하기 【학습 계획】 1. 움직임 경험(매트 위에서 앞구르기, 모둠) 2. 시범 1(전체) 3. 움직임 탐구(전체) 4. 수준별 활동(개인) 5. 시범 2(전체) 6. 자기화(개인) 7. 목표 확인 및 평가(전체) 8. 정리운동(전체) ▷ 뜀틀 운동을 할 때 유의할 점 알아보기 • 유의할 점 찾아 발표하기	15′	
	움직임 경험	▷ 자료 [2]를 이용하여 학습장 ①, ②, ③에서 움직임 경험하게 하기 • 매트 위에서 손 짚고 앞구르기하기 • 뜀틀 1단 위에서 손 짚고 앞구르기하기		[2] 매트, 뜀틀 1단
	시범 1	▷ 운동 기능이 중간 수준인 학생 1-2명 시범 보이기 • 도움닫기하여 뜀틀 위에서 손 짚고 앞구르기 시범 보이기		[3] 뜀틀 3단, 발구름판, 매트
	움직임 탐구	▷ 시범을 보고 잘된 점과 고쳐야 할 점 찾아 발표하게 하기 • 시범을 보고 잘된 동작 찾아 발표하기 • 시범을 보고 고쳐야 할 동작 찾아 발표하기		
실천 · 발전	수준별 활동	▷ 모둠별로 수준에 맞는 학습장(①-③)에서 자기 주도적인 활동하기 ☞ 학습장 ① -【심화 학습 코너】 뜀틀 5단 이상에서 앞구르기(발구름판 거리: 30cm) ☞ 학습장 ② -【수준별 학습 코너】 뜀틀 4단에서 앞구르기 (발구름판 거리: 10-20cm) ☞ 학습장 ③ -【보충 학습 코너】 뜀틀 3단 이하에서 앞구르기(발구름판 거리: 0cm)	15′	※ 수준별 학습장①-③에 각자 이동하여 움직임 경험 및 활동을 하도록 한다. [4] 뜀틀 3-5단, 매트 ※ 기능이 우수한 학생은 보조 도우미 역할을 하도록 한다.
	시범 2 자기화	▷ 운동 기능이 상위 수준인 학생 2-3명 시범 보이기 • 도움닫기하여 뜀틀 위에서 앞구르기 시범 보이기		

단계	학습요항	교수 · 학습활동	시량	자료 및 유의점(※)
		▷ 시범 학생의 동작을 보고 익혀 자기화하기 • 부족한 동작을 반복 연습하여 동작 완성하기		
정리	정리운동	▷ 정리운동하기 • 사용한 관절과 근육을 충분하게 풀기		
	학습정리 및 반성	▷ 학습목표 확인 및 반성하게 하기 • 뜀틀 위에서 앞구르기하는 방법에 대해 발표하기 • 학습 활동을 통해 느낀 소감 발표하기 ▷ 자료 5를 이용하여 학습활동에 대한 자기평가하기 • 자기 평가표로 학습 활동 스스로 평가 · 반성하기(교실)	5′	※ 기능이 향상된 학생은 물론, 질서를 지키고, 협동한 학생을 찾아 칭찬하도록 한다. 5 자기평가표
	차시예고	▷ 차시 예고하기 • 구기활동: 네트형 게임하기		
	자료정리 및 위생관리	▷ 학습 자료 정리 및 위생 지도하기 • 모둠별로 학습 자료 및 기구 정리하기 • 맡은 역할 스스로 하기		※ 모둠별로 서로 협동하며 맡은 역할을 충실히 한다.

Box 9-3 직접교수 모형에서의 기능 반복 연습

직접교수 모형에서 기능 연습은 매우 중요하며, 첫 번째 연습과제는 학생들이 80% 이상의 성공을, 독립된 학습과제에서는 95% 이상을 목표로 한다(홍상완 외, 2013).

3) 동료교수 모형

동료교수 모형(peer teaching model)은 한 학생 또는 소집단의 학생들이 교사의 역할과 학습자의 역할을 번갈아가면서 정해진 학습을 협력하는 것을 말한다. 이것은 교사 중심의 강의식, 주입식 일변도의 학습 지도 방법을 탈피하여 학생들끼리 협력하는 원리를 학습 활동에 도입한 학습 지도 방법이다. 이 모형은 "나는 너를 가르치고, 너는 나를 가르친다."라는 목적을 가지고 서로 상호 보완과 협력을 수행하며 교사로부터 주어진 학습과제를 완수해 나간다. 다만, 동료교수 모형은 학생이 다른 학생을 가르치는 전략을 활용한다는 것은 분명하지만, 교사가 계획한 모형 중심의 접근방법을 준수해야만 동료교수 모형이 될 수 있다.

동료교수 모형은 학생이 한 가지 이상의 학습 활동에서 짝을 지어 나란히(side by side) 학습하는 파트너 학습(partner learning)과는 다르다. 동료교수 모형에서 학생은 반드시 교사가 일반적으로 맡는 몇 가지 주요 교수기능에 대한 뚜렷한 책임감을 지니고 있어야 한다. 동료교수 모형에는 정기적으로 교사와 학습자의 역할이 바뀐다 하더라도, 이들 역할에 대한 명확한 설명이 있어야 한다. 또한, 동료교수 모형을 작은 규모의 협동학습 모형으로 오인하지 말아야 한다. 협동학습은 학생이 다른 학생을 가르친다는 특징이 있지만, 동료교수 모형은 협동학습 모형과 매우 다른 총괄 지도 계획을 가지고 있고, 학생들은 전체 내용 단원을 학습하는 동안 소규모 '팀'으로 활동하게 된다(Metzler, 2003).

동료교수 모형은 교사 역할 학생은 인지적-정의적-심동적 영역을 우선순위로 하며, 학습자 역할 학생은 심동적-인지적-정의적 영역을 우선순위로 학습하는 것을 목표로 한다(고문수 외, 2018).

〈표 9-4〉 동료교수 모형을 적용한 운동 영역(음악줄넘기) 수업의 예시

학습 단계	학습 과정	교수 · 학습 활동	시량	자료 및 유의점(※)
들어가기	동기유발 및 학습목표 제시	▷ 동기유발 • 음악 줄넘기 공연을 본 경험을 이야기하기 ▷ 음악줄넘기가 건강에 미치는 효과 및 중요성 알기 • 심폐지구력을 기르는 데 도움을 제공한다.	5′	※ 음악줄넘기의 필요성과 활동의 가치를 깨닫게 한다.

학습 단계	학습 과정	교수 · 학습 활동	시량	자료 및 유의점(※)
		▷ 학습목표 제시하기 • 음악줄넘기의 기본 스텝 익히기		
탐색하기	음악줄넘기의 기본자세 익히기	▷ 원 주변을 가볍게 걷거나 뛰면서 근육 풀어주기 ▷ 음악 줄넘기의 기본 스텝과 방법에 대해 알아보기 • 번갈아 뛰기와 2박자 뛰기의 방법 알기 • 앞 흔들어 내기와 뒤 들어 모아 뛰기의 방법 알기	5′	※ 교사의 직접시범이나 영상자료로 간접시범을 보여준다.
	짝 정하기 및 역할 배정하기	▷ 짝 정하기 및 역할 배정하기 • 신체적인 조건과 운동기능이 비슷한 친구끼리 짝을 짓는다. • 짝과 상의해 먼저 동료 교사의 역할을 할 친구를 정한다.	5′	※ 신장이나 운동기능을 고려하여 짝을 정한다.
과제 제시	과제제시 및 동료교수 학습	▷ 번갈아 뛰기와 2박자 뛰기 • 교사의 설명을 듣고 따라 하며, 필요한 경우 질문한다. ▷ 동료 교사는 학습자에게 제시한 번갈아 뛰기와 2박자 뛰기의 동작을 단계별로 차례대로 가르치고 학습자는 동료 교사의 설명에 맞춰 동작을 해 보며 익힌다. ▷ 앞 흔들어 내기와 뒤 들어 모아 뛰기 • 교사의 설명을 듣고 따라 하며, 필요한 경우 질문한다. ▷ 동료 교사에 의한 동료교수학습을 진행한다.	10′	※ 게임을 통하여 원 주변을 돌면서 몸을 풀 수 있도록 한다. ※ 교사는 돌아다니며 적절한 피드백을 제공한다.
상호 작용	역할 바꾸기	▷ 역할 바꾸기 • 동료 교사와 학습자의 역할을 교대한다.	10′	※ 역할을 바꾸는 데 시간을 낭비하지 않도록 한다.
나오기	정리 및 평가	▷ 정리운동하기 • 음악에 맞춰 네 가지 동작을 자유롭게 표현한다. ▷ 평가하기 • 학습한 내용에 대한 경험을 이야기한다.	5′	※ 배운 동작을 음악에 맞춰 자유롭게 움직이고, 학생들의 경험을 자유롭게 발표하도록 한다.

Box 9-4 동료교수 모형에서의 교사 및 학생 역할

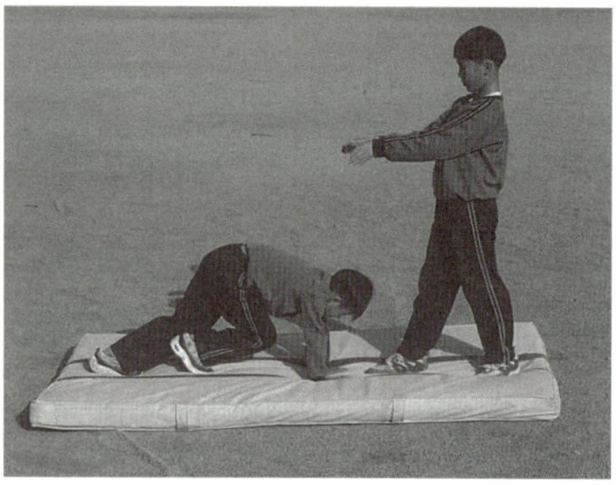

동료교수 모형에서 학생들이 동료교사 및 학생 역할을 번갈아 하는 순서는 보통 다음과 같은 활동을 통해 이루어진다. 먼저 같이 학습할 짝을 정한다. 짝은 서로 사이가 좋거나 기능이 비슷한 학생으로 하는 것이 좋다. 두 번째는 누가 동료교사를 할지를 정하는 것이다. 세 번째, 동료교사는 교사로부터 과제를 부여받는다. 네 번째는 과제를 부여받은 동료교사는 학생에게 설명 및 시범을 보이고, 피드백을 주면서 학습을 진행한다. 마지막으로 수업이 진행되는 동안 교사는 순회하면서 동료교사를 통해 학생에게 피드백을 제공한다(홍상완 외, 2013).

4) 협동학습 모형

협동학습 모형(cooperative teaching model)은 전통적인 소집단 학습의 단점을 해결하고, 학습자 간에 협력적인 상호작용을 촉진하기 위해 긍정적 상호의존, 개인적 책무성, 협동 기술, 집단 보상을 강조한 수업 방법이다. 협동학습 모형은 경쟁적인 학습이나 개인적 학습에서 일부 학습자만이 성공 기회를 얻을 확률을 줄이고, 모든 모둠원들이 자신의 능력에 맞는 과제와 역할을 수행함에 따라 균등한 성공 경험을 갖도록 하는 데 중점을 두고 있다. 이러한 성공 경험은 바람직한 자아상과 학습과제에 대한 긍정적인 감정을 지니도록 하여 자아존중감, 사회성, 대인관계 개선, 타인 배려,

학습 태도 개선 및 학습 동기를 유발하도록 한다.

Box 9-5 협동학습 모형의 학습 촉진 기본 요소(고문수 외, 2018)

협동학습 모형은 학습 효과를 촉진하는 5가지 기본 요소를 가지고 있다.

- 팀원 간의 상호의존적인 관계이다. 이질적인 집단 구성을 통해 갈등의 요인이 있을 수 있지만 사회적 학습을 할 수 있는 기회에 더 중점을 두어 팀의 목표를 위해 함께 헌신하도록 한다.
- 팀 활동으로 진행되는 학습 구조로 모든 구성원들이 서로 지원하고, 격려하며, 칭찬하면서 스포츠 팀처럼 활동한다.
- 팀의 모든 구성원이 자기 역할에 대한 책무성과 책임감을 가지고 소집단 활동에 성실히 참여함으로써 최대의 성과를 올릴 수 있다.
- 팀 활동을 위한 대인관계 기술로 상호 이해와 신뢰, 의사소통, 상호 수용과 지원, 갈등 해소와 같은 기술을 학습할 수 있다.
- 팀 반성으로 수행 결과에 대해 모둠 활동을 반성하도록 한다.

또한, 협동학습 모형은 모든 학습자에게 동등한 학습 참여 기회를 보장하고, 교사 중심이 아니라, 학생 중심의 수업을 함으로써 수업 방법의 민주화라는 측면에서도 의의가 있다. 이러한 협동학습 모형에 적합한 구체적 수업 전략으로는 모둠별 성취 배분(STAD), 팀 게임 토너먼트(TGT), 직소(Jigsaw Ⅰ · Ⅱ) 방식 등이 있다(Metzler, 2003).

첫째, 모둠별 성취 배분(Student Teams-Achievement Divisions: STAD) 구조는 먼저, 학생을 여러 팀으로 나눈다. 각 팀은 동일한 학습과제와 필요한 자원을 부여받는다. 교사는 1차 연습 시간(15분에서 20분 정도)을 제시하고, 팀별로 연습하도록 한다. 이 시기가 끝나면, 그동안에 학습한 내용에 대해 시험을 치른다. 시험은 실기시험, 퀴즈, 또는 기타 형태의 수행평가로 이루어진다. 모든 팀원들의 점수가 합쳐져서 팀 점수가 된다. 팀 점수를 공개하고, 교사는 협동 과정에 대해 학생들과 토론하고, 팀의 상호작용을 높일 수 있도록 조언한다. 그 다음, 팀은 동일한 과제를 다시 반복해서 연습한다. 이때 팀은 협동심을 강조하고, 모든 팀원들의 점수를 높이는 데 중점을 둔다. 2차 연습 시간이 주어지는데, 이때 모든 팀원들과 팀 점수가 1차 시험보다 높아야 한다는 것을 알려 준다. 두 번의 시험에서 향상도에 따라 팀 점수가 부여된다. 개인별 점수는 발표되지 않고 팀 점수만 발표되므로, 팀 내의 협동을 유발한다는 특징이 있다.

둘째, 팀 게임 토너먼트(Team Games Tournament: TGT) 구조는 먼저, 학생들을 팀별로 나누고, 팀별로 학습과제를 1차 연습한다. 1차 연습이 끝나면 팀별로 시험을 치른다. 각 팀에서 1등, 2등, 3등, 4등 점수를 받은 사람은 다른 팀에서 같은 등수인 학생의 점수와 비교한다. 즉 1등은 1등끼리, 2등은 2등끼리 점수를 비교한다. 각 비교 쌍별로 가장 높은 점수를 얻은 학생에게 일정한 상점을 부여한 후 2차 연습을 한다. 연습 후에 다시 시험을 치르고, 1차 때와 마찬가지로 같은 등수끼리 점수를 다시 비교한다. 게임이 끝난 후에 가장 높은 점수를 받은 팀이 승리 팀이 된다. 그 과정에서 팀원 사이의 협동이 조장된다. 이 방법의 가장 좋은 점은 운동 기능이 낮은 학생들도 자기 팀의 성취를 위해 무엇인가를 공헌할 수 있다는 자신감을 갖도록 한다는 점이다.

셋째, 직소(Jigsaw) 방식은 [방법 1]과 [방법 2]로 나눌 수 있다. [방법 1]에서는 먼저 학생들을 팀으로 나누고, 각 팀별로 여러 과제(기술, 지식 영역, 또는 게임)를 익히도록 한다. 테니스 단원의 경우 A팀은 포핸드 드라이브의 요소와 단서를 학습하고, B팀은 백핸드 드라이브, C팀은 게임 규칙과 점수 계산법 등을 학습한다. 모든 팀원들은 자신의 팀에 할당된 과제를 익힌 후에 교사가 되어 다른 팀에게 그 내용을 가르쳐 준다. 즉 포핸드 드라이브를 익힐 때 A팀이 교사가 되어 B팀과 C팀에게 가르쳐 준다. 평가는 다른 팀을 지도하는 지도 능력에 기초하여 이루어진다.

[방법 2]에서는 각 팀원들이 주제나 기술에 대한 전문가가 되기 위해 세부 요소를 익힌다. A팀에서 학생 1은 포핸드 드라이브를, 학생 2는 백핸드 드라이브를, 학생 3은 게임 규칙과 점수 계산법 등을 익힌다. B팀과 C팀도 이와 같은 방식으로 학습이 이루어진다. 팀원이 할당된 학습 내용을 모두 익히면 각 팀에서 동일한 주제나 기술을 학습한 학생들끼리 모여 전문가 집단을 구성한다. 전문가 집단은 자신들이 배운 내용을 공유하게 된다. 전문가 집단 모임 후 전문가들은 원래 자신의 집단으로 돌아가 배운 것을 다른 팀원들에게 가르쳐 준다. 이러한 방법은 동료교수를 통하여 다른 학생을 가르칠 수 있다.

〈표 9-5〉 협동학습 모형을 적용한 스포츠 영역(디스크골프) 수업의 예시

학습 단계	학습과정	교수 · 학습활동	시량	자료 및 유의점(※)
들어 가기	준비활동 학습목표	▷ 동기유발 • 디스크골프 동영상 자료 시청하기 • 디스크골프를 잘하기 위한 방법을 생각해 보기 ▷ 학습목표 제시 • 모둠원들과 협동하면서 디스크골프 게임에 즐겁게 참여할 수 있다.	5′	※ 건강상태가 좋지 않은 학생은 동료평가자, 또는 관찰학습을 하도록 한다.
활동 하기	과제제시	▷ 게임내용 소개 • 모둠원들과 협동하면서 숫자 맞추기 • 모둠원들과 협동하면서 디스크골프 게임하기 ▷ 건강상태 확인 및 준비운동 • 원 주변을 가볍게 걷거나 뛰면서 몸 풀기	17′	※ 교사는 모둠학습과정과 사회적 상호작용을 관찰한다. ※ 모둠 성취 평가에서 금메달은 10% 이상 단축한 모둠, 은메달은 5~9% 단축한 모둠, 동메달은 1~4% 단축한 모둠으로 한다.
	모둠별 성취배분의 과제구조 (STAD)	▷ 모둠원들과 협동하여 플라잉디스크로 과녁의 숫자 맞히기 • 모둠은 3분 동안 플라잉디스크로 숫자판 맞히기를 연습하기 • 3분 동안 각 모둠원들은 플라잉디스크로 숫자판 맞히기를 하고 모둠 점수는 모든 모둠원들의 숫자의 합으로 하기 • 각 모둠은 3분 동안 높은 숫자를 맞히기 위해 동료를 가르쳐주거나 연습하기 • 3분 후 각 모둠원들은 숫자 맞히기를 하고 모둠 점수는 모든 모둠원들의 숫자의 합으로 하기		
	팀 게임 토너먼트의 과제구조	▷ 모둠원들과 협동하면서 디스크골프하기 • 3분 동안 플라잉디스크를 목표물에 던져 넣기를 연습하기 • 3분이 거의 지나면, 각 모둠원들은 파3 한 홀의 디스크골프를 실시하고 자신의 점수를 스코어카드에 기록하기 • 1등은 1등끼리, 2등은 2등끼리, 3등은 3등끼리 점수를 비교하기 • 3분 동안 다시 연습하기 • 3분 후 모든 학생은 파3 한 홀의 디스크골프를 실시하고 자신의 점수를 스코어카드에 기록하기 • 각 모둠에서 1등인 학생은 다른 모둠의 1등과 점수를 비교한다. 2등, 3등도 같은 방법으로 점수를 비교하기	14′	※ 교사는 디스크골프에서 점수를 쓸 때, 자신의 점수를 다른 학생이 기록할 수 있도록 안내한다. ※ 평가는 모둠 점수, 개별 향상도, 모둠향상 점수 등 다양한 방법을 활용하도록 한다.

학습 단계	학습과정	교수 · 학습활동	시량	자료 및 유의점(※)
		-5위: 모둠 점수는 1점 -4위: 모둠 점수는 2점 -3위: 모둠 점수는 3점 -2위: 모둠 점수는 4점 -1위: 모둠 점수는 5점 가장 높은 점수를 받은 모둠이 승자가 되기		
나오기	정리 및 반성하기	▷ 정리운동 • 근육을 풀어주기 위해 원 주변을 가볍게 걷거나 뛰기 ▷ 활동 반성 및 평가 • 수업 중 재미있었던 점, 힘들었던 점 등을 발표하기 • 모둠원들에게 도움을 어떻게 주었는지 발표하기	4′	※ 활동에서 느낀 점을 반성하고 자신의 활동을 수정하려는 의지를 지닌다.

5) 탐구 중심 모형

탐구수업(inquiry teaching)은 문제해결학습(problem solving), 탐구학습(exploration teaching), 학생 중심 학습(student-centered teaching), 발견학습(discovery teaching), 비지시적 학습(indirect teaching) 등의 유사용어에서도 알 수 있듯이 학생들에게 기존의 지식과 기술을 설명식으로 전수시켜 주기보다는 학생들로 하여금 주어진 상황에서 문제를 인식하고, 과학적이고 논리적인 방법으로 주어진 문제를 해결할 수 있는 지적 능력이나 기능을 길러 주려는 데 초점을 두는 교수·학습 방법의 형태이다.

그러므로 탐구 중심 수업 방법의 주체는 학생들이며, 학생들의 직접적인 경험이 중시된다. 체육 교육과정 모형 중 움직임 교육모형은 움직임의 개념을 탐구하는 것을 방법적인 틀로 삼고 있어 일종의 탐구 중심 수업 방법이 적용된 모형이라고 할 수 있다. 그러므로 교사가 움직임을 설명하고, 시범 보이기보다는 학생의 인지적 및 심동적 영역의 참여를 이끌어내는 질문식 수업 방법을 사용하는 것이 특징이다. 즉, 교사는 학생의 사고를 이끌어내는 질문을 통해 학생으로 하여금 '움직임으로 대답'하도록 유도해야 한다(유정애, 2013).

따라서 탐구 중심 수업 방법의 목적은 학생들이 개인 또는 집단에게 주어진 문제 상황을 인식하고, 그 문제를 해결할 방안을 모색하여 해결 전략을 세우고 전략에 따라 탐구활동을 수행하여 문제를 해결할 수 있는 일련의 지식과 방법을 학습하게 하는 데 있다(홍상완 외, 2013).

〈표 9-6〉 탐구 중심 모형을 적용한 표현 영역(추상표현) 수업의 예시

<table>
<tr><th>단계
(분)</th><th>학습요항</th><th>교수 · 학습 활동</th><th>자료 및 유의점(※)</th></tr>
<tr><td rowspan="4">목표
확인
인지
(5)</td><td>준비
활동
(개별)</td><td>▷ 건강 확인 및 역할 맡기
• 건강이 좋지 않거나 부상이 있는 학생은 [1]을 이용하여 수업을 참관해 봅시다.
- 수업을 관찰하기 좋은 장소로 이동하여 학습 내용을 확인하고, 친구들의 학습 활동을 참관한다.</td><td>[1] 수업관찰학습지
※ 참관 학생은 참관 내용을 기록하며 참여한다.</td></tr>
<tr><td>준비
운동
(개별)
(전체)</td><td>▷ 준비운동 및 보조운동하기
• 이번 시간에 가장 많이 사용될 신체 부위를 중심으로 준비운동을 해 봅시다.
- [2]에 맞추어 다 함께 준비운동을 한다.
• 선생님의 시작 신호와 함께 [3]을 이용하여 모둠별로 보자기놀이를 해 봅시다.
- 빠르기, 높낮이, 방향 등이 달라짐을 느낀다.</td><td>[2] 음악CD '양양'
[3] 보자기
※ 보자기의 흐름에 따라 시 · 공간의 변화를 느끼도록 유도한다.</td></tr>
<tr><td>목표
찾기
(전체)</td><td>▷ 학습 문제 알아보기
• 지난 시간에는 씨앗이 여행하면서 본 것을 움직임으로 표현했는데 이번 시간에는 어떤 것을 움직임으로 표현하는지 생각하면서 [4]를 보도록 합시다.
- 바다에서 본 것, 경험한 것을 표현한다. 등
• 자신이 경험한 것 중에서 가장 움직임으로 표현해 보고 싶은 것을 발표해 봅시다.
- 낚시하는 모습, 축구하는 장면을 표현한다. 등</td><td>[4] 도로, 바다, 갈매기 동영상, 사진자료</td></tr>
<tr><td>목표
확인
(전체)</td><td>• 경험한 것을 어떻게 표현하면 좋을지 발표해 봅시다.
- 특징을 살려서, 이동하면서 표현한다. 등
- [5]를 보며 학습할 문제를 마음속으로 읽는다.
경험한 것의 특징을 살려 여러 가지 움직임으로 표현해 봅시다.</td><td>[5] 학습안내판</td></tr>
<tr><td>문제
제시
(2)</td><td>움직임
문제
발견
및
선택</td><td>▷ 탐구 활동 순서 알아보기
• [6]을 보며 탐구 문제 해결을 위한 활동을 알아봅시다.
<table><tr><td>활동1</td><td>낱말 놀이</td><td>소재의 특징을 찾아서 표현하기</td></tr><tr><td>활동2</td><td>어울림마당</td><td>움직임을 탐구하고 변화를 주면서 표현하기</td></tr><tr><td>활동3</td><td>자유표현활동</td><td>한 가지 소재를 정해서 움직임을 연결해서 음악에 맞추어 표현하기</td></tr></table></td><td>[6] 탐구 활동 안내</td></tr>
</table>

단계(분)	학습요항	교수 · 학습 활동	자료 및 유의점(※)
문제 분석 탐색 (5)	움직임 방법 찾기 및 선택	▷ **〈활동 1〉 낱말 놀이하기** • 친구들이 표현한 움직임이 어떤 낱말인지 알아맞혀 봅시다. - 1~2명의 학생이 낱말(낚시)을 보고 움직임으로 표현하면 나머지 학생들이 맞힌다. • 낚시인지 어떻게 알 수 있었는지 발표해 봅시다. - 팔로 줄을 당기는 모습을 보고 안다. 던지는 느낌을 보고 안다. 등 • 표현을 잘 하려면 어떻게 해야 되는지 다 같이 말해 봅시다. - 특징, 빠르기를 살려서 표현한다. 등 • 친구 등에 [7]을 붙이고 낱말을 움직임으로 표현해서 알아맞히는 놀이를 합시다. - 특징이 잘 드러나게 여러 가지 움직임으로 표현한다. - 어떤 움직임으로 표현했을 때 친구들이 잘 맞히는지 생각하면서 해 본다.	※ 낱말의 특징이 드러나게 움직임으로 표현한다. [7] 낱말카드
해결 전략 실행 (23)	움직임 탐구 활동	▷ **〈활동 2〉 어울림마당 활동하기** • 선생님의 신호에 따라 모둠별로 어울림마당에서 어떤 과제가 있는지 탐색하고 여러 가지 방법으로 움직여 보는 활동을 해 봅시다. • [8]을 보면서 [어울림마당-풀]을 해결해 봅시다. 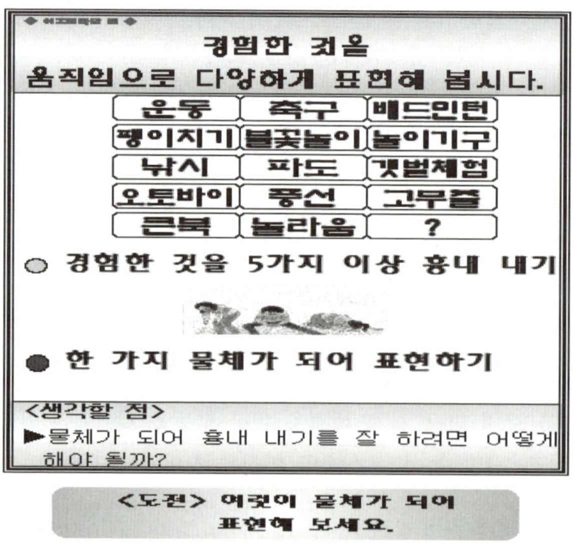 - 경험과 관련 있는 낱말을 많이 생각하고, 신체를 고루 사용해서 특징이 드러나게 움직여 본다. • [9]를 보면서 [어울림마당-나무]를 해결해 봅시다.	[8] 탐구 활동 안내판, 자기평가 밴드 ※ 어울림마당에서 여러 가지 움직임의 변화를 알도록 다양한 단서를 제공한다. ※ 모델링을 통해 부족한 부분을 스스로 찾아 수 정해 본다. ★ **스캠퍼 기법** [9] 탐구 활동 안내판, 자기평가 밴드

단계(분)	학습요항	교수 · 학습 활동	자료 및 유의점(※)
		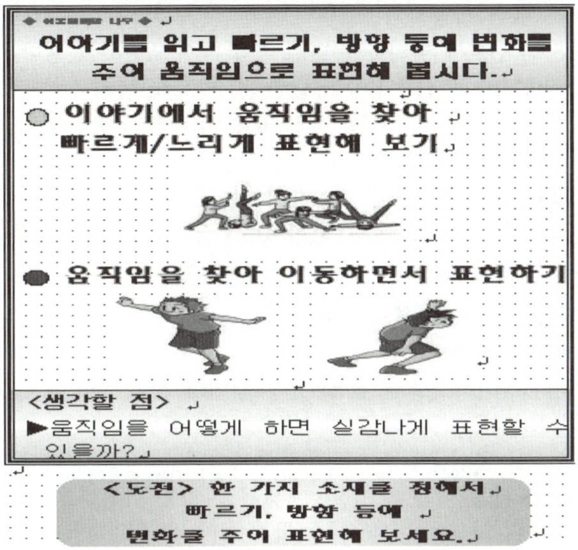 - 이야기를 읽고 움직임으로 표현하면서 빠르기, 높낮이 등이 달라짐을 느껴본다. • ⑩을 보면서 [어울림마당-숲]을 해결해 봅시다. 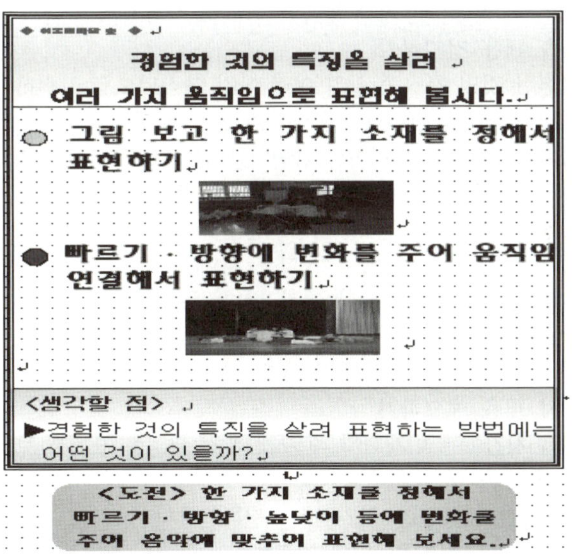 - 음악에 맞추어 표현하기에서 한 가지 소재 정하기, 움직임 연결하기, 연속적인 움직임 등 다양한 방법으로 표현할 수 있음을 터득한다.	⑩ 탐구활동 안내판, 자기평가 밴드 ※ 참관학생들에게 심사관점을 제시한다.

단계(분)	학습요항	교수 · 학습 활동	자료 및 유의점(※)
	움직임 정착 활동 (모둠) (전체)	▷ **창작 표현 활동하기** • 교사의 신호에 따라 모둠별로 가장 자신 있는 어울림마당의 도전 과제를 찾아 연습한 후 발표해 봅시다. • 모둠별로 친구들 앞에서 자신 있게 여러 가지 움직임으로 표현해 봅시다. - 모둠 발표에서 잘된 점, 재미있는 점을 찾아본다. - 모둠에서 표현왕으로 1명이 선정되면 칭찬 꽃과 함께 ⑪을 가슴에 단다. ▷ **〈활동 3〉 자유표현 활동하기** ◦ 이번 시간에 표현하지 못한 내용이나 잘 된 친구들의 표현을 좀 더 창의적으로 A, B코트로 나누어서 자유 표현 활동을 해 봅시다. - A 코트 학생들은 스스로 창작할 수 있는 학생들로 다양한 표현을 마음껏 펼칠 수 있는 기회를 가진다. - B 코트 학생들은 선생님과 함께 여러 가지 움직임으로 표현하기의 강화를 받는다.	⑪ 표현왕 배지, ※ A코트(녹색): 우수한 학생, B코트(노랑): 부족한 학생 ※ 공간과 힘의 세기를 느끼도록 활동장을 제공해 준다.
해결 전략 토의 평가 (5)	정리 체조 (전체)	▷ **정리 체조하기** • 오늘 활동에서 많이 사용한 신체 부위를 중심으로 정리체조를 해 봅시다. - 팔, 다리, 허리, 어깨 등을 중심으로 정리체조를 한다.	
	학습 내용 정리 (전체)	▷ **학습 내용 정리하기** • 경험한 것의 특징을 살려 여러 가지 움직임으로 표현하면서 알게 된 점이나 느낀 점을 발표해 봅시다. - 고기와 낚시 실랑이하는 장면이 어렵지만 재미있다. 축구에서 굴러가는 공을 표현하니 실감 나고 좋다. 등 • 어떻게 움직임을 잘 할 수 있었는지 발표해 봅시다. - 빠르기를 다르게 하니까 더욱 재미있다. - 특징을 살려 표현하니 실감 난다. 등 • 발표하지 못한 내용은 교실에 가서 오늘 수업을 생각하며 상호 및 자기평가를 합시다.(⑫)	⑫자기평가지
	차시 예고 (전체)	▷ **차시 내용 예고하기** • 다음 시간에는 이제까지 배운 것의 전 과정을 표현해 보는 활동을 해 보겠습니다. - 학습한 내용들을 확인하고 구상해 온다.	
	자료 정리 (모둠)	▷ **학습 자료 정리 및 위생 지도하기** - 맡은 역할을 함께 실시한다. - 개인위생을 철저히 한다.	

Box 9-6 탐구 중심 모형에서 자신에게 적합한 허들 높이 및 허들 간 거리 탐구

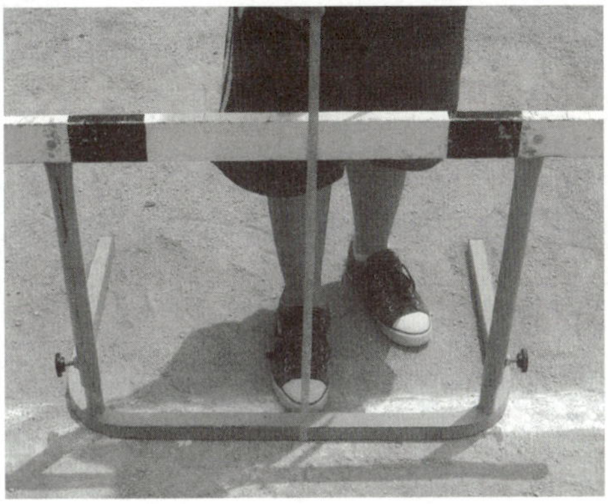

탐구 중심 모형은 초등학교 체육수업에서 보통 움직임의 개념과 전략 등에 관한 인지 학습과 수행에 대한 탐구, 집단적 사고를 통한 문제 해결과 관련된 과제 수행에 적합하다. 특히, 기본 움직임 개념 학습, 체조 동작의 기술 수행 탐구, 창작표현 활동, 새로운 게임 학습에 적용하면 효과가 크다(홍상완 외, 2013).

6) 이해 중심 게임 모형

이해 중심 게임 모형은 학생들의 게임에 대한 흥미 증가, 경기 상황에 대한 풍부한 이해, 게임능력을 향상시킬 수 있도록 이끈다(류태호 외 6인, 2007). 이해 중심 게임 모형은 분절적인 기능 지도 후에 게임을 가르치던 전통적인 방식(기능 중심 게임수업)의 대안으로 제시되었다. 사실 전통적인 게임수업 방법에서 여러 가지 문제점이 지적되고 있다(Bunker & Thorpe, 1982). 첫째, 운동 기능의 수행에 초점을 맞추다 보니 성공을 맛보지 못하는 학생들이 많다. 둘째, 운동 기능을 다양하게 활용하지 못하거나 상황 판단력이 발달하지 못한 학생들에게 게임을 바르게 이해하지 못하도록 한다. 셋째, 수업 시간에 가르친 운동 기능이 실제 경기를 할 때 제대로 활용되지 못한다. 넷째, 기능 습득 기간에는 동기 유발이 잘 되지 않는다. 다섯째, 기능 중심 수업은 운동 기능의 숙달을 평균 능력을 가진 학생들을 대상으로 하고 있다.

이해 중심 게임 모형은 위와 같은 문제를 해결하기 위하여 부분적인 기능의 학습보다는 게임을 실제로 행하는 가운데 필요한 전략 및 전술을 강조하는 수업 방법이다(안양옥, 2002). 예컨대, 교사는 학생들이 농구형 게임의 슛을 배우는 과정에서 단순히 슛의 기능을 반복하는 것이 아니라, 실제 농구 게임 상황에서 필요한 슛의 전략인 '속임수' 동작을 학습할 수 있도록 해야 한다. 이 과정에서 사용되는 경기 규칙 및 도구, 경기장의 모양, 크기, 인원수 등은 적절히 변용하여 활용할 수 있다.

일련의 학습과제들은 유사한 게임 상황으로 계획하여 변형 게임 또는 정식 게임으로 이끌어가는 특징이 있다. 이 모형의 핵심은 전술이며, 전술은 게임을 수행하는 데 필요한 전략과 기술의 결합체라고 볼 수 있다. 학습 우선순위는 인지적-심동적-정의적 영역 순이다. 그리고 이해 중심 게임 수업은 학생들로 하여금 게임에 대한 흥미, 경기 상황에 대한 풍부한 이해, 게임 능력의 향상 등을 기대할 수 있다(류태호 외 6인, 2007; Metzler, 2003).

Box 9-7 이해 중심 게임 모형의 단계

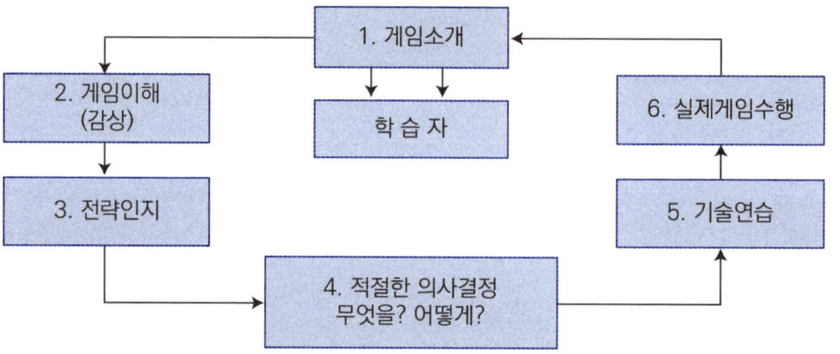

1. 게임소개 단계는 학습자의 발달수준을 고려한 변형게임으로 시작한다. 이러한 변형게임은 하나의 게임 상황에서 발견되는 특별한 전술적 문제의 필요성을 강조해야 한다.
2. 게임이해 단계는 학생들이 변형게임을 하는 데 필요한 규칙이 무엇인지를 이해하도록 학습하는 단계이다.
3. 전략인지 단계는 학생들이 전술적 인식을 향상시키는 데 도움이 되도록 전술적 문제를 제시하는 단계이다.
4. 의사결정 단계는 무엇을, 어떻게 할 것인가에 대한 의사결정을 강조하며, 학생들과 교사가 의사결정 시에 결점들을 인식하고, 찾아내는 데 강조점을 두는 단계이다.
5. 기술실행 단계는 게임 상황 내에 요구되는 특정한 상황이나 움직임을 실행하는 방법에 초점을 두는 단계이다.
6. 수행 단계는 게임에서 기능의 우수성과 전술적 수행의 효율성을 촉진하는 단계이다.

〈표 9-7〉 이해 중심 게임 수업모형을 활용한 스포츠 영역(킥런볼) 수업의 예시

단계	학습요항	교수 · 학습활동	시량	자료 및 유의점(※)
게임 구성	건강상태 점검	▷ 학생의 건강 상태 점검하기 • 몸이 불편하거나 건강상태가 좋지 않은 학생이 있는 경우 보조활동이나 자료 ①을 이용하여 참관하기	5′	① 참관록
	준비운동	▷ 농구장 가볍게 달리기 및 스트레칭하기 • 농구장 가볍게 달리기 • 많이 사용되는 부위를 중심으로 스트레칭하기		
	학습문제 확인	▷ 본시 학습문제 알아보기 • 이번 시간에 공부할 학습문제를 찾아 발표하기 **킥런볼 게임을 해 보자.**		
	학습계획 안내	▷ 학습 문제를 해결하기 위한 학습 계획 안내하기 **【학습 계획】** 1. 게임방법 및 규칙 확인하기 2. 전략 세우기 3. 역할 정하기 4. 게임하기 5. 게임 수정하기 6. 수정된 게임하기 7. 정리하기		② 이동식 칠판, 학습계획안내서
게임 이해	게임방법 및 규칙 확인하기	▷ 킥런볼 게임 방법 및 규칙 확인하기(자료 ③) • 공격팀 - 홈베이스 방향으로 일정 거리 떨어져 1열종대로 서기 - 자기편이 돌면 바퀴수 외치기 - 맨 처음과 끝 학생은 자기편 손잡아 돌려주기 • 공격수 아웃 - 2번의 파울이 선언된 경우 - 공격수가 뛰는 과정에서 수비 방해를 했을 경우 - 수비수보다 홈베이스에 늦게 들어왔을 경우 - 공격수가 반칙(돌기 반칙)을 했을 경우 • 수비팀 - 땅볼을 잡으면 수비자 모두 가랑이 사이로 공 이어주기 - 마지막 수비자는 피벗을 지키며 패스하기 - 공중볼을 바로 잡으면 피벗을 지킨 후 패스하기 • 수비수 반칙 - 패스 반칙 - 피벗 반칙 - 공격수 진로 방해	4′	③ 경기 규칙 안내서 ※ 실제학습시간을 확보하기 위해 게임 방법과 규칙은 사전과제 제시 후 결과를 발표하도록 한다.

단계	학습요항	교수 · 학습활동	시량	자료 및 유의점(※)
전략 인지	공격과 수비방법 이해	▷ 공격과 수비를 효과적으로 하기 위한 방법 알아보기 • 공격수는 점수를 효과적으로 낼 수 있는 방법 알아보기 - 수비가 느슨한 방향으로 공차기 - 수비가 약한 방향으로 공차기 등 • 수비수는 공격을 효과적으로 막을 수 있는 방법 알아보기 - 경기장 전체에 분산되어 효과적으로 수비하기 - 수비가 약한 친구 도와주기 등	3′	※ 킥런볼 게임 전략을 잘 인지하도록 한다.
의사 결정	작전수립 역할인지	▷ 킥런볼을 잘 하기 위한 작전 수립하기(자료④, ⑤) • 공격 · 수비팀별로 작전 수립하기 ▷ 공격 · 수비팀별 역할 정하기 • 자신의 역할 인지하고 게임에서 최선 다하기	3′	④ 작전판 ⑤ 필기도구
기술 실행	게임하기 게임수정 게임 재실행	▷ 킥런볼 게임(2회)하기(자료⑥) • 경기장으로 이동하여 게임하기 ▷ 게임 규칙 및 방법 수정하기 • 바꾸었으면 좋은 게임 규칙 및 방법 수정하기 ▷ 새로운 게임하기 • 새로운 게임 규칙과 방법에 따라 경기하기	20′	⑥ 비치발리볼 ※ 팀편성은 2팀으로 운동기능이 비슷한 남녀혼성팀이 되도록 한다.
수행	정리운동 학습정리 및 반성 차시예고 자료정리 및 관리	▷ 정리운동하기 • 사용한 관절과 근육을 충분하게 풀기 ▷ 학습목표 확인 및 반성하게 하기 • 효과적인 공격과 수비 방법에 대해 발표하기 • 학습 활동을 통해 느낀 소감 발표하기 ▷ 자료 ⑦을 이용하여 학습활동에 대한 자기평가하기 • 자기 평가표로 학습 활동 스스로 평가 · 반성하기(교실) ▷ 차시 예고하기 • **킥런볼 게임하기(2/2)** ▷ 학습 자료 정리 및 위생 지도하기 • 사용한 학습 자료 및 기구 정리하기	5′	※ 기능이 향상된 학생은 물론, 질서를 지키고, 협동한 학생을 찾아 칭찬하도록 한다. ⑦ 자기평가표 ※ 모둠별로 서로 협동하며 맡은 역할을 충실히 한다.

Box 9-8 이해 중심 게임 모형 수업에서의 전략인지 및 게임 수정

이해 중심 게임 모형에서 '전략인지' 단계는 본 차시에서 이루어지는 게임에서의 공격 및 수비 방법에 대한 이해를 바탕으로 작전을 세우는 단계로 가급적 학생들이 자기주도적으로 할 수 있도록 교사는 유도하는 것이 좋다. 이때 경기장 그림자료 등을 제공해 주면 더욱 효과적이다. 또한 게임 수정 활동은 이해 중심 게임 모형이 가지고 있는 특징 중 하나로 게임 참여 구성원들의 의견을 반영하여 자신들에게 적합한 게임 만들기 수업의 시작이라고 할 수 있다. 게임 재구성에 영향을 미치는 요소로는 경기장 크기 및 형태, 도구 및 장비의 종류와 수, 사용 기술의 형태, 규칙, 참가자 수와 구성 등이 있다(홍상완 외, 2013).

7) 하나로 수업모형

하나로 수업은 인문적 체육교육의 이상을 실현시키기 위한 한 가지 구체적인 실천 모형이다. 체육활동을 겉으로는 기법적 차원으로, 안으로는 심법적 차원을 하나로, 즉, 통합적으로 체험함으로써 학생을 전인으로 성장하도록 하는 데 목적을 두고 있다. 교사는 기능적 측면뿐만 아니라 체육활동 속에 담겨있는 의미, 정신, 전통과 안목을 통합적으로 체험할 수 있도록 인문적 과제와 서사적 경험을 제공한다. 온전한 체육활동으로 입문함으로써 '참 좋은 사람(전인)'으로 성장할 수 있게 된다.

하나로 수업은 운동의 겉과 속을 구성하는 기법적 차원과 심법적 차원을 하나로 동시에 체험하기 위해서는 운동의 기술과 전술을 습득하고 게임을 잘하기 위한 활동과 그 운동의 전통과 정신, 그리고 안목을 이해하기 위한 활동을 모두 체험해야 한다. 그것을 성격상 「직접적으로 체험하도록 하는 것」과 「간접적으로 체험하게 하는 것」으로 나눌 수 있다.

직접 체험활동은 '운동을 잘 하는 것'과 관련이 있다. 학생들이 기능, 전술, 게임을 기법적인 차원으로 직접 경험함으로써 운동을 기능적으로 잘 수행하도록 한다. 여기에는 주로 직접 경기에 참여하거나 운동기능의 연습, 촬영을 통한 동작분석, 전략과 전술 및 심판법, 기능 설명 및 향상도 점검을 위한 학습지 등이 있다. 이는 전통적인 체육수업과 그것의 발전적 형태로 진행되는 수업에서와 같은 기법적 차원의 효과를 얻을 수 있다.

간접 체험활동은 '운동을 잘 아는 것'과 관련이 있다. 운동의 안목, 정신, 전통을 심법적으로 간접 경험함으로써 학생들이 체육활동을 문학, 예술, 역사, 철학, 종교적 관점으로 이해하고 온전한 체육활동 속으로 입문하도록 한다. 여기에는 위에서 말한 인문적 지식을 활용하거나, 운동 속에 담긴 인문적 측면을 경험하도록 한다. 스포츠 시합 관람하기는 물론 운동에 관련된 음악이나 영화 감상, 스포츠 관련 시나 소설 읽기, 동호회 방문하기 등이 있다.

하나로 수업활동은 직접 교수활동과 간접 교수활동으로 학생들을 가르친다. 교사의 수업행동 중에서 기법적 차원으로서 밖으로 드러나는 것을 직접 교수활동이라 하고, 심법적 차원으로서 학생의 마음 안으로 전해지도록 하는 교수활동을 말한다. 직접 교수활동으로는 자기학습형, 지시전달형, 동료협동형, 탐구발전형, 시합대회형, 자유경기형 등이 있으며, 주로 교사가 설명하기, 조언하기, 시연하기 등을 통해 이루어진다. 간접 교수는 사랑, 몸짓, 용모, 표정, 어조, 대화, 유머, 매너 등 교사의 무의식적으로 행해지는 자연스러운 행위를 의미한다. 그동안 잠재적 교육과정에 관한 연구에서 교사의 무의식적 행위들이 학생들이 학습하는 과정에 커다란 영향을 미친다는 것을 알 수 있다. 학생들의 인성을 바르게 하고 스포츠를 다양한 시각으로 볼 수 있게 하는 데에 큰 의미가 있기 때문에 하나로 수업에서는 특히 간접 교수는 매우 중요하다(최의창, 2010).

이러한 하나로 모형의 수업 운영은 '터'와 '패'로 이루어진다. 터는 수업활동이 이루어지는 공간을 말하고, 패는 수업활동을 수행하는 학생들의 소집단 모임을 말한다. 교사는 학생들을 패로 조직하여 수업활동을 한다. 각 터에는 하기·읽기·쓰기·보기·듣기 등이 포함되는 다양한 수업활동들이 이루어지고, 각 터에는 진행 및 운영을 책임지는 '터주'가 있다.

이렇게 하나로 수업에서의 통합적 방식은 교과 간 통합 및 연계를 가능하게 한다. 특히, 담임교사가 여러 교과를 운영하는 초등학교의 특성을 활용하여 체육수업 시간의 경험을 국어 시간에 글쓰기와 읽기 등을 할 수 있으며, 음악과 미술 시간에는 다양한 작품 만들기를 할 수 있다. 이러한 통합적 접근을 통해 학생들이 통합적 모습의 스포츠 활동에 입문할 수 있으며, 스포츠 문화를 즐기며 올바른 문화를 계승하는 체육교육의 목표를 실천할 수 있다.

Box 9-9 하나로 수업모형의 '터'와 '패'

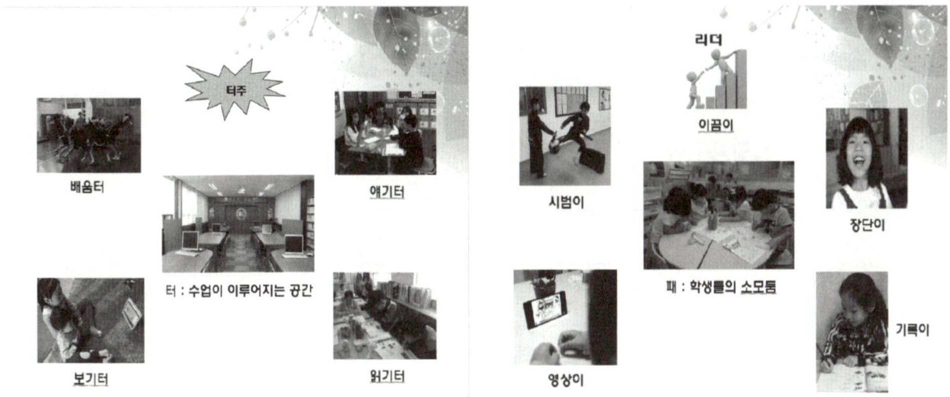

'배움터'는 배운 내용을 연습하거나 실행하는 곳, '보기터'는 TV나 비디오 등 동영상 자료를 시청각적으로 볼 수 있도록 만든 곳, '읽기터'는 유인물, 사진집, 스포츠만화 등 각종 읽는 자료들을 볼 수 있도록 만든 곳, '얘기터'는 수업에 관련된 다양한 측면들에 대해서 이야기를 나눌 수 있는 곳이다.

그리고 패 안에서는 책임 있는 수업활동 참여와 자기주도적인 학습활동을 위해 각 구성원의 역할 분담이 기본으로 이루어진다. 학생들은 자신들이 관심 있는 또는 자신 있는 역할(하기, 읽기, 쓰기, 보기, 듣기 등)에 포함되기를 희망하고, 각 역할별로 모인 구성원들이 한 개의 패를 구성한다. 그리고 각 패에는 리더로서 이끌어가는 역할인 '이끔이', 기능적인 부분과 관계되는 역할인 '시범이', 각종 보는 것과 관련된 역할인 '영상이', 읽기와 쓰기의 주도적인 역할을 맡는 '기록이', 듣는 것 및 분위기 조성과 관련된 역할인 '장단이' 등이 있다(최의창, 2010).

〈표 9-8〉 하나로 수업모형을 활용한 운동 영역(유연성 기르기) 수업의 예시

단계	학습요항 (분)	교수 · 학습활동	자료 및 유의점(※)
들어가기	건강 확인 하기	▷ 학생 건강 확인하기(1) • 건강상태가 좋지 않은 학생 중 수업관찰이 가능한 학생은 1을 이용하여 참관학습을 하도록 한다. - 수업 활동을 관찰하기 좋은 곳에서 참관한다.	1 관찰학습지
	생각 열기 '패'	**〈보기터 - 우리가 만든 체력 설명 영상 보기〉** ▷ 2를 보며 건강체력에 대해 생각해보기 • 각 '패'별로 친구들이 지난 시간 **'영상터'**에서 촬영한 영상을 보면서 어떤 체력을 기르기 위한 운동인지 생각해 봅시다. - 심폐지구력을 위한 운동입니다. 왜냐하면 오랫동안 달리기를 하면서 지속할 수 있는 운동이기 때문입니다. 등	2 건강체력 설명 플립그리드영상(전차시 '영상터' 학생 결과물)
	배움 문제 및 활동 순서 안내 하기	▷ 배움문제 알아보기 • 체육관에 준비된 자료를 바탕으로 오늘의 배움문제를 알아봅시다. ♣ 유연성을 기를 수 있는 운동을 해봅시다. ▷ 활동 방법과 순서 안내하기 〈활동 1〉 유연성 운동 알아보기 〈활동 2〉 하기터, 얘기터, 게임터 활동하기 〈활동 3〉 정리 및 평가	※ 전차시 결과물을 통해 자연스럽게 학생들이 배움문제에 대해 인식하도록 도움을 준다.
	수업 다짐 하기 (6)	▷ 평가 내용 이해 및 수업 다짐하기 • 3의 의미를 이해하며 평가 내용을 생각해 봅시다. - 체력 운동의 이해, 미션 수행, 협력태도 등을 평가합니다. • 자신이 이번 시간에 지킬 목표와 다짐을 한 가지씩 정해보도록 합시다. - 이번 시간에 지킬 자신만의 다짐을 말해본다. ▷ 준비운동하기 • 다양한 놀이를 통해 몸을 풀도록 한다. - 가위바위보 놀이, 술래잡기 놀이 등을 통해 몸을 푼다.	3 평가 팔찌 ※ 수업에서 노력하고자 하는 것을 분명히 하고 다짐해 본다.
과제 제시 및 활동 하기	유연성 운동 배우기 (5)	**〈배움터 - 유연성 운동 배우기〉** ▷ 유연성 운동 배우기 • 다양한 유연성 운동을 선생님과 함께 해봅시다. - 유연성의 의미를 생각하며 동작을 배워본다. - 바른 자세와 몸을 만들어 동작을 따라 하도록 한다.	4 '패' 안내판
	학습터	**▷ 학습터 탐구 활동하기**	

<table>
<tr><th>단계</th><th>학습요항(분)</th><th>교수 · 학습활동</th><th>자료 및 유의점(※)</th></tr>
<tr><td></td><td>탐구 활동 하기
'패'
(24)</td><td>• 패별로 이끔이의 안내에 따라 각자의 역할을 수행하며 학습터 활동을 해 봅시다.

【하기터】- 유연성 운동 실천하기(수준별 활동)
- 시범이는 '유연성을 기를 수 있는 동작'을 친구들 앞에서 보여주고 같이 해 봅니다.
- 이끔이와 함께 시범이가 한 동작 이외에 다른 유연성 운동 동작을 찾아서 친구들에게 소개해 보고 해 봅시다.
- 영상이는 친구들이 하는 동작을 동영상으로 촬영할 수 있도록 카메라 버튼을 조작합니다.

【얘기터】- 동작 및 특성에 대해 이야기 나누기
- 5를 보고, 자신과 친구의 동작 이야기하기
- 6을 통해 유연성에 관련된 문제 해결하기
- 영상이는 유연성 운동을 한 영상을 실행하고, 자세와 유연성 운동에 대해 이야기해봅시다.
- 기록이를 중심으로 패별로 동그랗게 모여 앉아 유연성과 건강체력에 관련된 문제를 함께 풀어본다.
- 기록이를 중심으로 유연성 운동을 꾸준히 하면 어떤 변화가 있을지에 대해 글을 써본다.

【게임터】- 유연성 기르기 위한 게임 만들고 하기
• 장단이를 중심으로 유연성을 기를 수 있는 운동을 게임으로 만들어 본다.(6분)
- 배려 전략: 자기 규칙(핸디캡), 자기 심판, 모든 사람 참여, 타임아웃 적용
• 장단이를 중심으로 다른 패와 게임을 만든 것을 비교해 보고, 구체적인 규칙 및 경기장을 정하도록 한다.
• 이끔이를 중심으로 자신의 조와 다른 조의 게임을 실행해 보고 반성해 본다.(6분)

- 1패, 2패(하기터 6분 활동, 얘기터 6분)
↔ 3, 4패(게임터 12분 활동과 교대)</td><td>⑦과정중심평가 ①
유연성의 종류에 따라 적절한 운동을 할 수 있는지 확인하고 이해도를 평가하도록 한다.

※ 주어진 역할을 잘 나누고 모든 패원들이 참석할 수 있도록 한다.

5 유연성 관련활동 영상(하기터에서 찍은 영상-노트북)

6 유연성 퀴즈통

7 게임 활용 자료
※ 스스로 게임을 구성할 때 친구들의 수준을 고려하여 만들도록 한다.

⑦과정중심평가 ②
자신이 만든 미션을 친구들과 공유하며 설명하는 모습을 평가하도록 한다.</td></tr>
</table>

단계	학습요항 (분)	교수 · 학습활동	자료 및 유의점(※)
정리하기	정리운동 하기 배움 내용 정리 하기 자기평가 전체 목표 달성 확인 생활화 및 다음 배움 내용 알기 (5)	▷ 정리운동하기 • 많이 활동한 관절을 풀어주며 정리운동을 해봅시다. - 성실하게 정리운동을 한다. ▷ 배움 내용 정리하기 • '다양한 학습터' 활동을 하면서 알게 된 점, 느낀 점을 발표해 봅시다. - 유연성을 기르는 운동을 직접 만들고 해보니 다양하게 할 수 있다는 것을 알게 되었습니다. - 체력을 기르는 운동을 게임처럼 하니까 더욱 재미있었습니다. 등 ▷ 자기 평가 및 전체 목표 달성 확인 • 자신의 활동을 평가해 보고 우리 반 전체 목표를 확인해 봅시다. - 평가 팔찌를 옮기며 자신의 활동을 평가해 보도록 한다. - 우리 반 전체 목표가 달성되었는지 확인해 본다. ▷ 생활화 및 다음 차시 학습 알기 • 체력 기르기가 수업시간뿐만 아니라 생활 속에서도 지속될 수 있도록 다 같이 노력해 봅시다. • 다음 시간에는 나의 체력에 맞는 운동 계획을 세워보도록 하겠습니다. - 수업 물품 및 개인위생을 정리하도록 한다.	※ 전체 수업에 대한 이해와 알게 된 점에 대해 피드백을 하도록 한다. 3 평가 팔찌 ⑦과정중심평가 ③ 자신이 수행한 과제 및 협력 정도를 스스로 평가할 수 있도록 한다. ※ 수업시간의 활동을 생활 속에서 실천할 수 있도록 수업의 의미를 다진다.

Box 9-10 하나로 수업에서 스마트기기를 활용한 의견 모으기 및 체육일기 쓰기 활동

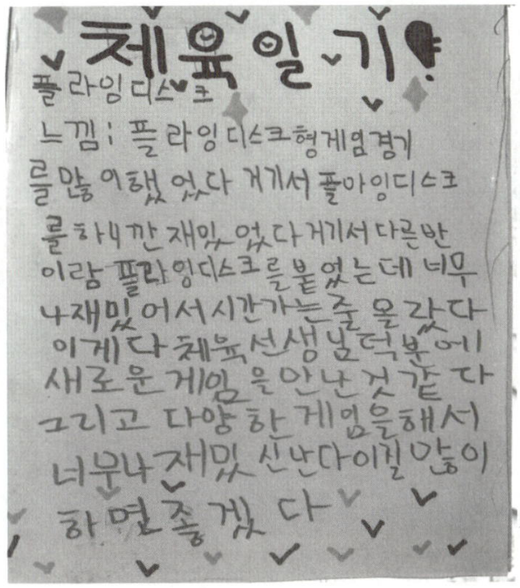

하나로 수업에서 운동을 잘 하도록 하는 '기법적 차원'은 직접적인 체험활동을 통해서, 운동을 잘 알도록 하는 '심법적 차원'은 간접적인 활동을 통해서 홀 스포츠(whole sport)에 입문시킨다. 직접적인 체험활동으로는 기술 연습, 시합, 기능 분석, 기술 창작, 인터넷 정보, 심판 보기, 반성일지, 에티켓 등이 있고, 간접적인 체험활동으로는 음악 듣기, 영화 보기, 경기 관람, 동호회 방문, 글쓰기, 책읽기, 그리기, 만들기 등이 있다(최의창, 2010).

8) (개인적 · 사회적) 책임감 모형

약 30년 전 Hellison(1978)에 의해 개발된 (개인적 · 사회적) 책임감 모형(TPSR)은 현재 미국과 세계 여러 나라에서 사용되고 있고, 그동안 공립학교와 대안학교 교육과정, 방과 후 프로그램, 스포츠 프로그램에서 수행되어 왔으며, 최근 그 수가 점점 더 증가하고 있다(Mrugala, 2002).

(개인적 · 사회적) 책임감 모형(Teaching Personal & Social Responsibility)은 청소년 비행을 예방하고 전인교육을 체육수업에서 실천할 수 있는 구체적 대안으로서 스포츠와 신체활동을 통해 학생들이 개인적 · 사회적 수준의 책임 의식을 형성하여 궁극적으로 타인과의 조화 속에서 삶의 안녕을 추구하는 것을 목적으로 하는 수업모형이다. 주요 목표는 학생들을 다양한 문제 상황에 직면하게 하여 자신의 신체활동과 생활

에 보다 책임감을 가지고 스스로 판단·결정하도록 유도하는 것이며, 다른 사람의 권리, 감정, 요구에 민감하게 반응하는 사회적 책임감을 가르침으로써 스스로와 사회에 대한 책임감을 기르는 데 초점을 맞추고 있다. 학생들에게 권한을 부여함으로써 책임감을 경험케 하고, 스스로를 발달시키려고 노력하는 가운데 자신과 타인에 대한 본질적인 관계를 이해하며, 다른 사람의 권리와 복지를 침범하는 행동과 자신이 선호하는 것을 구분하게 하는 데 그 의도가 있다(Hellison, 2003).

(개인적·사회적) 책임감 모형(TPSR)은 체육 활동을 통하여 개인의 감정 통제가 불가능한 학생들이 자기통제를 통하여 타인을 존중(Ⅰ단계)하며 학습과제에 열심히 참여·노력하는 단계(Ⅱ단계)를 지나, 학생 스스로가 학습 내용을 선택하고 계획하는 자기 책임감 단계(Ⅲ단계)를 거쳐 타인을 배려하는 단계(Ⅳ단계) 및 학급, 학교, 가정으로의 전이 단계(Ⅴ단계)에 이르는 수업모형이다(최홍섭, 2009; Hellison, 2003).

책임감은 크게 개인적 책임감과 사회적 책임감으로 구분할 수 있고, 각 단계를 지도하기 위한 다양한 전략(인식, 직접 교수, 개인적 의사결정, 그룹 의사결정), 주제(통합, 전이, 권한부여, 교사와 학생 관계), 수업틀(상담시간, 인식 대화, 수업, 그룹 모임, 반성시간) 등으로 게임 및 운동 기능을 익히고 향상시키며, 책임감을 가지거나 보다 책임 있는 자세를 배우는 것을 목표로 한다(김동철, 2006; 최의창, 2003; Graham, 2001; Hellison, 2003; Hellison & Templin, 1991; Wright, 1998). 또한, '학생들에게 적게 가르치는 것이 낫다'는 지침(Sizer, 1992)과 느슨한 교수·학습 진행, '모든 학생이 다 함께 참여(inclusion game)'하고, 학생들 스스로 게임을 조직·운영하는 방식(Hellison, 2003; Hellison & Templin, 1991)으로 남의 의견을 존중하며, 규칙 준수, 예절, 협동, 경쟁, 스포츠맨십 등의 기본 원리를 학습하고 내면화함으로써 타인과의 상호 협조, 준법성, 협동성, 사교성, 자주성 등과 같은 사회성을 발달시키고(최종호, 박대권, 2007), 자발적인 선택으로 구성된 팀에서 다양한 의사결정을 하는 방법과 과정을 배우게 된다(Darnell, 1994).

Box 9-11 책임감 모형의 개인적 · 사회적 책임감

LEVEL 0	**무책임** 비난하기, 욕하기, 괴롭히기, 놀리기, 이기적으로 행동하기, 수업 방해하기 등	
LEVEL Ⅰ	**타인의 느낌과 권리에 대한 존중** Ⅰ-1. 자기통제 Ⅰ-2. 평화적으로 갈등을 해결하기 위한 권리 Ⅰ-3. 포함되기 위한 권리	사회적 책임감
LEVEL Ⅱ	**참여와 노력** Ⅱ-1. 자발적 동기부여 Ⅱ-2. 새로운 과제에 대한 시도와 탐구 노력 Ⅱ-3. 목표 도달을 위해 지속할 수 있는 용기	개인적 책임감
LEVEL Ⅲ	**자기 책임감** Ⅲ-1. 독립적인 과제 활동 Ⅲ-2. 점진적인 목표 설정 Ⅲ-3. 동료의 압력에 저항할 수 있는 용기	개인적 책임감
LEVEL Ⅳ	**타인을 위한 조력과 리더십** Ⅳ-1. 동정과 배려 Ⅳ-2. 민감성과 감수성 Ⅳ-3. 내적인 힘	사회적 책임감
LEVEL Ⅴ	**체육시간을 넘어** Ⅴ-1. 다른 생활영역에서 책임감 단계 시도하기 Ⅴ-2. 역할모델 되기	전이

(왼쪽 세로 막대: 책임감 ➡)

(개인적 · 사회적) 책임감 모형에서 책임감은 크게 개인적 책임감과 사회적 책임감으로 구분할 수 있고, Ⅰ · Ⅳ수준(단계)은 사회적 책임감과 Ⅱ · Ⅲ수준(단계)은 사회적 책임감과 관련이 많이 되어 있다(Hellison, 2003).

〈표 9-9〉 (개인적 · 사회적) 책임감 수업모형을 활용한 스포츠 영역(네트형) 수업의 예시

책임감 단계	
책임감 단 계	• 0단계(무책임): 친구 비난하기, 욕하기, 괴롭히기, 놀리기, 수업 방해하기 등 • Ⅰ단계(자기통제 · 타인존중): 다른 친구의 학습권리, 교사의 교수권리를 방해하지 않기 • Ⅱ단계(참여 · 노력): Ⅰ단계 및 수업에 적극적으로 참여하여 노력하기 • Ⅲ단계(자기책임감): Ⅰ-Ⅱ단계 및 학생들 스스로 계획 세워 실천하기 • Ⅳ단계(조력 · 리더십): Ⅰ-Ⅲ단계 및 친구를 도와주고 배려해 주기 • Ⅴ단계(전이): 체육시간 이외의 교실, 학교, 집에서 Ⅰ-Ⅳ단계 실천하기

단계	학습 요항	교수 · 학습활동	시량	자료 및 유의점(※)
인식	동기유발	▷ 건강 상태 확인 및 동기 유발하기	5'	※ 학습 자료와 학습장을 점검한다.
	책임감 인식하기	▷ 책임감 단계에 대해 인식하기 • 0-Ⅴ단계에 대해 간단하게 설명하기		[1] 팀조끼, 배구공, 축구공, 네트 등
	학습목표 인지하기	▷ 학습목표 제시 손과 발을 사용하여 간이배구와 간이족구 게임하기		[2] 이동식 칠판
	학습순서 안내하기	▷ 학습 순서 알아보기 • 게임 규칙 인지하기 → 게임 규칙 변형 및 팀 편성하기 → 게임 → 팀별 반성 → 반성하기		
	준비운동	▷ 준비운동하기		
활동	게임규칙 인지하기 권한부여	▷ 간이족구 및 간이배구 게임 규칙 알아보기 • 득점 인정 규칙 • 게임 진행 방법 등 ▷ 간이족구 및 간이배구 게임 규칙 변형하기: all-touch, time-out 기준 • 1경기장(간이족구: 남학생) - 발만 사용 • 2경기장(간이족구: 남녀학생) - 손발 사용 • 3경기장(간이배구: 여학생) - 손 사용(잡지 않고) • 4경기장(간이배구: 남녀학생) - 손 사용(잡거나 잡지 않고) • 게임 방법: 게임 시작, 게임 진행, 팀편성 등 • 문제 발생 시 협의(타임아웃)를 통해 해결하기	10'	[3] 게임장 ※ 전 차시까지 일반화된 내용은 그대로 적용하게 한다.
	게임하기	▷ 여러 가지 간이 족구 및 간이 배구 게임하기 • 팀별로 역할 정하고 작전 세우기 • 정해진 규칙과 방법에 따라 간이족구 및 간이배구	15'	※ 전력이 비슷하게 팀을 구성한다.

단계	학습 요항	교수 · 학습활동	시량	자료 및 유의점(※)
		게임하기 • 팀별 상호 합의하여 규칙 수정하기 • 작전 타임 갖기		[4] 작전판
모임	정리운동 대화하기	▷ 팀별로 정리운동하기 • 많이 사용한 신체 부위를 중심으로 정리운동하기 ▷ 팀별로 둥글게 둘러앉아 수업 내용과 책임감 단계에 대해 대화하기 • 수업 내용에 대한 자신의 의견을 발표하기 • 책임감 단계에 대한 자신의 의견을 발표하기	5'	[5] 기록지 ※ 시간이 부족할 경우 1-2명 발표 후 손가락으로 표시하기를 하게 한다.
반성	학습정리하기 자기반성 차시예고 뒷정리	▷ 간이족구 및 간이배구 게임을 잘하기 위한 방법 알아보기 • 작전 잘 세우기 • 게임 규칙에 맞는 필요한 기술 익히고, 협동 잘하기 등 ▷ 오늘 수업에 대한 자신의 책임감 단계 평가하기 • 자기평가지를 이용하여 책임감 단계 평가하기 ▷ 차시예고하기 ▷ 사용 기구 정리 및 청결지도	5'	[6]자기평가지

Box 9-12 (개인적 · 사회적) 책임감 모형의 책임감 수준(단계)

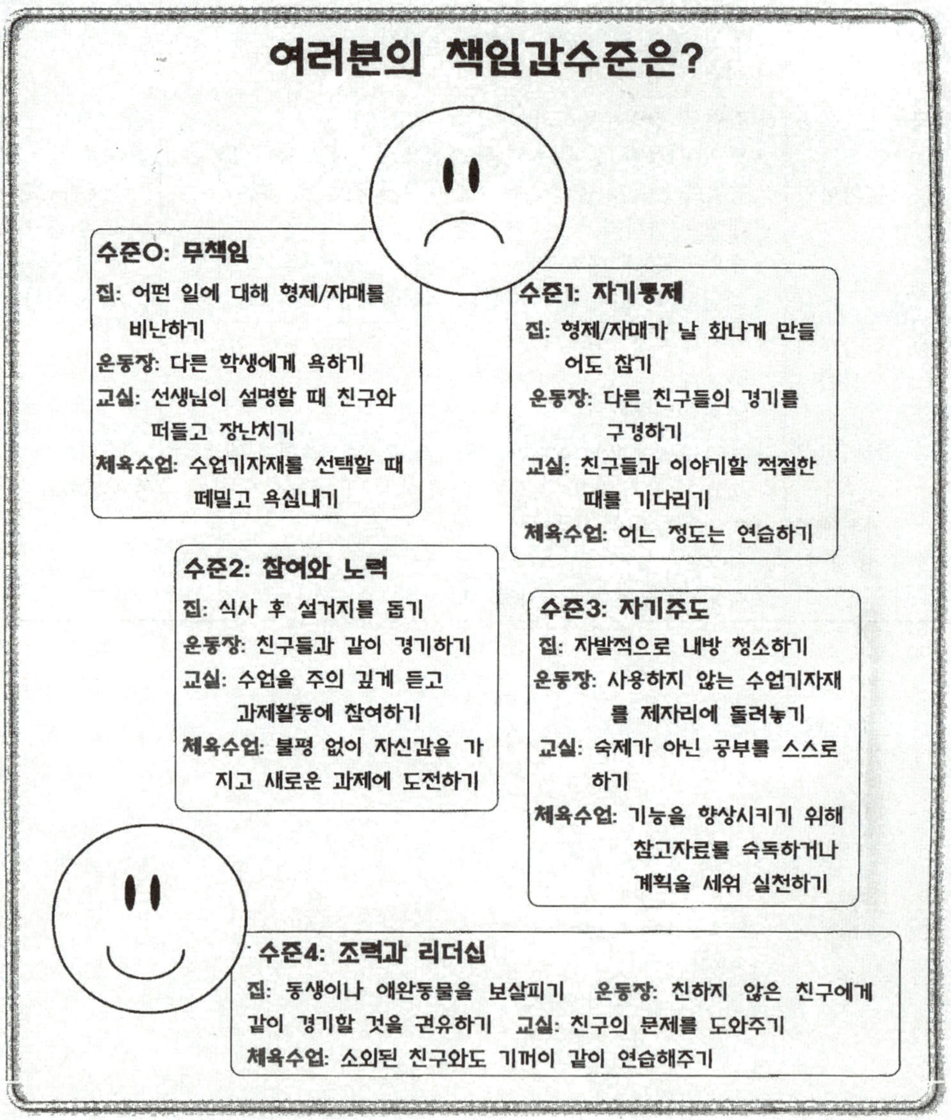

(개인적 · 사회적) 책임감 모형(TPSR)에서 책임감 수준(단계)은 가장 낮은 수준인 무책임 수준(0단계)이 있고, 다음은 체육 활동을 통하여 개인의 감정 통제가 불가능한 학생들이 자기통제를 통하여 타인을 존중하는 Ⅰ수준(단계)이 있으며, 다음으로 학습과제에 열심히 참여 및 노력하는 Ⅱ수준(단계)이 있다. Ⅲ수준(단계)은 학생 스스로가 학습 내용을 선택하고 계획하는 자기 책임감 단계이며, Ⅳ수준(단계)은 타인을 배려하는 단계이다. 마지막 Ⅴ수준

(단계)은 수업시간에 배운 책임감을 학급, 학교 및 가정으로 전이시키는 수준(단계)이다. 이러한 책임감 수준(단계)은 누적적인 것으로 Ⅱ수준(단계)이 부족한 Ⅲ수준(단계)은 있을 수 없다. 즉, Ⅱ수준(단계)이 밑바탕이 된 Ⅲ수준(단계)이 되어야 한다. 나머지 책임감 수준(단계)도 마찬가지이다(Hellison, 2003).

Box 9-13 (개인적 · 사회적) 책임감 모형에서의 대화 및 반성하기 학습단계

(개인적 · 사회적) 책임감 모형(TPSR)에서 대화 학습단계(Group Meeting)는 수업 정리 단계에서 교사 주위에 학생들을 모이게 하고 학생들에게 수업에 대한 관점(팀 동료들이 어떠했는지, 교사의 교수 활동과 리더십은 얼마나 효과적이었는지 등)을 표현할 수 있는 기회를 주는 단계이다. 그리고 반성 학습단계(Reflection Time) 역시 수업의 마지막에 책임감 단계와 관련된 학생들의 태도, 의도, 행동들을 평가할 수 있도록 하는 교수 전략이다. 간단하게 평가하는 방법에는 교사가 각각의 단계들에 대해 발문할 때 학생들이 엄지손가락을 위(좋음), 아래(싫음), 옆(보통)으로 들어 스스로를 평가하는 수신호방법이나 간략한 일지를 기록하게 하는 방법(Hellison, 1995, 2003) 등이 있다.

Box 9-14 (개인적 · 사회적) 책임감 모형에서의 자기 평가지

( ) 역할 자기 평가

날짜: ( ) 과 남 · 여 성명 ( )

오늘 체육시간에 무엇을 했는지 아래에 자세히 써 보세요.					
역 할 내 용	매우 많이	많이	보통	조금	전혀 아님
심판의 판정과 상대 팀을 존중하고 게임 결과를 수용한다(I **단계**).					
승패에 관계없이 최선을 다해 게임에 참여, 노력한다(**II 단계**).					
자신의 운동 기능 향상을 위해 노력한다 **(III 단계)**.					
즐겁고 재미있는 게임을 위해 친구들을 도와준다**(IV 단계)**.					
교실, 학교, 집에서 체육시간에 배운 존중, 배려, 책임을 실천한다**(V 단계)**.					
위에 잘(잘못)한 것을 자세히 써 보세요(10줄 이상).					
자기가 생각하는 책임감 단계는? (이유도 간단히 적어보세요)	( ) 단계:				

(개인적 · 사회적) 책임감 모형(TPSR)에서 평가는 수업 말미에 있는 대화단계와 반성단계에서 이루어진다. 보통 대화단계에서는 학생-학생 상호평가 및 교사-학생 평가가 이루어지고, 반성단계에서는 개인평가가 많이 이루어진다(Hellison, 1995, 2003). 이 자료는 반성단계의 개인평가에서 활용하면 효과적인 '자기평가' 예시이다.

9) 스포츠 교육모형

스포츠는 학교체육의 근간이 되는 활동으로 학교체육의 수업 내용으로 자리를 차지하고 있다. 최근에는 생활 스포츠가 활성화되면서 우리 사회의 하나의 문화 활동으로 정착되고 있으며, 이를 즐기는 사람들이 점차 증가하고 있는 추세이다. 이러한 스포츠의 가치를 보다 올바르게 학습시키고자 하는 노력에서 스포츠 교육모형이 태동하였다. 이러한 스포츠 교육모형의 기본 구조는 스포츠 리그의 조직으로부터 파생되었다. 만약 경쟁적인 스포츠 리그를 시작하려고 한다면 무엇이, 그리고 어떤 역할과 일들이 필요할까? 선수, 코치, 심판, 점수 기록자, 트레이너, 행정가, 경기 보조원 등이 필요할 것이다. 또한 연습시간, 연습일정, 경기 규칙, 시설 및 용·기구 등도 필요할 것이다. 스포츠 교육모형은 이러한 모든 특성을 학생에게 스포츠 참여를 통해 다양한 경험과 학습을 할 수 있는 구조를 제공한다.

스포츠 교육모형은 학생들에게 스포츠 상황에서 나타나는 다양한 역할과 구조를 경험하게 하는 데 초점을 두고 있다. 스포츠 교육모형은 모든 학생들에게 실제적이고 교육적으로 풍부한 스포츠 경험을 제공하기 위해 설계되었으며, 스포츠 전반을 포괄적으로 가르치는 데 적합한 수업모형이다. 즉 단지 선수로서 스포츠를 즐기는 것이 아니라 팀에 대한 소속감, 공정한 플레이, 경기 예절, 스포츠 전통, 스포츠 감상, 경기 전략, 스포츠 리그 등 스포츠 종목과 관련된 모든 문화를 체험하도록 하는 6가지 핵심적인 특성을 가지고 있다(Siedentop, 1994). 또한 학생들은 리그의 운영과 구조에 대한 의사결정에 적극적으로 참여하는 능동적인 역할을 통해 스포츠 리그 운영에 필요한 다양한 역할 경험을 통해 스포츠 속에 내재된 다양한 관점과 가치를 배움으로써 긍정적이고, 교육적인 체험을 하게 된다(Metzler, 2003).

Box 9-15 스포츠 교육모형의 3가지 주요 목적

Siedentop(1994)은 스포츠 교육모형의 3가지 주요 목적을 '유능하고, 박식하며, 열정적인 스포츠인으로 성장하기'로 보았다.

- 유능한 스포츠인(competent sports-person): 만족스럽게 게임에 참여할 수 있는 충분한 기술을 가지고 있고, 게임의 난이도에 따라 적절한 전략을 이해하고, 실행할 수 있으며, 경기지식이 풍부한 스포츠 참여자이다.
- 박식한 스포츠인(literate sports-person): 스포츠의 규칙, 의례, 전통을 이해하고, 그 가치를 알 수 있으며, 프로나 아마추어 스포츠를 막론하고 바람직한 수행과 그렇지 못한 수행을 구별할 수 있다. 따라서 박식한 스포츠인은 스포츠팬이든, 관람자이든 간에 스포츠 수행을 잘하는 참여자이면서 안목 있는 소비자이기도 하다.
- 열정적인 스포츠인(enthusiastic sports-person): 어떤 스포츠 문화이든 관계없이 다양한 스포츠 문화를 보존하고, 증진할 수 있는 방향으로 행동하고, 참여한다. 스포츠 집단의 일원으로 이와 같은 열정적인 스포츠인들은 지역, 국가, 국제적 스포츠 수준의 경기에 참여한다.

〈표 9-10〉 스포츠 교육모형의 6가지 특성(Siedentop, 1994)

특성	개 요
시즌 (season)	전통적인 체육수업의 내용 단원보다는 시즌이라는 개념을 사용한다. 시즌은 연습기간, 시즌 전 기간, 정규시즌 기간, 포스트 시즌을 포함한 장기간의 학습활동을 의미한다. 이 모형은 최소 20시간 이상의 수업 시수를 필요로 한다.
팀 소속 (affiliation)	학생들은 한 시즌을 같은 팀에서 활동하게 된다. 팀의 일원으로 공동의 목적을 함께 추구하고 의사결정에 함께 참여하며, 성공과 실패를 경험하면서 팀 정체성을 만들어 가는 가운데 스포츠 교육모형이 추구하는 학습목표를 달성하기 위해 노력한다.
공식 경기 (formal competition)	학생들이 시즌을 어떻게 조직하고 운영할 것인지를 결정한다. 학생들은 경기를 보다 공정하게 운영하고 적극적인 참여를 유도하기 위해 경기 규칙을 개정하기도 한다. 각 팀은 공식 경기 일정에 따라 장 · 단기 연습 계획을 세우며 경기에 참가한다.
결승전 행사 (culminating event)	결승전 행사는 축제 분위기 속에서 진행되며, 모든 학생들이 각자의 능력에 맞는 역할을 맡아 적극적으로 참가할 수 있도록 한다.
기록 보존 (keeping records)	공식 경기를 통해 수많은 기록이 생산되며, 기록은 팀의 전략을 세우거나 팀원들 간의 관심이나 흥미를 유발하는 데 사용할 수 있고, 학생들을 평가하는 데에도 활용할 수 있다. 또한 팀의 전력을 분석하는 데도 활용이 가능하다.

특성	개 요
축제 (festival)	각 팀은 고유한 전통을 강조하는 팀 명칭을 갖게 되고, 경기장은 각양각색(各樣各色)의 깃발과 현수막으로 장식하여 축제 분위기를 연출한다. 스포츠 교육모형에서는 시즌과 경기를 축제 분위기 속에서 '함께 축하하는' 자리로 종료한다.

스포츠 교육모형에서는 학습 내용과 수업의 전체적인 운영 구조는 교사가 결정하고, 결정된 학습 내용을 전달하고 운영하는 것은 각 팀별 학생들이 주도한다. 교사는 정보 제공자 및 자료 제공자로서의 역할을 수행하게 된다. 또한 스포츠 교육모형은 사회 속에서 스포츠가 가지고 있는 부정적인 특성들을 제거하고, 감소시킨다(Metzler, 2003).

- 경쟁은 학생의 기능, 지식, 전략을 발달시키는 수단으로 사용된다. 이는 교육적 도구일 뿐 그 자체가 목적이 되지 않는다.
- 모든 학생은 선수로서뿐만 아니라 다른 역할을 수행하는 참여자가 된다. 우수 선수만이 주로 참여하는 기존의 스포츠와 같은 배타적인 방식으로 이루어지지 않는다.
- 학생은 능동적으로 참여해야 한다. 학생은 스포츠 환경 속에서 주로 어른들이 주도해 왔던 의사결정 방법을 실제로 학습하게 된다.
- 학생은 자신의 발달단계에 맞는 스포츠를 직접 설계하고, 수행할 수 있는 결정을 할 수 있어야 한다.
- 스포츠 교육모형은 교육적 환경 속에서 이루어지기 때문에 스포츠 교육모형의 목표와 활용을 교육의 연장선에서 지키려는 책임감을 가진다. 학교 대항 경기나 청소년 스포츠 리그에 나갈 선수 선발 등을 우선적인 목표로 두어서는 안 된다.

〈표 9-11〉 스포츠 교육모형의 스포츠 영역(축구 단원) 운영 예시(손천택, 박정준, 2017)

차시	수업 주제	학습 활동	비고
1	모형의 소개 축구의 소개	• 단원 설명: 학습목표, 학생의 임무, 연습 방법 등 • 축구 경기의 주요 기술, 역사 등 • 주장 및 팀원 선정	• 월드컵 축구 경기 시청
2	패스의 기능	• 패스의 종류 및 기능 이해 • 패스 연습	• 축구공 충분히 준비
3	트래핑 기능	• 발, 무릎, 가슴, 머리를 이용한 트래핑 • 상황에 적합한 기능사용 • 동료의 트래핑 능력 평가	• 평가도구의 사전 개발
4	킥 기능	• 발 부위에 따른 킥의 종류 • 상황에 적합한 킥 연습	
5	드리블	• 드리블 연습하기 • 드리블하고 슛하기 • 동료의 패스 능력 평가하기	
6-7	축구의 규칙과 전술 소개	• 축구 전략 알아보기 • 전략 연습 게임 • 축구 경기 규칙과 운영 절차의 소개	• 기능과 전략을 연습하는 게임으로 운영
8	연습 게임	• 경기에서의 역할 연습(심판, 기록원, 게시원 등)	• 팀별 연습경기 • 경기운영 요원 역할 교육
9-15	축구 시즌의 시작	• 4팀이 경기하는 동안 1팀은 경기 운영 역할 • 토너먼트의 누적 점수와 공식 기록 • 스포츠맨십 발휘에 대한 가산점	• 학생들의 경기 운영 및 팀 활동 지원
16	결승전 시즌 종료	• 라운드로빈 토너먼트 • 자기 역할에서 능력발휘 • 축제 분위기 조성	• 학생은 각자의 역할에 충실 • 축제하는 분위기 조성

Box 9-16 스포츠 교육모형의 리그전 경기 대진표 예시 자료

( ) 과 ( ) 경기 대진표

〈 월 일: 회전〉

	1조	2조	3조	승패	득실	순위
1조						
2조						
3조						

심판:

스포츠 교육모형의 진행 방식은 다양하겠지만, 시간이 많을 경우에는 리그전(league match)[1)]으로, 시간이 부족할 경우에는 토너먼트(tournament)[2)] 형식으로 운영하는 것이 효과적이다. 이 자료는 리그전에서 활용하면 효과적인 '경기 대진표' 예시이다.

1) 리그전(league match): 대회에 참가한 모든 팀이 각각 돌아가면서 한 차례씩 대전하여 그 성적에 따라 순위를 가리는 경기 방식이다. 참가한 팀에게 평등하게 시합할 기회가 주어져 가장 성적이 좋은 팀에게 우승이 주어지는 대신, 팀 수가 많을 경우 순위를 결정하기까지 시간이 걸리고 동률이 나올 가능성이 많기 때문에 승률에서의 우선순위를 정하는 기준을 미리 규정해 놓아야 하는 단점이 있다.

2) 토너먼트전(tournament): 추첨에 의해 확정된 대진표에 따라 치러진 경기 결과에 의해 탈락 여부가 결정되고, 최후에 남는 두 팀으로 우승을 가리는 경기 진행방식이다. 8강, 4강의 순서를 거쳐 결승을 치르는 경기가 바로 토너먼트 방식이다.

Box 9-17 스포츠 교육모형의 얼티미트 경기 공격 기록지 예시 자료

얼티미트 경기 공격 기록지

20 년 월 일 ( )과 ( )조 기록원:

순	이름	공격 위치	패스 높이	패스 성공	터치다운	비고
1		전, 중, 후	저 회, 중 회 고 회	저 회, 중 회 고 회	회	
2		전, 중, 후	저 회, 중 회 고 회	저 회, 중 회 고 회	회	
3		전, 중, 후	저 회, 중 회 고 회	저 회, 중 회 고 회	회	
4		전, 중, 후	저 회, 중 회 고 회	저 회, 중 회 고 회	회	

스포츠교육모형에서는 학생들이 활동에서 수행한 다양한 기록들은 작성되고, 유지된다(조미혜, 2005; 최의창, 2003). 이 기록에는 개인 및 팀의 장단점, 역할별 수행 결과, 전략 협의 및 반성 자료 등이 있다. 시즌 동안의 게임에서 이루어진 스포츠 행동들이 역동적인 과정으로 모두 기록되었다. 그러므로 이렇게 기록된 자료들은 학습수행의 현장성이 내재된 가치 있고, 지속적인 과정 중심의 수행평가 자료가 될 수 있다(김무영, 정주혁, 조남용, 2011). 즉, 게임에 대한 기록이 바로 평가가 되는 것이다. 이 자료는 얼티미트 경기에서 활용하면 효과적인 '공격 기록지' 예시이다.

<리그전과 토너먼트 작성 방법>

1. 리그전

참가팀 모두가 각기 한 번씩 경기를 치러 가장 많이 이긴 팀이 승리하는 방식이다. 참가팀 모두에게 평등한 시합 기회가 주어지는 장점이 있으나, 대회 기간이 길어지거나 동률이 나올 가능성이 많기 때문에 사전에 우선순위를 세밀하게 정해야 하는 단점이 있다.

리그전은 경기 결과를 모두가 공정하게 받아들이고, 정확한 실력을 파악할 수 있게 된다(http://blog.naver.com/jaeminjake/222390729582).

가. 리그전 대진표 짜는 방법(홍상완 외, 2013)

1) 참가 팀 수를 N이라 하면, 전체 경기 수는 N(N-1)/2이다.
2) 팀 배정 방법은 〈표 9-12〉와 같이 좌우 팀 수가 같게 배정하되 시계 반대 방향으로 회전하면서 배정하면 된다.
3) 2회전 이후의 조 편성은 〈표 9-12〉와 같이 어느 한 팀(보통 1번)을 고정시켜 놓고 다른 팀을 시계 반대 방향으로 하나씩 이동시킨다.
4) 홀수 팀인 경우는 〈표 9-13〉과 같이, 가공의 팀(실제로는 없는 팀, X)을 하나 더 만들어 짝수 팀이 되게 하여 2)-3) 번과 같이 배정 및 이동시키고, 가공의 팀과 상대하는 팀은 실제로는 경기가 없으므로 경기를 쉬게 된다.

〈표 9-12〉 참가수가 짝수(6팀)인 경우

1회전	2회전	3회전	4회전	5회전
1-6	1-5	1-4	1-3	1-2
2-5	6-4	5-3	4-2	3-6
3-4	2-3	6-2	5-6	4-5

〈표 9-13〉 참가수가 홀수(7팀)인 경우 (X는 가공의 팀): X가 있는 팀은 경기를 쉼

1회전	2회전	3회전	4회전	5회전	6회전	7회전
1-×	1-7	1-6	1-5	1-4	1-3	1-2
2-7	×-6	7-5	6-4	5-3	4-2	3-×
3-6	2-5	×-4	7-3	6-2	5-×	4-7
4-5	3-4	2-3	×-2	7-×	6-7	5-6

나. 순위 결정 방법: 승률, 승자승, 득실, 기타(동전 앞 · 뒤면 정하기, 가위바위보, 연장자순 등) 등의 방법이 있다.

2. 토너먼트식

토너먼트는 중세 시대 기사들의 마상시합을 일컫는 말로써 승자 진출전으로 단 한 번의 경기에서 지게 되면 패자는 탈락하는 경기 방식이다.

참가하는 팀(사람)이 많아도 이른 시간 안에 우승팀(사람)을 결정하는 장점이 있지만, 강팀이라도 한 번의 경기만 지게 되면 탈락하는 단점이 있다. 또한 자기 팀의 정확한 실력 파악이 힘들고, 전체 순위를 알 수 없는 단점이 있다. 이를 보완하는 방법으로 패자부활전과 대진표에서 강팀 간에는 예선전부터 서로 맞붙지 않게 시드를 배정하는 방법이 있다(http://blog.naver.com/jaeminjake/222390729582).

가. 가로식 토너먼트식 작성법(홍상완 외, 2013)

1) 참가한 팀 수가 2의 거듭제곱(제곱)일 때는 모든 참가팀이 1회전부터 대전한다. 이렇게 2의 거듭제곱(제곱)이 되게 하는 목적은 참가한 팀 간 대결에 최적화되어 있기 때문이다.
2) 2의 거듭제곱이 아닐 때는 1회전에서 부전승(不戰勝, 경기 없이 승리하는 경우) 만들어야 한다.
3) 부전승을 만드는 목적은 2회전부터 참가팀 간 경기를 2의 거듭제곱(제곱)으로 만들기 위해서 필요하다.
4) 부전승의 팀 수는 참가자 수보다 큰 바로 다음 2의 거듭제곱(제곱) 수에서 참가자 수를 빼면 된다.

예) 10팀이 참가하였을 때 : 16(참가팀 수보다 많은 2의 거듭제곱) - 10(참가팀 수) = 6개 팀의 부전승 생기게 된다.

5) 가로식 대진표 작성 방법 : 좌우 점대칭 형태로 아래의 순서에 따르면 된다.

가) 참가팀이 홀수일 경우는 좌소(左小) 우다(右多)로 배정하고, 참가팀이 짝수일 경우는 좌우가 같게 배치한다.

(1) 홀수인 7팀이 대전했을 경우 : 좌측은 소(小, 3팀), 우측은 다(多, 4팀).

(2) 짝수인 8팀이 대전했을 경우 : 좌우측 동수(각 4팀).

나) 참가팀이 홀수일 경우, 왼쪽 박스는 상소(上小) 하다(下多)로 하고, 오른쪽 박스는 반대로 하면 된다. 참가팀이 짝수일 경우는 좌우를 같게 하면 된다.

(1) 배정된 팀 수가 홀수일 때(10개 팀인 경우).

상소	① ____ ② ____	⑥ ____ ⑦ ____ ⑧ ____
하다	③ ____ ④ ____ ⑤ ____	⑨ ____ ⑩ ____

(2) 배정된 수가 짝수 일 때: 상 · 하 동수(8개 팀인 경우)

상	① ____ ② ____	⑤ ____ ⑥ ____
하	③ ____ ④ ____	⑦ ____ ⑧ ____

다) 참가팀이 홀수일 경우, 왼쪽 박스는 안쪽이 많게(내다, 內多), 바깥쪽은 적게(외소, 外小)로 하고, 오른쪽 박스는 반대로 하면 된다.

(1) 12개 팀인 경우.

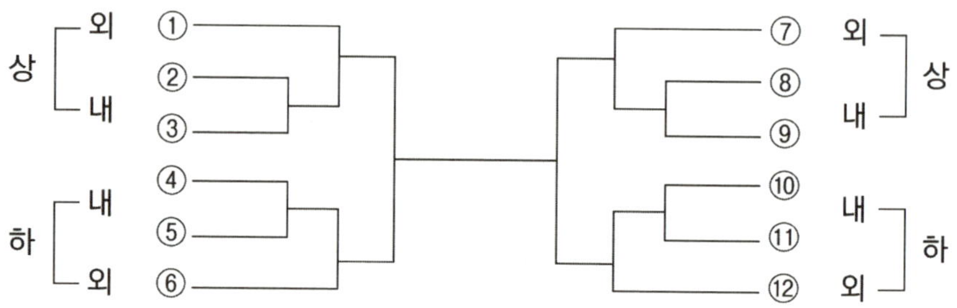

(2) 13개 팀인 경우

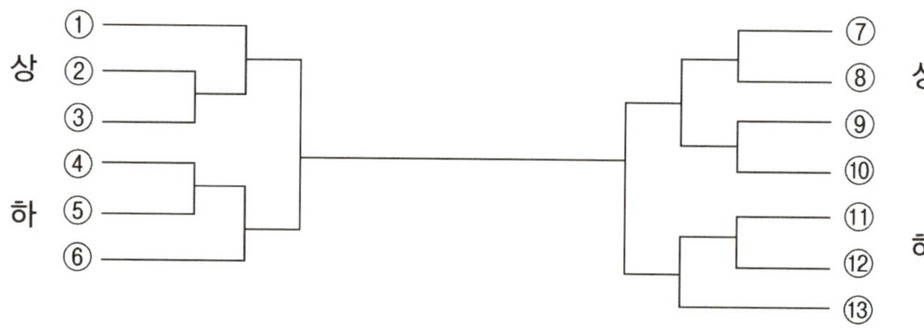

※ 모든 대진표 선의 길이는 예선전을 기준으로 다음 경기가 8강전이라면 8강전 선의 길이는 예선전 선 길이의 두 배로 한다. 그러므로 4강 선의 길이는 예선전 선 길이의 3배가 되는 방식으로 한다.

라) 부전승팀 배치 방법은 아래와 같다.

(1) 1개 팀일 경우 : 좌측 상(上).

(2) 2개 팀일 경우 : 좌측 상(上)과 우측 하(下).

(3) 3개 팀일 때 : 좌측 상(上), 우측 하(下), 좌측 하(下)순으로 배정한다.

6) 대진 순서.

가) 바깥쪽 단계부터 우측 상 → 좌측 하 → 우측 하 → 좌측 상 순으로 하되 해당 박스에서 경기가 없으면 안쪽 단계에서 위와 같은 순서로 실시하면 된다.

나) 1회전이 시작된 박스에서 반드시 2회전도 먼저 경기를 시작해야 한다.

다) 참가팀이 12개 팀인 경우의 대진 순서는 아래와 같다. 이때 ( ) 안의 숫자는

경기 진행 순서를 나타낸다.

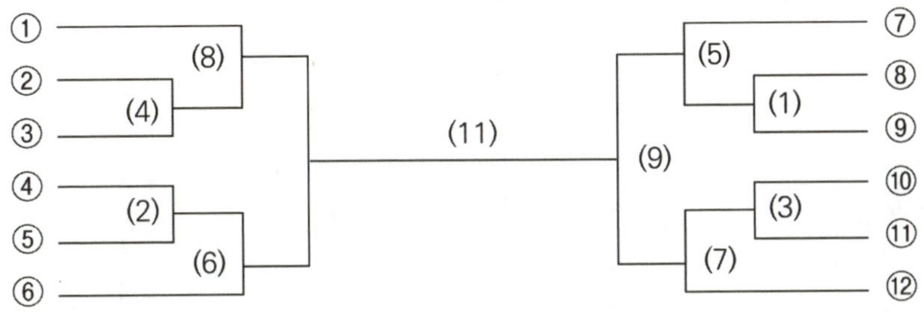

라) 13개 팀인 경우: (　　) 안의 숫자는 경기 진행 순서를 나타냄.

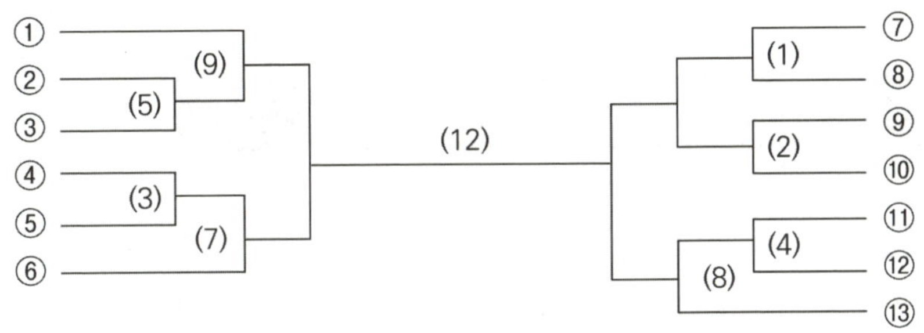

※ 세로식 토너먼트식 작성법

1) 참가 팀 수의 합 = 2의 거듭제곱(제곱)에 1을 더하여 숫자가 아래 그림과 같이 3, 5, 9, 17, …이 나오게 만든다.
2) 2의 거듭제곱이 아닐 때는 부전승 만들면 된다.
3) 부전승 팀의 수 : 참가팀 수보다 큰 바로 다음 2의 거듭제곱(제곱)에서 참가팀 수를 빼면 된다.
   예) 10팀 참가: 16(참가팀 수보다 큰 바로 다음 2의 거듭제곱) - 10(참가팀 수)
   = 6개 팀의 부전승 생기게 된다.
4) 부전승 만드는 방법은 맨 왼쪽부터(①부터) 만들면 된다.
5) 작성 예시(12팀인 경우).
   가) ①은 맨 좌측 방향으로, ②는 맨 우측방향으로, ③은 ①의 반대편으로, ④는 ②의 반대편으로 계속 아래로 내려가면 된다.
   나) 아래로 계속 내려가면서 단계별(4강, 8강, 16강, ·····)로 2의 거듭제곱(제곱)

+ 1의 숫자(3, 5, 9, 17, …순)를 만들면서 내려가면 된다.

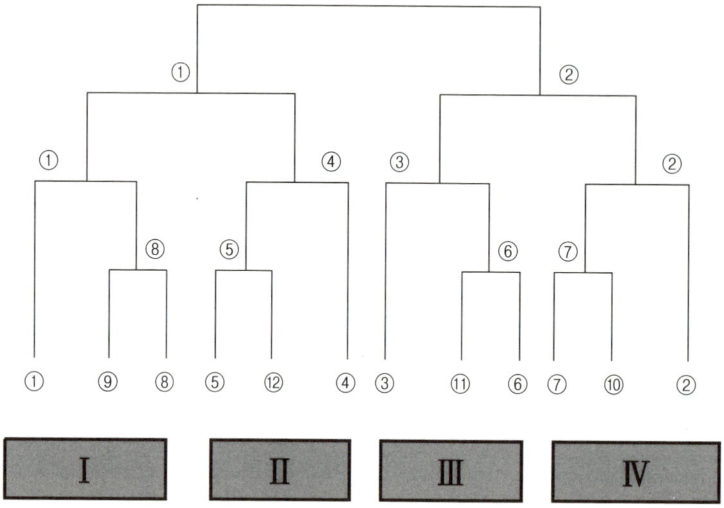

6) 대전 순서는 아래와 같다.

가) 부전승 팀은 생략(제외)하고 맨 좌측에서 우측으로 가면서 1회전 경기부터 시작하면 된다.

나) 즉, 위의 그림에서 부전승 팀인 ①번, ④번, ③번, ②번을 건너뛰어 맨 좌측 ⑨번-⑧번부터 시작하여 오른쪽으로 가면서 ⑤번-⑫번, ⑪번-⑥번, ⑦번-⑩번 순으로 1회전 팀끼리 시작하면 된다.

다) 1회전이 시작된 박스에서 2회전 경기도 먼저 시작하면 된다.

3. 교수 · 학습 과정안 작성

교수·학습 과정안은 교사와 학생에게 청사진 역할을 한다. 건물에 대한 설계도를 만드는 것과 같이 계획 과정을 통하여 교사는 효과적이고, 효율적인 수업을 위한 일련의 연속단계를 생각하고, 결정하며, 시각화할 수 있다.

가. 교수 · 학습 과정안의 좋은 점

Box 9-18 교수 · 학습 과정안의 좋은 점

좋은 설계도를 가지고 공사를 시작하는 건축가와 같이 교수 · 학습 과정안은 다음과 같은 좋은 점을 교사에게 제공한다.

- 수업 시작 및 종료 시기가 명료해진다.
- 수업 진행 과정을 점검할 수 있다.
- 장 · 단기 의사결정의 시점을 알려준다.
- 계획한 수업에 필요한 토대가 된다.
- 계획한 수업과 실제로 이루어진 수업을 비교함으로써 수업의 효율성을 평가할 수 있다.
- 수업모형의 설계에 따라 지도되었는가를 확인하는 데 사용될 수 있다.

교수 · 학습 과정안은 수업을 어떻게 할 것인지 수업에 대한 설계를 해보는 것이다. 특히, 수업자에게는 교재 연구가 될 뿐만 아니라 자신 있게 수업을 할 수 있고, 학습요소를 빠짐없이 지도할 수 있으며, 지도의 과정이 명료하고, 지도 방법이 확실해지기 때문에 필요한 것이다.

나. 교수 · 학습 과정안을 작성 시 포함시켜야 할 요소들

교수 · 학습 과정안을 작성하는 방법에는 여러 가지가 있지만, 대부분은 ① 수업 맥락의 간단한 기술, ② 학습목표, ③ 시간과 공간 배정, ④ 학습 활동 목록, ⑤ 과제 제시와 과제 구조, ⑥ 평가, ⑦ 수업 정리 및 종료의 7가지 공통 요소를 포함한다(Metzler, 2003).

1) 수업 맥락의 간단한 기술

교수 · 학습 과정안에는 수업에서 고려되어야 할 주요 요인으로 학생(학년, 학생 수, 장애 학생 등), 시간(시수), 장소, 차시 등의 총체적인 수업 맥락에 대한 설명이 포함되어야 한다.

2) 학습목표

학습목표는 단원 계획과 일치해야 한다.

3) 시간과 공간 배정

수업 시간 배정은 대략적으로 추정하여 계산하는 것으로 수업이 진행됨에 따라 변경될 수 있는 출발 시점과 종료 시점 역할을 한다. 시간 배정을 잘 하기 위해서는 매 시간 수업 후 각각의 수업활동에 몇 분이 소요되었는지를 기록하는 습관을 들이면 도움이 된다. 공간 배정 계획은 교사가 각 활동에 필요한 학습 환경의 조직을 쉽게 알아볼 수 있도록 간단한 도해로 만들면 좋다. 이것은 학습 활동 장소가 너무 가까이 있는지, 멀리 떨어져 있는지, 안전한지 또는 대기시간 증가의 원인이 되는 병목(bottleneck) 현상 등을 시각적으로 볼 수 있게 한다.

4) 학습 활동 목록

학습 활동 목록은 학생이 수행해야 하는 과제 순서로 만들어져야 한다.

5) 과제 제시와 구조

교수·학습 과정안은 다음 사항을 고려하여 작성해야 한다.

- 학생의 흥미를 유발할 수 있는 수업 도입
- 과제 제시에 적합한 모형과 단서 사용
- 학생에게 방향을 제시할 과제 구조에 대한 설명
- 이해 정도 점검
- 복합 과제의 계열성과 진도

6) 평가

교수·학습 과정안에는 수업목표를 평가할 수 있는 방법이 서술되어 있어야 한다. 평가가 공식적으로 이루어지려면 교수·학습 과정안에 평가가 이루어질 수업 차시를 명시하고, 평가의 관리 및 절차상의 고려사항이 제시되어야 한다. 평가에 필요한 시간 배정, 평가방법, 필요한 용·기구 및 자료에 대한 내용을 포함한다.

7) 수업 정리 및 종료

잘 계획된 수업은 학생에게 수업 내용의 참여를 다시 한번 제공하는 정리 및 종료 시간으로 끝마친다. 가장 좋은 정리 및 종료는 학습내용의 핵심인 단서를 기억하고, 무엇을 배웠고, 왜 그것이 중요한지를 질문함으로써 수업 내용을 다시 한번 생각하도록 하는 것이다.

다. 교수·학습 과정안이 갖추어야 할 조건

1) 수업 결과 도달해야 할 목표의 기준이 마련되어야 한다.
2) 교재의 핵심이 분명하게 파악되어야 한다.
3) 전 차시와 본 차시 및 후속 차시와의 연결성을 고려한다.
4) 학습요소의 시간적 배려가 적절해야 한다.
5) 가장 적합한 학습과정이 선택되고, 적용되어야 한다.
6) 학생의 활동이 활발히 될 수 있는 형태가 적용되어야 한다.
7) 학생의 개인차와 흥미, 선수학습 능력이 고려되어야 한다.
8) 적절한 자료가, 적절한 시간에, 적절한 방법으로 활용되게 개발되어야 한다.
9) 판서 계획이 분절마다 고려되어야 한다.
10) 학생의 실태가 제시되어야 한다.
11) 단원 전체의 구조와 전개 계획이 명료하게 나타나야 한다.
12) 수업을 보지 않고도 수업의 흐름을 파악할 수 있게 짜여야 한다.
13) 목표 달성의 성취도에 대해 적절한 평가방법이 준비되어야 한다.
14) 본시 수업을 통해 해결하고자 하는 연구 과제가 제시되어야 한다.

라. 교수·학습 과정안이 제공해주는 정보

교수·학습 과정안이 우리에게 제공해주는 정보로는 수업 상황 정보, 수업 계열

정보, 수업 과정 정보 등이 있다(이혁규 외, 2012).

<table>
<tr><td colspan="2">영역 및 단원</td><td>스포츠 영역
2. 더 멀리, 더 높이</td><td>대 상</td><td>학년 반
(남 , 여 , 계)</td><td>수업
모형</td><td>○○ 수업모형</td></tr>
<tr><td colspan="2">일 시</td><td>2020. 11. 00.( ) 교시</td><td>지도
교사</td><td></td><td>장 소</td><td>운동장
(우천 시 강당)</td></tr>
<tr><td colspan="2">주제(차시)</td><td colspan="3">기록향상 도전하기(2/6)</td><td>교과서
(쪽수)</td><td>○○ 출판사
(62-63)</td></tr>
<tr><td colspan="2">학습목표</td><td colspan="5">제자리에서 멀리뛰기 위한 방법을 익혀, 기록 향상에 도전할 수 있다.</td></tr>
<tr><td rowspan="2">학습
단계</td><td rowspan="2">학습요항
(학습형태)</td><td colspan="3">교수 · 학습 활동</td><td rowspan="2">시량
(분)</td><td rowspan="2">자료(□) 및
유의점(※)
평가(★)</td></tr>
<tr><td>교사 활동</td><td colspan="2">학생 활동</td></tr>
</table>

1) 수업 상황 정보

수업이 일어나는 시간, 장소, 수업을 하는 교사와 학생에 대한 정보들을 포함하며, 발생하는 수업의 시공간을 드러내는 일종의 소개장의 의미를 가진다.

- 일시: 연, 월, 일, 차시
- 대상: 학반, 남, 여, 계
- 장소: 교실, 운동장, 체육관 등
- 수업자: 지도교사명

2) 수업 계열 정보

교과, 단원, 제재, 차시, 교과서 등의 정보로 해당 수업이 교과의 맥락에서 어느 위치에 존재하는지를 드러내는 지표들이다.

- 단원(제재): 활동명 - 단원명 - 제재명(경쟁활동 1. 구기활동 가. 피구형게임)
- 주제(차시): 수업주제 및 차시
- 쪽수: 교과서 및 지도서 쪽수

3) 수업 과정 정보

교수·학습 과정안에서 핵심을 이루는 것으로 지도안 상단에 주로 표시되는 학습목표, 수업모형을 포함하여 하단에 있는 모든 요소가 이 정보에 속한다.

- 학습목표: 심동적, 인지적, 정의적 목표를 통합하여 보통 2-3개 문장의 행동용어로 제시
- 수업모형: 적용한 수업모형
- 학습단계: 단계 및 용어는 적용한 수업모형에 따라 다름
- 학습요항: 교수·학습 활동을 대표하는 간단한 용어로 제시
- 교수·학습 활동: 교사활동과 학생활동을 구분하기도 하고, 하지 않기도 함
- 시간(분): 보통 분 단위(′)로 표기
- 자료(□) 및 유의점(※), 창의성(◈) 및 인성(♥), 평가(★) 등

마. 교수·학습 과정안에 기록되지 않은 부분들에 대한 준비

체육수업은 매우 복잡하고, 역동적으로 이루어진다. 여러 가지가 동시에 진행되고, 어떤 것은 교사가 새로운 결정이나 행위를 수행하기 위해 즉석에서 바뀌기도 한다. 준비가 철저한 교사는 문서화된 교수·학습 과정안에 작성된 내용을 잘 알고 있을 뿐만 아니라 학생이 수업에서 무엇을 해야 하는지도 예상할 수 있다. 수업 전 교사는 수업에서 발생할 수 있는 사건을 예상하고, 준비하기 위해 교사 스스로 발문하면서 작성하면 좋다.

1) 수업 시작 전

- 학생의 동기는?
- 수업에서 재미있고, 흥미롭고 교육적인 것은?
- 수업이 잘 안 된다면? 등

2) 학생이 운동장이나 체육관에 들어올 때

- 출석을 부를 때 학생은 어디에 서 있거나 앉아 있어야 하나?
- 수업에 필요한 장비는 다 준비되었는가?
- 수업 시작 전 특별히 안내해야 할 것은? 등

3) 학생이 첫 번째 과제로 이동할 때

- 과제 제시를 받기 위해 어디로 이동해야 하는가?
- 과제 제시를 명확하고, 천천히 전달했는가?
- 학습단서는 무엇이고, 단서를 학생에게 설명할 수 있는 가장 좋은 방법은?
- 학생의 주의를 어떻게 집중시키고, 유지시킬 것인가?
- 학생의 이해 정도는 어떻게 점검할 것인가?
- 모둠 구성 및 첫 번째 활동 실시 순서는?

4) 학습이 연습하고 있을 때

- 학생이 과제에 참여하고 있지 않다면 무엇이 문제인가?
- 학생이 과제를 수행하고 있는가?
- 대기하고 있는 학생은 없는가?
- 안전하게 연습하고 있는가?
- 학생들이 과제를 성공적으로 수행하지 못하고 있다면 어떻게 수정할 것인가?
- 다음 과제로 넘어가는 시기를 어떻게 결정할까?

5) 수업이 끝나려고 할 때

- 어떻게 활동을 멈추게 하고, 주의를 집중시킬까?
- 학생과 어떻게 상호작용하며 마칠까?
- 여러 명이 손을 들었다면 누구를 선택하여 답을 하게 할까?
- 가장 좋은 해산 방법은 무엇인가?

4. 수업대형

체육수업은 교실이 아닌 운동장이나 체육관에서 이루어지기 때문에 교실 수업에 비해 정해진 자리나 좌석배치가 없다. 그러다 보니 다른 교과 수업에 비해 수업대형이 효과적인 수업관리에서 차지하는 비중이 클 수밖에 없다. 이러한 효과적인 수업관리의 기반을 든든하게 하는 것이 바로 예방적 수업관리[3]이다(송인수, 2006). 예방적 수업관리(preventive class management)가 명확할수록 학생들은 무엇을 해야 하는지를 알고, 어떻게 그것을 해야 하는지를 알며, 언제 그것을 해야 하는지를 분명하게 알 수 있다(김윤철, 2003). 즉, 보다 원활하고, 효과적인 수업 운영이 가능하게 된다.

가. 수업대형 만드는 방법

가장 일반적인 수업대형으로는 종대대형과 횡대대형이 있다. 종대대형은 교사를 중심으로 앞뒤로 길게 늘어선 대형이며, 횡대대형은 교사를 중심으로 좌우로 길게 늘어선 대형이다. 체육수업에서 가장 많이 사용하는 수업대형은 [그림 9-1]과 같은 4열 종대 및 횡대대형이다.

[그림 9-1] 4열 수업대형 종류

이때 기준은 보통 첫 번째 열 왼쪽 끝에 있는 학생이거나 특별히 교사가 지명하는

3) 예방적 수업관리: 수업의 흐름을 방해하거나 수업시간에 불필요하게 낭비되는 시간을 줄이고, 학생들의 주의를 과제 학습에만 집중하도록 수업분위기를 조성하고, 유지하기 위하여 사용하는 사전 관리 전략

학생이 된다. 기준이 되는 학생은 오른쪽 팔을 높이 들어 "기준"이라고 외친다. 큰 소리로 외치는 이유는 기준의 위치를 대략적으로 알려주기 위함과 간격(반팔 간격, 한팔 간격, 양팔 간격)에 따른 거리만큼 다른 학생들이 이동할 수 있는 거리를 가늠하는 데 도움이 되기 때문이다. 첫 번째 열 왼쪽 끝에 있는 기준이든, 교사가 지명하는 기준이든 간에 기준이 되는 학생의 뒷열에 있는 학생들은 자동적으로 각각 해당 열의 기준이 된다. 즉, 두 번째 열, 즉 기준 뒤 학생은 두 번째 열의 기준이 되는 것이다.

[그림 9-2] 수업대형에서 기준

그리고 기준이 되는 학생과 앞뒤 간 떨어진 정도는 '거리(열)'라고 하며, 좌우 간 떨어진 정도는 '간격(오)'이라고 한다. 보통 종대는 이동하거나 운동장 돌 때, 횡대는 교사가 설명을 할 때나 체조할 때 많이 사용한다(김윤철, 2003).

나. 수업대형에서 사용하는 구령

1) 좁은 간격

'좁은 간격'은 [그림 9-3]과 같이 기준이 있는 방향의 팔꿈치(기준 왼쪽 학생들은 오른팔 팔꿈치, 기준 오른쪽 학생들은 왼팔 팔꿈치)를 90도가량 접고, 손바닥을 허리 부분에 댄 상태로 고개를 돌려 기준을 바라보며 줄을 맞추는 대형이다. 보통 교사가 설명하거나 시범을 보일 때 학생들을 가까이 모이게 할 때 많이 사용한다.

구령은 '좁은 간격으로 모여(체조 시에는 '본 대형으로 모여'라고 외침)'이다. 이때 학생들은 "하나", "둘", "야!"라고 짧게 외친 후 달려와 각 열의 기준 학생과 좁은 간격만큼 모이게 된다. 앞뒤 거리는 각 열의 기준이 먼저 좁은 간격과 같은 거리를 잡으면 고개를 돌려 기준을 바라보며 정렬하면 된다. 즉, 2열, 3열, 4열 기준들은 다른 학생들이 좁은 간격을 유지하는 데 도움을 주는 역할을 하게 되는 것이다.

[그림 9-3] 좁은 간격

2) 한팔 간격(정식 간격)

'한팔(정식) 간격'은 기준이 있는 방향의 한 팔(기준 왼쪽 학생들은 오른팔, 기준 오른쪽 학생들은 왼팔)을 어깨 높이와 수평으로 든 상태로 고개를 돌려 기준을 바라보며 줄을 맞추는 대형이다. 보통 운동장이나 체육관에서 정렬할 때나 이동할 때 많이 사용한다.

구령은 '한팔(정식) 간격으로 모여(벌려)'이다. 이때 학생들은 "하나", "둘", "야!"라고 짧게 외친 후 달려와 각 열의 기준 학생과 한팔 간격만큼 모이거나 벌리게 된다. 앞뒤 거리는 한팔 간격만큼 앞뒤로 정렬하면 된다. 앞뒤 거리는 각 열의 기준이 먼저 반팔 간격을 만들면 다른 학생들은 고개를 돌려 각 열의 기준을 바라보며 정렬하면 된다. 즉, 2열, 3열, 4열 기준들은 한팔(정식) 간격을 유지하는 데 도움을 주는 역할을 하게 되는 것이다.

[그림 9-4] 한팔(정식) 간격 사진

3) 양팔 간격

'양팔 간격'은 양팔을 모두 어깨 높이로 들고, 고개를 돌려 기준을 바라보며 줄을 맞추는 대형이다. 보통 준비운동 및 정리운동의 체조를 할 때나 옆 사람과의 안전을 고려한 신체활동을 할 때 많이 사용한다.

구령은 '양팔 간격으로 벌려(체조 시에는 '체조 대형으로 벌려'라고 외침)'이다. 이때 학생들은 "하나", "둘", "야!"라고 짧게 외친 후 달려가 각 열의 기준 학생과 양팔 간격만큼 벌리게 된다. 앞뒤 거리는 각 열의 기준이 먼저 양팔 간격과 같은 거리를 잡으면 기준을 바라보며 정렬하면 된다. 즉, 2열, 3열, 4열 기준들은 양팔 간격을 유지하는 데 도움을 주는 역할을 하게 되는 것이다.

[그림 9-5] 양팔 간격 사진

Box 9-19 체조할 때의 수업대형에 따른 구령

• 체조할 때: 양팔 간격
- 양팔 간격 좌우로 나란히!
- 체조 대형으로 벌려!

• 교사 앞으로 모일 때: 좁은 간격
- 좁은 간격으로 모여!
- 본 대형으로 모여!

Box 9-20 체조 및 교사의 설명을 들을 때의 수업대형

준비 · 정리체조를 할 때 적합한 수업대형은 옆 학생과의 간격이 양팔 간격의 수업대형이 좋고, 교사의 설명이나 안내를 듣기 위한 수업대형은 좁은 간격 대형이 효과적이다. 이때 앞 2열은 앉고, 뒤 2열은 서면 누구나 수업에 집중할 수 있는 수업대형을 만들 수 있다.

묻고 답하기(Q&A)

체육수업계획 및 도입

1. 수업계획 시 유의해야 할 점과 단원 계획 시 포함해야 할 요소에 대해 설명하시오.

2. 자신의 수업에 적합한 수업모형을 선택하는 방법에 대해 기술하시오.

3. 9가지 수업모형의 개념과 체육수업에서의 활용 방안에 대해 기술하시오.

4. 교수·학습 과정안 작성 시 포함시켜야 할 요소들과 교수·학습 과정안이 주는 정보에 대해 설명하시오.

5. 교사가 수업에 대한 설명이나 시범을 보이기 위해 '좁은 간격'으로 모이게 할 때 앞뒤 학생 모두가 교사의 설명이나 시범에 더 잘 집중할 수 있게 대형을 변형해 보시오.

참고문헌

고문수, 전세명, 천지애, 엄혁주(2018). **초등체육교육론.** 서울: 휴먼북스.

교육과학기술부(2010). **체육 4 초등학교 교사용 지도서.** 서울: ㈜교학사.

교육인적자원부(2004). **초등학교 교실수업 개선을 위한 교육과정 운영 자료.** 교육인적자원부.

김동철(2006). **책임감**(http://classroom.kice.re.kr/kice/index.jsp, 한국교육과정평가원/교수-학습개발센터).

김무영, 정주혁, 조남용(2011). 스포츠교육모형을 통한 중학교 표현활동 수업 사례. **한국무용과학회지,** 25, 1-18.

김윤철(2003). **초등 체육수업의 수업관리 분석.** 청주교육대학교교육대학원 석사학위논문.

류태호 외 6인(2007). **게임수업의 새로운 접근.** 서울: 대한미디어.

서명원(1965). **교육원리.** 서울: 재동문화사.

손천택, 박정준(2017). **체육교수이론.** 서울: 대한미디어.

송인수(2006). **효율적인 체육수업을 위한 예방적 수업관리의 지도 실태.** 대구교육대학교교육대학원 석사학위논문.

안양옥(2002). **초등학교 게임수업 탐구.** 서울: 도서출판 무지개사.

유정애(2013). **체육과 교재 연구 및 지도법.** 서울: 대한미디어.

이혁규, 이선경, 김향정, 박형빈(2012). 초등학교 수업 지도안 특성 분석. **초등교육연구,** 25(4), 1-29.

조미혜(2005). **학교체육 개선을 위한 스포츠교육.** 서울: 무지개사.

최의창(2003). **체육교육탐구.** 서울: 태근문화사.

최의창(2010). **인문적 체육교육과 하나로 수업.** 서울: 레인보우북스.

최종호, 박대권(2007). TPSR 모형의 체육수업이 초등학생들의 사회성 발달에 미치는 영향. **한국스포츠리서치,** 18(1), 537-548.

최흥섭(2009). **초등학교 체육수업에서의 책임감모형 실천에 관한 연구.** 경북대학교 대학원 박사학위논문.

홍상완 외 7인(2013). **개정 신체활동가치중심 초등 체육과 교육.** 서울: 교육출판사.

Baumann, J. F. (1988). Direct instruction reconsidered. *Journal of Reading Behavior, 31,* 714.

Bunker, D. & Thrope, R. (1982). A model for the teaching of games in secondary schools. *Bulletin of Physical Education, 18*(1), 5-8.

Darnell, J. (1994). Sport education in the elementary curriculum. In D. Siedentop (Ed.), *Sport education: Quality PE through positive sport experience* (pp.61-72). Champaign, IL: Human Kinetics.

Graham, G. (2001). *Teaching children physical education: Becoming a master teacher.* 이재용,

안양옥, 조순묵, 이기천 (역) (2006). **초등체육 가르치기**. 대한미디어.

Hellison, D. R. (2003). *Teaching responsibility through physical activity.* Champaign, IL: Human Kinetics.

Hellison, D. R. & Templin, T. J. (1991). *A reflective approach to teaching physical activity.* 안양옥, 조순묵, 이기천 (공역) (2004). **반성적 체육교육론**. 서울: 대한미디어.

http://blog.naver.com/jaeminjake/222390729582

Masser, L. S. (1990). Teaching for affective learning an elementary physical education. *Journal of Physical Education, Recreation, & Dance, 61*, 18-19.

Metzler, M. W. (2003). *Instructional Models for Physical Education* (2nd ed.). 유정애 외 8 (역)(2007). **체육수업모형.** 서울: 대한미디어.

Mrugala, J. (2002). *Exploratory study of responsibility model practitioners.* Unpublished doctoral dissertation. University of Illinois.

Rosenshine, B. (1983). Teaching function in instructional programs. *Elementary School Journal, 83,* 335-350.

Siedentop, D. (1994). *Sport education.* Champaign, IL: Human Kinetics.

Sizer, T. R. (1992). *Horace's school: Redesigning the America high school.* Boston: Houghton Mifflin.

Wright, P. M. (1998). *The impact of a responsibility based martial arts program on violence prevention.* Unpublished master's thesis. University of Illinois.

제 10 장

수업 지도 전략

학습목표

- 교사의 체육수업 지도 활동에서 이루어지는 수업 단계별 주요 활동 내용에 대해 이해하고, 설명할 수 있다.
- 학습과제의 선정 및 학습과제의 단계화의 개념 및 이 과정에서 이루어지는 교사의 주요 활동에 대해 설명할 수 있다.
- 학습 목표와 수업목표의 개념을 명확히 구분하고, 그 사례를 제시할 수 있다.
- 학습과제의 전달 단계에서 이루어지는 교사의 주요 활동 내용에 대해 이해하고, 이를 실제 수업 상황에 적용할 수 있다.
- 학습과제의 연습 및 수정 단계에서 이루어지는 학생 관찰, 학생 연습, 과제 수정 과정에서 이루어지는 교사의 주요 활동 내용을 이해하고, 이를 수업계획에 활용할 수 있다.
- 피드백의 개념 및 종류에 대해 이해하고, 이를 실제 수업 상황에 활용할 수 있다.
- 학생들의 동기를 유발하는 세 가지 전략에 대해 설명할 수 있다.
- 동기유발 기법 중 선택권을 주며 가르치기와 과제 내 변형 방법의 차이를 설명할 수 있다.
- 평가의 개념을 명확히 이해하고, 그 종류에 대해 설명할 수 있다.
- 서술식 채점 기준표(rubric)의 활용 방법을 이해하고, 그 사례를 제시할 수 있다.

이 장에서는 교사의 체육수업 지도 전략(instructional strategy)을 다룬다. 일반적으로 교사의 교수 활동(혹은 수업 활동, instructional activity)은 내용 행동(지도 활동, content behaviors)과 운영 행동(관리 활동, management behaviors)으로 구분되는데, 이 장에서는 교사의 체육수업 지도 활동의 핵심으로 볼 수 있는 내용 행동에 초점을 두고 [학습과제의 개발], [학습과제의 전달], [학습과제의 연습 및 수정], [학습과제의 평가] 순으로 이루어지는 수업 단계별 교사의 주요 수업 지도 활동 혹은 전략에 대해 살펴보고자 한다.

1. 학습과제의 개발

학습과제(學習課題, learning tasks)란, 어떤 수업목표의 달성을 위해 선정된 소재이면서도 이러한 수업목표를 달성하기 위한 여러 가지 하위 목표(또는 하위 능력)를 포괄하는 성격을 지닌 수업의 내용적 단위를 말한다(서울대학교 교육연구소, 1995). 일반적으로 학습과제의 구성요소는 지식(knowledge), 기능(skill), 태도(attitude)로 구분된다(한국교육심리학회, 2000). 한마디로 학습과제란 수업목표를 달성하기 위해 필요한 학생들의 구체적인 학습 내용(혹은 활동)을 의미한다. 이러한 학습목표나 학습과제는 교사가 체육수업을 위해 학습과제를 개발하는 단계에서 설정된다.

학습과제의 개발 단계에서 이루어지는 교사의 주요 활동은 크게 '학습과제의 선정'과 '학습과제의 단계화' 과정으로 구분할 수 있다. 이를 구체적으로 살펴보면 다음과 같다.

가. 학습과제의 선정

학습과제의 선정 단계에서 교사는 체육과 교육과정 문서, 교과서, 교사용 지도서 등 다양한 참고 자료를 활용하여 가르칠 내용을 구체적으로 선정하게 된다. 이 단계에서 이루어지는 교사의 주요 활동은 어떤 단원을 가르칠 때, 그 단원에서 다룰 내용의 범위(scope)를 결정하는 것이다. 예를 들어 교사가 영역형 스포츠를 가르치기로 결정했다면, 영역형 스포츠에는 축구, 농구, 핸드볼 등 여러 가지 게임이 있음을 인지한다. 이 중에서 교사는 어떤 게임을 가르칠 것인지를 먼저 선정해야 한다. 만약, 교사가 농구를 가르치기로 선정했다면, '농구형 게임'이 가르칠 단원이 되는 것이다. 이처럼 단원이 선정되면, 가르칠 내용의 범위를 구체적으로 결정해야 한다. 학생들이 농구를 학습하기 위해서는 기본적으로 게임 규칙, 기본 기능, 응용 기능, 게임 전술 등을 배워야 하고, 농구형 게임의 기본 기능은 패스, 드리블, 슛으로 구성된다. 이 세 가지 기본 기능(패스, 드리블, 슛)에 대해서 초등학생 수준에서 어느 범위까지 가르칠 것인가를 결정하는 것이 학습과제의 선정 단계에서 이루어지는 주요 활동이다. 예를 들면, 슛이라면 두 손으로 할 것인지(two-hand shoot) 아니면 한 손으로 할 것인지(one-hand shoot), 그리고 세트 슛(set shoot), 점프 슛(jump shoot), 레이업 슛(lay-up shoot) 중 1~2가지만 가르칠 것인지 아니면 모두 가르칠 것인지 등을 결정하는 것이다.

나. 학습과제의 단계화

교사가 학습과제의 선정 단계에서 가르칠 내용을 결정하였으면, 다음 학습과제의 단계화 과정에서는 매 차시 수업에서 구체적으로 가르칠 활동 과제(혹은 학습과제)를 계열성(sequence) 있게 조직해야 한다.

이 단계에서 구체적으로 조직되는 학습과제는 시작형 과제(initial or informing task), 확장형 과제(extending task), 세련형 과제(refining task), 적용형(혹은 도전) 과제(application/assessment task) 등이 있다. 교사는 매 차시의 수업에서 난도가 가장 낮고 단순한 형태의 시작형(혹은 초기) 과제를 먼저 제시한 후, 수업을 진행해 나가면서 자신이 수업이 시작되기 전에 미리 마련해 둔 확장형·세련형·적용형 과제들을 학생들의 기능 수준에 맞춰 제공한다. 이처럼 교사가 학습과제를 단계화시키는 활동을 다른 말로 '학습 내용의 전개' 혹은 '내용 발달(content development)'이라 한다.

2. 학습목표 및 학습과제의 전달

학습과제의 전달 단계에서 교사는 학생들에게 학습목표와 함께 학습과제를 제시하게 된다. 이때 교사는 학생들이 학습과제를 이해하기 쉽게 설명해 주고, 이와 함께 움직임을 통해 시범도 보여주며, 과제와 관련된 학습단서까지 제공하게 된다. 이러한 교사의 교수 활동을 구체적으로 살펴보면 다음과 같다.

가. 학습목표 및 학습과제의 제시

학습목표(learning objectives)란 일련의 교수·학습 과정을 통해 학생들이 성취할 수 있을 것으로 기대되는 심동적·인지적·정의적 측면에서의 변화 결과를 말하고, 수업목표(instructional objectives)란 한 단위의 수업을 마쳤을 때, 학생들이 성취할 수 있을 것으로 교사가 기대하는 행동을 의미한다. 즉, 수업목표란 한 차시의 수업이 성공적으로 끝났을 때, 학생들이 얻게 되는 학습 성과(김성곤, 2002), 또는 일정 시간 동안 학생들이 성취해야 할 행동(혹은 내용)을 말한다(서울대학교 교육연구소, 1995). 여기서 일정 시간이라고 표현하는 이유는 모든 수업의 목표가 단 한 차시의 수업으로만 달성되기는 어렵기 때문이다.

교사가 학습(혹은 수업) 목표를 제시하는 목적은 교수·학습 과정에서 학생들이 자신이 배울 내용에 대해 명확하게 이해할 수 있도록 도움을 주기 위한 것이다. 이처럼 수업목표와 학습목표는 교사 혹은 학생의 입장에서 학습자의 심동적·인지적·정의적 측면의 변화 결과를 기술한 문장으로 진술 형태만 약간 다를 뿐, 서로 밀접한 관계가 있기 때문에 굳이 엄밀히 구분할 필요는 없다. 그러나 교사는 체육수업의 목표를 학생들이 이해하기 쉽게 제시해 주는 것이 바람직하기 때문에 학습자의 입장에서 이해하기 쉽게 '학습목표'의 형태로 진술해 주는 것이 바람직하다. 학자들에 따라서는 이러한 학습(혹은 수업) 목표를 성취 목표(performance objective), 행동적 목표(behavioral objective), 교수 목표(instructional objective) 등의 용어를 사용하고 있으나 모두 같은 의미이다.

학습목표는 한 단위의 수업을 통해 이루어지는 학생의 행동 변화라는 명확한 목표 달성을 추구하기 때문에 구체적인 용어로 진술해 주는 것이 바람직하다. 예를 들면, 교육학자인 Mager(1975)는 행동적 목표(behavioral objective) 진술 방식을 최초로 주장하였는데, 그에 따르면 수업목표는 성취 행동, 성취 조건(혹은 상황), 평가 준거와 같은 세 가지 요소를 반드시 포함하고 있어야 한다고 주장한다. 한편, 스포츠교육학자인 Siedentop(1983) 역시 Mager와 매우 유사한 입장을 보인다. 그는 체육수업의 목표 진술은 어떤 과제를 실행할 것인가, 어떤 조건에서 학습할 것인가, 어떤 기준으로 과제 달성을 평가할 것인가와 같은 세 가지 요소를 반드시 포함해야 한다고 주장한다. 이에 관한 예를 들어보면 다음과 같다.

> "2m 80cm 높이의 농구 골대와 3m 떨어진 거리에 서서(조건), 자유투를 시도하여(실행 과제 혹은 행동), 10회를 던져 5회 이상 성공시킬 수 있다(평가 준거)."

Box 10-1 수업목표, 학습목표, 학습과제의 개념

예비 교사들이 혼동할 수 있는 개념 중 하나가 수업목표와 학습목표의 차이에 관한 내용이다. 수업목표란, 교사의 측면에서 기술한 내용으로 학생들이 성취할 수 있을 것으로 교사가 기대하는 행동을 말하고, 학습목표란, 학생의 측면에서 기술한 내용으로 교수 · 학습 과정을 통해 학생들이 성취할 수 있을 것으로 기대되는 심동적 · 인지적 · 정의적 측면에서의 변화 결과를 의미한다. 한편, 학습과제란 수업의 목표를 달성하기 위해 필요한 학생들의 구체적인 학습 내용(혹은 활동)을 의미한다.

학습목표나 학습과제의 제시는 수업의 '도입단계'에서 이루어진다. 유능한 교사는 학습목표나 학습과제를 제시할 때, 교사의 입장에서 학생들에게 일방적으로 제시하지 않고, 학생들에게 질문 형태로 제시하여 학생들의 흥미를 이끌어 내고 그들의 학습 동기를 유발한다. 축구 드리블 과제를 예로 들어보면, 교사는 다음과 같은 형태로 학습목표 또는 학습과제를 제시할 수 있다.

> "축구 게임 중 여러분이 볼을 몰고 갈 때, 다른 친구들에게 볼을 빼앗겨 본 경험이 있나요? 오늘 수업에서는 여러분이 볼을 몰고 갈 때, 다른 친구들에게 빼앗기지 않는 두 가지 기술을 연습해 볼 거예요. 여러분이 이 기술을 잘 익혀두면 축구 게임을 할 때, 유용하게 사용할 수 있겠죠?"

나. 학습과제에 대한 설명

교사가 학습과제에 대해 구체적으로 설명할 때에는 다음과 같은 점에 유의해야 한다.

첫째, 학생들이 이해할 수 있는 표현(혹은 용어)을 사용해야 한다.

둘째, 학생들의 개인적 경험과 연결해 주어야 한다. 이를 비계의 제공(scaffolding)이라 하는데, 교사가 오늘 가르칠 내용을 학생들의 지난 경험과 연결 지어 설명해 주면 학생들은 오늘 학습할 내용에 대해 보다 폭넓게 이해할 수 있다.

셋째, 긍정적인 예시와 함께 부정적인 예시도 함께 제시해 주는 것이 좋다. 이는 교사가 학생들이 학습과제(혹은 활동 과제)를 수행하는 방법에 대해 설명할 때, 정확한 동작과 잘못된 동작의 예를 구체적으로 지적해 주는 것을 말한다.

넷째, 교사는 학습과제에 대한 설명과 시범을 마친 후, 반드시 학생들의 이해 여부를 점검해야 한다.

Graham(2008)이 제시한, 학생들의 학습과제에 대한 이해 여부를 점검하는 방식으로는 인지 점검, 구두 점검, 이해력 점검, 수행 점검 방식 등이 있다. 이를 간략히 살펴보면 다음 〈표 10-1〉과 같다.

〈표 10-1〉 학생 이해 여부의 점검 방식

인지 점검 (recognition check)	인지 점검 방식은 학생들의 이해 여부를 점검하는 가장 간편한 방법이다. 이 방식은 교사가 학습과제에 대한 설명과 함께 시범을 보인 후, 명확히 이해한 학생들에게 손을 들게 하는 것이다. 이외에도 몸짓이나 손짓 따위로 자신의 인지 여부에 대한 의사를 표시하게 할 수 있다. 그러나 이 방식은 다른 학생들이 손을 들 때, 제대로 이해하지 못한 학생들도 손을 따라 들게 되는 경우가 있어 학생들의 이해 여부를 정확히 교사가 판단하기는 어렵다는 단점이 있다.
구두 점검 (verbal check)	구두 점검 방식은 교사가 학습과제에 대한 설명과 함께 시범을 보인 후, 명확히 이해한 학생들로 하여금 전체적으로 대답하도록 하는 방법이다. 그러나 이 방법은 여러 학생이 한꺼번에 대답하기 때문에 실질적으로 정확히 이해하고 있는 학생들을 명확히 구분하기는 어렵다는 단점이 있다.
이해력 점검 (comprehension check)	이해력 점검은 교사가 설명한 학습과제에 대해 특정 학생을 지목하여 구체적인 설명을 요구하는 방식이다. 그러나 이 방식은 시간이 많이 소요되어 여러 명의 학생을 지목하여 설명을 요구하기 어렵다.
수행 점검 (performance check)	수행 점검은 교사가 설명한 학습과제에 대해 특정 학생을 지목하여 구체적으로 수행해 보도록 요구하는 방법이다. 예를 들면, 교사는 특정 학생에게 "축구 볼을 인사이드 킥으로 찰 때, 디딤발의 위치를 시범 보여주세요."라고 요구할 수 있다.

이상에서 살펴본 학생 이해 여부의 점검 방식 중, 인지 점검 방식이나 구두 점검 방식은 간편한 방식이긴 하지만 학생 개개인이 제대로 이해했는지를 교사가 정확히 판단하기는 어렵고, 이해력 점검 방식이나 수행 점검 방식은 특정 학생을 지목하여 구체적인 설명이나 수행(시범)을 요구하기 때문에 제대로 이해했는지는 알 수 있지만 여러 학생을 지목하여 실시하게 되면 시간이 많이 소요되는 단점이 있다. 따라서 교사는 수업 상황 및 학습과제의 성격에 따라 융통성 있게 학생들의 이해 여부를 점검해야 한다. 예를 들면, 인지(혹은 구두) 점검 방식은 학습과제가 비교적 쉽고 간단하며 학생들의 사전 학습경험이 충분하다고 판단되는 경우에 많이 사용된다. 왜냐하면, 이런 경우에는 굳이 학생들의 깊이 있는 이해 여부를 확인할 필요가 없기 때문이다. 그 반대의 경우라면 이해력(혹은 수행) 점검 방식을 사용하는 것이 바람직하다.

다. 학습과제에 대한 시범

시범이란, 교사가 학습과제(혹은 활동 과제)를 학생들에게 움직임을 통해 직접 보여주는 것이다. 교사가 학생들에게 학습과제를 설명할 때, 단순히 구두(口頭)로만 제시하면, 학생들은 이를 명확히 이해하기 어렵다. 이를 '언어적 표현의 한계'라고 한다. 따라서 교사가 학습과제를 제시할 때에는 움직임을 통해 직접 시범 보여주는 것이 매우 중요하다. 이중부호화 이론(dual-coding theory)[1)]에 따르면, 학생들이 교사의 시범을 직접 보면서 설명을 함께 들을 때(시각 정보와 언어 정보의 연결), 더 쉽게 이해하고 기억할 수 있기 때문이다. 교사가 이처럼 다양한 방식을 활용하여 학습과제를 전달하는 이유는 학생들의 학습 유형(혹은 양식, learning style)과도 관련이 깊다. 학습 유형이란 학생들이 학습할 때, 정보를 처리하는 방식이나 주어진 과제를 처리하는 자신만의 전략을 의미한다. 예를 들면, 어떤 학생들은 말로 설명했을 때 잘 이해하는 반면 어떤 학생들은 시범이나 동영상처럼 실제 움직임을 직접 보았을 때 잘 이해할 수 있다. 또한, 어떤 학생들은 혼자 해결하는 과제가 제시되었을 때 높은 집중력을 보이는 반면 어떤 학생들은 친구들과 함께 과제에 참여했을 때 집중력도 높고 성취

1) 인간은 2가지 인지적 부호화 기능을 가지고 있는데, 하나는 시각정보로 공간적, 비언어적, 심상적 부호화이고, 다른 하나는 언어정보로 계열적, 언어적 부호화이다. 언어정보와 시각정보를 따로 제시하는 것보다 함께 제시하는 것이 각인에 효과적이다.

결과도 좋은 경우가 있다.

교사가 시범을 보일 때에는 다음 네 가지 점에 유의해야 한다.

첫째, 교사는 최대한 정확한 동작으로 시범을 보여주어야 한다.

둘째, 실제 상황과 유사한 조건에서 시범을 보여주어야 한다. 만약 교사가 실제 상황과 유리된 조건에서 시범을 보여주게 되면, 학생들은 교사가 시범 보인 동작을 어떤 상황에 구체적으로 적용시킬 수 있을지 이해하기 어렵게 된다.

셋째, 동료 학생을 시범에 참여시키는 것도 바람직한 방법이다. 왜냐하면, 체격 조건이나 기능 수준이 비슷한 동료 학생의 시범을 볼 때 학생들은 학습과제에 대해 이해하기 쉬울 수 있을 뿐만 아니라 학습 동기의 유발에도 효과적이기 때문이다.

넷째, 필요에 따라서는 시·청각 매체를 활용한 교수 보조 자료를 활용하는 것이 바람직하다. 교사가 직접 시범 보이기 어려우면 시·청각 매체를 활용하여 동영상을 보여주는 것도 좋은 방법이다.

Graham(2008)이 제시한, 좋은 시범의 요소와 관련된 특징을 간략히 살펴보면 다음 〈표 10-2〉와 같다.

〈표 10-2〉 좋은 시범의 요소

시범 보이는 위치	교사가 시범을 보일 때에는 모든 학생을 시범 동작을 쉽고 정확하게 볼 수 있는 위치에 세워야 한다. 만약 실외수업일 경우에는 학생들이 태양을 마주 보고 있지 않도록 주의해야 한다. 왜냐하면, 학생들이 교사의 시범을 보기도 어려울 뿐만 아니라 찡그리고 인상만 쓰게 될 가능성이 높기 때문이다.
전체 동작에서 부분 동작으로	교사가 시범을 보일 때에는 처음에는 전체적인 동작을 먼저 시범 보여주고, 나중에는 부분 동작에 초점을 두고 시범을 보여주는 것이 좋다. 이때 핵심적인 요소에 대한 설명과 함께 학습단서도 제공해 주어야 한다.
시범 속도	교사가 보인 학습과제의 시범 속도는 학생들의 운동기능 수준에 따라 이해의 폭과 깊이가 달라질 수 있다. 따라서 교사는 정상속도와 느린 속도로 모두 시범 보여줄 필요가 있다. 정상속도는 운동기능 수준이 높은 학생들에게 효과적이고, 느린 속도는 운동기능 수준이 낮은 학생들에게 효과적인 것으로 알려져 있다.
핵심 요소(초점) 제시	교사가 시범을 보이기 전에 미리 학생들이 주목(注目)해야 할 점에 대해 구두(口頭)로 언급해 주면 학생들의 주의집중에 많은 도움을 줄 수 있다. 예를 들면 다음과 같다. "선생님이 인사이드 킥으로 볼을 찰 거예요. 선생님이 공을 찰 때, 볼 옆으로 내딛는 선생님의 '디딤발' 위치를 주의 깊게 살펴보세요."

라. 학습단서의 제공

학습단서(learning clue or cue)란, 학습과제의 가장 중요한 특징을 학생들에게 전달하기 위해 교사가 사용하는 단어나 문장을 말한다. 이러한 학습단서는 '언어적 교수단서', '연상 단어', 혹은 '단순 피드백' 등으로도 불리며, 수업의 모든 단계에서 교사가 활동과제에 대해 학생들에게 설명하거나 시범을 보일 때 함께 제시해 주는 것이 바람직하다. 교사는 학습단서를 제공할 때, 다음과 같은 세 가지 점에 유의해야 한다.

첫째, 학생들의 연령이나 기능 수준에 적합해야 한다.

둘째, 학습과제의 특성에 최대한 적합하게 제공되어야 한다.

셋째, 가능한 한 간단하고, 명료하며, 정확하게 제시되어야 한다. 예를 들면, '손가락!', '옆구리!', '이마 위!' 등과 같이 간단한 단어를 활용하여 움직임의 핵심적인 내용(혹은 요소)을 강조해 주는 것이 좋다.

이러한 학습단서들은 학습과제의 수행 시 유념해야 할 움직임의 핵심적인 요소에 대해 학생들이 기억하기 쉬운 심상(心象, mind picture)을 제공해 준다. 따라서 교사들은 학습단서(혹은 교수단서)를 사용하여 움직임 과제의 기술적 포인트에 대한 피드백을 학생들에게 제공하게 된다(고문수 외 9인, 2018; Pangrazi & Beighle, 2016). 이상에서 살펴본 좋은 학습단서의 특징을 간략히 제시하면 다음 〈표 10-3〉과 같다.

〈표 10-3〉 좋은 학습단서의 특징

간단하고 정확하다.	좋은 학습단서는 학습과제의 핵심적인 특징(요소)을 정확하게 묘사하고, 복잡하지 않고 간단해야 한다.
학생들의 연령과 기능 수준에 적합하다.	교사가 학습단서를 제공할 때에는 학생들의 연령이나 기능 수준(초급, 중급, 상급)을 모두 고려하여 모든 학생에게 적합한 형태로 제공해야 한다.
학습과제의 특성에 적합하다.	교사가 제공하는 학습단서는 학습과제(혹은 운동 과제)의 성격에 따라 달라질 수 있다. 예를 들어, 폐쇄형 기능이냐, 개방형 기능이냐에 따라 제공되는 학습단서의 성격도 달라질 수 있다.
계열성 있는 학습과제의 경우, 움직임의 순서에 따른 학습단서의 제공은 기능 연습에 도움을 준다.	운동 기능은 절차적 지식의 성격을 띤다. 여기서 말하는 절차란, 동작의 순서(혹은 차례)를 말하는 것으로 계열성(sequence)과 유사한 의미를 가진다. 예를 들어, 뜀틀 운동의 '다리 벌려 뛰기' 동작은 그 순서를 5단계(①도움닫기 → ②발 구르기 → ③손 짚기 → ④공중 동작 → ⑤착지)로 나누어 볼 수 있다.

	교사는 다리 벌려 뛰기 과제를 그 순서에 따라 분습법이나 전습법을 통해 효과적으로 학생들에게 지도할 수 있다. 이처럼 계열성 있게 잘 조직된 과제에 교사는 학습단서를 함께 제공하게 되는데, 교사는 학습과제의 움직임 순서에 따라 학생들이 유념해야 할 움직임의 핵심적인 요소를 학습단서에 잘 반영하여 연습에 도움을 줄 수 있다.

3. 학습과제의 연습 및 수정

학습과제의 연습 및 수정 단계에서 교사는 학생들의 학습과제의 수행을 면밀히 관찰하고, 관찰 결과를 바탕으로 학생들에게 적절한 피드백을 제공하고, 필요에 따라 학습과제를 수정해준다. 이를 구체적으로 살펴보면 다음과 같다.

가. 학생 수행의 관찰

교사가 학생들의 학습과제 수행을 관찰할 때에는 매 차시 수업마다 관찰 대상, 관찰 내용, 관찰 시간 등을 미리 결정해주는 것이 좋다.

1) 관찰할 때 중요한 4가지 질문

Graham(2008)은 교사가 관찰할 때 유념해야 할 핵심적인 질문으로 네 가지를 제시한 바 있다. 이를 살펴보면 다음과 같다.

첫째, 학생들은 교사가 제시한 학습과제를 안전하게 학습하고 있는가?

둘째, 학생들은 교사가 제시한 학습과제를 성실히 수행하고 있는가?

셋째, 제시된 학습과제가 전체적으로 학생들의 기능 수준에 적합한가?

넷째, 학생들은 개별적으로 핵심 요소를 어떻게 사용하고 있는가? 등이다.

이러한 네 가지 질문을 기초로 교사가 반드시 유념해야 할 좋은 관찰의 특징을 구체적으로 제시하면 다음 〈표 10-4〉와 같다.

〈표 10-4〉 좋은 관찰의 특징

과제 수행의 안전성	교사가 학생들의 과제 수행을 관찰할 때, 가장 중요한 부분은 학생들이 안전하게 학습활동에 참여하고 있는지를 점검하는 일이다. 아무리 좋은 수업이라 할지라도 학생들이 안전하지 않은 학습환경에서 체육수업에 참여하여 부상을 입는다면 그 수업은 좋은 수업이라 할 수 없다.
과제 수행 여부	다음은 교사가 제시한 학습과제를 학생들이 성실히 수행하고 있는지를 점검하는 일이다. 교사는 학생들이 장난을 치거나 본시 학습과제와 무관한 다른 활동(예: 비과제행동)을 하고 있는지를 점검하고, 만약 문제가 있다면 일단 수업을 중단하고 그 문제를 해결한 후 다시 수업을 진행해야 한다.
학습과제의 적절성 (전체 학급)	다음으로 교사는 자신이 제공한 '학습과제나 활동이 전체 학급 학생들의 기능 수준에 적절한가?'를 관찰해야 한다. 교사가 제공한 학습과제의 성공률이 전체적으로 80%가 넘게 되면, 교사는 학생들에게 전체적으로 과제를 바꾸어 제공해야 한다.
학습과제의 적절성 (개인별)	만약, 전체 학생들의 학습과제 성공률이 80%를 넘지 못한다면, 교사는 전체 학급의 학생들에게 과제를 수정하여 제공하지 말고, 개별적으로 학생들의 수행수준을 관찰한 후, 적절한 피드백을 제공하여 그들의 수행수준을 높여 주어야 한다. 이때, 교사는 기능 수준이 높은 학생들에게는 심화학습의 기회를, 기능 수준이 낮은 학생들에게는 보충학습의 기회를 제공해 주는 것이 좋다.

나. 학습과제의 연습 방법(전습법과 분습법)

학생들이 학습과제를 연습하는 방법은 전습법과 분습법으로 나눌 수 있다. 전습법(全習法, whole method of learning)은 연습할 전체적인 움직임 과제(예: 멀리 던지기)를 부분으로 나누지 않고 한꺼번에 연습하는 방법을 말하고, 분습법(分習法, part method of learning)은 연습할 움직임 과제(예: 뜀틀 다리벌려뛰기)를 부분 동작으로 나누어 연습한 후, 마지막에 전체적인 동작으로 결합하는 방법을 말한다.

학생들이 움직임 과제를 연습할 때 전습법과 분습법 중 어떤 방법을 사용할 것인지의 결정은 학습할 기술의 복잡성과 구성 방식에 달려있다(고문수 외 9인, 2018; Pangrazi & Beighle, 2016). 여기서 말하는 복잡성(complexity)이란 움직임 기술과 관련된 하위 구성요소의 수를 말하고, 구성 방식(혹은 조직화)이란 움직임 기술을 구성하는 각각의 동작이 어떤 방식으로 연관되어 있는지를 말한다. 즉, 운동기술을 구성하고 있는 하위 요소 간의 상호의존도가 높을 때 그 운동기술의 조직화된 정도가 높다고 말한다. 예를 들면, '오버핸드 멀리 던지기' 동작은 조직화된 정도가 높아 구분 동작으로는 연습하기 매우 어렵다. 왜냐하면, 동작의 구성요소가 서로 밀접하게 연관되어 있는 비교적 단순한 동작이기 때문이다. 이에 반해 농구의 '레이업 슛' 동작은 드리블, 스텝 맞춰 볼 잡기, 점프 후 슈팅 동작을 분습법을 통해 연습할 수 있다. 왜냐하면, 기술의 복잡성은 높지만 조직화된 정도가 높은 기술은 아니기 때문이다. 결론적으로 복잡성은 낮지만 조직화된 정도가 높은 기술은 전습법으로 연습해야 하고, 복잡성은 높지만 조직화된 정도가 낮은 기술은 분습법을 통해 연습할 수 있으며, 던지기나 차기처럼 운동 지속 시간이 매우 짧은 기술은 분습법으로 가르칠 경우 학생들은 적절한 움직임의 패턴과 타이밍을 발달시키기 어렵기 때문에 오히려 역효과를 낳을 수 있다(고문수 외 9인, 2018; Pangrazi & Beighle, 2016).

Box 10-2 학습과제의 연습 방법 결정

현장교사들이 가장 어렵게 느끼는 부분 중 하나는 학생들에게 제시한 학습과제를 전습법으로 가르칠 것인지 아니면 분습법으로 가르칠 것인지를 결정하는 문제이다. 교사가 연습방법을 결정할 때에는 반드시 운동기술의 특성과 학습자의 기능 수준을 고려해야 한다. 예를 들어, 볼 던지기, 받기, 차기 등과 같은 '불연속적 운동기술(discrete motor skill)'은 운동의 시작과 끝이 명확하고 동작의 지속 시간이 매우 짧기 때문에 전습법으로, 야구의 수비나 기계체조의 뜀틀운동 등과 같은 '계열적 운동기술(serial motor skill)'은 불연속적 운동기술이 순차적(順次的)으로 연결되어 더 큰 단위의 하나의 움직임을 만들어 내기 때문에 분습법으로 연습하는 것이 바람직한 것으로 알려져 있다. 아울러 운동기능 수준이 낮은 초보자의 경우에는 분습법으로, 상급자의 경우에는 전습법으로 가르치는 것이 효과적이다.

다. 피드백의 제공

피드백이란, 학습과제의 수행 시 '학생들이 받아들여 처리하는 감각 정보(시·청각 및 운동 감각 정보 등)'를 말한다. 학생들은 변화하는 환경 속에서 학습과제의 특성에 적합한 운동기술을 수행하고 학습하게 된다. 이는 주어진 상황에서 학습자들이 받아들이는 다양한 정보를 통해 이루어지며, 이러한 정보는 시각, 청각, 운동 감각(kinesthesia) 등과 같은 학습자의 다양한 감각 시스템을 통해 수용된다(김선진, 2005). 이러한 피드백은 학습의 필수적인 요소이며(Wuest & Bucher, 2003), 학생들에게 다양한 형태로 제공될 수 있다. 예를 들면, 피드백 정보를 학생 스스로 직접 얻을 수도 있고, 교사에게 제공받을 수도 있다. 일반적으로 알려진 피드백의 기능 및 구분(종류)을 살펴보면 다음과 같다.

1) 피드백의 기능

일반적으로 피드백은 정보제공, 강화, 동기유발 등의 기능을 갖는다(김선진, 2005; Rink, 1985; Wuest & Bucher, 2003). 이러한 피드백의 기능을 구체적으로 살펴보면 다음과 같다.

가) 정보제공(information)

피드백은 학습자에게 효율적인 운동 수행에 필요한 정보를 제공해 준다(김선진, 2005). 교사가 제공하는 피드백은 학습자가 운동기능을 연습할 때, 그들의 불필요한 행동을 감소시켜주고, 무엇을 교정해야 하는지에 대한 정보를 제시해준다. 이처럼, 피드백은 학습자에게 자신의 운동 수행에 관한 정보를 제공하는 원천으로 작용하며, 이는 결과 지식(knowledge of result)과 수행 지식(knowledge of performance)과 구분할 수 있다. 즉, 오류 수정을 위한 피드백의 초점은 움직임의 결과(KR) 혹은 움직임 그 자체(KP)에 둘 수 있다. 결과 지식(KR)은 운동 수행의 결과에 대한 정보로 목표의 성취 여부(예: 슛의 성공/실패)를 학습자가 자신의 외재적 감각 정보(예: 시각을 통한 관찰)를 통해 알 수 있다. 반면에 수행 지식(KP)은 운동 수행의 정확성이나 효율성과 관련된 움직임 그 자체에 대한 정보를 말한다. 학습자는 이러한 정보들을 바탕으로 다음 시도에서는 이전에 수행한 자신의 반응을 수정하여 운동기술을 수행하게 된다(Wuest & Bucher, 2003). 이처럼 학습자는 제공받은 피드백을 통해 운동 수행 시 자신의 동작에 대한 오류를 수정해 나간다.

나) 강화(reinforcement)

피드백은 그 정보 자체가 잘된 동작에 대해서는 칭찬의 효과가 있고, 잘못된 동작에 대해서는 질책의 효과가 있다(김선진, 2005). 즉, 피드백의 형태로 제공되는 칭찬은 정적 강화의 효과가 있고, 질책은 부적 강화의 효과가 있다. 강화란, 학습자의 운동기능 수준이나 정도를 높여 주기 위해 수행자에게 제공되는 '특정한 행동의 반응이나 빈도, 강도를 유발하고 증가시키는 자극'을 말한다. 다시 말해, 학습자에게 목표로 한 수행 동작이 나타난 이후에 그 동작의 발생 빈도(혹은 확률), 강도, 지속 시간 등을 증가시켜주는 자극을 강화라 한다. 교사는 수업 중 학습자에게 효율적인 운동 수행에 관한 정보를 다양한 피드백의 형태로 제공한다. 교사로부터 학습자에게 제공되는 다양한 피드백은 정적, 부적 강화의 기능을 통해 학습자의 운동 수행을 향상시킬 수 있다. 즉, 교사에 의해 피드백의 형태로 제공되는 부적 강화는 학습자의 운동기능 수행 시 오류 동작을 감소시킬 수 있고, 정적 강화는 수행자의 정확한 운동 수행 반응의 빈도나 강도를 증가시켜 학습자의 운동기능을 향상시킬 수 있다. 왜냐하면, 정확한 운동 수행에 대한 교사의 피드백(정적 강화)은 특정 행동을 유지·향상시키는 데 도움을 주는 사회적·물리적 보상 기능을 갖게 되어 긍정적 피드백의 기능을 하는 반면, 부정확한 운동 수행에 대한 교사의 피드백(부적 강화)은 그 행동을 소멸·감소·방해하는 징벌의 기능을 갖게 되어 부정적 피드백의 기능을 수행하기 때문이다. 이처럼 피드백은 학습자의 노력과 정확한 반응을 강화시켜줄 수 있다(Wuest & Bucher, 2003).

다) 동기유발(motivation)

교사로부터 긍정적 피드백을 제공받은 학습자는 대체로 학습과제를 더 좋아하고, 과제 수행 시 오랜 시간 동안 더욱 열심히 참여하려고 한다. 즉, 보강적 피드백(augmented feedback)은 학습자에게 운동기술을 지속적으로 추진할 수 있는 동기를 유발하여 목표를 성취할 수 있도록 유도한다(김선진, 2005). 이처럼 피드백은 학습자에게 그들의 수행 과정에 대한 정보를 제공해 줌으로써 학습자의 학습 동기를 유발할 수 있다. 일반적으로 칭찬과 같은 긍정적 피드백은 학생들의 동기 수준을 높여주는 것으로 알려져 있다. 이러한 피드백이 없을 때에는 학생들이 학습과제에 대한 흥미를 잃기 쉽다. 따라서 교사는 학습자의 학습 동기를 잘 파악하고, 그들이 지속적으로 운동기술 수행의 목표를 달성하기 위해 노력하도록 교수전략을 치밀하게 계획하여 체육수업을 진행해 나가야 한다.

2) 피드백의 구분(종류)

Box 10-3 피드백의 종류

- 내재적 피드백: 학습자 내부의 감각 정보로부터 얻은 정보
- 외재적 피드백: 학습자 외부로부터 제공받은 정보
- 동시적 피드백: 운동기능 수행 과정에서 얻게 된 정보
- 결과적 피드백: 운동기능 수행 후 제공받는 감각 정보
- 수행 지식(KP): 동작의 유형(움직임 자체)에 대한 정보
- 결과 지식(KR): 움직임의 결과에 대한 정보

피드백의 유형(종류)은 다양한 방법으로 구분될 수 있으며, 각 유형의 피드백은 수업 상황에서 각기 다른 목적을 제공하기 때문에 특정한 의도를 가지고 사용해야 한다(Rink, 2002). 다양한 피드백의 유형을 살펴보면 다음과 같다.

가) 내재적 피드백과 외재적 피드백

일반적으로 피드백은 학습자 내부의 감각 시스템으로부터 제공되는 내재적(혹은 감각 피드백, intrinsic or sensory feedback) 피드백과 학습자의 외부로부터 제공되는 외재적 피드백(혹은 보강 피드백, extrinsic or augmented feedback)으로 구분할 수 있다(김선진, 2005). 이는 학습자에게 제공되는 정보의 원천(source)에 의한 분류이다.

내재적 피드백이란, 운동기능의 수행 자체에서 직접 발생하며, 운동 수행 시 수행자 내부의 감각 정보(예: 자기 수용성 감각)를 바탕으로 얻게 되는 정보를 말한다. 자기 수용성 감각(proprioceptive sense)이란, 학습자 신체 내부의 감각으로 팔·다리의 위치, 방향, 운동을 감지하는 감각을 말한다. 예를 들어, 훈련이 잘된 농구 선수는 손가락의 느낌만으로도 자신이 던진 3점 슛의 성공과 실패를 알 수 있다. 내재적 피드백을 제공해 주는 인체의 감각 기관의 예를 살펴보면, 첫째, 피부(skin)의 촉각(touch), 압각(pressure), 진동 감각(vibration) 등이 있고, 둘째, 근육, 건, 관절 등에 위치하여 움직임과 공간에서의 내 위치에 대한 정보를 제공해 주는 고유 수용기(proprioceptor)가 있으며, 셋째, 머리가 움직이는 속도와 위치 혹은 균형에 중요한 정보를 제공해 주는 안뜰 기관(vestibular organ)이 있고, 마지막으로, 시각(visual) 정보가 있다.

외재적 피드백(혹은 보강 피드백)은 운동 수행 시 학습자 스스로 감지하여 받아들이게 되는 자연스러운 정보가 아니라 학습자의 외부(예: 교사, 동료 학생, 영상 매체 등)로부터 제공받게 되는 정보를 말한다. 외재적 피드백의 예를 들어보면, 첫째, 교사나 동료 학생으로부터 제공받게 되는 정보가 있고, 둘째, 영상 매체와 같은 비디오 피드백이 있으며, 셋째, 생체의 신경·생리 상태 등을 자극 정보(刺戟情報)의 형태로 바꾸어서 그 생체에 전달하는 조작(생체 자기제어) 방식인 바이오피드백(biofeedback)이 있다. 이러한 외재적(보강) 피드백은 다시 수행 지식(knowledge of performance: KP)과 결과 지식(knowledge of result: KR)으로 구분할 수 있다.

Box 10-4 내재적 피드백과 외재적 피드백

- 내재적 피드백: 학습자 자신의 감각정보로부터 얻게 된 정보를 말한다. 학습자 자신의 '고유 감각'과 '운동 감각'에 의해서 받아들여진다. 움직임의 결과로 발생하는 운동 감각(kinesthetic sense)을 자기 자신으로부터 받는 것.
- 외재적 피드백: 학습자 자신의 감각정보가 아닌, 학습자 외부에서 제공받게 되는 정보를 말한다. 즉, 학습자 자신에 내재된 것이 아니라, 내재적 피드백을 향상시키기 위해 외부에서 주어진다.

이상의 내용을 종합하여 도식화하면 다음 [그림 10-1]과 같다.

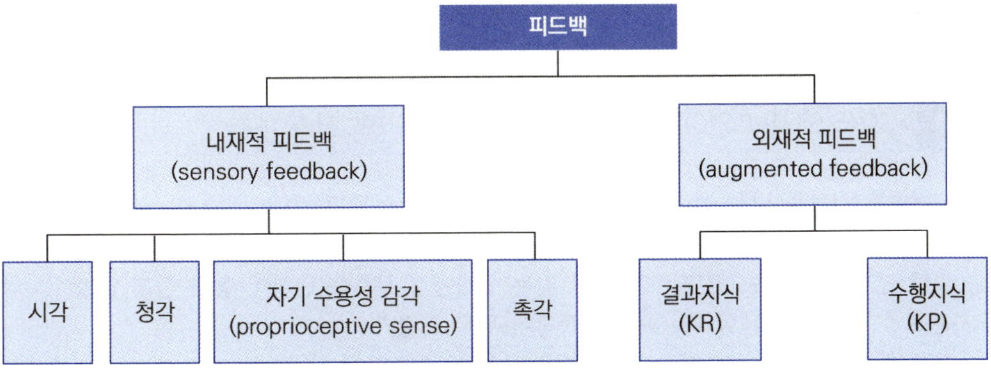

[그림 10-1] 피드백의 분류

출처: 김선진(2005). **운동학습과 제어**. 서울: 레인보우북스. p. 283에서 재편집

나) 동시적 피드백과 결과적 피드백

피드백은 학습자에게 정보가 제공되는 시기, 즉 운동 수행의 과정 중·후를 기준으로 동시적 피드백(concurrent feedback) 또는 결과적 피드백(terminal feedback)으로 구분할 수 있다. 동시적 피드백은 학습자가 운동기능을 수행하는 과정 중에 얻게 되는 정보를 말하고, 결과적 피드백은 학습자가 운동기능을 수행한 후에 제공받게 되는 감각 정보를 말한다. 체육수업 중 학생들이 제공받게 되는 피드백은 다양한 원천의 정보가 결합된 형태로 제공받게 되는 경우가 많다. 예를 들어, 학생들의 운동수행 과정 중에 이루어지는 교사의 지적은 외재적·동시적 피드백(extrinsic·concurrent feedback)의 형태로 볼 수 있고, 학생들이 축구에서 자신이 슈팅한 볼이 골대에 들어가는 것을 확인하는 것은 내재적·결과적 피드백(intrinsic·terminal feedback)의 형태로 학습자가 제공받게 되는 정보이다.

다) 수행 지식과 결과 지식

수행 지식(knowledge of performance: KP)은 학습자에게 '동작의 유형(형태)에 대한 정보'를 제공하는 것으로 '운동학적 피드백(kinematic feedback)'이라고도 한다(Walter & Swinnen, 1994). 운동학적 피드백이란, 학습자가 수행한 움직임 자체의 변위(displacement, 처음 위치와 나중 위치의 차이), 속도, 가속도 등과 관련된 정보를 말한다. 따라서 수행 지식은 학습자에게 움직임 자체에 관한 정보, 즉 '운동 동작에 관한 질적인 정보'를 제공해 주는 역할을 한다. 이러한 수행 지식(KP)은 교사들이 실제 수업 상황에서 자주 사용하는 피드백의 한 유형이다.

Box 10-5 교사의 언어적 수행 지식(Verbal KP)의 진술 예시

- 오버핸드 서브를 넣을 때, 볼을 토스한 후 백스윙이 너무 길었다.
- 농구 레이업 슛을 시도할 때, 볼을 잡은 후 첫 스텝이 너무 짧았다.
- 멀리 던지기 동작을 시도할 때, 몸을 감는 동작에서 무릎을 충분히 높이 들지 않았다.
- 축구 드리블 동작을 할 때, 페인트 동작이 너무 느렸다.
- 몸을 회전시킬 때, 너의 턱(tuck) 동작은 몸을 둥글게 말아 허벅지를 가슴 가까이에 붙여 단단하게 조여주지 못했다.

위와 같은 수행 지식(KP)의 사례들은 움직임의 패턴이나 스피드와 같은 운동학적 정보(kinematics)를 포함하고 있다. 수행 지식은 결과 지식에 의해 제공된 정보와는 달리 운동 수행의 목표 성취수준에 대한 어떤 정보가 아니라 수행자의 움직임에 관한 질적인 정보를 제공해 준다.

결과 지식(KR)은 농구공이 바스켓에 들어갔는지 아닌지와 같이 움직임의 결과와 관련되고, 수행 지식(KP)은 학습자가 움직임의 수행 중에 받게 되는 정보로 자신이 수행한 움직임을 어떻게 느끼는지, 혹은 수행한 움직임의 특성을 어떻게 만들어 내는지 등을 말한다. 학습자는 결과 지식과 수행 지식을 모두 얻을 수 있는데, 내부적으로는 시각, 청각, 혹은 근운동감각(kinesthetic, 근육·관절에 전해지는 운동·긴장 따위에 대한 지각)을 통해, 외부적으로는 다른 사람으로부터 그들이 받게 되는 정보를 통해 정보를 얻게 된다(Rink, 2002). 학습자들은 자신들이 수행한 움직임의 결과를 볼 수 있고(시각), 들을 수 있으며(청각), 그 움직임을 느낄 수 있다(근운동감각). 그들은 또한 교사와 같은 외부의 정보원으로부터 이러한 정보를 제공받을 수 있다.

Box 10-6 외재적 피드백의 분류

- 수행 지식(KP)
  - 동작의 특성에 대한 정보를 환경과 연관시켜 학습자에게 제공하는 것.
  - 운동학적 피드백(kinematic feedback)을 의미한다.
  - 운동학습에서 정확한 움직임을 만들어 내기 위해 제공하는 정보(피드백)이다.
  - 운동의 '질'적인 정보를 제공하며, 정량화가 어렵다.

- 결과 지식(KR)
  - 운동 수행 후, 학습자에게 제공되는 외재적 정보로서 동작 및 과제 수행의 결과만을 학습자에게 제공한다.
  - KR는 수행의 결과로서 객관적인 점수 등의 형태로 학습자에게 정보를 제공하게 된다.
  - 학습자는 결과 지식을 얻음으로써 다음 반응을 목표에 보다 가까워지도록 수정할 수 있게 된다.
  - 운동의 '양'적인 정보를 제공하기 때문에 정량화가 쉽다.
  - 학습자가 KR 없이 스스로 오류를 인지할 수 없으면, 오류가 수용되지 않아 연습이 안 되고 학습 효과가 떨어진다.

다음 〈표 10-5〉는 다양한 형태의 결과 지식과 수행 지식이 학습자에 미치는 영향을 설명한 것이다.

〈표 10-5〉 평가적 피드백(evaluative feedback)

		수행 지식(KP) 움직임이 계획한 대로 정확히 수행되었는가?	
결과 지식(KR) 움직임의 목적이 성취되었는가?		예	아니오
	예	그대로 다시 해본다! (Do that again!)	깜짝 놀란다! (Surprise!)
	아니오	전략 혹은 계획을 수정한다. (Change strategy or plan.)	모든 것을 바꾼다. (Change everything.)

출처: Rink, J. E. (2002). Teaching Physical Education for Learning(4th. ed.). NY: Mcgraw-Hill. p. 29에서 재편집.

위 〈표 10-5〉에서 보는 바와 같이, 의도된 움직임과 관련하여 동작이 얼마나 정확하게 수행되었는지에 대한 학습자의 인식과 느낌을 수행 지식(KP)이라 하고, 움직임의 목적이 성취되었는지에 대한 학습자의 인식은 결과 지식(KR)이라고 한다. 예를 들면, 농구 선수는 자유투를 던질 때, 움직임의 목적(볼을 바스켓에 집어넣는 것)이 성취되었는지 쉽게 확인할 수 있다(KR). 그러나 자유투(free-throw)를 던지는 선수는 볼이 바스켓에 들어가기도 전에 슛의 결과가 좋을 것임을 알 수 있다. 왜냐하면, 볼이 자신의 손끝에서 떨어져 나가는 감각을 통해 정확한 동작의 수행이 이루어졌음을 느낄 수 있기 때문이다(KP). 이러한 수행 지식은 정확한(혹은 부정확한) 과제 수행과 관련된 감각에 대한 학습자의 민감성(sensitivity)에 의존한다. 즉, 학습자는 운동 과제의 수행 시 무엇이 잘된 느낌이고, 무엇이 잘못된 느낌인지를 감각적으로 알 수 있다(Wuest & Bucher, 2003). 위의 〈표 10-5〉에서 보는 바와 같이, 가장 바람직한 상황은 학습자가 운동기능을 정확히 수행할 뿐만 아니라 움직임의 목적도 달성하도록 하는 것이다.

수행 지식(KP)은 학습자의 움직임 자체에 대한 정보로 학습자가 운동 동작의 협응 형태를 형성해 가는 과정에서 매우 중요한 역할을 하는데, 이러한 수행 지식은 교사의 언어적 설명, 영상 자료(동영상이나 사진 자료), 바이오피드백(biofeedback) 등 다양한 형태로 제공받을 수 있다. 이를 구체적으로 살펴보면 다음과 같다.

첫째, 언어적 설명이다. 교사가 학생들을 지도할 때 가장 많이 활용하는 수행 지식은 언어적인 설명을 통해 주로 전달된다. 교사는 학생들이 올바른 자세나 폼을 만들어 갈 수 있도록 운동 수행 과정에서 관찰된 오류 정보를 언어적 설명을 통해 전달함으로써 운동학습에 도움을 주게 된다. 그러나 교사에 의해 언어적으로 전달된 정보가 잘못된 내용을 포함하게 되면 학습자의 운동기능 학습에 부정적인 영향을 줄 수 있기 때문에 교사는 수업 전에 가르칠 운동기술(혹은 학습과제)에 대해 정확하고 체계적인 지식을 인지하고 있어야 한다.

둘째, 영상 자료의 활용이다. 학습자는 교사가 제공하는 영상 자료를 통해 자신의 운동 수행 장면을 관찰함으로써 운동 수행의 과정에서 나타난 자신의 오류를 찾고, 교정해야 할 부분을 확인하는 등 구체적인 정보를 얻을 수 있다. 그러나 영상 자료를 통해 수행 지식을 제공할 때, 초보자의 경우에는 너무 많은 정보로 인해 혼란을 일으킬 수 있기 때문에 교사가 학습자의 기능 수준을 고려하여 언어적 단서와 함께 정보를 제공해 주는 것이 바람직하다.

셋째, 바이오피드백의 활용이다. 바이오피드백이란, 『생체 자기제어』를 의미하는데 학습자가 의식적인 제어가 안 되는 체내의 활동을 전자 장치를 활용하여 측정한 후, 그 결과에 대한 정보를 제공받아 의식적인 제어를 훈련하는 방법을 말한다. 이처럼 바이오피드백은 학습자가 자신의 감각 시스템을 통해 얻을 수 없는 신체 분절의 움직임(motion)에 관한 운동학적 정보(kinematic information)들을 전자 장치를 통해 외부(보강)적으로 제공받을 수 있기 때문에 운동기능 학습에 매우 효과적으로 활용될 수 있다.

한편, 수행 지식과는 달리 결과 지식(knowledge of result: KR)은 학습자에게 운동 수행의 결과에 대한 정보를 제공해 주는 것을 말한다. 즉, 결과 지식은 학습자의 운동 수행이 움직임의 목적을 달성하였는지의 여부에 대한 정보를 학습자에게 제공해준다. 이러한 결과 지식을 통해 학습자가 움직임의 목표와 실제로 자신이 수행한 동작 간의 차이에 대한 정확한 정보를 얻게 된다면, 효율적인 운동 기술(motor skill) 습득이 가능하다. 결과 지식의 예를 들면 농구 경기에서 자유투를 던질 때 선수는 볼이 바스켓에 들어갔는지를 직접 보고 움직임의 목표가 달성되었는지를 알 수 있다. 이러한 결과 지식(KR)의 효과적인 제공 방법을 두 가지만 살펴보면 다음과 같다.

첫째, 결과 지식의 정밀성 수준이다. 교사가 학습자에게 제공하는 결과 지식의 정밀성 수준은 학습자의 기능 수준을 고려해야 한다. 결과 지식의 정밀성 수준은 운동학습의 초기 단계에서는 학습자의 수행에 대한 결과 지식을 일반적인 정보의 형태로 제공하고, 학습자의 기술 수준이 향상된 학습 후기 단계에서는 좀 더 세밀한 정보를 제공하는 것이 학습에 도움이 되는 것으로 알려져 있다.

둘째, 결과 지식의 제시 시기이다. 결과 지식의 제시 시기는 '결과 지식의 지연 간격(feedback delay interval)'과 '결과 지식의 제시 후 지연 간격(post-feedback delay interval)' 두 가지로 구분하여 생각해볼 수 있다. 결과 지식의 지연 간격이란, 학습자의 운동 수행이 종료된 시점에서 교사의 결과 지식이 제공되기까지의 시간 간격을 말하고, 결과 지식의 제시 후 지연 간격은 교사가 학습자에게 결과 지식을 제시한 후, 학습자가 다음 운동 수행을 시작하는 순간까지의 시간 간격을 말한다. Swinnen 등(1990)에 따르면, 학습자의 운동 수행이 끝난 직후 곧바로 결과 지식을 제공(KR의 지연 간격이 매우 짧음)하게 되면 운동학습에 부정적인 영향을 미칠 수 있다고 보고한 바 있다. 이는 학습자가 연습 과정 중 자신의 수행에 대한 오류를 탐색하고 수정 방법을 고안해 볼 수 있는 시간을 어느 정도 확보해 주는 것이 바람직하다는 연구 결과이다. 이와 마찬가지로, 교사가 결과 지식을 제시한 후에 학습자가 교사가 제공한 결과 지식의 정보를 토대로 자신의 수행에 대해 어느 정도 생각해 볼 수 있는 시간을 준 후, 학습자의 다음 수행을 시도해보도록 하는 것도 운동학습에 긍정적인 영향을 미칠 수 있다. 만약 교사가 결과 지식을 제공한 후 곧바로 학습자에게 다음 수행을 시도하도록 요구한다면 이전 수행에 대한 정보처리 과정을 거치지 못하게 되어 운동 수행에 부정적인 영향을 줄 수 있다(김선진, 2005). 이상에서 제시한 수행 지식과 결과 지식을 요약하면 다음 〈표 10-6〉과 같다.

〈표 10-6〉 수행 지식과 결과 지식의 비교

결과 지식(Knowledge of Result)	수행 지식(Knowledge of Performance)
유사점	
• 구두로 말하거나(verbal) 혹은 언어로 표현할 수 있는(Verbalizable)	
• 외재적(Extrinsic)	
• 움직임 이후에 제공됨(Provided after the movement)	

차이점	
• 환경적 목적과 관련된 움직임의 결과에 대한 정보	• 수행한 움직임 자체의 특징 혹은 유형화에 대한 정보(kinematics)
• 종종 내재적 피드백과 중복되어 불필요하게 제시됨	• 대개 내재적 피드백과 명확히 구별되어 제시됨
• 실험실에서 더 유용함	• 현실적 과제(real-world task)에 더 유용함

출처: Schmidt, R. A. & Wrisberg, C. A. (2004). *Motor Learning and Performance(3rd ed.)*. Champaign, IL: Human Kinetics. p. 281에서 재편집

라) 평가적 피드백과 교정적 피드백

이상에서 기술한 바와 같이 피드백은 다양한 방법으로 구분될 수 있지만, 대체로 스포츠교육학 분야에서는 평가적 · 교정적 피드백(evaluative · corrective feedback), 일반적 · 구체적 피드백(general · specific feedback), 긍정적 · 중립적 · 부정적 피드백(positive · neutral · negative feedback) 등으로 구분한다. 그러나 이처럼 다양한 유형의 피드백들은 수업 상황에서 각기 다른 목적을 가지고 사용될 뿐만 아니라, 서로 엄밀히 구분되기보다는 서로 결합되어 제시되는 경우가 많다. 예를 들어, '멋진 슛이야!'라고 하면 이는 구체적인 정보가 없기 때문에 일반적 피드백이기도 하지만 학생의 수행에 대한 교사의 가치 판단이 들어 있기 때문에 평가적 피드백으로도 볼 수 있으며, 아울러 학생에 대한 교사의 칭찬도 함께 이루어졌기 때문에 긍정적 피드백이기도 하다. 따라서 교사가 '멋진 슛이야!'라고 하면, '일반적 · 평가적 · 긍정적 피드백'으로 볼 수 있다. 이외에도 비언어적 피드백(nonverbal feedback)도 있는데, 교사가 엄지손가락을 치켜올리는 사인을 학생들에게 보여준다면 이는 '비언어적 · 긍정적 피드백'으로 볼 수 있다.

학생들의 운동기능을 향상시키기 위해서는 대체로 긍정적 피드백을 3~5회 제공할 때, 교정적 피드백을 1회 정도의 비율로 제공하는 것이 바람직하다고 알려져 있다. 왜냐하면, 교사가 제공하는 교정적 피드백의 비율이 지나치게 높을 경우에 학생들의 운동기능 수행에 대한 자신감이 오히려 감소할 수 있기 때문이다. 한편, Docheff(1990)에 따르면 효과적인 피드백의 제공 방법으로 '피드백 샌드위치(feedback sandwich)'를 제안한 바 있다. 피드백 샌드위치란 피드백의 세 가지 기능(강화, 정보제공, 동기유발)을 모두 결합시켜 제공하는 방법을 말한다. 예를 들면, 교

사는 "잘했어, 희철아! 너의 팔꿈치가 농구 골대와 일직선을 이루면 너는 슈팅을 할 때 항상 좋은 정렬(alignment)을 유지할 수 있을 거야. 계속 그렇게 열심히 연습해봐!" 라고 피드백을 줄 수 있다.

Rink(2002)는 피드백을 일반적·구체적 피드백, 부정적·긍정적 피드백, 학급 전체·모둠별·개인별 피드백, 일관된·일관되지 않은 피드백으로 구분한 후, 이러한 범주별로 평가적·교정적 피드백의 예를 다음 〈표 10-7〉과 같이 제시한 바 있다.

〈표 10-7〉 피드백 범주별 평가적 · 교정적 피드백의 예시

분류	평가적(evaluative)	교정적(corrective)
일반적	• 잘했어.	• 그렇게 해서는 안 돼.
구체적	• 이번엔 정말 무릎을 잘 폈다.	• 발끝에 힘을 주어라.
부정적	• 1학년도 너보다는 잘하겠다.	• 무릎을 구부리지 않도록 해라.
긍정적	• 철수는 던질 때마다 공을 목표물에 적중시켰다.	• 무릎을 고정시켜라.
전체학급별	• 이 학급은 100% 향상되었다.	• 볼을 친 뒤에는 홈베이스 위치로 돌아가는 것을 잊어서는 안 된다.
모둠별	• 이 모둠은 내가 아는 이 모둠의 능력만큼 과제를 열심히 수행하지 않았다.	• 자기 모둠의 위치에서 연습해라.
개인별	• 너는 볼 가까이에 발을 내딛지 않았다.	• 볼 쪽으로 발을 내딛어라.
일관된*	• 너의 패스는 볼을 받는 사람을 멈추게 했다.	• 좀 더 앞쪽으로 패스해서 볼을 받는 사람을 리드해야 한다.
일관되지 않은*	• 빈 공간에 있는 선수를 발견하기 전까지는 드리블을 해서는 안 된다.	• 너는 모든 팀원에게 패스하지 않고 있다.

* 자신과 짝을 이룬 동료 팀원이 볼을 캐치할 때 동작을 멈추지 않고 볼을 받을 수 있도록 앞쪽으로 패스하는 과제라고 가정한다.

출처: Rink, J. E. (2002). *Teaching Physical Education for Learning(4th ed.)*. NY: Mcgraw-Hill. p. 167에서 재편집.

라. 학습과제의 수정

학습과제의 수정은 다른 말로 '내용 발달(content development)', '과제 발달(progressions of tasks)', 혹은 '내용 전개(progressions of content)' 등으로 불리기도 한다. 이러한 다양한 용어들은 모두 같은 의미로 수업 중 교사가 학생들의 기능 수준

에 따라 학습과제를 바꿔줌으로써 그들의 수행(혹은 기능) 수준을 향상시키는 데 목적을 두고 있다. 매 차시의 수업에는 많은 움직임 과제(movement task)들이 포함되어 있으며, 이러한 과제들은 서로 관련이 깊다. 이러한 체육수업의 구체적인 내용들은 주의 깊게 설계된 학습과제의 계열성에 따라 학생들의 수행 수준을 하위 수준에서 상위 수준으로 높여주는 과정을 통해 가르쳐지게 되는데 이러한 과정을 내용 발달(content development)이라 한다(Rink, 2002). 즉, 학습과제의 수정이란 '학습과제의 단계화(혹은 계열화) 과정'에서 교사가 미리 마련해 둔 『시작형－확장형－세련형－응용형(혹은 적용형)』 과제를 가지고 매 차시 수업을 진행해 나가면서 학생들의 수행 수준을 보고, 적절하게 학습과제를 바꾸어 주는 활동을 말한다.

교사는 과제 발달(progressions of tasks)을 이용하여 학생들을 기초 단계(beginning level)에서 고급 단계(advanced level)로 이끌어 줄 수 있다(Rink, 2002). Rink(2002)가 제안한 '좋은 내용 발달'의 특징은 다음과 같다.

첫째, 좋은 내용 발달은 학생들의 학습경험을 단순한 것에서 복잡한 것으로, 쉬운 것에서 어려운것 순서대로 배열한다.

둘째, 좋은 내용 발달은 학습자가 좋은 수행을 성취하는 데 초점을 둔다.

셋째, 좋은 내용 발달은 학습자가 습득한 기능들을 적용(혹은 응용)해 볼 수 있는 기회를 제공한다.

이상에서 살펴본 학습과제의 수정 과정을 실제 수업과 관련하여 구체적으로 살펴보면 다음과 같다.

1) 시작형 과제

시작형 과제(initial task)는 '초기 과제', 혹은 '정보 제시형 과제(informing task)'라고도 한다. 시작형 과제는 교사가 매 차시의 수업에서 학생들에게 제공하는 최초의 과제로 학생들이 몇 번만 해보면 쉽게 습득할 수 있는 가장 기초적인 수준의 과제를 말한다. 수업의 순서상 맨 처음 교사로부터 제공받는 초기 과제로부터 학생들은 자신이 배울 학습 내용을 발달시켜 나가게 된다.

2) 확장형 과제

확장(extension)이란 운동기능의 복잡성(complexity)과 난이도(difficulty)를 조절하여 계열성 있게 학습과제를 창안하는 것을 말한다(손천택 외 4인, 2011; Rink, 2009). 일반적으로 학생들의 학습경험을 단순한 것에서 복잡한 것으로, 쉬운 것에서 어려운 것으로 순서대로 배열하는 것을 발달(progression)이라 하는데, 교사는 일련의 확장형 과제를 통해 학생들의 학습경험을 향상 혹은 발달시키게 된다. 확장형 과제를 만들 때, 교사들은 쉽고, 단순한 과제에서 시작하여 점차적으로 복잡성과 난이도를 더해 나가게 된다. 확장형 과제와 관련된 농구 수업의 예를 들면 다음과 같다.

Box 10-7 확장형 과제 예시 -농구 수업-

- 농구공 없이 체스트 패스 자세 연습을 한 후, 익숙해지면 농구공을 가지고 연습한다.
- 가까운 거리에서 체스트 패스 연습을 한 후, 익숙해지면 점차 패스 거리를 늘려 나간다.
- 제자리에 서서 체스트 패스 연습을 한 후, 익숙해지면 움직이면서 혹은 달려가면서 연습한다.
- 볼 스피드에 상관없이 체스트 패스 연습을 한 후, 익숙해지면 볼의 스피드를 늘려 나간다.

위와 같은 내용 발달을 '과제 내 발달(intratask development)'이라 한다. 왜냐하면, 수업 중 다루고 있는 과제가 체스트 패스로 모두 똑같기 때문이다. 때때로 교사는 한 차시의 수업에서 학생들의 연습 과제를 완전히 다른 과제로 바꾸어 주는 경우가 있는데 이를 '과제 간 발달(intertask development)'이라 한다. 농구를 예로 들면, 체스트 패스 연습을 하다가 드리블 과제로 바꾸어 주는 경우를 말한다.

교사가 확장형 과제(extending task)를 만드는 방법의 예는 다음 〈표 10-8〉과 같다.

〈표 10-8〉 확장형 과제 만들기

방 법	예 시
전체 동작을 부분 동작으로 나누기	• 농구 레이업 슛을 연습할 때, 스텝을 맞추어 볼을 잡아 도약하는 동작과 슛을 위해 볼을 백보드에 올려놓는 동작을 나누어 연습한다.
용·기구의 변형	• 배구 연습을 할 때, 가벼운 볼을 가지고 시작해서 기능 수준이 향상되면 차차 볼의 무게를 늘려나간다.

방 법	예 시
연습 공간의 변형	• 술래잡기 게임을 할 때 술래가 쉽게 잡을 수 있도록 공간을 줄이기 • 2대1 간이 축구 연습을 할 때, 공격수가 쉽게 공격할 수 있도록 연습 공간을 늘리기
연습 목적 바꿔주기	• 테니스 서브 연습 시, 처음에는 리듬과 같은 느낌에 초점을 두고 연습하다가 기능 수준이 향상되면 서비스 코트 안에 정확히 볼을 보내는 데 초점을 두고 연습하기
참여 인원수의 변형	• 댄스 스텝을 연습할 때, 처음에는 혼자 연습하다가 익숙해지면 파트너와 함께 동작을 맞춰 연습하기 • 2대1 축구 공격 연습을 하다가 익숙해지면 2대2, 3대3으로 참여 인원을 늘려나가기
수행 조건의 변화	• 농구 드리블 연습을 할 때, 처음엔 수비수가 드리블을 하는 학생의 볼을 빼앗지 않고 따라가기만 하다가 점차 익숙해지면 적극적으로 빼앗는 수비하기 • 테니스 서브 연습을 할 때, 네트를 넘기기 어려우면 엔드 라인에서 몇 발자국 앞에 가서 연습하다가 익숙해지면 점차 원래 위치(엔드 라인)에 가까이 가서 연습하기 • 초등학교 저학년이나 초보자의 경우, 드리블 없는 농구 게임하기
규칙의 변화	• 농구 경기에서 처음에는 트래블링 바이얼레이션을 엄격하게 적용하지 않고 실시하다가 점차 기능수준이 향상되면 원래 규칙대로 경기하기 • 배구 경기에서 서브 리시브의 경우에는 원바운드까지 허용하기(No ace game)
기술 결합하기 (단순 동작 → 복합 동작)	• 처음에는 슛을 따로 연습하다가 점차 익숙해지면 드리블과 슈팅을 연결시켜 연습하기 • 체조 앞구르기 연습이 익숙해지면 앞구르기와 물구나무서기를 연결시켜 연습하기
개념과 관련된 다른 예시들의 개수 확대	• 허리 유연성을 향상시킬 수 있는 3가지 운동 방법을 고안하기 • 처음에는 단순히 “균형이 무엇인지 보여주세요.”라고 요구하는 과제에서 “균형을 잡는 3가지 다른 방법을 보여주세요.”라는 과제를 요구하기

출처: Rink, J. E. (2002). *Teaching Physical Education for Learning(4th ed.)*. NY: Mcgraw-Hill. p. 116 에서 재편집.

3) 세련형 과제

세련형 과제(refining task)는 학습자의 운동 수행의 질과 밀접한 관련이 있다. 따라서 교사가 학생들에게 제공하는 세련형 과제는 학생들이 운동기능을 익힐 때 무엇에 주의를 집중해야 하는지에 대해 정보를 제공해 주는 일종의 학습 단서의 역할을 한다

(손천택 외 4인, 2011; Rink, 2009). 이러한 세련형 과제, 즉 학습자의 운동 수행의 질에 대한 교사의 관심은 교사 피드백의 형태로 학급의 전체 학생들이나 학생 개인에게 제시될 수 있다. 예를 들면, 교사가 학생들이 전체적으로 운동 과제를 잘 못 수행하고 있다고 생각되면, 교사는 학생들의 연습을 중단시키고, 운동 과제의 질적인 측면에 대해 구체적인 피드백을 제공한 후, 학생들이 이에 초점을 두고 연습해 볼 수 있도록 지도하게 된다. 세련형 과제와 관련된 농구 수업의 예를 들면 다음과 같다.

Box 10-8 세련형 과제 예시 -농구 수업-

- 체스트 패스를 할 때, 손목의 스냅을 최대한 부드럽게 이용한다.
- 손목의 스냅을 이용하여 체스트 패스를 한 다음에는 양 손바닥이 체육관 바닥을 향하게 한다.
- 볼을 받을 때에는 볼을 충격을 흡수시키기 위해 양손을 가슴 앞으로 내민 다음 가슴 쪽으로 끌어당기면서 받는다.

4) 적용형 과제

좋은 내용 발달의 세 번째 특징은 학생들로 하여금 자신들이 익힌 기능을 실제 상황 혹은 실제 상황과 유사한 조건에 적용해 보도록 하는 것이다. 적용형 과제(application task)란 교사가 학생들에게 자신이 습득한 운동기능을 실제로 적용해 볼 수 있는 기회를 제공해 주는 과제를 말한다. 이러한 적용형 과제는 '도전 과제', '평가 과제', 혹은 '응용형 과제'라고도 불린다. 운동기능 학습에서 학생들은 대부분 어떻게 움직여야 하는지, 즉 운동 방식에 집중하게 된다. 이것을 '운동기능 수행의 효율성'이라고 한다. 대체로 교사들은 운동기능을 수행하는 학생들의 좋은 자세(form)에 관심을 갖지만, 학생들은 자신들이 습득한 기능으로 무언가를 하는 것, 즉 움직임의 어떤 목적을 달성하는 데 큰 관심을 가지고 있다. 결국, 학생들은 자신들이 습득한 운동기능을 실제 상황에 적용시켜야 한다. 이를 '운동기능 요소의 효과성'이라 한다(Rink, 2002). 효과적인 내용 발달은 학생들이 연마하고 있는 기능들을 적용(응용)하여 경험해 볼 수 있는 기회를 학생들에게 제공한다. 예를 들어, 농구 게임에서 가장 중요한 것은 득점하기 위해 패스나 드리블을 통해 이동하는 방법이 아니라 어떻게 득점하느냐, 즉 득점하는 방법이다. 따라서 교사는 학생들이 농구와 관련된 모든 기술을 완벽히 학습한 다음 게임을 시킬 것이 아니라 기능을 습득하는 과정 중에 자기-테스트, 간이 게임, 정식 게임 등을 통해 다양한 경험을 해볼 수 있도록 지도해야 한다.

실제 수업 상황에서 교사의 내용 발달은 학생들에게 제시된 과제의 유형에 대한 분석을 통해 살펴볼 수 있다. 교사는 시작형 과제를 가지고 수업을 시작하게 된다. Rink(2002)에 따르면, 내용 발달은 다음에 기술된 세 가지 교사 행동의 통합을 통해 달성된다. 이를 간략히 살펴보면 다음과 같다. 첫째, 확장(extension)이다. 확장이란 학생이 수행하는 과제의 난이도와 복잡성의 점진적인 발달(전개)을 의미한다. 둘째, 세련(refinement)이다. 세련이란 교사의 학생 수행의 질에 대한 관심을 의미한다. 셋째, 적용 혹은 평가(application/assessment)이다. 이는 적용(평가) 경험의 통합을 의미하는데, 학생들은 적용(평가)형 과제를 통해 자신이 습득한 기능을 어떻게 적용할 것인가 혹은 자신의 동작을 어떻게 평가할 것인가에 초점을 두고 과제를 수행하게 된다.

마. 동기유발

동기란, 사전적 의미로 보면 '어떤 특별한 일을 하게 된 심리적 이유나 원인'을 말한다(김성곤, 2018). 즉, '어떤 일이나 행동을 일으키게 하는 계기'를 말한다. 따라서 동기 부여 혹은 동기유발이란, '어떤 일을 시작하고, 추진하고, 지속하는 힘'(Woolfork, 1993) 또는 '목표 지향적 활동을 시작하는 개인의 내적인 상태'(Wuest & Bucher, 2003)로 정의할 수 있다. 동기유발에 대해 구체적으로 살펴보면 다음과 같다.

1) 학습 동기

학습 동기(learning motivation)라는 개념은 '성취동기(achievement motivation)'라고도 불리며, '학생이 학교 상황에서 학업을 성취하려는 의욕 혹은 동기'를 말한다(김청자, 2005). 즉, 학생이 수업 중 어떤 특정 과제를 학습하려는 추진력을 말한다. 일반적으로 학생들의 학습 동기를 높여 주기 위해서는 명확한 개인별 학습 목표의 설정,

학생들의 기능·적성·흥미에 맞는 과제 제시, 이에 따른 적절한 보상과 피드백의 제공 등이 효과적인 것으로 알려져 있다. 과거 동기에 관한 연구들은 내적 동기는 외적 동기를 감소시키고, 외적 동기는 내적 동기를 감소시키는 상호 부적 관계로 보는 견해가 지배적이었으나, 최근에는 서로 양립할 수 없는 부적 관계로 보는 기존의 해석에 반대하는 주장들이 제기되고 있다(김성곤, 2018). 이를 구체적으로 알아보기 위해 먼저 내적 동기와 외적 동기에 대해 살펴보면 다음과 같다.

가) 내적 동기

내적 동기(intrinsic motivation)는 학생이 과제 자체에 흥미를 가지고, 학습과제의 수행 과정에서 수반되는 즐거움이나 만족감을 얻기 위해 특정한 행동을 하게 되는 동기를 말한다. 이러한 동기는 특정 행동을 함에 있어 수단과 목적이 분리되어 있지 않기 때문에 내재적 동기 혹은 내적 동기라 불린다(김성곤, 2018). 내적 동기 이론가들은 학생들이 수업 중 과제 수행 자체에서 경험하는 즐거움이나 만족감, 즉 학습에 대한 내적 동기가 학습의 원동력이 되며, 외적 동기 부여 방식은 학생들로 하여금 학습을 통제나 제약으로 인식하게 하여 학습에 대한 욕구를 감소시킨다고 주장한다. 즉, 외적인 보상은 내적 동기를 감소시킨다(Deci, Koestner, & Ryan, 1999).

나) 외적 동기

외적 동기(extrinsic motivation)는 학생이 과제의 수행과는 직접적 관련이 없는 외부의 보상이나 칭찬 혹은 사회적 압력 등과 같은 요인에 의해 동기가 부여되는 것을 말한다. 즉, 개인이 어떤 특정 행동을 하는 목적이 보상의 획득이나 처벌의 회피와 같은 외적 결과에 있는 것을 말하며, 이러한 동기는 수단과 목적이 분리되어 있기 때문에 외재적 동기 혹은 외적 동기라 불린다(김성곤, 2018). 외적 동기 이론가들은 외적 보상이나 처벌을 학생들에게 적절한 수준으로 사용한다면 학생들의 학습 동기를 유발하고 효과적인 학습을 유도할 수 있다고 주장한다(최병연, 2002). 그러나 교사의 외적 동기 부여가 너무 적으면 학생들이 학습에 무관심해질 수도 있지만 너무 많으면 오히려 스트레스와 불안을 느껴 학생들의 운동수행이 오히려 감소될 수 있다(고문수 외 9인, 2018; Pangrazi & Beighle, 2016).

2) 동기유발의 세 가지 비결

유능한 교사는 학습과제나 활동을 성공 지향적으로 제시하고, 학생들을 내재적으로 동기 유발하며, 발달상으로 적절한 학습과제를 제시하는 등 긍정적인 학습 환경을 조성함으로써 학생들의 동기를 유발한다. Graham(2008)은 자신의 저서에서 Block(1995)과 Tjeerdsma(1995)의 연구 결과를 바탕으로 동기유발의 세 가지 비결을 제시한 바 있다. 이를 구체적으로 살펴보면 다음과 같다.

가) 성공 지향적인 학습과제의 제시

체육수업 중 학생들이 학습과제를 연습할 때, 빈번한 실패의 경험은 학생들의 '비과제행동(off-task behaviors)' 및 '일탈 행동(drop-out)'을 유발할 수 있다. 이처럼 체육수업 중 지속적인 연습에도 불구하고 학생들이 반복적인 실패의 경험을 하게 되면 좌절감이나 당혹감 혹은 학습된 무기력증(learned helplessness syndrome)에 빠질 수 있다. 교사가 이를 예방하기 위해서는 학생들에게 성공 지향적인 학습과제를 제시함으로써 성공률을 높여 주어야 한다. 학급 전체의 학생들이 새로운 기능을 배울 때에는 80%에 가까운 성공률이 적절하다(Siedentop & Tannehill, 2000; Tjeerdsma, 1995). 이는 동기 이론 중 '학습된 근면성 이론(learned industriousness theory)'이나 Bandura (1977)의 '자기 효능감 이론(self-efficacy theory)'과 밀접한 관련이 있다. 학습된 근면성이란, 학생들이 도전을 거듭하면서 성공하는 횟수가 늘어나면 의지력도 향상된다(김성곤, 2018)는 것을 말하고, 자기 효능감이란, 어떤 과제를 성공적으로 수행(혹은 해결)할 수 있다는 학생 자신의 능력에 대한 믿음이나 신념을 말한다. 교사가 이처럼 학습과제에 대한 성공률을 높여주게 되면, 학생들은 긍정적인 자아상을 갖게 되고, 자기 자신의 능력에 대한 믿음이나 의지력이 강화되어 새로운 과제에 도전할 때에도 강한 집중력을 가지고 더욱 몰입하게 할 수 있게 된다.

성공적인 교사들은 학생들의 학습과제에 대한 성공률을 높일 수 있도록 학생들의 능력 수준에 맞게 학습과제를 변형시켜 제공하는 능력이 우수하다. 이에 대해 Graham(2008)은 다음 세 가지 사례를 들어 설명한다.

첫째, 자율 조정 표적 던지기(self-adjusting target throwing)이다. 학생들이 콩 주머니를 표적에 던져 넣는 과제에서 교사는 표적과의 거리를 획일적으로 제시하지 않고,

학생들이 자신의 능력 수준에 맞춰 스스로 조절하도록 제시해주면 학습과제의 성공률을 높일 수 있다.

둘째, 사선으로 놓은 밧줄(slanty rope)이다. 두 개의 밧줄을 놓을 때, 출발점은 반듯하게 놓고 도착점은 사선으로 비스듬히 놓아 밧줄의 폭이 다양하게 만든다. 이렇게 폭이 다른 밧줄을 놓고 학생들이 멀리뛰기 연습을 하게 되면, 기능 수준이 낮은 학생들은 폭이 좁은 곳을, 기능 수준이 높은 학생들은 폭이 넓은 쪽을 뛰어넘게 하여 학습과제의 성공률을 높일 수 있다.

셋째, 다양한 높이의 농구 골대(varied basketball goal heights) 설치이다. 교사가 학생들에게 거리나 높이가 일정한 농구 골대를 제시하였을 경우에는 학생들의 과제 연습 시간은 감소하고, 비과제행동(off-task behaviors)은 증가할 것이다. 왜냐하면, 기능 수준이 낮은 학생들은 학습과제의 수준이 높아 연습 과정에서 자주 실패하여 좌절감을 느낄 것이고, 기능 수준이 높은 학생들은 학습과제의 수준이 낮아 지루해 할 수 있기 때문이다. 따라서 다양한 높이의 농구 골대를 설치한 후, 학생들에게 선택권을 주어 가르치게 되면 학생들의 학습과제에 대한 성공률은 높이고, 학습 동기를 유발할 수 있다.

나) 숙달(혹은 완전) 학습

Graham(2008)에 따르면, 유능한 교사는 내적 동기유발 방법을 통해 학생들의 기능을 향상시킨다. 이를 숙달 혹은 완전 학습(mastery learning)이라 한다. Nicholls(1989)에 따르면, 자신의 능력에 대해 판단을 내리는 사람들의 유형을 다음과 같이 두 가지로 구분한다.

첫 번째 유형은 '과제 성향'이다. 과제 성향에서 비교의 준거는 '자기 자신'이 된다. 과제 성향은 '숙달 지향성 혹은 숙달 목표 지향성'이라고도 불린다. 이처럼 숙달 지향적인 학생들은 자신의 성공 여부를 남과 비교하지 않고 자신의 과거와 비교해서 얼마만큼 향상되었는지에 초점을 두고 판단한다. 즉, 학습 성공 여부의 판단 기준이 학습과제의 숙달에 있다.

두 번째 유형은 '자기 성향'이다. 자기 성향에서는 비교의 준거가 자기 자신이 아니라 '타인'이 된다. 자기 성향은 '능력 지향성 혹은 수행목표 지향성'이라고도 불린다. 대체적으로 능력 지향적인 학생들은 자신의 학습 성공을 타인과 비교해서 상대적으로 얼마만큼 높은 점수를 얻었는지에 초점을 두고 판단한다. 즉, 학습 성공 여부의 판단 기준이 타인과의 비교에서 뛰어남 혹은 우월함에 있다.

Graham(2008)이 말하는 숙달 학습이란, Nicholls(1989)가 말하는 과제 성향과 매우 밀접한 관련을 가지고 있다. 과제 성향이 높은 사람들은 일반적으로 내적 동기가 높기 때문에 실패를 두려워하지 않으며, 학습 유능감(learning efficacy)을 자주 경험한다. 반면에 자기 성향이 높은 사람들은 자신의 성공을 항상 타인과 상대적으로 비교하여 정의하기 때문에 실패를 두려워하는 경향이 높고, 유능감을 느끼기 어렵다. 이처럼 숙달 지향적인 학습 환경은 체육수업 중 학생들의 독립심과 자율성을 고취시킨다. 따라서 유능한 교사들은 학생들이 연습을 열심히 해서 교사를 기쁘게 하거나 시합에서 승리하는 것보다는 기능 수준이 향상된 자신의 능력을 보고 만족감을 얻을 수 있도록 지도한다. 이처럼 타인과 비교하지 않고 자기 자신의 과거와 현재를 비교함으로써 자신의 향상에 만족하고 열심히 연습하도록 하는 방법을 '내재적 동기유발'이라 한다. Graham(2008)에 따르면, 체육수업 중에 학생들이 자신의 수행을 다른 학생과 비교하는 것을 완벽히 방지할 수 있는 확실한 방법은 없지만, 교사는 학생들이 자신의 성취수준을 타인과 비교하게 되는 상황을 조성하지 않도록 노력해야 한다고 주장한다.

다) 발달상으로 적절한 동기유발 방법의 제시

Graham(2008)이 제시한 학습 동기를 유발하는 마지막 비결은 발달상으로 적절한 동기유발 방법의 제시이다. 이는 학생의 연령 혹은 기능 수준과 관련이 깊다. 예를 들어, 초등학교 저학년 학생들은 교사의 칭찬이나 격려에 의해 학습 동기의 유발이 쉽게 된다. 왜냐하면, 초등학교 저학년 학생들은 교사를 기쁘게 하려는 욕구가 강하기 때문이다. 반면에 고학년 학생들은 교사를 기쁘게 하려는 욕구보다는 동료를 기쁘게 하려는 욕구가 강하다. 따라서 교사는 아동들의 연령 수준에 맞는 적절한 동기유발 방법을 사용해야 한다. 한편, 학생들의 운동기능 수준(skill level)에 따라서도 동기유발 방법이 달라질 필요가 있다. 예를 들면, 운동기능 수준이 낮은 학생들은 교사의 지속적인 칭찬과 격려와 같은 긍정적 피드백을 통해 학습 동기를 강화시킬 필요가 있다. 반면에 운동기능 수준이 높은 학생들은 과제를 수행하는 방식(혹은 결과)에 초점을 두고 칭찬해줄 때, 효과적인 동기유발이 이루어질 수 있다. 예를 들면, 단순히 그들의 노력에 대해 칭찬하는 긍정적 피드백보다는 잘 된 동작이 무엇인지, 그리고 그 기능을 더 잘 수행하려면 어떤 동작을 수정하면 좋을지 등과 같이 긍정적·구체적·교정적 피드백을 통해 명확히 지적해 주는 것이 좋다.

한편, 기술이 단순한 학습과제의 경우에는 교사의 많은 자극을 학생들이 수용할 수 있지만, 복잡한 과제일수록 교사의 과도한 자극은 학생들의 학습을 오히려 방해할 수 있다(고문수 외 9인, 2018; Pangrazi & Beighle, 2016). 따라서 교사는 학습과제의 성격에 따라서도 적절한 양의 외재적 동기유발 방법을 활용할 수 있어야 한다.

3) 동기유발 기법

Graham(2008)은 자신의 저서에서 학생들의 학습 동기를 유발하기 위한 8가지 기법을 제시한 바 있다. 본서에는 이 중 가장 핵심적인 내용을 중심으로 세 가지만 제시하면 다음과 같다.

가) 선택권을 주며 가르치기

모든 연령대의 아동들에게 적절한 학습과제나 활동을 제시하는 가장 효과적인 동기유발 기법 중 하나는 선택권을 주며 가르치기(teaching by invitation)이다(Tjeerdsma, 1995). Tjeerdsma(1995)가 제안한 'teaching by invitation' 기법에서 'invitation'은 우리말로 '초대', '권유', '제안' 등의 의미로 해석될 수 있다. 따라서 이 기법은 교사가 학생들에게 학습과제를 수행하는 다양한 방법들을 제안하고, 학생들은 자신의 능력 수준이나 흥미에 맞는 과제를 스스로 선택하여 과제를 수행하도록 하는 방법을 말한다. 학습과제 수행 시 학생들의 자율성이 보장되면 내적 동기가 유발되어 보다 능동적으로 열심히 학습과제에 참여할 수 있다. 이는 학습과제 수행 시 학습자가 자기 주도적인 행동을 할 때, 학생들이 더욱 몰입하고 만족할 수 있다는 자기 결정성 이론(Ryan, Connell, & Grolnick, 1992)과 밀접한 관계가 있다. 선택권을 주며 가르치기에서는 교사가 둘 혹은 그 이상의 과제들을 학생들에게 제공하고, 학생들은 자신의 능력 수준에 맞는 과제를 스스로 선택하여 수행하게 된다. 예를 들면, 체육수업 중 교사는 다음과 같이 학생들에게 선택권을 주면서 가르칠 수 있다.

Box 10-9 선택권을 주며 가르치기 예시

- "농구공, 축구공, 배구공, 소프트발리볼공 등은 무게가 다 달라요. 힘이 약한 사람은 가벼운 볼로 연습하는 것이 좋을 것 같아요. 여러분은 자신이 원하는 볼로 슈팅 연습을 할 수 있어요."
- "여러분은 농구 드리블 연습을 할 거예요. 드리블 연습은 혼자 해도 좋고, 짝과 함께 연습해도 좋아요."
- "여러분은 짝과 함께 배구 언더핸드 패스 연습을 할 거예요. 짝과의 거리는 여러분이 원하는 거리(2m, 3m, 5m)에서 자유롭게 연습할 수 있어요."

나) 과제 내 변형

과제 내 변형(intratask variation)이란, 교사가 학생들의 능력과 흥미에 맞추어 학습과제를 수정하여 제공하는 것을 말한다(Graham, 2008). 과제 내 변형 기법이 앞서 제시한 선택권을 주며 가르치기와 다른 점은 학생들을 위한 학습과제에 대한 결정을 교사가 직접 내린다는 점이다. 과제 내 변형 기법에서는 교사가 학생들의 과제 수행을 개인별로 면밀히 관찰한 다음, 기능 수준이 낮은 학생들에게는 보다 쉬운 과제를 제공하고, 기능 수준이 높은 학생들에게는 좀 더 어려운 난도가 높고 복잡한 과제를 제공하게 된다. 이때 교사가 유의해야 할 점은 기능 수준이 높은 학생들에게 제시되는 과제가 기능 수준이 낮은 학생들에게 부러움의 대상이 되어서는 안 된다는 점이다. 예를 들어, 농구 드리블 연습을 하는 과제에서 기능 수준이 낮은 학생들은 천천히 이동하면서 방향을 전환하는 드리블 과제를 수행하고 있는데, 기능 수준이 높은 학생들은 슈팅 연습을 하게 된다면 기능 수준이 낮은 학생들은 이를 부러워할 수 있다. 따라서 교사는 기능 수준이 높은 학생들에게 기능 수준이 낮은 학생들과 전혀 다른 과제를 제시하는 것보다는 같은 과제이지만 좀 더 어려운 도전적인 과제를 제시하는 것이 바람직하다. 예를 들면, 대부분의 학생들이 천천히 전진하면서 방향을 전환하는 드리블(change of direction dribble)을 연습할 때, 기능 수준이 높은 학생들에게는 같은 과제이지만 볼을 등 뒤로 돌려보내며 방향을 바꾸어 전진하는 '비하인드 백 드리블(behind back dribble)'이나 볼을 양다리 사이로 빠져나가게 하여 드리블의 진행 방향을 바꾸어 전진하는 '레그 스루 드리블(leg through dribble)'을 시도해보게 할 수 있다. 다양한 기능 수준을 가진 학생들에게 교사가 이렇게 과제 내 변형 기법을 사용하여 학습과제를 제시하게 되면, 기능 수준이 낮은 학생들에게는 자신에게 어려운 과제를 무리하게 연습해서 좌절감을 갖지 않도록 할 수 있고, 기능 수준이 높은 학생들에게는 너무 쉬워서 지루해하지 않고 학습과제에 몰두하게 할 수 있다.

다) 학습자-고안 활동

Graham(2008)에 따르면, 초등학교 고학년 학생들은 소집단을 구성하여 자신들만의 게임 전술을 만들거나 춤이나 일련의 체조 동작을 안무하는 등 스스로 무언가를 고안하여 활동해 볼 수 있는 기회를 갖고 싶어 한다. 이를 '학습자-고안 활동(child-designed activities)'이라 한다. 학습자-고안 활동은 학생들이 친구들과 함께 팀을 이루어 활동하면서 교사에 의해 제시된 도전적인 학습과제를 해결하기 위해 자신들의 창조적인 능력을 이용할 수 있도록 고무되기 때문에 학생들의 학습 동기를 유발할 수 있다. 예를 들면, 교사는 학생들이 팀을 구성하여 각자의 체격이나 체력, 혹은 기능 수준에 적합한 역할을 맡도록 한 후, 피라미드 모양으로 인간 탑을 쌓으면서 창의적으로 다양한 모양을 만들어 보게 할 수 있고(꾸미기 체조, Pyramid building), 농구 경기의 공격이나 수비 전술을 팀별로 창의적으로 구상하게 한 후, 이를 연습해 보고 실제 게임에 적용시켜 보도록 할 수 있다. 이러한 학습자-고안 활동은 다양한 체력이나 기능 수준을 가진 학생들이 하나의 팀을 이루어 서로 협력하여 학습과제를 창의적으로 해결해 나갈 수 있도록 유도하기 때문에 긍정적인 학습 환경의 조성 및 학습자의 동기유발에 효과적이다.

4. 평가하기

먼저 평가의 개념을 명확히 이해하기 위해서는 먼저 용어에 대한 언어적 의미에 대해 살펴볼 필요가 있다. 우리말로 '평가'라는 용어는 영어로는 testing, measurement, evaluation, assessment 등 다양한 단어로 표현된다. 이러한 용어들의 개념을 구체적으로 살펴보면 다음과 같다.

Box 10-10 평가와 사정의 사전적 개념

- 평가(評價): 수집된 정보나 자료를 해석하는 과정
- 사정(査定): 조사하거나 심사하여 결정함

첫째, 검사(testing)이다. 검사란, 어떤 대상에 대한 정보(예: 인성, 성격, 체력, 적성 등)를 찾기 위해 테스트하는 활동을 말한다.

둘째, 측정(measurement)이다. 측정이란, 평가자가 정보나 데이터를 수집하는 과정을 말한다(Wuest & Bucher, 2003). 예를 들면, 교사가 학생으로부터 어떤 정보(혹은 자료)를 얻기 위해 수치나 크기 등을 측정하는 과정 혹은 행위를 말한다.

셋째, 평가(評價, evaluation)이다. 측정과 평가는 과정(process)과 밀접한 관련이 있다. 앞서 설명한 바와 같이 측정이 정보를 모으고, 데이터를 수집하는 과정임에 반해, 평가는 평가자가 수집된 정보나 데이터를 해석하는 과정(the process of interpreting)을 말한다(Wuest & Bucher, 2003).

넷째, 사정(査定, assessment)이다. 사정(assessment)이란, 평가(evaluation)보다 그 범위가 훨씬 광범위한 용어로, 자료 수집(data collection), 해석(interpretation), 의사결정(decision making) 등을 모두 포함한다. 즉, 사정이란, 평가자가 참여자의 성취에 대한 정보를 수집한 후, 이에 대한 결정과 판단을 내리는 과정을 말한다(Wuest & Bucher, 2003). 즉, 사정은 교사가 수업의 과정과 결과에 대한 어떤 판단을 내리기 위해 학생들에 관한 정보를 수집하는 과정을 말한다. 여기서 말하는 판단이란, 학생에 대해 교사가 자신의 분별력을 통해 내리는 세심하고 진지한 의견을 말한다. NASPE(1995)에 따르면, 사정(assessment)의 주된 목적은 학습에 대한 문서화(기록)가 아니라, 학습의 향상 및 촉진에 있다고 밝힌 바 있다. 따라서 사정(assessment)은 운동 수행의 진보를 보여주기 위한 성적(등급, grade)의 배정보다 훨씬 광범위한 목적을 가지고 있다.

이상에서 평가와 관련된 용어들의 개념을 살펴보았다. 모든 체육교육 관련 서적들이 평가와 관련된 용어들의 개념을 위와 같이 일관성 있게 제시해 주면 문제가 없겠지만, 우리의 현실은 그렇지 않다. 예를 들면, 스포츠교육학자인 Rink(2002)의 저서에는

'assessment'와 'evaluation'의 뜻을 위와는 달리 규정하고 있다. 이를 구체적으로 살펴보면 다음과 같다. Rink(2002)에 따르면, 'assessment'는 교사가 수업의 과정과 결과에 대한 어떤 판단을 내리기 위해 학생들에 관한 정보를 수집하는 과정(Safrit & Wood, 1995)이라고 말한다. 즉, 수업의 결과와 과정에 대한 판단을 내리기 위한 정보의 이용을 보통 평가(evaluation)라고 한다는 것이다. 그는 'assess'와 'evaluate'는 서로 함께 사용되는 용어로 보고, 다음과 같이 예를 들고 있다. 한 교사는 어떤 학생이 오버핸드 던지기 패턴에서 "전완 지연(forearm lag)"을 제외한 모든 것을 마스터했다는 정보를 수집할 수 있다. 그 정보 자체만 가지고는 그 평가(assessment)가 좋은 것인지 나쁜 것인지는 아직 알 수 없다. 왜냐하면, 일반 학생인 중학교 1학년 학생에게 그러한 평가 결과는 훌륭할 것이다. 그러나 야구팀의 선수라면 얘기가 달라진다. 즉, 결코 훌륭하다고 할 수 없다. 따라서 특정한 정보가 판단(judgement)으로 전환되기 전까지는 그것은 단지 'assessment'일 뿐 'evaluation'이 아니다. 교사가 판단을 내리기 위해 정보를 이용할 때, 교사들은 평가를 하고 있는 것이다(Rink, 2002).

Rink의 위와 같은 개념 정의와는 달리, 저명한 스포츠교육학자인 Siedentop과 Tannehill(2000)의 저서 『Developing Teaching Skills in Physical Education』과 George Graham(2008)의 저서인 『Teaching Children Physical Education-Becoming a Master Teacher』에서는 'evaluation'이라는 단어는 아예 찾아볼 수 없다. 그들은 'assessment'만을 사용하여 평가라는 용어를 설명한 바 있고, 미국학교체육협회(혹은 미국스포츠교육협회)라고 할 수 있는 NASPE(1995)에서도 학교급별로 평가(assessment)에 대한 가이드라인을 제시하면서 'assessment'라는 용어만 사용하였을 뿐만 아니라 과거의 AAHPERD(미국체육학회)에 해당되는 SHAPE America(2014)의 최근 도서인 『National Standards & Grade-Level Outcomes for K-12 Physical Education』에서도 평가를 'assessment'로 일원화하여 사용하고 있음을 볼 때, 필자가 판단하기에는 'evaluation'보다는 'assessment'를 더 상위 개념으로 보는 것이 적절할 것으로 사료된다.

한편, Graham(2008)은 성적(혹은 등급) 매기기(grading)와 평가(assessment)를 현장에서 혼동하고 있다고 지적하면서, 평가가 교사가 가르친 내용에 대해 학생들이 얼마나 잘 학습하였는지를 결정하는 방법으로 사용되는 반면에 성적 매기기는 학부모들에게 그들의 자녀가 수업 중에 얼마나 잘하고 있는지를 알려주는 방법이라고 주장한 바 있다. 즉, 성적 매기기는 학생들이 얼마나 잘(혹은 잘못) 수행하고 있는지를 보여주기 위해 교사가 학생 수행에 대한 질적인 판단을 한 후, 등급에 따라 숫자(예: 3-2-1)나 명칭(예: 우수-보통-미흡)을 부여하여 제시해주는 방법을 말한다. 그러나 이처럼 성적 매기기를 통해 학부모들에게 제공되는 정보는 극히 제한적이기 때문에 평가(assessment)를 통해 학생들이 얼마나 잘 학습하였는지, 얼마나 발전하였는지, 구체적으로 성취한 것은 무엇인지, 그들의 장·단점은 무엇인지, 앞으로 노력할 필요가 있는 것은 무엇인지 등을 자세히 안내해 줄 필요가 있다.

우리말로 assessment는 '評價' 혹은 '査定'으로 번역될 수 있다. 물론 사전적 의미로는 評價는 '사람이나 사물의 가치를 판단한다.'라는 의미를, 査定은 '조사하여 결정한다.'라는 의미를 가지고 있다. 본 저자는 'evaluation'과 'assessment'를 우리말로 번역하는 과정에서 'evaluation'을 評價로, 'assessment'를 査定으로 번역하는 경우도 있지만, 일반적으로 교육학 분야나 체육학 분야에서는 'evaluation'과 'assessment'는 모두 '평가(評價)'라는 용어로 함께 사용할 뿐만 아니라 그 개념도 학생에 관한 정보(or 자료)를 바탕으로 어떤 기준이나 준거에 의하여 교사가 가치 판단을 내리는 행위로 동일하게 정의하는 경우가 많기 때문에 본고에서는 'assessment'와 'evaluation'을 굳이 구분하지 않고 '평가(評價)'라는 용어로 일치시켜 사용하고자 한다. 하지만 평가(assessment)는 평가(evaluation)보다 광범위한 개념으로 엄밀히 말하면 이 두 개념은 분명히 다르다는 것을 잊어서는 안 된다. 왜냐하면, 평가(assessment)는 자료 수집, 자료(혹은 정보)의 해석, 의사결정(혹은 판단) 등을 모두 포함하는 포괄적인 구성 개념이기 때문이다. 따라서 우리가 일반적으로 '평가'라고 말하는 용어는 assessment의 의미를 갖는다고 보아야 한다.

이러한 평가(assessment)의 주요 목적은 진단, 배치, 진행 상황 모니터링, 성취도 결정, 동기유발, 프로그램 개선, 교사 효율성 등을 포함한다(Wuest & Bucher, 2003). 그러나 평가의 가장 근본적인 목적은 단순히 학습의 결과를 문서화하는 것이 아니라 학생들의 학습을 향상시키는 데 두어야 한다(NASPE, 1995)는 점을 교사들이 잊어서는 안 된다.

가. 평가의 종류

체육 평가 방법의 종류는 평가의 목적과 시기, 평가 기준, 자료의 종류와 해석, 평가의 주체에 따라 다양한 방식으로 구분할 수 있다. 일반적으로 체육 평가 방법의 종류를 결정하는 평가의 구분 방식은 다음 〈표 10-9〉와 같다.

〈표 10-9〉 평가 방법의 구분과 특징

구 분	특 징
평가의 목적과 시기	평가의 목적과 시기에 따라 평가는 진단 평가, 형성 평가, 총괄 평가로 구분할 수 있다. 진단 평가는 한 단원의 수업이 시작되기 전에 실시하고, 형성 평가는 매 차시의 수업이 진행되는 과정 중에 실시되며, 총괄 평가는 한 단원의 학습이 끝난 후 최종적으로 이루어진다.
평가의 기준	평가의 기준에 따라 평가는 규준지향 평가(norm-referenced test)와 준거지향 평가(criterion-referenced test)로 구분할 수 있다. 규준지향 평가는 한 학생을 다른 학생들과 비교하여 집단 내에서의 상대적 위치를 결정하는 것을 말하고, 준거지향 평가는 어떤 학생의 특정 행동 혹은 기술 수준의 성취 여부를 학업 성취의 절대적 기준에 비추어 평가하는 방법을 말한다.
자료의 종류와 해석	자료의 종류와 이를 해석하는 방법에 따라 평가는 양적 평가와 질적 평가로 구분할 수 있다. 양적 평가는 기록, 득점, 횟수 등과 같이 정량화할 수 있는 자료를 수집하여 평가하는 방법을 말하고, 질적 평가는 자세나 동작과 같이 수행자의 질적인 행동 특성을 보고 전문가의 직관에 의해 평가하는 방법을 말한다.
평가의 주체	평가의 주체에 따라 평가는 교사 평가와 학생 평가로 구분할 수 있고, 학생 평가는 다시 자기 평가와 동료 평가로 구분할 수 있다. 따라서 평가의 주체에 따른 분류는 교사 평가, 자기 평가, 동료 평가로 구분된다.

나. 평가 도구

1) 평가 도구의 구분

체육 평가의 도구는 크게 지필 평가와 실기 평가로 구분된다. 그 구체적인 내용은 다음 〈표 10-10〉과 같다.

〈표 10-10〉 평가 도구의 구분

구분	종류	평가 도구의 예
지필 평가	선택형	• 객관식 평가: 선다(택)형, 진위형, 연결형, 결합형
	서답형	• 주관식 평가: 단답형, 완결(성)형, 논문(논술)형
실기 평가	전통형	• 체력 검사, 운동기능검사, 경기수행능력검사
	수행형	• 체크리스트, 평정척도, 개인 일지, 포트폴리오 등

2) 평가 도구의 종류

평가 도구는 타당도, 신뢰도, 객관도를 확보해야 한다. 타당도(validity)란 평가 도구가 측정(혹은 평가)하려는 내용을 정확하게 측정하였는지(정확성)를 말하고, 신뢰도(reliability)란 검사 도구(예: 줄자, 초시계, 체중계 등)가 측정하고자 하는 내용을 일관성 있게 측정하였는지(일관성)를 말하며, 객관도(objectivity)란 2명 이상의 측정(혹은 채점)자들 간의 측정치(혹은 점수)의 일치 정도를 말한다. 평가 도구의 타당도가 높기 위해서는 우선 신뢰도가 높아야 하지만, 신뢰도가 높다고 반드시 타당도가 높은 것은 아니다. 왜냐하면, 평가 내용의 정확성과 평가 내용의 일관성 문제는 전혀 다른 개념이기 때문이다. 일반적인 체육 평가 도구의 종류별 특징은 다음 〈표 10-11〉과 같다.

〈표 10-11〉 평가 도구의 종류별 특징

종 류	특 징
일화적 기록법 (anecdotal records)	일화적 기록이란, 교사가 자신의 수업 관찰을 통해 얻은 짧은 서술 사항을 말한다. 이때 교사는 옳고 그름과 같은 가치 판단은 하지 않고, 교사가 관찰한 모든 사건이나 학생의 행동을 사실적 · 객관적으로 기록한다.
사건 기록법 (event recording)	사건 기록법이란, 학생의 어떤 행동이나 사건의 발생 유 · 무를 교사가 확인해서 기록하는 방법을 말한다. 사건 기록법은 어떤 행동의 발생 여부(예: 긍정적/부정적 피드백의 제공 횟수)에 관한 '양적인 정보(빈도)'가 필요할 때 유용하게 사용될 수 있다.
체크리스트 (checklist)	체크리스트는 어떤 사건이나 동작이 벌어졌는지 아닌지를 기록하는 관찰 도구를 말한다. 즉, 어떤 특정한 행동의 발생 여부(유 · 무)를 기록하는 평가 도구이다.
평정척도법 (rating scale)	평정척도법은 질적인 자료를 양적으로 기술하는 방법으로 어떤 사건(혹은 행동)을 교사가 관찰하고 그 질을 판단한 후, 그 사건(혹은 행동)에 수준(혹은 수치)을 부여하는 방법을 말한다. 평정 척도의 신뢰도를 높이기 위해서는 각 수준을 명확히 정의한 후, 그것에 대한 구체적인 준거를 명확히 설정해야 한다.

종 류	특 징
포트폴리오(portfolio)	포트폴리오란, 학생의 수행 능력에 관한 전반적인 자료 모음집(혹은 누가 기록철)을 의미한다. 포트폴리오는 학습자의 전반적인 변화 과정을 보여줄 수 있는 다양한 자료를 지속적으로 모은 후, 이를 바탕으로 학생의 수준을 총체적으로 평가하는 도구로 알려져 있다.
일기 혹은 일지(diary or log)	일기나 일지는 학생들의 생각이나 느낌, 태도 등에 관한 유용한 정보를 얻을 수 있는 평가 도구이다. 일기나 일지를 통해 학생들은 자신의 학습 진행 상태나 체육수업에 대한 느낌 등을 기술함으로써 체육수업에 대한 반성의 기회를 제공할 수 있다.
측정 혹은 검사(measurement & test)	측정은 일정한 규칙에 따라 어떤 대상의 특성이나 속성(예: 신장, 체중, BMI, 50m 달리기 등)에 숫자를 할당하는 것을 말하고, 검사란 체력 검사나 지능 검사처럼 검사를 받는 피험자에게 어떤 자극을 주어 반응하게 하고 피험자의 반응에 수치를 할당하여 검사를 통해 측정하고자 하는 피험자의 속성(예: 체력, 지능, 성격, 적성 등)을 추론하는 체계적인 절차를 말한다.
루브릭(rubric)	루브릭은 학생들의 학업 성취도를 평가하기 위해 사용되는 평가 도구로 학습자의 수준별로 득점을 산정하는 (서술식) 채점 기준표를 말한다. 루브릭에는 수행 과제가 명확히 제시되어 있고, 학생들의 수준별로 각 수행의 특징(예: 우수 - 보통 - 미흡)들이 자세히 안내되어 있기 때문에 단순한 평가 도구가 아니라 교수 · 학습을 촉진하는 도구로도 사용될 수 있다.
게임 수행능력 평가 도구(GPAI)	게임 수행능력 평가 도구(Game Performance Assessment Instrument; GPAI)는 실제 게임 상황과 유리된 운동 기능 검사와는 달리 실제로 게임이 수행되는 맥락에서 게임 수행의 다양한 측면을 모두 고려하여 학생들의 실질적인 게임 수행 능력을 평가하는 도구이다. GPAI의 구성 요소에는 제자리로 돌아오기(base), 조정하기(adjust), 의사결정하기(decision making), 기술 실행(skill execution), 보조하기(support), 보완하기(cover), 방어하기(guard/mark) 등이 있다.

3) 루브릭의 활용 방법

루브릭(rubric)은 단순한 평가 도구가 아니라 교수 · 학습을 촉진하는 도구로 활용될 수 있다(Siedentop & Tannehill, 2000). 루브릭이란, 교사가 학생들의 학업 성취도를 평가하기 위해 사용하는 평가 도구의 일종이다. 루브릭이란 교사가 학습자와 사전에 공유한 기준에 의거하여 만든 득점 지시문 혹은 점수 안내문(scoring guide)을 말한다. 따라서 루브릭은 우리말로 '서술형 평가 도구', '서술 평가 규정', 혹은 '서술식 채점 기준표' 정도로 번역될 수 있다. Siedentop과 Tannehill(2000)에 따르면, 체육수업 시 평가 도구로 활용되는 루브릭은 수행 수준(기준)과 각 수행의 특징이라는 두 가지 요소로 구성되며, 채점 기준을 설계할 때는 다음과 같은 핵심적인 두 단계를 거쳐야 한다.

첫째, 평가하려는 수행 과제(performance task)를 명확히 밝혀야 한다.

둘째, 최고 수준의 전체적인 기준을 정한 후, 그 수준을 세분하여 3~5단계의 지시문으로 나누어 분류한다. 예를 들어, 수행 수준의 특징을 모두 만족하는 최고 수준을 '우수(Level 3)'로 설정한다면, 다음 단계는 어느 정도 수용 가능하다고 생각되는 수행 기준을 반영하여 '보통(Level 2)'을 설계한다. 그리고 맨 마지막 단계는 '미흡(Level 1)' 단계로 최고 수준의 전체적인 기준에서 단지 1~2개 정도만을 만족하는 가장 낮은 수준으로 설정할 수 있다. 이러한 각각의 수행 수준들은 교사가 반드시 가르칠 수 있어야 하고, 앞으로 평가될 수행 과제의 핵심적인 속성(key attribute)이 잘 반영되어야 한다. 위와 같은 구성요소와 단계를 바탕으로 Smith(1997)가 제안한 멀리 던지기 과제의 루브릭 평가 척도(rubric scale)의 사례를 제시하면 다음 〈표 10-12〉와 같다.

〈표 10-12〉 오버핸드 멀리 던지기 과제의 루브릭 평가 척도

수행 기준	각 수행의 특징
우 수	• 학생은 목표 방향을 향해 던지는 팔의 반대 발을 내디뎠다. • 학생은 던지는 표적을 향해 시각적으로 집중하였다. • 학생은 던지기 과제와 관련된 운동기능(motor function)을 최대한도까지 끌어내기 위해 자신의 근육계를 순차적으로 조정하여 사용하였다. • 학생은 던지는 거리와 정확도를 극대화하기 위해 던지는 힘을 스스로 조절하였다.
보 통	• 학생은 목표 방향을 향해 던지는 팔의 반대 발을 내디뎠다. • 학생은 던지는 표적을 향해 시각적으로 집중하였다. • 학생은 던지기 동작(throwing motion)에서 몸 전체(다리, 몸통, 팔)를 사용하였다.
미 흡	• 학생은 던지는 손의 반대 발을 내딛지 않고 던졌다. • 학생은 팔만 이용하여 던졌다.

출처: Smith, T. K. (1997). Authentic assessment: Using a portfolio card in physical education. *Journal of Physical Education, Recreation and Dance, 68*(4), 46-52.에서 재편집.

묻고 답하기(Q&A)

체육수업 지도전략을 말하다.

1. 학습과제의 전달 과정에서 이루어지는 교사의 '학습단서'의 제공에 대해 설명하시오.

2. 교사의 피드백 제공 방법 중 '피드백 샌드위치(feedback sandwich)'에 대해 설명하시오.

3. 학습과제의 수정 단계에서 교사가 제공하는 확장형 과제에 대해 설명하시오.

4. 교사의 동기 유발 기법 중 '선택권을 주며 가르치기(teaching by invitation)'에 대해 설명하시오.

5. 평가방법의 종류 중 '평가 기준'에 따른 구분 방법에 대해 설명하시오.

참고문헌

김선진(2005). **운동학습과 제어**. 서울: 도서출판 대한미디어.

김성곤(2002). 체육수업의 목표 설정 방법에 관한 대안적 접근. **한국스포츠교육학회지,** 9(1), 25-43.

김성곤(2018). 체육교육에 있어서 학습 동기의 교육적 활용에 관한 소고. **한국초등체육학회지,** 23(4), 51-69.

김청자(2005). 중등학생의 창의성과 성취동기 및 내재적 외재적 동기와의 관계 연구. **열린교육연구,** 13(3), 93-113.

서울대학교교육연구소(1995). **교육학 용어 사전**. 서울: 하우동설.

위키백과(2019). 준비운동. https://ko.wikipedia.org/wiki/준비운동.

이제행(2019). **체육 교과교육론**. 파주: 정민사.

전라남도교육청(2012). **알기 쉬운 체력이야기**. 전남: 전라남도교육청.

최병연(2002). 자기 결정성 학습동기 이론의 교육적 적용. **교육문제연구,** 16, 165-184.

한국교육심리학회(2000). **교육심리학 용어 사전**. 서울: 학지사.

Anderson, S. & Burke, E. R. (1991). Scientific Medical and Practical Aspect of Stretching. *Clinical Sport Med, 10*(1), 63-86.

Bandura, A. (1977). Self-efficacy: Toward a unifying theory of behavioral change. *Psychological Review, 84,* 191-215.

Block, M. E. (1995). Use peer tutors and task sheets. *Strategies, 8*(7), 9-11.

Bradley, P. S., Olson, P. D., & Portas, M. D. (2007). The effect of static, ballistic, and proprioceptive neuromuscular facilitation stretching on vertical jump performance. *The Journal of Strength & Conditioning Research, 21*(1), 223-226.

Deci, E. L., Koestner, R., & Ryan, R. M. (1999). A meta-analytic review of experiments examining the effects of extrinsic reward on intrinsic motivation. *Psychological Bulletin, 125,* 627-668.

Docheff, D. M. (1990). The feedback sandwich. *JOPERD, 61*(9), 17-18.

Graham, G. (2008). *Teaching Children Physical Education – Becoming a Master Teacher*: 3rd Edition. Champaign, IL: Human Kinetics.

Hedrick, A. (1992). Exercise Physiology: Physiological Response to Warm-Up. *Strength & Conditioning Journal, 14*(5), 25-27.

Mager, R. F. (1975). *Preparing instructional objectives*. Palo Alto, CA: Fearon Publishers.

NASPE(1995). *Moving into the future: national standards for physical education*. St. Louis: Mosby.

Nicholls, J. G. (1989). *The competitive ethos and democratic education*. Cambridge, MA: Harvard University Press.

Pangrazi, R. P. & Beighle, A. (2016). *Dynamic Physical Education for Elementary School Children: 18th Edition*. Pearson Education Inc. 고문수 외 9인 공역(2018). **초등학생을 위한 활기찬 체육수업**. 서울: 도서출판 한미의학.

Rink, J. E. (1985). *Teaching Physical Education for Learning*. St Louis, Mo: Time Mirror Mosby.

Rink, J. E. (2002). *Teaching Physical Education for Learning(4th. ed.)*. NY: Mcgraw-Hill.

Rink, J. E. (2009). *Designing the Physical Education Curriculum, 1st Edition*. McGraw-Hill Inc. 손천택, 김무영, 김선희, 홍석호, 조남용 공역(2011). **활발한 신체활동을 위한 체육과 교육과정설계.** 서울: 도서출판 레인보우북스.

Ryan, R. M., Connell, J. P., & Grolnick, W. S. (1992). When achievement is not intrinsically motivated: a theory of internalization and self-regulation in school. In A. K. Boggianno & T. S. Pittman(Eds.). *Achievement and motivation: A social development perspective*. Cambridge University Press.

Siedentop, D. (1983). *Developing Teaching Skills in Physical Education*. Mountain view, CA: Mayfield.

Siedentop, D. & Tannehill, D.(2000). *Developing Teaching Skills in Physical Education(4th. ed.)*. CA: Mayfield Publishing Co.

Smith, T. K. (1997). Authentic assessment: Using a portfolio card in physical education. *Journal of Physical Education, Recreation and Dance, 68*(4), 46-52.

Swinnen, S. P., Schmidt, R. A., Nicholson, D. E., & Shapiro, D. C. (1990). Information feedback for skill acquisition: Instantaneous knowledge of results degrades learning. *Journal of Experimental Psychology: Learning, Memory and Cognition, 16*, 706-716.

Tjeerdsma, B. L. (1995). "If-then" statements help novice teachers deal with the unexpected. *Journal of Physical Education, Recreation and Dance, 66*(6), 22-24.

Walter, C. B. & Swinnen, S. P. (1994). the formation and dissolution of "bad habit" during the acquisition of coordination skills. In S. P. Swinnen, H. Heuer, J. Maisson, & P. Caser(Eds), *Inter-limb coordination: Neural, dynamical and cognitive constraints* (pp. 491-513). San Diego: Academic Press.

Wikipedia(2019). Warming up. https://en.wikipedia.org/wiki/Warming_up.

Woolfork, A.(1993). *Educational Psychology*. Needham Heights, MA: Allyn & Bacon.

Wuest, D. A. & Bucher, C. A. (2003). *Foundations of Physical Education, Exercise Science, and Sport(14th. ed.)*. New York: McGraw-Hill Companies, Inc.

제 11 장

수업 관리 전략

학습목표

- 체육수업에서 효율적인 교수 행동의 개념과 적합한 교수행동을 이해할 수 있다.
- 예방적 수업 관리와 비과제행동 최소화를 위한 전략을 설명할 수 있다.
- 발문의 유형과 지도방법을 이해하여 올바르게 실천할 수 있다.
- 과제 및 정보 전달을 위한 설명하기와 시범 보이기의 올바른 교수 방법을 설명할 수 있다.
- 체육수업에서 실제학습시간(ALT-PE)의 개념을 이해하고 이를 확보할 수 있는 교수 행동을 설명할 수 있다.
- 좋은 체육수업을 효율적 수업과 관련시켜 설명할 수 있다.

1. 효율적인 교수 행동

체육수업에서 초임교사의 가장 큰 고민거리는 학생들이 흥미를 가지고 지속적으로 수업에 몰입할 수 있도록 수업 관리 측면의 전략을 이해하고 실행하는 것이다. 교실에 갇혀 있던 아이들이 밖으로 나오면 주의가 산만해지고 움직임 욕구가 강해져 효율적인 관리가 힘들다. 이러한 학생 관리의 문제를 해결하기 위해서는 일명 '학년 초 길들이기 전략'을 지속적으로 습관화하고 내면화하여 수업 관리 시간을 줄이고 실제학습시간을 늘리도록 해야 한다. 이렇게 함으로써 학생들의 부적절한 행위나 비과제행동을 예방하고 수업 관리 시간을 최소화하여 수업의 효율성을 높일 수 있다. Siedentop과 Rink, Clark는 수업 흐름을 구조화하기 위해서는 학기 초에 교수・학습의 규칙과 수업 운영에 대한 루틴(routine) 마련의 필요성을 강조하고 있다.

일부 교사들은 학습자 관리를 군인들이 명령에 따라 일률적으로 움직이는 것과 같이 학생들의 비과제행동이 없는 잘 통제된 상태라고 생각하고, 체육수업에는 엄격함, 질서정연함, 일률적인 분위기가 내재되어야 한다고 인식한다. 그러나 이러한 인식은 체육수업 현장에서 학습자 관리에 너무나 많은 시간을 소비하게끔 함과 동시에 체육수업에서 오는 즐거움을 가로막는 그릇된 교수전략으로 전이된다. 특히 교수・학습 과정에서 학생의 부적절한 행동에 대해 교사도 부정적인 상호작용으로 반응하게 되면 수업의 긍정적 분위기 조성에 실패하게 된다. 강압적인 분위기, 기합, 엄격함보다는 서로 신뢰하면서 스스로 열심히 하려는 분위기가 중요하다. 학습 목표를 달성하기 위하여 부적절한 행동을 감소시키고, 학생들이 배우고 성장할 수 있도록 적절한 행동을 길러주도록 해야 한다. 그러기 위해서는 교사는 학기 초에 다양한 학습자 관리를 위한 전략을 잘 계획하고 실행하여 조직적인 학습자 관리를 함으로써 수업시간을 최대한 효율적으로 활용할 수 있어야 한다.

수업 운영 시간이란 실제학습시간(ALT-PE)과 반대되는 개념으로서 수업 내용과 관련이 없는 활동을 하는 데 소비한 시간을 말한다. 구체적인 예를 들면, 팀 편성, 라인 긋기, 용・기구 준비, 대기, 이동, 통제와 관련한 잔소리 등에 소비한 시간이다. 관리시간을 줄이는 것은 학습시간을 늘리면서 수업 방해 행동의 가능성을 줄이는 것이다. 우수한 교사는 학습과제와 단절된 시간을 최소화하고 학생들의 수업 참여도를 극대화하며 수업 관리 및 대기시간을 감소시키기 위해 상규적 행동인 루틴(routine)과 규칙

(rule)을 만든다. 루틴은 수업에서 반복적으로 일어나는 사건이나 행동을 처리하는 교사의 일관된 방식을 의미하며, 규칙은 교사가 학생들에게 기대되는 행동이 무엇인지를 가리키는 규범이다(손천택, 박정준, 2017). 수업에서 루틴과 규칙을 학생들이 이해하고 지키는 데 가장 중요한 요인은 교사의 지속적이고 일관적인 강화에 있다.

Box 11-1 실제학습시간 확보를 위한 노력

- 다양하고 충분한 체육 용·기구와 학습 자료의 확보
- 비과제행동 예방을 위한 교사의 위치
- 모둠 구성원의 소수화를 통한 더 많은 연습 기회의 부여
- 이동과 대기시간의 최소화를 위한 수행 장소의 변경과 학생들과의 수업 관리를 위한 약속
- 다양한 영역에서의 주의집중에 관한 놀이의 접목
- 쉬는 시간을 이용하여 운동의 장을 마련하고 교구를 미리 준비하기

가. 예방적인 수업 관리 전략

예방적 관리 행동은 비과제행동이 발생하지 않도록 사전에 취할 수 있는 전략으로서 수업 전 계획에 의한 예방적인 성격이 강하다. 수업 중에 발생하는 학생들의 비과제행동을 사전에 최소화하는 전략이며 과제참여시간 및 학생의 학습을 증가시키기 위한 구조화된 교수 행동이다(Rink, 2009). 예방적 관리 행동은 거의 대부분 학년 초에 지속적인 실천과 강화를 통해서 이루어지며, 전체적인 수업의 흐름과 절차에 수반되는 상규적인 학생 행동을 습관화하고 구조화하면 상당히 많은 관리시간을 줄일 수 있다.

1) 신호

주의집중, 집합, 분산을 위한 신호와 절차를 설정하여 실천한다. 실외나 체육관에서는 소란스럽고 산만해서 주의집중이 잘 안 되기 때문에 수신호와 호루라기를 결합하여 신호를 만들거나 서로 약속된 절차를 규정한다. 학생들과의 거리가 멀지 않거나 맨손체조 또는 스트레칭을 할 때는 호루라기를 사용하는 것보다 육성이 더 바람직하

다. 호루라기 사용을 남발하면 수업의 흐름을 자주 끊을 수 있고 학생들이 호루라기 소리에 익숙해져 둔감해지므로 교육적 효과가 떨어진다. 최근 버튼식의 전자호루라기를 체육수업에 활용하는 경우가 많은데, 주 활동의 특성과 학습 단계, 활동의 맥락, 상황 등에 유의하여 사용해야 한다. 시중에 판매되고 있는 전자호루라기는 운동장이나 야외에서 사용하거나 소음이 많은 체육관에서 사용하기에는 소리가 너무 작아 소리가 제대로 전달되지 않는 경우가 있다. 또한, 교사의 시범이나 조작 활동 시에 호루라기로 인해 불편하거나 거추장스러운 일이 발생할 수도 있다. 교사는 호루라기뿐만 아니라 손뼉이나 손짓, 몸짓, 육성 등을 사용하여 보다 쉽게 그 신호의 의미를 학생들이 이해할 수 있도록 해야 한다.

2) 팀 편성

팀은 홀짝 번호, 남녀별, 능력별, 신장, 생일, 사는 지역 등에 의해 임의적으로 구성하기도 하나 운동기능과 대인관계, 학습과제 등 학생과 과제의 수준 및 특성에 따라 교사가 능동적으로 편성하는 것이 바람직하다. 다만 교사의 추측, 주관적인 판단, 편견 또는 독단으로 학생 능력을 판단하여 팀을 편성하는 것은 차별적이거나 학생들의 불만을 살 수도 있다(Pangrazi & Beighle, 2016). 학생의 능력에 따라서 적절한 연습과 시합이 요구되는 수업 상황이라면 교사는 팀 편성이 순전히 학생 개개인의 능력에 따른 것임을 명확하게 인식시키고 차별적인 결정이 아님을 이해시켜야 한다. 특히 게임을 할 때는 집단 간의 우열이 나타나지 않도록 이질적인 집단으로 구성해야 하고, 팀 편성을 학생들에게 맡기는 것은 지양해야 한다.

학생들이 팀 편성을 어떻게 인식하는가의 문제도 중요하다. 학생들은 친한 친구와 한 팀이 되거나 경기능력이 뛰어난 팀의 일원이 되기를 원한다. 여러 사람이 새로운 팀을 구성했을 때, 친한 친구가 있으면 상대적인 안정감을 느낄 수 있고, 경기능력이 뛰어난 팀원이 있으면 경기에서 유리할 것이라 생각하기 때문이다. 이러한 인식은 팀을 경기의 수단으로 인식하고, 변화하지 않는 고정된 상태로 보기 때문이다. 팀 역동성의 관점에서 팀의 편성은 그룹을 이루어 살아가는 인간이 자주 경험하는 과정이다. 이 때문에 팀에서 새로운 성원을 만나고 그들과 함께 어울릴 수 있는 수용력은 대단히 중요한 사회적 기술이다. 이러한 관점에서 팀 편성은 새로운 조직에 들어가서 새로운 관계를 형성하는 사회적 기술을 배우고 타인을 수용하는 능력을 키우는 교육의 기회로 인식되어야 한다(배상석, 김동환, 이병준, 2018).

팀을 통한 게임 활동 학습에서 팀은 단원의 시작에서 끝까지 유지되어야 한다. 단원의 시작과 함께 팀은 편성되고, 단원 초기부터 마지막까지 팀이 유지된다. 팀을 경기를 위한 수단으로 보고, 팀을 자주 바꾸면 학생들은 팀과 관련된 다양한 활동을 체계적으로 체험할 수 없다. 팀이 일정 기간 동안 유지되어야만 팀을 통한 게임 활동에서 얻을 수 있는 공동체 의식, 협동, 배려, 신체 수련 등을 습득할 수 있고, 팀이 형성되고 해체되는 팀의 생애 속에서 다양한 교육적 경험과 가치를 배울 수 있기 때문이다(정철환, 박현영, 이병준, 2018).

Box 11-2 인정사정없는 가위바위보 간택형 팀 편성

우리 반에서 축구를 제일 잘하는 장비와 관우가 가위바위보를 해서 팀을 만들고 있었다. 축구는 잘 못하지만 열심히 한다는 얘기를 듣던 나는 내가 언제 뽑힐까 하는 긴장 속에서 그 상황을 지켜보았다. 결국, 마지막에 나와 여포, 동탁이 남았다. 내기 축구 시합이라고 선생님께서 말씀하셔서 내가 거의 마지막에 선택될 거라고 예상은 했는데 현실이 되니 부끄러웠다. 그래서 장비와 관우의 옷자락을 잡고 열심히 하겠으니 나를 선택해 달라고 애원하듯 매달렸다. 드디어 가위바위보가 끝난 뒤 둘은 여포와 동탁을 선택했다. 나만 홀로 남았다. 그 광경을 지켜보면서 웃고 계시던 선생님의 얼굴이 아직도 눈에 선하다. 홀로 남은 것도 부끄럽고 고통스러웠는데 장비가 관우에게 자기 팀은 내가 필요 없으니 나를 가져가라는 얘기를 건넸다. 관우는 괜찮다면서 사양했다. 땅속이라도 숨고 싶었고 장비와 관우에 대한 증오심이 극에 달했다. 그리고 선생님의 웃는 얼굴이 너무나도 미웠다. 유비가 와서 나는 배탈이 나서 못 뛴다고 슬그머니 나를 장비 팀으로 데리고 갔다. 다른 아이들도 나의 비참함을 아는지 어깨를 어루만지면서 눈으로 무언(無言)의 위로를 하고 있었다. 정말 열심히 뛰면서 어떻게 하면 복수를 할까, 어떻게 하면 나의 자존심을 회복할 수 있을까, 마음속의 눈물을 쏟아내면서 축구를 했다.

J교대 2학년 학생과의 면담(2013년 4월)

3) 수업대형

교사는 의도된 활동으로 학생들의 학습경험을 제대로 이끌기 위해 교수·학습 상황에 적합한 수업대형을 만들어야 한다. 수업대형은 모든 학생이 잘 보고 들을 수 있으며 잘된 점과 잘못된 점에 대한 피드백을 쉽게 제공받을 수 있고 안전하고 즐겁게 참여함으로써 학습의 극대화를 목적으로 한다(김용환 외, 2001). 수업대형은 학생들의 활동이 정적인 특성을 띠는 교실에서 이루어지는 일반교과보다는 동적인 특성인 체육교과와 밀접한 관련성이 있다. 또한, 수업대형은 학생 수, 사용 가능한 공간, 체육용·기구의 수 그리고 과제에 따라 융통성 있게 선택, 조정되어야 한다. 학년 초에 학생들과 약속하고 수업의 계획 단계에서 치밀하게 정립해 놓지 않으면 효율적으로 수업을 진행할 수 없다. 학생들이 잘 볼 수 있고 인지하기 쉽도록 학습과제에 따라 대형을 달리해야 하며 학생이 다음 대형으로 쉽게 전환함으로써 대기시간을 최대한 줄여 실제학습시간을 확보해야 한다는 의미도 내포되어 있다.

가) 집단 혹은 흩어진 대형

전 지역을 배회하는 방법으로 어린이들을 흩어지게 할 수 있고, 각자 자신의 개인 공간을 확보할 수도 있다. 이 대형은 곳곳에 다니는 활동에 좋고 각자가 모든 방향으로 움직이는 것이 필요할 때 좋으므로 막대 운동, 후프 운동, 줄넘기, 각자 공 다루기 등의 운동에 알맞다.

나) 늘린 분대 대형

이 대형은 분대조직에 근거한 것으로 각자 약 3보 정도 떨어져서 선다. 종대일 경우에는 간격을 더 떨어지게 한다.

일반 대형	XXXXXX
늘린 대형	X X X X X X

다) 짝지은 대형

이 대형은 공 던지기, 공 받기, 공 차기 등에 좋다. 짝마다 한 개의 공이나 물체가 필요하고, 충분한 공간이 있는 운동장에서 간격을 벌릴 수 있다.

X X X X X X X X X
◆ ◆ ◆ ◆ ◆ ◆ ◆ ◆ ◆
X X X X X X X X X

짝지은 대형

라) 소집단(둘, 셋, 혹은 넷이 만든 집단)

이 대형은 짝지은 대형과 비슷하나 2-3명의 학생이 추가된 대형이다. 기본적인 움직임이나 공 다루는 기술을 함께 할 때 쓴다.

마) 종대

릴레이 대형으로 앞에 있는 사람이 지시대로 움직이고 활동을 마친 후 열의 맨 뒤로 가는 방법에 주로 사용된다.

바) 리더가 있는 분대 대형

이 대형은 기술연습을 하는 데 약간의 응용을 하는 것으로 릴레이형이다. 던지고 받는 기술에 유용하며 각 리더들은 열의 앞에 약간 떨어져서 선다.

종 대	리더가 있는 분대 대형
X X X X	X X X X
X X X X	X X X X
X X X X	X X X X
X X X X	X X X X
X X X X	<u>X X X X</u>
<u>X X X X</u>	Ⓛ Ⓛ Ⓛ Ⓛ

종 대　　　리더가 있는 분대 대형

사) 다른 쪽 끝에 다시 만든 분대 대형

열의 다른 쪽 공간에 다시 대형을 만들려면, 각 열의 앞에 있는 사람은 운동장을 지나서 건너가기 시작한다. 그 사람이 반절쯤 왔을 때 다음 사람이 나간다. 다 건너가서 열을 다시 만들게 되면 다른 움직임을 준비한다.

리더 있는 반원 대형 끝에 다시 만든 대형

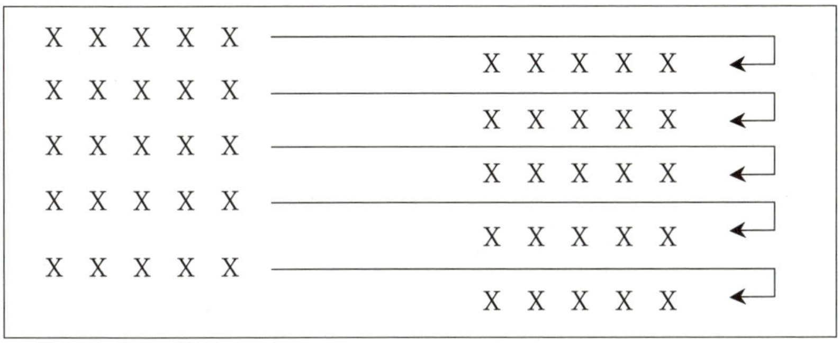

아) 열과 리더 대형

이 대형은 물체를 던지고 받는 기술에 가끔 사용되며, 리더는 차례로 열에 있는 사람에게 주고받는 패스를 한다.

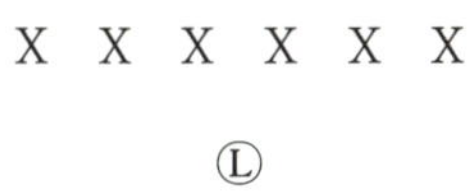

열과 리더 대형

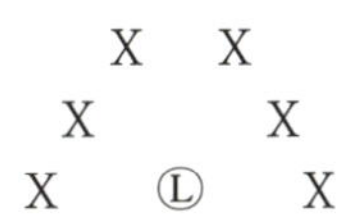

리더 있는 반원 대형

자) 원형 대형

이 대형은 볼을 다루는 기술에 유용하며 차고, 패스하고, 배구하는 것과 같은 기술에 쓰인다. 이 대형은 아)번 대형의 변형이다.

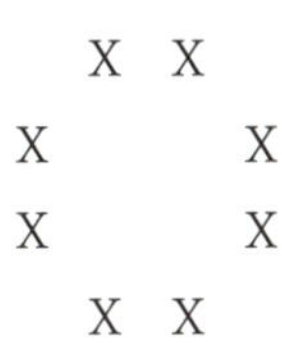

원형 대형

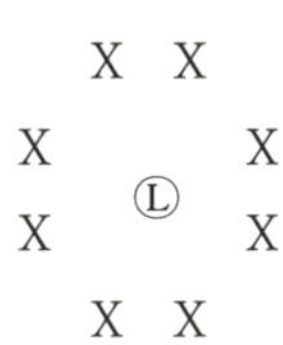

리더 있는 원형 대형

- 리더 있는 원형 대형

  이 대형은 다른 형태의 볼 다루는 대형인데 릴레이를 위한 기본 대형으로 쓰일 수 있다. 리더는 각자에게 차례로 패스한다.

• 이중 열 대형

이 대형은 패스와 킥하기에 좋다. 아래 대형은 서로 주고받는 사람들이 등지고 서 있는 것보다는 훨씬 효과적임을 보여주는 지그재그 대형이다. 볼은 한 개의 열에서 다음 열로 패스한다.

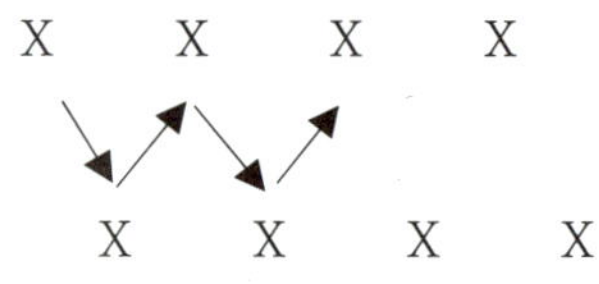

이중 열 대형

차) 일반적인 순환 대형

순환 대형에 있어서 경기자의 움직임은 베틀 순환과 비슷하며 3명이나 그 이상의 사람들이 사용하는 대형이다. 하키나 축구의 패싱과 드리블링, 농구, 미식축구의 공 패스하며 나아가기 등에 쓰이며, 릴레이 대형으로도 쓰인다. 앞쪽에 있는 사람이 앞으로 드리블해 나가서 다른 열의 앞사람에게 패스하는 것이다. 각 사람은 앞으로 나가서 열의 뒤에 가서 선다.

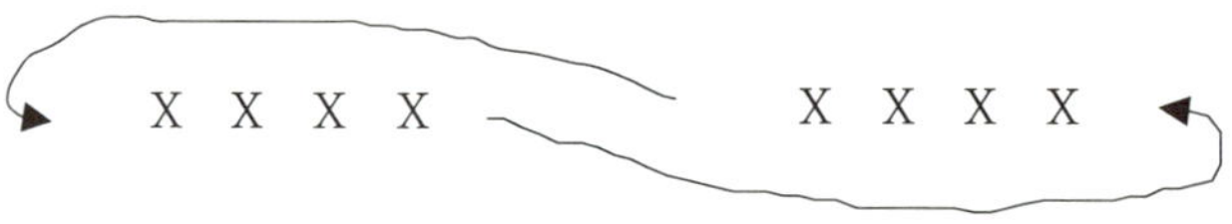

일반적인 순환 대형

카) 뒤로 돌아가는 순환 대형

이 대형은 패스하기, 킥하기, 배구하기 등에 사용된다. 한쪽 순환열의 앞에 있는 사람은 다른 쪽에 있는 사람에게 패스하고 자기 열의 뒤로 가서 선다.

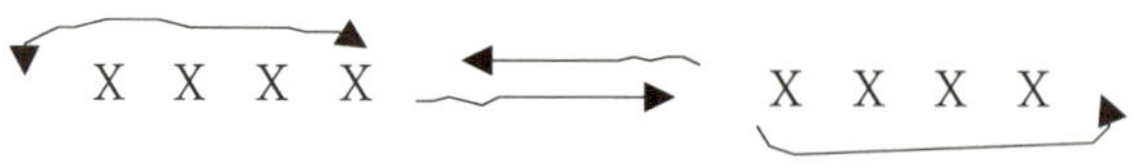

뒤로 돌아가는 순환 대형

타) 특수 대형

다음 특수 대형들은 공간 지역을 돌거나 앞뒤로 움직이는 활동을 하는 활발한 움직임에 유용하다.

- 순회형식으로 지역을 도는 대형

  이 대형은 순회방식으로 지역을 도는 것이다. 경쟁을 시키고 조화를 만들어 내는 데 목적이 있으며 교사는 어린이들을 보다 효과적으로 관찰할 수 있다.

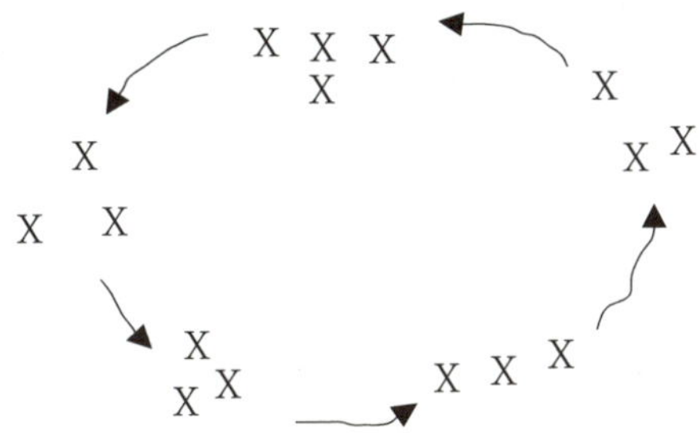

- 반대편으로 자리 바꾸기

  어린이들은 체육관의 반대편으로 가서 자리를 바꿀 수 있으며 신호에 의해서 상대방과 접촉 없이 빠져나가 반대쪽으로 건너간다.

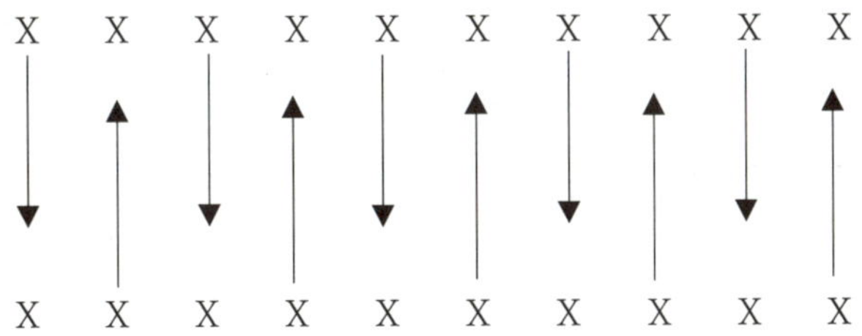

- 반대편에서 중앙까지 갔다가 되돌아오기

  반대편에서 출발하여 중앙까지 갔다가 되돌아온다. 중앙의 선은 막대나 줄 등으로 만들 수 있다.

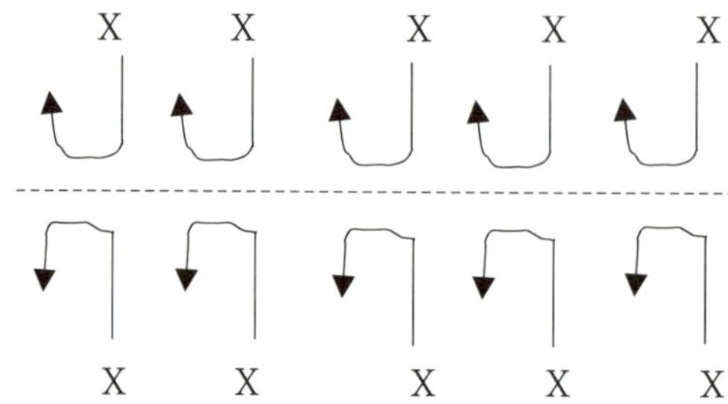

• 반대쪽에서, 한쪽이 가로질러 건너간 후 되돌아가기

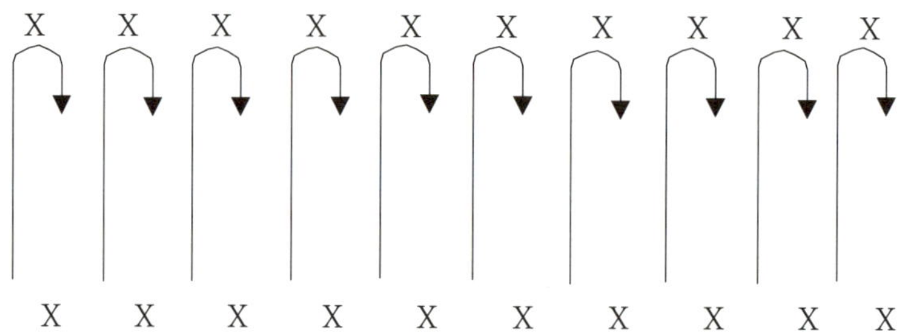

4) 체육용·기구

미리 계획을 세운 다음 사전에 점검한다. 학습 도구를 어디에 설치하고 배열할 것인지 또는 누가 준비하고 해체할 것인지를 미리 계획한다. 수업 중에 용·기구를 준비하는 일이 없도록 해야 한다. 또한, 용구는 최대한의 학습 참여를 보장하기 위하여 충분히 확보하고, 운동장에 라인을 긋거나 체육관에 어떤 표시를 하는 경우도 휴식 시간이나 빈 시간을 이용한다.

현직교사의 경우 시작 벨이 울린 지 한참이 되어도 운동장에 나오지 않고 학생들만 줄을 맞춰 서 있고, 또 늦게 나와서 라인기로 선을 긋는다든가 각종 기구를 그제야 학생들과 함께 배치한다든가 하는 경우를 허다하게 볼 수 있다. 이러한 모습은 수업 전개에서 학생들의 신체활동 기회 및 실제학습시간을 줄이는 주요 원인이 되기도 하지만 체육수업에 대한 교사의 관심과 부족이 체육수업의 결손을 가져온다는 결과이기도 하다. 위의 사례와 같이 무턱대고 아이들을 데리고 운동장에 나갔다가 기구 확보가 안 되어 기대에 부푼 아이들을 실망시킨다거나, 체육용·기구를 제대로 파악하지 않아 황당한 해프닝을 겪는 것은 교사의 책무성과 밀접한 관련이 있다. 체육수업을 위한 학습 환경이 준비되어 있지 않았다는 것은 체육수업의 실패와 직결되기 때문에 수업 계획 단계에서 철저하게 확인하고 점검해야 한다.

체육용·기구를 세팅시키기 전에 위험 요소가 있는지, 안전하게 사용할 수 있는지 확인하는 것도 매우 중요하다. 예를 들면 뜀틀의 개별 단이 잘 고정되어 움직이지 않는지, 후프의 연결 부위에 이물질이 없는지, 축구공에는 적정량의 공기가 주입되어 있는지, 플라잉디스크의 재질이 안전한지 등이 있다.

Box 11-3 앗! 선생님의 실수

- 수업 시작 벨이 울린 지 약 5분이 흘렀는데도 최○○은 나오지 않고 있다. 중앙 현관에서 뛰어나오던 최○○은 스탠드에 서서 6학년 두 개 반이 뜀틀 수업을 하는 것을 보고 허리에 손을 얹은 채 한숨을 쉬고 있다. 최○○이 이번 시간에 뜀틀 수업을 계획하고 있었기 때문에 학교에 있는 뜀틀 4조를 모두 6학년이 사용하고 있었기 때문에 어떻게 할 것인지를 고민하고 있는 듯하다.

- 곤봉 수업을 하려는데 우리 학교에는 곤봉이 없는 줄 알고 애들한테 곤봉을 사 오라고 했어요. 또 줄넘기도 그랬고요. 뒤에 알고 보니까 두 개 반이 쓸 수 있을 정도로 넉넉하게 있더라고요. 황당하고 애들한테 미안했죠. 처음에는 학교에 뭐가 어디에 있는지 도무지 알 수가 없었어요. 특히 체육에 관해서는 별로 신경을 안 써서 그런지는 몰라도 조그만 체육 창고 안에 든 기구가 전부인 줄 알았어요.

초임교사 최○○과의 관찰 및 면담(2016년 3월)

용구의 분배에도 효율적인 관리전략이 요구된다. 수업 전 미리 용구를 나누어 주면 수업 초기 학생들의 집중력이 떨어질 뿐만 아니라 비과제행동을 일삼게 된다. 또한, 시범이나 설명이 끝난 후 용구를 가져가라는 교사의 말과 동시에 좋은 용구를 차지하기 위해 학생들은 경쟁할 것이고 이 과정에서 바람직하지 않은 일들이 발생할 여지가 있다. 따라서 작은 더미로 모아두거나 모둠장 또는 특정 개인을 통해 과제와 집단구성에 따라 효율적인 용구분배가 필요하다.

Box 11-4 꼼꼼하게 점검해야 할 체육용·기구

- 다양한 공의 공기압 확인 및 사용 가능성 확인
- 뜀틀이 바닥에 제대로 접지되는지와 단 사이의 고정 유무, 구름판의 견고함, 모서리의 날카로운 위험요소, 가죽의 파손유무 확인
- 후프의 이음새 부분의 고정 여부와 연결고리의 안전성 확인
- 기계체조, 높이뛰기, 평균대 등 낙상사고의 위험이 있는 수업에서 충분한 매트의 확보와 안정성 확인
- 포환의 보관과 사용에 관한 명확한 지침 안내
- 딱딱한 플라스틱 재질의 디스크가 아닌 폼 재질의 플라잉디스크 사용
- 운동장이나 씨름장, 놀이터, 체육관 바닥 등에서 자갈, 유리, 기름, 물 등의 이물질 제거
- 침이 아닌 자석 다트 사용

5) 즉각적 활동

체육수업을 위해 학생들이 운동장이나 체육관에 나와 쉬는 시간에 줄을 서거나 의무적으로 맨손체조 또는 운동장을 달리는 것은 동기유발이나 준비 운동 차원에서도 학생들에게 지루함을 느끼게 한다. 즉각적 활동은 수업 전 5분 이내에 마칠 수 있는 간단하면서도 쉬운 신체활동으로 구성할 수도 있고 해당 차시에 이루어지는 주 활동과 관련된 리드업 게임(lead-up game)이나 보조·보강운동을 실시할 수도 있다. 주 활동이 후프를 통한 표현 활동이라면 쉬는 시간에 학생들이 후프를 가지고 다양한 신체활동을 할 수 있는 기회를 주어야 한다. 이러한 기회제공은 체육 시간을 앞두고 있는 학생들의 즐거움에 동기를 배가시키는 활동임에 틀림없다.

Box 11-5 보조운동과 보강운동

보조운동은 주 운동과 관련된 기술적인 측면에서의 운동을 말하고 보강운동은 주 운동과 관련된 체력적인 측면의 운동을 말한다. 보조운동은 주 운동의 기술적인 감각을 익히거나 주 운동을 저항감 없이 받아들이고 보다 세련된 동작 수행을 하는 것을 목적으로 한다. 보강운동은 주 운동에 필요한 건강, 운동 체력 향상을 목적으로 한다.

6) 적극적인 수업 진행

수업의 리더로서 격려하고 열정을 보임으로써 수업을 적극적이고 열성적으로 진행한다. 열정적인 교사는 잘 가르치고 학생들과의 유대감을 돈독히 한다. 열정의 정도는 학습 내용, 학습향상, 기능발달 등 학생들의 내적 동기를 자극하여 학생들의 학습 성과에 결정적인 영향을 끼친다(김성곤, 2018). 교사의 열정은 가르치는 내용, 학생, 교수기술에 대해 관심을 갖는 것에서부터 비롯된다. 열정적인 교사는 자주 웃고 활기차며 다양한 목소리 톤과 많은 형용사를 사용하며 명확하게 설명한다. 태양이 강렬하게 운동장을 내리쬐는 날, 학생들이 태양을 등지게 하고 자신은 안고 수업을 하는 배려도 잊지 말아야 한다. 또한, 학생들과 시선을 맞추는 것은 교사의 모든 관심이 학생들에게 있다는 것을 표현한다. 학생들을 위한 교사의 마음과 관심은 흔히 그들의 눈을 통해 알 수 있기 때문이다.

7) 높은 기대

교사는 학생들에 대한 기대가 크다는 점을 늘 표현한다. 학생들은 교사의 기대를 인식함으로써 더 적극적으로 활동하게 된다. 학생들의 삶에 변화를 주기 위한 교사의 기대는 건강하고 긍정적인 유대 관계 발전에 도움이 된다. 학생에 대한 기대와 배려는 우수 교사의 가장 큰 특징 중의 하나이다. 학생에 대한 존중감을 갖고 따뜻한 마음과 진심으로 학생들을 돌보는 교사는 그 메시지를 통해 학생들 자신이 중요한 사람임을 자각할 수 있게 만든다. 만약 교사가 학생들의 운동 수행 능력이나 학습능력 측면에서 과소평가하거나 낙인해 버린다면 학생들은 학습 의욕을 상실할 것이며 체육수업의 즐거움을 만끽하지 못할 것이다.

8) 교사의 고정관념 버리기

교사는 사회·경제적 지위, 성, 운동 수행 능력, 장애, 종교, 외모 등과 관련된 개인적인 고정관념을 타파해야 한다. 예를 들면, '남학생은 여학생보다 잘 던진다.', '여학생은 남학생보다 춤을 잘 춘다.', '키가 크면 높이뛰기를 잘한다.', '테니스는 백인이 잘한다.', '흑인들은 달리기를 잘한다.' 등이 있다.

나. 비과제행동 최소화 전략

초등학교 체육수업은 체육관, 운동장에서 주로 이루어지므로 학생들의 시선이 분산되거나 장난 등의 비과제행동을 관리하지 않으면 학습의 효과를 제대로 발휘할 수 없다. 따라서 교사는 학생들을 지속적으로 관찰하여 학생들의 일탈 행위를 최소화하여야 한다.

1) 벽 등지기(학습자를 항상 바라보기)

교사는 학생들을 한눈에 넣고 전체 학생을 관찰할 수 있어야 한다. 벽 등지기는 체육관 벽이나 운동장 가장자리처럼 수업 장소 경계지역에 서 있는 것을 뜻한다. 교사는 이러한 위치에 서 있으면 학생들을 전체적으로 잘 관찰할 수 있다. 벽 등지기는 학생들의 비과제행동을 초기에 저지하는 데 효과적이며 사안이 확대되는 것을 미연에 막을 수 있다. 어떤 학생이 비과제행동을 빈번하게 하거나 멈추지 않을 때 학생의 얼굴을 말없이 계속 바라봄으로써 무언의 압력을 준다. 이는 전체적인 수업의 맥락을 끊을 수 있는 방법이기 때문에 전체적인 수업 분위기를 고려하여 사용해야 한다.

2) 밀착 접근과 순회지도

교사는 한 장소에 머물러 있지 말고 수시로 순회 지도를 해야 한다. 특히 수업을 지속적으로 방해하는 학생이 있으면 그 학생에게 가까이에 다가감으로써 자신이 비과제행동을 하고 있다는 것을 깨닫게 하고, 교사가 그것을 보고 있다는 것을 알게 하는 방법이다. 가급적 학생에게 충분히 가깝게 다가가야 한다. 밀착 접근은 교사가 한곳에만 있지 않고 지속적으로 움직여야 함을 의미한다. 수업 동선 분석을 통해 예비교사나 초임교사들은 운동장이나 체육관의 한 장소에서 머무르려는 경향을 보인다(변영계, 김경현, 2007). 교사가 과제에 몰입하지 않는 학생들 주변에 다가가 서 있는 것 자체가 충분히 학생들을 주시하고 있고 계속 집중하기를 기대한다는 것을 알 수 있게 한다.

3) 선별(선택)적 무시

어떤 비과제행동의 경우엔 이를 무시하는 것이 전체 수업의 흐름에 긍정적일 수 있다. 즉 수업의 목표를 달성하고 다른 학생들에게 직접적인 방해가 되지 않는 범위 내에서 발생하는 비과제행동은 선별적으로 무시할 수 있다. 예를 들어 준비 운동 차원에서 체육관을 가볍게 뛰고 있는데 한두 명의 남학생이 앞으로 전력 질주를 한다거나 집중하지 않을 경우, 수업이나 활동의 맥을 끊지 말고 무시하라는 것이다.

4) 이름 부르기

비과제행동을 하는 학생의 이름을 구체적으로 불러서 주의를 환기한다. 일반적으로 불특정 다수에게 이르는 말로 지적하기보다는 이름을 불러 지적하면 교사가 학생 자신에 대해 주시하고 있고 자기에 대한 정보를 알고 있다는 느낌을 가지게 하여 행동을 수정하는 이점이 있다.

5) 구체적 지적과 긍정적 지적

구체적 지적은 바람직한 행동을 하거나 좋은 기능을 가진 모범적인 학생들을 인정해 주고 학급의 다른 친구들에게 본보기로 제시하는 것을 말한다. 예를 들면 어떤 학생이 수업에 집중하지 않고 계속 잡담을 하고 있을 때, "철수야! 선생님은 네가 장난치지 않고 선생님을 가만히 바라보는 네 눈이 좋아."처럼 긍정적으로 지적하여 학생 스스로 경각심을 느끼게 한다. 긍정적 지적은 교사의 관심을 받기 원하는 어린 학생들의 심리를 잘 파악하고 있는 것이기에 효과적이다. 그러나 과도하게 사용하면 일반화되어 그 효과를 상실해 버리기 쉬우므로 학생의 성향, 수업 상황 등을 고려하여 적절히 활용해야 한다.

6) 동시처리

동시처리는 동시에 두 가지 일을 처리하는 것으로 수업 활동 과정 중에 일어나는 일에 대해 수업의 맥을 끊지 않고 자연스럽게 이어나가기 위한 조치이다. 즉 수업 활동의 여세를 유지하면서 수업에 방해가 되는 사건을 성공적으로 처리할 수 있는 교사의 능력을 말한다. 예를 들어서 수업 중 화장실을 가고자 하는 학생이나 교실에 두고 온 물건을 가지러 가고자 하는 학생에게 손짓, 눈짓, 말 등으로 간단히 처리함으로써 수업의 유연함과 여세를 유지할 수 있다.

7) 좋은 행동 게임

이 전략은 학생을 팀으로 편성하고 학생의 비과제행동이 발생할 때 교사가 점수를 감하는 것이다. 각 팀은 학습 태도에 관한 좋은 행동 게임에서 승리하기 위해 다른 팀과 경쟁을 하게 된다. 교사는 개별 또는 팀별 평가표에 점수를 관리하고 한 차시 또는 한 주, 월말에 잘한 팀에게 보상을 한다.

8) 퇴장(time out)

수업 중 학생의 바람직하지 못한 행동에 대한 가장 효과적인 전략은 체육수업에서 이탈시키는 것이다. 그러나 퇴장은 해당 학생의 학습권을 침해할 수 있기 때문에 신중하게 사용해야 한다. 먼저 한두 차례 경고를 한 다음, 계속해서 비과제행동을 할 경우엔 그 학생을 대열에서 이탈시켜 정해진 구역에서 서 있게 한다. 이탈된 상태에서 무엇을 잘못했는지 스스로 반성하고 생각하도록 한다. 퇴장 후 몇 분(2분 정도가 적합)이 지나면 바로 학생을 대열에 복귀시키도록 한다. 퇴장의 목적이 문제 아동을 소외시키는 것이 아니라 수업 분위기를 정화하는 데 있다는 것을 주의해야 한다(안양옥, 2010).

10) 토큰수집(token economies)

토큰수집은 바람직한 행동을 했을 때 교사가 점수 또는 스티커, 상품 등을 제공하는 보상 차원의 전략이다. 수업시간의 낭비 없이 학생의 바람직한 행동을 유도하고 지속시키는 데 매우 효과적인 방법이다. 토큰을 정해진 수만큼 주었을 때나 기간이 지났을 때 결과를 정리하여 물질적 보상 또는 수업에서의 특권 등을 제공할 수 있다. 교사가 외부적인 보상에 기초하여 체육수업과 관련된 규율 체계를 선택할 때, 보상은 학생들에게 바람직해야 한다. 체육수업을 자유시간으로, 노는 시간으로, '아나공 수업' 시간으로 전락시켜 학생들에게 보상하는 것은 매우 잘못된 보상전략이다.

2. 수준별 수업

수학 교과의 경우, 수준별로 그리고 단계별로 학습이 진행되어야 하는 특성을 가지고 있다. 체육교과도 주로 신체적인 활동으로 구성되어 있고, 기능적인 활동으로 이루어져 있기 때문에 학생의 수준을 고려하지 않으면 안 된다. 2022 개정 체육과 교육과정의 교수·학습 방향에서도 자기 주도적 학습을 위한 맞춤형 교수·학습을 제시하고 있다. 이는 학습자가 스스로 학습 내용을 파악하고, 주어진 과제를 적극적으로 해결할 수 있도록 교수·학습 환경을 조성하고, 학습자의 관심과 특성을 고려한 수준별 과제 제시, 자신감을 높이는 동기유발 전략 등을 마련하는 것을 의미한다.

학생들의 개인차는 매우 다양한 것이 현실이다. 우선 남녀 차이도 있고, 기능 차이도 심하며, 흥미도 다양하고, 체력도 다양한 것이 현실이다. 주로 기능적 및 체력적인 활동으로 구성된 체육수업을 할 때에는 이처럼 다양한 학습자들의 특성을 고려하는 수준별 수업의 형태로 이루어져야 한다. 전통적인 수업에서는 학생의 수준을 고려하지 않은 채 획일적인 수업목표를 가지고 수업이 진행되었다. 오직 하나의 수업목표만이 존재했다. 그러나 이러한 형태는 학생의 수준이나 개인차를 전혀 고려하지 않은 방식으로 매우 부적절한 교수 행위이다. 따라서 과제에 대한 다양한 목표와 수준을 제시하는 형태의 수준별 수업이 이루어지도록 해야 한다. 특히 초등학교에서 이루어지는 게임의 형태가 스포츠를 변형한 게임 형태인 것은 이를 잘 반영한 결과이다.

초등학교 교육과정의 다양한 게임은 초등학생들이 정규 스포츠의 규칙과 방법을 그대로 적용하여 실행하기엔 많은 한계를 가지고 있기 때문에 이를 변형하여 수준별 수업으로 만든 것이다. 예를 들면 배구형 게임은 정규 스포츠인 배구를 초등학생들이 규정대로 할 수 없기 때문에 이를 인원수, 용·기구, 경기장 크기 등을 변형함으로써 게임을 수준별로 재구성한 것이라고 할 수 있다. 즉 배구네트의 높이를 더 낮추거나, 인원수를 필요에 따라 증감할 수 있으며, 배구공 대신에 탱탱볼을 사용할 수 있으며, 배구공이 바운드 후 토스나 랠리를 진행할 수 있도록 하는 것이다.

수준별 수업에서 가장 중요하게 고려해야 할 변인은 개인차이다. 학생들의 개인차가 모두 다양하기 때문에 이를 충분히 고려해야 한다. 즉 학생의 체력, 남녀 차이, 흥미, 기능, 학습 유형 등을 고려하여 진행해야 한다.

3. 학습 도구의 준비와 관리

수업에 필요한 시설과 용・기구의 수요를 파악하여 가급적 적합한 시설과 충분한 수량을 확보해야 한다. 부득이 일정 수요를 확보하지 못하는 경우, 동일한 교육적 가치와 효과를 가져올 수 있는 다른 용・기구로 대체 또는 보완하거나, 인근 학교, 지역사회 시설을 이용하는 등의 대안을 마련한다. 이때 교육적 효과와 안전을 충분히 고려하여야 하며, 위험 요소가 확인될 경우 다른 신체활동을 선정하는 것이 바람직하다. 학습 도구를 사용할 때에는 미리 계획을 세운 다음 사전에 그것을 점검해야 한다. 교사는 학습 도구를 어디에 설치와 배열을 할 것인지 또는 누가 준비하고 해체할 것인지 미리 계획이 되어 있어서 수업 중에 시간을 소비하는 일이 있어서는 안 된다. 필요한 용구는 최대한의 학습 참여를 보장하기 위하여 충분히 확보되어야 한다.

운동장에 라인을 긋거나 체육관에 어떤 표시를 하는 경우는 휴식시간이나 빈 시간을 이용하여 미리 준비한다. 체육수업에 필요한 용・기구는 별도의 장소에 보관하여 손쉽게 활용할 수 있어야 한다. 종류별, 품목별로 라벨을 부착하여 질서정연하게 보관하고 관리하여 사용이 편리하도록 하고 담당자는 수시로 안전에 문제가 없는지 점검해야 한다. 그리고 체육 창고라는 말의 사용을 지양해야 한다. 창고라는 의미 때문인지 체육 교구를 보관하는 장소가 우리가 일반적으로 인식하는 자재창고처럼 정리정돈이 제대로 되어 있지 않은 경우가 많다. 체육 창고 대신 체육 교구실, 체육용・기구실, 체육 자료실 등의 용어를 사용하면서 정리 정돈된 상태로 활용되어야 한다.

4. 수업 시작하기

가. 수업 분위기

따뜻한 가정에서 자녀교육이 긍정적으로 이루어지듯이 체육수업에서도 긍정적인 수업 분위기 조성이 필요하다. 전통적인 체육수업은 교사의 권위와 강압적인 분위기에서 많이 이루어졌다. 그러나 긍정적이며 화기애애한 분위기는 학습을 촉진하고 학생들로 하여금 학습활동에 최선을 다해 편안한 마음으로 학습할 수 있도록 한다. 따라서 교사는 긍정적인 상호작용을 통하여 전체적인 수업 분위기를 긍정적으로 이끌어가야 한다. 아주 엄격하고 무서운 교수 행위는 일시적으로 효과는 있을지 모르나 학업 성취도와 올바른 태도를 함양하는 데 도움이 되지 못한다(이제행, 2019). 체육수업 시 학생들의 지나친 긴장은 안전사고로도 이어지기 때문에 편안한 마음에서 자신의 능력을 충분히 발휘할 수 있고 즐겁게 운동에 참여할 수 있는 수업 분위기를 만들어야 한다.

긍정적 수업 스타일은 아동의 학습 성취도를 향상시키는 것은 물론 교사와 학습자 간의 인간관계를 개선하는 가장 중요한 변인이다. 교사가 제공하는 긍정적 피드백과 칭찬, 격려 등은 긍정적 수업 스타일의 주요한 요소이다. 과거 체육수업에서 교사가 아동에게 제공하는 언어적, 비언어적 교수 행위에는 비난이나 질책, 제지, 강요 등 부정적인 성향이 많고, 긍정적 피드백도 특정 학생들에게만 편중된 경향을 보인다는 연구 결과가 많다. 이러한 비효율적이고 부정적인 상호작용은 주로 경험 부족이나 교재연구 부족, 학생의 통솔능력 결여로 인한 교수 능력의 비숙련성에 기인하는 것으로 이해되고 있다.

나. 주의집중

주의집중은 학생들에게 수업에 필요한 규칙이나 활동 방법 등을 쉽게 이해할 수 있도록 교사가 설명할 수 있는 환경을 조성하는 것으로 학생들이 수업에 몰입할 수 있는 분위기를 조성하는 것이다. 보통 게임이나 기능 연습 시 주의점이나 운동 방법의 설명 또는 소란스러울 경우에 사용하는데 매번 수업을 할 때마다 반드시 필요한 것이므로 반복적인 교육을 통해서 학생들에게 습관화 및 구조화가 되도록 하는 것이 필요하다. 이러한 습관은 학생들과 교사 간의 약속과도 같은 것으로 교사의 일정한 구령 또는 신호에 맞춰 학생들이 교사에게 집중할 수 있어야 한다. 특히 수업 시작 전 집중법을 사용하느냐 사용하지 않느냐에 따라 수업의 분위기는 큰 차이를 보이며 학기 초 1개월간의 집중법을 통해 만들어진 수업 분위기는 1년의 수업 분위기가 된다는 것을 명심해야 한다. 집중법은 수업을 위해 매우 중요한 부분이며 학기 초부터 분위기를 만들어나가는 것이 중요하다. 만약, 교사가 다 같이 박수 세 번!이라고 구령하면, 학생들이 짝!짝!짝! 박수를 치며 집중을 하게 되는데, 이런 식으로 집중을 시킨 후, 설명이나 시범을 진행한다.

다. 발문

수업지도 방법 변인 중 발문은 수업 과정에서 학생과 교사 그리고 교수 내용을 연결해 주는 수단으로서 수업 구성요소 중 매우 중요한 요소이다. 발문은 학생들의 주의를 특정 문제나 개념에 집중하게 하며 학생들을 학습과제, 운동기능에 대한 인지적 과정에 참여하게 한다. 초등 체육수업에서도 발문은 학습자 상태를 파악하고 학습에 참여하게 유도하는 방법으로 매우 중요한 교수법임에도 불구하고 교사들의 발문의 질이 부족한 것으로 나타나 있다.

발문의 효과에 대하여 지적으로 높은 수준의 발문을 많이 할수록 학생들의 학업 성취도가 높아진다는 분석 결과를 제시하고 있다(Schempp, 1987). 발문의 초점이 어디에 있느냐에 따라 회상적 발문과 사고에 관한 발문으로 나눈다. 회상적 발문이란 단순한 지식이나 사실을 기억하게 하는 발문으로 낮은 수준의 발문이다. 사고에 관한 발문은 교과 내용의 해석, 분석, 종합 및 평가 등과 관련된 높은 수준의 발문이다. 1~2학년에게는 단순한 사실이나 기억 정도를 묻는 사실적 발문이 효과적이지만 5~6학년에겐 사고력이나 문제해결력, 창의력이 요구되는 사고에 관한 발문이 교육적이다. 국어, 수학, 사회, 과학 등의 교과뿐만 아니라 체육수업에서도 학생의 인지적인 활동을 촉발하는 확산적이면서도 분산적인 형태의 발문을 던짐으로써 기존의 인지구조를 바탕으로 새로운 문제해결을 요구하는 창의력과 사고를 촉발하는 형태의 발문을 하도록 해야 한다.

교사는 수업에서 사용하는 발문의 초점과 유형을 아는 것만으로는 충분하지 않다. 수업 과정에서 발문을 효율적으로 활용할 수 있는 몇 가지 기술을 숙지할 필요가 있다.

1) 답변 시간을 기다린다.

답변 시간은 교사의 발문이 끝나고 학생이 답변할 때까지 소요되는 시간의 양을 의미한다(Graham, 2001). 교사의 발문이 끝난 뒤 약 3초 정도 기다리는 것이 좋다. 이 정도의 시간은 교사의 발문에 대해 많은 학생이 답변을 할 수 있는 기회가 제공되며, 다른 학생에 비해 빨리 문제를 해결한 학생이 자주 지명되는 것을 방지해 준다. 적절한 대기시간은 모든 학생에게 문제를 스스로 해결할 수 있도록 해주며, 개인적으로는 자신의 답과 교사가 지명한 학생의 답을 비교할 수 있도록 한다.

2) 확산적 발문을 한다.

수렴적 발문은 하나 혹은 소수의 가능한 답을 요구한다. 학생들이 한 가지 답을 요구받을 때 더 이상 가능한 답에 대해서 생각을 하지 않는다. 확산적 발문은 학생들에게 많은 가능성 있는 답을 요구함에 따라 지적 사고과정을 지속적으로 유지할 수 있다.

3) 답변에 필요한 규칙을 정한다.

우수 교사는 학생이 답변할 때 지켜야 할 규칙을 정한다. 이 규칙들은 답변 과정을 보다 질서 있게 하며, 학생에게 수업에서 제기된 발문을 통해 공부할 수 있는 최상의 기회를 제공한다. 몇 가지 규칙은 다음과 같다.

- 학생은 교사에게 지명받기 위해서는 반드시 손을 들어야 한다.
- 교사로부터 학생이 지명되기 전까지 정답을 큰 소리로 떠들어서는 안 된다.
- 교사의 주목을 끌기 위해 부적절한 동작을 취해서는 안 된다.
- 교사와 학생은 다른 학생이 제시한 답변에 대해 비판해서는 안 된다. 특히 확산적 발문의 답변과 개인적인 반응에 대해서 비판해서는 안 된다.
- 교사와 학생은 지명받은 학생이 답변을 끝낼 때까지 기다려야 한다. 천천히 답변하는 학생의 말을 중간에서 끊지 말아야 한다.

4) 부정확한 답에 대해 적절히 반응한다.

교사로부터 지명받은 학생이 종종 부정확하게 답을 할 수 있다. 그 순간 그 학생의 부정확한 답이 다른 학생에게 공개되었기 때문에 교사가 의견을 제시하고 피드백을 제공할 때 세심한 주의가 요구된다. 이 상황에서 지켜야 할 몇 가지 지침이 있다.

- 그 답을 무시하지 말고 다른 학생을 신속하게 지명하지 않는다.
- '재차' 발문하여 그 학생에게 다시 설명할 수 있도록 기회를 제공한다.
- 주의를 기울여서 다음과 같이 반응한다. "내가 기대했던 답이 아니구나." 절대로 다음과 같이 반응해서는 안 된다. "그 답은 틀렸어, 앉아라, 다음 사람."
- 학생이 제시한 답변이 거의 정확하면 그 학생에게 더 많은 시간을 제공한다.

5) 답에 대한 설명과 그 이유를 물어보아야 한다.

교사들은 학생들이 답을 했을 때 그 답으로 끝내 버리는 경향이 있다. 초기에 답을 이끌어 내는 것은 단지 학습 과정의 일부에 도달한 것과 마찬가지이다. 교사는 학생이 답을 어떻게 해결했는지 혹은 학생이 반응한 답에 대한 이유를 알아볼 수 있다. “너는 그 문제를 어떻게 이해했니?”, “너는 그 내용을 어디서 배웠니?”, “너는 그 문제에 대해서 어떻게 생각하니?”와 같이 발문함으로써 답에 대해서 생각할 수 있는 기회를 제공할 수 있다. 그리고 다른 학생들에게도 학습에 대한 이해 수준을 더 많이 제공할 수 있으며 좋은 정보를 제공할 수 있다.

6) 집단이 함께 해결할 수 있는 답을 요구한다.

학생들은 발문에 대해 스스로 혼자 생각하는 경우가 많다. 학생들은 다른 학생들의 견해와 지식으로부터 얻을 수 있는 혜택을 받을 수 없다. 가끔은 교사가 집단별로 발문할 수 있으며 그들에게 “공동으로 협의하여” 답을 함께 해결하도록 지시할 수 있다. 이 전략은 고등사고 발문에 해당되는 경우에만 사용되어야 할 것이다.

7) 움직임 반응을 유도할 수 있는 언어적 발문을 한다.

교사 발문에 대한 답이 인지적 영역과 언어적 반응에 그치는 경우가 있다. 일부 탐구수업모형은 학생들이 생각한 다음 움직임 반응을 수행함으로써 답할 수 있는 교사 발문에 토대를 두고 있다. 문제의 답을 만들어 내는 데 처음에는 인지적 영역이 동원되지만, 다음에는 학생들이 교사에게 자신이 알고 있는 지식을 움직임 반응으로 전이할 수 있어야 한다. 예를 들어 교사가 초등학교 3학년 학생들에게 다음과 같은 답을 요구할 수 있다. “좋아하는 동물을 생각해 보세요. 그리고 이 공간에서 그 동물처럼 움직이세요. 그 다음에는 그 동물의 소리를 흉내 내보세요.”(유정애 외 8인, 2019).

Box 11-6 발문의 유형

1) 회상적 발문

회상적 발문은 기억 수준의 단순한 대답을 요구하는 방법으로 "예, 아니오" 또는 단답형으로 답할 수 있다.

- 공을 보고 찼습니까?
- 공을 볼 때 시선은 어디에 두어야 합니까?
- 구기 종목 중 가장 큰 공을 사용하는 경기는 무엇입니까?

2) 수렴적 발문

수렴적 발문은 선수 학습된 내용에 대한 분석과 통합적 이해를 요구하는 발문이나 논리적 사고를 요구한다. 어떤 경우든 정확한 답을 요구하기 때문에 폐쇄형(close - ended) 발문이라고 한다.

- 우리가 뛰어내릴 때 땅에 착지하는 방법은 무엇이 있을까?
- 강한 움직임과 부드러운 움직임은 어떻게 다른가?
- 드리블할 때 수비가 나타나면 어떻게 공을 처리해야 할까?

3) 확산적 발문

확산적 발문은 새로운 문제에 대한 해결을 요구하는 발문으로 대답은 다양하고 독창적이어야 한다. 또한, 여러 유형의 대답이 나올 수 있고 답이 모두 옳을 수 있기 때문에 개방형(open-ended) 발문이라고 한다. 수렴적 발문은 답의 깊이에 관심을 두지만, 확산적 발문은 반응의 폭을 강조한다.

- 게임 종료 2분을 남겨놓고 3점 차로 지고 있으면 어떤 전술을 구상해야 할까?
- 키가 크고 느린 선수가 방어할 때는 어떻게 돌파해야 할까?
- 우리 학교가 우승할 수 있었던 세 가지 원인은 무엇일까?

4) 가치적 발문

가치적 발문은 선택, 태도와 의견을 요구하는 것으로 정답을 요구하는 것이 아니고 학생들의 감정이나 태도를 표현하도록 하는 데 의미가 있다.

- 게임 종료 직전 시간을 벌기 위해 고의적인 파울을 하는 것, 괜찮아?
- 상대방이 반칙을 범했을 때 심판이 이를 지적하지 않았다면 어떻게 하겠니?

라. 설명하기

설명은 학습자들에게 학습해야 할 과제의 성격이나 내용, 활동 및 정보를 전달하는 행위이다. 설명을 효과적으로 잘하려면 실례를 보여주면서 간단명료하게 하는 것이 좋고, 시청각 자료를 활용하면 더 효과적이다. 애매모호하고, 중복되고, 중단되는 말은 교수 효율성을 떨어뜨린다. 특히 특정 활동을 설명할 때는 어디서 누구와 어떤 장비를 가지고 무엇을 어떻게 할 것인가를 정확하게 제시한다. 좋은 설명을 위해 요구되는 몇 가지 요소는 다음과 같다.

1) 하나의 핵심 요소를 설명하기

예를 들면 테니스 경기에서 서브는 그립, 스텝, 토스, 점프, 임팩트 등 여러 가지 구성요소가 조합되어 동작이 이루어진다. 이러한 여러 가지 구성 동작 중에서 하나의 동작만을 선택하여 설명을 한다. 여러 가지 동작을 구분 없이 제시하면 학습자는 무엇을 설명하는지에 대해 초점을 잡기 어려울 뿐만 아니라 이해하기 힘들다.

2) 단서(cue) 사용

단서는 학생들에게 정보를 더 쉽게 생각나도록 하는 데 도움을 준다. 어떤 동작이나 기능을 설명할 때 단서나 힌트를 제공하면 더 쉽게 이해할 수 있다. 이를테면 배구 경기에서 리시브할 때, 수비를 잘하려면 몸의 무게중심, 즉 자세를 낮춰야 하는데, 이때 자세가 낮으면 〈무릎!〉이라고 단서를 사용함으로써 학습자가 스스로 무릎을 낮춰야 한다는 것을 지각하게 한다.

3) 연상 단어나 문구 사용

시범이나 설명을 할 때는 연상되는 문구나 단어를 사용하면 훨씬 더 생동감 있게 전달될 수 있다.

- 점프할 때: 개구리처럼 움츠렸다 뛰어봐.
- 무용에서 손끝을 부드럽게 하게 할 때: 손끝을 강아지를 쓰다듬듯이 부드럽게 해봐.
- 착지할 때: 고양이처럼 사뿐히 앉아봐.

마. 시범 보이기

운동 과제의 시각적 전달은 대개 시범을 통해서 이루어진다. 특히 언어적 설명을 수반하는 시범은 학생들에게 추가적인 학습 단서를 제공한다. 체육수업에서 시범은 말이나 설명, 매체로 어떤 개념을 정확히 이해하기 어려운 경우에 학습자에게 직접 몸으로 움직여서 전달하는 방법이다. 일반적으로 시범은 교사시범, 학생시범, 시청각 동영상 자료를 통해서 이루어지며 정확해야 한다. 또래시범은 체격 조건이나 기능 수준이 비슷한 동료 학생의 시범을 볼 때 학생들은 학습과제에 대해 이해하기 쉬울 수 있을 뿐만 아니라 학습 동기의 유발에도 효과적이다. 성공적인 시범을 위해 요구되는 몇 가지 요소는 다음과 같다.

- 시범은 정확하게, 다양하게, 정보를 제공하면서 한다.
- 시범을 보일 때에는 꼭 집중해서 관찰하도록 한다.
- 시범을 보인 후에는 학습자가 이해했는지(이해점검)를 확인한다.
- 동영상 매체를 활용하여 느린 동작으로 재생하면 효과적이다.
- 이해하기 어려운 내용은 반복하여야 한다.
- 시범은 수업대형을 고려하여 모두가 볼 수 있는 위치에서 보인다.
- 전체 동작을 보여 준 후, 부분 동작으로 상세하게 보여준다.
- 중요한 단서를 시범 보일 때는 정상속도보다 천천히 또는 반복하여 제시한다.
- 잘 관찰해야 할 부분이나 위치를 미리 말해준 후 시범을 보인다.
- 입체적 이해를 돕기 위해 동영상이나 멀티미디어 매체를 활용한다.

바. 안전

학생들의 안전사고를 예방하기 위해 안전 수칙과 절차를 마련하고 이를 학생들에게 공지하여 준다. 특히 수업 전후에 준비 운동 및 정리 운동을 실시하여 활동 및 학습에서 안전한 조건을 갖추도록 지도하며, 수업 전·후 체육 시설 및 장비에 대한 점검을 통해 안전사고의 발생을 사전에 예방할 수 있도록 한다. 또한, 도전 또는 경쟁 상황에서 과도한 목표 성취 욕구와 지나친 경쟁심으로 운동 상해나 사고가 발생할 수 있으므로 이에 대한 안내를 충분히 실시한다.

학생에게 안전한 학습 환경을 제공하는 것은 모든 교사의 책임이다. 수업계획 단계에서도 안전이 고려되어야 하지만 수업 실행 단계에서는 더욱 우선적으로 고려해야 한다. 위험이 수반된 활동을 할 때 교사는 안전 수칙을 강조해야 한다. 안전 수칙을 설명하고 수시로 강조하여 학생들에게 충분히 인지시키고 만약 학생이 이 수칙을 위반할 경우 책임을 추궁해야 한다. 교사가 이러한 점을 소홀히 할 경우 학생의 상해뿐만 아니라 법적 소송의 문제를 야기할 수 있다. 모든 체육 활동은 상해의 가능성을 가지고 있다는 점을 환기할 필요가 있다.

위험한 행동은 즉시 중단시키고, 위험한 동작을 할 때는 학습자에게 밀접하게 접근하여 위기에 대처하도록 한다. 준비 운동이 불충분하거나 정신적으로 너무 긴장하면 안전사고가 발생할 수 있다. 일사병, 복통, 호흡곤란, 염좌(근육이 삠), 근육경련(쥐나는 현상), 타박상, 골절, 찰과상 등 안전사고가 발생하면 함부로 환자를 만지거나 움직이면 안 되고 신속하게 보건교사나 119의 도움을 받도록 조치한다.

특히 아주 뜨거운 햇빛이 있는 여름이나 너무 추운 겨울철의 체육수업은 체육에 대한 부정적인 태도를 심어 줄 수 있기 때문에 시간 배정에 신경을 쓰고, 체육관이나 서늘한 그늘을 이용한다. 동 학년 협의를 거쳐 계절을 고려하여 체육시간 시수를 조정하여 교육과정을 융통성 있게 운영하도록 한다.

사. 양성평등 및 장애 학생

평등한 학습 기회를 제공한다는 것은 모든 학습자가 동일한 내용과 방식으로 학습해야 한다는 것을 의미하는 것은 아니다. 학습자가 처해 있는 상황을 고려하여 체육 학습의 기회가 다양하고 합리적으로 제공되어야 한다. 특히, 성별, 체력 및 운동기능의 차이, 장애로 인해 불이익을 받거나 참여에 제한이 이루어지지 않도록 주의한다. 예를 들어, 규칙과 방법을 변형하여 다양한 체력 수준과 운동기능을 가진 학생들이 평등하게 참여할 수 있는 활동을 구성한다. 특히, 다양한 과제 혹은 역할을 제시하여 활동에 적극적으로 참여할 수 있도록 유도함으로써 수업에 소외되는 학생이 없도록 해야 한다.

체육수업을 관찰해보면 여학생들의 체육수업에 대한 소외나 기피 현상을 자주 목격할 수 있다. 이는 교육기회의 균등한 제공 측면에서도 위배되는 현상이다. 초등학교 시기는 남녀 모두에게 심신을 고루 발달시켜야 할 중요한 시기이다. 초등학생은 발육 발달상 온몸이 골고루 균형 있게 성장해야 하는 시기이다. 고학년 여학생들은 신체적 성징이 나타나면서 체육수업을 기피하는 경향도 있기 때문에 신체의 고른 발달을 위해 남학생뿐만 아니라 여학생에게도 동등한 체육교육의 기회가 제공되어야 한다. 또한, 교사는 체육수업 장면에서 남녀 차별적인 발언이나 여학생을 비하하는 언행을 하지 않도록 신경을 써야 한다.

장애 학생도 체육수업 활동에 최대한 참여하도록 한다. 특히 동료 학생들의 배려와 이해가 전제되도록 사전 조치가 필요하다. 상황에 따라서 장애 학생의 개인차나 수준을 고려하여 학습과제를 적절하게 조정해 줄 필요가 있다.

아. 학생 소외

어려서부터 체육에 대한 긍정적인 마인드를 갖게 하는 것이 중요하다. 어린 시절의 체육 활동에 대한 생각이 이후의 삶에서 체육 활동에 대한 태도에 많은 영향을 끼친다. 즉 어린 시절 체육 활동을 싫어하는 감정을 갖게 되면 어른이 되어서도 체육 활동을 싫어할 가능성이 증가한다. 체육수업에서 소외되는 학생들이 없도록 배려해야 한다. 초등학생의 체육수업 소외 원인은 여러 가지로 나누어 생각할 수 있다.

첫째, 자신이 체력이 약하거나 운동기능이 낮기 때문이다. 이런 학생에겐 다양한 수준별 과제와 목표 지향점을 제시해야 한다.

둘째, 교우들의 공격적, 부정적 반응 때문이다. 학기 초부터 지속적으로 개인의 운동수행능력 차이에 대한 학생들의 이해와 공감대 형성이 중요하며 서로 격려하는 협동적 분위기 조성이 필요하다.

셋째, 교사의 부정적인 교수행동 때문이다. 학생에게 긍정적 태도를 심어주고 성공감을 느낄 수 있는 다양한 수업내용 그리고 민주적 수업방식 등과 같은 교사의 수업행동 개선이 필요하다.

넷째, 너무 경쟁적인 수업환경도 소외를 유발한다. 성취학생보다는 소외학생에 대한 보다 많은 관심과 배려가 전제되어야 한다. 수준이 낮은 아동들의 부정적 평가결과의 누적은 '학습된 무기력'으로 발전되고, 여기에 그치지 않고 학교생활 전반에 걸쳐서 만연되게 되므로 이들에 대한 수준별 수업과 격려 그리고 참여를 유도해야 한다.

수업 중 소외학생이 보이는 행동 특성들은 꾀병 부리기, 보조역할 하기, 순서 바꾸기(양보하기), 들러리 서기, 요령 피우기 등의 형태로 나타난다.

자. 잠재적 학습

학생들은 학급, 가정, 학교, 사회 속에서 사회 성원들과 직접, 간접적으로 상호작용하면서 또는 사회화의 과정을 겪으면서 의도적이든 비의도적이든 다양한 것들을 학습하게 된다. 잠재적 학습은 교사가 의도하지 않았던 것들을 간접적으로 비가시적으로 습득하고 배우는 것이다. 학생들은 교사가 의도한 목표만을 학습하고, 교사가 원하는 내용만을 배우는 것은 아니다. 체육수업 시간에는 구체적으로 드러나는 학습과 사건 이외에도 관찰되지 않는 잠재적 학습과 사건들이 동시에 발생한다. 교사의 의도와는 상관없이 학생들은 은연중에 많은 것을 경험하게 된다. 예를 들면, 모든 학생이 보는 앞에서 비만 학생에게 시범을 보이도록 하여 웃음거리로 만듦으로써 날씬한 몸매에 대한 부정적 사회적 통념을 적극적으로 강화시키는 결과를 가져오는 경우이다. 학생들의 잠재적 학습이 보다 긍정적인 것이 될 수 있도록 하기 위해서는, 교사는 자신의 말 한마디, 일거수일투족이 학생들의 잠재적 학습에 영향을 끼칠 수 있음을 명심하고, 수업의 세밀한 부분까지 치밀하게 관심을 가져야 한다.

묻고 답하기(Q&A)

효율적인 수업을 위한 관리전략

1. 효율적인 체육수업의 개념을 이야기하고 좋은 체육수업과 어떤 관련이 있는지 설명하시오.

2. 체육수업 중 학생통제나 관리가 힘든 이유를 설명하고, 이를 예방하고 관리하는 방법을 설명하시오.

3. 체육수업에서 과제나 정보를 전달하기 위한 설명하기와 시범 보이기의 원리를 설명하시오.

4. 발문의 유형에는 어떤 것들이 있는지와 올바른 발문기술에 대해 설명하시오.

5. 실제학습시간의 의미를 이야기하고 이를 확보하기 위한 교수행동에는 어떤 것들이 있는지 나열하시오.

참고문헌

김성곤(2018). 체육교육에 있어서 학습 동기의 교육적 활용에 관한 소고. **한국초등체육학회지, 23**(4), 51-69.

김용환 외 4인(2000). **체육교수법의 이론과 실제**. 서울: 양서원.

배상석, 김동환, 이병준(2018). 팀스포츠활동에서 갈등의 전개 과정에 대한 교육적 의미. **한국체육교육학회지, 22**(4), 113-125.

변영계, 김경현(2007). **수업장학과 수업분석.** 서울: 학지사.

손천택, 박정준(2017). **체육교수이론.** 서울: 대한미디어.

안양옥(2010). **초등체육 교과교육론.** 서울: 레인보우북스.

양갑렬(2016). **초등체육교육 방법론**. 청주: 뒷목문화사.

유정애, 김선희, 김원정, 김윤희, 김종환, 문도순, 신기철, 이충원, 조남용(2019). **체육수업모형 3판.** 서울: 대한미디어.

이제행(2019). **체육 교과교육론.** 파주: 정민사.

정철환, 박현영, 이병준(2018). 팀스포츠학습모형을 적용한 체육수업에서 학생의 팀활동 경험에 대한 내러티브 연구. **한국체육교육학회지, 23**(3), 55-75.

최의창(2003). **체육교육탐구**. 서울: 태근문화사.

Graham, G. (2001). *Teaching children physical education: Becoming a master teacher.*(2nd ed). Champaign, IL: Human Kinetics. 이재용 외 공역(2005). **초등체육 가르치기.** 서울: 대한미디어.

Pangrazi, R. P. & Beighle, A. (2016). *Dynamic Physical Education for Elementary School Children: 18th Edition.* Pearson Education Inc. 고문수 외 9인 공역(2018). **초등학생을 위한 활기찬 체육수업.** 서울: 도서출판 한미의학.

Rink, J. E. (2009). *Designing the Physical Education Curriculum, 1st Edition.* McGraw-Hill Inc. 손천택, 김무영, 김선희, 홍석호, 조남용 공역(2011). **활발한 신체활동을 위한 체육교육과정 설계.** 서울: 도서출판 레인보우북스.

Schempp, P. G. (1987). Research on teaching in physical education: Beyond the limits of natural science. *Journal of Teaching in Physical Education, 6,* 109-110.

제 12 장

체육수업 환경

학습목표

- 체육수업 시 환경(시설, 교구, 날씨)의 중요성에 대해 설명할 수 있다.
- 다양한 체육수업시설(실외, 실내)의 종류와 특징을 알고 상황에 맞게 선택할 수 있다.
- 운동장을 효율적으로 활용하는 방안에 대해 알고, 운동장 수업 시의 유의점을 설명할 수 있다.
- 실내체육관을 활용 · 관리하는 방안에 대해 알고, 체육관 수업 시의 유의점을 설명할 수 있다.
- 체육활동이 이루어지는 다양한 시설의 안전 관리 방안을 설명할 수 있다.
- 체육수업에 필요한 교구의 종류를 구분하고, 교육적으로 활용할 수 있다.
- 체육교구 및 교구실을 적절히 관리할 수 있는 더 좋은 방안에 대해 논의할 수 있다.
- 체육수업 시 다양한 날씨변화(비, 폭염, 미세먼지 등)에 따른 대응요령을 익히고 사전준비를 할 수 있다.
- 실외 활동이 어려울 때 자신만의 실내 활동 프로그램을 구안할 수 있다.
- 미세먼지로 인한 문제에 대응하기 위한 체육수업 전략에 대해 논의할 수 있다.

1. 체육수업 시설

좋은 체육수업을 논할 때 해결되어야 할 문제점으로 크게 교육과정과 이에 근거한 실천자로서의 교사 그리고 계획과 실천을 연결하는 환경적 요인이 언급된다. 즉, 교육과정이 학교 현장을 충실히 반영하지 않았다는 점과 체육교육을 전개함에 있어 교사들의 전문성이 결여되었고, 교육환경 또한 지극히 부실하다는 데에서 그 원인을 찾고 있다(박재정, 2006). 어느 것이 먼저이고 또 중요한지는 상황에 따라 달라지지만 환경적 측면, 특히 체육수업에 필요한 시설과 기자재는 기본적인 사항이다.

체육수업이 정상적으로 운영되기 위해서는 수업에 필요한 시설의 특성과 용·기구 수요를 파악하여 가급적 적합한 시설과 충분한 수량을 확보하고자 노력해야 한다. 부득이 일정 수요를 확보하지 못하는 경우, 동일한 교육적 가치와 효과를 가져올 수 있는 다른 용·기구로 대체 또는 보완하거나, 인근학교 및 지역 사회 시설을 이용하는 등의 대안을 마련해야 한다. 이때 교육적 효과와 안전을 충분히 고려하여야 하며, 위험 요소가 확인될 경우 다른 신체활동을 선정하는 것이 바람직하다(교육부, 2015).

가. 학교체육시설과 종류

"체육시설"이란 체육활동에 지속적으로 이용되는 시설과 그 부대시설을 말한다. 그 중 학교체육시설은 교육법시행령인 학교시설/설비기준령(1996. 2. 20. 대통령령 제14920)의 제3조의 ⑥항에 따라 교육부에서 규정한 각급학교에 학교교육 및 체육활동을 위하여 설치, 운영하는 시설을 말한다. 일반적으로 체육시설은 체육인프라를 지칭하는데, 이는 형태에 따른 시설과 운동종목에 따른 시설로 나누어진다. 운동장, 체육관 등은 형태에 따른 시설이며, 농구장, 배구장, 배드민턴장, 수영장, 씨름장, 테니스장 등은 운동종목에 따른 시설에 해당한다. 한편 부대시설이란 세면장, 샤워장, 탈의실 등 체육활동에 관련되어 필요한 부속 시설을 말한다(김기철 외, 2017b). 일반적으로 학교체육시설은 체육수업과 학교스포츠클럽, 창의적 체험활동, 자유학기제 등 다양한 체육활동을 위한 물적 통로로서의 역할뿐만 아니라 인근 지역주민의 생활 체육시설로서도 기여하기 때문에 지역사회의 중요한 체육인프라로 인정받고 있다(김기철 외, 2017a).

「학교체육 진흥법 시행규칙」 제2조에서 학생의 체육활동에 필요한 기반시설의 종류를 다음과 같이 제시하고 있다.

〈표 12-1〉 학교체육시설의 종류(제2조제1항 관련)

구분	학교체육시설의 종류			
운동 종목별 시설	1. 골프연습장	2. 궁도장	3. 게이트볼장	4. 농구장
	5. 당구장	6. 라켓볼장	7. 럭비풋볼장	8. 롤러스케이트장
	9. 배구장	10. 배드민턴장	11. 볼링장	12. 빙상장
	13. 사격장	14. 세팍타크로장	15. 수영장	16. 스쿼시장
	17. 승마장	18. 썰매장	19. 씨름장	20. 아이스하키장
	21. 야구장	22. 양궁장	23. 역도장	24. 에어로빅장
	25. 요트장	26. 육상장	27. 조정장	28. 체력단련장
	29. 체육도장	30. 체조장	31. 축구장	32. 카누장
	33. 탁구장	34. 테니스장	35. 펜싱장	36. 하키장
	37. 핸드볼장	38. 인공암벽등반장		
	39. 그 밖에 교육과정에 필요한 운동 종목의 시설로서 교육부장관이 정하는 시설			
그 밖의 시설	1. 운동장	2. 체육관	3. 샤워장, 탈의실 등 부대시설	

출처: 학교체육 진흥법 시행규칙 [별표 1] 〈개정 2013.3.23.〉

나. 실외 수업 공간[1)]

실외 수업 공간은 시기를 막론하고 학생들에게 환영받는 수업의 장이다. 체육교과의 특성상 타 교과에 비해 실외 수업 공간을 자주 사용하게 되는데, 교실을 벗어나 맑은 공기를 마시고 햇볕을 쬐며 신체활동을 하다 보면 이루 말할 수 없이 상쾌한 기분을 느낄 수 있다. 날씨, 기온, 대기상태 등 여러 가지 요소가 잘 맞아떨어져야 실외 수업이 가능하기 때문에, 계획대로 수업을 진행하기란 참 어려운 일이다. 그런 만큼 날씨가 쾌청하고 맑은 날에는 실외 수업 공간을 가능한 한 많이 활용해보면 어떨까? 실외수업 공간의 활용은 학생들의 넘치는 에너지를 발산시키고 활동성을 증진하는 동시에 수업만족도를 향상시킬 수 있는 좋은 강구책이 될 수 있다.

---

1) 실외 수업 공간은 '박재정(2010). 좁아지는 학교운동장 넓게 활용하기. 스포츠 둥지.'와 '박재정(2010). 동네 체육시설을 활용하여 체육수업하기. 스포츠 둥지.'의 내용을 수정 보완하여 제시하였다.

1) 운동장

학교 운동장은 체육수업을 위한 공간으로 주요하게 활용되지만 최근에는 보다 폭넓은 교육 활동을 위한 공간으로서의 의미가 있으며, 지역의 배움과 소통을 위한 공간이기도 하다. 잔디(천연 · 인조)운동장, 우레탄 시설(다목적구장, 트랙 등), 흙 운동장 등 학교의 여건에 따라 다양하게 조성되고 있다.

가) 학교 운동장 기준

근래 학교 운동장과 관련한 특징 중의 하나는 학교 운동장이 좁아지고 있다는 것이다. 특히 신설되는 학교의 경우 도시지구 학교용지 확보 난을 해소하기 위하여 학교설립인가 기준에서 체육장에 대한 각급 학교 기준 면적을 축소 조정하면서 학교 운동장은 더욱 좁아지고 있다. 기존에는 '학교시설 · 설비기준령'에 의해 일정 넓이의 학교 운동장이 확보되어야 했지만, 1997년 마련된 '고등학교이하각급학교설립 · 운영규정'에 의해 극단적으로 이제는 학교에 운동장이 설치되지 않아도 되는 길이 열렸다.

또한 신설되는 학교뿐만 아니라 기존 학교의 경우도 실내체육관(다목적강당)을 갖추게 되면서 상대적으로 학교 운동장의 규모는 줄어들었다. 운동장을 가로질러 100m 주로가 나오는 학교가 드물고, 심지어는 50m 주로도 확보하기가 쉽지 않은 상황이다. 이에 더해 학교의 대규모화로 비롯된, 좁은 운동장으로 체육수업을 하기 위해 서너 반이 한꺼번에 나오는 경우가 허다하여 정상적인 체육수업을 운영하기가 쉽지 않다. 그럼에도 체육수업공간으로서 운동장이 가지는 가치와 장점은 분명하므로 이를 극복하고 운동장을 알차게 활용하기 위한 노력은 지속되어야 할 것이다.

나) 학교 운동장 활용하기

① 경기장 그리기

충분히 넓지 않은 운동장도 계획하여 잘 활용한다면 체육수업을 효과적으로 운영할 수 있다. 한 가지 방법으로, 수업시간에 활용하기 쉽게 기본시설을 운동장에 설치해 두는 것이다. 기본시설을 미리 준비해 두면 수업시간에 활용할 공간을 마련하고 설치를 하느라 시간을 낭비하지 않을 수 있으며 그로 인한 어려움도 예방할 수 있다. 특히 체육수업에서 많이 활용되는 게임의 경우 경기장을 만들고(그리고) 설치하는 시간을 줄일 수 있다. 가령 수업시간 활용도가 높은 간이 농구장, 간이 야구 경기장, 간이 축구경기장, 피구경기장의 경우는 사전에 경기장을 만들어(그려) 둔다면 효율적으로 활용할 수 있다. 물론 운동장에 수업시간에 필요한 모든 경기장을 그려놓는다는 것은 사실상 불가능하다. 이에 대한 대안으로 아래 사진과 같이 전체 경기장이 아닌 꼭짓점 부분만 표시를 해두면 수업시간마다 거리를 측정하며 경기장을 그려야 하는 번거로움과 시간을 줄일 수 있을 것이다. 수업 준비를 위한 시간이 줄어들면 학생들의 실제학습시간은 증대될 수 있다.

발야구 및 티볼 경기 라인

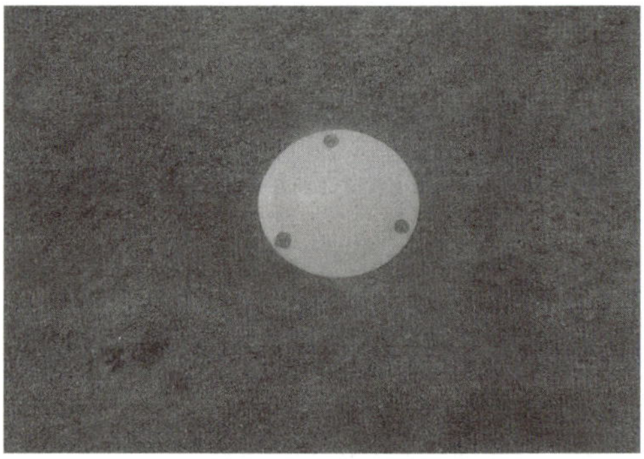

라인포인트

② 주로 설치하기

초, 중, 고등학교 학생들의 키와 몸무게 등 체격은 꾸준히 증가하였지만 체력 및 건강은 약화되고 있다(교육과학기술부, 2013). 학생들의 체력이 많이 떨어졌다고 하지만 체육수업시간만을 통해서 학생들의 체력을 향상시킨다는 것은 쉽지 않다. 그러므로 아침활동시간이나 점심시간 그리고 방과 후 시간 학생들이 자유로이 운동장에서 체력운동을 할 수 있는 여건을 마련해 주어야 한다. 학교에 따라서는 다양한 기구와 시설을 활용하며 체력운동을 할 수 있는 운동장 시설을 갖출 수도 있으나 요즘 학교 운동장의 여건을 고려한다면 이러한 설비는 쉽지 않다. 그러므로 소규모 운동장

을 갖춘 학교에서도 학생들이 쉽게 활용할 수 있는 몇 가지 안(案)을 생각해 볼 필요가 있다.

운동장에 주로(走路)를 설치함으로써 학생들에게 아침활동이나 체육수업시간 그리고 방과 후 시간 달리기를 할 수 있고 또 기록을 측정할 수 있는 기회를 제공할 수 있다. 무엇보다 요즘 초등학생들도 대부분 스마트폰을 가지고 있으므로 스마트폰의 스톱워치 기능을 이용하여 친구들과 서로의 기록을 측정할 수 있는데, 이러한 과정을 통해 자신의 기록향상을 틈틈이 확인할 수 있어서 운동 참여 동기를 높일 수 있다.

많은 학교의 운동장에 이미 주로가 설치되어 있지만 설치되어 있지 않은 학교는 주로를 설치하되 너무 많은 주로를 설치할 경우 다른 활동을 할 때 안전사고를 유발하는 경우도 있으므로 운동장 환경을 고려하여 최소한으로 설치하는 것이 효과적일 것이다.

③ 기록자 설치하기

대부분의 학교 운동장에 멀리뛰기장이 설치되어있지만 학생들이 제자리멀리뛰기나 멀리뛰기를 하는 모습을 찾아보기란 쉽지 않다. 멀리뛰기나 제자리멀리뛰기가 순발력이나 근력을 향상시키는 데 효과적인 운동이라는 것은 이미 알고 있지만 대부분의 체력운동처럼 학생들이 흥미를 가지고 참여하는 데는 한계가 있다. 이러한 학생들의 참여 동기를 높이기 위한 방법으로 멀리뛰기장에 기록 측정자를 설치하여 자신의 기록을 가늠해보게끔 할 수 있다. 이를 통해 학생들은 자신의 기록을 한눈에 확인하여 참여 동기와 도전의지를 지속적으로 느낄 수 있다. 정확한 자를 설치한다면 좋겠지만 사진에서와 같이 학생들이 자신의 기록을 어림할 수 있게만이라도 한다면 운동장에서 활동하는 학생들을 좀 더 많이 볼 수 있을 것이다. 멀리뛰기장에 기록 측정자를 설치해 둔다면 체육수업시간 멀리뛰기 관련 과제를 수행하는 데 있어서도 시간을 절약하며 수업을 운영할 수 있을 것이다.

④ 야외 체육교구실 활용하기

많은 학교의 경우 체육교구실이 주로 실내체육관 내에 위치해있으나, 야외 체육교구실이 따로 마련되어 있는 곳도 있다. 조회대 밑의 공간을 체육교구실로 활용하거나 운동장과 멀지 않은 거리에 작은 컨테이너 건물을 설치해두기도 한다. 야외 체육교구실은 실내 체육교구실에 비해 크기가 협소하기 때문에 운동장 수업에서 특히 자주 활용되는 교구들을 선별하여 비치하는 것이 효율적이다. 교사들은 운동장 수업을 하는 도중 필요한 교구 때문에 실내 체육교구실까지 갔다 오는 경험을 많이 하는데 이는 번거롭고 무엇보다 수업의 흐름이 끊겨 난감한 상황으로 이어진다. 이에 색깔별 팀 조끼, 축구공, 이어달리기용 배턴, 크기별 콘, 접시 콘 등의 기본 교구들과 함께 티볼 경기 세트, 훌라후프, 간이네트 등 학교별, 학년별 교육과정에 따라 운동장 수업에 필요한 교구들을 잘 구분하여 정리할 필요가 있다. 운동장에서 사용하던 교구는 흙과 먼지가 많이 묻어있기 때문에 실내로 가져가서 사용하면 실내체육관 관리에 어려움이 있다. 여건이 된다면 같은 교구라도 운동장용과 실내용을 구분해서 비치하고 사용해야 한다. 이와 같이 운동장에서의 활동에 필요한 교구들을 선정하여 야외 체육교구실에 비치해 둔다면 수업의 준비부터 정리까지 훨씬 효율적이고 수월한 운동장 수업을 할 수 있을 것이다.

Box 12-1 운동장에서의 체육수업

운동장은 일반적으로 수업이 이루어지는 장소가 아니며 비교적 넓고 탁 트인 장소의 특성상 교실이나 실내공간과는 다른 교수 전략이 필요하다. 특히 다른 반 학생들에게 주는 피해를 최소화하고 우리 반 학생들의 안전한 교육활동을 위해 다음과 같은 수업 전략을 염두에 두어야 한다.

- 교실 바로 앞쪽이나 가까운 곳에 정렬하여 체육수업을 하지 않는다.
  ☞ 교실에서 수업하는 다른 학급에 방해가 될 수 있다. 가능하다면 교실과 인접한 곳이 아닌 떨어진 곳에서 수업을 진행한다.

- 운동장에서 학생들이 해(태양)를 마주하고 서서 설명을 듣거나 시범을 보지 않도록 한다.
  - ☞ 힘들어도 교사가 해를 향하게 서야 한다. 물론 해를 피할 수 있는 곳이 있다면 금상첨화겠지만 그렇지 않은 경우가 더 많은데 학생들이 해를 마주하고 있다면 설명이나 시범의 효과가 떨어지는 것은 당연하다.

- 여러 학급이 함께 운동장에서 수업을 하는데 우리 반만 게임수업을 운영하는 방식은 삼가야 한다.
  - ☞ 여러 학급이 수업을 하는데 어느 한 학급이 운동장 전체를 쓰면서 축구를 한다면 다른 반 수업을 방해하는 것은 당연하다.

- 학생들끼리 준비운동으로 운동장 트랙을 무질서하게 달리는 활동은 하지 않도록 한다.
  - ☞ 교사의 임장지도 없이 학생들끼리 운동장을 무질서하게 달리다 보면 안전사고가 발생할 수 있으며 다른 학급의 체육수업을 방해할 수도 있다. 준비운동도 수업이므로 교사가 학습과제와 관련성 높은 내용으로 지도해야 한다.

- 넓은 공간의 특성을 고려하여 운동장 수업 시 사전에 호루라기, 수신호 등 학생들과 약속을 철저히 한다.
  - ☞ 운동장 수업은 사방이 트여있고 공간을 넓게 활용하므로 활동 중에 학생들이 교사의 목소리를 듣지 못하는 경우가 생긴다. 활동의 시작과 끝을 알리거나 교사에게 주의를 집중시켜야 할 때 또는 모둠활동 시 필요한 경우 사전에 약속된 수신호나 호루라기를 적절히 활용한다면 효율적인 수업 운영이 가능하다.

2) 교내의 실외 공간

운동장 이외에도 학교에는 체육수업에 활용할 수 있는 실외공간들이 있다. 건물과 건물 사이의 공간이나 나무 그늘 그리고 야외교실 또한 체육수업을 하기에 유용한 장소가 될 수 있다. 특히 앞 건물과 뒤 건물 사이의 공간은 햇볕이 잘 들지 않기에 체육수업 공간으로 알차게 이용될 수 있는데 학교와 공간의 특성에 따라서 차양시설을 하게 되면 실내 체육관보다도 더 유용한 공간이 될 수 있다.

가) 여유 공간 활용하기

학교에 여유 공간이 있다면 학생들이 신체활동을 할 수 있는 게임과 전통놀이장을 설치해서 활용하는 것도 필요하다. 학생들이 수업시간뿐만 아니라 쉬는 시간이나 점심시간에 자유롭게 게임이나 놀이장을 활용하며 뛰어놀 수 있다. 비용이 들지만 바닥을 탄성이 있는 소재로 설치하면 학생들이 안전사고 염려 없이 활동할 수 있게 된다.

나) 나무 그늘 활용하기

역사가 오래된 학교의 경우 나무들이 만들어 주는 그늘은 그 어떤 공간보다도 체육수업 장소로 알차게 활용된다. 여름철 나무 그늘이 있는 공간은 덥고 답답한 체육관이나 다목적교실과 같은 실내공간보다도 체육수업을 하기에 쾌적하고 효과적인 장소가 될 수 있다. 무엇보다 실외와 실내의 장점만을 갖추어 체육수업에는 더할 나위 없이 좋은 안성맞춤 공간이 될 수 있다. 그러므로 학교를 신설할 때 환경을 가꾸는 측면에서뿐만 아니라 교육 공간 확보를 위해서도 운동장 주변에 나무를 심는 것은 장려되어야 할 것이다.

다) 야외교실 활용하기

학교에 있는 야외교실 또한 체육수업에는 좋은 공간이다. 야외 교실에서의 체육수업은 일반적으로 앉아서 하는 이론수업뿐만 아니라 다양한 간접체험활동의 장(場)이 될 수 있다. 공간의 특성을 살려서 표현 영역이나 건강, 안전 영역 등에서의 다양한 과제로 수업을 운영할 수도 있는데, 단적으로 야외교실에 앉아서 건강/운동체력요소를 키울 수도 있고, 설명과 시범을 듣고 보는 공간이 될 수도 있으며 활동 후 앉아서 관찰이나 감상을 하는 공간으로 활용할 수도 있다.

나무 그늘 야외교실

지붕이 있는 야외교실

3) 지역사회 시설

학교는 한정된 공간에서 체육수업을 위한 모든 시설을 보유할 수는 없는 실정이므로 학교와 인접한 공공체육시설을 활용한다면 학교체육활동이 활성화될 수 있다(김남숙, 2014). 지역사회 시설 중 학교 주변의 체육공원은 그 형태와 특성에 따라 다양한 학습과제를 적용할 수 있다. 게다가 학교 내 체육수업 공간이 부족하여 수업운영이 용이하지 않을 때 운동장이나 체육관을 대체하는 장소가 될 수 있다는 점에서 큰 매력이 있다고 할 수 있다.

가) 지자체 체육공원

근래 지방자치단체들의 노력과 투자로 인해 우리가 살고 있는 주변 곳곳에 다양한 형태의 공원이나 체육관, 수영장, 빙상장과 같은 시설들을 어렵지 않게 볼 수 있게 되었다. 체육공원은 축구장, 농구장, 배구장, 테니스장 및 체력단련기구 등 다양한 시설이 고루 갖추어져 있어 운동을 하기에 적당한 곳이다. 이러한 공간들은 일반인들의 운동장소일 뿐만 아니라 잘 활용한다면 체육수업을 함에 있어 시설의 문제로 인한 어려움을 다소 해소시킬 수 있다. 물론 지역사회 체육시설을 활용하기 위해서는 교사의 세심한 준비와 노력이 있어야 하고 교육과정의 재구성 또한 요구되는 등 번거로움도 따르지만 내실 있는 체육수업을 생각하면 의미 있는 시도가 될 수 있다. 또한 학생들이 학교 수업을 통해 지자체 체육공원을 접해봄으로써 주변의 체육 인프라를 인지하고 보다 자주 이용하는 계기로 삼을 수도 있다. 더 나아가 지자체 체육공원을 이용하여 지속적으로 운동 습관을 기를 수 있도록 교사가 안내하고 독려한다면 학생들의 자율적 태도를 기르는 동시에 생활과 연계된 교육이 가능할 것이다.

나) 아파트 단지 체육공원

대규모 아파트 단지 내의 학교 근처에는 대부분 체육공원이 조성되어 있다. 체육공원의 형태는 강변을 따라 걷기와 달리기를 할 수 있거나, 등산코스와 운동코스가 조성된 유형, 그리고 다양한 운동기구를 비치해 체력운동을 할 수 있는 형태가 일반적이며, 넓은 공간을 확보하여 잔디밭이 조성되고 휴식을 취할 수 있는 시설들이 갖추어진 형태도 있다. 다양한 체육공원들 중 환경이 잘 조성된 곳이라면 수업을 하기에 더욱 좋겠지만 무엇보다 학교에서 멀지 않은 거리에 위치해 있어야 체육수업시간에 적극적으로 활용할 수 있다. 아무리 좋은 시설이라도 멀리 떨어진 거리에 있다면 체육수업시간에 활용하기란 쉬운 일이 아니어서 '그림의 떡'이 되기 십상이다. 아울러 아파트 단지 내에 위치한 체육공원의 특성상 과도한 소음을 발생시켜 주민들에게 불편을 끼치지 않는지도 고려해야 한다. 수업 전 학생들과 공공장소에서의 예의와 공공시설을 이용하는 올바른 태도에 대해 토의해보고 이를 준수하여 실천할 수 있도록 한다.

다) 지역사회 시설에 따른 체육수업운영 방안

공원형태에 따른 대표적인 수업 운영방안을 살펴보면 운동기구들이 많이 비치된 곳에서는 건강 영역에서의 체력운동을 지도할 수 있으며, 등산을 할 수 있도록 구성된 공원에서는 건강 영역뿐만 아니라 도전 영역이나 안전 영역을 지도할 수 있다. 또한 축구를 할 수 있는 운동장이 있는 공원의 경우는 축구뿐만 아니라 경쟁 영역에서의 다양한 게임 활동을 운영할 수 있다.

지역사회의 운동장이나 체육관을 활용하면 학생들은 학교 내에서 경험할 수 없는 활동들을 직접 체험해 볼 수 있는 기회를 갖게 된다. 라인이 곧게 그어진 50m, 100m의 우레탄 트랙을 달려보는 것만으로도 학생들에게는 훌륭하고 새로운 활동이 되며, 학교 운동장에서 수업을 할 때와는 또 다른 경험이 될 수 있다.

운동기구가 있는 체육공원

인조잔디와 우레탄트랙 체육공원

이상에서와 같이 학교 내외에는 눈을 크게 뜨고 찾아보면 운동장 이외에도 체육수업에 활용할 수 있는 알찬 공간들을 발견할 수 있다. 물론 학교에 따라서는 사례로 든 공간들이 전혀 없을 수도 있겠지만 때로는 좋은 공간이 있음에도 간과하여 놓치는 경우도 있을 것이다. 시설 및 기자재의 부족을 탓하기만 하기보다는 좀 더 관심을 가지고 학교 내외의 공간을 찾고 확보하려는 노력과 함께 공간의 특성에 맞게 학습과제를 선정하고 조직하는 교육과정 재구성을 병행한다면 활기찬 체육수업이 가능할 것이다.

다. 실내 수업 공간[2)]

언급한 것과 같이 요즈음 신설되는 학교들은 대부분 체육관이 마련되어 있고 기존의 학교에도 체육관이 새로이 지어지고 있다. 하지만 체육관을 건설함에 있어 별도의 부지를 확보하기보다는 운동장을 쪼개어 자리를 마련하기에 학교에서 학생들이 활용할 수 있는 공간, 특히 신체활동을 위한 공간은 줄어들고 있는 실정이다. 또한 근래에는 오존주의보에 높은 자외선 지수까지 바깥 활동을 자제해 줄 것을 요구하는 날들이 많아졌고 무엇보다 계절을 가리지 않고 미세먼지로 인해 야외활동이 제한되다 보니 학생들의 체육수업 기회가 줄어들며 수업을 해야 하는 교사들 입장에서도 어려움이 크다.

이러한 상황에서 교사들은 적극적인 교육과정의 재구성과 더불어 체육수업을 안전하게 할 수 있는 공간을 찾고 확보해야만 한다. '궁하면 통한다'고 했다. 눈을 크게 뜨고 찾아보면 학교에는 체육수업을 할 수 있는 알찬 공간이 숨어있다. 체육수업시간에 활용할 수 있는 실내 수업 공간을 살펴보고 학교실정에 맞게 운영해 보자.

1) 실내체육관

체육수업은 다른 교과와는 다르게 여러 가지 요인이 좀 더 복합적으로 관여하게 된다. 교실에서 수업이 이루어지는 타 교과와 달리 교수・학습 공간이 바뀌게 되고, 교구와 자료도 늘 비치되어 있는 것이 아니라 그 시간의 수업을 위해 특별히 준비해야 한다. 이러한 수업 특성상 실내체육관은 수업운영의 효율성과 학습효과를 높이는 데 있어서 필수적이라 할 수 있다.

2) 실내 수업 공간은 '박재정(2010). 학교 내(內) 공간을 활용한 체육수업. 스포츠 둥지.'와 '박재정(2010). 학교 체육관 효율적으로 활용하기. 스포츠 둥지'의 내용을 수정 보완하여 제시하였다.

가) 실내체육관 활용하기

근래에 개교하는 학교들은 대부분 실내체육관이나 다목적 강당을 보유하고 있다고 하지만, 우리나라 초등학교의 체육관 설치 비율은 70%를 넘지 못한다. 교육청이나 지방자치단체의 지원에 의해 체육관이 새롭게 지어지기도 하나, 모든 체육수업시간에 체육관을 활용하기란 물리적으로 쉬운 일이 아니다. 가령 학년당 학급수가 6학급인 학교를 생각해보면 3학년 이상 학년의 학급수가 24학급으로 일주일에 3시간씩 하면 72시간의 체육수업을 해야 한다. 그러나 1주일 최대 수업시수는 29시간밖에 되지 않으므로 1교시부터 2학급씩 배정을 해도 모든 학급이 체육관에서 체육수업을 할 수는 없다. 더구나 1, 2학년의 '즐거운 생활'까지 배정하게 되면 체육수업에 체육관을 이용하기란 쉽지 않다. 운동장을 병행하여 체육수업을 배정하더라도 햇볕이 강한 날은 체육수업을 야외에서 하기란 쉽지 않으며, 의욕적으로 운동장에서 체육수업을 운영하려는 교사들은 학생들의 건강을 가볍게 보았다는 학부모들의 항의(?)를 감수해야만 할 것이다. 이런 상황에서 체육관에는 보통 2학급 이상이 함께 수업을 하게 되는데, 여기에 설상가상(雪上加霜)으로 초등학교 체육관의 규모는 대부분 정규 체육관보다는 작다 보니 2학급이 함께 수업을 한다는 것이 그리 쉬운 일이 아니다. 2개 반이 뒤섞여 수업을 하다 보면 난장판이 되어 정상적인 수업은 생각하기 어렵다. 이와 같은 상황에서 해결방안을 찾자면 크게 두 가지를 생각할 수 있다. 우선 학기별 또는 월별로 사용 학년을 구분하는 방법으로 해당 학년 및 학급은 교육과정을 재구성하여 체육관에서 해야 할 활동과 운동장에서 할 과제를 구분하는 것이다. 또 다른 방법은 칸막이를 이용하여 체육관을 반으로 나누어 수업을 하게 되면 그렇지 않았을 때보다는 그나마 효율적으로 체육관을 활용하며 수업을 운영할 수 있게 된다. 칸막이는 지나치게 크거나 무거우면 이동에 어려움이 있으므로 시중에 판매되는 탁구경기장 구분용을 구매해서 사용해도 되나 나무판에 바퀴를 부착하여 제작하는 것도 좋은 방안이 될 수 있다. 실내체육관이 구분되지 않고 2학급 이상이 함께 사용할 경우 양쪽 모두 정상적인 수업이라기보다는 신체활동으로 끝나버리게 될 개연성이 커진다.

5月 체육관 사용 시간표

교시 \ 요일	월	화	수	목	금
1	6-1	3-4	5-1	6-1	6-4
2	3-1	3-5	5-2	6-2	6-5
3	3-2	3-6	5-3	6-3	6-6
4	3-3	3-7	5-4	5-1	5-4
5	6-6	6-4	5-5	5-2	5-5
6	6-5	6-3		5-3	6-2

6月 체육관 사용 시간표

교시 \ 요일	월	화	수	목	금
1	1-5	1-6	1-1	2-1	2-5
2	4-1	4-4	1-2	2-2	2-6
3	4-2	4-5	1-3	2-3	5-1
4	4-3	4-6	1-4	2-4	5-2
5	6-1	6-3	6-5	6-6	5-3
6	6-2	6-4		5-5	5-4

월별로 사용 학년 및 학급을 배정한 체육관 시간표

1학기 체육관 사용 시간표

	월	화	수	목	금
1	3학년	3-4	3-6, 2학년	2-1	5-5
2	2학년	2-4	3-5, 2-3	2-2	5-1
3	6-1	3-3	2-6, 5-6	6-5	2-5
4	6-2	6-6	5-4	1-7, 6-3	5-2
5	3-2, 6-4	3-1	5-7	3학년	5-3
6	6학년	5학년		5학년	6학년

2학기 체육관 사용 시간표

	월	화	수	목	금
1	1학년	5-4, 5-6	5-1, 1-1	5-5	6-2, 2-3
2	4-3	1-2, 1-3	4-1	3-2, 3-5	6-3, 5-7
3	4-6	1-4, 1-5	6-1	3-3, 3-4	6-6
4	1-8	1-6, 1-7	6-5, 4-5	3-1, 3-6	6-4
5	4-4, 5-3	4-2		5-2	4학년
6	5학년	6학년		5학년	6학년

학기별로 사용 학년 및 학급을 배정한 체육관 시간표

현수막을 활용해 체육관을 물리적으로 구분하기

칸막이를 활용해 체육관을 물리적으로 구분하기

나) 실내체육관 관리하기

실내체육관 바닥이나 시설물들은 체육수업을 위한 구조로 정리·정돈되어야 한다. 체육관이 학교 운동부나 일과 후 지역주민들의 체육활동 편의 위주로 운영된다면 체육수업시간의 활용도는 떨어지고 수업의 효과도 장담하기 어렵게 된다. 특히 요즘 학교 체육시설들이 저녁시간이나 휴일의 경우 지역주민들에게 개방됨에 따라 대부분 학교의 체육관은 배드민턴이나 배구와 같은 스포츠 활동을 위해 바닥에 라인들이 복잡하게 그려져 있다. 이로 인해 체육수업시간 학습과제에 따른 교구를 설치하거나 표시를 하는 데 있어 어려움을 겪는 경우가 많다. 그러므로 체육관 바닥에 고정적으로 설치하는 라인을 최소화하고 진한 색상보다는 옅은 색상을 사용하여 수업시간 학습과제에 따라 설치하는 표시와 확연히 구분되도록 해야 한다.

학교의 체육관은 체육수업뿐만 아니라 교내·외 다양한 행사에도 활용된다. 그러다 보니 체육관 시설의 관리 또한 중요하다. 체육관 관리가 제대로 되지 않으면 체육수업에 지장을 주며, 극단적으로는 체육수업을 할 수 없는 상황을 초래하게 된다. 그러므로 체육관을 활용하여 행사를 하는 주체에게는 분명하게 정리·정돈의 책임이 주어져야 하며 책임을 다하지 못한 경우는 반드시 추후 사용에 제약이 가해져야 체육관 시설을 제대로 관리할 수 있게 된다. 그리고 학교교육행사 시에는 사진과 같이 바닥 보호매트를 설치한다면 체육관 바닥을 좀 더 깨끗하게 유지하여 체육수업시간 활용을 극대화할 수 있을 것이다.

복잡하게 그려진 라인들은 수업의 효과를 떨어뜨린다.

바닥보호매트는 체육관 관리에 효과적이다.

Box 12-2 실내체육관에서의 체육수업

날씨의 영향을 적게 받는 실내체육관은 실질적으로 체육수업이 가장 많이 이루어지는 장소라고 할 수 있다. 실내체육관의 특성을 파악하여 수업에 적용한다면 내실 있고 효과적인 수업이 가능하다.

- 실내체육관에서 수업을 할 때는 체육관 내에서 실시하기 적합한 학습과제를 재구성한다.
  ☞ 실내체육관에서 축구나 달리기와 같은 활동을 하다 보면 안전사고가 발생하거나 시설물을 훼손할 수 있기에 금해야 한다. 반대로 뉴스포츠 '킨볼'을 활용한 수업은 운동장이나 다른 실내공간에서는 실시하기에 어려움이 있으므로 실내체육관에서의 수업을 계획하면 좋다.
- 실내체육관에서 다른 학급과 함께 수업을 할 때 게임 활동은 자제해야 한다.
  ☞ 여러 학급이 함께 수업을 하면 소란하여 주의집중이 어려운데 게임 활동까지 한다면

다른 학급은 수업을 할 수 없다.

- 학기 초에 협의를 하여 정해진 학급별 실내체육관 이용 시간을 준수한다.
  ☞ 비가 오거나 날씨가 덥다고 다른 학급 체육관 이용시간을 침범하면 수업이 이루어질 수 없다. 한번 규칙이 깨어지면 회복하기도 힘들어진다.
- 체육수업시간에 활용한 교구는 반드시 교사가 직접 교구실에 정리 · 정돈해야 한다.
  ☞ 교사는 교구의 정리를 학생들에게만 맡기지 말고 반드시 함께 정리, 정돈을 해야 한다. 특히 사용한 교구는 그 개수를 확인하고 사용 전 원래 위치에 수납해야 한다. 학생들에게 교구 정리를 온전히 맡겨버리면 교구의 원래 위치가 점점 희미해지며, '깨진 유리창의 법칙'에 따라 교구실은 급속하게 어질러지기 십상이다.

2) 유휴교실

학교 상황에 따라 차이는 있겠지만 학생 수가 줄어들어 교실이 남는 경우들이 있다(물론 신설학교의 경우는 이와 같은 유휴교실을 찾기가 쉽지 않겠지만). 이런 학교에서는 유휴교실을 이용하여 체육수업에 활용하거나 신체활동을 위한 공간으로 변형하여 사용할 수 있다. 유휴교실의 여유가 많은 경우는 벽을 터서 하나의 교실로 만들면 체육관 못지않은 훌륭한 체육수업 공간을 마련할 수 있다.

유휴교실을 체육수업에 활용하는 방법은 다양하겠지만 크게 두 가지로 생각해 볼 수 있다.

첫째는 빈 공간을 체육수업시간에 체육관 대용으로 이용하는 것이다. 즉, 교실을 실내 체육수업공간으로 변경하는 것으로 초등학교의 경우는 실제 활용 사례를 많이 찾아볼 수 있다. 하지만 일반교실은 대부분 바닥소재가 체육관과 같지 않아서 뛰거나 달리기에는 부적합하며 안전사고를 유발하거나 소음으로 인해 다른 교실에서의 수업을 방해할 수 있다. 이와 같은 문제점을 해결하고 효과적인 체육수업을 운영하기 위해서는 교육과정을 재구성하여 교실에서 할 수 있는 과제를 선정하려는 노력이 병행되어야 한다.

다른 한 가지 방법은 체육교실을 만드는 것이다. 유휴교실에 체육교구들을 비치하여 특색 있는 체육교실을 만들 수 있다. 매트를 깔아서 체조 활동 관련 수업을 할 수 있는 체조교실, 다양한 게임 활동을 할 수 있는 게임교실, 시청각자료를 통해 간접체험활동을 하고 실제 다양한 활동도 바로 수행해 볼 수 있는 체험교실, 다양한 체력 단련 기구를 비치하여 건강 및 운동체력을 지도하고 학생들이 직접 수행할 수 있는 건강(체력)교실과 같은 형태로 꾸며서 수업시간이나 쉬는 시간에 활용할 수 있다.

유휴교실을 활용한 탁구실

유휴교실을 활용한 체조 · 무용교실

3) 다목적교실

신설되는 학교의 경우는 일반교실 2배 크기의 다목적교실을 갖춘 사례가 많은데 학교 상황에 따라서 다양하게 활용된다. 주로 도서실이나 컴퓨터실과 같은 특별실로 이용되는 경우가 많지만 체육수업을 위한 공간으로 확보하면 유용하게 이용할 수 있다. 물론 활동과제는 앞에서 언급한 유휴교실을 활용하는 것과 같이 제한적이겠지만 교사가 학습과제를 적절하게 재구성한다면 유의미한 공간이 될 수 있다.

다목적교실은 대부분 일반 교실과 같은 공간에 있는 경우가 많기 때문에 공(ball)을 이용한 활동이나 뛰고 달리는 활동을 하기에는 부적합하다. 반면 체조활동이나 표현활동과 같은 수업은 얼마든지 가능하다. 조금만 신경을 써서 바닥에 매트를 깔게 되면 더욱 효과적인 체육수업 공간이 될 수 있다. 또한 다목적교실에 시청각 시설을 갖추게 되면 체육관에서보다도 더 알찬 체육수업을 운영할 수 있다. 시청각 자료를 통해 설명과 시범이 제공되며 학생들은 자신들의 활동 과정과 결과를 바로 모니터를 통해서 확인할 수 있기에 학습효과를 극대화할 수 있다. 특히 초등학교 대부분의 체육관이 일과 후에는 지역주민들에게 개방되어 생활체육공간으로 활용되다 보니 체육관 내에 시청각 장비를 고정적으로 설치하기가 쉽지 않아, 수업시간에 필요할 때마다 설치하고 치우는 과정 또한 번거롭고 많은 시간이 소요되는데 다목적교실은 이런 측면에서 체육관보다 더 큰 장점을 갖게 된다.

스펀지매트를 깐 다목적교실

체조매트를 비치한 다목적교실

평균대를 구비한 다목적교실

4) 연결통로/골마루

대부분의 학교에 건물과 건물을 연결하는 통로나 골마루가 있다. 체육수업시간에 체육관이나 운동장 등을 사용하기가 여의치 않은 경우나 유휴교실이나 다목적교실을 확보하기 어려운 학교에서는 연결통로나 골마루를 체육수업시간에 활용할 수도 있다. 물론 골마루나 통로에서는 뛰거나 달리는 활동의 학습과제는 곤란하다. 골마루나 통로의 경우는 체육관이나 다목적교실에 비해 좁기 때문에 활동범위가 크게 요구되는 과제보다는 정적인 활동이 더 적합하다. 예를 들면 건강 영역에서의 스트레칭이나 맨손체조와 같은 활동은 연결 통로나 골마루에서도 충분히 수업이 가능한 학습과제이다.

이러한 공간을 활용하여 수업을 할 때 교사는 규칙을 분명하게 안내하여 학교의 안전생활 규칙에 어긋나지 않도록 해야 한다. 즉, 수업시간 교사와 함께하는 상황에서는 활동이 가능한 공간이지만 쉬는 시간이나 방과 후 시간 학생들끼리 활동하는 공간이 되어서는 안 됨을 반드시 지도하고 강조하여야 한다. 이러한 규칙이 지켜지지 않으면 안전사고 발생 가능성은 커지게 된다.

골마루 활용

연결 통로 활용

5) 지역사회 시설

일과 후 대부분의 학교 시설은 지역주민들에게 개방된다. 이뿐만 아니라 수업시간 지역사회의 체육시설을 적극적으로 연계한 수업운영도 필요하다. 지역사회 체육시설을 이용하여 수업을 계획한다면 평소 학교에서는 접하기 어려웠던 활동과 운동종목을 학생들이 직접 체험해볼 수 있다. 시설과 여건의 부족으로 인해 교과서로만 접하던 내용을 직접 경험해볼 수 있다는 점에서 지역사회 시설을 적극적으로 활용할 필요가 있으며 이를 통해 학생들의 학습동기와 흥미를 고취시키는 살아있는 교육이 가능하다.

가) 종목별 체육센터 활용하기

체육수업 내용 중 계절운동은 시설이나 장비의 제약을 특히 많이 받는다. 수영이나 스케이트, 스키와 같은 종목들은 계절의 영향과 시설 및 장비의 문제로 학교 현장과는 괴리감이 커 문서로서의 국가교육과정에서나 존재하는 내용으로 치부하며 기껏해야 이론 수업으로 끝나는 경우가 일반적이라 해도 과언이 아니다. 하지만 근래에 수영을 할 수 있는 시설들이 많은 지역에 생기면서 방학 때만이 아니라 체육수업시간에도 수영을 할 수 있는 가능성을 열고 있다. 아직까지 제한적이고 부족하기는 하지만 대도시 지역을 중심으로는 빙상장이나 인라인스케이트장 등도 들어서고 있어서 수업시간에 활용할 수 있는 기회가 확대되는 것도 긍정적이라 할 수 있다. 특히 수영장의 경우는 시・군에 적어도 하나 이상씩이 확보되면서 초등학생 수영실기교육에 활용되는 사례가 많아졌다. 실제 일부 학교에서는 교육과정을 재구성하고 지역사회의 시설을 적극적으로 활용하면서 체육수업에서 수영도 가능하다고 한다. 이와 같은 종목별 수업이 좀 더 활성화되기 위해서는 우선 지역사회에 체육센터가 있어야 하겠지만 학교 밖에서의 활동이라는 점을 고려하면 교육과정의 재구성도 필수적이다. 구체적인 교육과정 구성방법으로 일주일의 체육수업을 하루에 연차시로 편성하는 방법을 생각할 수 있으며, 운영방법에 있어서는 해당 체육센터의 강사들을 수업시간 강사로 활용한다면 교사 혼자 수업을 운영할 때보다는 훨씬 효과적일 것이다.

나) 지역사회 시설을 이용한 수업계획 시의 유의점

학교 주변의 지역시설을 자유롭게 활용하여 체육수업을 운영하는 경우나, 이용 절차가 필요하고 이용료를 지불해야 하는 체육시설을 활용하여 체육수업을 계획하는 교사들은 무엇보다 사전에 사안에 따라서는 한 학기 또는 1년 전에 체육시설관리주체와 활용 시기 및 절차에 관해 협의하고 확인해야 하며 가능하면 문서화해야 한다. 그리고 학교 내에서도 관리자와 수업 운영계획을 협의하고 상황에 따라서는 결재를 득해야 한다. 또한 동 학년이 함께 운영하고자 할 경우는 동 학년 협의회를 통해 계획을 수립해야 좀 더 안전하고 알찬 수업이 될 수 있다.

학교체육의 현실적 어려움, 특히 부실하고 부족한 시설 문제를 생각할 때 학교 밖의 시설을 활용하는 체육수업은 이러한 문제를 개선할 수 있는 한 가지 대안이 될 수 있다. 물론 학교 주변의 시설을 활용하는 수업은 생각처럼 쉬운 일이 아니다. 지역마다 활용 가능한 시설이 다르고 수업을 계획하고 운영하는 절차에 대한 구체적인 매뉴얼이 부족하기에 힘들고 어려움은 커진다. 이러한 어려움과 문제의 해결을 교사들의 관심과 노력에만 맡기기보다는 지역사회 시설을 활용한 체육수업계획과 운영에 관한 절차 및 구체적인 방법을 계발하고 안내하여 공유할 수 있도록 하는 연구와 노력도 병행되어야 한다.

라. 시설 안전 관리

좋은 시설에서 전문성을 갖춘 교사가 알찬 수업을 운영했다고 하더라도 안전사고가 발생하면 의미가 반감된다. 체육수업에서 안전사고는 준비운동 미흡이나 학생의 부주의와 같은 요인에 의해 발생하지만, 특히 시설 및 기자재의 관리나 사용법이 소홀하여 발생하는 경우도 많다. 수업을 하는 교사는 준비운동을 철저히 하고 학생들의 안전교육을 생활화해야 하겠지만 수업 전·후 시설이나 기자재도 꼼꼼하게 확인 점검하고, 이상이 발견되었을 때는 즉각적으로 조치해야 한다.

1) 시설 및 기자재의 선정과 보수

시설이나 기자재는 품질이 우수하고 안전성이 높은 공인된 것이어야 한다. 시설이나 기자재를 구입할 때에는 가격, 디자인 등의 요소뿐 아니라 안전성 및 내구성을 함께 고려해야 문제없이 제대로 사용할 수 있다. 또한 체육 시설물이 노후하거나 결함이 있을 경우 사고의 위험성이 높아진다. 관리책임자뿐만 아니라 수업과정에서 교사도 이를 세밀하게 살펴서 문제가 발생할 가능성이 있다면 사용을 중단하고 되도록 신속하게 보수·교체할 필요가 있다.

2) 안전장치의 준비

멀리뛰기장에 모래가 부족하거나 높이뛰기를 매트 없이 실시하는 안전 불감증을 체육수업에서 심심찮게 볼 수 있다. 이는 자칫 심각한 사고의 원인이 될 수 있는데, 안전장치를 잘 갖추는 것만으로도 사고를 미연에 방지할 수 있다. 예를 들어, 저학년 학생들이 주로 활동하는 공간에 날카로운 모서리가 있다면 미리 보호대를 부착해둘 수 있다. 고학년 학생들의 표적 도전활동 수업 시 끝이 뾰족한 다트 대신 자석으로 만들어진 교구를 선택하는 것 또한 안전을 고려한 것이다. 학생들이 직접 활용을 하지 않더라도 농구 골대나 철봉 등에 부딪혀 사고가 발생할 수도 있으므로 꼭 안전장치를 마련하고 학생들의 안전교육도 철저히 해야 한다. 적절한 안전장치를 준비한다면 학생들의 안전사고를 사전에 예방할 수 있다.

3) 용도에 따른 올바른 사용

시설이나 기자재를 용도에 맞지 않게 사용하다 보면 안전사고가 발생한다. 교사는 수업 전에 반드시 시설 및 기자재 사용법을 숙지시켜야 하며, 활동 과정에서도 학생들이 안전하게 사용하는지를 확인하고 피드백을 제공해야 한다. 특히 한 사람의 무게를 견딜 수 있는데 여럿이서 타거나 매달리는 경우, 걸어서 활동해야 하는데 뛰거나 달리는 경우 등 시설이나 기자재 원래의 용도에 맞지 않게 사용하면 시설이나 기자재 파손의 원인이 되지만 무엇보다 심각한 안전사고로 이어질 수도 있다.

4) 시설에 따른 이용수칙 준수

체육활동이 이루어지는 장소나 시설에 따른 특성이 제각기 다르므로 그에 따른 이용수칙을 준수해야 한다. 예를 들어, 수영장에서는 바닥이 미끄럽기 때문에 섣불리 뛰어다니거나 장난을 치면 큰 사고로 이어질 수 있다. 빙상장에서 장갑을 끼지 않거나 운동장에서 운동화를 신지 않는 것도 활동 중 부상을 발생시키는 원인이 된다. 사소하지만 꼭 지켜야 하는 시설 안전 수칙을 강조함으로써 학생들의 부상을 방지하고 안전한 체육수업이 이루어지도록 관심을 기울여야 한다.

5) 수업 환경의 정기적인 점검

폭우가 내린 뒤 학교 운동장을 살펴보면 땅이 움푹 꺼지거나 파인 부분이 생길 때가 있다. 교사가 이를 미리 인지하지 못하고 평소처럼 수업을 진행한다면 학생들이 활동 중 발목을 다치거나 넘어지는 사고가 발생하기 쉽다. 수업 전 교사는 수업이 이루어질 장소에 위험요인이 없는지 정기적으로 살피고 안전 점검을 실시해야 한다. 실내체육관의 경우도 바닥이 과도하게 미끄럽거나 불필요한 장애물들이 있다면 미리 조치를 취해야 할 것이다. 교사 혼자 힘으로 해결하기 어렵다면 행정실의 협조를 구해 방법을 마련해야 한다. 작은 관심과 실천이 큰 사고를 예방하는 첫걸음이다.

묻고 답하기(Q&A)

체육시설

• 체육수업을 할 때 운동장을 좀 더 효과적으로 활용할 수 있는 방안을 찾아봅시다.

• 학급수가 많을 때 체육수업에서 체육관을 효율적으로 활용하는 방안을 찾아봅시다.

• 우리 학교에는 체육수업에 활용할 수 있는 어떤 실외공간이 있는지 찾아봅시다.

• 우리 학교에는 체육수업에 활용할 수 있는 어떤 실내공간이 있는지 찾아봅시다.

• 우리 지역에는 체육수업에 활용할 수 있는 어떤 시설들이 있는지 찾아봅시다.

2. 체육수업 교구

체육 기자재란 체육 및 스포츠 활동에 필요한 기계, 기구, 자재 등을 통틀어 이르는 말이다. 실험이나 의료에 필요한 기자재가 존재하듯 체육수업과 스포츠 활동에도 반드시 필요한 기구 및 자재가 있다. 예를 들어 체육관이라는 건축물은 시설에 해당하지만 실내 배구를 위해 사용되는 지주와 네트 등은 체육 기자재에 해당한다. 또한 체조수업을 위해 필요한 뜀틀과 매트 등도 기자재에 포함된다(김기철 외, 2017b).

체육용품은 스포츠 및 체육활동과 관련하여 쓰이는 물품을 말한다. 체육용품은 해당 종목의 운동적 특징이 반영된 일종의 소모품이다. 구기 종목의 공과 라켓 종목의 라켓 등이 여기에 해당한다. 일반적으로 체육용품은 스포츠 및 체육활동에서 중요한 매체로 작용한다. 이런 까닭에 체육 용품은 운동에 대한 흥미와 동기를 유발하는 교재 혹은 교구[3)]라고 할 수 있는데 때때로 용품 그 자체가 학습의 내용이 될 수도 있다(김기철 외, 2017b).

가. 체육수업 교구 갖추기

체육수업에서 시설 및 환경보다 더 중요한 것이 기자재와 용품을 갖추는 것이라 할 수 있다. 기자재 및 용품이 제대로 갖추어지지 않거나 파손되어 수업에서 학습과제가 변경되거나 하나의 교구를 여러 명의 학생이 번갈아 사용하는 일은 없어야 한다. 자료가 충분히 갖춰져서 학생들이 순번을 기다리는 것이 아니라 원할 때 활동을 할 수 있어야 한다.

교사는 학교에 갖추어진 기자재 및 용품을 확인하고, 체육과 교육과정을 잘 분석하여 수업에 필요한 교구를 제대로 갖추어야 한다. 가능하다면 가격이 싼 제품이 아니라 품질이 우수한 제품을 한 학급의 학생이 이용할 수 있도록 구비해야 한다. 단가가 높아서 한꺼번에 구입이 되지 않는다면 계획을 세워 예산을 확보해야 한다. 구비해야 할 장비 및 자료는 목록을 정해서 우선순위에 따라 구입을 하는 것이 바람직하다.

3) 이 글에서는 기자재 및 용품을 교구로 통칭하였다.

〈표 12-2〉 체육 교재 및 기자재, 용품 등의 종류(제2조제2항 관련)

구분	체육 교재 및 기자재, 용품 등의 종류
1. 체육 교재	1. 교과서 2. 교사용 지도서 등
2. 체력 측정	1. 초시계 2. 줄자 3. 고깔봉[러버콘(고무로 만든 원뿔)] 4. 반환점 5. 디지털 악력계 6. 좌전굴 측정기(앉아서 윗몸을 앞으로 굽히는 동작을 측정하는 기기) 7. 스텝박스 8. 팔굽혀펴기대 9. 시디플레이어 및 앰프 등
3. 육상 운동	1. 스타팅블록 2. 허들 3. 신호총 4. 높이뛰기대(가로대 포함), 높이뛰기 매트 5. 멀리뛰기용 구름판 6. 원반 7. 포환 8. 던지기 공 9. 줄 긋기 기구 10. 배턴 등
4. 구기 운동	1. 축구공 2. 농구공 3. 배구공 4. 소프트발리볼 공 5. 핸드볼공 6. 야구장갑, 야구공, 플라스틱 방망이, 베이스 세트, 포수 보호구(마스크, 프로텍터 등) 7. 셔틀콕, 배드민턴 라켓, 배드민턴 네트 8. 탁구공, 탁구 라켓, 탁구 네트, 탁구대 9. 점수판 10. 공기주입용 펌프 11. 모둠조끼 등
5. 체조 운동	1. 리듬체조용 줄 2. 리듬체조용 고무공 3. 후프 4. 곤봉 5. 리본 6. 음악줄넘기용 줄 7. 긴 줄넘기 줄 8. 체조용 매트 9. 평균대 10. 뜀틀 11. 구름판 등
6. 그 밖의 운동	1. 줄다리기용 줄 2. 제기 3. 투호용구 세트 4. 굴렁쇠 5. 살바 6. 부메랑 7. 플라잉디스크 등

출처: 학교체육 진흥법 시행규칙 [별표 2] 〈개정 2019.9.17.〉

나. 체육수업 교구의 구분

1) 개별 활동 교구

Box 12-3 사이즈에 따른 축구공의 구분

- 축구공 5호(공식 경기용): 13세 이상용
- 축구공 4호: 8~12세 유소년용
- 축구공 3호: 8세 이하 어린이용
- 축구공 2호 & 1호: 기술습득용
- 초등학교 수업용으로 구비하면 좋은 공: 축구공 4호, 배구공 4호, 농구공 6호

학생이 개별적으로 사용해야 하는 교구, 특히 공 종류는 수업에 참여하는 모든 학생에게 돌아갈 수 있도록 구비해야 한다. 축구공이나 농구공, 배구공과 같은 것이 그것인데, 몇 명당 1개씩보다는 개인당 1개씩이 반드시 필요하다. 이러한 공 종류는 구비하는 것도 중요하지만 관리도 잘 이루어져야 한다. 보관함의 잠금장치가 갖춰져야 하고 수업 시작 시의 개수와 수업을 마쳤을 때의 개수가 동일한지도 확인해야 한다. 그리고 눈으로 확인된 20개의 공이 아니라 구멍 나지 않고 공기압이 적당하여 사용할 수 있는 20개의 공이어야 수업시간에 활용이 가능하다. 담당교사는 수시로 공기압을 확인하고 사용할 수 없는 공은 온전한 공으로 바꾸거나, 공기를 주입하여 적절한 공기압을 맞추어야 한다. 공은 소모품이라 할 수 있기에 체육교구 구입 예산을 통해 언제든지 보충이 될 수 있도록 계획하고 운영해야 한다.

2) 단체 활동 교구

여럿이 함께 이용하거나 활용하는 교구는 가능한 한 학생들의 체격이나 능력 수준을 고려하여 구입해야 한다. 뜀틀이나 평균대의 경우 높이와 크기를 다르게 하여 갖추어야 한다. 그래야 개인차를 고려한 수준별 수업을 운영할 수 있다. 매트도 한 종류보다는 탄성이나 크기를 다르게 하여 구입하면 학습과제의 특성에 따라 활용할 수 있다. 구르기 활동에 활용되는 매트와 평균대 아래에 안전을 위해 설치하는 매트는 그 재질

과 특성이 달라야 하는데 실제 수업사례를 살펴보면 동일한 경우가 많다. 뜀틀도 크기를 다르게 하여 구비할 필요가 있고, 또 재질이 다른 가령 스펀지 소재의 뜀틀을 구비해 두면 부상위험을 줄여 기능이 부족한 학생들의 참여 동기를 적극적으로 유발할 수 있다.

3) 수업운영 교구

특정한 용도가 아니라 여러 학습과제에 다용도로 활용되는 교구들도 갖춰져야 한다. 가령 콘이나 팀 조끼와 같은 것이 그렇다. 콘이 있으면 신속하게 라인이나 반환점을 만들 수 있으며, 팀 조끼는 팀 구분을 명확하게 하여 수업의 효과를 높인다. 없으면 불편하고 있으면 활용도와 효과가 뛰어난 용품 및 교구라 할 수 있다. 콘의 경우는 구입비용이 다른 교구들에 비해 상대적으로 저렴하므로 크기에 따라 다양하게 구비하여 수업에 활용하면 좋다. 팀 조끼도 두 가지 색상만 구비할 것이 아니라 좀 더 다양하게 준비하면 수업시간 활용도가 그만큼 더 커질 것이다. 그리고 팀 조끼의 경우 여러 사람이 함께 사용하게 되므로 자주 세탁을 하여 청결을 유지해야 위생문제가 발생하지 않고 학생들도 착용을 함에 있어서 주저함이 없어진다.

4) 뉴스포츠 활동 교구

우리나라에서는 티볼, 추크볼, 핸들러, 소프트발리볼, 커롤링, 플라잉디스크 등 다양한 뉴스포츠 종목이 뉴스포츠협회 및 국민생활체육회 등을 통해 생활체육으로 자리매김하고 있으며, 국가수준의 교육과정에도 영향을 미쳐서 2007 개정 체육과 교육과정부터 교육내용으로 자리하게 되었다. 현재 뉴스포츠는 정규체육수업시간에 적극적으로 활용되고 있으며 학교스포츠클럽 활동으로도 각광을 받고 있다. 뉴스포츠의 저변이 확대되면서 학교현장에도 뉴스포츠 교구들이 많이 보급되어 티볼 세트가 없는 초등학교를 찾기가 쉽지 않고, 플라잉디스크나 플로어볼 세트도 갖춰진 학교가 더 많을 것이다. 뉴스포츠의 보급으로 인해 스포츠종목 중심의 교사교육과정에도 변화를 가져왔으며, 전통적인 종목의 리드업(lead-up)게임으로서 기술수준이 낮은 다양한 종목의 수업을 통한 소외학생의 감소와 같은 뉴스포츠의 교육적 활용 가능성이 증대되었다(이병준, 2005).

이처럼 여러 분야에서 다양한 목적으로 활용되며 그 가능성을 넓히고 있는 뉴스포츠지만 학교에서 활용되는 종목들은 대부분 외국에서 만들어져서 국내로 들어왔다는 공통점이 있다. 또한 뉴스포츠 활동에 필요한 많은 용구들도 외국에서 수입이 되고 있는 실정이다. 그러다 보니 가격이 만만치 않다. 교육적 효과가 높지만 비용의 문제가 있기에 학교교육과정 운영을 고려하여 계획적으로 구비를 할 필요가 있다. 장기적으로는 우리나라 환경 및 여건에 적합한 뉴스포츠를 개발한다면 장비구입에 따른 비용 부담을 줄일 수 있을 것이다.

다. 체육수업 교구 관리하기

1) 체육교구실 활용하기

수업시간 체육교구를 원활하게 활용하기 위해서는 무엇보다 교구실이 잘 마련되고 관리되어야 한다. 먼지가 쌓여있는 체육창고가 되어서는 안 된다. 체육교구실이 제대로 마련되어 있지 않다면 체육수업도 교구를 제대로 활용하는 수업보다는 '아나공 수업'으로 이루어질 가능성이 커진다. 요즘 학교의 실내체육관 대부분이 정규 체육관 규모이기보다는 다목적 강당의 형태로 만들어지다 보니 교구실이 별도로 설치되지 않은 경우가 많고 설령 있다고 하더라도 넉넉하지 못해 활용도가 떨어진다. 그러므로 좁은 교구실의 공간을 최대한 활용하기 위해서는 교구실을 구조화해야 하는데 그 방법 중 하나가 철 또는 나무로 만든 선반을 설치하는 것이다. 선반을 설치하여 활용한다면 좁은 공간에 더 많은 교구들을 수납할 수 있게 된다. 또한 교구들은 종류별로 팻말이 부착된 상자에 담아 수납을 하면 교구를 편리하게 정리하고 이동할 수 있으며, 안전사고를 예방하고 교구의 파손을 줄여 관리상의 효율성도 증대시킬 수 있다. 특히 공은 종류별로 보관함에 넣고 별도의 자물쇠로 관리하여야 수업시간에 필요한 공이 부족하여 과제를 변경하거나 수업을 포기해야 하는 사태를 예방할 수 있게 된다.

Box 12-4 체육교구실의 효율적인 교구수납 예시

선반과 상자를 활용한 교구수납

볼은 종류별로 보관함에

체육교구실을 한눈에 보기 쉽게 정리정돈하는 것만으로도 체육수업 운영의 효율성이 높아진다.

- 라벨부착: 수납한 교구가 무엇인지 꺼내보지 않고도 알 수 있도록 교구명을 큰 글씨로 인쇄해 붙이면 편리하다. 한쪽 면에만 붙이기보다는 상자의 여러 면에 붙여두면 확인하기에 더욱 좋다.
- 용구별 규격에 맞는 상자 활용: 용구의 크기에 따라 적합한 상자를 활용한다. 예를 들어, 배드민턴 라켓은 가로로 길이가 긴 상자를 이용하여 상자 밖으로 용구가 튀어나오거나 이동 시 걸리적거리지 않게 해야 한다.

2) 수업용 교구 구분하기

수업용 교구는 수업시간에만 활용해야 한다. 간혹 아침활동 시간이나 점심시간에 체육교구를 사용하는 경우도 있는데 이는 바람직하지 않다. 수업시간 외에도 무분별하게 수업용 교구를 사용하다 보면 교구의 수명이 짧아지며 정리와 관리도 어렵게 된다. 특히, 교사가 없는 상황에서 자투리 시간에 학생들끼리 교구를 사용하다 보면 공이나 라켓 종류는 분실되거나 파손되어 수업시간에 활용할 수 없는 상황이 빈번하게 발생한다. 따라서 아침활동 시간이나 점심시간의 활동에는 학급에서 구비한 공이나 학생 개인의 용·기구를 활용하는 것이 교구관리의 측면에서 효과적이다.

3) 체육교구 목록표 비치하기

또한 체육교구목록표도 마련되어야 한다. 교구목록표가 있어야 교구현황을 한눈에 파악할 수 있다. 작성된 체육교구목록표를 통해서 현황 파악과 함께 구비해야 할 교구를 알 수 있으며, 새로 전입한 교사가 체육수업을 계획하고 준비하는 데도 효과적이다. 가능하다면 체육업무 담당자는 교사들에게 교구목록표를 최소한 한 학기에 한 번 정도는 안내하여 학교에 어떤 체육 교구가 구비되어있는지 알 수 있도록 하고, 체육수업에 필요한 교구를 신청받아 준비할 수 있어야 한다. 교구관리에 있어서 교구목록표를 작성하여 비치하는 것도 중요하지만 주기적으로 확인하여 실제 보유하고 있는 용・기구에 대한 정확한 파악이 더 중요하다. 파손되거나 훼손된 교구는 수리해야 하고 소모품의 경우는 보충해야 하는데 교구목록표가 없으면 이 일이 원활하게 이루어지지 않아 체육수업에 폐를 끼치게 된다.

3. 체육수업과 날씨

체육수업을 하는 데 날씨는 예나 지금이나 큰 변수이다. 좋지 않은 날씨, 춥거나 더운 날씨에 운동을 하다가 넘어지거나 부딪치는 경우 큰 부상으로 이어질 수 있다. 특히 체육수업과 비는 상극이다. 비가 오면 운동장에 나갈 수 없고, 비 온 뒤 여기저기 물이 빠지지 않아 질퍽해진 운동장에서 체육수업을 하기도 쉽지 않다. 그런데 요즘 비는 얼굴도 못 내밀 정도로 날씨 관련 환경이 달라졌다. 산성비는 옛날 얘기가 되어버렸고, 이제는 황사나 미세먼지와 같은 대기오염으로 인해 일상적인 외부활동까지 제한되는 날들이 많아져 실외에서의 체육수업은 학생들의 고집과 선생님의 열정으로 해결될 일이 아니다.

가. 달라진 환경

개인적으로 초등학교 시절 비 오는 날도 개의치 않고 학교 운동장에서 축구를 하던 기억이 어제 일처럼 생생하다. 참으로 신나는 일이었지만 그 대가는 가볍지 않았다.

비에 젖어 사립문을 들어서면 어머니의 불호령과 함께 등짝 여기저기는 성하지 않았다. 그도 그럴 것이 오늘 입었던 옷을 내일도 입어야 하는데 비에 젖은 옷을 말리기가 여간 고역이 아니었다. 젖은 옷을 벗으면 입을 옷이 변변치 않아 발가벗은 채 이불 속을 나오지 못하던 기억도 여러 차례다. 그래도 비 오는 날, 비 맞으며 놀던 기억은 잊을 수가 없다. 참 재미있었다.

요즘 비 오는 날 아이들이 축구하는 모습은 찾아볼 수가 없다. 그 대신 비 오는 날 등하굣길 학부모들의 차로 교문 앞 교통이 마비되는 장면은 일상이 되었다. 세탁기가 있어서 비에 젖은 빨래도 어렵지 않고 여벌의 옷도 충분하지만 비에 젖는 것은 금기가 된 지 오래다. 생각해 보면 나의 어린 시절이 그리 오래전 일도 아닌데 이제는 상황이 많이 달라져 비 맞으며 놀거나 운동을 한다는 것은 옛일이 되고 말았다. 얼마 전까지는 산성비를 맞으면 머리가 빠지고 건강에 좋지 않다며 주의를 당부했는데 이제는 미세먼지 속 헤아릴 수 없는 유해물질이 비에 녹아내린다며 엄포를 놓는다. 이런 분위기에 비 맞으며 축구를 하기란 쉽지 않고, 용기를 내어 실행에 옮겼다가는 그 뒷감당을 하기가 만만치 않을 것이다. 문제는 이제 비가 오지 않는 날도 바깥 활동을 하기가 여의치 않아졌다. 건강을 위해 바깥에서 운동을 했다가는 건강을 해치는 세상이 되었다. 일기예보에 어느 순간 맑은지, 흐린지, 비 오는지, 기온이 얼마나 되는지뿐만 아니라 미세먼지 지수를 안내한다. 그런데 하루가 다르게 그 정도가 심해져서 미세먼지 예보를 듣지 않더라도 하늘을 보면 그 수준을 충분히 짐작하고도 남게 되었다.

이처럼 달라진 환경은 우리들의 삶에 많은 영향을 주며 변화를 요구하고 있다. 운동장으로 대별되던 체육수업 장소는 심각한 위협을 받고 있다. 얼마 전까지는 운동장이 학교규모나 학생 수에 비해 면적이 적다고 대책을 세워야 한다는 목소리가 높았으나 어느 순간 작은 운동장마저도 나가기 어려운 날들이 많아지고 있다. 무용지물(無用之物)이 되고 있다. 어린 시절 운동회와 소풍 전날에는 비가 오지 않기를 애타게 기도하며 잠을 설쳤던 기억이 아직도 생생한데 이제는 미세먼지 지수가 나쁘지 않기를 기원해야 하는 지경이 되었다. 이대로라면 봄 운동회와 현장체험학습은 곧 유물이 될 듯하다. 실제 미세먼지에 운동회를 꺼리는 학부모들이 늘고 있으며 언론에서도 호의적이지 않다. 며칠씩 힘들게 준비하던 가을 대운동회를 대신하여 대부분의 학교들이 근로자의 날과 어린이날 즈음하여 가족이 함께 어울리는 5월의 봄 운동회로 대치를 했는데, 이제는 이 봄 운동회마저도 상상할 수 없는 상황이 되고 있다. 인과응보(因果應報)

라 생각되지만 가혹하다. 더구나 우리 아이들이 범한 과오는 분명 아닌데 그 책임을 떠안고 살아가야 한다니 마음이 무겁다.

많은 학생들이 스마트폰이나 컴퓨터를 통해 온라인 게임을 즐기며 정적인 활동으로 여가를 보내는 날들이 늘어났다. 이에 더해 미세먼지로 바깥활동을 금하고 그 위험을 강조하고 있으니 학생들의 신체활동 시간이 더 감소할 것은 불을 보듯 뻔하다. 한참 양보를 해서 운동회는 그렇다 치더라도 체육수업은 어떻게 해야 하나? 연일 미세먼지 주의보가 내려지는데 체육수업은 어디에서 해야 하나? 그렇다고 문을 꼭꼭 닫아 놓은 실내체육관 안의 공기는 마음껏 마셔도 괜찮을까?

나. 폭염 및 혹한

본디 사계절이 뚜렷한 우리나라 날씨의 특성상 여름이 덥고 겨울이 추운 것은 당연한 현상이다. 다만 과거에는 여름방학과 겨울방학을 이용하여 폭염과 혹한의 날씨를 피함으로써 야외 수업을 진행하기에 크게 무리가 없었던 시절도 있었던 것 같은데 요즈음은 학교별로 자율적인 방학 기간 편성으로 인해, 또 변덕스런 날씨의 영향으로 인해 야외 수업을 하기가 참 녹록지만은 않다.

폭염 속에서 체육수업을 진행하기란 교사, 학생 모두의 입장에서 고된 일일 수 있으나 학생들은 종종 찌는 듯한 더위에도 불구하고 야외로 나가고 싶은 마음에 운동장 수업을 고집한다. 교사의 입장에서는 안전상의 문제가 뒤따를 수 있기에 최대한 수업 시간을 조정하거나 장소를 바꾸기도 하지만 어쩔 수 없이 폭염 속에서 수업을 해야만 한다면 다음의 사항을 고려해야 한다.

첫째로 직사광선을 바로 받지 않는 곳이나 그늘이 형성된 곳을 찾아 그 주위에서 수업을 한다. 햇빛을 온전히 받아야 하는 운동장 한가운데보다는 커다란 나무 그늘이 조성된 곳, 건물 지붕 아래 등의 공간을 잘 확인해보기 바란다. 둘째로 수시로 학생들의 건강상태를 체크한다. 특히 평소 기저질환이 있거나 햇빛 알레르기 등 건강상의 문제가 있는 아동은 교사가 더욱 세심히 살펴야 한다. 학생들이 개별 물통이나 수건 등을 미리 준비해서 수업 중간중간 쉬며 수분보충을 하도록 하는 것도 좋은 방법 중 하나이다. 셋째로 날씨와 기온을 고려하여 수업내용을 재구성한다. 고온의 날씨에 격렬한 운동을 한다면 건강상태가 양호한 아동도 힘겨워할 것이다. 활동 내용을 적절히 재구성하는 것과 함께 활동 강도의 조절도 필요하다.

혹한 또한 야외 체육수업을 어렵게 만드는 요인 중 하나이다. 추운 날씨에는 대개 실내 체육수업을 하고자 하나, 상황이 여의치 않을 경우 다음의 몇 가지 수칙을 지키며 야외 수업에 임해보자. 첫째, 학생들이 두꺼운 외투 한 벌보다는 얇은 옷을 여러 겹 입고 올 수 있도록 사전에 안내한다. 추운 날씨에 두꺼운 외투를 입고 밖에 나가더라도 신체활동을 하다 보면 체온이 올라 결국 외투를 벗을 수밖에 없는 경우가 생긴다. 이때, 학생들이 두꺼운 외투를 벗어던지고 얇은 내의만 입은 채 활동을 하다 보면 감기에 걸리기가 쉽다. 따라서 얇은 옷을 여러 겹 착용하고 온 뒤 순차적으로 벗거나 입도록 안내하는 것이 바람직하다. 둘째, 중강도의 체력운동과 스트레칭으로 준비운동을 하자. 너무 가벼운 준비운동만으로는 추운 날씨에 적합할 만큼 체온을 상승시키기 어렵다. 학생들의 굳어있는 관절과 근육을 스트레칭으로 풀어준 뒤에는 다소 강도 있는 준비운동을 실시하여 본 활동에 참여할 수 있는 몸 상태를 만들어 주어야 한다. 셋째, 장갑이나 마스크, 목도리 등의 방한용품을 준비하도록 안내한다. 두꺼운 외투는 움직임을 둔하게 하여 학생들이 활동에 참여하기 어려워하는 경우가 있다. 반면 방한용품을 적절히 활용하면 활동성을 방해받지 않고도 체온을 보존하며 신체활동에 참여할 수 있게 된다.

다. 미세먼지

대기오염은 날로 심각한 사회 문제가 되고 있다. 대기오염 중 미세먼지(Particulate Matter, PM_{10}) 입자는 쉽게 인체로 흡입되고 장기간 미세먼지에 노출이 심한 경우 면역력이 급격히 저하되어 호흡기 질환, 심혈관계 질환 등 각종 질병을 유발할 수 있으며 심각한 경우 사망까지 초래할 수 있다(보건복지부, 2017). 미세먼지의 영향으로 일상생활에도 불편함을 겪지만 급격한 미세먼지의 증가로 학생들의 실외체육수업이 제한되는 날이 많아지면서 학교마다 체육수업 운영에 많은 어려움이 따르고 있다.

1) 미세먼지의 위험성

미세먼지는 우리 눈에 보이지 않을 정도로 가늘고 작은 먼지 입자로, 대기 중에 부유하는 분진 중 직경이 10㎛보다 작은 먼지(PM_{10})를 뜻한다. 미세먼지 중 직경이 2.5㎛ 이하로 머리카락 직경의 1/20~1/30 크기보다 더 작은 입자의 먼지를 초미세먼지($PM_{2.5}$)라고 한다(환경부, 2014).

미세먼지의 성분과 크기는 다양하고 복잡한데 입자의 화학적 조성, 표면적 크기가 건강영향을 결정한다고 알려져 있다. 또한 미세먼지는 대기 중에 떠다니면서 빛을 흡수하고 산란시켜서 시야를 악화시키기도 하며, 사람의 폐까지 깊숙이 침투해 몸의 면역력을 떨어뜨리고 각종 호흡기 질환의 직접적인 원인이 된다(이용진, 2007).

세계보건기구(WHO) 산하 국제 암연구소(IARC)에서는 미세먼지를 인간에게 암을 발생시키는 것으로 확인된 1군(Group 1) 발암물질로 분류하였다. 미세먼지의 입자가 미세하여 코 점막을 통해 여과되지 않고 흡입하였을 경우 폐포(뇌)까지 침투하여 폐질환이나 천식 조기사망률 및 유병률이 증가한다. 미세먼지로 인해 발생할 수 있는 각종 질병은 [그림 12-1]과 같다(교육부, 2017).

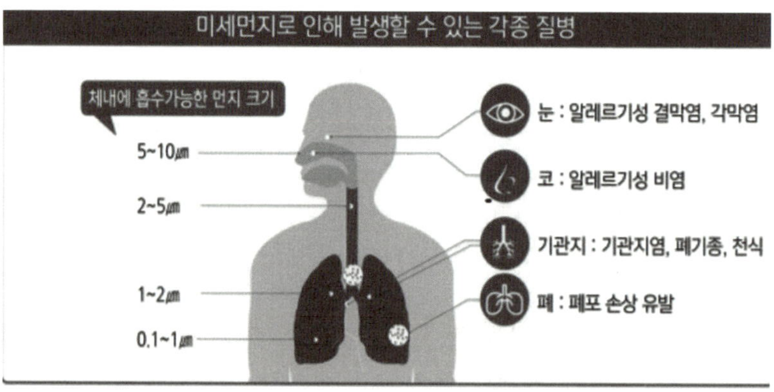

[그림 12-1] 미세먼지로 인해 발생할 수 있는 각종 질병

2) 미세먼지 대비

가) 미세먼지 경보 예보제

미세먼지 경보는 미세먼지의 실시간 농도가 건강에 해로운 수준으로 상승할 경우에 발령되며, 발령주체는 지자체장이고 '경보' 또는 '주의보'로 발령한다. 현재 환경부 전국 실시간 대기오염도 공개 사이트인 에어코리아 홈페이지(www.airkorea.or.kr)에서

는 전국에 설치된 대기오염 측정망을 통해 측정된 자료가 실시간 공개되고 있고, 스마트폰 애플리케이션인 '우리 동네 대기질'을 통해 특정 지역의 대기질 농도도 확인이 가능하다(장평린, 2018).

나) 미세먼지 대응 요령

최근 환경부에서는 고농도 미세먼지 발생 시 건강 취약계층 보호 강화를 위해 고농도 미세먼지 위기관리 표준매뉴얼을 제정하였다(환경부, 2019). 고농도 미세먼지 발생 시 개정된 매뉴얼에 따라 학교별로 교장 및 업무관련자를 각 1명 이상 미세먼지 전파 담당자로 지정한다. 초등학교에서 미세먼지 전파담당자는 매일 오전, 오후, 미세먼지 예보등급을 확인 후 실외활동 여부를 판단해야 하며 이를 대기질 현황판에 게시한다. 고농도의 미세먼지가 발생 시 실내 활동이나 수업으로 대체하여 실외체육수업을 제한하고, 창문을 닫아 실외공기 유입을 차단해야 하며 초등학교 학생 대상 행동요령을 교육해야 한다.

예비주의보 발령 상황을 수시로 담당자가 확인하여 알리고, 교사들은 외출 제한, 마스크 쓰기, 손 깨끗이 씻기 등의 학생 대상 행동요령을 교육해야 한다. 또한 빗자루질 청소, 공기청정기 가동, 물걸레질 청소 등으로 실내 공기 질을 관리해야 한다.

〈표 12-3〉 초등학생 · 어린이별 고농도 미세먼지 대응요령(교육부, 2017)

단 계	대 응 요 령
평시 사전준비사항	• 고농도 미세먼지 상황 대비 실외수업 대체를 위한 사전계획 마련 ※ 수업전환 기준 및 대체 안(실내체육, 단축수업, 휴원, 일정연기 등) 마련 • 담당자는 고농도 미세먼지 발생 시 대처방안에 대하여 숙지하고, 학생 및 보호자 대상 대기오염 피해예방, 대응조치, 행동요령을 지도 • 학생 및 보호자 비상연락망 구축 • 호흡기질환 등 미세먼지 민감군 및 고위험군 학생 관리대책 마련 - 민감군 현황 파악, 위생 점검 및 건강 체크, 응급조치 요령 등 숙지 ✔천식: 천식증상과 최대 호기유속 측정해서 천식수첩에 기록, 천식악화 시 행동요령 숙지, 의사와 상의하여 보건용 마스크 사용 ✔호흡기질환자: 의사와 상의하여 보건용 마스크 사용 • 황사마스크, 상비약(안약, 아토피연고, 인헤일러 등) 비치 및 점검

<table>
<tr><th colspan="2">단 계</th><th>대 응 요 령</th></tr>
<tr><td rowspan="2">고농도
예보
익일 예보
“나쁨”
이상</td><td>익일
예보
“나쁨”
이상</td><td>• 익일 예정된 실외수업에 대한 점검(수업대체 여부 검토 등)
• 보호자 비상연락망, 안내문 등을 통한 예보상황 및 행동요령 공지
• 미세먼지 예보 상황 및 농도변화 수시 확인
※ 에어코리아(airkorea.or.kr), 우리 동네 대기질 모바일 앱 활용</td></tr>
<tr><td>당일
농도
“나쁨”
이상</td><td>• 실외수업 자제
※ 부득이 외출 시 반드시 마스크 착용 교육
• 바깥공기 유입 차단(창문 닫기)
• 실시간 미세먼지 농도변화 수시 확인
※ 에어코리아(airkorea.or.kr), 우리동네대기질 모바일 앱 활용</td></tr>
<tr><td colspan="2">예비주의보
① 당일 예보
“나쁨” 이상,
② PM_{10} 100
이상 또는
$PM_{2.5}$ 50 이상
2시간 지속</td><td>• 초등학교 야외수업 자제, 바깥공기 유입 차단(창문 닫기)
- 체육활동, 현장학습, 운동회 등을 실내 수업으로 대체
• 학생 대상 행동요령 교육 및 실천
- 바깥활동과 도로변(교통량 많은 곳) 이동 자제, 보건용 마스크 쓰기
- 눈이 가려울 땐 손으로 만지지 말고 물로 씻거나 점안제 사용
- 양치질 등 개인위생을 철저히 하여 질환예방
- 달리기 등 외부 활동량 최소화
• 호흡기질환 등 미세먼지 민감군 및 고위험군 학생 관리대책 이행
• 실내 공기질 관리(공기청정기 가동, 청소기 대신 물걸레 청소 등)</td></tr>
<tr><td colspan="2">주의보
PM_{10} 150 이상
또는
$PM_{2.5}$ 90 이상
2시간 지속</td><td>• 실외수업 시간 단축 또는 금지
※ 체육활동, 현장학습, 운동회 등을 실내 수업으로 대체</td></tr>
<tr><td colspan="2">경보
PM_{10} 300 이상
또는
$PM_{2.5}$ 180 이상
2시간 지속</td><td>• 실외수업 시간 단축 또는 금지
• 수업시간 조정, 등·하교 시간 조정, 임시휴업 권고
(학생·학부모 공지, 학사일정 등 고려 조정)
• 미세먼지 관련 질환자 파악 및 특별관리(조기귀가, 진료)
• 학교 내 교내식당 기계·기구 세척, 음식물 위생관리 강화</td></tr>
</table>

※ 각 단계별 대응요령은 이전 단계의 대응요령을 포함

3) 미세먼지와 체육수업

미세먼지로 인해 체육수업이 위협받고 있는 현실에서 해결책이나 대처방안을 찾기가 쉽지 않은 것이 사실이다. 대안으로 제시되던 실내체육시설도 현실적으로 모든 수업을 수용하기는 힘들다. 그리고 미세먼지가 심각한 날이 많아지면서 실내체육시설의 공기질은 안전한지에 대한 의문도 커지고 있다. 이러한 실태에서 체육수업을 위해 생각하고 실천할 수 있는 대안의 마련이 시급하다.

가) 시설 및 장비의 확보

환경의 변화는 우리나라뿐만 아니라 전 세계 모든 국가를 위협하고 있다. 특히 우리나라는 계절을 가리지 않는 미세먼지로 인해 어려움을 겪고 있으며 이에 대한 대책을 마련하느라 분주하지만 뾰족한 대책이 없다는 것도 미세먼지만큼이나 심각한 상황이다. 근래에 무엇보다 학교 교실 및 실내에 공기청정기를 설치한 것이 눈에 띄는 대책이다. 또한 시·도교육청별로 실내체육시설을 적극적으로 확보하려는 노력과 결실이 이루어지고 있다는 점은 고무적이다. 현실적으로 근본적인 대책이라 할 수는 없지만 정부 및 시·도교육청별로 시설 및 장비를 마련하는 노력이 이어지고 있다. 이러한 노력이 임기응변의 미봉책이라는 평가를 받지 않기 위해서는 적어도 실효성 있는 시설 및 장비를 확보하고 설치하려는 노력이 지속적으로 이루어져야 한다.

나) 실내 활동 프로그램의 구안

실외에서의 체육수업이 힘들어지는 날이 많아지면서 전문 연구자들이나 학교현장의 교과교육연구회, 그리고 학교단위에서 실내 신체활동 프로그램을 구안하고 적용하는 노력이 활발하게 이루어지고 있다. 이러한 노력이 성과를 거두기 위해서는 개발되고 구안된 프로그램을 학교현장에 적극적으로 보급하고 교사들이 활용할 수 있도록 하는 연수도 병행되어야 할 것이다. 특히 미세먼지와 관련한 문제는 일시적인 현상으로 끝날 문제가 아니므로 교육과정을 운영하는 교사들이 학교 환경에 맞는 대안적 활동을 구안하고 적용하려는 인식의 전환과 실천이 무엇보다 중요하다.

다) 실내 공간의 확보

학교 내 유휴 공간 또는 기존의 공간을 리모델링하여 실내 체육활동을 할 수 있도록 하는 노력도 필요하다. 학교체육시설에서 언급한 것과 같이 학교 내에는 잘 찾아보면 알차게 활용할 수 있는 공간을 발견할 수 있다. 특히 학생 수가 감소하면서 유휴교실이 생기는 학교가 늘어나는 추세인데 이러한 교실을 체육활동 공간으로 활용할 수 있다. 유휴교실을 활용한 체육활동 공간은 해당 학교 학생뿐만 아니라 여건이 되지 않아 실내 체육활동 공간이 확보되지 않은 학교의 학생들도 함께 이용할 수 있도록 하는 생각의 확장도 가능하다. 나아가 요즘 다양한 신체활동을 즐길 수 있는 시설을 갖춘 키즈 카페(kids cafe)가 성행하고 있다. 이를 벤치마킹하여 학교 내에 체육수업과 연계한 활동시설을 갖춘 가령 **SAC**(School Activity Cafe)를 설치하는 것도 가능성 충분한 효과적 방안이 될 것이다.

라) 가상현실(VR)의 적용

디지털 네이티브(digital native)로 일컬어지는 요즘 학생들은 생활방식 및 식생활의 변화로 운동량이 부족해지며 건강 및 체력에 대한 우려가 커지고 있다. 설상가상(雪上加霜) 최근에는 미세먼지 등으로 인해 실외에서 운동을 할 기회마저 줄어들고 있다. 더 이상 학교 운동장이 언제나 운동을 할 수 있는 공간이 되지 못하는 형편이다. 이러한 문제를 해결하기 위해 한국전자통신연구원은 2015년 8월부터 2019년 7월을 목표로 청소년 실감 체험형 스포츠 통합 플랫폼 시범사업을 시행하였다(서상우 외, 2015).

이 사업은 새로운 스포츠교육 융합 플랫폼 기술을 개발 및 보급함으로써 초등학생들의 체육 활동 참여를 확대하는 데 목적이 있다. 스포츠교육 융합 플랫폼은 가상현실(VR) 스포츠실이란 이름으로 초등학교에 설치 및 보급되었다. VR 스포츠실은 ICT와 체육 교과의 융합뿐만 아니라 체육을 중심으로 타 교과와의 융합수업도 가능하기 때문에 앞으로의 발전 가능성이 무궁무진하며 운동공간부족으로 인한 학교체육 문제점을 획기적으로 해결할 수 있는 국책 사업으로 평가받고 있다(문화체육관광부, 2018).

이처럼 VR 스포츠실에 대한 긍정적인 평가도 있지만 보완해야 할 점도 많은 것이 사실이다. 그럼에도 4차 산업혁명 시대에 가상현실(Virtual Reality) 및 증강현실(Augmented Reality)을 제대로 이해하고 적용한다면 미세먼지로 인한 체육수업에서의 어려움을 해결하는 실마리가 될 수 있을 것이다.

마) 다양한 수업사례 및 수업자료 공유 체계 마련

좋은 수업을 위해 교사들은 스스로 활동을 구상하고 자료를 만들기도 하지만 이미 만들어진 자료나 다른 교사들의 아이디어, 교육부 및 교육청에서 보급한 시청각 자료 등을 활용하기도 한다. 이때, 학습목표에 알맞으며 체계적으로 조직된 좋은 자료를 찾아 헤매다가 수업 준비 과정에서부터 교사 스스로 지쳐버리는 경우가 있다. 미세먼지라는 특수한 상황을 극복하며 체육수업을 실시하기 위해 이곳저곳에서 여러 자료들이 만들어지고 있지만 이를 쉽게 사용하기가 어렵다. 산발적으로 존재하는 자료를 한데 모아 손쉽게 사용할 수 있도록 정리하는 구심점이 없기에 교사들은 지금 이 순간에도 각개전투를 하며 각자 자료를 찾아 수업을 이끌어나가고 있다. 현시점에서 전국의 체육교사들이 학교급별로 자유롭게 자료를 공유하는 체계가 마련된다면 아마 질 좋은 자료들이 넘쳐나 어떤 수업을 골라서 할지 행복한 고민을 하게 되지 않을까? 백지장도 맞들면 낫다는데, 하물며 수업에 대한 열정이 뛰어난 교사들이 함께 머리를 맞댄다면 미세먼지 환경을 어렵지 않게 극복해내고 멋진 수업을 꾸려나갈 수 있을 것이다.

묻고 답하기(Q&A)

체육수업 교구와 날씨

- 우리 학교에는 체육교구가 잘 갖춰져 있는지 확인해봅시다.

- 우리 학교에는 체육교구목록표가 마련되어 있는지 확인해봅시다.

- 우리 학교 체육교구 관리 실태를 확인하고 개선방안을 마련해봅시다.

- 우리 학교에 구비된 뉴스포츠 활동 교구에는 무엇이 있는지 정리해봅시다.

- 날씨로 인해서 체육수업을 하지 못했던 경험을 정리해봅시다.

- 미세먼지와 초미세먼지의 정의를 찾아서 정리해봅시다.

- 고농도 미세먼지 주의보 발령 시 체육수업은 어떻게 운영해야 할지 정리해봅시다.

- 미세먼지로 인한 문제가 심각해지고 있는 상황에서 장기적으로 체육수업은 어떻게 운영해야 할지 대안을 정리해봅시다.

참고문헌

교육과학기술부(2013). '12년 **학교건강검사 표본조사 결과**. 교육과학기술부 보도자료(2013.2.28.).

교육부(2015). **2015 학교체육 주요업무 계획**. 교육부, 문화체육관광부.

교육부(2017). 고농도 미세먼지 대응실무매뉴얼(시 · 도교육청, 학교, 유치원). 교육부.

김기철, 서지영, 유창완, 박재정, 김승기, 박영권(2017a). **학교체육시설 관리 및 개방 길라잡이**. 한국교육과정평가원.

김기철, 서지영, 유창완, 윤기준(2017b). **양성평등적 체육활동 활성화를 위한 학교급별 학교체육 시설, 기자재 · 용품 표준안 개발에 관한 연구**. 한국교육과정평가원 연구보고 RRC 2017-1.

김남숙(2014). **초등학교 체육활동을 위한 공공체육시설 활용방안에 관한 연구**. 한국교원대학교 교육정책전문대학원 석사학위논문.

김은선(2018). **미세먼지 환경에서의 유아반 실외놀이 운영실태 및 교사의 인식**. 배재대학교 대학원 석사학위논문.

문화체육관광부(2018). **전국 178개 초등학교에 가상현실 스포츠실 보급**. 문화체육관광부 보도자료.

박재정(2006). **초등학교 체육수업 실제에 관한 문화기술적 사례 연구**. 한국교원대학교대학원 박사학위논문.

박재정(2010). **동네 체육시설을 활용하여 체육수업하기**. 스포츠 둥지.

박재정(2010). **좁아지는 학교운동장 넓게 활용하기**. 스포츠 둥지.

박재정(2010). **학교 내(內) 공간을 활용한 체육수업**. 스포츠 둥지.

박재정(2010). **학교 체육관 효율적으로 활용하기**. 스포츠 둥지.

보건복지부(2017). **고농도 미세먼지 대응매뉴얼**. 보건복지부.

서상우, 김예진, 백성민, 김종성, 홍성진, 김명규(2015). **청소년용 실감체험형 스포츠통합플랫폼 기술개발. ETRI 전자통신동향분석보고서**. 한국전자통신연구원.

이용진(2007). **미세먼지 입자 크기에 따른 급성사망 영향과 경제적 손실 비용**. 연세대학교 대학원 박사학위논문.

장평린(2018). **미세먼지가 옥외 여가활동에 미치는 영향**. 서울대학교 환경대학원 석사학위논문.

환경부(2014). **우리 건강을 지키는 미세먼지 바로 알기**. 환경부 소책자.

환경부(2019). 미세먼지 재난 위기관리 표준매뉴얼. 환경부.

찾아보기

인명

내용

▷ ㄱ ◁

▷ ㄴ ◁

▷ ㄷ ◁

▷ ㄹ ◁

▷ ㅁ ◁

▷ ㅂ ◁

▷ ㅍ ◁

▷ ㅎ ◁

▷ 기타 ◁

저자 소개

이호철(진주교육대학교 교수)
고문수(경인교육대학교 교수)
김성곤(광주교육대학교 교수)
박상봉(서울교육대학교 교수)
박재정(한국교원대학교 교수)
박종태(부산교육대학교 교수)
서장원(공주교육대학교 교수)
신기철(전주교육대학교 교수)
최흥섭(대구교육대학교 교수)
홍예주(제주대학교 교육대학 교수)

〈2판〉

초등체육의 이론과 실제

2021년 1월 15일 1판 1쇄 발행
2021년 9월 25일 1판 2쇄 발행
2024년 3월 15일 2판 1쇄 인쇄
2024년 3월 25일 2판 1쇄 발행

저 자 : 이호철 고문수 김성곤 박상봉 박재정 박종태 서장원 신기철 최흥섭 홍예주

저자와의 협의하에 인지생략

발행자 : 한 정 주
발행처 : 교육과학사

경기도 파주시 광인사길 71
전화(031)955-6956~8/팩스(031)955-6037
Home-page: www.kyoyookbook.co.kr
E-mail: kyoyook@chol.com
등록: 1970년 5월 18일 제2-73호

낙장 · 파본은 교환해 드립니다.
Printed in Korea.

정가 29,000원
ISBN 978-89-254-1879-7